思想的・睿智的・獨見的

經典名著文庫

學術評議

丘為君　吳惠林　宋鎮照　林玉体　邱燮友
洪漢鼎　孫效智　秦夢群　高明士　高宣揚
張光宇　張炳陽　陳秀蓉　陳思賢　陳清秀
陳鼓應　曾永義　黃光國　黃光雄　黃昆輝
黃政傑　楊維哲　葉海煙　葉國良　廖達琪
劉滄龍　黎建球　盧美貴　薛化元　謝宗林
簡成熙　顏厥安（以姓氏筆畫排序）

策劃　楊榮川

五南圖書出版公司 印行

經典名著文庫

學術評議者簡介（依姓氏筆畫排序）

- 丘為君　美國俄亥俄州立大學歷史研究所博士
- 吳惠林　美國芝加哥大學經濟系訪問研究、臺灣大學經濟系博士
- 宋鎮照　美國佛羅里達大學社會學博士
- 林玉体　美國愛荷華大學哲學博士
- 邱燮友　國立臺灣師範大學國文研究所文學碩士
- 洪漢鼎　德國杜塞爾多夫大學榮譽博士
- 孫效智　德國慕尼黑哲學院哲學博士
- 秦夢群　美國麥迪遜威斯康辛大學博士
- 高明士　日本東京大學歷史學博士
- 高宣揚　巴黎第一大學哲學系博士
- 張光宇　美國加州大學柏克萊校區語言學博士
- 張炳陽　國立臺灣大學哲學研究所博士
- 陳秀蓉　國立臺灣大學理學院心理學研究所臨床心理學組博士
- 陳思賢　美國約翰霍普金斯大學政治學博士
- 陳清秀　美國喬治城大學訪問研究、臺灣大學法學博士
- 陳鼓應　國立臺灣大學哲學研究所
- 曾永義　國家文學博士、中央研究院院士
- 黃光國　美國夏威夷大學社會心理學博士
- 黃光雄　國家教育學博士
- 黃昆輝　美國北科羅拉多州立大學博士
- 黃政傑　美國麥迪遜威斯康辛大學博士
- 楊維哲　美國普林斯頓大學數學博士
- 葉海煙　私立輔仁大學哲學研究所博士
- 葉國良　國立臺灣大學中文所博士
- 廖達琪　美國密西根大學政治學博士
- 劉滄龍　德國柏林洪堡大學哲學博士
- 黎建球　私立輔仁大學哲學研究所博士
- 盧美貴　國立臺灣師範大學教育學博士
- 薛化元　國立臺灣大學歷史學系博士
- 謝宗林　美國聖路易華盛頓大學經濟研究所博士候選人
- 簡成熙　國立高雄師範大學教育研究所博士
- 顏厥安　德國慕尼黑大學法學博士

經典名著文庫093

人類理解論

An Essay Concerning Human Understanding

約翰·洛克 著
(John Locke)

關文運 譯

經典永恆·名著常在

五十週年的獻禮·「經典名著文庫」出版緣起

總策劃 楊榮川

五南，五十年了。半個世紀，人生旅程的一大半，我們走過來了。不敢說有多大成就，至少沒有凋零。

五南忝爲學術出版的一員，在大專教材、學術專著、知識讀本出版已逾壹萬參仟種之後，面對著當今圖書界媚俗的追逐、淺碟化的內容以及碎片化的資訊圖景當中，我們思索著：邁向百年的未來歷程裡，我們能爲知識界、文化學術界做些什麼？在速食文化的生態下，有什麼值得讓人雋永品味的？

歷代經典·當今名著，經過時間的洗禮，千錘百鍊，流傳至今，光芒耀人；不僅使我們能領悟前人的智慧，同時也增深加廣我們思考的深度與視野。十九世紀唯意志論開創者叔本華，在其〈論閱讀和書籍〉文中指出：「對任何時代所謂的暢銷書要持謹慎的態度。」他覺得讀書應該精挑細選，把時間用來閱讀那些「古今中外的偉大人物的著作」，閱讀那些「站在人類之巔的著作及享受不朽聲譽的人們的作品」。閱讀就要「讀原著」，是他的體悟。他甚至認爲，閱讀經典原著，勝過於親炙教誨。他說：

「一個人的著作是這個人的思想菁華。所以，儘管一個人具有偉大的思想能力，但閱讀這個人的著作總會比與這個人的交往獲得更多的內容。就最重要的方面而言，閱讀這些著作的確可以取代，甚至遠遠超過與這個人的近身交往。」

爲什麼？原因正在於這些著作正是他思想的完整呈現，是他所有的思考、研究和學習的結果；而與這個人的交往卻是片斷的、支離的、隨機的。何況，想與之交談，如今時空，只能徒呼負負，空留神往而已。

三十歲就當芝加哥大學校長、四十六歲榮任名譽校長的赫欽斯（Robert M. Hutchins, 1899-1977），是力倡人文教育的大師。「教育要教眞理」，是其名言，強調「經典就是人文教育最佳的方式」。他認爲：

「西方學術思想傳遞下來的永恆學識，即那些不因時代變遷而有所減損其價值的古代經典及現代名著，乃是眞正的文化菁華所在。」

這些經典在一定程度上代表西方文明發展的軌跡，故而他爲大學擬訂了從柏拉圖的《理想國》，以至愛因斯坦的《相對論》，構成著名的「大學百本經典名著課程」。成爲大學通識教育課程的典範。

歷代經典·當今名著，超越了時空，價值永恆。五南跟業界一樣，過去已偶有引進，但都未系統化的完整舖陳。我們決心投入巨資，有計畫的系統梳選，成立「經典名著文庫」，希望收入古今中外思想性的、充滿睿智與獨見的經典、名著，包括：

- 歷經千百年的時間洗禮，依然耀明的著作。遠溯二千三百年前，亞里斯多德的《尼各馬科倫理學》、柏拉圖的《理想國》，還有奧古斯丁的《懺悔錄》。
- 聲震寰宇、澤流遐裔的著作。西方哲學不用說，東方哲學中，我國的孔孟、老莊哲學，古印度毗耶娑（Vyāsa）的《薄伽梵歌》、日本鈴木大拙的《禪與心理分析》，都不缺漏。
- 成就一家之言，獨領風騷之名著。諸如伽森狄（Pierre Gassendi）與笛卡兒論戰的《對笛卡兒沉思錄的詰難》、達爾文（Darwin）的《物種起源》、米塞斯（Mises）的《人的行爲》，以至當今印度獲得諾貝爾經濟學獎阿馬蒂亞·

森（Amartya Sen）的《貧困與饑荒》，及法國當代的哲學家及漢學家余蓮（François Jullien）的《功效論》。

梳選的書目已超過七百種，初期計劃首爲三百種。先從思想性的經典開始，漸次及於專業性的論著。「江山代有才人出，各領風騷數百年」，這是一項理想性的、永續性的巨大出版工程。不在意讀者的眾寡，只考慮它的學術價值，力求完整展現先哲思想的軌跡。雖然不符合商業經營模式的考量，但只要能爲知識界開啓一片智慧之窗，營造一座百花綻放的世界文明公園，任君遨遊、取菁吸蜜、嘉惠學子，於願足矣！

最後，要感謝學界的支持與熱心參與。擔任「學術評議」的專家，義務的提供建言；各書「導讀」的撰寫者，不計代價地導引讀者進入堂奧；而著譯者日以繼夜，伏案疾書，更是辛苦，感謝你們。也期待熱心文化傳承的智者參與耕耘，共同經營這座「世界文明公園」。如能得到廣大讀者的共鳴與滋潤，那麼經典永恆，名著常在。就不是夢想了！

二〇一七年八月一日　於

五南圖書出版公司

獻詞

獻給彭布羅克和蒙哥馬利、伯爵湯瑪斯、男爵何赫巴特、勛爵羅斯、今上的樞密院主席兼威爾德、南威爾士兩郡民政長大人：

這部著述的完成是大人親眼所見的，它的問世也是受命於大人的，因此，它現在就憑其應有的權利，來要求大人賜給它數年前所允許的那層保障。我並不認為只要在書的開頭署上任何一個大名，就能掩蓋書中的錯誤。凡一種出版物之成敗，全看它的價値或讀者的愛好。在眞理方面所最需要的，莫過於讓讀者摒除成見，平心領略，而能促使輿論給予重視的，又莫過於大人，因為舉世都承認大人是洞明事道、深入埋藏的。人人都知道，大人在最抽象、最概括的知識方面，有很深的造詣，而且凡所成就，皆是超群絕倫、遠離常法，因此，既承大人認可、嘉許此篇之作，這就至少不會使世人在未讀之先，就對此書加以鄙棄。不但如此，書中尙有一些部分，倘無大人為之聲援，則世人或者只因其稍越常軌，就以為它們是全不値考慮的；因此，大人如能加以印證，則世人將會對那些部分衡量考慮。有的人在判斷他人的頭腦時，也與判斷假髮似的，要以時髦為標準；這些人除了傳統的學說以外，其餘一概加以否認。因此，他們如果誣為驚奇，那乃是一件可怕的事。不論任何地方，任何新學說在其出現之初，其所含的眞理，都難以得到多數人的同意；人們只要遇到新意見，則常常會加以懷疑、加以反對，而並無任何理由，只是因爲它們不同凡俗罷了。不過眞理如黃金一樣，並不因爲新從礦中挖出，就不是黃金。我們只有考驗它、考察它才能知道它的價值，而不能專憑是否具有古典的樣式來衡量。它雖然不曾印有公共銘印通行於世，可是它仍會與自然一樣，並不因此稍損其眞。在這方面，大人便可提供一些偉大而令人折服的例證。因爲大人在眞理方面有許多深廣淵博的發現，倘肯稍稍公之於衆，定會驚世駭俗，只是大人恐只許少數知交略測其奧妙。縱使沒有別的理由，僅此一端也足以使我將這部著述獻於大人之前。至於拙著，則與大人所擬的那個高貴崇巨集的科學系統（它誠然是新穎、精確、而能啓發人的），也似有相近之處，因此，大人如能允許我在這裡自誇說，我的思想偶有幾分與大人的差可比附，那我就深感是一種光榮了。大人如果願意獎進這部書，使之刊行於世，則我希望，它遲早會誘發大人做進一步的研究；而且我可以冒昧說，大人既許此書問世，那不啻是向世人保證：他們如果能接受這部書，他們將會從大人得到不負他們所希望的東西。說到這裡，正可以表現出我給大人的贈品是什麼；我所贈的禮物，恰如貧窶之人對富貴之鄰所敬的一樣；富人園林雖盛，栽培雖美，可是貧人若以一籃花果見贈，則他也必須樂意接受。物品雖賤，可是獻者如果出之以尊敬、珍視和感激，則它們也會有了價值。而說到這三層心理，則大人已經給了我許多特別的、可靠的理由，使我不得不以極度的熱心把我的仰慕之憂向大人表示出來。這三層心理在贈禮上所加的價值，如果也能與它們自己一樣大，則我敢自信不疑地誇張說，我現在所給的贈禮，是大人所受過的最富豐的一種。我相信，要找尋一切機會表白我從大人所受過的屢屢不斷的恩惠，那正是我的最大義務所在。這些恩惠不但其本身是偉大而重要的，而尤其使它偉大重要的，乃是在賜予這些恩惠時，大人總是伴以勇敢、關切、仁慈和其他可感激的情操。不但如此，大人還又給了我一種恩惠，使其餘各種恩惠更覺強烈，這就是始終對我頗示垂青，時加存念。我冒昧一點說，對我似乎屑與爲友這一點，從大人的言語和行動中，經常表示出來，即在我不在面前時，大人也常在別人前如此表示；因此，我如果把人人所知道的事實寫出來，那並不能算做虛榮；而且我如果不承認人人所親見的事實，和我日日所受於大人的恩惠，那才是我自己的失禮。我其所以提出這些恩惠，不但表示我對於大人應當感激不盡，而且我很希望以此更加增長我的感激之心。我相信，若不是我清楚感覺到那些恩惠，則我在寫這部《理解論》時也不會提到它們，而且我也不會抓住這個機會向世人表示我自己的感激之心、表示我自己是大人的最謙抑、最恭順的僕人。

約翰．洛克（John Locke）

一六八九年五月二十四日

多塞特別墅（Dorset Court）

致讀者

我現在要把我在無聊沉悶時所自行消遣的一點玩意，置於你的手裡；如果我這個消遣的玩意，有時也可以讓你開心，而且你在讀時，所感到的快樂，只要如我在寫時的一半，那麼你便不會怪自己爲什麼白花了錢，也正如我不會怪自己爲什麼白費苦心似的。你不要誤以爲這話是我爲自己的作品鼓吹；也不要以爲，我原來做這種工作時倍感歡喜，所以在作成之後也十分歡喜這種作品。一個捕百靈和麻雀的人，比從事於高等打獵的人，所獵的對象雖遜，但快樂感是一樣的。人的理解可以說是心靈中最崇高的一種官能，因此，我們在運用它時，比在運用別的官能時，所得的快樂要較爲大些、較爲久些；因此，人如不知道這一層，則他還不知道本書的題目——理解。理解之追尋眞理，正如弋禽打獵一樣，在這些動作中，只是「追求」這種動作，就能產生大部分的快樂。心靈在其趨向知識的進程中，每行一步，就能有所發現，而且所有的發現至少在當下來說，不但是新的，而且是最好的。

因爲理解正如同眼睛一樣，它在判斷物像時，只以自己所見的爲限，因此，它對於自己所發現的東西，一定是很喜歡的，至於它所看不到的，它也不覺得可惜，因爲它根本就不知道有那回事。

人如果不願乞討爲生，不願以乞得的意見作爲餘茶剩飯而度其懶散的日子，他如果願意運用自己的思想，來追尋眞理，則他所獵獲的，無論是什麼，他也一定會得到獵人所能有的滿意。在追求中，每一時刻都可以給他一些快樂，來報答他的辛苦；縱然他不能自誇得到任何大的收穫，而他也不致於說自己的時光是白費的。

人們如果在漫思遐想之時，把自己的思想記述出來，則正有上述的這種快樂。這種快樂，你是不必妒忌人的，因爲你如果在讀時也運用自己的思想，則它們也會給你同樣的消遣機會。不過我所指的只是這一類發自於你自己內心的思想，因此，人們的思想如果是輕易從他人得來的，則那些思想不論是什麼樣的，都沒有關係，因爲他們所追求的不是眞理，而是其他卑賤的玩意；眞的，一個人所說、所思，如果盡聽人支配，則我們何必再過問他所說、所思的是什麼呢？反之，如果你能自己爲自己判斷，我知道你一定會坦白地來判斷。因此，你無論如何責罵我，我都不會責怪你或埋怨你。因爲在這部文章中，所有的眞理雖然都確是我所深信不疑的，可是我自己也與你一樣易於發生錯誤；而且這本書的成敗，全靠你的同意，不能靠我自己。但是如果在這部書中，你不能找到一些新的東西，或於你有益的東西，則你也不要責罵我。我這部書原不是爲精通這個題目的人寫的，原不是爲已熟悉自己理解的人寫的；我寫這部書原是爲自己求進益，並且爲了滿足少數朋友們的，因爲他們自認是不曾充分考慮過這個題目。如果你不嫌厭煩，則我可以把這篇文章的由來告訴你。有一次，五、六位朋友，在我屋裡聚會，就談論到與此題目相距很遠的一個題目。談論不久，我們就看到各方面都有問題，因此我們都就暫停了。在迷惑許久之後，既然沒有把打攪我們的困難解決，因此，我就想到，我們已經走錯了路，而且在我們開始考察那類問題之前，我們應該先考察自己的能力，並且看看什麼物像是我們的理解所能解決的，什麼物像是它所不能解決的。我向與會的人提出此議以後，大家都立刻同意；都願意以此爲我們的研究起點。下次聚會時，我就把自己對於自己從來未想過的草率、粗疏的思想寫出來，作爲這篇談論的入門。不過這個議論的開始，既由於偶然，其後續也由於頓促；寫的時候又是東鱗西爪，毫無連貫；又是往往擱置多日，隨後興之所至，機緣所值乃又重理舊業；最後，避世閒居，攝養康健，此書乃能成就今日的模樣。

寫的時候，既然作輟無常，因此，就容易產生許多缺點；其中相反的兩點就是：所說的有時太多，有時又太少。如果你覺得有所不足，則我是非常高興的，因爲我所寫的已經觸動你的心懷，想使我再進一步。如果你覺得太繁冗，則你應當歸罪於這個題目本身；因爲我在下筆之初，本擬以一頁盡數我對這個題目所要說的話。不過我愈走得遠，我所見的也就愈廣；新的發現繼續領我向前，所以不知不覺它就成了這麼大一部書。我承認，它的範圍原可以縮小一點，而且有些部分也可剪裁一些；因爲在寫時既然全憑湊巧，而且前後往往隔著很長時間，因此，它當然免不了有重複的地方。不過說老實話，要把這部書再加以刪減，那我眞有點懶做了，或者也可以說是忙得來不及。

最睿智的讀者往往是最精細的讀者，因此，他們一看見我這種錯誤，一定會感覺不快，這是於我的名譽有損的；而且我既然清楚甘心讓這種過錯存在，所以我也不是不知道這個壞結果。不過懶散的人們，只要找到任何藉口，就會自我安慰，因此，人們如果能知道這一層，則也會對我加以原諒，因爲我覺得我也有一種藉口，可以滿足我這種懶散之感。我之所以爲自己聲辯者，不是說「同一想法因有各種方面，所以我們必須用它來證明、來解釋這個談論的各部分；因此，事實上，在這部書中許多部分也就實在有這種情形。」我並不這樣爲自己辯護，我只是坦白地承認，我自己有時在一個論證上過於費詞，而且往往在不同的目標下，在各種途徑中將意見表示出來。我之所以印行此書，並不敢妄稱要供給思廣識銳的人們知識；對這些博學大師，我自認只是他們的學生，因此，我要預先勸他們不要在這裡存什麼奢望；因爲我所能給人的，只是由我粗疏的思想所織造的，只足以適合於與我天分一樣的人們之用。而後面這般人們，因爲受阻於確立的偏見，或抽象的觀念，所以他們對一些眞理會不易了解；因此，我如果費些苦心，使這些眞理在他們思想中得以明白清晰，那他們是能夠接受的。因爲有些題目我們必須面面俱到地考察；而且一個想法如果是新的（我自認這裡有些想法是新的），或是出乎常軌的（我猜疑人們看那些想法是如此的），則我們如果只是一瞥而過，那一定無法深入理解它，一定不能使它在那裡留下一個深刻永久的印象。我相信，差不多人人都可以看到：自己或他人，在某種方式下陳述一件事情時，往往覺得曖昧晦澀，可是若換一個方式來表示，則覺得很清楚明晰；——自然後來會覺得兩種說法並無多大差異；而且會訝異，何以一種說法不易爲人了解，另一種則比較容易。不但如此，再說到各人的想像，則同一物像也不能在各人的想像上產生同一的印象。我們的理解之差異，正如同味覺之差異似的。因此，有人如果以爲：同一眞理可以同樣取悅於讀者，則他正可以希望以同一種烹調法來饗宴所有人。食物也許一樣，營養品也許良好，可是你不能以同一種烹調法來取悅於大衆。如果你想著使人——甚至健者——能下嚥，則你一定得換個方法烹調。因此，原來勸我印行此書的人，就因爲此種緣故，也勸我仍以原樣印行出來；而且我既然把這部書印行出來，因此，我希望那些肯費心來讀此書的人們都了解了它。我原來並不想出版，而我之所以出版，乃是因爲人們誇獎我說，這部文章可以有益於人，也如有益於我自己一樣。若非如此，則我只不過讓原來慫恿我的幾個朋友看看好了。我之印書既然意在力求有益於人，因此，我認爲我應當竭力使任何讀者讀起來，都覺得明白透徹。我並不耽心，敏辨好思的人討厭我在有些地方過於繁冗；我只怕不慣於抽象思維的人們，或心存其他成見的人們誤解或不解我的意思。

人們一定會責難我說，要擅想來教導我們這個博學的時代，那不得不說是一種虛榮或傲慢；因爲當我說，我在印書時希望有益於人，那正含著教導人的意思。不過我們對那些過分謙抑的人們如果敢肆狂論，則我正可以說，他們如果印書時，別有用意，那更是一種虛榮和傲慢，因爲他們已經矯揉造作，鄙薄自己所寫的是全無用的了。一個人在印書時，如果自己承認人們在讀了以後，不會得到什麼利益，可是同時又想讓人來讀，那他就對於公衆太不恭敬了。我這部文章中，縱然沒有一些可取的東西，我的原意也一定不是不可取的；而且我的意旨既屬良善，則我的附帶價值雖屬輕賤，也就可以原諒過去了。因有這種理由，所以我不畏人的責難；因爲我雖然逃不了人的責難，但再好的作者也是一樣不能免於譏評的。人的主張、意見、趣味，都各不相同，所以要求一本取悅於一切或取憎於一切的書，那是不容易的。我承認，我們所處的這時代，不是最無學問的，所以它也不是最易於滿足的。因此，我如果不幸不能取悅於人，人們也不必責怪我。我可以清楚告訴我的所有讀者，我這書原來不是爲他們寫的，只是爲幾位朋友寫的，因此，他們也不必費心來列於後者之數。不過如有人覺得非怒不可、非罵不可，則儘管由他怒罵好了；因爲我的消遣方法正多，正不必與人爭論。我已經眞誠地來追求眞理和效用，所以我將永遠滿意自己這種做法；雖然我所採取的研究方式是最不足取的。學界的國度當下並非無大宗匠來主持，他們那些促進科學的大企圖，很可以留作永久的紀念碑，以爲萬古所欽仰。不過人人並不必都來當一個波以耳（Boyle）或是施丹漢（Sydenham）。這個時代既然產生了許多大師，如大郝珍尼（Hygenius）與獨一無二的牛頓（Newton），以及其他同類的人；因此，我們只當一個小工來掃除地基、來清理知識路上所堆的垃圾，那就夠野心勃勃了。現在的聰明勤懇之士，在努力研究時如果不曾受了障礙，則世界上知識之路一定已經有了很大的進步；可是現在的人們竟然自矜博雅、虛僞造作，在各科學中應用奇怪、荒誕而不可理解的許多名詞，築起一大套空中樓閣來；因此，哲學雖以研究眞正的知識爲職務，可是人們反以它爲不配見稱於大雅之堂、高談之中了。曖昧含糊的說法，與牽強附會的言詞，久已被人認爲是科學的神祕所在；而且生僻訛用全無意義的文字，似乎又因爲沿用已久，賦有特權，應被人認爲是博學深思的表現。因此，我們很不容易使說者和聽者都相信，那些文字只足以掩飾愚陋、阻礙眞知。因此，我認爲，要單刀直入，把虛榮和無明的神龕打破，那一定對於人類的理解，是一種功勞。人們自然不易相信自己在用文字時，自己欺騙了人，或被人所欺騙；他們自然不容易相信，他們宗派中所用的文字，含著任何錯誤，應當加以考察、加以修正；因此，我在第三卷中論到這個題目的，不免稍微冗長（我希望人們原諒我這一層），而且我還竭力使人相信任何牢固的邪說、任何盛行的風俗，都不足以辯護人們爲什麼不當留心自己文字的意義、爲什麼不當讓人來考察自己用語的含義。

我在一六八八年，曾把這個文章的大綱印行出去。後來據他人表示，有的人們只因爲其中否認有天賦的觀念，讀也不讀就加以非難；他們並且倉促斷言，如果我們不假設天賦的觀念，則對於精神便沒有任何想法或證明。別的人們如果在初讀之時也感到同樣的忿怒，則我可以請他把這部書讀完再說。讀完以後，我希望他會相信，要把虛僞的基礎拆掉，那對於眞理並不是禍患，乃是一種利益，因爲眞理如果建立在虛僞上，那是最危險的。在第二版時，我曾有下述的附言。

出版商曾允許我說，此次第二版已經詳爲校閱，因此，第一版中所有的許多錯誤，將來可以在這裡加以改正。他既然如此說，因此，我如在這裡略而不提，那他是不會原諒我的。他還希望讓人知道，在此版內，關於同一性有新添的一章，而且在別的地方，也有許多增益和改正。不過讀者應當知道，這些增益和改正並不是新的東西，它們大部分只是進一步來證實我以前所說過的話，並且對那些話加以解釋，免得人誤解了第一版中的議論。因此，它們並非與原意有所出入。不過我在第二卷第二十一章內所加的修正，可以說是一個例外。

我在那裡關於「自由」和「意志」所說的話，應該受極其嚴格的校正。因爲那些題目曾經在各時代使世上的學者們發生了許多的問題和困難；而且那些問題和困難又在人所急欲明曉的道德學和神學中，引起了很大的紛擾。我在前面已提到，在一切自願的運動中，所謂意志究竟以什麼爲最後決定的動機；不過在進一步考察了人心的各種作用以後，在較精密地觀察了支配那些作用的各種動機和觀點以後，我覺得以前的思想有修正的必要。這一點是我所必須向世人承認的，而且我在承認時是很坦白、很爽快的，一如我以前出版時認自己爲合理的一樣。因爲我的任何意見只要有違於眞理，我是很願意拋棄它的，我並不願意反對他人的意見。因爲我所追求的只是眞理，不論它何時、何地而來，我總是要歡迎的。

在我所持的意見、我所寫的東西中，只要我有發現任何錯誤，便可立刻拋棄那些意見與說詞，因爲我一向是勇於改過的。不過人們雖然也印了一些東西，來反對我的書中的各部分，可是我仍得承認，我並不曾有幸運，來從那些反駁中，得到任何光明；而且在反對我的一切文章中，我也不曾看到有任何理由，在他們所責難的那幾點上，來變更我的原意。也許我所寫的題目需要進一步的思考和注意，不是一般散漫的讀者的管窺蠡測所能了解的（至少有偏見的散漫讀者是不肯思索的）。也許我的用語太於含糊，所以這個題目便罩了一層烏雲，使人不易在此種表現形式下來了解這些想法；因此，我的意思常被人誤會，而且我也不曾僥倖到處得到人的正確了解。這一類的例證是很多的，因此我正可以對讀者與我自己有所申辯。我或者可以說，我的書是寫的很清楚的，人們只要肯費心讀、只要肯以適當的注意和客觀的態度來披閱它，他們一定會正確地了解它的。要不如此說，則我可以承認，它是寫的很晦澀的，而且我雖想盡心來修改，也是無濟於事的。這兩種說法不論那一樣是眞的，所牽涉的只有我自己一人。因此，人們對書中各節，雖有所反駁，可是我將漠然置之，並不願以我所應給的回答，來麻煩讀者。因爲我相信，人們如果能覺得那些反駁是有關重要的，並且必欲知道它們究竟是眞、是假，則他們一定會看到，反對者所說的不是沒有根據的，就是在互相了解以後，與我的學說不相抵觸的。

人們如果覺得，他們舊有的好思想，不應失掉一點，因此，他們就把責難這部文章的理由印行出來，並且恭維我說，我的文章根本就不能叫做文章；那麼，我讓輿論來評價他們對自己批評的筆鋒所負的責任好了。人們既然不假思索，就對我的著述在自己或在人前加以攻擊，那我又何必暴燥用事、多費心血，來減低人家的歡心呢？不，我不會以這種無聊的事體來荒廢讀者的時間。

出版商在爲此書預備第四版時，曾經通知我，如果我有工夫，應該斟酌情形，有所損益變動。因此，我就想到，我應該告訴讀者，除了各處散見的改正之外，特別有一種改變是值得提敘的，因爲它是通行於全書的，而且應更徹底地了解的。那時我曾有下列的附論：——

所謂「明白而清晰的觀念」，雖是人口中所慣用的名詞，可是我很有理由來相信，應用這些名詞的人們一定不能都完全了解它們。只有很少數的人們，才肯費心來想，自己或他人在應用這些名詞時，究竟有什麼確當的意義。因此，我在許多地方，就用確定的（determinate）、堅定的（determined）兩個詞來代替明白的、清晰的兩個詞，因爲我認爲在這本書內，這些形容詞比較容易指導人的思想，來了解我的眞意。我所謂有定的和確定的，乃是指心中確定的一種物像，因爲它是看得清楚、知得明白的。這個物像可以適當地稱爲肯定的或確定的觀念。任何時候，一個觀念如果客觀地存於心中，確定在心中，並且無例外地同一個名字或清晰的聲音緊相聯合，則它便可以說是一個確定的觀念，而且那個名字在一提到以後，就會標記心中那個物像，或那個有定的觀念。

再較詳細地解釋一下，則我可以說「有定的」三字，如果應用於一個簡單觀念，則我所指的，乃是觀念存在於心中時，人心在它目前或在自身所觀察到的那個簡單的現象。「有定的」三字如果應用於一個複雜觀念，則我所指的，乃是由數目確定的一些簡單（或不複雜的）觀念合成的一個觀念；這些簡單觀念在心中的組合，有其特殊的比例和情況，而且人心中只要一發生那個觀念，就自然會看到這些比例和情況。不過這個比例，應以人在提出名詞後心中所應有的標準觀念爲衡。而我所以說「應有的」，乃是因爲人們在說話時，並不先留意在心中考察他們用文字所要表示出的每個精當確定的觀念。能這樣小心的，不但不能期望於所有的人，而且我認爲或者竟然就沒有這樣一個人。人們因爲不能這樣小心，所以他們的思想中和談論中，發生了不少的含糊和紛亂。

我知道，任何語言中，都沒有充分多的文字，來契合人在談論中和推論中所發生的一切花樣的觀念。不過人在應用任何名詞時，他的心中仍能確定地意識到那個名詞所代表的觀念，而且在當下的談論中，仍可以使觀念和名詞緊相密合、不稍違離。如果他不曾做到這一層，或竟不能做到這一層，則他休想說自己能有明白、清晰的觀念；他的觀念分明不是明白、不是清晰的。因此，人們如果要應用沒有確定意義的名詞，那只有引起紛亂和含糊了。

因此，我認爲「確定的觀念」這幾個字，比「明白的」、「清晰的」這幾個字，是比較不易引起錯誤的；而且人們如果對自己所推論、所探究、所爭辯的，都有了所謂確定的觀念，則他們會看到，他們大部分的疑惑和爭論將完全告終。攪擾人類的大部分問題和爭論，既然都起於含糊不定的文字用法，或文字所代表的那些不確定的觀念，因此，我就特意使「確定的觀念」一詞表示著下述的兩層意義：第一、它所表示的是人心所看到的一種直接物像，而且那種物像是與代表物像的那個聲音截然有別的；第二、這個觀念是確定在心中的，是爲心所知覺、所看見的，它毫無例外地同那個名詞確連在一起，那個名詞也毫無例外地同它確連在一起。人們在探討中和談論中，如果能應用那些確定的觀念，則他們不但會看到，他們所探討的、所討論的到了什麼程度，而且他們會避免了同他人素日所有的大部分爭論和口角。

不過除此以外，出版商或者還希望我告訴讀者一件事，就是：我在這一版中，已經增訂全新的兩章，一章是論觀念的聯合的，一章是論狂熱的。這兩章以及從前所未曾印過的其他一些較大的增益，出版商把它們單獨印行出來；至於增補的方法和目的，也都與此書第二版所有的增補一樣。

在這第六版中，改正增益的地方很少，所有新的增益，大部分都在於第二卷第二十一章。人們如果覺得不是白費工夫，則他們可以稍費辛苦，把所增補的添在前一版書的邊緣上。

目錄

第三卷　言詞

第四卷　知識與概率

序言

1 **理解的研究是愉快而且有用的**：理解既然使人高出於其餘一切有感覺的生物，並且使人對這些生物占到上風，加以統治，因此，理解這個題目的確是值得研究的；只就理解的高貴性來說，我們也可以研究它。理解就像眼睛似的，它一面雖然可以使我們觀察並知覺別的一切事物，可是它卻不注意自己。因此，它如果想得抽身旁觀，把它做成它自己的研究對象，那是需要一些藝術和辛苦的。但是在這個研究的道路上不論有什麼困難，而且不論有什麼東西使我們陷於黑暗中摸索，不得究竟，可是我的確相信，我們對自己心靈所能採取的任何看法以及我們對理解所能得到的全部知識，不但會使人愉快，而且在探求別的事物時，也會在指導自己的思想方面給我們很大方便。

2 **綱要** 我的目的既然在探討人類知識的起源、確定性（certainty）和範圍，以及信仰的、意見的和同意的各種根據和程度，因此，我現在不願從物理方面來研究心理，不願費力來研究人心的本質由何成立；不願研究我們所以藉感官得到感覺，而且理解力所以有了觀念，是憑藉於精神的某些運動，或身體的某些變化；也不願研究那些觀念在形成時是否部分地或全體地依靠於物質。這類的思辨雖然奇異而有趣，可是我要一概拋棄它們，因爲它們不在我的綱要之中。現在我們只考究人的辨別能力在運用於它所觀察的各種物像時，有什麼作用好了。在採用了這個歷史的、淺顯的方法以後，我如果能稍微解說：我們的理解藉什麼方式可以得到我們所有的那些事物觀念，我如果能立一些準則來衡量知識的確定性，並且如果能解說：人們那些參差而且完全矛盾的各種信仰，都有什麼根據——我如果做到這幾層，則我可以設想我這樣苦思力索，沒有完全白費了工夫。——自然我在別處也曾經很自信不疑地說過：人們如果一觀察人類的各種意見，以及各種意見的對立和矛盾，同時再一考察人們是怎樣鍾愛痴迷地接受各種意見時，又是怎樣果斷專橫地主張各種意見——他們如果觀察到這一層，或許會有理由懷疑，世上根本就沒有眞理，否則就是人類沒有充分的方法來獲得關於眞理的確定知識。

3 **方法** 因此，我們應當搜尋出意見和知識的界限，並且考察我們應當藉著什麼準則對於我們尚不確知的事物，來規範我們的同意、緩和我們的信仰。爲達此種目的起見，我要追循下述的方法。

第一、我要研究：人所觀察到的，在心中所意識到的那些觀念或想法（你可以隨意給它任何名稱），都有什麼根源；並且要研究，理解是由什麼方式得到那些觀念。

第二、我要努力指出，理解憑那些觀念有什麼知識，並且要指出那種知識的確定性、明證和範圍來。

第三、我要研究信仰的或意見的本質和根據；在這裡，我所說的意見，是指我們把尚未確知其爲眞的那些命題認以爲眞的同意而言。這裡我們還需要考究同意的各種根據和程度。

4 **知曉理解的範圍是有用的** 在這樣研究理解的本質時，我如果能發現了理解的各種能力，並且知道它們可以達到什麼境地，它們與什麼事情稍相適合，它們何時就不能供我們利用——如果能這樣，我認爲我的研究一定有一些功用，一定可以使孜孜不倦的人較爲謹愼一些，不敢妄預他所不能了解的事情，一定可以使他在竭能盡智時停止，一定可以使他安於不知我們能力所不能及的那些東西——自然在考察以後我們才發現他們是不能達到的。這樣，我們或許不會再莽撞冒昧裝做自己無所不曉來發出許多問題，使我們自身以及他人都紛心煩慮，來爭辯我們理解所不能知悉的事物、來爭辯我們心中所不能清楚知覺到的事物、來爭辯我們完全想法不到的事物（這些事情或者是很常見的）。如果我們能發現理解的視線能達到多遠，它的能力在什麼範圍以內可以達到確實性，並且在什麼情形下它只能臆度、只能猜想——我們或者會安心於我們在現在境地內所能達到的事理。

5 **我們的才具是與我們的境地和利益相適合的** 因爲我們理解的識別能力雖然萬分趕不上紛紜錯雜的事物，可是我們仍有充分的理由來讚揚我們那仁慈的造物主，因爲他所給我們的知識的比例和程度，是比塵世上一切其他居民的知識都要高出萬倍的。人們實在應該滿足於上帝所認爲適合於他們的那些事物，因爲上帝已經給了人們「舒適生活的必需品和進德修業的門徑」（就如聖彼得所說〔πάντα πρός ζωήν καὶ εὐσέβειαν〕），並且使人們有能力來發現塵世生活所需的熨貼的物品、來發現達到美滿來世的必然途徑。他們的知識縱然不能完全地普遍地來了解所有一切事物，可是他們仍有充足的光亮來知悉他們的造物主，來窺見他們的職責，因此，他們的利益也就可以得到一層保障。人們如果因爲自己太不夠偉大，不能把握一切，便冒昧地抱怨自己的天分，並且把他們手中的幸福都拋棄了，那就無話可說了，否則他們一定會找到充分的材料來開動自己的腦筋、來運用自己的兩手，並且隨時變換花樣，妙趣橫生。因此，人們如果能應用自己的心思來研究那些本可對我們有用的事物，他們便沒有多大理由來訴怨人心的狹窄，因爲人心本來就能供他們以這種用途。因此，人們如果只因爲尚有一些東西是在我們知識界限以外便來貶抑知識的利益，並且不肯來發揮知識，使之達到上帝賦與知識時所懷的目的，則他們這樣暴躁性格就是幼稚十足，不可原諒的了。一個懶散頑固的僕役，如果說：不在大天白日，他就不肯用燈光來從事職務，那實在是不能寬恕的。我們心中所燃的蠟燭已經足夠明亮可以供我們用了。我們用這盞燈光所得的發現就應該使我們滿意。理解的正當用途，只在使我們按照物像適宜於我們才具的那些方式和比例，來研究它們只在使我們根據能了解它們的條件，來研究它們；倘或我們只能得到概然性，而且概然性已經可以來支配我們的利益，則我們便不當專橫無度來要求解證，來追尋確實性了。如果我們因爲不能遍知一切事物，就不相信一切事物，則我們的做法，就像一個人因爲無翼可飛，就不肯用足來走，只是坐以待斃一樣，那眞太聰明了。

6 **知道了我們的才具，就可以醫治懷疑和懶惰** 我們如果知道了自己的力量，則我們便會知道，來經營什麼事情是有成功希望的。我們如果仔細視察了我們心靈的各種能力，並且估量了我們能由這些能力得到些什麼，則我們便不會因爲不能遍知一切，就來靜坐不動，完全不肯用心於工作上；也不會背道而馳，因爲還有些東西未曾了解，就懷疑一切，並且放棄一切知識。一個水手只要知道了他的測線的長度，就有很大的用處，他雖然不能用那線測知海的一切深度，那也無妨。他只知道，在某些必要的地方，他的測線夠達到海的，來指導他的航程，使他留心不要觸在暗礁上沉溺就夠了。在這裡，我們的職務不是要遍知一切事物，只是要知道那些關係於自己行爲的事物。如果我們能找尋出一些應遵循的準則，以使理性動物，在人所處的現世狀況之下，來支配他的意見，和由意見而生的動作；則我們便不必著急，怕有別的事情逸出我們的知識範圍之外。

7 **這篇文章的緣起** 這便是我原來所以要寫這部理解論的原因。因爲我認爲，要想來滿足人心所喜歡進行的各種研究，則第一步應當是先觀察自己的理解，考察自己的各種能力，看看它們是適合於什麼事物的。我們要不先做到這一層，則我總猜疑，我們是從錯誤的一端下手的。我們如果使自己的思想馳騁，以爲無限的境界，都是理解的自然的確定的所有物，其中任何事情都離不了它的判斷、逃不了它的識別——則我們休想安閒自在確定不移地把握住我們所最關心的眞理，以求自己的滿足。人們既然把自己的研究擴及於他們的才具以外，使他們的思想漫遊在他們不能找到穩固立腳點的海洋中，因此，我們也不必訝異，他們妄發問題、横興爭辯了，而且那些問題和爭辯既是永久不能明白解決，因此，我們也就不必訝異，它們能使人的疑惑繼長升高，並且結果使他們固守住醇乎其醇的懷疑主義。反之，人們如果仔細考察了理解的才具，並且發現了知識的範圍，找到了劃分幽明事物的地平線，找到了劃分可知與不可知的地平線，則他們或許會毫不遲疑地對於不可知的事物，甘心讓步公然聽其無知，並且在可知的事物方面，運用自己的思想和推論。以求較大的利益和滿足。

8 **所謂觀念代表什麼** 關於人類理解論寫作的緣起，我認爲必須說的話也就止於此了。不過在我進而發表我對這個題目所有的思想以前，我在這入門之初，還得請求讀者原諒我屢屢應用「觀念」（idea）一詞，我認爲最足以代表一個人在思想時理解中所有的任何物像；因此，我就用它來表示幻想（phantasm）、想法（notion）、影像（species）、或心所能想到的任何東西。這個名詞是我所不得不常用的。

我擅想，人們都容易承認：在人心中是有這些觀念的；而且人人不但意識到自己有這些觀念，他們還可以藉別人的言語和動作，推知別人也有這些觀念。

因此，我們第一步就該研究它們是如何出現於心中的。

第一卷　原則和想法都不是天賦的

第一章　人心中沒有天賦的原則

1　**由我們獲得知識的方式看來，足以證明知識不是天賦的**　據一些人們的確定意見說：理解中有一些天賦的原則，原始的想法（κοιναὶ ἔννοιαι）像記號，彷彿印在人心上似的。這些想法是心靈初存在時就稟賦了，帶在世界上來的。不過要使無偏見的讀者來相信這個假設之爲虛妄，我只向他指示出下述的情形好了。因爲我希望我在這部文章的幾部分可以給人指示出，人們只要運用自己的天賦能力，則不用天賦印象的幫助，就可以得到他們所有的一切知識；不用那一類的原始想法或原則，就可以達到知識的確實性。要假設人心中有天賦的顏色觀念，那是很不適當的，因爲果眞如此，則上帝何必給人視覺，給人一種能力，使他用眼來從外界物像接受這些觀念呢？要把各種眞理歸於自然的印象與天賦的記號，那也是一樣沒理由的，因爲我們可以看到，自身就有一些能力，能對這些眞理得到妥當的、確定的知識，一如它們是原始種植在心中的。我認爲，這兩層是人人都容易承認的。

不過在運用思想來追尋眞理時，人們的思想如果稍微逸出盛行道路，則他們便容易受人的責難，因此，我要把我懷疑這個意見的理由說出來，對我自己的錯誤（如果有的話）作爲乞恕之辭。

不過我之所以舉出這些理由來，只是供那些虛懷的人們來考慮，因爲有些人或許也與我一樣，在什麼地方遇到眞理，就毫不遲疑地接受它們。

2 **人們以為普遍的同意是一個最大的論證**　人們都普遍地承認，有一些思辨的和實踐的（因爲他們兩者都說到）原則，是一切人類所一致承認的，因此，他們就說，這些原則一定是一些恆常的印象，一定是人類心靈在受生之初就必然而切實地受之於天，帶來世界的，就如他們帶來自己任何一種天賦的才具似的。

3 **普遍的同意並不能證明有什麼是天賦的**　不過根據普遍同意而推出的這個論證卻有一層不幸，因爲事實上，縱然眞有所有人類所公認的眞理，那也不足以證明它們是天賦的，因爲我擅想，我可以指示出，人們對於自己所同意的那些事物之所以能產生普遍的共識，還有別的途徑在。

4 **人們並不普遍地共識：「凡存在者存在」，「一種東西不能同時存在而又不存在。」**　不過更壞的是，因爲人們雖然應用普遍的同意作爲論證來證明天賦的原則，可是在我看到，這個論證似乎反而可以解證出，根本就沒有所謂天賦的原則，因爲所有人類並沒有公共承認的原則。我現在可從思辨的部分著手，並且可以援引人們所用的那兩條崇高的解證原則來加以討論。一條原則是說：「凡存在者存在」，另一條原則是說：「一件事物不能同時存在而又不存在」。這兩條原則在一切原則中，我認爲，算是最有權利配稱爲天賦原則的，而且它們都被人確認爲是普遍承認的公理，因此，任何人只要懷疑它們，的確要被人認爲是奇怪的。不過我敢冒昧地說，這些命題不但不曾得到普遍的同意，而且人類大部分根本就不知道這回事。

5 **它們不是自然地烙印於人心的，因為兒童和白痴都是不知道它們的**　因爲第一點，兒童和白痴完全無法也想到這些原則；他們既然想不到這一層，這就足以把普遍的同意消滅了（可是普遍的同意又是一切天賦的眞理所必需的伴隨條件）。要說心靈中烙印一些眞理，同時心靈又不能知覺或理解它們，在我看來，那只近似一種矛盾，因爲所謂「烙印」二字如果尙有意義，則它們的含義一定在使一些眞理爲人心所知覺。因爲要說把一件東西烙印在人心上，同時人心又無法知覺它，那在我認爲是很難理解的。如果兒童和白痴的靈魂和心理中賦有那些印象，則他們便不能不知覺那些印象，而且必然地會知曉這些眞理、同意這些眞理。不過他們既然不知覺那些印象，那就證明事實上並沒有那些印象。因爲那些印象如果不是自然地烙印人心中的想法，則它們如何能說是天賦的呢？如果它們是自然烙印的想法，爲什麼人們又不知道它們呢？要說一個想法烙印在人心上，可是同時又說，人心不知道它、不曾注意到它，那只是使那個印象一無所有了。人心所不曾知道的命題、所不曾意識到的命題，根本就不能說是在人心中的。如果有一個命題在不被人心所知時，可以說是在人心中的，那麼根據同一理由一切眞實的命題，人心所能同意的一切命題，都可以說是原本烙印在人心中的。如果人心所不知道的一個命題，可以說是存在於人心中的，那一定是因爲人心有知道它的可能性；不過若是這樣，則人心將來所要知道的一切命題，也都可以說是人心所能知道的。不只如此，就是人心以前所不曾知道、以後永不會知道的眞理，也可以說是原來印在人心中的，因爲一個人雖可以活得很久，可是到臨死時，他也許仍然不知道他心理所能確實知道的許多眞理。因此，如果認識的能力就是人們原來所爭執的那個自然的印象，則人們所能知道的一切眞理全都可以因此說是天賦的。不過人們所爭的這一點，歸結起來，只不過是一種不妥當的說法罷了。這樣，則人們雖然妄辯有天賦的原則，實際上就無異於說沒有那些原則。因爲，我認爲，任何人都會承認，人心能可以知道一些眞理。可是他們說能力是天賦的、知識是後得的，那麼他們所以爲某些天賦的公理來爭辯，究竟有什麼目的呢？如果眞理在不爲理解所知覺時就能烙印在理解中，那麼我便看不到人心所能知道的一切眞理在起源方面，究竟有何種差異。它們或許都是天賦的、或許都是外來的，我們要妄行分別，也只是徒勞無功罷了。因此，一個人在談論理解中的天賦想法時，如果他是指著任何一種明晰的眞理而言，則他一定不是說，理解所不曾知覺、所完全不曉的那些眞理是在理解中的。因爲「在理解中」這四個字如果有任何適當的意義，則它們一定是指「被理解的」四字而言。因此，要說「在理解中」而「不被理解」，在「人心中」而「不被知覺」，那就無異於說，一件事物同時在心中或理解中，同時又不在其中。人們雖然說「凡存在者存在」、「一件事物不能同時存在而又不存在」，可是這兩個命題如果是自然烙印心中的，則兒童不該不知道它們；而且所有嬰兒與有心靈的動物，必然在理解中都有這些命題，必然都知道這些命題、同意這些命題。

6　**人們說：「人類在開始應用理性的時候，可以發現這些命題。」現在要答覆這一點**　有人爲避免上述駁難起見，就又答覆「一切人類在開始運用理性時就可以知道這些命題、同意這些命題，這就足以證明它們是天賦的」。不過我仍可以加以反駁。

7　人們要預存成見，則往往不肯費心來考察自己所說的話，因此，他們就會把毫無意義的、含糊的說法當做清晰的理由。因爲他們這個答覆如果稍有意義，則我們把它應用在現在這個題目時，則它的含義便不出下述之一；或者說，人們在運用理性的同時就立刻知道、立刻觀察到這些假設的天生的印記；或者說，人類理性的運用可以幫助人來發現這些原則，並且使人們確知這些原則。

8　**如果它們是被理性所發現的，那也不足以證明它們是天賦的**　他們如果說，藉著理性的運用人們可以發現這些原則，而且這就足以證明這些原則是天賦的，則他們的辯論方法是這樣的：凡理性所能明白給我們發現的一切眞理，凡理性所強迫我們堅決承認的眞理，都是自然烙印心中的。因爲能標記天賦原則的那種普遍的同意，只不過是說，我們藉著理性的運用可以確知這些原則、同意這些原則罷了。要照這樣，則在數學家公理，和由公理所推出的定理之間，便沒有差別了；我們必須承認它們一律都是天賦的，因爲它們都是由理性的運用所發現的眞理，而且是任何有理性的動物，在這方面善用其思想時所一定會發現的眞理。

9 **說理性能發現這些原則，是錯的** 不過這些人又如何能想，要發現假設的天賦原則，理性的運用是必須的呢？理性這種能力（如果我們可相信他們）不是只能由已知的原則或命題，來演繹它所未知的一些眞理嗎？如果我們不說理性所教給我們的一切確定眞理都是天賦的，則任何有需於理性來發現的東西，的確都不能說是天賦的。要說理解藉著理性的運用，才能看到原來在自身烙印的東西，才能看到在理解中存在而且被理解所知覺的東西，那正如同說，眼睛要憑著理性的運用才能發現可見的物像一樣。因此，要說理性能發現原來烙印的東西，那就無異於說，理性的運用可以發現人們早已知道的東西。如果人們在運用理性以前，原來已烙印那些天賦的眞理，可是在不能運用理性的時候，他們常常不知道那些眞理，那實際上只是說，人們同時知道而又不知道它們。

10 在這裡，人們或許會說，數學的解證以及其他非天賦的眞理，在一提出時，並不能得人同意；因此，我們就可以看出它們和這些公理及其他天賦的眞理，有所區別。後來我還有機會逐漸詳細來討論，命題在一提出後就引起的那些同意。不過我在這裡只可以直接承認，這些公理和數學的解證確有其差異。就是說，一種是需要理性和證明才能做出、才能得人同意的；一種是在一了解以後，不用任何推理，就可以被人接受、被人同意的。不過我可以乞恕地說，這一層區別正可以揭穿人們這個遁辭的弱點，因爲他們雖說，要發現這些普遍的眞理，理性的運用是必要的，可是我們必須承認，在發現這些眞理時，絲毫用不著推理。我認爲：給這個回答的人們一定不會魯莽地說，我們之所以知道「一件事物不能同時存在而又不存在」這條公理，是由於我們理性的演繹來的。因爲他們如果認為，我們之所以知道這些原則乃是苦思力索的結果，則他們一定會把他們似乎很喜愛的自然所給的那種賜惠毀滅了。因為一切推論都只是來回追求、四面搜尋，都需要人的辛苦和專心。自然所烙印的東西既是理性的基礎和指導，那麼你如果要假設，在發現這些東西時，理性的運用是在所必須的，那還有絲毫意義嗎？

11　人們如果肯稍費力注意、稍反省理解的作用，則他們便會發現，人心之所以能直接同意一些眞理，既不是依靠天生的銘印，也不是依靠理性的運用，而是依靠著和這兩種作用完全差異的另一種心理能力；這一點，我們以後就會看到。我們之所以能同意這些公理，既然與理性無關，那麼我們要說，人在開始運用理性時，就能知道這些公理、同意這些公理，那究竟是什麼意思呢？如果你的意思是說，理性的運用可以幫助我們來知道這些公理，那就完全錯誤了，如果眞是那樣，那又證明它們不是天賦的了。

12　**初能運用理性的時候並不就是我們知道這些公理的時候**　如果你因此說：「我們在能運用理性時，就能知道並同意這些公理」，意思是說我們在能運用理性時，同時就能注意到這些公理，而且因為兒童在一能運用理性時，同時也就能知道並同意這些公理，那仍然是錯誤的、不深思的。第一點，這層說法之所以錯誤，乃是因為在人類開始運用理性時，這些公理並不同時就在人心中，因此，若你說人類在開始運用理性的同時也就發現了這些公理，那是錯誤的。兒童在知道「一物同時不能存在而又不存在」的這個公理以前，很早就能運用理性，這些例證也就多的不可勝數了；大部分文盲和野蠻人，即在其能運用理性的年紀，也往往過了多少年，還不知道這個命題以及相似的普遍命題。我當然承認，人們在不能運用理性時，不會知道這些所謂天賦的普遍抽象的眞理，不過我還可以說，就在開始運用理性時，人們也無法就知道了這些眞理。這是因為人們在不能運用理性時，心中尚未形成抽象的觀念，因而那些概括的公理也不能成立。這些概括的公理，人們雖誤認爲天賦的原則，可是它們仍是後來發現的眞理；而且人心在發現它們時所由的方式和步驟，正與發現那些無人妄認爲天賦的其他命題時一樣。這一點，我希望可以在下文中釐清。因此，我只承認，人們在知道這些普遍眞理以前，必須先能運用理性；可是我卻否認，人們在開始運用理性時，同時就能發現這些普遍的原則。

13 **要照這樣，則普遍的真理和其他可知的真理便無分別** 同時我們還應知道，如果你說：「人類在能運用理性時，就能知道並同意這些公理」，那實際上也只是說：這些公理在理性發動以前，從未被人知道、被人注意，不過以後在人的一生中，有被人同意的可能。不過在這裡，我們仍沒有確定的時間；因此，這些眞理也就與其他一切可知的眞理一樣，因爲要說它們在人類能運用理性以後便被人知道，那並不能表示出它們對其他眞理所占的上風及所有的差異，而且它們也不能因此就被證明是天賦的，因爲結果是正相反的。

14 **縱然在開始運用理性時同時就能發現這些公理，那也不足以證明它們是天賦的** 第二點，縱然我們知道這些公理、同意這些公理時，卻正好是我們開始運用理性的時候，那也不能證明它們是天賦的。這種辯論方法之爲輕浮，正與這個假設之爲錯誤是一樣的。因爲理性這種心理能力既然屬於另一個範疇，則你憑著什麼論理方法，只因爲理性起始動作時，我們能開始同意於一個想法，就說那個想法是自然原始在人心本質中所烙印的呢？如果你只因爲人們同意這些公理的時候，也就是他們開始運用理性的時候，就說這些公理是天賦的，那麼，我們如果假定人們開始運用語言的時候，也正是開始同意這些公理的時候（這個時候也正可以說是人們開始運用理性的時候），則我們也可以根據語言的開始運用，來證明這些公理是天賦的了。因此，我雖然可以與主張天賦原則的人們一樣承認，人心在不能運用理性時，便不知道這些普遍的、自明的公理，可是我仍然否認，人們在開始運用理性的時候，恰好正是開始注意這些公理的時候；而且我縱然退一步來承認，兩個時間恰乎相等，我也不承認這個就能證明這些公理是天賦的。因此，我們如果說：「人類在能運用理性時，就能承認這些公理」，則這個命題所僅有的眞實意義只不過是說，有了推理的能力，我們才可以逐漸地與日俱進地，來形成抽象的觀念，並且來了解概括的名詞，因此，兒童往往不能先得到那些普遍的觀念，不能先學得代表觀念的那些名詞，一直等他們在較熟悉較特殊的觀念上，把自己的理性運用一段時間後，人們才能認爲他們可以理解推理的談論。如果你因此說：「人類在能運用理性時就能同意這些公理」，乃是因爲這個主張有別的意義，那麼，我請你把那個意義指示出來好了；至少你也得在這種意義下，或在別的意義下，指示出來給我，這個命題如何能證明這些公理是天賦的。

15　**人心得到各種眞理時所由的步驟**　感官在起初就納入一些特殊的觀念，以裝備尙在空虛的那個小室。人心漸漸與它們有的相熟悉，於是便把它們保存在記憶中，給它們定了名稱。隨後，人心又可以進一步把那些觀念抽象化，漸漸會運用概括的名詞。藉著這個方式人心便儲備了各種觀念和語言，並且在這些材料上運用它的推理能力；這些能觸動理性的各種材料愈加增長，則理性的運用也日益明顯。不過概括觀念的獲得及概括言語的應用，雖然常和理性在一塊生長，可是這個也萬不能證明它們是天賦的。我承認，人們對一些眞理所有的知識是很早就存在於心中的，不過那種存在的方式仍然指明那些眞理不是天賦的。因爲我們稍一觀察，就會發現，人心所從事的，仍是後得的觀念，不是天賦的觀念。它所從事的那些觀念，仍是由外物所烙印的，因爲那些外物最初就在兒童的感官上反覆烙印了各種印象。人心大概是在一能運用記憶時、在一能保留並且知覺清晰的觀念時，或者在這樣所得的各種觀念中，就能發現它們有些是相契的、有些是相異的。不論人心是否是在有了記憶以後，才能有這種分別，我們依然確知，在語言的運用之前、在開始所謂理性的運用之前，這種分別是早已有了的。因為兒童在不能說話時，已經確知甜和苦的分別（知道甜不是苦），正如他們後來會說話時，知道艾草和甜梅不是同一事物一樣。

16 一個幼兒如果還不會數七，並且還沒有得到「相等」這個名詞及其觀念，則他便不知道三加四等於七。不過在他會數七以後、在他知道相等觀念以後，若你解釋這些（三加四等於七），他就會立刻同意那個命題，或者不如說是了然那個命題的眞實。不過他現在之所以能一直同意，並不是因為那個命題是一個天賦的眞理，而他一向所以缺乏這種同意，也不是因為他不能運用理性。他在自己心中，一確立這些名詞所代表的清晰觀念，這個命題所包含的眞理便立刻呈露給他，他在這裡所以得知那個命題的眞實，也正如同他以前所以得知棍棒不是櫻桃時，所有的根據和方法一樣。而他以後所以能知道「一件事物同時不能存在而又不存在」，也是本著同樣根據和方法。這一點我們將在以後加以詳細發揮。因此，人如果不具有那些公理中所含的那些概括的觀念，如果不知道代表觀念的那些概括名詞的意義，如果不能把名詞所代表的觀念在心中加以聯絡，則他便不能同意於那些公理；因為那些公理與其所含的名詞和觀念，也同耗子觀念和鼬鼠觀念一樣，都是待時間和觀察才能使他熟悉的。在熟悉了這些以後，如果一有機會來把那些觀念在心中加以聯絡，並且按照那個命題的含義，看看它們是否相契或不相契，則他便有能力來知道這些公理所含的眞實。因此，一個人所以知道十八加十九等於三十七，則他所根據的自明之理（self-evidence）也與他知道一加二等於三時所根據的一樣。而一個兒童之所以不能如成人立刻知道這個主張，並不是因為他缺乏理性的運用，乃是因為「十八」、「十九」和「三十七」三個數字所代表的觀念，不能如「一」、「二」、

「三」三個數字所代表的觀念，那樣容易獲得。

17 **人們在提出公理、了解公理以後，雖然就能同意那些公理，那也不能證明它們是天賦的** 人們雖然說，人類在能運用理性時所發生的普遍同意，就能證明有天賦的公理，可是這種遁辭是不能成功的，而且根據這種遁辭，則所假設的天賦公理，與後來學得的其他公理，便無所分別。因此，人們就又另想方法，仍然努力給所謂公理找尋一種普遍的同意；他們說，這些公理一經提出，這些公理所含的名詞一被人了解，人們便會同意它們，這就足以證明人們的普遍同意。他們看到所有人類甚至兒童，在聽到、了解那些名詞以後，就能同意，因此，他們就想，那些公理是天賦的。因爲人類在了解這些文字以後，既然都會承認這些命題是分明的眞理，因此，他們就推斷說，這些命題是原來就在理解中儲存著的，而且人心不用任何教導，在它們一提出以後，就能允准它們、同意它們，而且從此以後，也不再懷疑它們。

18 **如果那種同意是「天賦」的標記，則所謂「一加二等於三」、「甜不是苦」等成千上萬的相似命題，都可以說是天賦的** 要答覆這個意見，則我可以請問：「在聽到、了解一個命題以後，所發生的那種直接同意，是不是可以做爲天賦原則的一個確定的標記？」如果它不是，則他們要根據普遍的同意來證明那些命題是天賦的，那是徒勞的。如果它是「天賦」的標記，則他們應該把聽了以後就能引起同意的那些命題都認爲是天賦的，這樣，則他們所有的天賦原則也就太多了。因爲人們如果根據聽到名詞、了解名詞以後，所發生的那種同意，就來斷言那些公理是天賦的，則他們也必得承認關於數的各種命題是天賦的；照這樣，則人們在聽到、了解各種名詞以後，所能同意的各種命題，包括「一加二等於三」、「二加二等於四」、以及其他關於數的無數相似的命題，都可以歸在天賦公理中了。天賦的公理也並不能只爲數目所獨占，關於數目所形成的命題也並不以此爲限；

不但如此，就是自然哲學與一切其他科學所供給的許多命題，在一被人理解以後，也是必然要引起同意的。人們不但相信「兩個物件不能同時在一個地方存在」，不但相信「一件事物不能同時存在又不存在」等眞理，而且他們還一樣相信「白非黑」、「方非圓」、「苦非甜」等公理。成千上萬的這一類眞理，凡我們能清楚觀念到的，人們只要尙有理智存在，則他們在一聽到、一理解各種名稱所代表的觀念以後，都是必然要同意的。這些人們如果忠於他們的規則，並且以爲聽到、理解以後，所發生的那種同意，就是天賦的標記，那麼他們所承認爲天賦的，不獨限於人們所能清楚觀念到的那些命題，而且各種命題只要其中所含的差異觀念是互相排斥的，它們也都是天賦的。因爲含著矛盾觀念的任何特殊的命題，在被人聽到並理解其中的名詞以後，都一定可以立刻得到人的同意；正如「一件事物不能同時存在而又不存在」這個普遍的命題似的，也正如「相同的不能是相異的」這個普遍的命題似的（這個命題是一切否定命題的基礎，而且比前一個命題還更容易理解）。照這樣，則他們單是這一類天賦的命題，就有了無數，更不用說其他的天賦命題了。不過任何命題中所含的觀念如果不是天賦的，則那個命題便不能說是天賦的，因此，要照人們現在的假設而論，則我們的顏色觀念、聲音觀念、滋味觀念、形象觀念等，都成了天賦，這樣便和理性及經驗相反了。在聽到、理解名詞以後人們所發生的普遍的直接的同意，我承認它是「自明之理」的一個標記，不過自明之理卻不是依靠於天賦的印象，而是依靠著別的東西（以後就會看到），而且包含自明之理的各種命題，還不曾有人狂妄地來認它們是天賦的。

19 **人們先知道了這一類「次」概括的命題然後才知道這些普遍的公理**　人們在這裡，不要妄說，在一聽了以後就得到人同意的那些較特殊的自明命題，所以被人接受，乃是因爲它們是較普遍的命題的結果、乃是因爲它們是所謂天賦原則的結果。因爲任何人只要肯費心來觀察理解中的作用，則他一定會看到，這些「次」概括的命題，是在人類還完全不知道那些較概括的公理時，就被人所確知、所堅信的。這些「次」概括的公理既然比那些所謂第一原則較早地存在於心中，因此，人們在一聽之後就能同意它們，一定不是因爲那些較普遍的原則。

20 **人們說「一加一等於二等的命題，既非概括的，也非有用的」，現在要答覆這一點**　人們如果說：「二加二等於四、紅非藍等命題，既非普遍，又無大用」，則我可以答覆說，這也不能證明在聽聞理解後所發生的普遍同意，就是天賦原則的根據。因爲這種同意如果是「天賦」的標記，則無論任何命題，只要在被人聽聞和理解以後，能得到一般的同意，都可以說是天賦的命題，就如「一物不能同時存在又不存在」這個公理是一樣的，因爲它們在這方面都是相等的。你如果說這個公理是較普遍的，則這種差異更使這樣公理同「天賦」一義不相干。因爲那些較普遍較抽象的觀念，比那些較特殊的自明命題，更是不能一直理解的，因此，它們是在理解逐漸增長以後，才慢慢爲人所接受、所同意的。至於說到這些崇高公理的效用性，則我們在後來詳細研究它時，或者會看到它不如一般人所想像的那種大。

21 **有人說，「這些公理在未提出以前，有時人們是不知道它們的」，不過這也不能證明它們是天賦的**　不過我們還不曾討論完人們在聽聞、理解各種名詞後，對各種命題所發生的那種同意。我們首先當注意的就是說，這種同意不但不能標誌出那些命題是天賦的，而且正證明它們不是天賦的。因爲這種意見已經假設了，人們雖然知道雖然理解別的事理，可是這些命題在未給他們提出以前，他們是不知道的，而且他們在未從他人聽來這些眞理時，他們是不知道這些眞理的。因爲這些眞理如果是天賦的，如果本著自然的原始的印象（如果有的話），存在於理解中，那麼，它們就早已被人知道了，爲什麼還非提出來，才能得到人們的同意呢？那麼，你能說，提出它們以後，就能把它們烙印得較「自然」、較明顯一點嗎？如果是這樣的，則結果只能說，一個人在被人教了這些公理後，要知道得比原來較爲清楚一點。因此，我們只好說，人們用教導把這些公理教給人時，比自然用印象把它們烙印於心中時還要明顯一點。照這樣說，便與人們對於天賦的原則所持的意見不符，便不能給那些原則任何權威，反而使那些原則不能成爲人們一切知識的基礎，如人們所妄說的那樣。我自然不能否認，許多自明的眞理在提出以後，人們就會熟悉它們，不過我們還分明看到，任何人在明白這些眞理時，都只是覺得自己開始知道了他以前所不知的一個命題；而且他以後之所以不再來懷疑這個命題，並不是因爲這個命題是天賦的，乃是因爲他在考究和反省這些文字中所含的事物本質時，任何方式、任何時間都不能使他換一種方法來想。如果在聽聞、理解以後，就被人同意的那些事理，都可以說是天賦的原則，則凡由特殊到一般的各種有根據的觀察，都可以說是天賦的。事實上，我們清楚知道，只有少數聰明人（並非所有人）能一開始就發現這些現象，把它們歸納爲普遍的原則；因此，這些原則不是天賦的，而是在人們認識了殊例、反省了殊例以後，才總結起來的。善於觀察的人們，在已經觀察了這些命題之後，是不能不同意的，不善於觀察的人們，在聽人提出這些命題之後，也是不能不同意的。

22 **人們如果說，這些命題在未提出之前，人類就已隱約地知道它們；則他們只是說，人心是有知道這些命題的能力，若不然，則他們所說的是毫無意義的**　如果人們說：「這些原則在第一次提出以前，雖不明顯地知道它們，可是早已隱約地知道它們」（人們如果說這些原則在不被知道時就已存在於理解中，則他們一定會有這種說法），則我們只能解釋，人心是有能力來堅定地理解並且同意這些命題的，否則我們便不能想像，所謂一個原則含蓄地印於理解之中是什麼意思。照這樣說，則一切數學的解證都和第一原則一樣，都該認爲是人心中的天然印象了；我認爲這是他們所不容易承認的，因爲他們會看到要解證一個命題是不很容易的，要在解證以後來同意一個命題卻是很容易的。很少有數學家能大膽地相信，他們所畫的一切圖解都只是由自然在人心中所烙印的那些天賦的標記來的。

23 **人們如果根據第一次聽聞後所發生的同意來立論，則他們已經謬妄地假設在聽聞以前，人類沒有受過教育**　前面的論證告訴我們，凡人們一聽以後就能承認的那些公理，都可以認爲是天賦的，因爲人們所同意的那些命題不是由他人的教導來的，也不是由任何論證或解證的力量來的，只是在人心解釋、理解了各種名詞以後，自然而然來的。不過我認爲這個論證還有其進一層的弱點。在我看來，這個論證的錯誤似乎在於假設人們不能學得任何新的東西，實則人們是常常在學知他們以前所不知的各種東西的。因爲，第一點，他們分明是先學會名詞，才知道名詞的意義的；而且名詞和意義都不是與生俱來的。不過後得的知識還不以此爲限，就是命題中所含的各種觀念，也與它們的名稱一樣，都是後得的，不是天生的。因此，在一聽以後人們所能同意的一切命題中，命題的名詞、名詞和觀念的關係、以及名詞所代表的那些觀念，都不是天賦的；那麼我便要問，在這一類命題中，還有什麼是天賦的？我很希望人們給我指示出，哪一些命題中所含的名詞或觀念是天賦的。各種觀念同名稱是我們逐漸所得到的，它們的固有關係也是我們逐漸所學得的。學習作用完成以後，我們如果看到，一個命題中所含的名詞的意義，是我們所熟知的，而且其中所表示的各種觀念符合與否，我們也可以藉著比較自己的觀念觀察出來：則我們一聽這個命題，就能立刻同意它。至於別的命題，縱然它們也是很確定、很明白的，可是它們所含的觀念如果是不容易立刻得到的，則我們在同時也便不能同意它們。一個兒童如果藉著慣熟的認識作用，使蘋果與火兩種差異的觀念明顯地烙印在心中，並且知道蘋果與火這兩個名詞代表著這兩種觀念，則他便會立刻同意於「蘋果非火」的這個命題。不過說到「一物不能同時存在又不存在」的這個命題，則他或者要在幾年以後，才能加以同意。因爲這些文字雖或是容易學得的，可是它們的意義，要比那個兒童所常見的那些可感物的名詞的含義，要更爲寬廣、含蓄、抽象；因此，他要費許多時間才能學得這些文字的確當意義，才能在心中形成這些文字所代表的那些普遍的觀念。若不達到這個地步，則你永不會使一個兒童同意於由普遍名詞所成的各種命題；不過他要是得到那些觀念、學知那些名詞，則他可以立刻同意於後一個命題，也正如他同意於前一個命題似的。在同意時，他所根據的理由也是一樣的，因爲他看到，他心中所有的各種觀念之相契與否，是會按照命題中代表觀念的各種名詞之相容相斥而變的。不過在人們給他所提出的各種命題中，代表觀念的那些文字如果不曾存在於他的心中；則那個命題縱然是很眞實的或虛僞的，他也不能加以同意或加以否認；因爲他對於這個命題是全不知所以然的。因爲文字（或言語）在超出其標記觀念的範圍以外，都只是一些空洞的聲音，因此，我們在同意它們時，一定要看它們是否契合於我們所有的觀念；而且我們的同意，也是以此範圍爲限的。不過要指示出知識由何種途徑才能進入人心，並且要指示出同意的各種程度都有什麼根據，那還是下面的事情。我現在只是略爲提到這一點，作爲我所以懷疑那些天賦原則的理由之一罷了。

24 **這些原則不是天賦的，因為人們並不普遍地同意它們** 要求結束普遍同意的這個論證，則我也可以與辯護天賦原則的人們一致相信說，如果它們是天賦的，它們一定能得到普遍的同意。因爲要說一個眞理是天賦的，同時又說它是不能得人同意的，那就無異於說，一個人知道一個眞理，同時又不知道它是一樣的，都一樣是不可理解的。不過就照這些人們所說，那些命題也不能是天賦的，因爲不了解這些名詞的人們是不能同意這些命題的，能了解這些名詞的人們，如果不曾聽到或想到這些命題，則他們大部分也是不能同意它們的；而且我認爲，人類至少有一半是這樣的。不過不能同意的人們縱然占著很少數，而且縱然只有兒童是不知道這些命題的，這也足以推翻普遍的同意，並且從而證明這些命題不是天賦的。

25 **這些公理不是最先知道的**　不過「嬰兒」的思想既然不是我們所知道的，而且他們理解中所發生的思想來行推斷，也是未曾表示出的，所以要根據這些來進行推論，那就免不了引起人的責難，因此，我至少還可以說，這兩個命題也不是兒童心中原始所有的眞理，而且它們也不是在一切後得的、外來的想法之前的；而它們要是天賦的，還必須是最先就在那裡的。我們能否決定這個問題，並無關係，反正兒童總是在一定時候已開始思想，他們的語言和行動就使我們相信他們是這樣的。他們到了能夠思想、能夠知識、能夠同意的時候，我們還能合理地假設，他們不知道自然所烙印的那些想法（如果有的話）嗎？他們既能從外面知覺到事物的印象，你有任何理由想像他們同時卻不知道自然在其內心所烙印的那些標記嗎？他們既然能接受能同意外來的想法，那麼他們心中所織入的那些想法，既然烙印在不可磨滅的字跡內，以爲他們一切後得知識和將來推論的基礎和指導，你能說他們反而不知道嗎？倘若是這樣，則自然的辛苦都白費了；至少我們也得說，它寫字寫得很糟，因爲人的眼雖然能明察其他物像，而對於自然的字跡卻是不會讀的。它們既然不是最初被人知道的，而且離了它們，人們也可以對其他事物得到分明的知識，則你要假設它們是最清晰的眞理，並且是一切知識的基礎，那豈不是再荒謬不過的嗎？一個兒童的確知道，哺乳他的奶媽不是與他玩要的貓，也不是他所怕的黑奴；他也知道，他所拒絕的土莿芥或芥花不是他所哭著要的蘋果或糖。這是他所確實深信的。不過你能說，他所以堅定地同意這些命題以及其他部分的知識，是本於「一物不能同時存在而又不存在」的原則嗎？你能說，一個兒童在達到某種年齡以後，既知道了別的許多眞理，就也意想到那個命題嗎？人們如果說，兒童可以把這些普遍的抽象的思辨與奶瓶及鞀鼓結合起來，那麼他們比起那個年齡的小孩子，可以說是對自己的意見，更爲熱情、更有熱忱的，不過卻不像孩子們那樣忠誠和老實。

26 **因此，它們不是天賦的** 人們如果長大了，並且慣用了較普遍較抽象的那些觀念，與代表觀念的那些名稱，則你向他們提出一些較概括的命題時，就永遠可以馬上得到他們的同意。不過幼年的人們雖然知道了別的事物，卻不能知道這些命題，因此，你就不能妄說，這些命題可以得到有智慧的人們的普遍同意，因此，它們也就不是天賦的。任何天賦的眞理（如果有的話）一定不能不被人知道，至少也得被知道其他事物的人所知道。因爲它們如果是天賦的眞理，則它們一定是天賦的思想；人心中沒有一種眞理，是它沒思想過的。因此，我們分明看到，人心中如果眞有天賦的眞理，則它們必然是最先被人思想到的，必然是最初在那裡出現的。

27 **這些命題不是天賦的，因為天賦的命題應該表示得十分明白，而這些命題是最不明白的** 我們已經充分證明，兒童、白痴與大部分的人類，是不知道我們所討論的那些概括的公理的；因此，我們就分明看到，這些公理並不能得到普遍的同意，也並不是概括的印象。不過我們還可以由此再進一步來證明，它們不是天賦的。因爲這些標記如果是天生的原始的印象，則它們便應該在那些人心中顯現得特別明瞭、特別清楚，可是事實上我們並沒有看到那些人心中有這些標記的痕跡。此外，那些人們還是最不知道這些標記的，因此，在我看來這就更能證明它們不是天賦的；因爲它們如果是天賦的，則它們的作用是應該有很大的強力與活力的。因爲兒童、白痴、野蠻人與大部分文盲，在人類中是最不爲習慣和借來的意見所汙染的，而且學習和教育也並不曾把他們的天然思想在新模型裡鑄造一番，外來的造作的各種學說也並沒有把自然在他們思想上所寫的明白標記混淆了，因此，我們可以很合理地想像，他們心中這些天賦的想法一定是明明白白可以爲人觀察出的，就如兒童所有的思想似的。我們還可以想像，天生的白痴一定可以完全知道這些原則，因爲人們假設這些原則是一直印在心靈上的，並不與身體的組織或器官有關係，人們都承認，這正是這些原則與其他原則所有的唯一差異。按照這些人們的原則，我們還可以想，這些自然的光線（如果有的話）在這些無含蓄、無伎倆的人們心中，應該得照耀出極度的光輝，使我們不能絲毫懷疑它們的存在；就如我們不能懷疑這些人們有喜愛快樂、憎惡苦痛的心理似的。不過非常可惜的是，在兒童、白痴、野蠻人及文盲的心中，究竟有什麼普遍的公理呢？有什麼普遍的知識原則呢？他們的想法是爲數很少而且範圍是很狹隘的，是從他們日常所見的物像借來的，因爲只有這些物像在他們的感官上是常常留有最強烈的印象的。一個兒童固然知道他的奶媽和搖籃，而且再大一些還可以逐漸知道各種玩物。一個青年野蠻人的腦中，固然可以按照其種族的風俗，產生愛情和打獵等等想法。不過任何人如果以爲一個未受教育的兒童，或樹林中的一個野蠻人，會知道這些抽象的公理和馳名的科學原則，則我恐怕他會發現這只是誤會一場。這一類的普遍命題，在印第安人的茅舍中是很少提到的，在兒童的思想中更是少見的，在白痴的心中更是完全沒有印象的。文明各國的學校與學院中，因爲不時爭辯，習於這一類的談話或學問，才能發生了這一類言語；因此，這一類公理只適於巧辯和盲從，卻無助於發現眞理或增長知識。不過它們也有一種小功用，可以使知識稍有進步，這一點，我們以後有機會再來詳論（四卷，七章）。

28 **概括前義**　我不知道，在解證大師們看來，我這說法荒謬到如何地步；任何人在一聽之下，或許都是無法相信這種說法的。因此，我要向偏見請求暫時休戰，請它暫時且不要責難我、請它聽我把這篇文章的結論完全說出來。我是很願意屈從較好的判斷的，而且我既然坦白地追求眞理，則人們如果能使我相信，我太過固執自己的意見，那我也是不在意的；因爲我們在用力過勤、熱心已甚時，是常會有這種情形的。

總結來說，我找不到任何理由可以相信這兩條思辨的公理是天賦的，因爲它們不是人類所普遍同意的，因爲它們所引起的一般的同意是由別的方式來的，不是由自然的銘印來的（這一點，我相信下面可以闡明）。在知識與科學方面這些第一原則如果不是天賦的，則我認爲，別的思辨的公理也並沒有較大的權利配稱爲天賦的。

第二章　沒有天賦的實踐原則

1　**道德的原則都不及前面所述的那些思辨的公理那樣明顯，那樣被人普遍所接受**　在前一章中我們所討論的那些思辨的公理，如果不能得到全人類的切實的普遍同意（我們已經證明這一點），則我們更容易看到，實踐的原則（Practical Principles）也一樣是不能得到普遍的認可的。沒有一個道德的規矩可以與「凡存在者存在」這個命題得到同樣普遍而直接的同意，沒有一個道德的規則可以與「一物不能存在因而不存在」這個命題成爲同樣明顯的眞理。因此，我們看到，道德的原則更是不配稱爲天賦的。因此，我們固然懷疑思辨的原則不是天賦的，可是我們更要懷疑道德的原則不是天賦的。不過這種懷疑並不足以使人來否認這兩種原則的眞實，它們雖不是一樣明顯，卻是一樣眞實的。那些思辨的公理，證據是明顯的，不過那些道德的原則則需要人心的推論、考察和運用，才能發現它們的眞實。它們並不是烙印人心的天然標記；如果眞有這些標記，則它們一定是很分明的，而且可以藉其光亮爲人人所切實知道。不過我雖然這麼說，可是這並不能貶抑了這些原則的眞實性；就如「三角形三內角等於兩直角」這個定理，雖然不能如「全體大於部分」這個定理那麼明顯，雖然不能如這個定理一樣，在一聽之後就能得人同意，可是這也不能貶抑其眞實性。現在我們可以說，這些道德的規則是可以解證出的，如果我們不能確知它們，那只是我們自己的錯誤。不過許多人既然不知道這些規則，而且人們在接受這些規則時也有些遲緩的樣子，這就足以證明它們不是天賦的，不是不經探求就能自然呈現出的。

2 **並非所有人都承認信念和正義是道德原則** 要問到事實上究竟有沒有所有人所共同相信的道德原則，我可以說，人們只要稍微明白人類的歷史並且他們的視線超出於煙囪的煙以外，他們一定會解決這個問題。如果有天賦的實踐眞理，則它一定會毫無疑義地普遍爲人所接受，可是這個眞理究竟在那裡呢？正義（justice）和踐約似乎是許多人普遍接受的。人們都以爲這條原則是擴展及於賊窩和惡棍的同盟中的，而且就是甘心滅絕人道的那些人們，在他們相互之間也是要保持信念（faith）和正義規則的。我也承認，雖亡命之徒也不得不遵守這些規則；不過他們並不以爲這些規則是自然的天賦法則。他們雖然在社會以內爲方便之故來實行這些規則，不過一個人如果一面與其盜黨公平行事，一面在隨後遇到一個忠實人的時候，卻又搶劫殺戮，則我們萬不能想像他把正義認爲是實踐的原則。正義和信念的確是維繫社會的共同紐帶，因此，亡命和盜偷雖然與世絕緣，可是他們自身也必須遵守信念和正義的規則，否則他們便不能互相維繫。不過你能說，那些以欺騙和搶劫來度日的人，有他們所承認、所同意的信念和正義的天賦法則嗎？

3 **反駁。有的人說，「人們雖然在實踐上否認這些原則，可是他們在思想中卻承認這些原則」。現在要答覆這一點** 或許有人會說，人們的實踐雖然否認了這些原則，可是他們心中的默許卻同意這些原則。第一點，我可以答覆說，我一向認爲，人的行動是最能解釋他們的思想的，不過大多數人們的行動，以及一些人們的自白，既然懷疑或者否認這些原則，因此，我們就在成人方面，也不能確立起普遍的認同，沒有普遍的接受，則我們便不能斷言這些原則是天賦的。第二點，我們要假設天賦的實踐原則，只歸結於空洞的思維中，那也是很奇異，很不合理的。由自然得來的實踐原則是爲行動用的，因此，它們一定可以產生與它們相契的動作，而不能只使人對它們的眞理發生思辨的同意；否則它們與思辨公理的區別便是無意義的了。我承認，「自然」給人類一種希求快樂和憎惡患苦的心理，而且這些心理的確是天賦的實踐原則、的確可以恆常地繼續動作，不斷地影響我們的一切行動。我們任何時候都可以看到一切人類具有這些恆常的普遍的傾向（inclination of the appetite），不過這些心理只是趨向善事的一種欲念傾向，而不是理解上的眞理印象。我並不否認，人心中烙印許多自然的傾向，而且即在感官和知覺的最初例證中，我們也可以看到，有些東西適合於它們、有些東西不適合於它們、有些東西是它們所傾向的、有些東西是它們所規避的。不過這也不能證明人心中有天賦標記，因爲這些標記是要成爲「規制實行」的知識原則的。因此，這個並不能證實理解力上的自然印象，反而取消了它們，因爲自然如果眞在理解上烙印了一些標記，以爲知識的原則，我們一定會知覺到它們常常在我們身上產生作用，並且要影響我們的知識，正如我們永遠知覺到能影響意志和欲念的那另一些原則似的。（後面這些行動的原則是我們一切行動的恆常源泉和動機，而且我們不斷地覺得它們很強烈地驅使我們從事那些行動）。

4 **道德的規則需要證明，因此它們不是天賦的**　此外，還有一種理由也使我們懷疑任何天賦的實踐原則；因爲我認爲，任何道德原則在一提出來以後，人們都可以合理地問一個所以然的理由。可是這些原則如果是天賦的或至少是自明的，則這種問題就是完全可笑的、荒謬的；因爲任何天賦的原則都是自明的，並不需要任何證明來辨識它的眞理，也不需要任何理由來求得人的贊同。一個人如果要問爲什麼「一物不能同時存在而又不存在」，或者他如果給這個問題一種理由，則他可以說是缺乏常識的。因爲這個命題本身就具足自己的明晰和證據，並不需要別的證明；任何人只要一理解這些名詞，就能一直同意這個命題，否則我們便沒有其他方法使他同意。不過「以己所欲者施於人」這個規則，雖是一切社會德性的基礎，與一切道德的不能動搖的規則相同，可是我們如果把這條規則向一個從未聽說過它而卻能理解它的人提出來，他不是可以很合理地問一個所以然的理由嗎？而且提出這個規則的那人不是應該為他解說這個規則之為眞實、合理嗎？這就證明這個規則不是天賦的了，因為它如果是天賦的，則它便應該不需要任何證明；而且人們在聽聞、理解它以後，就應該接受它、同意它、認它為無論如何不能反駁的眞理。因此，一切道德規則所含的眞理，分明都是依靠於一些先前的理論，而且是由先前的理論所演繹出的；它們如果是天賦的、是自明的，當然就不是這樣情形了。

5 **遵守契約的例子** 遵守契約的確是一個偉大而不能否認的道德規則。不過你如果問一個基督徒，為什麼人不可食言，則他因為著眼於來世苦樂之故，就會給你一個理由說：那是因為掌握悠久生死權的上帝需要我們那樣做。不過你如果問一個霍布士信徒（Hobbist），則他會答覆說：那是因為公衆需要那樣，如果你不那樣行事，巨靈（Leviathan）就會來刑罰你。你如果再問異教的一個老哲學家，則他又會說，因為食言是不忠實的、是不合於人的尊嚴的，是與人性中的最高優點——即德性相反的。

6 **人們之所以普遍的贊同德性，不是因為它是天賦的，乃是因為它是有利的** 因此，自然的結果就是人們對於各種道德原則，便按照其所料到的（或所希望的）各種幸福，發生了紛歧錯雜的各種意見；如果實踐的原則是天賦的，是由上帝親手直接烙印人心的，當然不會發生這種情形。我承認，上帝的存在是可以由各方面觀察到的，而且我們對他所應有的服從也是與理性的光亮十分相契的，而且，大部分人類也是能證實這個自然法則的。不過我們仍然覺得，必須承認人們雖然普遍地贊同各種道德規則，而並不必知道或承認道德的眞正根據。道德的眞正根據自然只能在於上帝的意志與法律一樣，因爲上帝可以在黑暗中視察人的行動，而且祂親手操著賞罰之權，足可以有力量來折服最傲慢的罪人。不過上帝既然以不可分離的聯合作用，把德性和公益聯結並且使實行道德成了維繫社會的必要條件，並且使凡與有德者相接的人們分明看到德性的利益，因此，我們也不必訝異，人爲什麼不只要允許那些規則，而且要向別人讚美、謳歌那些規則了，因爲他確信，他人如果能遵守德性，他是會得到利益的。因此，人們所以讚揚這些規則是神聖的，不但可由於信念，而且可由於利益：因爲這些規則如果一被人蹂躪、褻瀆，他們自己就會不安全的。這種情形固然無損於這些規則所分明具有的道德的和永久的義務，可是這就足以指示給我們說，人們在口頭上對這些規則所表示的外面認可，並不足以證明它們是天賦的。不但如此，這個認可也不足以證明，在人們內心中，承認這些原則是不可侵犯的實踐原則。因爲我們看到，塵世的利益和安全雖使人們在表面上承認這些原則；可是他們的行動相當足以證明，他們很不在意建立這些規則的立法者，也並不在意他爲懲罰犯法者所準備的那個地獄。

7　**人們的行動可以使我們相信，德性的規則不是他們的天賦原則**　如果我們不要過事客氣、不要過分承認許多人的自白是誠意的，而且我們如果以爲他們的行動就足以解釋他們的思想，則我們將會看到，他們內心並不尊敬這些規則，而且也不盡然相信這些規則的確定性和束縛力。因此，「以己所欲者施於人」這個偉大的道德規則，雖常有人讚美，卻少有人實行。而且你如果眞正破壞了這個規則，也許不是大罪，可是你如果教人說，這個規則不是道德的規則且沒有束縛力，則人們會以爲你這種說法是瘋狂的，是與人們自身破壞這個規則以冀求得的那種利益正相反的。或者有人說，我們還有良心足以約束我們，不使我們破壞了這個規則，因此，我們仍然可以保存這個原則的內面的束縛力。

8 **良心不足以證明任何天賦的道德規則** 要答覆這個意見，則我可以說，我確信，許多人內心雖然沒有寫上任何標記，可是他們卻也逐漸能同意一些道德的原則，相信那些道德的束縛力；也正如他們逐漸能知道別的事物是一樣的。其餘的人們則也可由其教育、交遊、與本國的風俗一樣，逐漸得到這種信念。而且這種信念，不論是如何得到的，總也可以刺激人們的良心；因爲所謂良心並不是別的，只是自己對於自己行爲的德性或墮落所抱的一種意見或判斷。如果你以爲良心就是天賦的原則，那麼相反的信念也可以說是天賦的原則，因爲有些人們雖也俱有同樣的良心傾向，可是他們所行的事正是別人所要避免的。

9 **舉例證明，有些人們在犯滅倫大罪時並沒有悔恨** 那些道德的規則如果是天賦的、烙印於人心的，爲什麼竟有人在違犯這些規則時，不動聲色，泰然自若呢？你只要一看軍隊在劫掠城市時所施的暴行，就會發現，究竟他們是否能遵守、能意識道德的原則？究竟他們能不能有一點惻隱之心？在這種情形下，搶奪、毆殺、姦淫，都是極其自由，不受任何懲罰和非難的。就在最文明的國家中，人們不是常把自己的嬰兒棄置在曠野，任其饑寒至死，或受野獸的吞噬嗎？而且人們對那種行爲不是毫不非難、毫不責怪，一如其對生育兒女之舉是一樣的嗎？在有些國家中，母親如果因爲生育而死，人們不是要把嬰兒與母親葬在一個墓中嗎？如果一個冒充的星相家說嬰兒的星座不吉，人們不是要把他殺掉嗎？有些地方，人們在達到某個年齡後，不是要把他的父母殺了或棄置，而絲毫不感悔恨嗎？在亞洲的某一部分，病人到了不可救藥的時候，往往在死前就被人抬出置在地上，讓他們在風雨寒暑中逐漸滅亡，而不加以救助或憐憫。又如明格來良人（Mingrelians）雖然自認爲是基督教徒，可是他們往往毫不躊躇地把自己的兒女活埋。有些地方，人們竟然還要吃自己的兒女。格律卑人（Caribbs）往往把自己的孩子閹割了，以便養肥後供自己食用。加喜樂叟（Garcilasso de la vega）告訴我們說，秘魯有一種人，往往與他們的女俘虜交媾以求生產，生產以後，便將其兒女養肥以供食用；他們把這些女俘虜養做妾，專供生產，到了她們不能生殖的時候，也就被殺來吃。杜平納布人（Towoupinambos）以爲能報仇，能多吃敵人，就是可以進樂園的德性。他們並不曾有上帝，也沒有宗教和信仰。又如土耳其人所奉爲聖人的那些人們的生活，說起來也是無法登大雅之堂的。保姆格騰（Baumgarten）有一部頗爲稀奇的遊記，其中有很著名的一段記述這一類的事實，因此我可以將其原文詳引在下面。

「在那裡（埃及白爾伯（Belbes）地方附近），我們見了一個回教的聖人，坐在沙丘間，一絲不掛，就如剛出生的嬰兒一樣。我們聽說，回教中人以爲失了知覺的瘋人是聖者，而加以供奉。他們相信，那般人們因爲是聖潔的，所以值得他們的敬仰。因爲那般人們原來雖然曾過著很不合適的生活，可是後來他們又自願地度其懺悔而窮苦的生涯。這一類人可以享有幾乎無限的自由權，他們可以隨便入人家宅、隨便飲食，並且竟然可與別人家的婦人共寢；而且在交媾以後，如果有孩子生出來，則人們也以爲他是神聖的。他們對於這般人們，在生時是十分崇拜的，在死後又要給他們建立偉大的紀念碑或柱石。而且他們以爲能手摸這般人，或葬埋這般人，那是很幸運的。這個消息是從我們的馬克呂樂（Mucrela）得來的，他的文字曾經翻譯出來給我們。我們還聽說，我們所見的那位聖人所以得人極大的崇拜，所以被人認爲是特別神聖的，尤其是因爲他與婦人或男孩沒有交媾過、只與猴子和騾子交媾過」。

畢耶羅．德拉瓦勒（Pietro della valle）一六一六年一月二十五日的信中也曾記載過回教聖人們同樣的一些事蹟。那麼所謂正義、敬虔、感恩、公平和貞潔等天賦的原則在那裡呢？在格鬥中的殺戮，如已被習俗所尊崇，則人們在犯這種罪惡時，都毫無良心的悔恨，不但如此，在許多地方，你如果在這方面完全不犯罪，反而是最大的恥辱。我們如果放眼觀察全人類的眞相，則可以看到，此一處人所認爲足以引起悔恨的事，正是另一處所認爲很有價値的事。

10 **各人的實踐原則是相反的**　人們只要仔細觀察人類的歷史、考察各民族的生活，並且以中立眼光來視察他們的行動，則他們一定會相信，在一個地方人們所提到的或想到的道德原則，幾乎沒有一種不是在其他地方，爲其他全社會的風俗所忽略、所鄙棄的，因爲後一種人所遵守的生活的實踐意見和規則，正是與前一種人相反的。（只有維繫社會所絕對必須的那些規則是個例外，不過在各社會相互之間，這些規則也是常被忽略的。）

11 **有整個的民族要排斥各種道德的規則**　在這裡人們或許會說，我們不能因爲人們破壞了規則，就說他們不知道規則。這種駁難在某一方面我認爲對的，因爲有些地方，人們雖然觸犯了法律，可並不否認法律；而且人們因爲恐怕羞恥、責斥和刑罰，也可以表示其對於法律的敬畏心。不過人心中如果自然烙印一種法律，則他們一定會確然無誤地知道這個法律，因此，我們便不能設想整個民族如何能公然一致排斥、拋棄了這個法律。自然，有的人們雖然私心不相信道德規則是眞實的，但他們因爲別的人們相信這些規則的束縛力，因此，他們爲了在別人面前保持名譽和珍視之故，有時就不得不在表面上承認這些規則。不過整個民族如果心中的確知道一種法律，則他們一定知道與他們結交的人也會知道那種法律；因此，他們在交往之間，便都恐怕在表示出缺乏人道以後，引起對方的鄙棄和憎惡；而且一個人如果破壞了共知的自然的是非法度，則一定會被他們認爲是他們平安和幸福的公然大敵。因此，我們便不能想像，整個民族如何能公然坦白地否認拋棄這個規則。任何實踐的原則如果是天賦的，則人人一定都會知道它是正直的、良善的。因此，人人既然憑著最強烈的證據知道什麼是眞實的、正直的和良善的，則我們要說整個民族在口頭上和實行上，能普遍地一致地對他們所知的那一點來撒謊，那只有自相矛盾了。這就足以證明，任何實踐的規則，如果在某個地方普遍地爲人所破壞，並且在破壞時得到公衆的同意和允許，則它並不能說是天賦的。不過要答覆這層駁難，我還有進一步的說法。

12　你說，破壞規則並不能證明人們不知道規則，這一點，我是承認的。不過有的地方既然一致地允許人們破壞，則我可以說，這就足以證明那個規則不是天賦的了。若舉例證明，則我們可以說，有許多規則是由理性最明顯地演繹出來的，而且是最契合於大部分人的自然傾向的，因此，很少有人魯莽的否認它們、很少有人輕率的懷疑它們。這些規則中如果有一種可以說是自然烙印的，則我認爲最配稱爲天賦規則的，莫過於說：「爲父母的人們，你們要保育自己的兒女。」不過你說這個規則是天賦的規則時，究竟有什麼意思呢？你的意思，一定不外兩種：你或者說它是一個天賦的原則，在任何時候，都可以刺激並指導一切人的行爲；或者說它是一切人們心中所烙印的一個眞理，因此也是他們所知道、所同意的。不過在這兩種意義下，它都不能是天賦的。第一點，我在前已經舉例證明它不是影響一切人類行爲的一種規則；我們在此，也不必遠遠地從明格來良人或秘魯人中間，找尋例證，證明人們忽略、虐待、甚或至於處死自己的兒女；我們也不必認爲這種舉動只是野蠻不化的民族中太過凶殘的行爲；因爲我們記得，希臘人與羅馬人也是習慣把自己的兒女毫無憐憫和懊悔地拋棄，而無人加以責難的。第二點，要說這個規則是人人所知道的一個天賦的規則，那是不對的。因爲「爲父母的，你們要保育自己的兒女」這句話，不但不是天賦的眞理，而且根本就不是眞理，因爲它只是一個命令，不是一個命題，因此，也就無所謂眞、無所謂僞。要想人們認爲這個規則是眞的而加以同意，則我們只得把它化爲一個命題說：「保育兒女乃是父母的職責。」不過要了解職責的意義，則我們又脫離不了法律；要了解或假設法律，則又脫離不了立法者和刑賞。因此，我們如果要假設這個規則或其他實踐的原則是天賦的，是當做職責印在人心中的，則我們同時必得假設上帝、法律、義務、刑罰、來世等觀念都是天賦的。因爲我們清楚知道，在塵世上，人們破壞規則以後並不必定有刑罰加於其身，而且在公然允許犯這種規則的國土內，既沒有刑罰，也就沒有法律的力量。不過這些觀念（如果職責其物是天賦的，則這些觀念一定都是天賦的）完全不是天賦的，因此，且不論說在每一個人心中，就是在愛研究、愛思想的人心中，這些觀念也是不清楚、不明白的。這些觀念中，上帝的觀念雖然似乎應該是天賦的，可是歸根究底，它也不是。我認爲在下一章中，任何深思的人們都可以看到這一點。

13　由上面所說的看來，我們可以斷言，任何實踐的規則如果在任何地方普遍地被人所破壞，而且在破壞時又得了大衆的允許，則我們便不能說它是天賦的。因爲人們既然確知上帝立了規則，並且要懲罰破壞規則的人，使犯罪者得不償失（這個規則如果是天賦的，人們一定會知道這一層，如不知道，則他們便不能確知任何事情是自己的職責），那麼他們便不會毫無羞恥（或恐懼）地、自信不疑地安心來破壞這個規則。自然，人們如果不知道法律、或者懷疑法律、或者想逃避立法者的視線和權力，則他們也許會屈服於當下的情欲。不過我請人先比較人的過錯與懲治過錯的鞭笞、比較犯罪與懲治犯罪的烈火、比較當下惑人的快樂、與全能者爲報復起見所舉的手掌（職責如果是烙印在人心中的，一定有這種情形）；比較了以後再來告訴我，人們既然看到這種景象、既然確知這種果報，他們是不是可以放縱地、毫不含糊地來觸犯他們心中字跡明顯的那種法律，來觸犯那一被觸犯便要怒目以視的那種法律。他還可以告訴我，人們既然在自己心中覺得全能立法者所烙印的命令，那麼他們是否能坦然而愉快地忽略和蹂躪他的最神聖的告誡。最後他還可以告訴我，一個人既然犯了這個天賦的法律和無上的立法者，那麼一切旁觀者，甚至爲民之牧者，既然也能充分意識到這個法律和立法者，他們還能默然縱容他，不表示自己地憎惡，不稍加以刑罰嗎？人的情欲中自然含有一些行動原則，不過這些原則完全不是天賦的，而且你如果聽其自由活動，它們會使人們把一切道德都推翻了。道德的法律之所以要頒給我們乃是要約束和限制這些氾濫的欲望，而欲達此目的，則這些法律又必須以刑賞來壓制人們在犯法時所預期的滿足。因此，人心中果眞印有法律其物，則一切人類都會有一種確定而不可免的知識，都會知道犯法一定能引起確定而不可免的刑罰。因爲人們如果不知道或者懷疑什麼是天賦的，則所謂天賦的原則，便完全失了作用。照這樣，則他們所妄想的眞理和確性都是不能由這些原則得來；而且人們不論是否有這些原則，也都一樣處於不確定的猶疑狀態中。因此，既有天賦的法律，則人們一定可以清楚確知有一種不可避免的刑罰，而且這種刑罰也足以使犯法之舉成爲可憎惡的；如果不是這樣，則人們在假設天賦的法律時。一定也得假設一種天賦的福音——不過人們在此不要因爲我否認天賦的法律，就誤會我以爲除了成文的法律（Positive laws），就沒有別的法律。在天賦法和自然法之間，有很大的差異：一種是原始印在人心上的；一種是我們初不知道，後來漸次應用我們的自然能力才知道的。在我看來，無論人們主張有一個天賦的法律，或者主張不藉助於成文的啓示，只有自然的光亮並不能知道任何法律：那都是各趨極端，一樣離開眞理的。

14　**人們雖主張有天賦的實踐原則，可是並不能告訴我們什麼是天賦的實踐原則**　每個人的實踐原則是有很大差異的，因此，我認爲，要以普遍同意的標記來證實天賦的道德原則，那是不可能的。只這一層就足以使人猜疑，天賦原則的假設是隨意採取的一種意見，因爲斷然主張這些原則的人們無論如何，不能告訴我們哪些原則是天賦的。著重這個意見的人們，實在應給我們做到這一層。如果人們一面說上帝已經在人心上烙印了知識的基礎與生活的規則，但又一面不能給鄰人知識、不能給人類安心、不能給他們指出，在人類所迷惑的一大些原則中，哪一些是天賦的：那麼我們在此，正可以懷疑他們的知識或他們的仁心。不過眞正說來，如果眞有天賦的原則，則人們也正不必以此教人。如果人們眞能看到，自己心上烙印有天賦的命題，他們一定很容易把這些命題與後來所學的以及由此所演繹的眞理區分清楚；而且要想知道什麼是天賦的眞理，並且這些眞理共有多少，那也是很容易不過的事。他們一定分明知道這些眞理的數目，正如同他們自己知道自己有多少指頭似的；而且各種系統一定可以詳細敘述給我們。不過據我所知，人們既然不曾冒險把這些原則列出表來，則我們要懷疑這些天賦的原則，他們也不必多所非難，因爲就是那些以天賦原則教人的人們，也並不能告訴我們，這些原則究竟是什麼。不但如此，我們還容易看到，就是各宗派的人們縱然給我們把那些天賦的實踐原則的表列出來，他們所列舉的原則，也只是特別合於他們的假設的，也只是適宜於證實他們自己教派的學說的。這就分明證實，沒有所謂天賦的眞理了。不但如此，大部分人們在自身中並看不到有任何天賦的原則，因此，他們就否認人類有自由，並且只把人看成一架機器。因此，他們不但取消了天賦的原則，而且取消了一切道德的原則；因此，有些人雖然不能想像不自動的主體如何能應用法則，而在這裡畢竟不能再相信有任何道德的規則了。道德與機器既然不易調和、不易符合，因此，他們既然採取機械主義：就不得不排除一切德性的規則了。

15 **我們可考察勛爵赫巴特（Lord Herbert）的天賦原則說** 在我寫這部書時，我曾聽說，勛爵赫巴特曾經在其《眞理論》（*De Ve-ritate*）中把這些天賦原則列舉出來；因此，我就立刻就商於他的書。因爲我很希望，這樣偉大的一位天才家，應該在這一點上解除我們的疑惑，使我的探究告一段落。在論天賦本能（De Instinctu naturali）的那一章中（頁七十六，一六五六年版本），我曾看到公共想法（Notitiae Communes）的六種標記：一爲先在性（Prioritas），二爲獨立性（Independentia），三爲遍在性（Universalitas），四爲確定性（Certitudo），五爲必然性（Necessitas，意即它們能維持人的生存），六爲契合的方式（Modus Contormationis，意即直接的同意〔As-sensus nulla interposita mora〕）。在他那篇簡短文章——《世俗宗教論》（*Religione Laici*）的末了，他又論到這些天賦原理說：「這些眞理是到處有力量的，並不限於任何一種宗教。因爲它們是爲上天烙印於人心中的，並不束縛於任何成文的或不成文的傳說」（頁三）。他又說，「這些都是在法庭中所烙印的普遍的眞理，它們就是上帝所寫的不可磨滅的文字。」他既然數出天賦原則（或公共想法）的標記，並且說它們是上帝親手烙印在人心中的，因此，他就進而把這些原則列舉出來：㈠世上有最高的主宰；㈡這個主宰是必須要尊敬的；㈢能實行德性和虔誠，就算完成了對上帝的教儀；㈣我們必須由罪惡之途，返回光明之域；㈤在經過完此生以後，我們一定會受賞或受罰。我雖然承認，這都是明白的眞理，而且在正確解釋以後，任何理性動物都是不能不同意的，但我認爲，他並不曾絲毫證明它們是內在法庭中所描寫出的一些天賦的原則。因爲我可以說：

16　第一點，我們如果可以合理地相信有任何普通的想法是由上帝親手寫在人心上的，則這五個命題或許是不能概括了這些想法的，或許是多於這些想法的。因爲還有別的許多命題，也可以按照他的規則，說是導源於上帝而爲天賦原則的（至少也可以如他所列舉的這五個命題），例如「以己所欲者施於人」這個原則，以及千百種別的考量好的原則都是。

17　第二點，他所舉的標記並不能在所有的五個命題中都找得到，就是說，第一、第二和第三種標記，並不與任何命題完全相契；而且第一、第二、第三、第四與第六這五個標記，與第三、第四、第五這三個命題也不甚合。因爲我們不但從歷史上知道，有許多人、許多國家懷疑或不信這些原則的全部或一部，而且我也不知道：「德性和虔敬結合起來就是對於上帝的最好敬拜」這第三條原則，如何能成爲一條天賦的原則，因爲「德性」一詞是不易理解的，它的意義是毫不確定的而且它所指示的對象也是聚訟紛紜，不易知道的。因此這條原則只是指導人生的一種最不確定的原則，在實際上並無大用，因此，它也不配稱爲天賦的實踐原則。

18 我們如果再來考究「德性是對上帝的最好敬拜」這個命題的意義（因爲原則或普通的想法只在於意義，而不在於聲音），則我們又會看到，德性如果是指各國輿論所認爲最可誇獎的那些行爲，則這個命題一定是不確定、不眞實的。如果德性是指契合於上帝意志的種種行爲，或指契合於上帝所立規則的各種行爲，如果德性是指本性善良的一種品德，而且上帝的規則，是衡量德性的唯一眞實的尺度，則「德性是對上帝最好的敬拜」這個命題雖是最眞實、最確定的，可是它對於人生是最無用處的，因爲這個命題畢竟不過是意味「上帝樂意人們實行其命令」罷了。但是雖然人人都確知這個命題是眞的，可是他們在知道時也不必知道究竟什麼是上帝所命令的，因此，這個命題並不能成爲他行動的規則或原則，這就與他沒有這個規則是一樣的了。一個命題的含義如果只是「上帝喜愛人們實行他自己的命令」，則不論它如何眞實確定，我們都可以說，很少有人肯定這一命題是一切人心上所共有的一種天賦的道德原則；因爲這個命題並不能教人什麼。若誰肯這樣說，則他一定會以爲千百種命題都是天賦的，因爲有許多原則，人們雖然一向不以之歸於天賦原則之數，可是要照這裡的道理來說，則它們也可以說是天賦的了。

19 我們如不知道哪些行爲是罪惡，則第四個命題（就是說：人一定要悔改他們的罪惡）也不能教人許多。因爲罪惡一詞所指的行動既然能使罪惡者受了刑罰，那麼我們如果不知道哪些特殊的動作可以招致來刑罰，則有什麼大的道德原則可以教我們自悔，立意不做能給自己招禍的那些事呢？人們如果已經知道，某些行爲是罪惡，則這個命題可以說是一個眞正的命題，而且我們也可以用它來指教他們。不過人心如果不曾烙印罪和德的特殊標準和界限，而且這些標準如果也不是天賦的原則（這一層我認爲當然是很可疑的），則這個命題與前面的命題，都不能想像爲天賦的原則，而且縱然是天賦的，也是沒有用處的。因此，我認爲，上帝一定不能用「罪」與「德」等意義不明的文字，把原則印在人心上，因爲這些文字所代表的事物是因人而易的。不但如此，而且我們根本就不能假定原則能以文字表現出來，因爲文字在大多數原則中都只是一些很普遍的名詞，我們如不知道這些名詞所含的特殊事物，就不能理解這些名詞。因此，在實踐的例證中，我們的標準一定是根據於我們對各種行動自身而有的知識的，而且行動的規則一定是可跳脫各種文字而各自獨立的，一定是在我們知道各種名詞以前就存在的。因此，一個人無論學什麼語言，無論他所學的是英文、日文、或者根本就不學任何語言、或者根本就不知道名詞的用法（如聾、啞之類）——一個人縱然有這些情況，他一定仍會知道這些規則。因此，人們縱然不知道語言、文字，縱然不知道本國的法律、習慣，也一定會知道爲敬拜上帝之故，人們應該不殺人、只御一女、不墮胎、不棄兒女；在自己感受窮乏時，應該不取於人；反之，在人受了窮乏時，應該供給他、救濟他；在作了相反的事實時，應該悔改、應該慚愧、應該決心不再爲非。一句話說，我們如果眞能證明一切人類都知道都承認這一類的規則，而且這一類的規則都包含在上面所述的常用的「德」與「罪」兩個字下面，則我們便很有理由來承認這一類的原則是普通的想法和實踐的原則。不過歸根究底，人類對於眞理的普遍同意（在道德原則中如果有這種同意），畢竟不能證明眞理是天賦的，因爲我們正可以由別的方式來知道眞理；這就是我所爭執的那一點。

20 **人們反駁說，「天賦的原則也可以墮落。」現在要反駁這一點** 人們在這裡或許會提供他們那種很現成、很無關緊要的答案，他們或許會說，天賦的道德原則，可以被教育和習慣，以及與我們常相談論的那些人的意見所汙暗，因此，這些原則就會完全從人心中掃蕩出去。不過這個答覆是沒有什麼力量的；因爲這個說法如果是眞的，則它會消滅了普遍同意的論證，因而人們雖然以這種同意努力來證明天賦的原則也就無濟於事了。因此，他們如果還要想以普遍的同意來證明天賦的原則，則他們必須把自己宗派的信仰或私人的信仰，認爲是普遍的原則。這種情形雖然不合理，可是也不是不常有的，因爲人們每愛妄自尊大爲正當理性的主人翁，以爲其餘人們的投票和意見是不值得過問的。因此，他們的論證就成了下面這樣的：「一切人們所承認爲眞的那些原則都是天賦的；一切具有正當理性的人們所承認的原則，也就是一切人類所承認的原則；我們以及與我們思想一樣的人們都是有理性的，因此，我們所同意的原則，也就是天賦的」。這是一種很巧妙的辯論方法，不愧爲達到眞理的捷徑。要不如此說，則我們便不能了解爲什麼有些原則是一切人所承認、所同意的，同時這些原則又要被墮落的風俗和惡劣的教育剷除於人心以外。要不如此說，我們便不能了解，爲什麼所有人們都承認這些原則，可是同時又有許多人否認這些原則。眞的，要假設這一類第一原則，那是毫無用處的，而且這一類原則如果可以被任何人力所更改，可以被教師的意志或朋友的意見所轉化，則我們有沒有這些原則，都一樣是無所適從的。照這樣，則我們雖然誇張說有第一原則和天賦的光亮，我們也仍然要處於黑暗和不定之中，一如完全沒有這些原則一樣。因爲我們的規則如果會脫離正軌，或者我們在各種相反的規則中，不知道哪一條是正確的，那麼有規則也和無規則是一樣的。不過關於天賦的原則，我很希望人們告訴我，究竟它們是否可以被教育和習慣所淆亂、所剷除；如果它們不能被剷除，則我們肯定會看到，它們在所有人心中都是一樣的，而且人人都會清楚知道它們。如果它們可以因爲外來的想法受了變化，則我們肯定會看到，它們在接近其泉源的時候（就是在兒童和文盲方面），一定是最清楚最分明的，因爲兒童和文盲是最不容易從外面的意見接受到印象的。不論他們選取哪一種意見，他們也一定會看到，他們的意見和明顯的事實及日常的觀察是互相抵觸的。

21 **世界中相反的原則**　我們還容易看到人們的國籍、教育和性情如果不一樣，則他們所認爲不容懷疑的第一原則，也只是許多不相同的意見。這些意見，有的是本身荒謬的、有的是互相對立的，因此，它們許多一定不可能都是眞的。不過這一類的眞理無論和理性如何違背，可是總有地方會認它們是神聖的，因此，人們在別的方面縱然理解清晰，可是他們寧願把自己的生命和其最愛的東西犧牲，也不願讓自己懷疑這些原則的眞實、不願讓他人詰問這些原則的眞實。

22 **人們的原則通常都是如何得來的**　這種情形看來無論多麼奇怪，可是它是被每日的經驗證實的，而且我們如果考察這種情形所由以發生的方式和步驟，則我們或會看到它不是那樣奇特的。因爲我們看到，有些學說雖然沒有高貴的來源，雖然只是由保母的迷信和老婦的權威來的，可是因爲年深日久、鄉黨同意的緣故，它們會從宗教或道德中，上升到原則的地步。因爲留心以原理教導兒童的人們（很少有人不用一套自己所相信的原則來教導兒童），往往要以自己所認爲合意的學說，灌注在他們那天眞而無成見的理解中（因爲白紙可以接受任何字跡），使他們謹守勿失，公開宣揚。這些學說既然在兒童們一有理解時就教給他們，而且周圍的人們或以公開的承認，或從默然的同意，在他們生長的過程中，又逐漸把這些學說給他們證實了，因此，這些學說就逐漸獲得美名，被人認爲是不可懷疑的、自明的天賦眞理了。這些人們縱然沒有這種力量，而他們（兒童）所奉爲聰明、淵博、而虔敬的那些人們，也會認這些命題爲宗教和習俗的基礎，不讓人加以譭謗和鄙薄，因此，也會發生出同樣結果。

23 此外，我們還可以說，受了這樣教育的兒童，在長大以後反省自己的心理時，他們一定覺得那些意見是最早就有的，因爲人們拿那些意見教他們時，他們的記憶還是不能記錄自己的行爲的，還是不能標記什麼時候有新事物呈現於自己的。他們既認這些意見是最早的，而且他們也不知道自己對於這些命題的知識導源於何處，因此，他們便毫不客氣地斷言，這些命題的確是上帝和自然在人心上所烙印的痕跡，而不是由別人得來的。因此他們就恭恭敬敬服膺這些命題，服從這些命題，就如許多人們服從自己的父母似的。不過他們之所以如此尊敬，並非因爲尊敬是自然的，而且人們若不教他們尊敬，他們也不會主動尊敬。他們之所以如此，乃是由於常常受那樣的教訓；而且因爲自己記不清這種恭敬的發端，所以他們認爲這種恭敬是自然的。

24 我們如果考究人類的天性和人事的情況，則上述的情形不但是可能的，而且是必然會發現出的；因爲人們如果不耗費時光來從事於自己職業中的日常工作，則他們便不能在社會中生活；如果沒有一些基礎和學說，以使自己的思想有所歸著，則他們的心理便不能安息。人們的理解縱然極其猶疑、膚淺，他們也總有自己所崇拜的一些命題，他們也總會把這些命題作爲原則，以來建立自己的推論，並且來判斷眞僞和是非。不過他們有的因爲缺乏技巧和工夫、有的因爲缺乏研究的愛好、有的因爲受人禁止而不得隨便考察，因此，他們便都被自己的懵懂、懶惰、教育、或急性所欺，輕於信任這些命題了。

25 所有兒童和青年顯然都是這樣的。習俗比自然的力量還大，它只要能教人把自己的心理和理解屈從於某種事理，它就往往能使人崇拜那種事理爲神聖的；因此，我們不必訝異成年人們爲什麼不肯認眞地坐下考察他們自己的教條；因爲他們已經迷惑於人生必須的事務、已經熱衷於快樂的追求，尤其因爲他們的原則之一就是要使人不能懷疑自己的原則。縱然人們有閒暇、有天才、有意志，又誰敢來把自己過去一切思想和行動的基礎都搖動了呢？又誰肯承認自己一向完全是在錯誤中在世人面前丟臉呢？任何人在冒險反對其國家或黨的傳統想法時，既然要到處引起人的責難，誰還敢來侵犯衆怒呢？人們在稍一懷疑通俗的想法以後，既是必然要被人稱爲狂想者、懷疑者，無神論者，誰還有耐心甘受人這層誹謗呢？他既然與大多數人一樣，以爲那些原則是上帝在他心中所建立的標準，是檢驗他那一切意見的規則和試金石，他當然不敢懷疑這些眞理了。他既然看到那些原則是他的最初思想，而且是爲他人所最尊敬的，那麼有什麼東西能阻止他，使他不認那些原則爲神聖的呢？

26　人們既然有此種情形，所以我們很容易想像，他們爲什麼崇拜他們在自己心中所立的偶像？爲什麼親愛他們在心中習見的想法？爲什麼在謬見和錯誤上加了「神聖」二字的標記？爲什麼成了公牛和猿猴的熱烈信徒？爲什麼以爭辯、格鬥和死亡來衛護他們的意見？爲什麼相信，只有自己所教化的人們，才是有上帝的？因爲在大多數人方面，心靈的推理能力（這種能力雖然不斷地要被人運用，可是人們往往不能謹愼地、聰明地運用它）如果沒有基礎，則它便不知如何進行。可是這些人們又因爲懶散和職業、匆忙和寡助之故，而無法透入知識的原則，把眞理的根源和起點，逐步推尋出來。因此，他們便自然地而且不可避免地要採用一些借來的原則；而且因爲這些原則又被人妄認爲是別的事物的明顯證明，因此，它們也就被人認爲是不需要其他證明的，人們如果接受了這些信條，並且恭恭敬敬照著通常的樣子來服膺它們，而且在接受了以後不敢妄加考察，只是聽說應該相信它們就相信不疑：則他們在受了國家的教育和習俗的薰染以後，一定會認爲任何謬見是天賦的原則。這些人們既然常常沉思同樣的對象，因此他們的視覺便模糊起來，把心中所貯存的妖怪認爲是神明的影像，認爲是神明手造的作品。

27 **各種原則是必須要考察的** 由這種過程，我們便容易看出，有許多人都會達到他們所相信的天賦原則；因爲一切人類無論那一等級，都各有其所主張的五花八門的相反原則。有人如果以爲人們之所以相信自己原則的眞理和證據，並不是由於這種方式，則他一定難用其他方法來解釋：人們爲什麼堅信各種相反的教條，確說各種相反的教條，甚至肯毅然決然以熱血來護衛各種相反的教條。如果天賦的原則有其特有的權利，讓人根據它們自己的權威不經考察就來相信它們，那麼，我也不知道此外還有什麼不可相信的東西，也不知道還有什麼可以被懷疑的原則。如果這些原則也需要考察和試驗，則我可以請問：天賦的第一原則可以如何試驗得出？至少我也該請問：有什麼記號和標記可以使眞正天賦的原則，和其他原則有所分別？這樣我好在許多妄人之中，不致於在這樣重要的一點上有了錯誤。如果人們能做到這一層，我一定可以立刻接受那些可喜的、有用的命題。不過人們在未做到這一層的時候，我仍然可以謙恭地懷疑；因爲我恐怕人們所拿出的唯一理由——普遍的同意——並不足以作爲一種標記而指導我的選擇，以使我相信任何天賦的原則。就以前所說的看來，我認爲沒有任何實踐的原則是普遍所同意的，因此，它們也就不是天賦的；這一點，我認爲是毫無疑問的。

第三章　關於思辨和實踐兩種天賦原則的一些其他考慮

1　**原則中的觀念如果不是天賦的，則原則也不是天賦的**　以天賦原則教我們的那些人們，如果不曾籠統地把那些原則拿來，如果曾經分別地考察過組成那些命題的各部分，他們或許不會貿然來相信那些命題是天賦的。因爲組織那些眞理的諸觀念如果不是天賦的，則由這些觀念所組成的那些命題也不能是天賦的，而且人們對這些觀念所發生的知識也不是與生俱來的。因爲觀念如果不是天賦的，則一定有時候，心中沒有那些原則，因此，它們也就不是天賦的，而是由別的根源來的。因爲觀念本身如果不是天賦的，則由觀念所發生的知識、同意、以及心理的或口頭的命題，都不是天賦的。

2　**各種觀念，尤其是屬於原則的那些觀念，都不是與生俱來的**　我們如果仔細觀察新生兒，則便會看到自己沒有什麼理由相信兒童天生就帶有許多觀念。因爲他們在胎中，雖或對於饑餓、乾渴、冷熱和痛苦，有一些微弱的觀念，可是我們完全看不到他們有任何確定觀念的樣子；至於說到能與普遍命題中的名詞相應的那些觀念，能與天賦原則中的名詞相應的那些觀念，當然更是沒有的。人們都看到，他們的心中如何逐漸可以得到各種觀念，並且可以看到，他們所得到的，都是由於他們經驗到觀察到親身所經的事物來的。這一層就足以給我們證明，它們不是在人心所烙印的原始標記了。

3 如果有所謂天賦的原則，則「一件事物不能同時存在，而又不存在」的這個原則一定是一個天賦的原則。不過人們能想或者能說，「不可能」和「同一性」是兩個天賦的觀念嗎？它們是一切人所具有，是一切人所生來就有的嗎？它們在兒童中是最初發現，而且先於一切後得的想法嗎？它們如果是天賦的，它們一定是這樣的。不過兒童在未得到「黑」、「白」、「甜」、「苦」等觀念時，他會得到「不可能」和「同一性」的觀念嗎？他知道了這條原則以後，才來斷言說，乳頭上擦上艾草以後，則與他一向所感覺到的氣味不一樣嗎？他眞正是在知道「一物不能同時存在而又不存在」以後，才能分別他母親和陌生人嗎？才能愛惜母親而逃避陌生人嗎？人心能用它所不曾具有的觀念，來規範它自己以及其同意嗎？理解能從它所不曾知道、不曾理解的原則，得出結論來嗎？「不可能」和「同一性」兩個名詞所代表的觀念，不但不是天賦的、或生來就有的，而且我們要需要極大的細心和注意，才能在理解中把這些觀念妥當地造成。它們不但不是我們生來就有、不但不是兒童們所有的思想，而且我相信，在一考察之後，我們還會看到，有許多成年人也沒有這些觀念。

4 **同一性不是一個天賦的觀念** 如果「同一性」（專舉這一個觀念來說）是天然的印象，而且特別清楚，特別明白，使我們在搖籃中就早已知道它，那麼我很希望，一個七歲的人或七十歲的人來給我解決一個問題，就是：人既然是由身體和靈魂組成的一個動物，那麼在他的身體變化以後，他是否還是那一個人呢？如果幼福博（Euphorbus）、畢達哥拉斯（Pythagoras）具有同一的靈魂，可是他們所生的時代又不同，則他們是否是同一人？不但如此，如果一隻公雞也具有同一靈魂，則牠是否與他兩人是相同的？由此看來，同一性的觀念似乎是不很確定、不很清晰、不配稱爲天賦的，因爲那些天賦的觀念，如果不是十分清楚明白，如果不是普遍地被人知道、自然地被人同意，則它們便不能成爲普遍而分明的眞理的成分，而且必然會引起不斷的疑慮。因爲我認爲，各人的同一性觀念和畢達哥拉斯及其信徒所有的同一性觀念並不一樣。那麼哪一種觀念是眞的呢？哪一種是天賦的呢？這兩種差異的同一性觀念都是天賦的嗎？

5　人們不要以爲我在這裡關於人格同一性所提出的問題，只是一些空洞的思辨（不過縱然這些問題是空洞的思辨，這也足以證明，人的理解中沒有天賦的同一性觀念）。人們只要稍一反省復活問題，並且一考究神聖的公理要在末日審判人們，按其在世時所做的善惡，以使之在來生受福或受苦；則他們一定會覺得自己不能解決，究竟所謂同一的人是什麼樣子，或所謂同一性是什麼樣子，而且他們還一定不會再冒昧地想像，他們自己與別人以及兒童們都對於同一性自然有一個明白的觀念。

6　**全體和部分不是天賦的觀念**　我們可進而考察「全體大於部分」的那個數學原則。我認爲人們一定會認爲這個原則爲天賦的原則。並且我相信，如果有別的原則可稱爲天賦的，則這個原則也一定配稱爲天賦的。不過人們都會知道這個命題不是天賦的，因爲他們都會知道：這個命題所包含的「全體」和「部分」兩個觀念完全是相對的。能適當地、直接地包含這兩個觀念的積極觀念，不外廣袤和數目，所謂全體和部分就是這兩種性質中的關係。因此，全體和部分如果是天賦的觀念，則廣袤和數目一定也是天賦的；因爲要想有一個關係的觀念，我們總得觀念到關係所寄託的、所依據的那種東西。至於要問人心上是否自然地印有廣袤和數目的觀念，那我可以讓主張天賦原則的人們來解決。

7 **禮拜的觀念不是天賦的** 「上帝是應當禮拜的」這個原則，可以與人心中任何偉大的眞理立於相等的地位，而且在一切實踐的原則中，値得占首要的地位。不過「上帝」和「禮拜」兩個觀念如果不是天賦的，則這個原則也就不能說是天賦的。「禮拜」一詞所代表的觀念並不在於兒童的理解中，也不是在人心中原始所烙印的一個標記。這一點，我認爲人們是容易承認的，因爲他們會看到，即在成人也很少對於這一個名詞具有淸楚明白的觀念。要說「上帝是應該禮拜的」這一個原則，是兒童所有的天賦原則，可是同時他們又不知道自己的責任，不知道「禮拜上帝」作何解釋：那乃是最可笑不過的一件事。不過我們且不提這一層。

8 **上帝的觀念不是天賦的** 如果我們可以想像有任何天賦的觀念，則我們可以根據許多理由說，上帝的觀念更可以說是天賦的。因爲我們如果沒有天賦的神明觀念，則我們便不能設想有任何天賦的道德原則。因爲沒有立法者的觀念，我們便不能有法律的觀念、便不能有遵守法律的義務。古人在史傳上所貶斥的那些無神論者不用說了，即在近代，自航海以來，人們不是曾在薩爾達尼亞（Soldania）海灣、以及巴西（Brazil）、布蘭岱（Boranday）、加勒比群島（Carribee Islands）發現了整個的國家沒有上帝的觀念，並且不知道宗教嗎？尼古拉（Nicholansdel Techo）關於開孤路（Caiguarum）族的歸化，曾經寫道：「我見這個種族，沒有表示上帝和人類靈魂的字眼，他們沒有神聖的教儀，也沒有偶像。」我們不但見有許多國家，蠻性未除，沒有文字和教育的幫助，沒有藝術和科學的進步。此外，我們還見到有許多國家雖然已經文明大有進步，可是他們因爲在這方面不曾適當地運用其思想的緣故，竟然沒有上帝的觀念和知識。安南人就是屬於這一類的，我認爲人們也正可以與我一樣，不必訝異這一層。不過關於這一層，我們可參閱法王在安南近來所派代表給我們的記述。據這位代表的記述看來，中國也正是一樣情形。我們縱然不相信樂老波（La

Loubere）的話，可是駐華的傳教士們，甚至耶穌教派的人們，一面雖然十分讚美中國，一面也異口同聲地告訴我們：中國的統治階級——士大夫們——都固守中國的舊教，都是純粹的無神論者。關於這種情形，我們可參閱納互雷時（Navarette）《遊記集》一卷與《中國儀禮史》（*Historia Cultus Sinesium*）。我們如果一注意鄰近人民的生活和交際，我們也很有理由來相信，即在文明國家中，許多人心中並沒有強烈而明顯的神明印象。從此我們就看到，講壇上所以責怨人們的無神主義，並不是沒理由的。現在雖然只有一些浪子無賴靦然自認無神，可是人們如果不是因爲恐怕官吏的刀鋒、鄰人的責罵而結舌不敢出聲，則我們一定更會聽到無神的論調。因爲他們如果到了不必恐怕刑罰或羞恥的時候，他們的口舌一定會公然宣布其無神主義，一如他們一向所表現的行爲那樣。

9　縱然所有人類到處都有一個上帝的觀念（歷史告訴我們相反的狀況），我們也不能因此就說那個觀念是天賦的。因爲我們所見的國家，雖然都是名爲上帝，而且對祂有一些含糊的想法，可是這並不能證明那個想法是人心中自然的印象。這個也正如火、熱、日、數等名稱，不足以證明它們所代表的觀念是天賦的一樣；我們正不能因爲這些事物的名稱和它們的觀念是一切人類普遍所承受的，就說那些觀念是天賦的。不過在另一方面，人們縱然沒有上帝之名，而且他們心中雖然沒有那個想法，那也不足以否認上帝的存在。這個也正如我們不能因爲人類大部分不知道磁石的觀念和名義，就證明沒有磁石似的；也正如我們不能因爲自己觀念不到各種特異的天使（或超於人的靈物），並且不知道他們的名稱，就證明沒有各種天使似的。因爲人們原來雖然沒有這些觀念，可是他們既然有本國的文字、言語，一定免不了得到那些事物的觀念，因爲與他們來往的人們一定會以這些事物的名稱一再向他們提說。而且假如有一個觀念帶有「至善」、「偉大」和「奇特」種種意味，而且那個觀念又能引起人的憂慮和恐懼，而且人們對於絕對不可抗拒的權力所有的恐怖又把這個觀念明印在心中，則那個觀念一定又會更加深、更加廣。這個觀念如果是與公共的理性光亮相契合，而且可以由我們知識中任何部分演繹出來，如「上帝」觀念之類，則更是這種情形。因爲在世界的一切作品中，我們分明看到有極度智慧和權力的標記，因此，一個理性動物只要能認眞地考察這些作品，一定可以發現所謂神明。這種存在被發現以後，人們只要一聽到它，就會在心中受了很大的影響，就會發生嚴重的思想、有力的感應，因此，我認爲整個的民族如果野蠻得竟然沒有上帝的觀念，那比沒有數或火的觀念還要奇怪。

10 在世界上任何一部分，上帝的名稱只要一提出來，以表示一種崇高的、聰明的和無敵的存在，則它必然會傳得很廣、很遠，持續到萬古千秋。因爲那個想法是與公共理性的原則相契合的，而且人們常常說這個名詞也是於自己有利益的。不過一般不思考的人們雖然普遍地接受這個名稱，而且他們雖然能得到一種猶疑不全的想法，可是這也不足以證明那個觀念是天賦的。人們所以有此想法，乃是因爲發明這個名稱的人們，曾經正確地運用其理性、曾經成熟地思維過事物的原因，並且曾經把事物的根源找尋出來。這個重要的想法既發明出來，所以那些不受思考的人們在接受了以後，便再也忘不掉。

11 如果上帝的觀念眞是可以在一切人類中找得到，並且在各國都爲成年人普遍地所承認，那麼我們從這個觀念所能得到的推論便限於上節所說的。我所以只提到成年人，乃是因爲我認爲承認上帝的人數根本就超不出成年人的限度以外。如果我們可以根據這一點來證明上帝的觀念是天賦的，則我們也可以根據這一點來證明火的觀念是天賦的，因爲我認爲，世界上凡有上帝觀念的人們一定也有火的觀念。我相信，我們如果把兒童安置在一個沒有火的島上，則他們一定不會得到火的觀念與火的名稱，雖然世界上其餘的人們也都一致地接受這個名稱和這個觀念。不但如此，這些兒童或許也完全不知道上帝的名稱和想法。不過他們之中如有一人運思來探究事物的組織和原因，則他們也容易得到一個上帝的觀念。而且這個觀念如果一教給人，則人的理性和其思想的自然傾向，也會把它推廣出去，並且永遠繼續存在於他們中間。

12 **有人說：「按照上帝的善意，一切人們應該有一個上帝的觀念，因此，這個觀念是天賦的。」現在要答覆這一點**　有的人說，按照上帝的善意，祂一定要把祂自己的標記和想法烙印在人心上，祂一定不使人們在這件大事上，處於黑暗和猶疑之中。祂一定會以此種方法來使有理性的動物如人者，按其本分向祂恭敬禮拜。因此，祂一定曾把自己的想法烙印在人心上。

這種論證如果有任何力量，則它在此處所證明的，一定遠過於應用這種論證的人們原來所希望的。因爲我們如果可以按照上帝的善意來斷言說，祂一定把人們所認爲最好的事給人做了，那麼這不只能證明上帝在人心上把自己的觀念烙印進去，而且還可以證明，他曾以明顯字跡，把人關於他所應知應信的東西都烙印進去，把人應服從祂的事情都烙印進去，而且還可以證明，祂曾給了人們一種契合於自己意志的意志和情感。人人都知道，我們如果在黑暗中追求知識，如聖保羅所說一切國家都在黑暗中摸索上帝那樣（見《使徒行傳》十七章二十七節），那是不好的；人人還都知道，他們的意志如果與他們的理解衝突、他們的情欲如果與他們的職責相反，那是不好的。因此，上帝如果把我們應有的知識和意欲都準備好，那就很好了。羅馬教士說，地球上如果有一個解決一切爭執的無誤的判官，那不但於人有很大的利益，而且也契合於上帝的善意，因此地球上就有了這樣一個判官。不過我也可以根據同樣理由說，人人應該各自都是一個無誤的判官。我並且可以讓他們考察一番，他們是不是可以根據這個論證就以爲人人都是一個無誤的判官。要說「全知的上帝既然如此做，所以這就是最好的」，那實在是一種最好的論證。不過人們如果要說「我覺得那是好的，所以上帝就那樣做」，那在我看來，他們就太過相信自己的智慧了。而且在現在這場議論中，我們要說上帝已經如此做，並且我們根據此來辯論，那是徒然的，因爲經驗已經暗示我們，他並不曾如此做。不過上帝雖然沒有給人知識的原始印象，雖然沒有在人心烙印天賦的觀念，可是他的善意並不因此而缺乏，因爲他所供給人的能力，足以使人發現各種必需的事物，以證實上帝的存在；而且我可以斷言，一個人如果能正當地運用其天賦的才具，則他雖沒有任何天賦的原則，也可以得知有上帝存在，也可以得知關於上帝的其他事物。上帝既然供給人以那些認知的本領，因此，他便不必再把那些天賦的觀念烙印在他心中，正如他給了人理性、手臂、物材以後，不必再爲人建造橋梁和房屋似的。在世界上，有的人種天才雖然優良，可是他們並沒有房屋、橋梁，即使有，也是很簡陋的，就像有的人種沒有上帝的觀念或只有鄙陋的上帝觀念似的。在兩種情形下，人們所以有這種現象，乃是因爲他們不曾勤勉地在那方面運用自己的才具和能力，乃是因爲他們甘心自封於本國當下所流行的意見、風俗和事物，而不再遠求。如果你或我生於色爾東尼灣（the Bay of Soldania），則我們的思想和想法，一定也無法超出在那裡居住的荷坦塗特（Hottentots）人。如果維金尼亞王亞坡加克諾（Virginiaking Apochancana）教養在英國，則他或許也可以比得上英國任何淵博的神學家和精深的數學家。他與較進步的英人的差異只是：他在運用自己的才具時，受了本國風氣、習俗和想法的限制，而不能進一步來探求別的東西。因此，他之所以沒有上帝的觀念，也只是因爲他不曾致思於能引起上帝觀念的那些事物。

13 **上帝的觀念在各人是不同的** 我相信，他心中如果烙印任何觀念，則我們可以很合理地想，那一定是他對造物者所有的觀念，因爲上帝會在祂的手工上加一個印模，以使人不忘自己的依賴和職責；而且人類的知識也是一定以此爲起點的。不過你知道，這個觀念在兒童心中是多麼晚才發現的呢？而且我們在看到他們有了這個觀念時，這個觀念並不若他們老師所有的意見和想法，而不見得是表象眞正的上帝嗎？人如果能知道，兒童心理得到知識的方式，則他一定會想到，他們起初所熟習的那些物像，一定是在他們理解上初次所烙印的那些物像，除此以外，他一定不會看到，有別的東西的痕跡。我們很容易看到，他們的思想所以逐漸擴大，只是因爲他們逐漸熟習了較多的可感物，把它們的觀念貯存於記憶中，並且在各種方式中對那些觀念得到一種組合、擴大、合併的技術。至於說他們如何可以藉著這些方式在自己心中，得到所謂神的觀念，則我以後再來詳論。

14　我們既然看到，在同一國土中，人們對於上帝之名抱著十分差異、甚至十分相反的觀念，那麼我們可以說，人們所有的上帝觀念，是上帝親手在人心所印的標記和印紋嗎？因爲他們如果只在名詞和聲音方面相同，那並不能證明他們有天賦的上帝觀念。

15　人們既然信奉、崇拜千百個神明，則他們能有眞正說得通的神明觀念嗎？他們只要承認了一個以上的神明，這就足以證明他們不知道有上帝，並且證明他們沒有眞正的上帝觀念，因爲他們已經把統一、無限和永生排除出去了。不但如此，我們還看到，他們還愚陋地相信上帝是有形體的，並且還以偶像來表示他們的神明，以爲他們的神明是有情愛、有結婚、有交媾、有嗜欲、有爭吵、有其他鄙賤性質的。由此看來，我們並沒有什麼理由相信，異教的人民（就是人類的大部分），在他們心中有所謂「上帝」的觀念；我們也沒有什麼理由相信，上帝把這個觀念烙印在人心上，免得使人對祂發生誤解。因此，人們如果以爲這個普遍的同意，能證明任何天賦的印象，則我們也只能說，上帝在說同一方言的人們心中，只把自己的名字印進去，卻沒有印自己的觀念。因爲人們雖同有上帝之名，可是同時他們對那個名詞所代表的東西，卻各有各的理解。有的人們說，異教的人民雖然供奉著「許多的」神明，可是他們這種做法只是以比喻的方法來表示那個無所不包的上帝的各種德性，和他的各部分意旨。不過我可以答覆說，這些神明的起源，我們並不必在此處過問；任何人都不會斷言，在俗人的思想中各種神明都是一種比擬。我們在此，且不用提出別的證據，我們只要一參考白列特主教（Bishop Boryte）《旅行記》第十三章，就可以看到，安南人的神學分明承認多數的神明，在喬色僧長（Abbé de Choisy）《安南旅行記》中，他也很聰明地說道，所謂他們的神學，乾脆就不承認上帝。人們或者又要說，雖則如此，可是各國的聰明人仍都會對於上帝的統一和無限，得到眞正的觀念。這一層我是不能不承認的，不過這樣一來：

第一、就把別的方面的普遍認同取消了，所剩的只有名詞方面的認同；因爲那些聰明人是爲數很少的，或者千人中只有一人，因此，普遍性就大受限制了。

第二、這種說法還似乎分明證明，人們對上帝所懷的最眞最善的觀念，不是烙印在心中的，而是在妥當地運用其才具以後，憑思想和沉澱後所獲得的。聰明好思之士，因爲能正確、謹愼的運用其思想和理性，因此，他們在這方面，便能得到眞正的想法，如同在別的事物方面一樣。至於懶散不思的人們（占著人類的大部分），則只憑偶然，由群衆的傳說和俗念，得到他們的想法，並不運用腦力來考察。如果你因爲一切聰明人都有上帝的觀念，便說那個觀念是天賦的，那麼德性也可以說是天賦的，因爲聰明人是常常有德性的。

16 一切異教中，分明有這種情形；不過即在信奉一神教的猶太人，耶教徒與回教徒之間，他們雖然留心在那些國家教人以同一的、眞正的上帝想法，可是這個學說也行不通，使人們對於上帝得到一致的眞正的觀念。即在我們中間，你如果向人致問上帝是什麼樣的，他們不是有許多人想像祂現出人的形象，坐在天國嗎？他們對祂不是還有別的許多荒謬零碎的想像？在耶教徒和回教徒方面，常有整個的教派很熱烈地爭執這一點：他們說，神明是有形體的，是與人同形的。在我們中間，我們雖然不常見人們自認爲是主張神人同形論者（anthropomarphites）（自然我也見有人如此主張），不過我相信，人們如果肯費心考察，則他們一定會看到，無知識的耶教徒們一定多半秉持這種意見。你只要與任何時代的村夫一談，只要與任何階級的青年人一談，則你會看到，上帝之名雖常在他們的口中，可是他們應用這個名詞時所代表的想法是很奇特、很卑微、很可憐的，因此，就沒有人能相信，那些想法是爲有理性的人所教的，更沒有人相信，它們是上帝親手所寫的字跡。據我看來，上帝在給人心靈時，雖沒給這些想法，那也無損其爲善，就如同他只以赤裸裸的身體給我們，而並沒給任何天賦的藝術和技能是一樣的。因爲我們既有了這些才具，則我們如果得不到這些觀念，那只是由於我們自己缺乏了勤勞和考慮，並不是因上帝缺了賜惠。自然，上帝之必存在，正如兩直線相交所夾的對頂角相等必然是一樣的。任何有理性的動物，只要誠心考察這些命題的眞理，則他們一定會同意這些命題（自然還有許多人們，因爲不曾在這方面運用過思想，所以完全不知道這兩種命題）。如果有人以爲這個就足以稱爲普遍的同意（這個同意頂多能達到這個程度），則我也很容易承認這個普遍的同意，不過我可以說，這個普遍的同意並不能證明上帝這一觀念是天賦的，就如同它不能證明「角」的觀念是天賦的一樣。

17 **如果上帝的觀念不是天賦的，則沒有別的觀念可以稱為天賦的**　就我方才所說的看來，人類對上帝所有的知識雖是由人類理性最自然地所發現的，可是上帝這一觀念仍不是天賦的。上帝的觀念既然如此，因此，我就想任何其他觀念更是不配稱爲天賦的。因爲上帝如果眞在人的理解上烙印任何印象、任何標記，則我們很可以合理地想像那個印象一定是我們對上帝自身所有的一個明白而一律的觀念——雖然我們這微弱的才具只足夠了解一部分這個無限的、無所不包的對象。不過我們的心靈起初既然沒有我們所最關心的那個觀念，則別的天賦的觀念當然更不用說了。我承認，在我所觀察到的範圍中，我並沒有任何天賦的觀念，而且我很願意讓別人告訴我究竟什麼是天賦的觀念。

18 **實體的觀念不是天賦的** 據人們日常的談話看來，他們彷彿還有另一種觀念，而且我認爲人們如果有了那個觀念，也是有普遍的功用的。這個觀念就是所謂實體的觀念，它是我們不能藉感覺或反省來得到的，如果自然曾費心給我們任何觀念，則我們正可以想像，那個觀念正是我們自己才具所不能獲得的那個實體的觀念。可是我們所見的，正與此相反，因爲這個觀念，既然不能由別的觀念呈現時的方式呈現出來，所以我們根本就沒有那種明白的觀念，而且所謂實體一詞也沒有別的意義，我們在此只是含糊地假定一個自己所不知的東西（就是說我們對這個東西，沒有特殊的、清楚的、積極的觀念），將它視爲我們所知道的那些觀念的基礎與支柱罷了。

19 **各種觀念如果都不是天賦的，則各種命題也都不是天賦的** 不論我們如何談論思辨的或實踐的天賦原則，我們的說法正如一個人雖承認自己在錢袋中有一百金鎊，而卻不承認總數中所含的任何便士、先令、克倫或任何其他錢幣似的，因爲我們如果不能假設，形成命題的各種觀念是天賦的，則我們便不能認爲那些命題是天賦的。人們的普遍同意和接受，並不能證明那些命題中所含的各種觀念是天賦的，因爲在許多情形下，不論各種觀念是如何來的，而那些觀念之相契與否只要表現於文字中，則人們對那些文字就必然會產生同意。任何人只要能有眞正的上帝觀念和禮拜觀念，則「上帝是應當禮拜的」這個命題只要表示於他所了解的言語中，他就會加以同意。任何有理性的人，縱然今天沒有想到這個命題，他明天仍會同意這個命題。不過我們正可以假設，成千上萬的人們今天並沒有這兩個觀念。因爲我們縱然承認，野蠻人和許多鄉人有上帝觀念和禮拜觀念（我們一與他們談話，就很難妄信這一點），可是我認爲很少有人能相信兒童能有那些觀念。因此，這些觀念是他們後來才漸漸學到的，學得這些觀念以後，他們以後才能同意那個命題，而且在同意以後便永不再懷疑。不過在一聽以後所發生的這種同意，並不能證明那些觀念是天賦的。就以比喻來說，一個天生的盲人（假定明天他的眼翳可以除去）縱然在明眼之後，能同意「日是光明的」、「番紅花是黃的」，可是我們並不能斷言，他有天賦的日同光明的觀念、番紅花同黃的觀念。在一聽以後所發生的同意，如果不能證明那些觀念是天賦的，則它更不能證明：由這些觀念所組成的命題是天賦的。他們如果眞有任何天賦的觀念，我眞希望知道那些觀念是什麼，並且它們是從哪裡來的。

20 **記憶中並沒有天賦的觀念**　此外，我不可以說，人心中如果有任何天賦的觀念，不是它所實際思想到的，則那些觀念一定是在他的記性中的，而且他所以得知它們，一定是他的回憶由記性中把它們召喚出來的；而且它們在被回憶起以後，人一定知道它們是以前在心中存在過的，否則回憶便不成其爲回憶了。因爲所謂回憶，就是要用記性來瞥見各種東西，而且在回憶時，我們分明意識到那個東西是以前被自己知道或知覺過的。如果沒有這種意識，則心中所現的任何觀念都是新的，不是被回憶的；因爲回憶作用與其他思維方法一樣，差異只在於回憶時，分明意識到那件東西是曾經在心中存在過的。人心以前所不曾知覺過的東西，都不能說是在心中的。存在於心中的任何觀念，如果不是當下的一個實在知覺，就是從前的一個實在知覺，如果是從前的一個知覺，則我們之所以說它仍存在於心中，乃是因爲它可以藉著記性再成了一種實在的知覺。任何時候，如果離了記性，我們能眞實地知覺到一個觀念，則那個觀念一定看來是完全新的，從前不爲理解所知道的。如果記性能使人眞實地看到一個觀念，則人一定會意識到那個觀念是曾經在那裡存在過的，對於心並不完全是新的。究竟事實如此不是，我只讓各人自己來觀察好了。不過我現在希望人們給我一個例證，證明事實上有所謂天賦的觀念，而且人在未得到它的印象時（方式如後所述），就能把它當做以前早知的一個觀念而回想起來。人們如果意識不到以前的一個知覺，則無所謂回憶；而且任何觀念在進入人心時如果沒有伴著那種意識，則它便不能說是被回憶起的，也不是由記性中來的，而且在未曾出現以前，也不能說是在人心中的。因爲凡不是當下看見的東西、凡不是存在於記憶中的東西，根本就不能說是在人心中的、根本就是不曾在那裡的。假如有一個兒童，原來兩眼健康，不過在剛能分辨顏色時，眼翳就把他的視線遮住，而且往後四、五十年中，他完全處於黑暗中，完全記不得他以前所具有的顏色觀念。曾經與我談過話的一個盲人就是這樣，據他說，他在幼時曾因痘症失明，後來他竟與天生盲人一樣，毫無顏色觀念。現在我就問，人們是不是可以說，這個人心中畢竟仍有顏色觀念，不如天生盲人之全無顏色觀念？我相信，沒有人會說，這兩種人心中有任何顏色觀念。不過他的眼翳撥開以後，則他可以憑其恢復的視力，在心中又重新得到他所無法記得的顏色觀念，而且在得到時，也無法意識到他以前曾經熟悉那些觀念。可是得到這些觀念以後，他在後來便可以記憶起它們來，使它們在黑暗中復現於心中。在這種情形下，這些顏色觀念雖不在眼前，它們也可以再生，而且在再生時人還記得是以前曾經認識過的；這些觀念既是在記性中的，所以說是在心中的。我之所以舉此爲例，乃是要證明說，任何觀念如果不眞在眼前，可是同時又在心中，則我所以說它在心中，只是因爲它在記性中。它如果不在記性中，則它便不是在心中的，如果它在記性中，則它在被記性所呈現時，人心一定會知覺到它是由記憶中來的；這就是說，那個觀念以前是曾爲心所知的，現在是又回憶起的。因此，假如有任何天賦的觀念，則它們一定是在記性中的，否則便不能說是在人心中的。如果它們是在心中的，則它們沒有外面的印象也可以再生；而且任何時候，它們如果呈現於心中，它們一定是被回憶起的，那就是說，它們能使人心知覺到它們不是完全新的。任何觀念如果不在記性中，則它在出現於心中時，一定完全是新的，是以前所不知道的。任何觀念如果是在記性中或人心中，則它在爲記性所提示時，一定不像是新的，人心一定會在自身中找到那個觀念，並且知道它是以前在那裡的。任何觀念究竟是否在人心中或記性中，便完全看這種差異。因爲這種差異是恆常的、眞能劃分界線的。藉著這個差異，我們可以試驗，人心在未從感覺或反省得到印象的時候，是否含著天賦的觀念。我眞不知是否有一個人，在能運用理性時，或在其他任何時候，能回憶任何天賦的觀念；而且那些觀念，自他出生後，在他看來，不是新的。如有這樣一個人，我眞希望遇到他。但是如果有人說，有些觀念雖在心中，而卻不在記性中，則我很希望他自我解釋一番，並且使他所說的話稍微有點意義。

21 **那些原則不是天賦的，因為它們既沒有功用，也沒有確定性**　我所以懷疑這些原則以及其他任何原則之非天賦，除了我所說的那些理由之外，還有另一種理由。我一向完全相信，全知的上帝在創造萬物時，是曾運用其完美的智慧的，因此，我就不解，他既然在人心上印了那些普遍的原則，何以思辨方面的那些天賦原則是沒有大用處的？何以實踐方面的那些原則是不自明的？何以它們與其他非天賦的眞理，都不能分辨呢？因爲上帝在人心上親手所印的那些標記，如果比後來獲得的那些觀念並不較爲明晰，而且也不能與它們有所分辨，則他將何所圖呢？如果有人說，事實上眞有那些天賦的觀念和命題，而且它們可以憑其清晰性和效用性，與人心中一切後得的，外來的觀念和命題有所區別；那麼他一定容易告訴我們說，哪一些觀念和命題是天賦的，而且人人也都會要當地來判斷，究竟它們是不是天賦的。因爲如果眞有天賦的觀念和印象，而且它們又與一切其他知覺和知識有別，則人人都會在自身中看到這一層。——關於這些假設的天賦公理，我已經論究過它們的明確性了，至於它們的效用性，則我以後有機會再來詳論。

22 **人們所以有不同的發現，只是因為他們運用自己的才具時所由的方式不同**　總而言之，有些觀念是一直呈現於理解中的；有些眞理，是在人心把觀念組成命題以後立刻所得到的；還有些眞理是藉一串有秩序的觀念、適當的比較和精細的演繹，才能被人發現，被人同意的。在前一種眞理方面，有些因爲容易被人普遍所承受，就被人誤認爲是天賦的；不過實在說來，觀念和想法都不是天生的，正如藝術和科學似的。有些觀念自然比別的觀念較爲容易呈現於我們的心中，因此，它們是普遍爲人所接受的。不過這些仍是看我們運用身體器官和心理能力時的方向而定；因爲上帝所給人的才具和本領，雖然能發現、接受、保持各種眞理，可是它們這些作用，是看我們所應用的方式而定的。人類的各種想法所以有最大的區別，只是因爲他們運用才具時的方式不同。有的人們（自然是大多數）往往輕信各種事情，他們的心往往懶散地束縛於他人的命令和統制，因此，他們便在各種學說方面，誤用了自己的同意權，實則據他們的職責說來，他們是應當仔細考察各種學說，不應當盲目、含混的呑咽各種學說的；又有的人們，只是運思於少數的事物，因此，他們便十分熟悉那些事物，對於那些事物也得到較高的知識；不過他們對於別的事物，卻完全不知道，因爲他們的思想原來就不曾運用在別的研究中。因此，「三角形三內角之和等於兩直角」的這個眞理，雖確定得無以復加，而且我雖想它比配稱爲原則的別的許多命題都較爲明顯，可是有成千上萬的人們，在別的事情上雖然很精通，而對於這個命題卻全無所知，因爲他們根本就不曾在這些角上運用過自己的思想。同樣，一個人雖可以確知這個命題，可是他也許對於數學中其他一樣明白的命題的原理全無所知，因爲他在探求那些數學的眞理時，他的思想也許停頓而不再有所進。關於神明的存在，我們所有的想法也正有同樣的情形。因爲人類所能分明推求到的眞理，雖然無過於上帝的存在，可是他如果自足於世界上現成的各種事物，只求滿其欲、快其意，而不稍探求那些事物的原因、效果與可羨的機括，並且不能勤懇地、專心地來思考它們，則他雖活到高壽，也許得不到那個「神明」的觀念。別人如果與他談起話來，並且把上帝這觀念置於他腦中，則他也許會相信那個觀念。但是他如果不曾考察過那個想法，則他在這方面的知識一定不是完全的。這個正如一個人因爲只聽人說了「三角形三內角等於兩直角」，就不經考察那個解證方法，一直深信不疑似的；他縱然能同意、縱然能有或然的意見，不過他對於這個命題的眞理是全無所知的。但是他如果能審愼地運用自己的才具，則他仍是可以把這個命題弄得清楚明白的。不過這種方式既是漸進的，這就足以證明，我們之所以能獲得知識，乃是因爲我們能正當地施用自然所給我們的那些能力，而不是因爲一切人類有天賦的原則來指導他們，如一般人虛妄地所想像的那樣。如果眞有天賦的原則，則一切人類都該知道它們；如果人們不知道，則那些原則便一無所用了。不過人們既不知有這些原則，並且不能把它們與別的後得的眞理有所區分，所以我們很可以斷言，根本就沒有那些原則。

23 **人必須自己思考、理解** 我既然這樣懷疑天賦的原則，因此，人們一定容易說，我這就無異於把知識和確定性的舊基礎都摧毀了；因此，我眞不知道，人們對我這種懷疑會加以如何重的懲責。不過至少我敢相信，我所遵循的方式，是和眞理契合的，因此，它更能把那些基礎打得較穩一點。我相當清楚我在下面的談話中，並不曾立意故違任何權威，或故遵任何權威，我的目的只是在於眞理；眞理引到哪裡，我的思想就坦白地跟到哪裡，我並不管他人的足跡在那一方面不在。我之所以如此，並不是對於他人的意見不表示恭敬，乃是因爲我所崇拜的是眞理。因此，我可以說，我們如果能在知識的源泉中來探求知識（就是要直接考究事物自身），並且在找尋時，只應用自己的思想，而不運用他人的思想，則我們或許可以在發現思辨的知識時，有較大的進步。我認爲我這話，並不是傲慢用事，因爲在探求知識時，我們如果不運用自己的思想，那正如同欲以他人的眼來看、以他人的理解來認知。我們對眞理和事理，能了解到如何程度，則我們所有的眞正知識就到什麼程度。他人的意見縱然是眞的，可是它們如果只是浮蕩在我們的腦中，則我們並不能因此稍微聰明了一些。如果我們只是同意於一些鼎鼎的大名，而不照他們的樣子，來運用自己的思想，以求了解他們所由以成名的那些眞理，則在他們爲科學者，在我們就會成了模糊影響之談（Opiniatrety）。亞理士多德固然是一個有學問的人，不過人們所以如此看他，並不是因爲他盲目地、自信地吐露了他人的意見。他如果只採取他人的原則，而不加以考察，則他一定不能成爲一個哲學家，因此，我認爲任何人也都不會由此方式能成爲一個哲學家。在科學中，一個人所能得到的，只以他所眞知道、眞了解的爲限，至於僅出於信仰和輕信的東西，只不過是一些碎片。這些碎片整個看來雖極華美，可是人們縱然把它們蒐集來，也無法在他的知識總量上有所增益；這樣借來的財富，只不過如鬼魅的錢幣似的，在授者的手裡雖是黃金，可是到了通用的時候，只不過是敗葉和糞土而已。

24 **天賦原則的學說，是由何而起的** 人們既然看到，有一些普遍的命題，只要爲人所了解，就不能爲人所懷疑，因此，我認爲，他們就會斷言那些命題是天賦的，因爲這種說法是最直接而簡易的。人們既然承認有天賦的命題，因此，在一切號稱爲天賦原則的那一方面，懶惰者便省了探求之勞，懷疑者便停了搜索之苦。有的人們既然裝做是教師和宗匠，因此，他們如果以「原則是不可追問的」爲最高指導原則，那對於他們是有很大利益的。因爲他們既然立了確有天賦原則這樣一個教條，他們的門徒們一定不得不把一些原則當做天賦的而加以接受。這樣一來，就使他們的門徒們廢棄了自己的理性和判斷，並且不經考察就來輕易信仰那些原則了。在這種盲目信仰的情形下，他們的門徒們就更易於受他們的支配、更易於受他們的利用，因爲他們正是專以教訓人、指導人爲能事，爲職司的。眞的，一個人如果有權威來發布各種原則、來教授不可反駁的眞理，並且使他人把他別有存心教人的原則認爲是天賦的，那他在別人身上所有的權力也就眞不小了。不過，他們如果考察人們得到普遍眞理的方式，則他們會看到，那些眞理所以出現在人心中，乃是因爲它們就是適當考察過的事物本身，而且它們所以被人發現，乃是因爲人們曾經適當地運用自然所賦的能力，來接受它們、來判斷它們。

25　**結論**　下面談話的目的，正是要指示出理解在知識方面是如何進行的。不過我們對於自己知識所有的想法，必須建立在眞正的基礎上，因此，在這第一部書中，爲求掃除道路、打定基礎起見，我就告訴人說，我必須把我所以懷疑天賦原則的道理，解釋一番。不過反對天賦原則的各種論證，有些只是由通俗傳統的意見而來的，因此，我就看被強迫地擅認了一些事物；因爲任何人如果立意來指斥任何學說的虛僞和不可能性，都是不能免於此種假定的。因爲在交戰式的爭論中，正如在攻掠城池中一樣；在這裡，建立炮臺的那個地基只要穩固，則我們正不必過問，它是向誰借來的？是屬於誰的？只要它能供我們當下之用、使我們有高可據就是了。不過在這個談話的後幾部分，我既然立意要憑自己經驗和觀察的幫助，來建立一個體系完整的建築物，因此，我希望把它立在穩固的基礎上，而不依靠任何支柱和倚牆，而不憑藉任何借得的、乞得的基礎。縱然我的建築物只不過是空中樓閣，我也要使它首尾完整、體系一貫。不過我可以警告讀者說，他們如果不允許我以一種特權（自然是他人常有的一種特權），使我擅設我的一些原則，則他們是不能向我求得什麼不可辯駁的有力論證的。我只要擅立了這些假設，則我相信，我可以做出有力的解證。關於那些原則，我所說的也只是：我們只有求訴於人們的坦白經驗和觀察，以決定它們的眞假好了。一個人所自期的，如果只是要想對於尙在幽暗中的一個題目，坦白地呈示出自己的猜想，而且除了無偏頗地探求眞理以外，別無他圖，則他所能爲力的也只有求訴於他人的經驗和觀察了。

第二卷　觀念

第一章 觀念通論以及觀念的起源

1 **觀念是思維的對象** 人人既然都意識到，自己是在思考的，而且他在思考時，他的心是運用在那些觀念上的，因此，我們十分清楚，人在心中一定有一些觀念，如「白、硬、甜、思、動、人、象、軍、醉」等名詞所表示的。在這裡，我們第一就該問，他是如何得到那些觀念的？我知道，按傳統的學說來說，人們一定以爲，人在受生之初就在心中印了一些天賦的觀念和原始的標記。不過這個意見，我已經詳細考察過；而且我認爲，我們如果能指示出理解如何可以得到一切觀念，而且那些觀念又由什麼方式、什麼層次進入人心，則我前面所說的，一定更容易得到人的承認。不過說到觀念發生的方式和層次，則我也只有求訴於各人自己的觀察和經驗了。

2 **一切觀念都是由感覺或反省來的** 我們可以假定人心如白紙，沒有一切標記、沒有一切觀念，那麼它又如何會有了那些觀念呢？人的匆促而無限的想像既然能在人心上刻畫出幾乎無限的花樣來，則人心究竟如何能得到那麼多的材料呢？他在理性和知識方面所有的一切材料，都是從哪裡來的呢？我可以一句話答覆：它們都是從「經驗」來的，我們的一切知識都是建立在經驗上的，而且最後是導源於經驗的。我們因爲能觀察所知覺到的外面的可感物，能觀察所知覺、所反省到的內在的心理活動，所以我們的理解才能得到思想的一切材料。這便是知識的兩個來源：我們所已有的、或自然要有的各種觀念，都是源自於此的。

3 **感覺的對象是觀念的來源之一**　第一點，我們的感官在熟悉了特殊的、可感的物像以後，能按照那些物像刺激感官的各種方式，把各種事物的清晰知覺傳達於人心。因此，我們就得到了黃、白、熱、冷、軟、硬、苦、甜，以及一切所謂可感物等觀念。我之所以說，各種感官能把這些觀念傳達在心中，也就是說，它們把能產生知覺的那些東西，傳達在心中。我們觀念的大部分，既導源於感官，既是由感官進到心中的，因此，我們便稱這個來源爲「感覺」。

4 **心理活動是觀念的另一個來源**　第二點，經驗在供給理解觀念時，還有另一個來源，因爲我們在運用理解考察它所獲得的那些觀念時，我們還知覺到自己有各種心理活動。我們的心靈在反省這些心理作用，考究這些心理作用時，它們便供給理解另一套觀念，而且所供給的那些觀念是不能從外面得到的。屬於這一類的觀念，有知覺（perception）、思想（thinking）、懷疑（doubting）、信仰（believing）、推論（reasoning）、認識（knowing）、意欲（willing），以及人心的一切作用。這些觀念都是我們所意識到，都是我們在自身中所觀察到的，而我們的理解所以能得到那些清晰的觀念，乃是因爲有這些心理作用，也正如我們的理解之所以能得到前一些觀念，是因爲有能影響感官的各種物像似的。這種觀念的來源是人人完全在其自身所有的；它雖然不與感官一樣，與外物發生關係，可是它和感官極相似，所以正可以稱爲內在的感官。不過我既然叫前一種爲感覺，所以應叫後一種爲「反省」。因爲它所供給的觀念，只是人心在反省自己內在的活動時所得到的。在本書以下的部分，我在用反省一詞時，就是指人心對自己活動所加的那層注意、就是指人心對那些活動方式所加的那層注意；有了這種注意，我們才能在理解中有了這些活動的觀念。總而言之，外界的物質東西，是感覺的對象，自己的心理作用是反省的對象，而且在我看來，我們的一切觀念之所以能發生，兩者就是它們唯一的來源。此外，我還要補述的是，我在這裡所用的活動（operations）一詞，乃是廣義的，它不但包括了人心對於自己觀念所產生的一切動作，而且也包括了有時由觀念所產生的一些情感，就如由任何思想所發生的滿意或不快便是。

5　**我們所有的觀念總是由兩者之一來的**　在我看來，我們理解中任何微弱的觀念都是由這兩條途徑中之一來的。外界的物像使理解得到各種可感性質的觀念，這些觀念就是那些物像在我們心中所產生的各種不同的知覺。至於心靈則供給理解自己活動的觀念。

我們如果充分觀察這些觀念，與它們的各種情狀、結合和關係，則我們便會看到，它們包括了我們所有的全部觀念，而且會看到，我們心中所有的任何東西總是由這兩條途徑之一來的。我們可以先讓任何人來考察自己的思想，並且徹底搜索自己的理解，然後再讓他告訴我們，他心中所有的全部原始觀念，究竟是不是他的感官對象的觀念，或他所反省的心理活動（這些活動當然也可當做對象）的觀念。無論他想像心中存著多少知識，在嚴密考察以後，他一定會看到，他在心中所有的任何觀念，都是由此兩條途徑之一所烙印的，只是人的理解也許可以把它們組合、延伸，發展出無限的花樣來罷了；這一層下面將看到。

6　**在兒童方面可以看出這一點**　人如果仔細考察兒童初入世時的狀態，他便不會有什麼理由來想像，兒童原賦有許多的觀念，以爲他將來知識的材料。兒童的觀念是漸漸學得的，各種常見的明顯性質，雖然在他能記憶時間和秩序以前，早已把各種觀念印在他的心中，可是不尋常的各種性質，往往是很遲才出現的。因此，人們大半能記得自己初次認識它們的時候。我們如果願意試驗，則我們很可以讓一個兒童直到成年一直具有很少的尋常觀念。不過所有人類在入世以後，周圍既然有各種物體由各種途徑來刺激他們，因此，不論兒童是否注意到各種觀念，都一定能印在兒童的心上。只要一張開眼，各種光與顏色會不斷地到處刺激它們；至於聲音以及其他可觸的性質，也都能激起與它們相適合的各種感官，強迫進入人心。雖則如此，但是我們很容易承認，一個兒童如果處在一個地方，到了成年以後，所見的仍是除了黑白以外，再無別的，則他一定無法有了紅或綠的觀念。這就如同一個人自幼沒有嘗過牡蠣或波蘿，終究不能分辨那些特殊的滋味似的。

7 **人類所具的各種不同的觀念，是看他們所接觸的各種物像而定的** 人們從外界所得到的簡單觀念，或多或少是看他們所接觸的物像之花樣繁簡而定，至於他們從內在心理活動所得到的簡單觀念，或多或少是看他們反省的方式而定。因爲人在思維自己的各種心理作用以後，雖然對它們一定能有清楚明白的觀念，可是他如果不曾在那方面運用過自己的思想，並且不曾專心地考察過它們，則他對於自己的心理活動，以及心理活動所附帶的一切景況，都不能得到清晰明白的觀念。這個就好像一個人不曾留心觀察過鐘錶（或風景畫）、不曾注意過它的各部分，因而不能觀念到它的各部分和各種運動似的。那張畫或那個錶，也許是他每天要遇到的，但是他如果不運用思想，來考察它們，則他對於它們所因此成立的各部分，只不過能得到一個糊塗的觀念。

8 **反省觀念的出現是較後的，因為它們需要人的注意** 因此，我們就看到，兒童可以很晚才能對於自己的心理作用產生了觀念，何以有些人終身對於那些作用的大部分，不能有很清晰、很完全的觀念。因爲那些作用雖不斷地在那裡經過，可是人的理解如果不能反觀自照、反省它自己的作用，使它們成了自己思維的對象，則各種作用只不過如浮游的現象似的，並不能在心上留下清晰、明白而經久的觀念。兒童在初入世之時，就被一個嶄新的世界所圍繞，各種事物不斷地引動他們的感官，誘使他們注意各種新鮮事物，而且歡喜各種事物的花樣變化。因此，兒童初生之年注意力往往都消耗在觀察外面的事物上。成人對兒童的職責也正是要使他們熟悉外界所有的事物。因此，他們在生長中精力就全注於外物的感覺，而且在成年以前，很少能仔細反省心中的作用，有的人們根本就未必有過這種反省。

9 **心靈在開始知覺時，就開始有了觀念** 人們如果要問，一個人在何時才開始有了觀念，那正無異於問說，他何時才開始能知覺。因爲所謂具有觀念也正無異於說是能知覺。有的人們以爲心靈是永遠在思想的，只要它存在，就會不斷地在內在眞正知覺到各種觀念；他們並且以爲現實的思想與心靈之不可分離，正如現實的廣袤與物體之不可分離一樣。這話如果是對的，則我們要問一個人的觀念的開始；就好像問他的心靈的開始一樣。因爲，照這樣解釋，則心靈與觀念、物體與廣袤，是同時開始存在的。

10 **心靈並不永遠在思想，因為這一點缺乏證據** 不過要問心靈與身體中生命的發端（基形或原始組織），可以假設爲是同時，還是一先一後，則我可以讓精通這個問題的人來解答。我自認我的心靈是遲鈍的，它並不能看到它自己永遠思維自己的觀念，而且我認爲，心靈之不必永遠思想，正如身體之不必永遠動作似的；因爲我認爲，心靈之知覺觀念，正與身體之發爲運動一樣；知覺並不是心靈的一種本質，乃是它的一種作用。因此，我們雖可以假定，思維是心靈所特有的一種作用，可是我們並不必假定，它是永遠思維、永遠動作的。這種永久思維的能力，或者是全能的造物者的特權，因爲他是「既不打盹不睡覺的」；不過任何有限的存在者，都不能有這種能力，至少人的心靈是不能有此能力的。我們據經驗確定知道，我們有時是思維的，因此，我們就得到一個無誤的結論——我們心中實在有一種能思維的力量；不過要問那個實體是否永遠思想，則我們除了聽憑經驗根據之外，概不能有所解答。因爲要說，現實的思想是心靈的本質所在，而且與心靈不可分離，則我們只是把成問題的事情認爲是很確定的，並不曾以理性來證明我們的問題。任何非自明的命題都是應當拿理性來證明的；但是要問，「心靈是恆常思想的」這個命題，是不是一個自明的命題？是不是人們在一聽以後就非同意不可？那我只有求訴於全人類了。我們所懷疑的，乃是說昨天晚上我究竟曾徹夜思想與否？那麼，我們所問的，乃是一種未知的事實，因此，我們如果把所爭論的事情作爲假設的論證，來證明這個問題，則我們就犯了竊取論點之過。這個正如同我們只是假設了一切鐘擺在搖動時是思想的，就以爲自己充分證明我的錶昨夜是思想的一樣。不過人如果不願自欺，則他應該把自己的假設建立在事實上，並且以明顯的經驗來證明它，不應當先擬就假設，再來擅擬事實；不應當因爲自己假設如此，就以爲事實是如此的。因爲這種證明方法，只不過是說，我雖然不曾知覺到自己昨夜永遠思想，可是我仍然是永遠思想的，因爲他人假定我是永遠思想的。

不過愛護自己意見的人們，不只把成問題的事情認作事實，而且往往會援引錯誤的事實。人們在此，一定會根據我的意見推論說，我們在睡中如果不曾意識到某種事物，那種事物就是不存在的嗎？不過我並不曾主張說：因爲人在睡中感覺不到心靈，所以他就沒有心靈。我只是說，他無論在睡時或在醒時，如果覺察不到心靈，他就不能思想。我只是說，我們在思想時，是必須意識到心靈的，並不是說心靈是依附於意識的。我們如果在思想時，能不意識到心靈，那就是了，否則思想是離不了心靈的，而且終久也是不會離開的。

11 **心靈是不能恆常意識到自己的** 我承認，人在醒時的心靈是不能不思想的，因爲所謂醒，也就是指能思想。至於無夢的睡眠是否是整個人身心合一的一種狀況，則頗值得醒者研究；不過我們很難想像，一件東西能思想，同時又意識不到那回事。睡者的靈魂如果只能思想，卻不能意識到自己思想，則我可以問，它在那樣思想時，是否有任何快樂或痛苦？是否能感到幸福或痛苦？我相信，那人一定不是這樣的，正如他所躺的那個床或那塊地似的。因爲要說一個人有幸福、有痛苦，同時又感覺不到它們，那在我認爲是完全不相符而且不可能的。在身體睡了以後，靈魂如果能單獨有思想、享受、顧慮、利益或快樂，而且這些感情又是那人完全意識不到的、分享不到的，則我們可以說，睡時的蘇格拉底便不是醒時的蘇格拉底。他因此就成了兩重的：一重是他睡了以後的靈魂，一重是醒時由身體和靈魂所合成的蘇格拉底其人。因爲醒著的蘇格拉底並不知道、並不關心他在睡時靈魂單獨所享的快樂或痛苦，正如他不曾關心自己所不知道的一個印度人的幸福或痛苦似的，因爲他根本就不知道那一回事。我們如果完全意識不到自己的行動和感覺，尤其是意識不到各種快樂和痛苦，以及由此所發生的顧慮，則我們眞難確定人格同一性是由何成立的。

12 **如果睡者只思想而卻不知道自己思想，則人在睡時和醒時，便成了兩個人** 這些人們說：「在酣睡中，靈魂是思想的。」它既然能思想、能知覺，則它一定也能有那些快樂或痛苦的知覺，一如其有其他知覺一樣；而且它一定能意識到它自己的知覺。不過它這些知覺都是自成一種境界的。睡者本人分明不能意識到這回事。現在我們可以假定，卡斯特（Castor）在睡時，他的靈魂從他的身體退出去。這種假設在這般人們看來，並不是不可能的，因爲他們很坦白地承認，其他動物雖沒有具備思考的靈魂，也是有生命的。我們既然如此假定，則我們如果說，身體離開靈魂仍然可以生活，他們並不能以爲這是不可能的、是矛盾的；不但如此，而且我們還可以說，離開身體，靈魂也可以存在、可以思想、可以有知覺，甚至可以有幸福或痛苦的知覺。因此，我們就可以假定，卡斯特的靈魂在他睡時，與他的身體離開，單獨去思想。我們還可以假定，它又選了另一個人的身體以爲他的思想舞臺；就如他選了睡著而無靈魂的波路克斯（Pollux）的身體爲他的舞臺（選了以後波路克斯就醒了）。這樣假定是可以的，因爲卡斯特在睡時，他的靈魂所思想的既是他所不曾意識到的，則它不論選什麼地方來思想都可以。因此，我們現在就有一個靈魂在兩個人的身體之間來回移動，因爲我們假定這兩個身體是一醒一睡，互相交替的。在這裡，靈魂便可以常在醒者的身體中思想，而且睡者對它所想的，是全無意識、全無知覺的。卡斯特和波路克斯兩人既然只有一個靈魂，而且這個靈魂在此一個人心中所思想、所知覺的，都是彼一個人所不曾意識、不曾關心的，因此，我們就問，他兩個人是不是各別的兩個人，如卡斯特之與海克力斯（Hercules）、蘇格拉底之與柏拉圖一樣？一個人在很痛苦時，另一個人是不是可以很幸福？根據同樣理由，人們如果假定，靈魂所思的不是人所意識的，則他們也把靈魂與人分成兩個人格。因爲，我認爲，任何人都不會以爲人格的同一性之所以成立，乃是由於靈魂與物質的恆常不變的分子結合所致；因爲人格同一性如果必然需要這個條件，則我們身體的各分子，既常在變化不居之中，則人人在前後兩日或前後兩時，都不能是同一的了。

13 **人們在睡時如果不做夢，則我們不容易使他們相信，他們是思考的**　因此，我認爲，一場昏沉的微睡，就能把他們的學說推翻了，就能使他們拋棄了「靈魂是恆常思想的」那個教條。人們只要有一時能睡而不夢，則我們便不能使他們相信，他們有時在好幾個時辰內，只是忙於思考而卻不知道自己是思想。我們縱然在他們睡時，把他們喚醒，把他們睡中的思維打斷，他們也仍不能稍一敘述他們所思考的是什麼。

14 **要說：人雖做夢，而卻不能記憶，那也是徒然的**　人們或者又說，即在酣睡中，靈魂也是思想的，只是記憶不能把思想保留住罷了。不過要說，一個人此刻在睡時，他的靈魂是忙於思考的；可是在下一刻醒了以後，他不能記得，一點也不能回憶起那些思想：那在我認爲是難以想像的，而且我們如要使這種說法被人相信，還得需要一些較好的證據，單單如此空說是不成的。因爲人類的大部分，平生在每日睡的幾小時內，既然有所思考，則我們很難想像，你在他們正思考的時候問他們，他們卻完全不記得自己所想的是什麼嗎？這種事情是難以想像的，我們並不能只因他人這樣說，就能毫不費事地這樣想像。據我看來，多數人在睡時，大部分時間是不做夢的。我曾經遇到一個記憶頗好的學者說，他一向不曾做夢，只有在他得了瘧疾以後（他是新近才康復的）才有了夢，可是那時候，他已經二十五、六歲了。我認為世界上還有許多相同的例子。至少，每人的相識都可告訴他，有許多人夜裡大部分時間是不做夢的。

15 **據這個假設說來，睡者的思想一定是很合理的** 如果我們只是思想，可是並不能稍有一時記得它，則那種思想也就太無用了。在那種思維狀況下，靈魂也並不比鏡子的思想好，因為靈魂也只是不斷地接受影像或觀念，而卻不能保留一點的。它們都是立刻消滅散失的，並不留一點痕跡；因此，鏡子雖有觀念也沒多好，靈魂雖有思想也沒多好。有的人或許又會說，醒者在思想時，是要利用身體的材料的，因此，在腦中就留有印象，把思想保存於記憶中，並且在思想後留下痕跡。不過人在睡了以後，靈魂的思想是不能為人所覺知的，而且它是獨立思想的，因此，他便用不著身體的器官，因此，也就沒有在身體上留下印象，結果也就記不得那些思想。不過要如此假設，則我們便不得不荒謬地承認有兩重人格；這一層我已經說過了，不過我們不必再提，我們只可以進一步答覆說，人心如果不用身體的幫助，就能接受並思維各種觀念，則我們很可以合理地斷言，雖不用身體的幫助，它也可以保留住思想；否則，靈魂或任何分立的精神，並不能因思想得到些小利益。它如果不能記得自己的思想、如果不能把它們保留起來供自己所用、如果不能在需要時任意喚起它們、如果不能反省過去，利用先前的經驗、推論和思維，則它又何需乎思想呢？這些人們雖然以靈魂為能思想的東西，可是要照他們這種說法看來，他們並沒有把靈魂的地位提得高貴，因為要如此說，也正如別的人們主張靈魂是物質的最精微的部分是一樣的（可是這些人們還正鄙薄後一種人）。照這樣說，則在塵土上所畫的字跡（隨風可以吹去），在一堆原子上或元氣上所印得的印象，都正如旋思旋滅的靈魂的思想似的，也都是有用的，也都可以使其主體高貴起來。不過大自然所創造的精美的事物，並不是無用的，也並不能供卑下的用途。全知的造物者既然造了那樣美妙的一種思想能力，而且那種能力的精妙程度又和無限的上帝最貼近，因此，我們很難想像，那種能力何以至少在塵世上四分之一的時間以內，會閒置地妄用了，何以儘管思想，而卻記不得那些思想、而卻於己、於他、於世界上其他部分都無利益、我們一考察就會看到，雖至宇宙中到處所遇的無知覺的物質運動，也不致於那樣無用、那樣完全白費。

16　**按照這個假設說來，則靈魂所有的觀念，不是從感覺或反省來的，不過我們並看不到有這一類觀念**　自然，我們有時在睡時也能有知覺，而且能記得那些思想，不過人們只要熟悉夢境，則我們不用告訴他們，他們自己就會知道，這些觀念大部分是狂放的、鬆散的、而且失序、殘缺、並不能與理性的事物相稱。我現在很希望知道，靈魂在獨立思想時、在彷彿離開身體時，他的思想是不是比它與身體聯合時，來得不合理？如果它的獨立思想是較為不合理的，則這般人們一定得說，靈魂所以有完全的合理思想，是由於身體的緣故。如果它們並非不合理，則我們就很疑惑，我們的夢境何以大部分是輕浮的、不合理的？何以靈魂完全記不得較合理的獨語和思維？

17　**如果我只思想，而卻不知道這種思想，則別人更是不知道的**　有的人們既然自信不疑地告訴我們，靈魂永遠現實地在思想著，因此，我很希望他們告知我們：兒童的靈魂在與身體結合以前，或正在結合的時期，既然沒有從感覺得到任何觀念，那麼他所有的觀念是什麼樣的呢？據我看來，睡者的夢多半是由醒者的觀念做成的，只是這些觀念組織得很奇特罷了。靈魂自身的觀念如果不是從感覺或反省來的（如果它在未從身體接受到印象的時候就能思想，則它的觀念一定不是從感覺和反省來的），則我們會質疑，它在祕密思想時（祕密地甚至使本人也知覺不到它），何以在剛剛醒了以後，也記不得一點思想、也不能使那個人以新的發現自喜呢？在睡時靈魂退出以後，既然有許多時的思想，因此我們很難合理地想像，它何以不曾遇到那些並非從感覺或反省所得來的觀念，何以它所記憶起的觀念，都是由身體所引起的，都是精神自然所有的？我們眞不解，何以在人的一生中，靈魂不能回憶起它任何純潔的、天賦的觀念？何以不能回憶起他在未從身體接受觀念時所已有的觀念？何以它使醒者所看得到的那些觀念，都是帶泥土氣味，而且分明是從靈肉的聯合來的？如果它永遠思想，而且它在未與身體聯合時、在未從身體接受任何觀念時，就已經有了觀念，則我們便不得不說，在睡眠時，它一定能記得它天生的觀念，而且在它與身體絕緣以後，單獨思想之時，它所運用的觀念，應該（至少有時）是它自身所有的那些較自然，較合適而非從身體得來的觀念，或者應該是它自己運用那些觀念時的各種活動。不過醒者既然記不得這些觀念，因此，我們就可以根據這個假設斷言，靈魂所記得的一些觀念不是人所能記得的，或者說，記性只屬於由身體得來的那些觀念，只屬於人心運用那些觀念時的各種作用。

18 **人如何能知道，靈魂是永遠思想的呢？因為這話如果不是一個自明的命題，則它一定得需要一個證明** 這些人們既然自信地主張，靈魂或人是永遠思想的，因此，我就很希望他們告訴我，他們如何能知道這回事？如何能知道，自己知覺不到自己是思想時，自己確是思想的呢？我恐怕，這就無異於離了證明而還確信，沒有知覺而言知識是一樣的。我猜想，這只是一個混淆的想法，用以掩飾自己的假設罷了，它並不是一種清晰的原理，它的明顯性也沒有強到足以使我們信仰它，而且據普通經驗說來，我們如果反對它，那也並不是魯莽。因爲在這方面，頂多人們可以說：靈魂可以永遠思想，只是記不得它自己的思想；不過我們也一樣可以說，靈魂也可以不常思想，而且有時它多半是不思想的；因此，我們似乎不應當說：它雖然常常思想，而且在長時間中思想，可是它在一時以後，它就意識不到自己有那種思想。

19 **要說人雖然在此刻忙於思想，可是在下一刻就記不得，那是不可能的**　我們如果要假設靈魂能思想，而人卻不能知覺這回事，那就無異於使一人具有兩重人格，這一點是我們已經說過的；而且人如一考究這些人們的說法，則他一定會猜疑他們眞把人的人格歧而爲二。因爲我記得，主張「靈魂」永遠思想的那些人們並不曾說過，「人」是永遠思想的。但是靈魂在思想時，人能不思想嗎？人在思想時，他自己能意識不到嗎？這種說法只不過是一種譫語罷了。他們如果可以說，人雖永遠思想，而卻不能永遠意識到那回事，則他們也照樣可以說，他的身體雖有廣袤而卻無部分。因爲要說任何東西只能思而不能覺其思，那正如同說，一個身體只有廣袤而無部分似的，都是一樣不可理解的。說這話的人也可以根據同樣理由來說（如果他們的假設需要如此說），一個人永遠是饑餓的，而卻感覺不到它。實則，饑餓除了那種感覺之外便無所有，也正如思想一樣，除了自己意識自己思想之外，別無所有，因此，他們如果說，一個人常常覺得自己思想，則我可以問：他們如何得知這回事。所謂意識就是一個人心中所發生的知覺。我自己如果意識不到任何事情，別的人能知覺我意識到嗎？在這裡，任何人的知識都超不出自己的經驗。你可以把酣睡的人喚醒，問問他在那一刻思想著什麼。如果他意識不到他那時所想的，則別人如果告訴他說，他是曾經思想的，則那人也就太能測奪他人的思想了；那人既能這樣說，則他不是更可以說，睡者是不曾睡的嗎？這種能力確實超出了哲學的範圍。因爲在我自覺不到自己心中有思想時，不是除了神聖的啓示就不能把我的思想告知他人嗎？如果在我一方面感覺不到自己思想，並且說自己不曾思想，可是在他們方面，卻能分明見到我是思想的，那麼他們一定得有洞見的能力了。（可是在犬或象表示出一切能思想的象徵以後（只是不能說牠自己能思想），那些人們卻仍然說牠們是不能思想的。）他們既然在人不自覺其思想之時，能見到他人的思想，則他們更超過所謂玫瑰十字會（Rosicrucians）了，因為要把每個人的身體隱藏起來，不讓別人看見，那還是比較容易的；至於要使他人自己所不能覺察到的思想呈現於我前，那就更難了。我們在這裡，也不能只給靈魂下一個定義，說它是永遠思想的一個實體，就算了事。這種定義如果有任何權威，則我認為它沒有別的功用，只能使人猜疑自己竟然沒有靈魂，因為他們看到，自己一生中大部分時間是不思想的。因為我所知道的任何定義，與任何宗派的任何假定，都不能有充分的力量來駁倒恆常的經驗。世界上所以有許多無用的爭辯與爭吵，或者正是因為人們裝做自己能知道他們所不能知覺的事情。

20 **我們如果一觀察兒童，則我們會清楚看到，一切觀念全都是由感覺或反省來的** 我看不到有什麼理由可以使我們相信，在感官未供給靈魂所思想的對象——觀念時，靈魂能自己思想。據我所知，各種觀念在增加、保留之後，靈魂才能在它的各部分，藉練習以增進自己的思想能力；爾後，它在組合了那些觀念，反省了自己的作用以後，它才能增加自己的儲蓄，並且使自己在記憶、想像、推理和思想時，更為順利些。

21 人如果願意憑觀察和經驗得到知識，而不把自己的假設作為自然的規律，則他會看到，新生之見的靈魂並不曾有恆常思想的表徵，並不曾有任何推理的表徵。不過要說有理性的靈魂雖恆常思想而卻完全不能推理，那是難以想像的。初生嬰兒，大部分時間都消耗在睡眠中，而且不常覺醒，只是在饑餓尋乳時、在受了痛苦時（一切感覺中最煩心不過的）、在身體受了強烈的印象時，他們的心才被強迫得來發生知覺、發生注意。人如果知道這一層，則他或許有理由來想像，母胎中的胎兒和植物的狀態是差不多的，它大部分時間都是無知覺、無思想的，除睡以外，別無所事；它所處的地方，也無需乎他來覓食；他周圍的液體也是幾乎一樣柔軟的，而且性質也幾乎是一律的；他在那裡，眼也無光可視，耳也閉起來無聲可聽；而且也沒有各種紛紜的物像來運用它的其他感官。

22 如果你開始觀察一個初生嬰兒，並且逐步考察他在生長中一步一步的變化，則你會看到，人心中的觀念是由感覺逐漸供給來的，嬰兒也是跟著觀念的加多逐漸警醒的，而且他愈有思想的材料，他是愈能思想的。在此以後，他就起始知道那些最熟悉的物像，而且那些物像也就留下了永久的印象。因此，就逐漸知道它日日所接近的人，並且它把他們與陌生人分別出來。他所以能如此，正是因爲他已經能保留、能區分感官所供給他的那些觀念。因此，我們就看到，人心如何逐漸能在這些能力方面有所進步，並且逐漸施展別的能力，來擴大、組合、抽象他的觀念、來推論它們、反省它們。不過關於這一層，我們以後還有機會再來深爲論究。

23 如果人們要問，一個人什麼時候才開始有了觀念？則我可以說，眞正的答覆，一定是說，他在開始有感覺時才有觀念的。因爲我們既然看到，感官在未將觀念輸入人心的時候，心中並無任何觀念，因此，我認爲，理解中的觀念是和感覺同時來的。因爲所謂感覺就是身體的一部分受到了印象或運動，因而能在理解中產生出知覺來。人心在所謂知覺、記憶、考慮和推理等作用中運用自己時，它所處理的似乎就是外界物像在感官上所印的這些印象。

24 **一切知識的來源**　嗣後，人心又開始反省自己在感覺觀念上所產生的各種作用，因此，它就又得到一套新觀念，這套觀念便是所謂反省觀念。人心以外的物像在感官上先印了一些印象。至於由人心自己的內在能力所發生的各種作用，則在人心反省這些作用時，也能成了思維的對象。這些作用，與前一種印象如我以前所說，就是一切知識的起源。總而言之，人心的印象或者是由外物經過感官印於人心的，或者是在反省那些印象時，它所發生的各種作用給它烙印的。人類智力的第一種能力，也就在於使人心都接受這些印象。人類在發現各種東西時，便以接受印象爲第一步，他後來自然所有的一切觀念，也是建立在這個基礎上的。一切崇高的思想雖然高入雲霄，直達天際，也都是導源於此、立足於此的。人心雖然涉思玄妙、想入非非，可是盡其馳騁的能力，也不能稍微超出感官或反省所供給它的那些思維的材料——觀念之外。

25．**在接受簡單觀念時，理解大部分是被動的**　在這一方面，理解只是被動的。它是否要有這些知識的起源或材料，不是它自己的能力所能決定的。因爲不論我們甘心與否，而感官的各種對象一定會把它們的特殊觀念強印在人心上；既然如此，則我們自己的心理作用一定會使我們對它們至少發生了一種含糊的想法。一個人在思想時，總不能完全不知道自己所想的是什麼。這些簡單觀念既然呈現於理解，則理解便不能拒絕接受，而且它們既然印在那裡，它也不能把它們改變、塗抹，重製造新的。這個正如一面鏡子不能拒絕、不能改變、不能塗抹它面前各種物像在它以內所印的各種影像或觀念似的。我們周圍的物像既然以各種方式來刺激我們的感官，所以心便不得不接受那些印象，便不得不知覺那些印象所引起的觀念。

第二章　簡單觀念（Simple Ideas）

1 **單純的現象**　要明瞭我們知識的本質、方式和限度，則我們應當在自己的觀念方面，仔細注意一件事；那就是，有的觀念是簡單的、有的觀念是複雜的。

刺激各種感官的各種性質，在事物本身雖然都是聯絡、混合著，以至都不能分離、沒有距離；不過我們分明看到，它們經過各種感官以後在心中所產生的觀念，卻是單純而非混雜的。因爲視覺和觸覺雖然常從同一物像同時接受到各種觀念——就如人同時能看到運動和顏色、手能感到同一蠟塊的柔度和熱度——可是在同一主體中結合著的那些簡單觀念，都是完全清晰的，就彷彿由不同的感官來的那些觀念一樣。人由冰塊所感到的冷和硬，在心中都是獨立的觀念，正如百合的香氣和白色似的，也正如玫瑰的甜味和香氣似的。一個人知覺得最分明的，就是這些清晰明白的簡單觀念。這些觀念本身各個既都是單純不雜的，因此，它們只含有一種純一的現象，只能引起心中純一的認識，並不能再分爲各種不同的觀念。

2 **這些簡單觀念，不是人心所能造的，也不是人心所能毀的**　這些簡單觀念，就是一切知識的材料，它們所以得提示、得供給於心中，只憑上述的兩條途徑：就是憑著感覺和反省。理解具有這些簡單觀念以後，它便有力量來復述、比較、結合它們，有時甚至幾乎能做出無限的花樣；因此，它就可以任意造出新的複雜觀念，不過人的智解無論如何高超，理解無論如何擴大，它們也沒有能力憑著神速而變幻的思想，在上述途徑之外，來發明、創建新的簡單觀念。而且那些觀念只要在那裡存在，則理解便沒有任何力量來消滅它們。因爲人的支配權在自己理解的小宇宙內，正和在外面可見的大宇宙一樣。他無論有什麼奇能妙法，而其力之所及也只能組合並分離手中那些現成的材料，卻並不能製造若何新物質分子，或毀滅已經存在的一個原子。同樣，簡單觀念之來，也只有兩途：一則是由外物，經過感官而來的；一則是由反省人心觀察這些觀念時的心理作用而來的。因此，人如果除此以外，要想在理解中另建立一些簡單觀念，他是沒有那種能力的。我很希望人能試試，自己是否能想像一種未曾刺激過味覺的滋味，或一種自己不曾聞過的香氣。他如果能做到這一層，則我也敢斷言，盲人可以有顏色的觀念、聾人可以有眞正清晰的聲音想法。

3　因此，我們雖然不能不相信，上帝除了他所給人的那五個感官之外（人常說是五感），還可以使一種生物具有其他感官，由其他途徑使理解注意到有形的事物，可是我認爲，除了聲音、滋味、香氣，與可見可觸的性質以外，任何人都不會想像物體中其他任何性質，不論那些物體的組織如何。如果人生下來只有四種感官，則第五感官的對象一定不能爲我們所注意、所想像、所概想，正如假定的第六、第七、或第八感官所有的對象似的。因爲在廣大宇宙之中，其他部分的其他生物，或者也可以有五個以上的感官，這一層不是我們所妄敢否認的。人只要不驕心用事、不妄以自己爲至尊無上，只要能考察這個宇宙的偉大，和他所住的這個渺小部分中所能發現的無數花樣，則他便容易想到，在宇宙中其他部分，會有他種智慧高超的生物。而且他之不能了解這些高等生物的才能，正如抽屜內一個蟲子不能了解人的感官或理解一樣。造物者的智慧和權力正可以顯現這些花樣，這樣美妙。我這裡只是順從俗見，以爲人只有五個感官，不過事實上或者正可以有較多的感官。但是兩種假設都一樣可以達成我的目的。

第三章　專屬於一個感官的觀念

1　**簡單觀念的分類**　爲了明白設想我們由感覺得來的各種觀念，我們不妨考察它們進入人心被人所知覺時，所由的那些不同的途徑。

第一點，有些觀念進入人心時，只透過一個感官。

第二點，有些觀念進於人心時，要透過**兩個以上的感官**。

第三點，有些觀念是由**反省**而來的。

第四點，有些觀念之所以進入人心、提示人心，是透過**反省和感覺兩種途徑**的。

我們將按照這些項目，分別來考察它們。

2　有些觀念的通路只經過一個感官，而且那個感官也只接受它的。就如光和顏色；如白、紅、黃、藍，以及其各種程度、深淺、混和，如綠、朱、紫、海綠等，都是由視覺來的。至於一切雜訊、諧聲、樂聲，都是由耳官來的。各種滋味和嗅味是透過鼻子和顎來的。這些器官以及各種神經（神經就是傳達觀念的溝渠，它們可以把觀念由外面導入腦中的客廳中），只要有一種失調不能執行其職務，則各種觀念並無旁門可以進入人心，爲理解所觀察、所知覺。

在觸覺方面最重要的就是熱、冷和凝固。至於其餘一切，也都是很明顯的；例如光滑和粗糙幾乎是完全在可感的結構方面的，又如軟、硬、韌、脆，則是形容各部分黏合的堅固程度的。

3 **有名稱的簡單觀念為數不多**　我認爲我們不必一一例舉各個感官所特有的一切簡單觀念。我們縱然想如此，也勢有所不可能，因爲各個感官所有的許多觀念很多是我們不曾命名的。就以各種氣味來說，它們縱然並不比世界上所有的各種物體的數目多，或可以說是一樣多；可是它們大半都沒有名稱。所謂香和臭普通雖然是表示這些觀念的，實則我們這樣就無異於含混地稱它們爲中意的或不中意的。因爲玫瑰花和紫蘿蘭花的兩種氣味都是香的，可是它們確實是很不相同的一些觀念。就是我們憑口感從各種味覺所接受到的各種觀念，也並沒有許多名稱。在各種物體中，甚至在同一植物、果實或動物的各部分中，都各有特殊的滋味，而且這些滋味會是無數的；不過我們卻只有甜、苦、酸、辣、鹹等等形容詞來稱呼它們。說到各種顏色和聲音，也是一樣。因此，我在下面敘述簡單觀念時，只限於那些與我們題旨最相關、或其本身少爲人所注意的各種觀念（它們仍是尋常組成複雜觀念的一些成分）。我認爲，凝性這個觀念，可以列在這些觀念中，因此，在下一章我就要討論它。

第四章　凝性（Solidity）

1　**我們是透過觸覺得到這個觀念的**　我們的凝性觀念是由觸覺得來的。甲物如果不離開原位，則乙物在進入它的地位時，便發生了阻力（resistance）因此，我們就有了凝性觀念。由感覺得來的一切觀念，最恆常的就是凝性觀念。不論我們運動、靜止，不論我們姿勢如何，我們總覺得有東西在支撐我們，阻止我們往下落。我們日常所把握的物體也使我們看到，它們在手中時，能以不可抗的力量，來阻止緊握的手的各部分，使之不能相遇。兩種物體相對進行時，能阻止它們接觸的，也是所謂凝性。我現在可不過問，凝固一詞的意義如此處所用的，是否比數學家所用的凝固的意義較爲接近於原來的本訓。我們只可以說，據普通的凝性觀念而言，這種用法縱然不是很正確的，也是可通的。不過有人如果以爲稱它爲不可入性（impenetrability）更爲合適，則我也可以同意。只是我覺得，要以凝性一詞來表示這個觀念，可更爲適合一點；因爲它不但合於通俗的意思，而且它比不可入性還含著較積極的意義，因爲不可入性是消極的，而且多半是凝性的結果，而不見得是凝性本身。這個觀念在一切觀念中是和物體最緊相連的一個觀念，而且物體也根本以這個觀念爲其主要的成分，因此，除了在物質塊團中以外，我們並不能在別處找到（或想到）這種性質。自然，有了多量的物質，而且其體積足以引起我們的感覺時，我們的感官才能注意到凝性，不過人心一從這些粗重可感的物體得到這個觀念以後，則它會進一步來追尋這個觀念，並且以爲這個觀念如同形象一樣，也存在於凡能存在的任何微小的物質分子中，而且以爲物體無論如何變化，這種性質總是離不開它的。

2 **凝性是占空間的**　凝性觀念是屬於物體的，因此，我們就想像它是能占空間的。所謂「占有空間」，這一個觀念就是說，任何時候，只要我們想像一個凝固的物體代替了一塊空間，則我們便以爲那個物體占有了空間，並且排斥了其他一切凝固的實體；在這種情形下，它如果和其他兩個物體立於一條線上，則那兩個物體在互相接近時，便爲它所阻；只有在它的運動方向與它們的運動方向不相平行時，它才失了這種阻止的作用。這個觀念是可以由我們日常所把握的各種物體充分得到的。

3 **它與空間有所分別**　物體憑這種阻力能把別的東西排斥於它所占的那個空間之外，而且這種阻力是最大不過的，因此，任何大的力量也不能把它克服。全世界的物體縱然都擠在一個水點的各方面，那個水點也會（雖然柔弱）抵抗它們，不使它們接觸，而且那個水點若非移得離開它們，則它們萬不能把那種阻力克服了。因此，凝性觀念與純粹空間大有區別，因爲純粹空間是不能抵抗、不能運動的。此外，凝性觀念和普通的堅硬（hardness）觀念也是不同的。我們所以說，凝性與空間有別，乃是因爲我們可以想像，距離遠的兩個物體，在互相走近時，在它們的外層接觸以前，並不必接觸或代替任何凝固的實體；因此我們就有了無凝性的空間觀念。因爲（且不用說任何特殊物像的消滅）我可以問，人是否可以觀念到只有一種單一物體的運動，而並沒有別的物體立刻來代替它所離開的位置？我認爲他分明能觀念到這一層。因爲一個物體的運動觀念並不含著別個物體的運動觀念，也正如一個物體中正方形的觀念並不包含另一個物體中正方形的觀念似的。不過我並不問物體的存在方式是否使一個物體的運動可以離了別個物體的運動？因爲要解決這個問題，則我們便不得不預先假設虛空，或否認虛空。因此，我只問，一個人是否能「觀念到」：只有一個物體運動，其他的物體完全靜止？我認爲這一層是無人否認的；既然如此，則那個物體所離開的地方，便可以給人一種無凝性的純粹空間觀念，而且別的物體在進入那個空間時，也可以遇不到任何事物的阻力或激射（protrusion）。抽水機中的活塞抽起以後，則不論有無別的東西跟著活塞的運動來運動，而它以前在管中所占的空間仍是毫無改變的。而且我們如果要說，在一個物體運動以後，別個靠近的物體不跟著它運動，那也並不含有什麼矛盾。我們所以想像有這種運動的必然性，只是因爲我們假設，世界是充滿的，並非根據於清晰的空間觀念和凝性觀念。實則這兩個觀念之相異，正如阻力和非阻力、激射和非激射一樣。至於說，人們分明具有無物體的空間觀念，則我們可以在別的地方根據他們關於虛空的爭辯來證明這一層。

4 **同堅硬性也有別** 至於凝性和堅硬的區分，凝性完全是充實的，因此，它便可以把一切物體絕對排除於其所占的空間以外；至於堅硬性，則是指構成體積較大的物體的物質各部分的牢固的黏合而言，有了這種黏合，它的全部便不容易改變其形象。眞的，堅硬（hard）與柔軟（soft）兩個詞所表示的性質，只是與我們的身體相對的。如果一件事物在受了我們身體任何部分的壓迫以後，不變更其形象，就先給我們痛苦，則我們便叫它爲堅硬的。反之，如果一件事物，在我們輕觸它以後，就變更其各部分的位置，並且不使人感到疼痛，則我們便說它是柔軟的。

不過明顯的各部分（或全體形象）雖然難變更其地位，可是世上最堅硬的東西也不能因此就比最柔軟的東西具有較大的凝性。一塊金剛石也並不比水稍微凝固些。兩片大理石中間如果夾有水或空氣，則自然比夾有金剛石時，它們要容易接觸些，不過這並不是說，金剛石的各部分比水的各部分較爲凝固些，或較有力，乃是說，水的各部分因爲容易互相分離，所以它們可以藉著偏側運動，讓開步，使兩片大理石互相接近在一塊。不過你若是使它不能藉偏側運動離開原位，則它們也會與金剛石一樣，永久阻止兩片大理石，使它們不相接觸。在這裡，我們並不能以任何力量來克服它們的阻力，也正如不能克服大理石各部分的阻力似的。世上最柔軟的物體，只要置於兩個物體中間，而不給它們讓開步，則它會絕對地阻止那兩個物體相接，就如我們所能找到的所能想像到的任何最堅硬的東西一樣。人如果把空氣或水裝在柔軟的物體內，則他會立刻看到它們的抵抗力。有人如果以爲只有堅硬的東西，才能使他的兩手不相接觸，則他不妨把空氣裝在足球內來試一試。在佛羅倫斯（Florence）所做的實驗更能證明，柔軟的物體如水者，也有其凝性。據人說，他們曾把水裝在在的黃金球內，緊緊地封起來。在封起以後，那個裝滿的黃金球便置在榨機下，用極大的力量把螺旋上緊。這樣一來，水竟然會從那樣結實的黃金的小孔內滲漏出來。因爲它在裡面既然沒有使它的各部分再相接近的餘地，因此，它便跑在球面，如露似的，一滴一滴流出來。流完以後，球的各邊才能屈服於榨機的狂暴壓力。

5　**衝擊（impulse）、抵抗和激射，都是取決於凝性的**　藉著這個凝性觀念，我們可以區別物體的廣袤和空間的廣袤。所謂物體的廣袤不是別的，指的就是凝固的、可分的、可動的各部分的黏合和連續。所謂空間的廣袤，就是非凝固、不能分離、不能移動的各部分的連續。此外，物體的互相衝擊、互相抵抗和激射，也是依靠於物體的凝性的。有些人們（我承認包括我在內），相信自己對於純粹空間和凝性，具有清楚明晰的觀念，並且相信自己能想像有一個空間，其中並沒有任何能抵抗物體的東西，或爲物體所激射的東西。他們以爲他們這個純粹空間的觀念，是與我們對物體廣袤所有的任何觀念，都一樣清晰的。凹形各對邊間之距離是我們所能清晰地觀念到的，而且在觀念時，我們是否能觀念到它們中間有任何凝固的部分，那都沒有關係。在另一方面，他們又相信，除了純粹空間的觀念之外，他們還能觀念到有一些東西充滿著空間，而且那些東西可以被其他各種物體的衝擊力所激射，或可以抵抗它們的運動。如果有別的人們不能把這兩個觀念區分清楚，而把它們混淆了，只是得到一個觀念，那麼我眞不知道，在觀念同而名詞不同、或名詞同而觀念不同的時候，人們如何能互相談話。一個人如果不聾不瞎，並且能清晰地觀念到紅色和號聲，一個人如果是瞎的，並且以爲紅色觀念與號聲相仿（如我在別處所述），則他們如何能談論紅色呢？上述情形，剛好類似。

6 **凝性究竟是什麼** 如果有人來問我，「凝性究竟是什麼？」，則我可以讓他求救於自己的感官。他只要把火石或足球置在兩手中間，並且兩手努力捏合，他就會知道的。如果他以爲這不足以解釋凝性、不足以說明它的本質，那麼他如果能說出思想是什麼？思想的本質是什麼？則我也可以告訴他，凝性是什麼？凝性的本質是什麼？他如果能做到這一層、如果能給我解釋廣袤或運動是什麼（這是比較容易的）？則我也可以給他解釋所謂凝性。我們的簡單觀念只是如經驗所昭示的那樣。但是如果你超過這個限度，要以言語將它們在心中弄得更爲明白一點，則我們是不會成功的。這個就如同想拿言語來把盲人心中的黑暗打破，想藉談論使他知道光和色的觀念一樣，都不能成功。至於這個所以然的道理，我將在他處加以闡釋。

第五章　各種感官的簡單觀念

至於我們由一個感官以上所得到的觀念，則有空間觀念、廣袤觀念、形象觀念、靜止觀念和運動觀念。因爲這些觀念在視覺上和觸覺上都留有可覺察的印象。而且我們所以能把物體的廣袤、形象、運動和靜止等觀念傳達在心中，也是憑藉於看和摸。不過關於這些觀念，我們以後還有機會再來詳細論究，我在這裡只把它們列舉出來。

第六章　簡單的反省觀念

1　**簡單的反省觀念是人心關於其他觀念的各種活動**　人心從外面接受了前章所述的各種觀念以後，在反省自己時，在觀察自己對那些觀念所發生的作用時，便又會從裡面得到別的觀念，而且那些觀念也一樣可以爲它的思維對象，正如它從外面所接受的那些觀念似的。

2　**我們的知覺觀念和意欲觀念，是得之於反省的**　知覺（perception）或思維（thinking）、意向（volition）或意欲（willing）是人心的兩種主要作用，它們是最常被人來考究的，而且是常常出現的，因此，人們只要肯注意它們，就能在自身中看到這一層。所謂思想能力就是叫做理解（understanding）；所謂意向能力就是叫做意志（will）；這兩種心理能力或力量就叫做官能（faculties）。關於這些簡單的反省觀念，我們之後將藉機來論究其一些特殊的情況，如記憶、分辨、推理、判斷、知識、信仰等等。

第七章　由感覺和反省而來的簡單觀念

1　還有別的簡單觀念，其進入心中時，是經過感官和反省兩種途徑的；例如快樂（pleasure）或喜欣（delight）以及其反面的痛苦（pain）或不快（uneasiness）；又如能力（power）、存在（existence）、單位（unity）。

2　**快樂和痛苦**　喜樂或不快幾乎與一切感覺觀念和反省觀念是分不開的。感官由外面所受的任何刺激，人心在內在所發的任何思想，幾乎沒有一種不能給我們產生出快樂或痛苦。我所謂快樂或痛苦，包括了凡能娛樂我們或能苦惱我們的一切作用，不論它們是由人心的思想產生的，或是由打動我們的那些物體產生的。因爲我們縱然一面稱前者爲滿意（satisfaction）、欣喜、快樂、幸福（happiness），一面稱後者爲不快、煩惱（trouble）、痛苦（pain）、苦楚（torment）、慘痛（anguish）、患難（misery），而它們仍是同一作用的各種差異的程度，仍是屬於快樂和痛苦、喜欣或不快等觀念的。因此，我將要常用後面這幾個名詞來稱呼那兩種觀念。

3　全知的造物者不但給了我們一種能力，使我們支配自己身體的各部分、使我們任意運動或平衡各種肢體、使我們藉著各部分的運動，來運動自身或其他附近的物體（這些就是所謂身體的各種運動）、上帝不但給我們這種支配身體的能力，而且在各種情形下，又給我們一種支配心理的能力，使人心在它的觀念中任意選擇一些以爲它的思想的對象，並且以愼思和注意來探求一些題目——這就是說，祂要刺激我們使我們做可能的各種思想和各種運動。不但如此，上帝還又在各種思想和各種感覺上附有一種快樂的知覺，如果我們一切外面的感覺與內在的思想，完全和快樂無涉，則我們便沒有理由來愛此種思想或行動而不愛彼種，或寧愛忽略而不愛注意，或寧愛運動而不愛靜止。這樣，則我們既不必運動自己的身體，也不必運動自己的思想；這樣，則我們即將使自己的思想飄流無歸（如果我可以這樣說），一無方向、一無計畫；這樣，則我們會使心中的觀念如無人注意的影子似的，任其自由顯現，而不理會它們。在這種情形下，人雖有理解和意志兩種官能，但也會成了很懶散、很不靈活的東西，而且他的生活也將消磨在遲懶昏沉的夢境中。因此，大智的上帝就在一些物像上，在由這些物像所得的各種觀念上，並且在一些思想上，附加了一種伴隨的快樂，而且所附加的快樂的程度也視各種物像而定。因爲只有這樣，他所賦給我們的那些官能，才不致於完全無用、散漫無歸。

4　痛苦也和快樂有同樣的效能和功用，都能促使我們從事工作。因爲我們不但隨時可以運用自己的官能來追求快樂，而且也隨時可以運用它們來避免痛苦。不過我們卻應當知道，產生快樂的那些物像和觀念，也往往是產生痛苦的。因爲它們如此緊密聯合，因此我們往往在原來本應有快樂的感覺中，卻找到了痛苦。不過我們正可以由此更讚歎造物者的智慧和善意。因爲上帝意在保存我們的生命，所以祂要使許多有害的物體在接觸我們的身體以後，產生了痛苦，使我們知道它們會傷害人，並且教我們避開它們。不過上帝又不只意在保存我們的生命，而且他意在保存各部分、各器官的完整，因此，祂在許多情節下，又把痛苦附加在那些本能產生快樂的觀念上。就如熱在某種程度時，雖然很合我們的意，可是稍一增加，則不免引起非常的苦楚來。又如光本身原是一切可感物體中最適意的一種，可是如果太強、如果過度，與我們的眼力不相稱，它反能引起痛苦。自然在創生這種痛苦的感覺時，是很聰明、很善意的，因此，任何物像如果能藉其猛烈的作用，使感覺的工具失調（這種工具的組織自然是很精妙、很細緻的），則我們便可以藉痛苦受警告，退避遠處，以免器官失調，以免它將來不能做其固有的機能。我們如果考究能產生痛苦的那些物像，則我們很可以相信，痛苦的功用和目的正在於此。因爲極度的光雖是眼所不能忍受的，可是極度的暗並不能使它們深感痛苦，因爲在黑暗中並不能引起眼力的失調，而且這個奇異的器官仍可以保存其自然狀態，而毫無損害。不過極度的冷和熱都一樣能使我們感覺痛苦，因爲它們都不利於身體的適當狀態，而這種適當狀態，乃是維持生命所必需的，也是我們運用身體的各種機能時所必需的（在這裡，所謂適當的狀態，乃是指一種適宜的溫度，或者也可以說是身體中各渺小部分的中和運動）。

5　除此以外，上帝之所以在圍繞我們，打動我們的各種物像中，散布了各等級的快樂和痛苦，並且把它們混含在我們思想和感官所遭遇的一切事物中，還有一種理由。因爲我們如果在萬物所供給我們的一切享受中，感到不完全、不滿意、並且感到缺乏完全的幸福，則我們會在慕悅上帝方面來尋找幸福，因爲他那裡是充滿著愉快的，而且在他的右手是有永久快樂的。

6　**快樂和痛苦**　我在這裡所說的，或許不足以使快樂和痛苦的觀念，較經驗所昭示的更爲清楚一點，因爲我們只有憑經驗才能得到這些觀念。不過我們如果考察它們何以附加在別的許多觀念上，則我們可以適當地觀賞到堂皇的造物者全知和至善，因此，這種考究對於我這些議論主要目的，並不是不相稱的，因爲我們思想的主要目的和理解的適當職務，正是要知曉上帝、禮拜上帝。

7　**存在和單位**　存在和單位也是由外界一切物像和內界一切觀念所提示於理解中的兩個觀念。觀念如果存在於心中，則我們以爲它們現實存在那裡的，就如我們以爲各種事物現實存在於外界一樣。這就是說，我們以爲它們也是存在的。我們所考究的單一物像，不論它是觀念或眞正存在，它都可以給理解力提示到單位的觀念。

8 **能力** 能力也是我們由感覺和反省得來的簡單觀念之一。因爲一面我們既看到，我們自己在思想並且也能夠思想，同時自己也可以任意運用自己原來靜止的肢體；另一面，每時每刻，自然物體互相產生的各種結果，又呈現於我們的感官；因此，我們便從這兩條途徑得到能力的觀念。

9 **連續（succession）** 除此以外，還有另一種連續觀念；這種觀念雖是由我們的感官所提示到的，可是卻多半是由我們心中的現象所呈示出的。因爲我們如果直接反省自身，並且反省在心中所觀察到的現象，則我們會發現，只要我們醒著或有任何思想，我們的觀念總會連續而來，隨去隨來，毫無休息。

10 **簡單觀念是我們一切知識的材料** 這些觀念縱然不能包括盡人心所有的那些簡單觀念，至少（我認爲）也構成它們的大部分。人心的其他一切觀念都是由這些觀念組成的，不過人心之所以能接受到這些觀念，仍是憑著上述的感覺和反省兩種途徑。

人們或者以爲這些界限太於窄狹，不足以供廣大的人心馳騁，因爲人心飛躍得比星宿還遠，而且我們不能以世界的邊際來範圍它；它的思想可以擴展得到了物質的極度廣袤之外，遊行於那個不可捉摸的虛空。人們如果這樣想，則我也可以承認他們是對的。不過我很希望人給我指示出，哪一個簡單觀念不是由上述的進路接受進來的？哪一些複雜觀念不是由這些簡單觀念形成的？我們如果考究二十四個字母的變化如何能產生出許多文字來，則我們正可以想（這並不那樣奇怪）這些少數的簡單觀念，已經足以觸動我們最迅速的思想和最廣大的心意，已經足以供全人類各種知識、各種思想、和各種意見（後二者當然比知識還多）以各種材料。我們如再進一步反省：只用上述的觀念之一數目觀念，如何就能做出無數的組合來，則我們更可以如此想像，因爲數的組合眞是無窮無盡的。再說到廣袤，則它所供給於數學家的田地又是如何博大無垠的呢！

第八章 關於簡單觀念的進一步考察

1 **由消極原因所生的積極觀念** 關於簡單的感覺觀察，我們應當知道，任何東西的性質只要能刺激感官，在心中引起任何知覺，就能在理解中引起簡單觀念。這種觀念不論其外面的原因如何，只要它爲我們分辨的官能所注意，則人心便認爲它是理解中一個眞正的積極觀念，它的原因雖或是主物中一種消極屬性，可是它仍與其他任何觀念一樣是積極的。

2 我們的感官能從各種主物得到各種觀念，不過能產生那些觀念的各種原因，有的只是主物中的一種消極屬性。雖然如此，可是冷和熱、光和暗、白和黑、動和靜等等觀念，都一樣是人心中清晰的、積極的觀念。理解在考慮它們時，以爲它們都是清晰的，積極的觀念，並不必過問產生它們的那些原因。因爲這種考察並不是涉及理解中的觀念，而是涉及存在於我們以外的事物本質。這兩件事情是很差異的，我們應該詳細分別才是。因爲要知覺、要知曉黑、白觀念是一件事，至於要考察，它們的分子與它們的表層怎樣才能使任何物像現成白的或黑的，則那又是另一件事。

3 一個哲學家雖然忙於考察白、黑等色的屬性，雖然以爲自己很清楚它們各自的積極原因與消極原因，可是一個畫家或染色家雖然不曾考察這些原因，也一樣能在理解中清楚地、明晰地、完全地，觀念到白、黑以及其他等等顏色，而且他的觀念或許比哲學家更爲清楚。黑的原因縱然只是外物的一種消極屬性，可是在畫家的理解中，黑的觀念與白的觀念是一樣積極的。

4　如果我現在的職務意在研究知覺的自然原因和方式，則我也正可以在此說明，何以消極原因至少在一些情形下，能產生出一個積極觀念的原因來。因爲我們的一切感覺之所以發生，乃是因爲各種外物以各種不同的途徑來刺激我們的精神，使精神發生了程度不同、情狀各異的運動。因此，先前（任何）的運動如果一有減退，也必然能產生一種新的感覺，正如那種運動有了變化和增加似的。因此，我們就產生一個新觀念，不過這個觀念仍是依靠於那個感官中精神的另一種運動的。

5　這種說法究竟是否合理，我現在且不決定，我只希望人們憑著自己的經驗觀察觀察，人的影子是否是由光被剝奪所形成的？是不是光愈缺乏，影子愈明顯？人在看它時，它是不是如滿被陽光的人一樣能在心中引起明白的、積極的觀念來？我們知道，畫著影子的一幅畫也同樣是一種積極的事物。眞的，我們確有許多消極的名詞，不是直接代表積極的觀念，而是代表著它們的不存在的。就如乏味（insipid）、寂靜（silence）、空虛（nihil）等名詞，一面雖表示著積極的觀念，如滋味、聲音、存在等，可是它們是指這些性質的不存在而言的。

6　**由消極原因所產生的積極觀念**　因此，人眞可以說是能看到黑暗的。因爲如果有一個完全黑暗的孔隙，其中一點光也無法反射，則人的確可以看到它的形象，而且可以把它畫出來（至於寫字用的墨水，是否能造成另一個觀念，那是另一個問題）。我這裡給積極觀念所找出的消極原因，是根據通俗意見的，不過據實說來，我們如果不能決定靜止是否比運動更爲消極，則我們便不容易決定是否眞正因爲消極原因而產生的任何觀念。

7　**心中的觀念，物體的性質**　要想更妥當地發現觀念的本性，並且有條有理加以討論，則我們可以把它們加以區分而從兩方面來觀察，一面可以看做是心中的觀念或知覺，一面可以看做是物體中能產生這類知覺的物質的變狀。這樣區分之後，我們便可以不致於像一般人的樣子，以爲它們是主物中一些性質的精確影像或相似。人心中許多的感覺觀念，並不必是外物的眞正影像，正如代表它們的那些名詞，雖然在一聽以後能使我們產生各種觀念，可是那些名詞仍不能說是觀念的眞正肖像。

8　人心在自身所直接觀察到的任何東西，或知覺、思想、理解等的任何直接對象，我稱它們爲觀念。至於能在心中產生觀念的那種能力，我稱它爲主物（能力主體）性質（qualities）。比如一個雪球有能力在我們心中產生白、冷、圓等等觀念，則在雪球中所寓的那些能產生觀念的各種能力，我叫它們爲各種性質：至於它們在理解中所產生的那些感覺或知覺，則我叫它們爲觀念。我談到這些觀念時，如果是指事物本身，則我所說的，乃是指物體中能產生觀念的那些性質。

9　**物體的第一性質（primary qualities）**　我們所考察的物體中的性質可以分爲兩種：第一種不論在什麼情形之下，都是和物體完全不能分離的；物體不論經過什麼變化，外面施加於它的力量不論多大，它仍然永遠保有這些性質。在體積較大而能爲感官所覺察的各物質分子方面來說，「感官」是能恆常感到這些性質的，在感官所感覺不到的個別細微物質分子方面來說，「人心」也是恆常能看到這些性質的。你如果把一粒麥子分成兩部分，則每部分仍有其凝性、廣袤、形象、可動性；你如果再把它分一次，則它仍有這些性質。你縱然一直把它們分成不可覺察的各部分，而各部分仍都能保留這些性質。因爲分割作用（磨、杵、或其他物體所能做的，也只是能把麥子分成不可覺察的部分）並不能把任何物體的凝性、廣袤、形象和可動性消滅，它只能把以前是一體的東西，分成兩個或較多的單獨物團，這些獨立的物團，都是獨立的實體，它們分割以後，就成了一些數目。總而言之，所謂凝性、廣袤、形象、運動、靜止、數目等性質，我稱它們爲物體的原始性質或第一性質，而且我們可以看到它們能在我們心中產生出簡單觀念。

10 **物體的第二性質（secondary qualities）**　第二種性質，正確說來，並不是物像本身所具有的東西，而是能藉其第一性質在我們心中產生各種感覺的那些能力。例如顏色、聲音、滋味等，都是藉物體中微細部分的體積、形象、組織和運動，表現於心中的；這一類觀念我叫做第二性質。此外，還可以加上第三種性質。這些性質雖然也與我所稱的那些性質（按照普通說法），一樣是眞實性質，雖然也與我爲分別起見所稱的第二性質，一樣是眞實性質，可是人們往往承認它們只是一種能力。不過這種能力仍是一種性質。因爲火所以能在蠟上或泥上產生一種新顏色或新密度，也正與它所以能在我心中產生一種新的、熱的觀念、或燒的感覺一樣；兩種能力都是一種性質，都是憑藉於同一的原始性質的，都是憑藉於火的體積、組織和運動的。

11 **第一性質產生觀念的途徑**　其次應當考察的，就是物體如何能在我們心中產生觀念。這分明是由於推動力（impulse）而然的，因爲我們只能想到，物體能藉這個途徑發生作用。

12 外物在心中產生觀念時，既然不和人心相連接，那麼我們又如何能在我們感官面前所現的物像中，知覺各種原始性質來呢？那分明是因爲有一種運動能從那些物體出發，經過神經或元氣以及身體其他部分，達到腦中（或感覺位置），在心中產生了一些特殊的觀念。較大物體的廣袤、形象、數目和運動，既能隔著距離爲視覺所感知，因此，我們就可以斷言，一定有一些不可覺察的（就其個別情形而言）物體從那裡來到眼中，並且把一種運動傳在腦中，在那裡產生了我們對它們所有的這些觀念。

13 **第二性質如何產生它們的觀念**　我們可以設想，第二性質的觀念所以能夠產生，也是由於不可覺察的部分在我們感官發揮作用，這和第一性質的觀念產生時所由的途徑一樣。我們既然知道有許多物體，小的程度，竟至使我們的任何感官無法發現它們的體積、形象和運動家（就如空氣和水的分子，又如比這些分子還小的那些分子——前後兩者大小的差異程度，甚至如空氣和水的分子比扁豆和雹子），因此，我們就可以假定，那些分子的各種運動和形象、體積和數目，在影響我們的一些感官後，就能使我們從物體的顏色和香氣得到不同的感覺。就像紫羅蘭可以藉形體特殊，不可覺察的物質分子的推動力，並且藉那些分子的各種程度、各種方式的運動，在我們心中引發出那個花的藍色觀念和香氣觀念。我們很容易想像，上帝在那些運動上附加了一些與那些運動不相似的觀念。因爲祂既然把痛苦觀念附加在鋼片割肉的運動上，而且那個觀念與那種運動又不相似，那麼，祂爲什麼不可把各種觀念附加在那些分子的運動上呢？

14 關於顏色同香氣所說的話，也一樣可以適用在滋味和聲音，以及其他相似的可感性質上。這些性質我們雖誤認它們有眞實性，其實，它們並不是物體本身的東西，而是能在我們心中產生各種感覺的能力，而且是依靠於我所說的各部分的體積、形象、組織和運動等第一性質的。

15 **第一性質的觀念是與原型相似的，第二性質的觀念則並非如此** 由此我們可以斷言，物體給我們的第一性質的觀念是與它們相似的，而且這些性質的原型切實存在於那些物體中。至於由這些第二性質在我們心中所產生的觀念，則完全與它們不相似，在這方面，外物本身中並不包括與觀念相似的東西。它們只是物體中能產生感覺的一種能力（不過我們在形容物體時，也以它們爲標準）。在觀念中所謂甜、藍或暖，只是所謂甜、藍或暖的物體中微妙分子的一種體積、形象和運動。

16 我們說火焰是熱的；雪是白的、冷的天糧（傳說是上天所降賜的食物——譯者。）是白的、甜的。我們之所以如此稱呼它們，乃是因爲它們在我們心中產生了那些觀念。人們在此往往想像，物體中這些性質正是人心中這種觀念，並且以爲後一種正是前一種的完全肖像，正如它們是在鏡中似的。因此，有人如果說不是如此，則平常人們會以爲他是很狂妄的。不過人們如果知道，同一種火在某種距離下能產生某種熱的感覺，在走近時便產生了極不相同的一種痛的感覺，則他應該自己忖度，他究竟有什麼理由可以說，火給他所產生的這個熱的觀念是眞在火中的，而由同一途徑所產生的痛的觀念卻是不在火中的。雪在產生冷和白的觀念時，既然也與產生痛的觀念時一樣都是憑著它那些凝固部分的體積、形象、數目和運動來的，則我們如何只說，白和冷是在雪中，而痛卻不在其中呢？

17　火或雪各部分的特殊體積、數目、形象和運動，不論任何人的感官知覺它們與否，它們仍是在火與雪中的。因此，它們可以叫做**眞正的性質**，因爲它們是眞正存在於那些物體中的。不過光、熱、白、冷、並不在它們裡面，也正如疾病或痛苦不存在於天糧裡面似的。那些感覺如果一去掉，眼如果看不到光或色、耳如果聽不到聲、味覺如果不嘗味、鼻官如果不嗅香，則一切顏色、滋味、香氣、聲音等特殊的觀念便都消散停止，而復返於它們的原因、復返於各部分的體積、形象和運動。

18　較大的一塊天糧可以使我們產生圓形或方形的觀念，而且它在由此地移到彼地以後，又產生運動的觀念。這個運動的觀念實在代表著正在運動中的天糧的運動。至於圓形或方形，不論是在觀念中或實在中、不論是在心中或天糧中，也都是代表著一種眞正性質。這種運動和形象眞正是在天糧中的，不論我們注意它與否，全無變化。這一點是人人立刻會承認的。不過除此以外，天糧還有一種能力，可以藉其各部分的體積、形象、組織和運動，產生出疾病的感覺，有些還可以產生極端痛苦的感覺。這些疾病和痛苦的感覺，並不是存在於天糧中的，只是它在我們身上所生的作用，我們如果感覺不到它們，它們也就不存在。這一層也是人人所能立刻承認的。不過人雖然承認，由天糧所引起的疾病和痛苦，只是它藉其細微部分的體積、運動和形象，在腸胃中所發生的結果，可是你很難使人們相信，甜味和白色不是在天糧中的，實則這兩種性質也是天糧藉其分子的運動、大小、形象、在眼和味覺所發生的影響。他們似乎只相信，天糧可以在腸胃中發揮作用，並且由此產生出它所原來不曾具有的獨立觀念；可是不相信它能在眼和味覺發揮作用，並且由此在心中產生出它原來不含有的獨立觀念。這些觀念既然都是天糧藉其各部分的大小、形象、數目和運動，在人體各部分上所作用的結果，因此，我們就不解由眼和味覺所產生的那些觀念何以眞正是在天糧中的，而由腸胃所產生的那些觀念何以不是。人們既然以爲痛苦和疾病，是天糧所產生的結果，繼而又以爲這些觀念在不被人知覺時，便不存在，因此，我們就不解，甜和香既然也是由同一天糧、由同一不可知的途徑在身體各部分所生的結果，爲什麼在它們不被看見、不被嘗到時，人們還以爲它們是在天糧中存在著的，這個理由需要解釋一番。

19 **第一性質的觀念是肖像，第二性質的觀念便不是**　現在我們可以考察一下雲斑石的紅白顏色，你如果不使光照射它，則它的顏色立刻會消逝了，它再不能給我們產生那些觀念。不過光如果再照上去，則它又會把這些現象重新顯現出來。人們在這裡能想光的存在或不存在於雲斑石上引起了眞正的變化嗎？它在黑暗中既然沒有顏色，那麼那些紅白顏色的觀念眞正是在光下存在的雲斑石中嗎？這塊堅石的分子組織，誠然可以不論晝夜，藉著各部分反射來的光線，有時產生紅的觀念，有時產生白的觀念。不過白色或紅色任何時候都不是存在於石中的，它只是能以使我們產生那種感覺來的那種組織。

20 你如果把杏仁搗碎，則它單純的顏色可以變成汙濁的，它的香甜氣味也可以變成油膩的。一個杵子的搗擊究竟能使物體發生什麼變化呢？不是只能改變它的組織嗎？

21 我們既然這樣分別觀察過各種觀念，因此，我們就可以解說，同一的水，在同一時間內，如何能在一隻手中產生出冷的觀念，在另一隻手中產生出熱的觀念。如果那些觀念眞是在水中的，則同一的水不可能同時又冷又熱。不過我們如果想像，手中的熱不是別的，只是我們神經中（或元氣中）微細分子的某程度的運動，則我們便容易理解，同一的水何以在同時，能在一隻手中生出熱來，在另一隻手中生出冷。至於形象，則絕不如此，它如果在這一隻手中產生出圓球觀念，在那一隻手中便不能產生出方形觀念。由此看來，冷熱感覺所以成立，只是因爲人體中微細部分的運動或增或減的緣故，而這種運動又是由其他物體的分子所引起的。由此我們就可以知道，外來的一種運動如果在這一隻手比在另一隻手爲大，而且一種物體在接觸兩隻手後，它的微細分子的運動如果比這一隻手的微細分子的運動爲大，比那一隻手的微細分子的運動爲小，則它會增加了這一隻手的運動，減少了那一隻手的運動，並且從而引起各異的冷熱感覺。

22 方才所說的完全是物理的研究，這已經略爲超出我原來的意思。不過我們必須稍微明白一點感覺的本質，並且使人知道清楚物體中的性質，和它們在心中所產生的觀念，有什麼差異之點。因爲若沒有這層區別，則我們談起這些性質，便毫無意義。因此，我雖然在自然哲學中稍事停留，可是我很希望人們諒解這一層。因爲在現在這種研究中，我們必須區別物體中常在的原始的眞正性質（就是凝性、廣袤、形象、數目或靜止。這些性質所寓的物體如果體積稍大，足以區別爲人所辨認，則這些性質可以爲我們所知覺），與第二的、附加的性質。原始性質在起作用時，如果不能清晰地被人區別，則它們的各種組合所發生的各種能力，便是所謂第二性質。有了這層區別，則我們可以知道，某些觀念是眞正存在著的外物性質的眞正肖像，某些觀念不是。（我們是根據這些性質

來稱呼外物的）

23 **物體中的三種性質** 因此在正確地考察之後，我們知道物體的性質可以分爲三類。

第一是物體中各凝固部分的體積、形象、數目、位置、運動和靜止。這些性質不論我們知覺它們與否，總是在物體中存在的。物體如果大到足以使我們發現這些性質，則我們便可以由此得到事物本身的觀念，就如許多人造的東西便是。這些性質我稱它們爲第一性質。

第二是任何物體中一種特殊的能力，它可以藉不可覺察的第一性質，在某種特殊形式下，在我們的感官產生作用，並且由此使我們產生不同的各種顏色、聲音、氣味、滋味等觀念。人們通常稱這些性質爲可感的性質。

第三也是任何物體中一種特殊的能力，它可以藉第一性質的特殊組織，使別的物體的體積、形象、組織和運動發生變化，以異乎先前的另一個方式來影響我們的感官。就如太陽就有能力來使蠟變成白的，火就有能力來使鉛變成流動的。這些性質，人都叫做能力。

這些性質中第一種性質，如前所說，我認爲可以叫做眞實的、原始的、第一的性質，因爲不論我們看到它們與否，它們總是存在物體中的；而且第二性質也是依靠於它們的各種變化的。

至於其他兩種性質，則是在其他物體上能發生各異作用的兩種能力，而且這兩種能力也是由那些第一性質的各種變狀來的。

24 **第一種是真正的肖像；至於第二種，則人們雖以為它們也是肖像，實則不是的；至於第三種，則實際既不是肖像，而且人們也不認為它們是肖像** 後面這兩種性質雖然都只是兩種能力，雖然都只是與其他一些物體相關的兩種能力，雖然都是由第一性質的各種變狀來的，可是人們往往以為它們是各不相同的。人們看第二種性質（就是能透過感官給我們產生觀念的那些能力）是影響我們的那些物體中的眞正性質；可是他們看第三種性質只是能力，而且也只稱它們爲能力。就如我們以視覺和觸覺從日所得的光或熱的觀念，往往被人認爲是存在於日中的眞正性質，而不只是一些能力。不過我們如果一考究日和它所融化、所漂白的蠟，則我們以爲蠟中所生的白色和柔性不是日中的性質，只是日中能力所產生的結果。實則，在正確考察之後，我們可以說，我在受日所照、所熱時，所得到的光和熱的知覺，也並不是日中所含的性質，正如蠟在被漂、被融後所生的變化也不存在於日中一樣，它們都一樣是太陽中的能力，都是依靠於第一性質的，因爲日在手和眼方面，可以藉其第一性質改變了手眼的一些微妙部分的體積、形象、組織和運動，因而產生出光和熱的觀念。而在蠟方面，它也可以藉其第一性質，改變蠟的微妙部分的體積、形象、組織和運動，因而產生出清晰的「白」的觀念和「流動」的觀念。

25　我們平常之所以認爲一種是眞正的性質，認爲另一種只是能力，似乎是因爲我們所有的顏色、聲音等觀念，並不曾含有一種體積、形象和運動，因此我們就不容易想像它們是這些第一性質的結果，因爲這些觀念產生時，我們的感官並看不到有這些第一性質作用其間，而且這些觀念與這些性質也沒有明顯的調和和可想像的聯結。因此，我們就自然想像，那些觀念眞正是物像中所存性質的肖像，因爲在那些觀念產生時，感官並沒有發現各部分的體積、形象和運動，而且理性也並不能指示出，物體如何可以藉其體積、形象和運動，在人心中產生藍或黃的觀念。不過在另一方面，各種物體在互相作用改變性質以後，則我們清楚看到，所產生的性質與能產生的東西，完全沒有任何相似，因此，我們就認那種性質只是一種能力。因爲我們從太陽接受到熱或光的觀念時，雖然以爲它是一個知覺，是太陽性質的一種肖像，不過我們如看到，蠟或美容，因爲日光而產生變化，則我們便不容易想像它是一種知覺或太陽中任何性質的肖像。因爲我們在太陽本身中，並看不到那些各別的顏色。因爲我們的感官，既能在不同的兩個外物中察看出可感性質的相似性或不相似來，因此，任何物體中如有任何可感的性質產生出來，則我們便一直斷言，那只是一種能力所產生的結果，而不以爲是那種眞正由能生因的性質來的傳遞，因爲我們在能產生的物體中，並不能看到有那種可感的性質。不過我們的感官既然不能察看出，我們的觀念與物體中能產生它的那種性質有什麼不相似的地方，因此，我們就容易想像，我們的觀念是物體中一些性質的肖像，不是第一性質變化後，一些能力所產生的結果，實則我們的觀念與這些第一性質並沒有任何相似的地方。

26 **第二性質是雙重的，第一是直接知覺到的，第二是間接知覺到的** 總而言之，物體中除了上述的那些第一性質之外，就是除了它們各凝固部分的體積、形象、廣袤，數目和運動之外，我們在物體中所見的其餘兩種不同的性質，只是依靠於那些第一性質的兩種能力。它們藉這些第一性質，有時可以直接在我們身上發生作用，產生各種觀念；有時可以在別的物體上產生作用，改變了那些物體的第一性質，使那些物體給我們所產生的觀念，異於以前所產生的。前者我認爲，可叫做直接知覺到的第二性質；後者我認爲，可以叫做間接知覺到的第二性質。

第九章　知覺（Perception）

1 **知覺是最初的、簡單的反省觀念**　知覺是人心運用觀念的第一種能力，因此，知覺這個觀念是我們反省之後所得到的最初且最簡單的一種觀念。有些人們概括地稱這個作用爲思想（thinking）。不過按照英文的本義說來，所謂思想應該是指人心運用觀念時的一種自動的作用；而且在這裡人心在考察事物時，它的注意一定是有幾分要主動的。——這裡之所以談思想是主動的，乃是因爲在赤裸裸的知覺中，人心大部分是被動的，而且它所知覺的也是它所不能不知覺的。

2 **人心只有在接受印象時，才能發生知覺**　要問什麼是知覺，則一個人如果反省自己在看、聽、思、覺時，自身所經驗到的，就可以知道，並不必再求助於我的談論。任何人只要一反省自己心中的經驗，就會看到什麼是知覺。如果他毫不反省，則你雖用盡世界上所有的言語，也不能使他明白什麼是知覺。

3 我們清楚知道，身體上不論有如何變化、外面各部分不論有如何印象，只要那些變化不能達到人心，那些印象不能爲內在所注意，則便無所謂知覺。火的燃燒運動如果不能連續達到腦中，在心中產生熱的感覺或痛的觀念，以使人發生現實的知覺，則火雖能燒我們的身體，其結果也與燒彈丸一樣。

4　一個人如果專心一意思維一些物像，並且仔細觀察在那裡的觀念，則別的發聲的物體雖在他的聽覺器官烙印了印象，並且產生了平常能發生聲音觀念的那種變化，而他依然會完全不注意那些印象。這是人所常常在自身中所察看到的。在器官上縱然有充分的刺激，可是人心如果觀察不到它，則也無法產生知覺。因此，耳中雖有平常能發生聲音觀念的那種運動，他也聽不到聲音。在這種情形下，之所以沒有產生感覺，並非因爲器官有任何缺陷，也不是因爲耳中所受的刺激比平常聽聲時所受的刺激小，乃是因爲能產生聲音觀念的那種運動雖被平常的器官傳達而來，可是人的理解並未注意到它；因此，它在心中也沒有烙印觀念，因而也就無所謂感覺了。因此，任何地方只要有知覺，那裡一定有一些眞正的觀念，那種觀念一定是存在於理解中的。

5　**兒童在母胎中雖有觀念，可是並沒有天賦的觀念**　因此，我相信，兒童在母胎中，在刺激它們的物像上，運用自己的感官時，便會在出生以前，得到些許觀念，這些觀念乃是圍繞它們的各種物體，和它們所忍受的各種疾苦，在它們心中所產生的不可避免的結果。如果我們可以對不能充分考驗的東西有所猜想，則我們可以說，饑餓與溫暖的兩個觀念或者是屬於這類觀念的。它們或許是兒童原始所有的觀念，而且以後是無法再丟掉的。

6　不過我們雖然可以合理地想像，兒童在入世以前，就接受了一些觀念，可是這些簡單觀念遠不及一些人所主張而爲我們所駁斥的那些天賦的原則。此處所提到的幾種觀念既是感覺的結果，所以它們是由身體在心中所發生的一些刺激而來的，而且是依靠人心以外的一種事物的。它們與別的由感官而來的觀念，產生的方式是一樣的，只是在時間上較早而已。至於人們所假設的天賦原則，性質便與此相反，人們假設，它們所以來自人心，並非由於身體上發生了偶然的變化或作用，它們乃是在人受生之初在人心上所印的一些原始印象。

7　**哪一些觀念是最初的，還不一定**　前面已經說過，兒童在母胎中時，我們可以合理地想像，他們在受了生活必然性的支配以後心中會產生一些觀念。同樣現在我們還可以說，在他們出生以後，他們最初所接受的觀念一定是最初呈現於他們的那些可感的性質。在這些性質中，光是比較最重要的，而且力量也是較強的。在這裡，人心是十分貪圖得到不含痛苦的那些觀念的。這一層容易在新生兒看出來，因爲你不論把他們置於何處，他們總是愛把視覺轉向光的發源地。不過最熟悉的各種觀念，起初既按兒童們初入世時所遇的各種情節而有差異，因此各種觀念進入心中的程序也是很複雜、不定的；不過這種程序知與不知並無大關係。

8　**感覺觀念常為判斷所改變**　在知覺方面，我們還可以進一步說，我們由感官所得的各種觀念在成年人方面常常不知不覺地被判斷所改變。就如我眼前有一個原本一色的圓球（或金的、或石膏的、或玉石的），則我們心中由此所印的觀念本來是一個平面的圓形，而且其顏色也是參差的，其射入眼中的明暗度數也有幾等。不過我們既然習知凸形物體在我們心中所造成的現象，而且習知物體的各種可感形象，在被光反射時會有什麼變化，因此，我們的判斷就會藉著日常的習慣，立刻把所見的現象變回它們的原因。這樣，判斷就會把原由種種明暗集合成的一個形圖（或影子）認爲是一個形象的標記，而且自己構成一個「一色」的「凸形」知覺；實則我們由此所得的觀念，只是各種顏色錯雜的一個平面，就如在畫中所見的那樣。爲證實這一層起見，我們可插入莫鄰諾（Malineux）數月前給我的信中敘述的一個問題。莫鄰諾是富有學問和美德的一個學者，並且是一個精勤敏慧的眞理探求者，他說：「假如一個天生眼盲的成人，一向可依其觸覺，來分辨同金屬、同體積（差不多）的一個立方形和球形，並且在觸摸到它們時，能說出哪一個是立方形，哪一個是球形。再假定我們以一個立方形與一個球形置在桌上，並且能使那個盲人得到視覺。我們就問，他在以手摸它們以前，是不是可以憑著視覺分辨出、指示出哪一個是圓球？哪一個是立方體？」那位聰明伶俐的發問人就回答說：「不會的。因爲他雖然可以憑經驗知道，一個立方體如何刺激其觸覺，一個圓球又如何刺激其觸覺，可是他還不曾經驗到，在觸覺方面是如何，在視覺方面就一定是怎樣的，他還不曾經驗到，一個突起的角（可以在他的手中引起不平衡之感），在他的視覺前所現的現象猶如在立方體中（在觸覺方面——譯者）一樣。」這個深思的人（我可以自豪地稱他爲我的朋友）對這個問題所給的答案，可以說是先得我心的。而且我相信，那個盲人雖然可以藉其觸覺所感的差異形象無誤地指示出、分辨出哪一個是立方形，哪一個是圓球形，可是他在初視之下，一定不能斷言他所見的，哪一個是圓球形，哪一個是立方形。我所以要引證這一段文字，乃是要使讀者藉此機會想一想，自己雖然常以爲自己無需經驗、進步和後得的想法，實則是處處離不了經驗的。而我之所以要引證，尤其是因爲，這個善於觀察的人，在談到我這部書時，曾在向許多聰明人提出這個問題，而他所得到的答案，幾乎都是不能令他滿意；一直等他把自己的理由提出來，他們才能相信這一點。

9　不過判斷改正感覺的這種例子，並不常出現於任何觀念方面，只能出現於視覺方面。因爲我們的視覺在一切感覺中是範圍最廣的，它不但能把自己所特有的光色觀念傳於心中，而且能把極相差異的空間、形象和運動的觀念傳於心中；後面這些性質的各種變化，既然可以改變它的特有物件——光和色的現象，因此，我們便常以此一種來判斷彼一種。在許多情形下，我們可以依照確立的習慣對我們所經驗到的事物進行這種改變，而且在進行時，毫不間斷、非常迅速，因此，我們就我們判斷所形成的觀念認爲是感覺所引起的一種知覺。因此，在這裡，感覺所傳來的知覺只足以刺激判斷所造成的知覺，而且他們往往注意不到它。就如一個人在用心聽時或讀時，就不注意那些聲音和文字，只注意它們所產生的那些觀念。

10　我們如果考究人心的動作如何之快，則我們也不必訝異；我們何以注意不到前述的轉移過程。因爲人心既被設想爲不占空間、沒有廣袤，所以它的動作似乎是不需時間的，而且它的許多動作似乎都是擠在一瞬間的。我們說的這種心理作用正是和身體的作用相比較的。任何人只要肯費苦心反省自己的思想，則他一定會看到這種情形。就如一個很長的解證，我們在用文字逐步來向他人表達它時，則我們必須用較長時間，不過我們的心卻能在一剎那立刻瞥見那個解證的各部分。第二點，我們之所以不必訝異，前述的轉移過程何以不爲人所注意，還有一層理由。因爲我們知道，久作各種事情，則我們可以藉習慣之力，熟能生巧，使我們在作時不注意它們。因此，習慣，尤其是很早養成的習慣，就終於能使我們在行動時不注意自己的行動。就如我在一日之內，雖然時時閉上眼睛；可是我們並覺不到自己處在黑暗之中。又如一個人如果慣用口頭語，則他在說每句話時，要常常發出自己所聽不到並且不加以注意的聲音，實則別人是能注意到那種聲音的。因此，我們也不必訝異，人心爲什麼會把它的感覺觀念變成判斷觀念，並且不知不覺地使用前一種來刺激後一種。

11　**動物和低等生物差異之點正在於知覺**　在我看來，動物界與自然中其他較低的部分所以判然各異，正是因爲它們有這種知覺的官能。因爲許多植物雖然有幾分能運動，而且我們在以各種物體刺激它們時，它們會迅速地變化其形象和運動，並且由此得到所謂含羞草（sensitive plants）的名稱（因爲它們的運動與動物受感後所產生的運動有幾分相似），不過我認爲那只不過是機械作用，其產生的途徑正如野燕麥須受了濕氣的侵襲以後，轉了方向似的，也正如繩子澆上水以後而縮短一樣。這些動作，並不能在主物上引起感覺，也不能使它產生觀念。

12 我相信，一切動物都是有幾分有知覺的，不過有些動物的天生感覺通路最很少的，而且感覺所引起的知覺是曖昧含糊的，因此，它們就遠不及其他動物所有的感覺之繁多和敏捷。不過這些器官和知覺也仍足以適合那些動物的狀況和環境，因此，造物者的善意和智慧，便分明表現於宇宙中所有部分，與宇宙中一切等級的生物。

13 從牡蠣和海扇（cockle）的身體構造看來，我們可以合理地斷言，它們的器官並不如人（或其他動物）的器官那樣繁多而敏捷。退一步說，縱然它們有那樣的器官，它們也不能因此得到什麼益處，因爲它們是固著在一地，完全無法來回移動的。一個動物如果能在遠處瞥見物像之爲禍爲福，可是同時它又不能趨或避那個物像，那麼它雖有視覺和聽覺，又有什麼益處呢？一個動物如果偶然把它擱在那裡，它就永久停在那裡，而且在那裡只憑外緣來接受或冷或熱、或淨或穢的水，那麼它如果有了敏捷的感覺，不是更不方便嗎？

14 不過我仍想，它們與完全的無知覺狀態究竟有區別，因爲它們仍有一種暗弱的知覺。這種情形，即在人類本身，也有許多明顯的例證。龍鍾的老人，完全忘掉其過去的知識，並且將心中以前所貯存的觀念消滅殆盡，而且他的視覺、聽覺、嗅覺、味覺，都已消失大半，因此，就把接受新觀念的道路幾乎全堵塞住；或者縱然有些入口，也只是半開著，雖有印象也難以覺察，或竟完全不能記憶。那麼這樣一個人（不論他如何自誇有天賦的原則），在知識和智慧方面，究竟比海扇或牡蠣高明多少呢？這個問題可讓別人答覆就好。一個人既然能在三天以內過這種生活，則他一定也可以在六十年內過這種生活，那麼我要問，在他和最低級的動物之間，在智慧的高度方面，究竟有什麼差異呢？

15 **知覺是知識的入口** 知覺既是趨向知識的第一步和第一級，而且是知識的一切材料的入口，因此，一個人或動物的感官愈少，他們所接受的印象愈少而愈暗，而且運用那些印象的各種能力也愈鈍：則他們便愈不能達到某些人所有的那些知識。不過知覺的程度既然千差萬別（在人方面可以看出），因此，我們就一定不能發現各種動物具有那麼多的知覺程度，更不能發現某些特殊個體具有那些知覺程度。我現在只說知覺是一切智慧能力中最初的一種動作，而且是人心中一切知識的入口，那就夠了。而且我很愛想像，動物和較低的生物區別之點，正在於最低的知覺程度。不過我所以提到這一點，只不過作爲順帶的猜想罷了，至於學者們如何決定這個問題，那是無關緊要的。

第十章 保留力（Retention）

1 **思維（contemplation）** 人心在進一步地趨向知識時，還有第二種官能出現。這種官能就是所謂把握，它是能把由感覺和反省得來的那些簡單觀念加以保留的。保留的途徑有二。第一，它能把心中當下所得的觀念，現實地在它的眼前保留一時，這就叫做思維。

2 **記憶（memory）** 至於那些曾經在心中烙印的觀念，或那些隱而不顯的觀念，則人心也有能力回憶起它們，這便是第二條把握的途徑。就如熱、光、黃、甜等對象不在眼前時，我們也可以照樣想像它們。這便是所謂記憶，它就好像是貯藏觀念的倉庫。因為狹窄的人心，既然不足以在一時以內來考究、來觀察許多觀念，因此，它就必須有一個貯藏所來保存那些觀念，以便在別的時候應用它們。不過所謂觀念既然只是人心的現實知覺，而且我們如果知覺不到它們，則它們萬不能存在，因此，我們所以說，人心能把自己的觀念貯藏在記憶的倉庫以內，意思只不過是說，人心有一種能力，在許多情形下，可以喚起它以前所有的觀念，而且在回憶時，還附加著另外一種知覺——知覺到自己以前曾經有過它們。我們所以說，觀念存在於心中，正是指著這種意義，實則所謂存在並不是說它們現實存在於那裡，只不過是說，人心有能力來回憶那些觀念，或者重新把它們在自己上面描寫一下罷了——自然在回憶各種觀念時，難易不同、明暗有別。由此看來，有了這種能力，則我們不藉助於原來發生印象的那些可感性質，就能喚起我們並不實際的思維的那些觀念，成了我們思想的對象。我們所以能把那些觀念保留在理解中，正是藉著這種記憶能力。

3　**注意、復述、快樂和痛苦能確定人的觀念**　注意和復述有很大的力量，來把觀念確立在記憶中；不過附有快樂和痛苦的那些觀念，原始就能自然地印下最深而最久的印象。感官的最大職務，就在於使人注意到那些有害於或有利於身體的各種東西，因此，自然就安排好（如前所述），使痛苦常伴著某些觀念而來，使快樂常伴著另一些觀念而來。痛苦之感可以在兒童方面代替了考慮和推理；而在成人方面，它的動作也比考慮爲較迅速，因此，它便可以使兒童和成年人都以維持生命所需的速度，來避免痛苦的物像，並且使兩種人謹記不忘，在將來發生驚覺。

4　**記憶中的觀念是會消逝的**　各種觀念烙印在記憶中時，其經久的程度是各不相同的。關於這些經久的程度，我們可以說，有些觀念烙印在理解中時，物像只打動了一次感官，而且也只有一次。又有些觀念雖屢次呈現於感官，可是它們又不曾爲人所注意；因爲人心有時像兒童一樣不留心，有時（如成人）又專注於一件事，不能把別的事物深刻地印在自身。還有些人，雖用心復述各種觀念，可是因爲體質關係或別的缺點，他們的記憶仍是很壞的。在這些情形下，心中的觀念便很迅速地消逝去，而且完全退除於理解之外，不留一點痕跡和印紋，就如麥田上狂飛的影子似的；這樣，則人心會完全忘掉它們，彷彿它們不曾存在過似的。

5　由此看來，兒童心中感覺初生時所有的許多觀念（有些是在他們出生以前獲得的，如快樂和痛苦，有些是在他們嬰兒時期中獲得的），如果在將來生活中沒有復述的機會，就會完全消逝了，不留一點痕跡。要想證明這一層，我們可舉一些盲人爲例。有些人在很年輕時就不幸地失明；他們的顏色觀念既然不曾十分被留意過，而且也不曾有機會重現，因此，那些觀念就完全消逝殆盡，並且在幾年以後，他們心中完全沒有顏色的觀念，完全記不得所謂顏色，正如天生的盲人似的。有些人的記憶程度，雖然非常耐久，甚至到了神奇的地步；可是我們的一切觀念似乎都在不斷的消逝中，就是那些扎根最深，在心中保留最牢固的觀念也不能例外。因此，我們如果不重複運用自己的感官來回憶那些觀念，如果不常反省原始發生觀念的那些物像，則那個印紋會消滅得終於不留點餘痕。因此，我們青年時代的觀念，正如嬰兒似的，往往死在我們前面。因此，我們的心就與我們所要走進的那些墳墓一樣，在那裡，黃銅和大理石雖仍存在，可是上面的印紋已經爲時間所塗刪，上面的花紋也完全腐爛。人心中所畫的圖畫，是用不經久的顏色畫的，我們如不常稍微刷新一下則它們會消滅、散失。至於要問人體的組織、元氣的結構，在這方面，是否有關係，或者要問，有些人的觀念之所以如大理石上的字跡一樣、有些人之所以如沙石上的字跡一樣，是不是由於腦子的構造爲其主要的原因——要問這一層，則我可不在此處考究好了。不過我們也似乎覺得，身體的結構有時也可以影響記憶。因爲我們常見，人在疾病之後，心中會失掉一切觀念，而且短短幾天，熱症的火焰就可以把那些似能經久、似乎刻在大理石上的一切影像都化爲灰塵、陷於紛亂。

6　**常常復現的觀念是不容易消失的**　不過關於觀念本身，我們容易看到，產生它們的那些物像或動作，如果常常把它們重產生來，則那些觀念會確立在記憶中，並且能明白地、常久地存留在那裡（在由一個以上的途徑傳入心中的那些觀念就屬於此列）。因此，物體的第一性質，如凝度、廣袤、形象、運動和靜止等觀念，是不容易消失的；而且不斷觸動我們身體的那些性質，如冷熱之類，也是不容易消失的；而且一切事物的性質，如存在、綿延和數目等觀念，這些乃是一切存在物的變狀也是不容易消失的。因爲凡觸動感官的各種物體、凡觸動人心的各種思想，幾乎都可以帶來這些觀念。人心只要還能保留一些觀念，則這些觀念以及相似的觀念，都是不易失掉的。

7　**在記憶時，人心也往往是有自動能力的**　在這種二次知覺中（如果我可以這樣說），或者說，在觀察記憶中所貯的那些觀念時，人心常不是僅僅被動的，那些昏沉圖畫的復現有時是以意志為轉移的。人心常常來搜索一些隱藏了的觀念並且把靈魂之眼轉向那些觀念。不過它們有時也能自動地出現於人心、自動地呈現於理解前；而且常常被一些氾濫猛烈的情感由它們的黑暗洞穴裡喚到光明之鄉中，因為我們的感情常常把那些蟄伏而不為人所注意的各種觀念喚到記憶中。此外還可以說的，就是觀念雖貯於記憶中，而且有時為人心所喚起，可是它們在被記憶時，不只完全不是新的（「喚起」一詞就含著不是新的意思），而且人心注意它們是先前的印象，而且把它們作為自己以前所認識的觀念加以再認。因此，以前所烙印的觀念雖然並不永遠在眼裡，可是在記憶起來時，人們永久知道它們是早先烙印的、是早先在眼裡的、是早先為理解所注意過的。

8　**記憶方面有兩種缺點，一為遺忘，一為遲緩**　在有智慧的生物中，記憶之為必要，僅次於知覺。它是很重要的，因此，我們如缺少了它，則我們其餘的官能便大部分失了效用。因此，我們如果沒有記憶的幫助，則我們在思想、推論和知識中，便完全不能越過眼前的對象。不過記憶方面卻有兩層缺點：

第一，它會完全遺忘它所貯存的觀念，使人完全無知。因為我們所以知道一件事物，乃是因為我有它的觀念，因此，我如果沒有這種觀念，當然是一無所知的。

第二，記憶的進程有時是很慢的，並不能把它所保存的各種觀念，迅速地喚回，以供人心當下之用。這種遲緩的程度如果很大，就成了愚蠢。人的記憶如果有了這種缺點，如果不能把眞正保存起的觀念準備好，以供緊急之需，那他就幾乎等於沒有那些觀念，因為它們都一樣不能供自己所用。一個遲鈍的人會因爲費心來尋找能供他用的那些觀念，以致失掉行爲的機會，因此，他雖有那種知識，並不見得比完全無知的人幸福。記憶的職務就在於把那些隱伏的觀念供給於人心，以供它當下的用途。我們所謂創作、想像和敏捷，就是由於我們能在任何時候，立刻喚起那些觀念。

9　這兩種缺點，在比較各人的記憶以後，就可以看到。不過我們若與被創造的高等靈物來比較，則一般的人類記憶還有一種缺點，因爲那些靈物在記憶方面比人超過了萬倍，因此，他們能時常觀察過去的全部動作，甚至他們所曾有過的一點思想也完全消失不了。我們從上帝的無所不知，就可以相信這種可能性；因爲上帝既然知道過去的、現在的與未來的一切事物，而且能明悉我們心中的思想，那麼我們如何能否認，上帝把祂自己的才能，在被造物所能接受的範圍以內，任意以若干分量分賜於那些光榮的神靈們——他的貼身侍衛呢？據人說，稀世大才巴斯克（Monsieur Pascal）在他的康健未減以前，他的記憶是很驚人的，在他清明時期中所做、所讀、所想的任何事情，他一點也不曾忘記。這種特質是人類所罕見的，因此，人們如果以常情來推理、以自己來衡量他人，或許不相信這回事。不過我們如果仔細加以考究，則我們的思想正可以因此擴大一點、正可以看到較高神明所具的更完全的記憶力。因爲巴斯克的記憶仍不免受普通人心的狹窄性所範圍——他的各種觀念仍只是前後相繼而不是同時並陳的。至於各級天使或者有較大的眼界，有些天使的官能或許會把過去的一切知識，如在圖畫中似的時常地同時呈現出來。一個能思想的人，他過去的推論和思想如果不斷地呈現在他心中，則他的知識會得到不小的利益。因此，我們可以設想，高等神靈的知識既然可以在各種方面超過常人，那麼他們也可以在這方面超過我們。

10　**畜類也有記憶**　一些別的動物似乎也與人一樣有高等的記憶能力，能保持進入心中的觀念。我們且不舉別的例子，但就鳥的學習腔調而言，我就可以毫無疑義地相信，它們也有知覺、也能把觀念保存在記憶中、也能把它們當做模型用。因爲我們既見它們努力來配合各種音節，那麼它們如果對於那些音節沒有一些觀念，則它們如何使自己的聲音契合於那些音節呢？我自然可以承認，在現實唱一個調所發出的聲音或者可以在鳥的腦中機械地引起元氣的一種運動，而且那種運動可以一直繼續到鳥翼的筋絡內，使鳥機械地被一些聲音所追迫以去；因爲這種動作是可以保存物種的。不過我們並不能以此理由來解釋，在奏樂時，那種音調何以能使鳥的聲帶機械地發生一種運動，使它的聲音契合於外面的一種音調，因爲這種摹仿對於鳥類的自體保存是毫無用處的；至於在調子奏完以後，鳥類何以也能摹仿，那更是不能解釋的。不只如此，鳥類如果沒有意識和記憶，則我們萬不能想像（更不能證明），它們何以逐漸能把自己的聲音契合於昨日所奏的音樂；因爲它們對那個曲調如果在記憶中沒有觀念，則那個曲調便不存在，也不能做爲它們所摹仿的模型，而且它們縱然屢屢試驗，也並不能合乎那個曲調。倘若照這樣，則我們便不能解釋樂管的聲音在腦中所留下的痕跡何以在一開始不能產生出相似的聲音，而在它們逐次努力以後，才能產生出來；不但如此，我們也一樣不能解釋，它們自己所發的聲音，何以不能留一些痕跡，以供它們來摹仿，一如他們摹仿樂管的聲音一樣。

第十一章 人心的分辨能力以及其他作用

1 **一切知識都離不了分辨（discerning）** 在人心中我們還注意到有另一種能力，那就是分辨，辨識它所有的各個觀念的能力。它如果只是混亂地一般的知覺到某一事物，那是無濟於事的；它如果不能清晰地知覺到各種差異的物像和其性質，則它也就不能有什麼知識。照這樣，則打動我們的各種物體縱然仍與現在一樣不停地活動，人心縱然仍在不斷地繼續思維，我們也不能有什麼知識。一般人所認爲是天賦眞理的一些很普遍的命題，其所以明白確定，也只是完全憑這種分辨彼此的能力。但是人們因爲不考究那些命題所以能獲得普遍同意的眞正原因，因此，他們就把這個原因完全歸於天賦的單一印象；其實，人們所以有普遍的同意，完全是因爲人心有這種明白的分辨力，完全是因爲它能由此分辨出兩個觀念是相同的或是相異的。不過關於這一層，我們以後再詳爲論說。

2 **機智（wit）和判斷的分別** 至於要問，人們有時之所以不能精確地分辨各種觀念，是因爲感覺器官的遲鈍或缺陷，還是因爲理解不夠敏銳、缺少運用和不加注意，還是因爲有些人們的天性天然就倉卒魯莽；則我可以不在這裡加以討論。我只可以說，這種作用也是人心在自身所能反省到、觀察到的作用之一。這種作用對於人心的其他知識是有很大關係的，因此，這種官能如果一遲鈍，或者我們不能適當地運用它來分辨各種觀念，則我們的想法便被混淆、我們的理性便被紛擾、我們的判斷便被誤導。如果我們可以說，敏捷的才智在於能自由調動記憶中的各種觀念，則我們剛好可以說，一個人比他人的判斷較為精確其理性較為明白，大部分也正在於我們能保持清晰的觀念、也正在於我們能精細地分別出各種觀念間些微的差別。這樣就可以解釋人們常見到的一個現象。就是機智多端、記憶迅速的人們，並不常有最清晰的判斷和最深刻的理解。因為機智只在於觀念的集合，只在於敏捷地把各式各樣的相似、相合的觀念配合起來，在想像中做出一幅快意的圖畫、一種適意的內現。至於判斷，則正與此相反，它只在於精細分辨各種觀念的微細差異，以免被相似性所誤，錯認了各種觀念。這種進程與明喻和暗喻正是相反的；但是機智所以能活躍地打動想像，所以能迎合衆意，其動人之點、娛人之處，正在於明喻和暗喻。因為機智所呈現出的美麗，在一看之下，就能動人，並不需要苦思力索其中所含的眞理或理性。在這種情形下，人心便不再往前觀察，它已經很滿於那幅中意的圖畫、輕快的想像。因此，我們如果以嚴格的眞理規則來考察它，那正是無理取鬧。由此我們就看到，機智之為物一定不能完全契合於這些規則。

3　**只有明白性能防止混亂**　各個觀念所以能成為明白的、確定的，只是因為人心能精確地分別它們。觀念如果一明白，則感官縱然在不同的情形下，會從同一的物像傳來與平常差異的觀念（有時是如此的），並且現出錯誤的樣子來，人心也不致於對它們發生紛亂或錯誤。因為一個患熱症的人雖然嘗著他平時所吃的糖是苦的，可是在他的心中，苦的觀念仍與甜的觀念是有分別的，正如同他吃了膽汁一樣。一種物體縱然在此時產生了甜味的觀念，在另一時產生了苦味的觀念，可是這也無法使甜與苦兩個觀念混淆，正如同一塊糖雖在心中產生了白和甜、或白和圓等觀念，而那些觀念仍是清晰的。又如浸潤了的山葵在心中所產生的桔黃色和天青色也是兩種清晰的觀念，正如由兩個差異很大的物體得來的一樣。

4 **比較作用（comparing）** 人心還另有一種作用，可以把各種觀念的範圍、程度、時間、空間以及其他情節，加以比較。凡包括在關係項下的那些觀念都依靠於比較作用。至於要問比較作用的範圍多麼地廣，則我在以後還有機會來詳細討論。

5 **畜類也能比較，不過不完全** 畜類的比較能力究竟到了什麼程度，那是不容易決定的；不過我認爲它們的比較能力一定不甚高。因爲它們或許也有幾個十分清晰的觀念，可是在我看來，只有人類的理解有一種特殊之點，就是它在充分分辨了各種差異的觀念之後，能看到它們完全截然不同，因而可以來輾轉考究它們是在何種情形下可以互相比較的。因此，我認爲，畜類在比較其各種觀念時，一定以物像附有明顯情節的範圍爲限。至於人類可觀察到的另一種比較能力，則是屬於概括觀念的，它只能用於抽象的推論，因此，我們可以猜想，畜類也許沒有這樣能力。

6 **組合（compounding）** 其次，我們還看到，人心對它的觀念還有另一種組合的功能。它藉這種功能可以把它由感覺和反省得來的簡單觀念合攏起來，組織成複雜觀念。至於擴大作用（enlarging）也可以歸在這個組合作用之下。因爲在擴大作用中，組合的結果雖不能產生出較複雜觀念，可是它仍把各種觀念互相結合；只是所結合的觀念，種類相同罷了。就如把一些單位加起來，我們可做成一打；又如把一些派齊（perches）的觀念重複起來，我們可以形成一個弗隆（furlong）的觀念。

7 **畜類的組合能力是薄弱的** 在這方面，我認爲畜類也是遠不及人的。因爲它們雖也能接受、記憶各種簡單觀念的組合體（就如狗的主人的形狀、氣味、聲音，就可以建立狗對於它的主人所有的複雜觀念；不過那些性質也許只能成爲它認識主人時所憑的一些標記），可是我並不認爲它們自己能組合那些觀念，使它們成功建立複雜觀念。即在我們想像它們具有複雜觀念時，它們對於幾種（相連）事物的知識或者也只是以一個簡單觀念爲標準的，而且它們也不見得能憑視覺清晰地分辨那幾種事物，如我們所想像的那樣。因爲據確實的報告顯示：你如果使幼狐吃狼子的奶，使牠們逐漸成長，則那個狼也會哺養牠們、與牠們玩耍，如同自己的仔畜一樣。又如各種動物，如果一次能生產多數仔畜，則牠們似乎也不知道仔畜的數目。你在偷仔畜時，如果被牠們看見或聽見，牠們自然要十分關心，但是你如果在牠們不在時偷了一、二個仔畜，而且在偷時並沒有任何聲響，則牠們似乎察覺不到遺失了仔畜，也察覺不到自己的仔畜數目減少了。

8 **命名（naming）** 兒童如果藉屢屢不斷的感覺，把各種觀念確立在記憶中，則它們便逐漸學會使用各種標記。因此，他們如果有技術能使言語器官發出清晰的聲音，則它們便開始運用言語把自己的觀念表示給人。這些語言的標記，他們有時是從別人借來的，有時是自己造成的。就如我們常見，兒童在初能說話時對各種事物所用的那些新奇而不尋常的名詞便是。

9 **抽象作用（abstracting）** 我們之所以用言語，乃是要把它們當作內在觀念的外面標記，乃是要用它們來表示由各種特殊事物所得到的那些觀念，因此，我們所接受的各種特殊觀念如果各個有一個獨立的名稱，則名稱一定是無窮盡的。爲避免這層困難起見，人心便把由特殊物像得來的那些特殊觀念建立成概括的。不過在改造時，人心一定得把它們看成是心中獨立的現象，與其他事物沒有關係，和眞正事物的一些情節，如時、空以及其他相連的觀念也沒有關係。這便是所謂抽象作用，藉著這種作用，由特殊事物而來的各種觀念才能變成同種事物的概括代表；而且這些觀念的名稱——概括的名稱——才可以應用於與這些抽象觀念相契合的任何東西。在這裡人的理解只把心中這些赤裸裸的確定現象貯藏起來（常以名稱附加於它們），並不問它們是如何來的？由何處來的？

與什麼別的現象來的？貯藏了以後，它便以此爲標準，把眞正的事物按照這些模型，分門別類，各個授之以名。就如人心今天在白堊中或雪中所見的顏色與昨日在乳中所見的一樣，則它便會單獨考究那個現象，並且使它代表其一切同類。後來，它又將這種顏色稱之爲白，因此，它便以此音來代表那種性質——不論我們想像它在何處，或在任何地方遇見它。普通的名稱或觀念就是這樣形成的。

10 **畜類不能抽象** 如果人們要問，畜類是否可以由此途徑，也略能組合（或擴大）牠們的觀念，則我認爲我可以肯定地答覆說，牠們是完全沒有抽象能力的，而且人畜之完全分別正在於人有這些概括的觀念，而畜類的官能是達不到這種精妙程度的。因爲我們顯然看不到任何痕跡，可以使我們相信牠們能運用代表共相的概括的名詞。由此，我們很有理由可以想像，牠們並沒有抽象能力，或造成普遍觀念的能力，因爲牠們並不能應用言語或其他概括的標記。

11 它們所以不運用，不知道概括的名詞，其原因還不能說是在於牠們缺乏適當的器官，以至不能發出清晰的聲音來。因爲我們雖見許多動物也能形成聲音，足夠清晰地發出言詞來，可是牠們並不能運用這些言詞，來代表概括的觀念。而在另一方面，則人們有時雖然因爲感官缺陷，不能言語，可是他們仍可以應用別的標記，來代替概括的名詞，以表現其普遍的觀念；這種能力正是畜類所缺乏的。因此，我認爲，我們正可以假設畜類和人的分別正是在這方面的；它們（人和畜）所以完全分離，正是因爲有這種特有的差異，有了這種差異，才使它們界若鴻溝。因爲畜類如果畢竟有一些觀念，而不是單純的機械（如一些人的假設），則我們不能不承認它們稍有一點理性。在我看來，有一些動物似乎在一些情形下，也能稍行推理，正如牠們有感官是一樣的。不過牠們的推理只限於感官傳入的那些特殊的觀念。高等動物也受了這些狹窄的限制，而不能藉任何抽象作用，擴大那些界限的能力。

12 **白痴和瘋子** 我們如果觀察白痴的不正常狀態，就可以發現他們是缺乏了上述各種能力的。因爲人們如果不能有了明晰的知覺、如果不能把心中的觀念好好保持住、如果不能迅速地調動各種觀念、組合各種觀念，則他們便沒有什麼可以思想的材料。人們如果不能分辨、不能比較、不能抽象，則他們便不能懂得語言、也不能應用語言及進行判斷或推理，他們只能略略地、不完全地考察感官最熟悉的那些當前的事物。眞的，上述的各種官能如果缺乏或失調了，則人的理解與知識一定是會發生相當的缺點的。

13 總而言之，白痴的缺點似乎由於在智慧的能力方面缺乏了敏捷、靈活和運動，因而失掉其推理能力。而在另一方面，則瘋子似乎又受了另一極端的支配。因爲在我看來，瘋子並沒有失掉了他們的推理能力；他們只是把一些觀念錯誤地結合起來，並且把錯誤認爲是眞理，因此，他們之發生錯誤，正如一般人們之根據錯誤的原則發生了錯誤似的，實則他們的推論是合理的。因爲他們雖然藉著狂放的想像，把幻想認爲實在，可是他們會由此合理地演繹下去。一個瘋子如果想像自己是一個國王，則他可以憑著合理的推斷，來需要人們的服侍、恭敬和服從；反過來說，如果他以爲自己是玻璃做的，則他又會小心謹愼，只怕破壞了那個易碎的東西。因此，一個人如果在忽然受了強烈的印象以後，或在長久想像某種事情以後，使不相干的各種觀念緊湊地聯合起來，固結不解，則他在別的事情方面，雖然很清醒、雖然很理解，可是他在那個特殊的方面，會如精神病院中的瘋子一樣瘋狂。不過瘋狂也和愚痴一樣，也是有程度之差的，觀念的紛亂堆積，在有些人是很嚴重的，在另一些人是差可的。簡而言之，痴人和瘋子的差別似乎在於，瘋子只把錯誤的觀念結合起來，做成錯誤的命題，不過他仍能由此合理地來辯論、來推理；至於痴人，則幾乎無所謂命題，也幾乎完全不能推理。

14 **我們所採取的敘述方法**　我認爲這就是人心在理解作用中所用的最初的官能和作用。這些官能雖然可以一般地應用於各種觀念，可是我在前面所舉的例證，大半都限於一些簡單觀念。不過我之所以在說明簡單觀念以後就來說明這些官能，而不等說明複雜觀念以後，再來說明它們，卻是爲著下述的理由：

第一，這些能力中有一些起初大部分只運用於簡單觀念，因此，我們如果追隨自然的常軌，則可以追尋、發現那些能力的起源、進程和逐漸的發展。

第二，許多人心中，簡單觀念比複雜觀念要更爲清晰、精確、明白，因此，我們如果先觀察了人心在這方面的作用，則我們在複雜觀念方面，便更容易考察、容易知悉，人心是如何抽象、如何命名、如何比較、如何施用其他功能的；而我們所以有此次序，也是因爲在複雜觀念方面，我們是容易錯誤的。

第三，人心在感覺觀念方面所發生的這些作用，在被反省時，就成了另一套觀念系統（它們是從所謂「反省」的那種知識來源來的），因此，在考察了簡單的感覺觀念以後，我在這地方來考察這些作用是適當的，不過關於組合、比較和抽象等等作用（前面所提到的），我以後還有機會再來詳論。

15 **這些是人類知識的起源**　前面我已經簡略、正確地（我認爲是這樣的）敘述了人類知識的起源史，敘述人心的原始對象是由哪裡得來的、並且敘述了它用什麼步驟，逐漸貯蓄了各種觀念，然後再用以形成各種可能的知識。至於我的敘述是否正確，則我們必須求助於經驗和觀察。因爲考察眞理的最好途徑，是要如實地來考察它們，不應該依靠自己所想像的，或依靠他人教我們所想像的。

16 **求助於經驗**　正確說來，事物的觀念所以能進入理解，我只發現了這唯一的途徑。別的人們如果有天賦的觀念，或烙印的原則，讓他們自己享受那些東西好了，他們如果自己眞相信有那些觀念，則我們自然不能否認他們享受了他們鄰人所不能享受的權利。我所說的，只限於我在自身所發現的，而且是契合於一般人的觀念的眞相。我們在考察了各時、各地、各教的人生全部以後，就可以看到，他們的觀念都依靠於我們所建立的那些途徑，而且契合於這個方法的各個部分和各個等級。

17 **黑暗之室**　我並不擅敢來教人，我不過來研究罷了。因此，我在這裡仍不得不重新自白，就我看來，知識進入理解的通路，實在只有內外兩種感覺。就我們所能發現的，只有這些感覺能成爲暗室中的窗子讓光明透進來。因爲我認爲，人的理解正與暗室差不多，與光明完全絕緣，只有小孔能從外面把外界事物的可見肖像或觀念傳達進來。進到那樣一個暗室中的畫面如果能停在那裡，並且能有秩序地存在那裡（如有時所見的），則那正與人的理解中一切視覺的對象以及物像的各種觀念差不多。

我猜想，人的理解所以能得到並保留各種簡單觀念與觀念的情狀，所以能對它們發生其他作用，就是遵循著這些途徑的。現在，我就進而詳細考慮一些簡單觀念和它們的情狀。

第十二章　複雜觀念（Complex Ideas）

1　**複雜觀念是被人心由簡單觀念造成的**　我們前面所考察過的那些觀念，人心在接受它們時完全是被動的。那些觀念都只是由感覺和反省得來的簡單觀念，它們不是人心所能自己造成的，而且人心所有的任何觀念，也無一不是由此組成的。不過人心在接受簡單觀念方面，雖然是完全被動的，不過在另一方面它也能施用自己的力量，利用簡單觀念爲材料、基礎以構成其他觀念。人心在把自己能力施用於簡單觀念時，其作用約可分爲三種：

第一，它可以把幾個簡單觀念合成一個複合觀念，因而造成一切複雜觀念。第二，它可以把兩個觀念（不論是簡單的或複雜的）同時並列觀察，可是並不把它們結合爲一；這樣，它就得到它的一切關係觀念；第三，它可以把連帶的其他觀念排除於主要觀念的眞正存在之外；這便叫做抽象作用，這樣就造成一切概括的觀念，這就充分顯示，人類的能力與其作用方式，在物質世界與理性世界都是一樣的。因爲在兩種世界，人都沒有能力支配，也不能製造、不能毀滅所有的物質；人所能爲力的，只是把它們加以聯合、並列或完全分開。不過在考察複雜觀念時，我將先考察第一種作用，之後在適當的地方，我再來考究其他兩種。簡單觀念既然被觀察到能聯合成各種集合體，因此，人心就有一種能力，認爲它們是結合在一個觀念中的，而且人心認爲它們爲結合時，不只因爲它們在外物中原是結合著的，而且也因爲它本身把它們聯合起來。由幾個簡單觀念所合成的觀念，我叫它們爲複雜觀念；就如美、感激、人、軍隊、宇宙等。這些觀念雖然都是由各種簡單觀念複合而成的，雖然是由簡單觀念所合成的複雜觀念複合而成的，可是人心可以任意認它們是一個整個的東西，並且用一個名詞來表示它們。

2　**它們是由人心隨意做成的**　說到能重複、聯合各種觀念的這種官能，則我們可以說，人心有很大的力量可以變化並且重複它的思想的對象，而且重複的程度，可以無限地超過感覺或反省所供給的那些觀念。不過這些觀念仍限於由前兩個途徑來的那些簡單觀念，因爲它們是人心中一切組合的最後材料。因爲簡單觀念全都是從事物本身來的，而人心所有的簡單觀念，也不能多於自己所接受的觀念、也不能異於自己所接受的觀念。它所有的可感性質的觀念都是藉感官由外界得到的，它對一個思維實體的作用所有的觀念也都是由它自身所發現的。不過它一得到這些簡單觀念以後，它便不限於單純的觀察，與由外界傳來的東西一樣；它會藉自己的能力，把它所有的那些觀念結合起來組成新的複雜觀念；實則它以前所接受到的那些觀念，都不是那樣聯合著的。

3　**複雜觀念不外情狀、實體和關係三者**　複雜觀念不論如何分合、它們的數目不論如何繁多、它們盤踞人的思想時，不論有如何多的花樣，在我看來，它們大抵可以分爲三大類：一爲情狀（modes），二爲實體（substances），三爲關係（relations）。

4　**情狀**　第一，我所謂情狀的那些複雜觀念，無論是如何組合成的，也不含有自己存在的假定，它們只是實體的一些附性或性質，就如「三角形、感激心、暗殺」等名詞所指示的那些觀念就是。在這方面，我所用的情狀一詞如果和通俗的含義略有差異，則我也請求人的原諒。在進行與尋常傳統想法相差異的談論時，我們不得不用一些新字眼，或在舊名詞上加上新的意義。在我們現在的情形下，舊字新用或者是較爲可取的。

5 **簡單和混雜情狀** 這些情狀可以分爲兩種，我們應該分別地考察它們。第一，有些觀念只是同一簡單觀念的各種變化或各種組合，其中並沒有混雜著其他觀念，就如「一打」、「二十」、只不過是把那麼多獨立的單位觀念加在一起；這些情狀我叫做簡單情狀，因爲它們只包含在一個簡單觀念的範圍中。第二，還有一些別的觀念，是由幾種不同的簡單觀念組合成複雜的。就如美，就是形象和顏色所配合成的，並且能引起觀者的樂意來；又如偷盜，則是指不經物主的同意，暗中變換事物的所有權而言，因此，我們看到，它也是由幾個不同觀念的組合體。這些觀念我叫做混雜情狀。

6 **單一實體和集合實體** 第二，實體觀念也是簡單觀念的組合體；這些簡單觀念的組合體代表著獨立自存的一些獨立的、特殊的事物；而且在這些事物中，那個假設的或含混的實體觀念，永遠占著首要地位。我們如果在實體上，加了一種暗白色，以及某程度的重要、硬度、韌性、熔性等觀念，則我們便有了鉛的觀念。某種形象的觀念如果與運動、思想、推論等等能力結合起來，加在實體觀念上，則我們便有了一般人的觀念。不過在實體方面，我們的觀念還可以分爲兩種：一種是簡單的實體觀念，它們是單獨存在的，就如人和羊便是；另一種是各種簡單實體的觀念集合而成的，正如軍隊和羊群便是。這些集合的實體觀念雖是湊合來的，可是它們本身各個都是一個簡單觀念，正如一個人或一個單位似的。

7 **關係** 第三，複雜觀念中最後一種，就是所謂關係觀念。關係的成立由於我們考究和比較各種觀念。關於這些觀念，我們將按次討論。

8 **最深奧的觀念也是由這兩種來源出發的** 我們如果逐步考究心理進程，並且注意觀察人心如何復述、積疊、聯合它由感覺或反省得來的那些簡單觀念，則我們的結果或者要比原來所希望的要遠一些。我們仔細觀察我們觀念的起源，便會看到最深奧的各種觀念雖然似乎與感官和人心中任何作用都離得很遠，可是它們仍是由理解形成的，而且形成的途徑，仍不外復述和聯合它從感官對象（或從它對那些對象所能起的作用）得來的那些觀念。因此，就是那些廣大而抽象的觀念也是由感覺和反省來的；也是人心在運用其普通的官能時，所得到或能得到的；而且人心在獲得這些觀念時，其官能也是運用於由感官對象而來的那些觀念，或運用於人心對那些觀念而產生的一些作用。這一層我將在時間觀念、空間觀念、無限觀念和其他幾個似乎與此來源隔絕的觀念中指示出來。

第十三章 論簡單情狀：先論簡單的空間情狀

1 **簡單情狀**（simple modes） 簡單觀念是我們一切知識的材料；這是我在前幾部分屢屢提到的。不過我在前文論究它們時，只論到它們進入人心的途徑，並不曾把它們與其他較複雜觀念參照對比。因此，我們不妨在這個觀點下重新考察它們，並再考察同一觀念的各種變狀。因爲人心可以在實際存在的事物中，看到一個觀念的各種變狀，而且不藉任何外物的幫助，或任何外面的暗示，它自己在自身也能看到一個觀念的各種變狀。

任何一個簡單觀念的各種變狀（我們稱它們爲簡單情狀），在人心中，各個都是完全差異、完全獨立的一些觀念，就如那些最遠隔、最相反的觀念一樣。因爲「二」與「一」的觀念之互相差異，就像藍和熱之互相差異一樣，也正與它們（藍、熱）和數目之互相差異一樣。不過「二」的觀念只是由重複簡單的單位觀念做成的；而且各種簡單情狀，如一打、十二打、百萬等，也都是由這些簡單觀念復述而成的。

2 **空間觀念**（idea of space） 我現在可從簡單的空間觀念說起。在前第四章中，我已經說過，我們的空間觀念是由視覺和觸覺兩者得來的。這一點是很明顯的，因此，我們不須再證明：

人可以憑其視覺看到顏色不同的兩個物體間的距離，或同一物體的各部分間的距離；因爲這一件事情，是與人們能看顏色是一樣明顯的。再其次，我們還清楚看到，人們在黑暗中也可以藉著觸覺或感覺分辨出距離來。

3　**空間與廣袤**（space and extension）　我們如果只思考兩個物體間的長度，而不思考兩者間的任何事物，則這種空間便叫做距離。如果長、寬、厚都計算進去，則我們可叫那種空間爲容量（capacity）。至於廣袤一詞，則我們不論如何思考它，都可以應用在空間上。

4　**博大**（immensity）　每一種不同的距離就是空間的一種不同的變狀，任何一種距離或空間，觀察也是這個（空間）觀念的一個簡單情狀。人們因爲慣於計算，所以他們心中就有了一些確定的長度觀念，就如一吋、一呎、一碼、一噚（fathom）、一哩、地球的直徑等（這些都是單由空間〔觀念〕造成的許多獨立觀念）。人們的思想既然熟悉了這些確定的空間長度或尺度，因此，他們就能夠任意在心中重複這些觀念，而且在重複時還無須把任何物體的觀念摻雜進去、添加上去。不只如此，他們還可以自己形成長、平方、立方呎的觀念、碼的觀念或噚的觀念，而且所形成的觀念，近可以寓於宇宙中的各物體，遠可以超乎一切物體的邊際之外。因此，他們可以把這些觀念進一步加起來，任意擴大其空間觀念。我們之所以能有博大觀念，就是因爲我們有一種能力來重複加倍我們所有的距離觀念，並且可以任意一直把它加在以前的觀念上，而且我們縱然盡力將它擴大，也萬不能停止不再前進。

5　**形象**（figure）　空間觀念還有另一種變狀。所謂形象就是有限空間（或有邊際的廣袤）中各部分間之關係。可感物體的邊緣如果可爲我們所觸摸，則我們可以藉觸覺發現這種關係；物體的界限如果可以爲我們所看見，則我們可以藉視覺由物體和顏色兩者中發現這種關係。因此，人心在觀察任何物體（或空間）邊緣的各部分時，便看到它們的相互關係、便看到那些端點有的終止於直線，成了分明的角，有的終止於曲線，無角可尋。因此，它就得到了無數的形象觀念。形象所以無數，不僅因爲在有黏合性的物團中，實際存在著多數不同的形象，而且人心自己所做成的形象數量也完全是數不盡的。因爲人心可以任意重複、任意聯合它自己的觀念，將空間觀念變化爲新的組織。因爲如此，所以它能無限地重疊各種形象。

6 人心有一種能力，可以重複任何直向的長度觀念，使它與別的直線在同一方向中連接，加倍了原來直線的長度；或使它與別的直線以任何傾度相交，任意成爲一夾角。不但如此，它還可以任意把任何線縮短，任意去掉其一半、四分之一或任何部分，而且一直下去，從無停止縮短的時候。因爲如此，所以它可以做成任何大小的角。至於角的各邊，當然它可以任意變化其長度。這些線因爲又可以與別的長度不同的線在不同的角相聯合，圍住任何空間，因此，它就可以把各種形象的體量，積疊至於無數。不過這些形象仍然都是許多不同的簡單的空間情狀。

人在直線所能做到的，在曲線或曲直兩種線也可以做得到，在線所能做到的，在面也能做得到。因此，我們更可以想到，人心能以做出無數花樣的形象來，因而重疊了簡單的空間情狀。

7 **位置（place）** 此外，在這個項目底下，還有另一種觀念，我們稱它爲*位置*。在簡單空間方面我們所思考的爲兩種物體或兩點間的距離關係。在位置觀念方面，我們所思考的爲一種事物和其他任何靜止的，距離不變的兩點（或較多的點）的距離關係。因爲我們如果在昨天以一個事物與任何兩點或較多的點相比較，而且今天又看到它與那些點的距離仍和昨天一樣，而且那些點的互相距離也沒有變，那麼我們就說它仍占著原位。不過它如果與那些點中的任何一點，距離明顯地變了，則我們便說它的位置有了變化。自然，按照通俗的位置想法來說，我們在觀察距離時，並不精確地依據於確定的點，只是依據於可感物像的較大部分。因爲我們只是大略地觀察所置的物體與那些部分的關係，以及它們中間的距離。

8 棋盤中一些棋子如果仍在原來的那些方格中，則我們說它是在舊位置下沒有變動的（實則在那些時候，棋盤也許由此一室中搬到另一室中），因爲我們只把它們與棋盤中各個部分相比較，而那些部分的距離是沒有變更的。那個棋盤如果又置於船艙中，而不變化其位置，則船雖往前航行，我們仍可以說，棋盤的位置不動。又如地球雖或轉動，可是那艘船如果與鄰近陸地的距離不變，則我們也可以說，它仍占著以前的位置。因此，棋子、棋盤與船的相對距離雖然沒有變，可是它若與較遠的物體相較，則它們已經各個變化其位置。不過棋子與棋盤中一些部分的距離，的確能決定棋子的位置；棋盤與船艙中一些確定部分的距離，的確可以決定棋盤的位置；而且船與地球上確定部分的距離也的確可以決定船的位置。在這幾方面來說，這些東西可以說是各自存在於舊有的位置。不過它們與別的東西的距離，仍分明有了變化，因此，它們在那方面又分明變化其位置。但是我們在這裡也不去理會那種變化，只在我們以後把它們與別的東西相比較時，我們才會如此著想。

9 距離的這種限制就是所謂位置；人們之所以定位乃是爲了公共用途，人們才可以在必要時指定一些事物的特殊地位。不過人們在決定這個位置時，只參考那些合乎當下用途的鄰近事物，至於別的東西，在另一方面，雖也一樣能決定同一事物的位置，可是我們在這方面，並不必考究它們。就如在棋盤中，我們如果要想指定各個棋子的位置，則我們的範圍一定超不出那個畫方格的木片；我們如果要以別的東西來計算它，那是不合用的。不過如果把這些棋子裝在一個袋子裡，則人們如果問黑王（Black King）在那裡，則我們只當以那個袋子所在的那個室的各部分來決定它的位置，不應當以棋盤來決定它。我們在指定它現在的位置時，與在指定它在棋盤遊戲的位置時，所用的方法並不能相同，因此，在這裡，我們應該以別的對象來決定它。同樣，如果有人問，描寫尼蘇斯（Nisus）和歐里亞洛斯（Euryalus）故事的那些詩句在什麼地方，則我們在決定這個位置時不應該說，它們是在地球的某一部分，或博德利（Bodley）圖書館內。我們只應當以維吉爾（Virgil）的作品的各部分來指定其確當的位置，而且我們的答覆應當是說，這些詩句大概是在他的《艾尼亞斯紀》（*Aeneid*）第九卷的中間，而且應該說，自從維吉爾的作品印出以後，它們的位置是從未改變的。不論那部書本身移動了多少遍，這種說法總是眞的。位置觀念的功用只在於求知那個故事是在書中那一部分；這樣我們在必要時，便可知道在那裡找尋它、參考它。

10 前面說過，位置的觀念不是別的，只是一件事物的相對地位，這一層我認爲是很明顯而容易爲人所承認的，如果我們一思考，我們雖能觀念到全宇宙各部分的位置，卻不能觀念到宇宙本身的位置。我們之所以不能有這種觀念，乃是因爲超出宇宙以外，我們便沒有其他確定的、獨立的、特殊的事物觀念，因此我們也就不能想像宇宙和那種事物有任何距離的關係。因爲超出宇宙之外，只有一律無分別的空間或廣袤；人心在這裡，並看不到有任何變化、任何標記。因爲要說世界存在於某個地方，那意思只是說它是存在的；這種說法雖然也含有位置之意，可是它所指的，只是世界的存在，並非指其方位。人如果能在自己心中清晰地看到宇宙的位置，則他一定會告訴我們它在一律不分、無限廣大的虛空內是運動的還是靜止的，不過這是不可能的（自然位置一詞常有一種含混的意義，而且常指一個物體所占的空間，因此，宇宙也可以說是占位置的）。由此看來，我們所以得到位置觀念也正與得到空間觀念所由的途徑一樣（位置只是特殊考慮下的空間），都是由視覺和觸覺來的，因爲藉著這兩種感覺，心中才能得到廣袤或距離的觀念。

11 **廣袤和物體不是相同的** 有些人們強使我們相信，物體和廣袤是二而一、一而二的。他們之所以如此說，或者是因爲他們把這兩個名詞的意義改變了：不過我又想他們不致於如此，因爲他們所以一向嚴厲地責難別人的哲學，正是因爲別人哲學的意義雙關、名詞曖昧、語句可疑。但是他們對物體和廣袤所加的解釋，如果也和別人一樣；他們如果也以爲所謂物體就是一種凝固而占空間的東西，它的各部分可以由各種途徑被人分拆開、隔離開；他們如果也以爲所謂廣袤就是在凝固的各部分的邊緣間所隔的空間，而且那個空間又爲各部分所占據——那麼他們就把很不相同的幾個觀念混淆了，我可以請任何人來思考，空間觀念之異乎凝性觀念，是不是如其異於紅色觀念一樣？自然，所謂凝性離了廣袤便不能存在，所謂紅色，離了廣袤也不能存在。不過這仍然不妨其爲各個獨立的觀念。因爲有許多觀念雖然必需要別的觀念才能存在、才能想像，但是它們仍各個都是獨立的觀念。離了空間，則運動也不能存在、不能想像，可是運動仍不是空間，空間也不是運動。至於空間則離了運動也可以存在，因此，它們都是各個獨立的觀念。因此，我認爲，空間觀念和凝性觀念也是各個獨立的。凝性觀念和物體觀念是不可分離的，有了凝性，物體才能充滿空間，才能互相推動，才能互相傳達運動。因此，我們如果因爲「思想」中沒有包含著廣袤觀念，就以此理由來證明精神異於身體，則我們也可以用相同理由來證明，空間不是凝性，因爲空間觀念中並沒有包含著凝性觀念。因此，空間和凝性之爲獨立的觀念，正如思想和廣袤之爲獨立的觀念一樣，它們都是可以在人心完全隔離開的。因此，物體與廣袤顯然也是獨立的觀念。因爲：

12　第一，廣袤中不含著凝性，它也不含有抵抗物體運動的力量，至於物體則正與此相反。

13　第二，純粹空間的各部分是不能互相分離的；因此，不論在事實方面，或心理方面，它的連續性並不能分離。因爲人們在這裡並不能把純粹空間的各部分互相分離，甚至在思想中也不能如此。在實際上，要想有所分割，我們就得把原來連續的各部分互相隔離成兩個面積。在心理方面，要想有所分割，人心就得要在原本是連續的地方，想像兩個面積，而且把它們分離（不過人心必須先知道它們可以分割，而且在分割後，還能得到本無而卻能有的新面積，然後它才能在思想中想像那種分割）。不過眞正的與心理的這兩種分割途徑都是不能適用於純粹空間的。人們自然可以只思考與一呎相應的一段空間，而同時並不必思考其他部分。不過這雖是一種片面的思考，卻並非是心理的分割或分離。因爲人在實際上實行分割時，必須使不相關的兩個片段互相分離；同樣，他在心理方面實行分割時，也必須想像兩個片段互相分離。因此，片面的思考與心理的分割並不是一回事。一個人自然可以只思考日的光而不思考它的熱，自然可以只思考物體的被動性而不思考它的廣袤。不過他在這樣思考時，卻不曾以爲它們是能分離的。總而言之，局部的思考，只歸結在一方面；至於他在思考分離作用時，則他在同時要思考兩方面，而且以爲它們是獨立存在的。

14　第三，純粹空間的各部分既然不可分離，所以它們也是不能動的。所謂運動只是任何兩個事物中間距離的變化，因此，各部分如果是不可分離的，則運動是不可能的。因此，純粹空間的各部分必然是永久靜止的。因此，確定的簡單空間觀念，便和物體有了明顯的分別，因爲它的各部分是不可分離、不能運動、不能抵抗物體的運動的。

15　**廣袤一詞的定義並不能解釋廣袤**　如果有人問，我所說的這個空間究竟是什麼？那麼他如果能告訴我，他的廣袤是什麼樣的，則我也可以告訴他，我的空間是什麼樣的。要照普通的說法，人們自然會說，廣袤就是部分之外又有部分。不過這種說法，正如同說廣袤是廣袤一樣。因爲人們如果告訴我說，廣袤是在有廣袤的部分以外又有有廣袤的部分，或者說，廣袤成立於有廣袤的部分，那麼我能對廣袤的本質，能有進一步的了解嗎？一個人如果問我，纖維是什麼？我如果回答他，它是由多數纖維合成的一種東西，那麼他現在對於纖維的本質，能較以前有進一步的了解嗎？他不是會因此想像，我的意思只是與他開玩笑，不是嚴肅地指教他嗎？

16 **只把事物分為物體與精神兩種，並不能證明空間和物體是一樣的**　主張空間和物體爲一致的那些人們，又提出一個難題說，所謂空間是否是一種東西？如果它不是一種東西，則兩物之間即無物，它們一定會接觸在一塊，如果它是一種東西，則他們又會問，它是物體呢？還是精神呢？不過我也可以另一個問題來答覆這個問題說，誰告訴他們說，世界上只有，而且也只能有不能思維的凝固物體和沒有廣袤的思維實體呢？（這就是他們所說的物體和精神。）

17 **人們並不能用我們所不知道的實體，來反對無物體的空間**　如果人們要問（這是常有的），沒有物體的這個空間，是實體？還是附性？則我可以立刻答覆：我不知道。發問的人們如果不給我指出明白清晰的實體觀念，則我也不覺得我自認不知道是可恥的。

18 人們往往愛把文字當做事物，這實在是一種大錯，因此，我要盡力使我自己免除這種錯誤。因爲我們如沒有清晰明白的想法，而且只是創建名詞、虛聲聒人、強裝有知，那並不能使自己的愚陋得到救藥。我們任意創建的名詞，並不能把事物的本質改變；我們之能了解它們，也只以它們能標記、能表示確定的觀念爲限。因此，我很希望那些強調「實體」兩個字的人們思考我們如果把實體一詞應用在無限的上帝、有限的精神和物體三者時，它的意義是不是前後相同？而且這三種互異的實有既然都叫做實體，那麼實體一詞所表示的觀念，是不是前後一致？如果是這樣的，則我們是否可以說，上帝、精神與物體三者都具有公共的實體性質，其差異只在於那個實體的各種不同的變狀，就如樹和小石一樣，都可以說是物體，都具有公共的物體性質，其所差異的只在於那種共同物質的變狀。如果我們可以這樣說，則這種學說眞夠不入耳了。如果他們說，他們把實體一詞用在上帝、精神和物體時，他們有三種不同的意義，而且他們說上帝是實體時，實體代表著一個觀念；說靈魂是實體時，實體又代表著另一個觀念；說物體是實體時，實體又代表著第三個觀念；如果實體一詞代表著三種各異的觀念，他們應該把那些觀念弄清楚，或者至少給它們三種不同的名稱，以免在這樣重要的想法方面，因爲名詞含糊、意義混雜，而引起紛亂和錯誤。不過這個名詞不但不曾被設想有三個清楚的意義，而且在平常用法中，連一個清晰的意義也沒有。退一步說，如果他們能分別實體的三個清晰的意義，則別人何以不能再加上第四個意義呢？

19 **實體和附性在哲學中並無多大的功用**　有的人們忽然產生了附性的想法，並且以爲各種附性雖是眞實的實有，卻需要一種寄寓的所在，因此，他們便不得不找出「實體」一詞來支撐它們。可憐的印度哲學家（他們想像地球需要一些東西來支撐它），如果想到實體一詞，則他便不必費心找一隻象來支撐地球，再找一隻龜來支撐他的象；只有實體一詞就很夠他用了。歐洲哲學家如果不知道實體是什麼，就說它是附性的支托，則印度哲學家雖不知道實體是什麼，也可以說實體是地球的支托。印度哲學家的解答如果不滿人意，則歐洲哲學家的解答也不能獨外。因此，我們對於實體並無任何觀念，只是對它的作用有一個含糊的觀念。

20 不論有學問的人在這裡作何解答，我相信，一個解事的美國人，如果要想研究事物的本質、如果要想知道我們的建築，則我們如果只告訴他，柱子是被基礎所支撐的一種東西，基礎是支撐柱子的一種東西，那他很難滿意你這種解釋。你這樣解釋以後，難道他不覺得你是與他開玩笑，而不是指教他嗎？照這樣說，則我們如果告訴一個陌生人，一切有價值的書籍都成立於紙和字，而且字是寄寓於紙的，紙是呈現字的，那他也就很可以明瞭書的本質，和其所含的東西了。我們如能由這種途徑清晰地觀念到字和紙，則這種途徑也就太高妙了。不過拉丁文寄寓（inhaerentia）和實體（substantio）兩詞，如翻成英文中的附著（sticking-on）和支撐（underpropping）兩詞，則他們便會給我們發現實體和附性的學說是如何清晰而有理的、便會給我們指示出，它們在決定哲學問題時，有多大功用。

21 **在物體的極限以外，定有虛空**　我們可以言歸正傳討論空間觀念。我們如果不假設物體是無限的（我認爲人都不會如此說），則我們可以問，上帝如果把人置在有形事物的邊緣上，人是否能夠將其手伸在自己的身體之外。如果他能夠，那麼他就把他的手臂伸在以前曾有空間而無物體的那個地方；而且他如果把他的手指張開，則各個手指中間，一定會有無物體的空間存在。如果他不能把他的手伸出去，那一定是由於外面的障礙（因爲我們假設他是生活著的，而且有能力運用他身體的各部分；這種能力，如果上帝願意的話，人是可以有的，否則我們至少也可以說，上帝能移動他）；因此，我就可以問，能阻止他的手上升的，是實體？還是附性？還是一些東西？還是完全虛無？他們如果能解決這一層，那他們就會自己來解決相距的兩物間，那種既非物體又無凝性的東西究竟是什麼？同時我們還可以說，人們如果可以主張「兩物中間無物阻礙時，則它們必然會接觸」，則我們也可以主張「在無阻礙的地方（在一切物體的極限以外，就是這樣的），一個在運動中的物體，也一定會繼續往前進行。」他們那種論證如果是合理的，則我們這種至少也是一樣合理的。因爲純粹空間足以使兩物不至非接觸不可；而且只有空間相隔，並不足以使運動停止。因此，這些人們或者承認自己以爲物體是無限的（自然他們不喜歡如此說），或者斷言空間不是物體——總不能逃出這兩種途徑。我很希望，一個能思想的人在自己的思想中，試試能否給空間下一個限制（在時間方面他是不能的）？試試能否藉思想達到兩者的盡頭？不過他的永久觀念如果是無限的，則他的博大觀念也一定是無限的；因爲兩者之爲有限或無限，都是相等的。

22 **毀滅的能力可以證明有個虛空**　再進一步說，人們如果主張空間離了物質便不能存在，則他們不只把物體認為是無限的，而且不承認上帝有毀滅任何物質部分的能力。我相信，人人都不會否認，上帝能把物質中一切運動停止了，並且能把宇宙中各種物體確立在完全的寂靜狀態和靜止狀態，任意使它們繼續存在各種長的時間。因此，任何人只要承認，在各種普遍的寂靜狀態中，上帝能毀滅了這部書或讀這部書的人的身體，則他就得承認虛空是可能的。因為我們清楚看到，被毀滅的那個物體的各部分以前所占的空間，仍然可以存留，仍然可以是一段無物體的空間。因為周圍的物體既然完全不動，就如鋼筋的牆似的，因此，它們在那種情形下，一定會使別的物體絕對不能進入那個空間。實在說來，人們所以相信，一個物質分子移動後，別個物質分子就非填其地位不可，乃是因為他們假設空間是充滿物質的。不過這個實空不能只以假設的事實來證明，它需要一個更好的證明，可是這種證明，我們是不能以實驗做出來的。據我們的清楚明白的觀念看來，我們分明知道，空間和凝性並沒有必然的聯繫，因為我們想像空間時，不必非想像凝性不可。人們只要主張虛空或否認虛空，則他們就已自己承認了，他們能清晰地觀念到虛空與實空，能清晰地觀念到沒有凝性的廣袤（只是他們不承認它的存在），否則他們所爭執的是完全沒意義的。因為人們如果把文字的意義改變了，竟然叫廣袤為物體，竟然以物體的全部本質就是無疑性的純粹虛空，則他們談論起虛空時，一定會陷於荒謬的，因為無廣袤的廣袤是不會存在的。因為所謂虛空，不論我們承認與否，它是指著無物體的空間而言；既然如此，則人們只要不承認物質是無限的，只要不否認上帝有能毀滅任何物質分子的能力，則他們一定會承認這種虛空的存在。

23 **運動可以證明虛空** 不過要想發現虛空，我們且不必遠遠地超出宇宙中物體的極限以外，也不必求助於上帝的無限能力，只有我們在鄰近所看到的那些物體的運動就能證明這一層。人如不相信，則他可以做一個試驗。他可以把任何體積的一個凝固物體分為許多部分，看看如果在各表層中間，不曾有任何大的虛空，甚至不曾有物體分解後最小部分那樣大的虛空，那麼，他是不是可以把那些凝固的各部分在各表層的範圍以內，自由在各方面上下移動。物體所分成的最小分子如果與芥子一樣大，而且物體分化後那些分子如果要在各表層的範圍以內自由運動，則它們必須要有和芥子體積同樣大的虛空才行，同樣，物體的分子縱然小於芥子萬萬倍，它們也必須要有小於芥子萬萬倍的無物體的虛空才能運動。這種眞理如在前一方面是眞的，則在後一方面，也一定是眞的，如此可以一直推至無限。這種虛空無論小至如何程度，它總會把實空的假設取消。因爲只要有一個沒物體的空間與自然中所能存在的最微小的物質分子相等，則它仍會是一個無物體的空間，仍可以使空間和物體大有分別，而且兩種分別就如無底的裂縫似的，成了自然中最遠隔的距離。我們縱然假設，運動所必需的虛空，與所分的凝固物質的最小部分不相等，而只等於它的十分之一或千分之一，我們仍會得到相同的結果，仍會有一個無物質的虛空。

24 **空間觀念和物體觀念是互相差異的**　不過我們如果要問，空間（或廣袤）觀念與物體觀念是否一體，則我們要解答這個問題，並不必來證明虛空的眞正存在，我們只須證明虛空的觀念就是了。人們既然討論、研究，事實上究竟有無虛空，這就足以證明他們有一個虛空的觀念，因爲他們如果不曾有「無物體的空間觀念」，則他們萬不會過問到它的存在。他們的物體觀念所包含的，如果不是於赤裸裸的空間觀念之外，還另有一些東西，則他們也不會猜想世界之爲實空。倘或不然，則我們如要問是否有無物體的空間，那正與要問是否有無空間的空間，或無物體的物體一樣荒謬，因爲這些名詞都成了同一觀念的各種不同的名稱。

25 **廣袤雖同物體不可分離，也不能證明它們是一致的**　眞的，廣袤觀念與一切可見、可觸的性質是完全不可分離的，因此，我們在看到或觸到任何外界物像時，很少不同時接受廣袤的印象。人們所以認爲物體的全部本質就成立於廣袤，我猜想就是因爲廣袤太容易與別的觀念一起被人注意。這一點是不足爲奇的，因爲他們的視覺和觸覺已經使廣袤觀念充滿了他們的心，並且完全占據了他們的心，因此，任何東西只要沒有廣袤，他們就不承認它是存在的。不過人們所以說物體的本質就是廣袤，有的只是因爲他們在判斷事物的可能性時，只依據於自己的狹隘粗疏的想像；有的乃是因爲他們說，他們離了廣袤，便不能想像物體的任何可感性。前一種人，我是不與他們討論的，我只可以與後一種人研究。我希望他們知道，他們如果能反省自己的滋味和嗅覺觀念，一如其反省自己的視覺觀念與觸覺觀念一樣；而且他們如果能考察自己的饑渴觀念，以及別的痛苦觀念，則他們一定會看到，那些觀念完全不包含廣袤觀念。實在說來，廣袤觀念也只是感官所發現的物體的一種性質，正與別的性質一樣，而我們的感官在這裡是難以足夠敏銳地洞見事物的純粹本質的。

26 各種觀念如果只因爲與別的觀念常常聯合在一塊就被人認爲是別的事物（與那些觀念常相聯合的）的本質，而且與別的事物不可分離，那麼，所謂單一也一定是任何事物的本質，因爲任何感覺對象或反省對象，都帶有「一」的觀念。不過這種辯論之爲脆弱，我已經充分證明過了。

27 **空間觀念和凝性觀念是互相差異的** 總而言之，不論人們對於虛空的存在有何意見，而我們依然看到，我們的空間觀念之異乎凝性觀念，正如凝性觀念之異於運動觀念，運動觀念之異於空間觀念一樣。我們所有的觀念再沒有比這兩個觀念更清楚分別的；我們很容易想像無凝性的空間，正如同我們很容易想像無運動的物體或空間一樣，雖然我們再切實不過地知道，物體和運動離了空間都是不能存在的。在這方面，人們也許會認爲空間只是由遠離的一些別的事物的存在而來的一種關係，或者也許要把最賢明的國王所羅門的話語，與受了靈感的哲學家保羅的更有力的話語，按字面來解釋一番。因爲所羅門說過，「天和衆天之天，都不能容納你」。保羅也曾說過：「我們在他以內生活、動作並存在。」是否應當這樣認識，我請任何人來思考好了。不過我認爲，我們的空間觀念，如我方才所說，仍是與物體觀念有所分別的。因爲不論我們在物質中來考察凝固的各部分的距離，並且對那些凝固的部分而言，稱空間爲廣袤；或者以爲空間是在任何物體的各端間存在著的，並且因那些不同的向量，而叫它爲長、寬、高；或者以爲空間是在兩個物體（或積極實有）間存在著的，而且不考察其中間是否有物質，只稱它爲距離——不論我們如何稱謂它、考察它，而它仍是由感官所熟悉的各種物像而來的簡單一律的空間觀念。我們心中對於這些對象有了確定的觀念以後，便會屢屢回憶它們、重疊它們、增加它們；而且我們會把這樣想像到的空間或距離，認爲是被凝固部分所充滿的，或不被它們所充滿的。如果是充滿著的，則另一個物體來時，一定會把原來的物體代替了，或投出去；如果是不充滿的，則與那段純粹空間相等的物體，可以置在那段空間內而並不必把以前存在的任何東西移出去或排斥開。不過在這回事體方面，爲了避免言語的紛歧起見，我們不妨把廣袤一詞只應用於物質或特殊物體中各端間的距離；並把擴延（expansion）一詞概括地應用到有凝固物質或無凝固物質的空間上。因此，我們就可以說：「空間是有擴延的，物體是有廣袤的。」不過在這方面，人們完全可以隨自己的意。我這層建議，也只是希望人們有一種較清楚、較明白的說法罷了。

28 **在清晰的簡單觀念方面說，人們都無甚差異**　我們只要精確地知道文字代表著什麼東西，則我們便可以在這種情形下，與在別的許多情形下，立刻停止辯論。因爲我相信，人們在互相談論中，雖或以差異的名稱混淆他們的簡單觀念，可是他們如果肯考察一下，便會發現各人的簡單觀念大致是可以互相符合的。人們雖然受了各學派的薰染，按各學派的說法，使自己被各種文字所迷亂，可是他們只要能抽象自己的思想，並且能仔細考察自己心中的觀念，則他們彼此的思想總不至相差很遠。至於在不思想的人們方面，他們當然會興起不盡的爭吵、口角和妄說，因爲他們不能精密地、詳盡地考察他們的觀念，不能把他們的觀念由人們所用以表示觀念的那些標記中跳脫出來；而且他們如果是有學問的書呆子，篤信一種教派，習於一套術語，摹仿他人談話，則更會有這種情形。不過能思想的兩個人，如果竟然眞有了互不相符的觀念，則我眞不知道，他們如何能互相談話、辯論。因此，我可以合理地說，人們腦中的想像，所以游移不定，都是因爲我們具有我所說的那種紛亂的觀念。人心由習慣、忽略和普通談話習來的那些紛亂的想法和偏見，它很不容易把它們排斥了。只有費著辛苦和勤勞，人心才能考察它的觀念，把它們分化、組成它們的那些簡單清晰的觀念，才能看到在它的簡單觀念中，哪一些是互有必然聯繫的、哪一些沒有。在事物的原始想法方面，人如果不能做到這一層，則他的基礎一定是建立在游移不定的原則上，而且他會看到自己將陷於茫然不知所措的地步。

第十四章　綿延和其簡單情狀

1　**綿延是迅逝的廣袤**　此外還有一種距離或長度，我們對它所生的觀念不是由常存的空間部分，而是由飄忽消逝的連續的各部分來的。這種距離就叫做綿延（duration）。綿延的各種簡單情狀，就是綿延的各種不同的長度。這些長度也是我們所能觀念到的，就如：時辰、日、年、時間、永久等。

2　**綿延觀念是由反省一系列觀念來的**　有一個人問一個大人物：時間是什麼？那位大人物答覆他說：「你如果不問，我還知道」（Si non rogas intelligo，譯者係按聖奧古斯丁語），這個意思歸結起來即是：「我愈思想它，愈不知道它。」這個答語或許會使人們相信，時間雖能顯現一切事物，而其本身卻是不能被發現的。人們所以想時間、綿延和悠久三者的本質是很深奧的，也正有其理由在。不過這三者雖似乎是我們所不能了解的，可是我的確相信，我們的知識來源之一——感覺或反省，就可以把這些觀念清晰地、明白地提供給我們，一如其提供給我們那些比較不含糊的觀念似的。不但如此，而且我們也會發現，悠久觀念也是與其他觀念由同一根源來的。

3　要想正確地了解時間和悠久，我們應當仔細考察我們對綿延有什麼觀念，和獲得那個觀念的途徑。人們只要一觀察自己心中的現象，顯然就會看到，他們只要醒著，則他們的理解中，一定永遠有一串連續不斷的觀念。我們之所以發生了連續的觀念，就是因為我們反想到人心中這些前滅後生的觀念的現象。所謂綿延就是那個連續中任何兩個部分間的距離，或人心中任何兩個觀念出現時的距離。因為在我們思想時，在我們心中連續地接受各種觀念時，我們知道我們是存在的。因此，我們就稱自己的存在（或繼續存在）為我們的綿延，而且任何東西只要與我們心中觀念的連續是相應的，則它的繼續存在也可以叫做它的綿延，這類事物是與我們的思想同時共存的。

4　我們分明看到，我們的連續觀念與綿延觀念所以產生，乃是因為我們反省自己心中前後相接的那一系列觀念；因為我們若非考究我們理解中前後連續的那些觀念，則我們便沒有綿延的知覺。那些觀念的連續如果一停止，則我們的綿延知覺也就跟著停止。人只要酣睡一度——不論一時、一日一月、一年——他就會在自身明白地試驗到這一層。他如果睡著或不思想，則他對於事物在此期中的綿延便無所知覺、便完全不理會；而且在他看來，他停止思想的那一刻和重新開始思想的那一刻，中間似乎沒有任何距離。說到醒著的人，他如果眞能只把一個觀念保留在心中，並沒有其他觀念的變化和連續，則我確信他也會有同樣的情形。我們常見，人如果專一地把思想集中在一件事物上，而且在潛心沉思時，全不注意他心中那一串觀念，則他也會把那段綿延的大部分溜走，而且認為時間是較短一點的。而在睡眠時，遠隔的兩部分所以聯合為一，也是因為在那時候，我們心中沒有觀念連續下去。因為人在睡時如果做夢，而且各種觀念會依次為他的心所知覺，則他在那段夢境裡，也會有綿延的意識，也會意識到綿延有多久。因此，我就清楚看到，人們之所以獲得綿延觀念，乃是因為他們反省自己理解中前後連續的那一串觀念。他們如果觀察不到這一層，則世界上不論有什麼事變發生，他們也不會有綿延的想法。

5 **綿延觀念也可以應用在我們睡眠時的那些事物上**　人的綿延觀念雖然是由反省自己思想的連續和數目來的，可是這個想法也一樣可以應用在他不思想時仍然存在的那些事物上；正如他藉視覺或觸覺由物體得來的廣袤觀念，也可以應用在無物可視、無物可觸的那些距離上一樣。因此，人在睡時或不思想時，雖然知覺不到那時期中經過的綿延的長度，可是他既然看到日夜的流轉，並且看到日夜的綿延長度在現象上是恆常而有規則的，因此，他就能假設，在他睡時或不思想時，晝夜的輪替也是與在別的時候一樣照常進行的——因此，他就會想像、承認，他在睡時也有綿延地長度。不過亞當（Adam）和夏娃（Eve）（如果世上只有他們）如果不照平常的樣子在夜裡睡覺，而只是在整個二十四小時內睡去，則那二十四小時的綿延可以完全不為他所覺察，而且永久脫出於他們的時間記載之外。

6 **連續觀念並不起於運動**　我們的連續觀念既是由反省自己理解中前後相承的各種觀念的出現來的，因此，有的人就以爲我們這種觀念之所以產生，乃是因爲我們能藉自己的感官觀察外界的運動。他的意見也許與我的相同，不過他應當知道，運動之所以能在他的心中產生一個連續觀念，也只是因爲它能在那裡產生一長串繼續的清晰觀念。因爲一個人在觀看一個眞正運動的物體時，如果那種運動不能產生出不斷的一長串觀念來，那麼他也完全知覺不到有運動。就如一個人在海上，四無陸地，天氣晴朗，水波不興，則他雖在整個一小時內觀察那個日、那個海、或那個船，他也完全看不到哪一樣有了運動；實則三種中有兩種（或者三種）在那個時間中已經移動得很遠了。不過他一見到它們與別的東西的距離變了，而且這種運動一在他心中產生了任何新觀念，則他會看到已經有一種運動發生。但是一個人周圍的一切東西雖都靜止，而且他雖看不到任何運動，可是在那個寂靜的時間內，他只要曾經思想就會看到自己思想中各種觀念在自己心中依次出現，而且他雖看不到有運動也會看到有連續。

7　因此，我們就看到，一些恆常的運動，如果太慢了，爲什麼就不容易爲我們所知覺；因爲它們由此一個明顯部分移於彼一個明顯部分時，它們的距離變化得太慢，以致無法使我們得到新的觀念、只有在經過較長的變化之後，我們才能得到。因此，在我們的心中如果沒有一長串新觀念繼續出現，則我們便沒有運動的知覺。運動知覺既在於一種不斷的連續，因此，我們如果沒有一系列變化不斷的觀念，我們就看不到那種連續。

8　在另一方面，各種物體如果運動得太快，使感官不能清晰地分辨出它們運動的距離，因而在心中不曾引起任何一系列觀念，則我們也知覺不到它們是運動的。因爲任何旋轉的東西，如果其旋轉的時間比我們心中通常觀念的蟬聯時間爲短，則我們便看不到它的運動，而只看它是那種物質、那種顏色的一個完整的圈子，而不是那個運動之環的一部分。

9　**觀念的連續有一定的速度**　因此，就請別人來判斷一下，在醒著時，我們心中觀念的互相連續是否有一定的距離，似乎就像燈籠中爲燭光之熱所打動的那些影像一樣。它們在連續著出現時，雖然有時快、有時慢，可是我認爲在人醒時，它們的快慢程度一定差不了許多，我們心中互相銜接的那些觀念的連續，似乎有一定的快慢限度，它們的或遲或速總不出這個限度。

10　我之所以有這種奇特的猜想，乃是因爲我看到，在我們的感官接受印象時，我們只能在某種限度中知覺到一種連續，這種連續的積度如果太快，則在事實上，雖眞有連續，我們也覺察不到這種連續。一個炮彈如果經過一間屋子，並且在經過時，炸去人身上任何肢體和皮肉的部分，則我們很清楚知道它一定曾經連續地打穿了屋的兩壁，而且它一定先經過肉的一部分，再經過另一部分，如是一直繼續下去。這種推斷雖與任何解證一樣明顯，可是我相信，人雖感覺到彈擊的痛苦，雖聽見彈擊兩牆的聲音，而他在那樣快的打擊所引起的痛苦和聲音中，依然知覺不到有任何連續的時間。在這樣的綿延時間中，我們感覺不到有任何連續，因此，那種連續可以叫做一剎那，因爲它所需的時間只是心中一個獨立觀念（無其他觀念與之連續）的時間，在其中我們並看不到有任何連續。

11 運動如果太慢、如果不能按照人心接受新觀念時那樣的速度，來供給感官一長串新鮮觀念，則也有上述情形。在這種情形下，在運動物體所呈現於感官的那些觀念空隙中，思想中別的觀念就會跑進來，因此，我們就沒有運動的意識。那種東西雖是眞正運動的，可是它與別的物體間可覺察的距離的變化，既然不能如人心中各種觀念互相連續得那樣快，因此，它似乎就是靜止的，就如時鐘上的指針和日晷上的影子，與別的雖緩而無間斷的運動便是。在隔些時間之後，我們雖可以藉著距離的變化，看到它已經運動了，可是我們並無法看到運動自身。

12 **這個系列就是其他一切連續的標準** 因此，在我看來，在醒時，觀念的有規則的恆常連續就成了其他連續的度量和標準。任何連續或運動如果比我們觀念的連續爲快，則我們便意識不到一種恆常而持續的連續，那種運動如果慢得趕不上人心中觀念的進程（或它們的連續速度），則我們會覺得它在中間是有間斷的。兩種聲音或痛苦如果在連續中只費了一個觀念的時間，則發生了前一種太快的情形。在運動物體的各種顯著距離所呈現於視覺的各種觀念之間，或在互相連接的各聲音、各氣味之間，如果有別的觀念進入人心，則發生了後一種太緩的運動。

13 **人心不能長久地確定在一個觀念上** 我們心中的各個觀念既然在不斷的連續中經常有所變化、有所移動，因此，人們或者會說，我們無法很長久的想像任何一件事情。人們說這話時，如果意思是說，我們不能在心中長久地保持單一的觀念，而無所變化，那麼我認爲，事實也眞是如此的。在這方面，我們並沒有可以解釋這個現象的任何理由，因爲我們不知道，我們的觀念是如何形成的，是由什麼材料做成的？它們的光亮是由哪裡來的？它們是怎樣出現的？因此，我們只能訴諸經驗，只能使任何人來試試，自己是不是可以在心中長久地保持一個無變化的觀念，而不讓其他觀念現出來。

14 要做試驗，則人可以試試任何形象，任何度的光或白色，或其他東西。我相信，他一定不能把別的一切觀念都排斥於他的心以外。不論他如何提防別種觀念，或前述觀念所引起的各種思考（每種思考就是一個新觀念），總會常常地在他的心中相連而至。

15 在這方面，人們所能為力的，只有留心觀察自己理解中依次出現的那些觀念，或者指導它們、或者把自己所喜歡的、所用的那些觀念召喚出來。不過他總不能把新觀念的不斷連續打斷了，雖然他平常可以隨意留心觀察它們，或不留心它們。

16 **觀念不論如何做成，都不含有運動的意識** 若問人心中這些觀念究竟是否是由運動來的，則我可以不在這裡來與人爭論。不過我的確知道，那些運動的出現，並不含有運動觀念，而且人的運動觀念若不是由另一條途徑來的，則他便完全不能得到運動觀念。這就很充分的為我的學說張目、很充分的證明我們之所以有連續觀念與綿延觀念。只是因為我們注意到自己心中那些前滅後生的觀念；而且我們如果沒有後一種觀念，則我們便得不到前一種觀念，因此，我們所以有綿延觀念，並不是由於運動，乃是由於我們在醒時心中有一長串觀念；因為運動所以使我們發生綿延的知覺；也只是因為它能在我們心中引起不斷的一系列觀念來（如我方才所說）。不只如此，而且他們心中縱然沒有運動觀念，只有別的一長串觀念前滅後生，則我們也可以得到清晰的連續觀念與綿延觀念；而且清晰的程度，正與我們由運動著的兩個物體距離的變化，所得到的綿延觀念一樣（因為兩個物體間距離的明顯變化，可以引起一系列觀念，這些觀念又可以引起綿延觀念）。因此，我們縱然沒有運動意識，我們也一樣可以有綿延觀念。

17 **時間是由度量劃分過的綿延**　我們既然得到綿延觀念，則我們的心自然會尋求一種度量來計算這種公共的綿延，來判斷它的長度，並且來考究各種事物存在的井然的秩序。沒有這一層，我們大部分的知識就會紛亂了，大部分的歷史也會成了無用的。我們這樣考慮就把綿延分劃成各個段落、各個時期、各種長短。在這種觀念下的綿延，我認爲可以稱它爲時間（time）。

18 **一種良好的時間計算法應該把時間分劃成相等的各週期**　在計算廣袤時，我們只須把我們的標準應用在我們所要量的那種事物上。不過在計算綿延時，我們不能如此，因爲我們並不能把兩個互相差異的，連續部分合在一塊，互相度量。只有綿延能度量綿延，就像只有廣袤能度量廣袤似的。因此，我們在恆常的物質方面，雖能以不變的度量來計算廣袤的長度，如吋、呎、碼等，可是我們在綿延方面，並不能有恆常不變的度量標準，因爲綿延就是一種迅速的連續。因此，適當的時間計算法，必須把綿延的全長，藉著屢屢重疊的週期（period），分劃成表面上相等的各部分。綿延的任何部分如果不爲那些週期所分劃、所度量（或者只是被人心認爲是如此分劃的），則它便不會歸在時間的想法之下：就如人們常說，「時間發生以前」（before all time），「時間消滅以後」（when time shall be no more）。

19 **日月的循環是計算時間的最好尺度**　自創世以來，日的日轉和年轉就是恆常的、有規則的、爲一切人類所觀察到的，而且人們假定日轉與日轉、年轉和年轉都是前後相等的；因此，人們就很合理地用它們來計算綿延。不過各日的區分和各年的區分，既然依靠於日的運動，因此，人們在這方面就有一種錯誤，就以爲運動和綿延是可以互相度量的。因爲人們在計算時間的長度時，既然習於分、時、日、月、年等觀念，而且一提到時間或綿延，他們就會立刻思想到這些觀念（時間的這些部分都是由那些天體的運動計算出的)，因此，他們就容易把時間和運動混淆了，或者至少以爲它們互相有必然的聯繫，實則各種觀念如果能在似乎相等的綿延的各距離間，按照週期恆常地出現(或恆常地有所變化)，並且普遍地爲人所觀察，則也能分劃時間的各種間距，正如所應用的那些標準之能分劃一樣。因爲我們如果假設，日(有人認它爲火)可以隔著相等的時間距離，按照它每日到天頂一次時所需的時間距離，在天空燃燒，在十二小時以後又熄滅，並且假設在一年的旋轉期內，它明顯地增加其熱度和明度，隨後又降回來：——我們如果這樣假設，則這些有規則的現象，不是可以給能察看它的一切人們度量出綿延的距離來嗎？而且在度量時，不論有無運動，都無所分別嗎？因爲各種現象如果是恆常的、普遍爲人所觀察的、而且是隔著相等的週期的，則雖沒有運動，它們也一樣可以給人們計算出時間來。

20 **我們之計算時間並非藉著天體的運動，乃是藉著它們的週期現象** 因爲不論水的凍結、不論植物的開花，只要能在地球上的各部分，按著相等的時間距離周而復始，則我們便可依此來計算我們的年季、正如依靠日的運動似的。事實上，我們也見美洲有些民族就是以鳥的按時往復來計算時間的。因爲不論一陣寒顫、一種饑渴意識、一種氣味、或一種滋味、或任何其他觀念，只要常常能按照相等的時間距離，普遍爲人所注意，則它們一定會度量出連續的進程，分劃出時間的距離。因此，天生的盲人們雖然不能知覺運動，雖然不能以運動來分劃年分的流轉，可是他們也一樣能以年分來計算時間。一個盲人既然能以夏熱、冬寒、春花之香、秋實之味，來計算其年分，那麼我就問，他是否可以比古代羅馬人，以及許多其他民族，有較好的時間計算法。因爲羅馬人的曆法到了凱撒時才加以改正，至於別的民族，雖也自誇爲採用日的運動，實則他們的年分是很不規則的。各國所計算的年分的精確長度，我們是難以知道的，因此，在編年史之間，就發生了不少的困難，因爲各種長度雖然說都是由日的精確運動來的，可是它們的互相差異是很大的。我們如果再按著近來那位聰明的著作家湯瑪斯·柏爾內（Thomas Burnet）來假設，由創世之初到洪水以前，日常在赤道上轉動，並且每日的時間都一樣長久，而且它又能把自己的熱和光平均分配於地球上各部分的居民，而且在整年中它距熱帶的遠近也毫無變化；則我們便不易想像（雖然有日的運動），洪水以前的人民一開始就會以年來計算，或以他們所不能明白分辨的時段來度量時間。

21 **綿延中任何兩部分，我們都不能確知是相等的**　不過人們或許會問：「沒有有規則的運動（如日或其他東西的運動），則我們怎麼能知道各個週期是相等的呢？」我可以答覆：「我們所以知道任何別的循環現象的距離相等，也正與我們知道每日的循環現象距離相等一樣。」我們之所以知道它們，只是因爲我們藉著心中相間出現的一長串觀念來判斷它們。藉著這串觀念，我們可以在自然日（natural days）中發現不平衡，不過在曆日（the artificial days）中卻無法發現，因爲曆日已經假設是相等的，因此，它們就可以合乎計算之用。較精確的考察雖然在日的自轉方面發現了不平衡，而且我們雖然也不知道年轉是否也是不平衡，可是我們既然假設這些旋轉運動在表面有相等的時間距離，因此，它們雖不能精確地度量綿延的各部分，可是它們也一樣可以來計算時間，正如它們的確是相等似的。因此，我們必須仔細分別綿延本身與我們判斷它的長度時所用的那些標準。所謂綿延乃是由恆常一律、毫無差別的途徑往前進行的。不過我們所用的一切標準，據我們所知，都不是如此的，而且我們也知道，所量的各部分或各週期，在綿延中也不見得相等；因爲綿延中兩個連續的長度，無論如何度量，我們都不能解證它們的確是相等的。日體的運動，世人雖久已確信不疑地用它爲綿延的確定標準，可是如我方才所說，它的各部分是不平衡的。近來人們雖然應用擺錘，以爲它的運動比日或（更正確地說來）地的運動更爲穩定、更爲規則，不過我們如果問任何一個人，他如何確知擺錘的兩個連續振動是相等的，則他一定很難相信，它們眞是相等永無差誤的。因爲我們不敢確定說，那種運動的微妙原因在動作時永遠前後平衡，而且我們確知，擺錘運動所經過的介質（medium）永遠是一樣的。可是這兩方面只要有了變動，就會把這一類週期的平衡性改變了，就會把依運動而行的計算的確定性和精確性消滅了，就如它能把別的現象的週期改變似的。不過綿延的各標準雖然不能解證出是很精確的，可是我們的綿延想法仍是很清晰的。但是連續的兩個部分既不能重疊在一塊，則我們便不能確知它們是否相等。在計算時間的尺度方面來說，我們所能取的尺度只以能在似乎相等的周期間連續出現的那些東西爲限。不過說到這種表面的相等性，我們並沒有別的計算標準，我們只能依靠記憶中所貯存的那一系列觀念，連同別的可然的理由，使自己相信它們的相等性。

22 **時間不是計算運動的尺度**　一切人們在一面，雖然以世上較大的可見物體的運動來計算時間，可是他們又另一面以時間爲計算運動的尺度，這實在是一種奇怪的事情。實則人們只要稍一反省，就會看到，在計算運動時，除了時間以外，空間還是必須要思考的；而且他們如再稍進一步來考察，也就會發現，人們如要想確當地計算運動，則被運動的事物之大小，是必須計算在內的。至於運動所以能供計算綿延之用，只是因爲它能恆常地使某些可以明顯感覺到的觀念，隔著似乎距離相等的週期重行出現。因爲日的運動如果與風所吹蕩的船的運動一樣不平衡，有時慢、有時又特別快，那麼我們萬不能依據它來計算時間，正如我們不能依據彗星的表面的、不平衡的運動來計算時間一樣。不過日的運動縱然是恆常地相等的，可是它如果不是循著圈子動，如果不能產生出等距的現象，那麼我們也不能依據它來計算時間。

23 **分、時、日、年、並不是計算綿延的必要尺度**　因此，分、時、日、年等在時間或綿延方面，並不是必要的，正同物質中所標出的吋、呎、碼、哩等，在廣袤方面，不是必要的一樣。在宇宙的這一部分，我們雖然因爲恆常應用這些分段，應用日的旋轉所標記出的各週期（或這些週期中的各部分），在心中確定了綿延長度的各種觀念，並且在衡量時間的長度時，我們要把這些觀念應用上去；可是在宇宙中其他的部分，人們或許不需要我們這些尺度，就如日本人不需要我們的吋、呎、哩似的。不過無論如何，人們總得應得一些與此相似的標準。因爲我們如果沒有一些有規則而按時出現的現象，則世界止雖然仍有各種運動，可是我們也無法計算綿延的長度、無法向人表示綿延的長度，因爲運動的各部分，都不是按照有規則的，表面相等的各種旋轉來排列的。不過在計算時間時，我們所應用的各種差異的標準，並不能改變綿延的想法，因爲綿延是被度量的，這個也正與呎和腕尺各種不同的標準不能改變應用這些度量的人們的廣袤觀念一樣。

24　**我們的時間尺度也可以應用在沒有時間之前的綿延上**　人心得到一種時間的尺度以後（如日的年轉），它就能把那個尺度應用在那個尺度不曾存在過的綿延上，應用在與它的存在完全無關係的綿延上。因爲我們如果說亞伯拉罕（Abraham）生於儒略期的二七一二年，則在那個儒略期開始時雖無日的運動和他種運動，可是那種說法也是一樣易於了解的，就如同創世之初計算起似的。因爲雖在儒略期開始了數百年以後，才有了日的輪轉來標記眞正的晝、夜、年分，可是我們也可以照樣計算創世以前的綿延的長度，正如那時候日眞正存在似的、正如那時候日眞能保持它現在所行的日常運動似的。因此，雖在無日體、無運動的時候，我們的思想也可以把與日的年轉相等的那種綿延觀念應用在眞正的綿延上。這個正如在世界以外，我們的思想也可以把由物體得來的呎碼觀念應用在沒物體的距離上一樣。

25　因爲我們如果假設由此到宇宙中最遠的物體（因爲它一定是在某距離以外的）間的距離爲

五六三九哩或幾百萬哩，並且假設由此時到世界初期物體方生時的距離爲五六三九年，則我們便可以在思想中把這些年的標準應用在創世以前的時間上，或應用在超出物體綿延（或運動）的那種綿延上，並且也可以把這個哩的標準應用在物體以外的空間上。這樣，我們就可以用年的標準來計算無運動時的綿延，用哩的標準來計算（在思想中）無物體的空間。

26 這裡人們或者會反對我說，照這樣解釋，則我已經擅定了我所不當擅定的，已經擅定了世界不是永久的，也不是無限的。不過我可以答覆說，我在這裡並用不著援引論證，來證明世界在綿延和廣袤兩方面，都是有限的。不過我們可以說，世界之有限也正與世界之無限都是可以想像的，因此，我可以自由假設世界是有限的，也正與他人可以自由想像世界是無限的一樣。而且我相信，人只要肯思想一下，就很容易在心中想像運動的起源（自然不是綿延的起源），而且在思考運動時，他會有所停頓而不往前進。同樣，他也能在思想中在物體上和物體的廣袤上加一層限制；不過他依然不能在空間上加一種限制，因爲空間和綿延的最後面界是超出於人的思想以外的，正如數目的最後界限是超出於人心的最廣大的理解似的。它們的理由都是一樣的；我們在別處就會看到這一層。

27 **永久（eternity）** 我們的永久觀念和時間觀念都是由同一途徑、同一源泉來的。我們之所以有連續觀念和綿延觀念，都只是因爲我們反省自己的一系列觀念；因爲我們在醒的時候，有許多觀念自然出現於思想中，有許多外界的物體連續地刺激我們的感官、觸發我們的反省。我們既然由日的旋轉得到一些綿延長度的觀念，因此，我們就會在自己的思想中把那些綿延長度任意加起來，而且把加起來的長度應用在過去或將來的各種綿延上。這種作用我們可以無邊界、無止境地一直繼續下去，並且把日的年轉長度應用在日的運動或其他運動開始以前的那種綿延上。這種想像並沒有什麼困難或矛盾，也正如我可以把今天日晷上影子運動的想法應用在昨晚的一種東西上一樣，也正如把這種想法應用在燈燭的燃燒上一樣。世界成立以前的任何綿延部分雖然與現在日的運動不能同時存在，可是這個也正如昨晚燈燭的燃燒與現在的一切實際運動絕對分離開似的，就像昨日晚上一小時的燈光綿延與現在任何運動不能同時存在似的（將來自然也不會）。不過我們既然由日晷上兩個時間標誌間那種影子的運動，得到一種觀念，因此，我們就可以在自己思想中清晰地來度量昨晚燈光的綿延，就好像我可以計算現在存在的任何東西的綿延似的。在這樣設想時，我們也只是認爲：昨夜，日如果也一樣在日晷上照，而且它的速度也與現在一樣，則那盞燈光的綿延，一定等於日晷上影子由此一時線到彼一時線所經的時間。

28 時、日或年的想法，只是我們由有規則的週期運動的長度得來的一種觀念。但是那些運動永久都不能時時存在，只能在記憶所保有的觀念中存在（這些觀念也是由感覺或反省來的），因此，我不但可以把這個想法應用在此刻日的運動以前的一分鐘或一日的任何事物上，而且可以因爲同樣理由，並且同樣保險的把這個想法在思想中應用到一切運動以前的那種綿延上。一切過去的東西都是同樣靜止的，因此，不論它們是在創世以前的、不論它們是在昨日的，我們都可以一樣來考察它們。在以某種運動來計算任何物體的綿延時，我們並不需要那種東西與那種運動眞正同時存在。我們心中只要能從週期的運動，或綿延中各種間距，得到清晰的長度觀念，並且把那種觀念應用在我們所要度量的那個事物的綿延上，就可以計算任何物體的綿延。

29 因此，我們看到，有些人們就想像：世界由初生到現在一六九八年所經的綿延爲五六三九，或五六三九個「日的年轉」。又有的人們則以爲所經的綿延比這長得多，就如古代埃及人在亞歷山大時代就已經計算由日初生到那時已經有了二萬三千年，又如現在的中國人也以爲世界有了三百二十六萬九千年，或較多的年代。他們所說的世界這種較長的綿延，我雖然不相信它是眞的，可是我也可以照樣與他們一樣如此想像，而且我也眞正知道，後一種比前一種長，正如我們知道瑪土撒拉（Methusalem）的生命比以諾（Enoch）的生命較長似的。普通所計算的五六三九年如果是眞的（或者是眞的，就像別的假定的時間一樣），則別的人們雖說，世界比此還大一千年，我也一樣可以想像他的意思。因爲任何人都容易來想像（我不說信仰）世界有了五萬年，也正如其能想像世界有了五六三九年一樣，而且他們也都容易想像五萬年的綿延，正如其能想像五六三九年一樣。因此，我們在以時間計算任何事物的綿延時，那個事物並不必與我們計算時所用的那種運動同時存在，並不必與其他有週期的運轉同時存在。我們只要從任何有規則的週期現象得到長度的觀念，並且在心中把這個觀念應用在綿延上，則那個現象（或運動）雖同那種綿延不是同時存在，我們也一樣可以計算。

30 在摩西（Moses）所敘述的創造史中，我們只要思想，在日出現以前，光的綿延正等於日的三個日轉（如果日在那時也與現在一樣轉），則我們便可以想像，光的存在比日的存在、比日的開始運動早三天。同樣，我們也可以想像，混沌和天使的創造，比光或繼續的運動早著一分、一時、一日、一年或千年。因爲我們如果能想像，在任何物體存在以前、運動以前，有等於一分鐘的綿延長度，則我可以再加上一分，一直等加成六十分，而且可以照樣把分、時、或年（就是日的旋轉，或其旋轉的各部分，或我們所能觀念到的任何週期）加起來，一直達到無限，而且可以設想，有一個綿延能超過我所能計算的任何多的週期。這就是所謂永久觀念，而且我們之不能觀念到它的無限性，也正如我們之不能觀念到數的無限性一樣，因爲數是可以一直加下去，沒有止境的。

31 由此看來，我們清楚見到，我們的綿延觀念與綿延的尺度，也是由一切知識的那兩個源泉來的，也是由反省和感覺來的。因爲：

第一，我們之所以能得到連續觀念，乃是因爲我們觀察了自己心中的現象，觀察了我們的觀念如何在一長串中能不斷地前滅後生。

第二，我們之所以能得到綿延觀念，乃是因爲我們觀察了這些連續中各部分的距離。

第三，我們之所以能得到綿延的長度觀念（或綿延尺度如分、時、日、年等），乃是因爲我們藉著感官觀察了在似乎等距的有規則的一些週期中所現的一些現象。

第四，在沒有物體存在的地方，我們之所以也能想到綿延、也能想像明日、明年或七年以後，乃是因爲我們能在心中隨意重疊時間的尺度或確定的綿延長度觀念。

第五，我們之所以有永久的觀念，就如靈魂將來的無限綿延，或亙古存在的無限的造物者的綿延，乃是因爲我們能在心中任意重疊任何長度的時間觀念，如分、年、紀等等，乃是因爲在把它們相加時，從來到不了終點，就如在加數目時，永遠到不了終點似的。

第六，我們之所以能得到一般的時間觀念，乃是因爲我們思考週期的尺度所劃分出的無限綿延中的任何部分。

第十五章 綿延和擴延的比較研究

1 **兩者都是有大有小的** 在前幾章中，我們雖然已經討論了空間和綿延多時，不過它們既然是攸關重要的觀念，而且它們的本質也有幾分深奧而特別，因此，我們如果一起比較它們，或許也可以較明顯地把它們解證出來，而且我們如果能綜合觀察它們，或許也可以對它們得到較清晰、較明白的觀念。不過在抽象考究之下的簡單距離或空間，我爲免除紛亂起見，特別稱它爲擴延，以別於廣袤，因爲有些人用廣袤一詞所表示的那種距離，只限於物質中的凝固部分，而且包含著，至少也暗示著，物體的觀念；至於純粹的距離觀念便沒有包含著那個成分。而我之所以用擴延一詞，而不用空間（space）一詞，乃是因爲空間一詞不但可應用於那些恆常部分間的距離，也常應用於迅速連續的各部分間的距離，實則那些部分是不能同時存在的（注：英文space也可以指時間距離而言——譯者。）。在擴延和綿延這兩方面，人心都可以有一種共同的連續長度觀念，而且那個長度也是可長可短的。因爲一時和一日的長短之差，就好像一吋和一呎的長短之差一樣，人都可以對它有一個明白的觀念。

2 **擴延並不能為物質所限制** 人心只要從擴延的任何部分，得到長度的觀念，則不論那個長度是指一尺，是一步，或是別的尺寸，人心就能夠把那個觀念加以重疊；它把那個觀念加在前一個觀念上以後，便可擴大長度觀念，並且可以使那個長度等於兩指尺或兩步，或任何其他尺數；這樣，這個長度就可以一直加長，可以等於地球上任何部分間的距離，可以等於日或最遠星球的距離。在這樣進程中，不論人心從現在的地方出發，或從別的地方出發，都能夠進而超過那些長度，而且不論在物體中或物體外，都可以一直進行，毫不停止。我們的思想自然可以達到凝固廣袤的盡頭，因爲一切物體的邊際和界限，我們都容易想像到。不過人心只要是在那個邊際，它便會不受任何阻礙；在不盡的擴延下一直進行；因爲它既然看不到不盡的擴延會有終點，就也不能想像到不盡的擴延會有終點。因此，人如果不把上帝範圍在物質以內，則他便不可以說，在物體的邊界以外，完全沒有東西。因此，理解高、智慧廣的所羅門便別有見地，因爲他說：「天和諸天之天都不能容你。」因此，人們如果以爲自己的思想超出於上帝存在的範圍以外，或者以爲能想像上帝不在其中存在的一段擴延，那他就把自己理解的容量過分誇大了。

3 **綿延也不能為運動所範圍**　綿延也是如此的。人心得到任何長的綿延觀念以後，它就可以加倍、重疊、並且加長那個觀念，而且在加長時，不只可以超過它自己的存在，而且可以超過一切有形物體的存在，超過由世上大物體和其運動得來的一切時間尺度。不過人人都容易承認，我們雖可以設想綿延是無限的(自然是如此的)，可是我們卻不能使它超出一切實有之外。因爲人人都容易承認，上帝是充滿永久的時間的。而且我們也不易想像，任何人會懷疑上帝，不能照樣充滿無限的空間。他的無限存在，在綿延和擴延兩方面，的確都是一樣的。而且我認爲人們如果說：「無物體之處，就一無所有」那就未免太著重物質了。

4 **人們為什麼承認無限的綿延，而不容易承認無限的擴延**　因此，我們就容易知道，人人爲什麼都坦然地、毫無躊躇地談論並假設所謂永久，並且容易賦予綿延無限性；爲什麼在假設空間的無限性時，卻帶著懷疑不決的樣子。這個理由依我看來似乎是這樣的，就是：我們既然把綿延和廣袤當做差異的兩類事物的屬性名稱，因此，我們就容易假設上帝有無限的綿延，而且不能不如此假設。不過我們既不認爲上帝有廣袤，而只認爲有限的物質有廣袤，因此，我們就容易懷疑無物質的擴延的存在；因爲我們以爲只有物質有這種擴延的屬性。因此，人們在探究自己的空間思想時，便容易停止在物體的邊際上；彷彿空間在那裡就到了盡頭，不能再往前進似的。在思考時，他們的觀念縱然使他們更進一步，他們仍然稱宇宙界限以外的地方爲「想像的空間」（imaginary space）；彷彿那裡完全沒有東西似的，因爲他們以爲那裡是沒有物體的。至於在物體以前；在計量綿延的那些運動以前存在的那種綿延，他們永不稱它爲想像的，因爲他們從不以爲綿延中沒有其他眞正的存在者。此外，我們還可以說，我們如能藉事物的名稱來追尋人們觀念的起源（我認爲是可以的），則我們可以由綿延（duration）一詞看到，古人們以爲存在的繼續和凝性的繼續是相似的（所謂存在的繼續是有反抗一切毀壞力的力量；至於所謂凝性的繼續，則最易和硬度相混，而且我們如果一觀察物質的微細分子，則兩者正是難分別的）。因此，他們就造了十分相近的兩個字，如durare（綿延）與durum esse（硬的）。而且durare一詞在硬度觀念和存在觀念上都可以通用，就如我們在賀拉斯（Horace）頌詩，第十六節所見的就是。原文爲Ferro duravit secula（意爲他用銅鐵硬化了那個時間）。事雖如此，可是我們仍然清楚知道，人只要能考察自己的思想，則他們一定有時會漫遊在物體的範圍以外、漫遊在無限的空間中或擴延中。空間觀念與別的物體和一切事物，仍是清晰而分離的。不過這一層仍得詳細思維（如果人們願意的話）。

5 **時間（time）之於綿延，正如場所（place）之於擴延一樣**　一般的時間之於綿延，就像場所之於擴延一樣。它們在那些永久的和博大無垠海洋中，正如被界石分開似的，彼此顯出明白的區劃來。因此，在那些綿延和空間的一律而無垠的大海中，我們就用它們來指示有限的眞正事物間的相對位置。在正確地思考以後，我們知道，時間和場所只是一些確定距離的觀念，而且這些觀念之起，只是由於可分別的各可感物中，具有明確的各點，而且我們假設這些點的距離是相等的。我們的計算依靠於明顯事物中已確定的各點，而且我們依據這些點來衡量無限數量中的各部分。這些無限的數量在這樣思考以後，就成了我們所說的時間和地方。因爲綿延和空間本身既是一律的、無限的，那麼世界上如果沒有那些確定的各點，則事物的秩序和位置便會完全失沒了，而且一切事物都會紛亂錯雜，陷於不可收拾的地步。

6　**時間和場所表示的數量，正如物體的存在和運動所標誌出來的數量**　我們已經知道，時間和場所就是表示著空間和綿延的無限深海中那些確定的，可分劃的各部分，而且它們和別的時間、場所的眞正分別或假設分別，是由標誌和已知的界線所劃分的。不過所謂時間和場所仍各有兩重含義：

第一，一般的時間就是指宇宙中巨大物體（就我們所知道它們的情形而言）的存在和運動在無限綿延中所標誌出來的那一部分而言，而且那段時間與那些存在及運動是共存的。在這種意義下，時間與這個可感世界的結構是同始同終的，就如上述諸句中所表示的那樣，好比說：「一切時間以前」、「時間終止以後」等話。至於一般的場所，則是指物質世界在無限空間中所占據、所包含的那部分而言，而且它之所以有別於擴延中的其他部分，正在於此（不過這種部分似應叫做廣袤，不應叫做場所）。一切有形物體的特殊時間或綿延、特殊廣袤或場所，都是限制在這兩個範圍以內的，而且是被這兩個範圍的明顯的部分所計算、所決定的。

7　**時間和場所所表示的，有時也正如我們以物體的大小和運動在想像中所度量的**　第二，時間一詞有時所含的意義較廣，而且它也可以表示不被實在存在所度量出的無限綿延中的各部分。我們前面已經說過，各種物體的眞正存在和週期運動原來是分劃時間的尺度，而且我們可以把它們當做一些標記，來指示日、月、年、節等。不過我們除此以外，也可在無限的、一律的綿延中，假設一些部分與前所量的實在的時間長度相等，而且也以爲它們是確定而有界限的。因此，時間不只可以表示眞正的綿延部分，而且也可以表示想像的綿延部分。因爲我們如果假設天使的創造（或墮落）是在儒略期開始，則我們很可以合理地說：「天使的創造比世界的創造早七百六十四年」。而且我們在說這話時，人們一定易於了解。因此，在那無分別的綿延中，我們就可以按照現在日的運動速度標記出等於七百六十四個日轉的一段時間來。同樣，我們也常提到世界界限以外無限虛空中的場所、距離和體積，因此，我們就想那個虛空中的某些部分可以容納（或等於）某種體積的物體（如一方呎大的物體），並且想像其中有多少點和世界中各部分保持某種距離。

8 **它們是屬於一切事物的** 何地（where）和何時（when）是屬於一切有限存在的兩個問題。我們在決定這兩個問題時，往往要依靠這個可感世界的已知部分，與世界中各種運動所標誌出的一些時間。倘若沒有這些確定的部分和週期，則在那個無限一律的綿延海中、擴延洋中，一切事物就會失序，不能爲我們的有限理解所認識。因爲無限的綿延和擴延包括了一切有限的實有，而且只有神明才能了解它們的充分範圍。因此，我們就不必訝異，在抽象地來思考它們自身時，或把它們當做無限上帝的兩種屬性而加以思考時，我們何以不能了解它們，而且我們的思想何以對它們會生了迷亂。不過我們如把它們應用在任何特殊的有限事物上，則我們可以說，㈠一個物體在無限空間中所占的廣袤，正等於它的體積所占的。㈡至於所謂場所，就是我們在比較各物體的相對距離時，一個物體所占的位置。㈠任何事物的特殊綿延（觀念），就是那個事物正存在時無限綿延的一部分所經過的時間（觀念），㈡至於問要那個事物是何時存在的，則那個時間，就是在已知的一個綿延時期和那個事物的存在中間，所經的綿延長度。前一種指示出同一事物的體積或存在中兩段間的距離，後一種指示出那種事物在空時中同別的確定空間點或綿延點間距離。關於前一種，我們可以說：一件事物是一方呎，或持續兩年等話。關於後一種，我們可以說，它在林肯法學會廣場（Lincoln's Inn-Fields）的中間，或金牛宮（Taurus）的第一度，或紀元後一六七一年，或儒略期的第一千年。這些距離都是我們以預先形成的空間長度觀念或時間長度觀念來計算的：在擴延方面，我們所用的觀念，有吋、呎、哩、度，在綿延方面，有分、日、年等。

9　**廣袤的一切部分都是廣袤，綿延的一切部分都是綿延**　此外空間和綿延還有一種最相同的地方。就是，我們雖然可以合理地把它們歸在簡單觀念的數目中，可是我們所有的清晰的空間觀念與時間觀念都是由組合而成的。它們的本質正在於它們是由部分組織成的，不過它們的部分既然都是性質一樣，而且沒有混雜著別的觀念，因此，它們仍不妨列在簡單觀念的數目中。人心在廣袤和綿延方面如果也與數目方面一樣，能達到不可再分割的微小部分，則那個部分似乎應該是不可分割的單位或觀念；而且人心應該可以把這些單位重疊，構成較大的廣袤觀念和綿延觀念。不過人心所形成的任何距離（時空）觀念，總不能沒有含著部分（不能達到最後的單位——譯者），因此，它就往往用普通的尺度來代替那些單位，因爲人們受了本國的薰染，已經把那些尺度印在記憶中了（就如空間方面的吋、呎、肘尺，撲洛孫（parasangs，波斯度名）與綿延方面的秒、分、時、日、年等）。因爲如此，所以人心就把這些觀念當做簡單觀念，並且把它們當做能組成部分，在需要時，把自己所習見的長度加起來，做成較大的觀念。在另一方面，人心如果想把兩方面尋常最小的度量分成更小的分數，則它也仍然把那些度量認爲是數目的單位。自然，任何人一漫想空間的廣大擴延，或物體的無限分割，就容易看到在屢次加減以後，時空兩者的觀念如果變得太大或太小，則它們的精確的大小就會含糊紛亂，只留有屢次加的數目和減的數目是明白而清晰的。綿延的每一部分自然仍是綿延，廣袤的每一部分自然仍是廣袤，而且兩方面的加減還都是可以無限進行的。不過在兩方面，我們對之有明白清晰觀念的那些最小部分，很可以認為是各該方面的簡單觀念，而且我們可以認為那些複雜的空間情狀和綿延情狀是由這些簡單觀念所組成的，而且是仍可以分化成這些簡單觀念的。在綿延方面，這種微小的部分可以叫做剎那（moment），它所經歷的時間，正等於人心中一個觀念在尋常連續中出現時所用的時間。至於空間方面的最小部分，則沒有確當的名稱，因此，我姑叫它做一個覺點（a sensible point）。它所表示的，就是我們所能分辨的空間或物體中的最小分子，它往往等於以眼為中心的圜內的一分度，就是在最敏銳的眼看來，也不能小於三十秒度。

10 **它們的部分是不可分離的** 擴延和綿延還有另一層共同之點，就是，我們雖然以為它們是有部分的，可是它們的部分是不可分離的，甚至在思想中也不能分離。只是計算廣袤時所用的物體部分和計算綿延時所用的運動部分（或人心中觀念連續中的部分），是可以間斷、可以分離的；因為前一種可以被靜止所間斷，後一種可以被睡眠所間斷，而睡眠也正是一種靜止。

11 **綿延如一條線，擴延如一個凝固物** 不過他們中間卻有一層顯著的區別，就是，我們在擴延方面所有的長度觀念可以轉移在各方，成了寬、厚、形象等；而綿延則只是無限進展的一條長線，不能重疊、不能變化、無有形象；不過它卻是一切存在的一種公共度量，一切事物只要存在，就離不了時間。因為現在這一刻是現在所存在的一切事物所共有的，而且它之包含各種存在的各部分就如它們是一個單一的存在物似的。因此，我們可以確說，它們都是在同一剎那以內存在的。天使和神靈在擴延這一方面，是否與我們有相似之點，那我是不能知道的。說到我們自己，則我們自己的理解和識見只合於我們的存在和目的之用，並不能窺見其他事物的實在和範圍，因此，我們在這方面，並不敢妄加論斷。不過要離開一切擴延，則我們也似乎難以想像任何存在，或觀念到任何事物；正如離開一切綿延，我們難以觀念到任何眞正的實有似的。神靈們在空間方面究竟如何存在，他們在空中間究竟如何傳達，那是我無法知道的。我們所知道的只是，各種物體都要按其各自的凝固部分的範圍，在擴延中占有相當部分，而且它在那裡存在時，要排斥一切其他物體來進入那個特殊的空間部分。

12 **綿延不能有兩部分在一塊，擴延的各部分則都是在一塊的**　綿延與其部分——時間——是我們對於時在消滅的一種距離所有的一種觀念；在這個距離中，任何兩部分都是不能一起存在的，都是得前後相承、連續出現的。至於擴延則是恆常距離的觀念，它的各部分都是一起存在的，並不能互相連續。不過我們雖然離了連續就不能想像任何綿延，雖然不能把它重疊在思想中，使現在存在的東西也在明天存在，雖然在同時只能有此刻的綿延觀念，可是我們可以想像全能者的無限綿延與人或其他有限存在物的綿延確實不一樣。因爲人在自己的知識和能力範圍以內並不能包括過去或將來的一切事物，他的思想只限於昨天，至於明天將有什麼事故出現，他是不知道的。已過的，他是不能追回的；未來的，他是不能提前到現在的。我在人的方面說的話，也一樣可以適用於一切有限神靈上，因爲他們的知識和能力雖然十分過人，可是它們比起上帝，仍不過是最可憐的蟲子。有限的事物不論如何大，總是與無限的事物久不成比例。上帝的無限綿延伴著無限的知識和能力，祂看到一切過去、未來的事物。那些事物是爲祂所知識到的，是爲祂所視察到的，一看之下，祂都可以遍覽無遺，而且祂可以使任何事物在任何剎那中存在。因爲一切事物的存在既然都是依靠著祂的善意，所以他願意讓它們何時存在，它們就在何時存在。總而言之，擴延和綿延是互相兼容的，每一部分的空間，都存在於每一部分的綿延中，每一部分的綿延，都存在於每一部分的擴延中。在我們所能想像到的無數觀念中，像這樣清晰的兩個觀念之結合，是難以遇到的。因此，這就可以作爲我們進一步思辨的題材。

第十六章　數目（Number）

1　**數目是最簡單、最普遍的觀念**　在我們所有的一切觀念中，單位觀念或單一觀念是由最多的途徑進入人心的，可是同時它又是最簡單的一種觀念。它並沒有含著任何複雜組織的跡象，可是我們感官所知覺的每一物體、理解中的每一觀念、心中的每一思想，都帶著這種觀念。因此，這個觀念是我們思想所最熟悉的一個觀念，也是最普遍的一個觀念，因爲它與任何事物都可以契合。因爲數可以適用於人、天使、行動、思想以及一切現存的和一切能想像到的事物。

2　**數目的情狀是相加而成的**　我們把這個觀念在心中重疊以後，並且把這些重疊又加起來以後，就得到複雜的數目情狀的觀念。就如以一加一，我們就得到複雜的「一對」觀念，又如把十二個單位加起，我們就得到複雜的「一打」觀念，至於「二十」、「百萬」等數目觀念，也是相加而成的。

3　**每一個情狀都各不相同**　簡單的數目情狀在一切情狀中是最清晰的。一個數目中只要有一個單位的些微變化，就能使那個組合與最相近的數不相同，正如和最遠的數之互相差別是一樣的。二與一之差，正與二百和一之差一樣，而且二的觀念與三的觀念之差，就好像全地球的體積和一隻小蟲的體積之差一樣。至於在別的簡單情狀中，便不如此，因爲在別的簡單情狀中，我們很不容易，甚或不可能分辨十分鄰近而卻眞有區別的兩個觀念。因爲誰能分別這張紙的白色和其緊相鄰近的白色呢？誰能清晰地觀念到廣袤中的些微增加呢？

4 **因此在數目方面的解證是最精確的** 數目中每一個情狀與別的情狀，甚至與最相近的情狀，既然都是各不相同的，因此，我認爲數目方面的解證比起廣袤方面的解證，縱然不是更爲明顯、更爲精確、至少它們在應用方面，是更爲普遍、更爲確定的。因爲數目觀念相較於廣袤觀念是更爲確當、分明的。因爲在廣袤方面，各種增加和相等並不容易觀察、計算，因爲在空間方面，我們的思想並不能達到最小而不能再進一步的程度——單位；因此，我們並不能發現些微增加後的數量和比例。可是在數目方面，這些都是很清楚的，因爲在數目中，如方才所說，九十一雖比九十只大一點，可是九十一與九十之差，就好像與九千之差一樣。至於在廣袤方面則不如此，在這方面，比一呎或一吋略大些許的東西，並不能與一呎或一吋的標準容易分辨出來；而且我們雖然看到兩條線相等，而此一條線仍可以比彼一條線大著無數部分。不但如此，我們也一樣不能在直角以下畫一個與直角緊相鄰接的最大的角。

5 **數目必須有名稱** 我們已經說過，把單位觀念重疊一次，把它加在另一個單位上，我們便得到所謂「二」的一個集合觀念。人們如果能這樣一直進行下去，儘管在他所有的最後的一個集合數目觀念上加一個單位，並且給新數一個新名稱，則他們便可以計算並且可以觀念到那些單位的互相差別的種種集合體，只要他能給前後相承的那些數目從一系列名稱，並且記得那些觀念與其名稱。一切計數過程都只是多加一個觀念，並且給一個觀念所包含的整數一個新的、獨立的名稱或標記，使我們藉以分別以前或以後的數目，使它與較大或較小的單位總體，有所分劃。因此，一個人如能在一上加一，並且在二上加一，如此一直往下計算，並且在每一進步以後，都可以有一個清晰的名稱；而且在反面，他又可以在每一集合體上減去一個單位，也慢慢退回來，則他在自己的方言範圍內，便可以得到所有的數目觀念；他縱然不能有再多的觀念，至少也能得到那些有名稱的數目觀念。因爲在人心中，數目的各種簡單情狀，只是那麼多單位的集合體，而且這些單位又沒有別的變化，所差異的只在於數目的或多或少，因此，在數目方面，每一種清晰集合體的名稱或標記，比在別的方面，似乎更覺重要。因爲要沒有這些名稱或標記，則我們在計算時，便難以很好地利用各種數目，尤其在集合體是由很多的單位形成時，更是如此。因爲這些大數目在相加以後，如果沒有一個名稱或標記，來區別那些精確的集合體，則它們很難避免形成一堆紛亂的數目。

6　因爲這種緣故，所以有些美洲人（我前面已經提過）雖也能數到二十，而且在別的方面，天分也還敏捷，可是他們無論如何也不能像我們一樣能數到一千，並且對那個數目，有了清晰的觀念。因爲他們的語言是很貧乏的，只能適用於簡單窮燥生活的一些必需品，而且他們既沒有貿易與數學，所以也就沒有能表示一千的名稱。因此，我們如果與他們談起那些大數目，他們就會指著自己的頭髮，以表示那樣大的數目不是他們所能數的。我認爲他們之所以不能數這些大數，正是因爲他們缺少相當的名詞。陶萍諾堡人（Tououpinambos）對五個以上的數目也沒有名稱；凡遇五個以上的數目，他們就以自己的指頭，與在場其他人的指頭來表示。就以我們自己來說，我們如果能有適當的名稱，來表示那些不常見的數目，則我們也一定能用言語清晰地數出比尋常大許多的數目。可是我們現在的說法，只能往下重複，只能說萬萬，因此，我們在以十進法往前計算時，在超過了十八位，或至多二十四位以後，就很容易陷於紛亂。不過，要表示各種清晰的名稱如何能有助於我們的計算，如何能使我們有了有用的數目觀念，則我們可將下面各種數字列出來，作爲一個數目的標記。

Nonillions	Octillions	Septillions	Sextillions	Quintrillions
857324	162486	345896	437916	423147
Quatrillions	Trillions	Billions	Millions	Units
248106	235421	261734	368149	623137

在英文中，平常我們稱呼這個數目時，只是以萬爲單位，按照每六位數，把萬字重疊起來，叫這個數爲萬萬萬萬萬萬萬萬萬。不過要照這樣計算，則我們對這個數目很難有任何清晰的觀念。至於在給了每六個數字一個新而有規則的名稱以後，這些數目（或者再有較多的數目）是否可以較順利、較清晰地數出來，它們的觀念是否可以較容易地爲我們所得到，並且較容易地表示於他人；那我讓別人來考究好了。我所以提到這一層，只是要指示出，清晰的名稱是計數時所必需的，並不是敢拿出自己新創的名稱來。

7 **兒童數數為什麼不能再早一點** 因此，兒童往往不能很早就開始學數數，往往不能一直順利地進行下去，因爲他們或者缺少各種名稱來標記數目的各種級數，或者心理官能尚未發展，不能把那些散亂的觀念集合成複雜的，把它們排列在有規則的秩序內並且記住，以供計算之用。只有在他們累積許多別的觀念以後，慢慢地才能數數目，因此，我們常見，他們雖然也能談話、也能推理、也能對各種事物有了明白的觀念，可是他們在年齡稍長以後，才會數二十。因此，人們如果記憶不良，不能記住數目的各種組合，不能記住清晰有敘的各種數目名稱，不能記住一長串數目的互相依屬關係，則他們一生也不能有規則地來計算稍大的數目。因爲一個人要想數二十，或對於那個數目有任何觀念，則他必須知道，以前還有十九個數，而且那些數又按照秩序各個有一個清晰的名稱或標記。他如果不知道這一層，則中間會有一個缺口，連串因而被破壞，計算的進程便行中斷。因此我們如果想計算正確，第一，需要人心仔細分別相差只一單位的（或由加或由減）兩個觀念；第二、它得記住各種組合的名稱或標記，從單位起一直到那個數目，不能有絲毫紛亂、絲毫任意，而且它的記憶必須合於各數相承的精確秩序。在兩方面，它如果稍有誤失，則數的全部過程因以擾亂，它只能得到擾亂的「雜多」觀念，而得不到清晰計算時所必需的那些觀念。

8 **數目可以度量一切能度量的東西**　在數目方面，我們還看到，人心在度量一切可度量的東西時，它總是要應用數的。可度量的事物主要的就是擴延和綿延，而且我們的無限觀念即在應用於這些事物上時，也似乎只是無限的數目。因爲永久觀念和博大觀念，只不過是我們在綿延和擴延兩方面所想像的各部分的觀念重複相加的結果，而且在這些觀念上還附有加不完的數目的無限性。因爲人人都看到，在一切觀念中，只有數目觀念能供給我們那樣無窮的數量。人們不論加了多大一個數，而這個大數依然不能損了他的絲毫力量，使他不能再往前加；他依然不能較接近於無窮數目的終點，因爲在那裡，還剩有無窮可加的數目，正如他原來在這方面就未加過任何數似的。數目的這種無限的增加或可加性（addibility）（如果人們喜歡用這個字）是人心所能清楚見到的，而且我認爲，我們之所以能有最清楚，最明晰的無限觀念，就是由於這一點。不過關於這一層，我們在下章再爲詳論。

第十七章　無限性（Infinity）

1 **無限的本義原是應用在空間、綿延和數目上的**　人們如果想知道，所謂無限觀念究竟是什麼，則最好先考究人心在什麼方面比較直接地把無限性加上去，並且思考人心如何能形成那個觀念。

在我看來，所謂有限與無限，人心只當它是數量的兩種情狀，而且它們原來只應用於部分的事物上，只應用於可以增減的事物上。屬於這類的事物，就如前章所考究的空間觀念、綿延觀念和數目觀念；它們都是可以跟著極小分子的增減而增減的。眞的，偉大的上帝雖是萬物的源泉，因此，我們不能不相信，祂的無限性是不可思議的。不過我們在自己狹窄的思想中，在以無限觀念應用在至尊無上的主宰時，我們總是要著眼在祂的綿延性和偏在性。而且我認為，祂的能力、智慧、善意，以及其祂的品德，雖也是無盡的、不可思議的，可是我們在以無限觀念應用在它們上面時，多半含有譬喻性質。因為在我們稱它們為無限時，我們的無限觀念，同時就使我們反省到、觀察到上帝在運用其權力、智慧和善意時，所產生的各種行為與其對象的無限數目和範圍；而且這些對象的數目不論多麼大，我們在思想中不論把它們重複到無限的程度，而上帝的品德總是可以永遠克服它們、超越它們的。我並不敢妄說，上帝的這些品德究竟是什麼樣的，因為上帝無限地超出了我們這狹窄的心理能力以外。我們清楚知道，上帝的這些品德是完美無缺，普及一切的，不過我可以說，我們只能在這種途徑下來想像它們，而且我們對它們的無限性所抱的觀念也就只有如此。

2　**有限的觀念是易於獲得的**　人心既然認有限的和無限的存在是擴延和綿延的兩種變狀，因此，我們其次就可以考究，人心如何能得到這些觀念。說到有限觀念，則沒有什麼困難。廣袤的明顯的各部分只要能觸動我們的感官，就能在我們心中引發有限觀念來；至於我們在度量時間和綿延時普通所用的連續分段，如時、日、年等，其長度也是有限的。我們的困難問題乃是我們如何能得到那些無界限的永久觀念和博大觀念，因爲我們日常所熟悉的各種物體，離那種大的限度是遠的不成比例的。

3　**無限的觀念是如何得來的**　人只要有了一個確定的長度觀念——如一呎，他就會發現，自己能把那個觀念重疊起來，而且他在把那個觀念加在前一個觀念上時，又會形成兩呎的觀念，而且在加上第三個觀念時，又會形成三呎的觀念，如此可以一直加到無窮。這種加的單位，不論是一呎觀念、二呎觀念、或任何長度的觀念，如一哩、地球的直徑、大躔度的直徑等，都可以有相同的現象。因爲不論他以哪一種爲單位，而且不論他二倍或任意加倍那些單位，而他終究會看到，他在思想中這樣加倍以後、這樣把觀念加大以後，他仍然沒有理由停止進行，仍然沒有接近增加的終點，仍然與他初出發時一樣，而且他仍與以前一樣有能力來加大空間觀念。無限空間的觀念就是由此起的。

4　**我們的空間觀念是無界限的**　我認爲，人心之所以得到無限的觀念，就是由於這個途徑。至於要考察，人心所有的無限空間觀念，是否有眞正的存在，那完全是另一回事，因爲我們的觀念並不永遠能證明事物的存在。不過我們既說到這裡，因此，我認爲不妨說，我們常常容易設想空間本身是眞正無界限的，因爲空間觀念或擴延觀念自然會使我們如此想像。因爲不論我們把空間認爲是物體的廣袤，或者認它爲獨立存在，沒有任何凝固的物質占據其中（我們不只能觀念到這個虛空，而且我認爲已由物體的運動證明虛空是必然的）。而我們的心依然不能看到（或假設）有一個空間的終點，而且人心不論把它的思想擴展得如何遠，它在這個空間中的進程終不能被停止。任何物體（甚至是金剛不壞的牆壁）所形成的界限，都不能使人心在空間中、廣袤中停止住不往前進；不但如此，它反而能更加容易並加大那種進程；因爲那個物體到什麼地方，我們就得相信，那地方就有廣袤；而且我們縱然能達到了物體的極限，又有什麼東西能使我們停止進行呢？又有什麼東西能使我們的心相信它到了空間的盡頭呢？因爲它分明看不到有什麼盡頭，而且分明知道，那個物體本身還能進入那個虛空中。在世界以內的各物體中，物體的運動如果必然需要一個虛空（縱然是很小的），而且物體如果能在那個虛空中運動並經過（不但如此，而且一切物質分子的運動，都是進入於虛空內的），則我們分明看到，在物體的極限以外，物體也一樣可以跑到虛空中，正如其跑到物體以內的虛空中似的。不論在物體的界限內或界限外，純粹虛空的觀念在兩方面的確都是一致的，只有體積之差，並無本質之別。在兩方面，都沒有東西可以阻止物體的進入，因此，人心不論致思於一切物體以內，或一切物體以外，而它在這個一律無差別的空間觀念中，卻不能找到任何邊際、任何終點。因此，它必須根據空間各部分的本質和觀念，來斷言它是眞正無限的。

5 **綿延也是這樣** 我們因爲有能力來任意重疊任何空間觀念，因此，我們就得到博大的觀念。同樣，我們因爲有能力在自己心中無限地重疊任何長度的綿延觀念，因此，我們就得到永久的觀念。因爲我們在重疊這些觀念時，看到自己並不能達到一個終點，正如在數目方面，我們不能達到終點一樣（人人都知道自己不能）。不過在這裡要問，事實上是否眞正曾有任何永久綿延的事物，那又是另一個問題，而且這個問題與我們是否有永久觀念這個問題全不相干。說到這個觀念，我認爲，人只要思考現在存在著的一種東西，那他就必然會得到某種永久的東西。不過我們既然在別處討論過這一點，因此，我們就可略過這一層，進而考究無限觀念的其他方面。

6 **別的觀念為什麼不能有無限性**　如果我們之能獲得無限觀念是由於我們自己有一種能力來無限地重疊自己的觀念，那麼人就可以問，我們爲什麼不認爲別的觀念是無限的，而只認爲空間和綿延是無限的呢？前一種觀念既然也與後一種一樣，都容易在人心中任意重疊，而且人們既然能任意重疊甜的觀念或白的觀念，一如其能重複一碼的觀念或一日的觀念，那麼他爲什麼不能觀念到無限的甜或無限的白呢？不過我可以答覆，各種觀念只有在具有各種部分時，只有在可以跟著相等部分或較小部分的增加而增加時，才能藉著重疊作用，產生出無限觀念給我們；因爲有了不盡的重疊，才能有了不斷的繼續增加。但是別的觀念中便不如此，因爲即在我的最大的綿延觀念上或廣袤觀念上，我們只要稍加一點最小的部分，就能使那個大觀念有所增加；而在我對於最白的白所有的最完全的觀念上，則我如果再加一個次白的觀念或等白的觀念（我不能加一個更白觀念），而那個觀念依然不能增加、不能增大。因此，各種白的觀念就只叫做各種程度。因爲由數目成立的那些觀念，在加上一個最小的部分以後，就能有所增加；可是你如果在心中把昨日之雪所給你的白的觀念，與今日之雪所給你的白的觀念，一加以比較，則它們便合爲一體，而且白的觀念仍未增加絲毫。我們如果把較低度的白加在較高度的白上面，則不但不能使它增加，反而使它減少了。凡非由部分組成的觀念，人們不能任意增加其比例，也不能把它們伸張到自己感官所能見的限度以外。至於空間、綿延和數目，則可以藉重疊而增大，並且使心中常留一無限範圍的觀念，以接受較多的觀念。在這裡，我們並不能想像，往前增加的進程如何會停頓住。因此，只有這些觀念能使我們發生無限的思想。

7 **空間的無限性和無限的空間有什麼差別** 我們的無限觀念之產生，雖然是因爲我們思維分量，雖然是因爲人心可以任意重疊任何部分，使數量有無數的增加，可是我們如果把無限性附加於人心中一種假設的分量觀念上，並且進而推論無限的數量、無限的空間、無限的綿延，則我認爲我們的思想在這裡便大爲紛亂起來。因爲我們的無限觀念乃是一個可以無限增長的觀念，而人心所有的任何量觀念在那時候卻終止於那個觀念中（它不論如何之大，也只是現在那樣大），因此，我們如果把無限性附加在某種數量觀念上，那就無異於把一個靜止的尺度應用在逐漸生長的體積上。因此，我如果說，我們應當仔細分別空間的無限性和無限的空間觀念，則這樣微細區別並不是不重要的。在第一方面，人心只是可以任意重疊空間觀念，因此，我們只可以假設它在這方面有一種不斷的進程。不過（在第二方面）要說人心現實具有一個無限空間的觀念，那就無異於假設，人心已經確實觀察到無限重疊過程所不能完全表象出的那些已被重疊的空間觀念。因此這裡就含有一個明顯矛盾。

8 **我們並沒有無限空間的觀念** 我們如果在數目方面再來思考這一層，則我們或許可以把這一點看得更爲明白一點。人們只要反省，就可以清楚看到數目的無限性，因爲我們無論如何增加數目，我們依然看不到自己接近它的終點。但這個數目無限性的觀念無論清晰到任何程度，而我們依然看到一個實在的無限數目觀念是荒謬得無以復加的。我們心中，對於任何空間、綿延或數目，所有的任何積極觀念，不論大到如何程度，而它們依然是有限的。但是我們如果假設仍有餘剩的無限數量，而且那個數量並沒有任何界限，我們的心在那裡只可以有不盡的思想進程，而且永遠無法完成那個觀念：則我便可有了無限性的觀念。我們只要反省終點的否定，則無限性的觀念似乎是很明白的；不過我們如果想在自己心中形成無限空間（或綿延）的觀念，則那個觀念是很含糊、很錯亂的，因爲它所由以組成的那兩部分，縱然不是互相矛盾的，也會是相異的。因爲人在心中所形成的任何空間觀念或綿延觀念不論大到如何程度，而人心就顯然停止在、歸結在那個觀念中。這與無限的觀念是相抵觸的，因爲所謂無限就是一個假設的、不盡的進程。因此，我們在討論無限空間或綿延時，便容易陷於紛亂的地步。因爲那些觀念的各部分雖是不相契合的，可是人們並看不到這一層，因此，我們不論從那一邊得到結論，而另一邊一定會使之陷於矛盾的地步。這個就如一個人根據「不前進的運動」觀念來推論時，被那個觀念所迷亂似的，因爲不前進的運動觀念也正無異於靜止的運動觀念一樣，都是一樣不通的。同樣，我們的無限空間觀念或數目觀念，也是很矛盾的。因爲它一面含著人心實在具有的一段空間（或數目）、含著人心所觀察到、所把握住的一個空間（或數目），另一面又含著人心在恆常無限的擴展進程中所永遠不能想像的一個空間（或數目）。因爲我心中現在所有的空間觀念不論有多大，而它仍不能大於當下的容積——雖然我在下一刻仍可以把它加倍到無限。因爲只有無界限的東西才是無限的，而在思想中，也只有無界限的觀念才是無限觀念。

9 **數目可以給我們最清晰的無限觀念**　不過在一切觀念中（如我方才所說），我認爲只有數目可以給我們最明白、最清晰的無限觀念。因爲即在空間和綿延方面，人心在追求無限觀念時，也應用數目觀念，也要把數目重疊起來，就如萬萬哩、萬萬年等。這些觀念之所以各自不同卻不致於紛亂，乃是藉助於數目；沒有數目，則人心便會紛亂迷惑。人心在任意把某長度的空間或綿延加至多少萬倍以後，它就能得到最清晰的無限觀念，這個觀念不是別的，只是餘剩的無限可加的數目，而且那些數目是紛亂錯雜、不可想像，使人看不到任何終點或界限的。

10 **我們對於數目、綿延和擴延三者的無限性所有的不同的概念**　人們通常不以數目爲無限的，可是容易認綿延和廣袤是無限的；我們如果思考這一層，則或許稍進一步窺見無限觀念的本質；並且發現它只是在確定部分上（這是我們心中所能清晰觀念到的）所加的一種數目的無限性。人們所以不常認數目是無限的乃是因爲我們在數目方面好像有一個起點。因爲在數目中，單位以下便沒有別的，因此，我們便停在那裡不往前進，自然在增加數目時，我們不能下一個界限，因此，它就如同一條線，在這一端雖然終止於我們這裡，可是另一端則可以繼續延伸到我們不能想像的地步以外。不過在空間和綿延方面，便不是如此。因爲在綿延方面，我們以爲這條數目之線可以在兩方面延伸出去、達到不可思議、不可計度的無限長度。人們只要一反想自己對於「永久性」所懷的意想，就會清楚看到這個數目的無限性可以在兩方面，由前一面（a part ante）並由後一面（a part post）（如人們所說）分別擴展出去。因爲我們如果從前一面來思考永久性，則我們必須從我們自身現在起，在心中重疊過去的年紀，以及其他任何可分的綿延部分等觀念，而且在重疊時，還清楚意識到，這種加的進程是可以數目無限地一直往前進的。我們如果再從後一面來考究永久性，與我們仍照同樣步驟來從自身起首，把將來的時段重疊起來，仍照前面的樣子把那條數目之線一直擴展下去。這兩條線加在一起以後，就成了無限的綿延、就成了我們所說的永久性。不論我們往前觀察或往後觀察，這種永久性都是無限的；因爲我們可以朝著兩個方向把數目的無限性擴展出去，而且在兩個方向都有繼續增加的能力。

11　在空間方面，也有同樣情形。在這裡，我們也以自己爲中心在各方面追蹤那些無限的數目之線。在這裡，我們也從自身起，在各方面把一碼、一哩、地球（或大躔度）的直徑等長度，任意無限地增加，在這裡，我們並不能在那些重疊的觀念上加以限制，也正如我們不能限制數目是一樣的，因此，我們就發生了那個不定的博大觀念。

12 **無限的分割性**　一種物質不論其體積爲大爲小，我們的思想總不能在其中達到最後的可分割性，因此，凡含著無限數目的物體顯然也有一種無限性。所差異的只在於前面思考空間和綿延的無限性時，我們只是把數目增加了，而在這後一種過程中，我們只是把單位劃分成分子。人心在這種分割的進程中，就好像在前面增加的進程中一樣，它都可以無限地進行下去，因爲這種分割作用實則也就是新數目的增加作用。不過單位雖可增加，我們對於無限大的空間，並不能得到積極的觀念，同樣，單位雖可分析，可是我們對於無限小的物體，也不能得到積極的觀念。因爲我們的無限觀念是不斷變動的，它的無限進程並不能停在任何地方。

13 **我們對於「無限」並不能有積極的觀念**　數目的無限性只是在於人們有一種能力可以任意把任何單位的集合體加在從前的數目上；在空間和綿延的無限性方面也是一樣，也是因爲人心有一種能力來無限地在其空處一直往前增加。不過我雖然認爲，很少有荒謬絕倫的人們，來誇自己對於眞實的無限數目，有一個積極的觀念，可是事實上仍然有許多人想像自己對於無限的綿延與空間，有一個積極的觀念。不過人們雖說有這個觀念，可是我們如果一問他們究竟是否能在這個觀念上再加一些，則我認爲我們一定能把那個積極的無限觀念消滅，因爲這個問題很容易指示出那個積極觀念所含的錯誤。我們所有的任何積極的空間觀念或綿延觀念，無一不是由呎、碼、日、年等重複的數目所構成的，無一不是可以歸還於這些單位的，因爲它們是我們心中所能觀念到的公共尺度，而且我們要根據它們來判斷那些數量的大小。無限空間或時間的觀念既然一定要由無限的部分組成，因此，它所有的無限性一定只是數目的無限性，一定是可以繼續增加的數目的無限性（不過它卻不是一個無限數目的眞實的積極觀念）。因爲我認爲，一切有限事物在相加以後（就如我們所能積極觀念到的那些長度）。所以能產生出無限觀念來，其所由的途徑只與數目產生那個觀念時的途徑一樣。這種增加進程既是由有限單位的相加而來的，因此，它所以能暗示到無限觀念，只是因爲我們覺得自己有一種能力，可以不斷地增加數目、可以把同類的東西相加起來、可以一直往前進行，且絲毫達不到那個進程的終點。

14 有的人們根據終點的否定曾以一種有趣的論證，來證明他們的無限觀念是積極的，因爲終點是一個否定，而否定的否定則成了積極的。不過人們只要知道，物體的終點乃是那個物體的端和邊，則他們或許不致於魯莽地斷言，那個終點只是一個否定；而且他們只要看到，他的筆端是黑的或是白的，則他也會相信，那個端不只是一個否定。因此，這端如果是綿延端，則它也不能說是一種存在的否定，乃是（更妥當的說來）綿延的最後一刹那。但是他們縱然強以爲終點就是一種存在的否定，而他們仍不得不承認起點是存在的第一刹那，而不是單單一個否定。因此，就照他們自己的論證而言，倒溯的永久觀念，或無起點的綿延觀念，仍是一個否定觀念。

15 **在我們的無限觀念中，什麼是積極的，什麼是消極的** 不過我也可以承認，無限觀念在應用於各種事物時，確也有幾分積極的性質。在我們設想無限的空間或綿延時，第一步，我們總來要先構成一些很大的觀念（如千百萬年、千百萬哩）；隨後再把它們雙倍或數倍起來。我們在思想中這樣所堆積的觀念都是積極的，而且它們就是一大些積極的空間觀念或綿延觀念的全體。不過在這個界限以外所餘的東西，則我們對它便不能得到一個積極清晰的觀念，就如一個水手只把測海線的大部分下在海中，不能確知海的深度似的。他的線並不能達到海底，因此，他雖然知道，海深已有多少噚，並且知道它還更深一些，不過究竟有多麼深，他卻完全沒有清晰的觀念。在這裡，我可以說，他如果繼續增加新線，並且常看到測錘只往下沉而卻無法停止住，則他的心理趨向正與我們追尋完全的、積極的無限觀念時所有的心向差不多。在這種情形下，不論這條線是十噚長或千噚長，它都一樣可以發現它以外還有地方。它在這裡只能給我們一種紛亂的、比較的觀念，使我們覺得，我們並沒有達到最後的程度，而且還可以往前進一步。人心在這樣考究空間時，它的觀念是積極的，不過它在努力使此觀念成爲無限時，則它便要常常增加、常常前進，因此，它的觀念是不完全、不圓滿的。在思考偉大性時，人心所能看到的空間的確是一幅清晰的圖畫，而且它在理解中是積極的；不過所謂無限更大於此。因此，㈠我們對某種定量的空間所有的觀念是積極的、清晰的。㈡至於我們對較大空間所有的觀念也是清晰的，不過它只是一個比較的觀念。㈢至於空間太大，不能爲人所設想時，則我們對它所有的觀念，分明是消極的，而不是積極的。因爲人們對一種廣袤的範圍如果沒有一種涵蓋的觀念，則他們對於那個廣袤的大小（這正是我們在無限觀念中所追尋的）便不能得到任何積極的、清晰的觀念（不過我認爲在無限的事物中，人們萬不會妄想自己會得到這個範圍的觀念）。因爲要說一個人對於一種數量雖有積極清晰的觀念，而卻不知道它是多麼大，則那正如同說，一個人對於海岸上沙的數目雖有一個積極明白的觀念，而卻不知道它們有多少，只知道它們比二十多是一樣的。同樣，一個人如果只說，無限空間大於他所能積極觀念到的十、百、千、萬哩的範圍，無限綿延大於他所能積極觀念到的十、百、千、萬年的時間（在無限方面我們只有這種觀念），則他們對無限空間或綿延所有的完全的積極觀念也正是如此的。因此，在趨向無限的積極觀念之外，如果仍有其他東西，則那種東西一定是含糊的，一定如消極觀念似的，陷於紛雜錯亂的境地中。在這裡，我知道自己並不能理會我們應理會的，因爲無限性不是我這有限而狹窄的官能所能體察到的。在一個觀念中，我們所應了解的大部分如果沒有包括進去，而且我只是含糊地知道那個觀念是較大的；則那個觀念無論如何不能說是積極的、清晰的。因爲要說，在一個數量中，我們已經度量許久，而卻沒有達到終點，那只是說，那個數量是比此較大的。因此，在任何數量方面來說，終點的否定就表示那個數量是較大一點的（比已量的）；至於終點的絕對否定就表示說，你的思想在數量方面的進程，永遠伴有這種更大的意識，並且把這個「更有大者」的意識附加在你對於數量所有（或假定爲所有）的任何觀念上。不過這樣一個觀念是否可以說是積極的，那我就讓人來思考好了。

16 **我們對無限的綿延也沒有積極的觀念** 有的人們說他們自己有一個積極的永久觀念，不過我可以問他們，那個綿延觀念中是否含有連續作用？如果它沒有含著連續作用，則他們可以給我們指示出，他們的綿延觀念在應用於永久的存在者和有限的事物時，究竟有什麼區別之點。因爲有的人或許也和我一樣，會向他們承認自己在這方面的理解是很薄弱的，並且會自白，他們的綿延觀念強迫他們想像，凡有綿延的東西在今天總比在昨天要繼續得較長一點。如果他們在永久的存在中爲避免連續作用起見，而求助於經院學者們所說的靜止點（punctum stans），則我也可以說，他們就這樣也不能使事體稍有進步，也不能使我們對於無限的綿延得到較明白、較積極的觀念，因爲要說綿延而無連續，那在我認爲是再無法想像的。此外，我們還可以說，靜止點（縱然有絲毫意義）既然不是一種數量則它也不能說是有限、說是無限。不過在事實上，我們這薄弱的理解如果不能把連續和任何綿延分開，則我們的永久觀念，一定是各種事物所經的綿延中各瞬息的無限連續。至於要問人是否可以積極地觀念到一個實在的無限數目，則我可以讓他自己思考一下，他那個無限的數目是否可以大到不能再加的程度。他只要能繼續加，我認爲他就會看到，他所有的觀念未免太於貧乏，不能與積極的無限性相稱合。

17 我相信，任何有理性的動物只要考察他自己或別人的存在，就必然會得到一個一直以來就存在的、永久的全智神靈的觀念。這樣一個無限綿延的觀念，我相信，我是具有它的。不過這個起點的否定只是一個積極事物的否定，因此，它就難給我一個積極的無限觀念。任何時候我在努力把握無限時，我總是茫然的，總無法清晰地來想像它。

18 **我們對於無限的空間不能有積極的觀念**　人們雖然以爲自己對於無限的空間有一個積極的觀念，可是他們一加思考，就會看到，他們對於最大的空間之不能有積極的觀念正如其對最小的空間之不能有積極的觀念一樣。最小的空間雖然似乎是比較容易設想的，可是我們在「小」一方面也只能有一個比較的觀念；最小的觀念比任何積極的觀念永遠是更小的。我們所有的一切積極的數量觀念，不論在大一方面，或在小一方面，都是有界限的。只有我們的比較觀念才是沒有界限的，因爲我們在這裡永遠要在大數上加一些，從小數中減一些。因爲所餘的不論是大是小，都不能包括在我們的積極觀念中，都是曖昧含糊的；因此，我們對它並不能有任何觀念，只能觀念到自己有不斷地增加前一種的能力，和減少後一種的能力。數學家最敏銳的思想之不能使任何物質分子達到不可再分的程度，正如一個臼、一柄杵一樣，哲學家之不能以遐思遠想的心來達到無限的空間（就是說對它有積極觀念），正如測量家之不能以繼續來測量它一樣。一個人如果思想直徑爲一的一個立體，則他的心中自然可以得到一個清晰積極的觀念；同樣，他也可以觀念到二分之一、四分之一、八分之一等直徑的立體，一直到自己思想中有很小物體的觀念。不過他仍然不能達到分割所生的那個不可思議的「小」的觀念。他現在之不能思想到所餘的「小」，正如他一開始一樣。因此，他永遠不能清晰地、積極地觀念到無限分割後所得到的那種「最小」的分量。

19 **在我們的無限觀念中，什麼是積極的，什麼是消極的**　我已經說過，任何人在思考無限時，起初總要把「無限」應用在空間或綿延上，構成一個最大的空間觀念或綿延觀念；而且他會在自己心中一直重疊那個起初的大觀念，以至使自己的思想厭倦，不過他就只能這樣，也不能稍進一步，來對於所餘的無限形成一個積極的、明白的觀念，這個正如那個立在河旁的村人不能積極觀念到將來要流來的水似的。

Rustious expectat dum transeat amnis; at ille
Labitur, et labetur in omne volubilis avum

河水流兮，農夫待兮；
彼河流兮，乃與往古來今俱馳而無盡兮！

20 **有的人們以為自己有積極的永久觀念，而沒有積極的無限空間觀念** 有些人們把無限的綿延與無限的時間區分得那樣清楚，因此，他們都相信，自己能有一個積極的永久觀念，而卻沒有任何積極的無限空間觀念。這種錯誤的原因我猜想是這樣的；他們在適當地思考各種原因和結果以後，覺得自己必須承認有一個永久的上帝，並且以爲上帝的眞正存在是和他們的永久觀念相契合的。不過在另一方面，他們卻又看到物體並不必是無限的，而且要如此主張也分明是荒謬的，因此，他們就魯莽地斷言說，他們沒有無限空間的觀念，因爲他們不能有無限物質的觀念。這個推論是很不一貫的，因爲空間的存在並不需要物質的存在，正如綿延的存在並不需要運動（或日）的存在似的（雖然綿延是常被運動所度量的）。我相信，人們雖沒有一萬方哩大的物體觀念，也可以有一萬方哩的觀念，就像他雖然沒有一萬年久的物體觀念，也可以有一萬年的觀念似的。在我看來，要想像無物體的空間觀念，就像要思想無穀粒的斗斛容量或無核心的空果殼一樣容易。我們對於空間的無限性雖然有一個觀念，可是實際上並不必因此就該有無限伸張開的一個凝固的物體，正如我們雖然有一個無限綿延的觀念，世界也不必一定是永久的一樣。我們既然能明白地觀念到將來的無限綿延，一如能明白地觀念到過去的綿延一樣，則我們爲什麼還想，無限空間的觀念非需要實在的物質存在來支持它不可呢？因爲任何人都不能想像，在將來的綿延中，現有或曾有物體存在過。我們在此也不能把將來的綿延觀念與現在的或過去的存在聯合起來，正如我們不能使昨天、今天和明天三個觀念成爲同一的一樣，正如我們不能把過去與將來的年紀合在一塊，使它們成爲同時的一樣。不過這些人們如果以爲自己對於無限的綿延比對於無限的空間，有一個較明白的觀念（因爲他們以爲上帝是一直以來存在的，至於無限的空間則沒有眞正的物質與之同時存在），那麼別的哲學家如果以爲無限的空間也是爲上帝的無限遍在性所充滿，正如無限的綿延爲他的永久存在所充滿一樣，則我們便不得不承認，他對於無限空間也有一個明白的觀念，正如他對於無限綿延一樣，不過據實說來，他們在兩方面，都不能有積極的無限觀念。因爲人心中所有的任何積極的分量觀念，他都可以重複加在以前的觀念上，正如他可以把兩日或兩步的觀念（這是他心中所有的積極的長度觀念）加起來，或任意增加似的。因此，人們不論在綿延方面或空間方面，倘若有一個積極的無限觀念，那他們就可以把兩個無限加起來；並且使此一個「無限」無限地大於彼一個「無限」。這種荒謬的程度還值得一駁嗎？

21 **假設的積極的無限觀念是錯誤的原因** 不過在說了半天以後，如果仍有人相信，自己有一個明白的、積極的、涵蓋的無限觀念，那麼讓他們自己享受他們自己的特權好了。我很願意（同別的自認沒有這些觀念的人們）聽一聽他們的指教。因爲我常想，在空間、綿延或可分性的無限性方面，那一切爭論既然不斷地陷於很大而不可解的各種困難中，那就證明我們的無限觀念中有一種缺點、那就證明無限性的本質與我們的狹窄的心理官能是不相稱合的。不過人們在談論無限空間或綿延時，彷彿他們眞有那些完全的、積極的觀念似的，正如同他們能積極觀念到表示空時的那些名稱似的、正如同他們能積極觀念到一碼、一時或任何其他確定的分量似的；因此，我們也不必訝異，他們所推論的那種事物的不可了解的本質使他們陷於紛亂矛盾的地步，而且他們的心也被太偉大的一種物像所困惑壓服，而不能加以觀察、加以處理。

22 **這些觀念都是由感覺和反省來的** 我在討論綿延、空間、數目以及由思考它們而得的無限性時，已經說得過於冗長。不過話語雖多，卻都是這個題目所需要我說的，因爲別的簡單觀念的情狀都不如這些簡單觀念的情狀更能觸動人的思想。我並不敢妄說自己把它們都詳盡地討論過；我的計畫只在指示出它們如何由感覺和反省進入人心，並且指示出，我們的無限觀念，雖然與感官對象等人心作用的任何對象似乎渺不相干，可是也都是由感覺和反省而來的，正如我們的其他觀念一樣。思想精深的數學家或許可以由別的途徑，把無限觀念引入到心中，不過他們與別人原始具有的無限觀念，仍然不外是由感覺和反省來的，仍然不外是由我這裡所敘述的途徑來的。

第十八章　別的簡單情狀

1 **運動的情狀**　我在前一章中已經指示出，人心如何由感覺傳來的簡單觀念一直擴張到無限；並且指示出，無限觀念雖然在一切觀念中與任何可感的知覺離得最遠，可是它所含的成分都是由人心藉感官得來的那些簡單觀念來的，都是由人心的重複能力所構成的那些簡單觀念來的。這些例證雖然足以指示出簡單感覺的簡單情狀，雖然足以指示出人心如何得到它們，可是我爲了闡明嚴格的方法起見，要再略略敘述一些別的簡單情狀，然後再進而討論較複雜觀念。

2 「滑過」、「轉動」、「顚覆」、「行走」、「攀緣」、「奔跑」、「跳躍」、跳舞」、「舞蹈」，以及其他許多有名稱的動作等動詞，在懂英文的人聽來，心中都可以立刻清晰地觀念到它們。這些觀念都是運動的各種變狀。運動的各種情狀正如廣袤的各種情狀一樣。「快」與「慢」是兩種不同的運動觀念。計算運動快、慢時，是把時間和空間的距離合在一起計算的。因此，快、慢就成了包含時間、空間與運動的一些複雜觀念。

3 **聲音的情狀**　在聲音方面，我們也有同樣的變狀。每一個可發音的字都是音的一種特殊的變狀。因此，我們就看到，單由聽覺的那些變化，人心就可以得到幾乎無數的清晰觀念。除了鳥鳴、獸呼之外，各種聲音還可以被長短不同的各種音調所變化，而成一個複雜觀念——就是所謂曲調。一個音樂家只要能在想像中靜默地反思那些音樂的觀念，則他雖不聞聲、雖不發聲，他的心中也可以感到那個曲詞。

4 **顏色的情狀** 顏色的情狀是很多的；被我們所注意到的，就如同一顏色的各種不同的程度和濃淡便是。不過我們所調合的顏色，無論供實用或供欣賞，往往含著形象在其中、往往含著形象的各部分在裡面，就如在繪畫、紡織、刺鏽等作品中也是。因此，我們所注意到的顏色情狀往往屬於混雜情狀，因爲它們是由形象和顏色數種不同的觀念所形成的，就如美和虹便是。

5 **滋味的情狀** 一切複雜的滋味和嗅味，都是由這些感官所供給的簡單觀念所組成的情狀。不過它們通常都沒有名稱，因此，人們也不大注意它們，並且不容易把它們記載下來。因此，我們也不必一一列舉，只讓我的讀者自己去思想、去經驗好了。

6 **有些簡單情狀並沒有名稱** 總而言之，各種簡單情狀，如果視爲是一個簡單觀念的各種程度，那麼它們本身縱然是一些很清晰的觀念，我們通常也不給它們各別的名稱，而且它們的差異如果很小，則我們也不容易注意它們，一如注意各別的觀念那樣。人們所以忽略這些情狀、不給它們名稱，也許是因爲缺乏精細的度量，不易分辨它們，也許是因爲它們縱然可分別，而這種知識也沒有普遍的或必然的功用。不過究竟如何，我讓別人來思考好了，因爲我現在的目的，只在於指示出一切簡單觀念只是由感覺和反省進入人心的，而且人心在具有它們以後，是可以按照各種途徑，把它們加以重疊、組合而成新的複雜觀念的。不過白、紅、甜等，在各種組合的形式下，雖然沒有變成複雜觀念、雖然沒有單獨的名稱、雖然沒有自成一種，可是別的簡單觀念在組合以後（例如單位、綿延、運動〔如上所述〕、能力、思想等），則可以變化成許多複雜觀念，而各個帶有一個名稱。

7 **為什麼有些情狀有名稱，有些情狀沒有**　這個緣故我認爲是這樣的：人所關心的就是相互的相處，因此，我們對於人及其行動和表示所有的知識是很重要的。因此，他們就把行動的各種觀念區分得很細微，並且給那些複雜觀念各種名稱，以便於在記載和談論他們日常所習見的事物時，較爲順利，而不致於周折；以便於在表示和接受各種思想時，可以迅速地互相了解所說的事物。我們可以說，人在構成各種複雜觀念時，在給它們各種名稱時，常常是被其說話的目的所支配的（這是互相表示思想的一條捷徑），因爲我們清楚看到，在各行業中，人們在談論或支配自己的行爲時，各種藝術中所用的名稱，都是爲方便之故，應用在各樣行爲的複雜觀念上的。人們如果不熟悉這些作用，則他們心中往往不能發生這些觀念。因此，就在言語一致的人們，大部分也不能了解代表這些觀念的那些名稱。就如鋤頭、鑽孔、過濾和蒸餾就是代表複雜觀念的一些名稱。這些觀念是很少有人知道的，只有各行業的人們因爲耳濡目染，習見習聞，才能知道它們。因此，只有鐵匠和化學家才能懂得它們的名稱。這些人們因爲心中已經構成這些名稱所代表的那些複雜觀念，並且給它們名稱（也許是由別人得來的），因此，他們在與人談論時，一聽到這些名稱，立刻就能在心中想起那些觀念。就如聽到蒸餾一個名稱，他就能想到簡單的提煉作用，並且能想到把提煉出的汁液回倒在所餘的滓渣上，再行提煉。因此，我們就看到，各種簡單的滋味觀念和氣味觀念，以及其許多的情狀，便都沒有名稱。它們既不爲人所注意，而且在人事中它們即使被人所注意，也並無大用，因此，人們便不給它們名稱、便不認爲它們是獨立的一種。不過關於這一層，我們以後在討論文字時，還有機會再來詳細研究。

第十九章　思想的各種情狀

1　**感覺、記憶、思維等**　人心在觀照、思維自己的行爲時，最初就發現有思想（thinking）。在思想方面，人心可以看到有多數的變化，它並且由此接受到許多清晰的觀念。一種知覺，如果現實地伴隨著並且附著在外面物體在身體上所加的印象上，並且與其他的思想情狀各不相同，則它所給予人心的清晰觀念，我們叫做感覺。任何觀念所以能由感官進入理解中，也就是由於這個門徑。這個觀念復現時，原來的物像如果在外官上並沒有產生作用，那就叫做記憶（remembrance）。人心如果先追求它，並且費了苦心才找到它，那就叫做回憶（recollection），如果人在長時間注意地思考它，那就叫做思維（contemplation）。如果各種觀念浮游在心中，而且我們的理解並無任何反省或注意，那就是法國人所謂幻想（reverie）；英文中對這個作用幾乎沒有一個恰當的名稱。自動呈現出的各種觀念（因爲我在別處已經說過，在醒時，我們的心中永遠有一串觀念前後相繼地呈現出來），如果被人所在意，並且銘記在記憶中，那就叫做注意（attention）。人心如果努力不懈，自由地、恆久地觀察一個觀念，在各方面加以思考，並且思考時不易爲其他觀念的不急之求所轉移，那就叫做專一（intention）或研究（study）。睡時如果無夢，則沒有這些作用。至於作夢本身，則也是人心中一些觀念的出現（這時候外官都停頓，因此，它們不能如平常似的，可以明確地感受外界的物像），不過這些觀念的出現，不是由外界的物像或已知的情節所暗示的，也並不是由於理解的選擇或指導而來的。至於我所說的出神（ecstasy）是否是醒著的夢境，那我就讓別人來考察好了。

2　這些就是思想的一些情狀：它們是可以爲人心所反省到的、所清晰觀到的，就如白、紅、方、圓一樣。我說，我並不妄想把它們都舉出來，並且詳細論究，由反省得來的這一套觀念，因爲那種工作太繁重了。因此，我現在的目的，只在用少數的例證指示出這些觀念究竟是什麼樣子，人心是如何得到它們的。因爲我之後還有機會詳細討論人心中最重要的動作和思想情狀，如推理、判斷、意欲、知識等。

3　**在思想時人心的各種注意程度**　我們在這裡正可以超出本題來反省上述注意、幻想、夢寐等，所自然引起的各種心理狀態，因爲這種枝蔓之論與我們現在的企圖並非渺不相涉的。人人的經驗都使他相信，人在醒時，自己心中總有一些觀念存在。不過人心在運用它們時，注意的程度卻是不同的。有時人心在思考某些事物時，集中力特別之強，並在各方面觀察那些物像的觀念，並且檢視它們的關係和情節，而且在思考各部分時，特別精細、特別專一，因此，它就關閉其他思想，並且不注意感官所接受到的尋常的印象，實則那些印象在別的時候一定可以產生出很明顯的知覺。不過在別的情節下，則人心又會只觀察理解中連續不斷的一串觀念，而不指導或追求它們。不但如此，它有時還會讓它們自由經過，毫不加以注意，就如微弱的影子似的，並沒有留下印象。

4　**因此，所謂思想或許只是靈魂的動作而不是它的本質**　在竭力思索和全不理會中間，的確有許多等級，因此，人人都經驗到，人心在思想時，專一與鬆懈的確是大有差異的。你只要稍進一步考察就會看到，人心在睡眠時是與感官絕緣的，而且感官所接受的各種運動，在別的時候雖然可以產生出明顯活躍的觀念，可是在睡時卻達不到人心中。有些人們在風雨之夜裡可以沉睡得聽不到雷聲、看不到閃電、感受不到屋動：實則這些印象在醒者一方面都是很明顯的。不過人心在脫離感官時，有時也保留一些鬆散的思想，那就是我們所謂夢，至於熟睡則可以把圖景完全蔽住，並且可以把一切現象都停止住。這差不多是人人所經驗到的，而且也是人人所容易觀察到的。從此我就可以斷言，人心既然在不同的時候，能明顯地有各種程度的思想，而且甚至在醒時，也很鬆懈，使它的思想模糊曖昧、分別不清；而且在黑暗的沉睡中，它又會完全失掉一切觀念；這既然是一種事實、既然是一種恆常的經驗，因此，我就可以問，我們是否可以說思想是心靈的一種動作，而不是它的本質。因爲任何主體的動作是可以有專一和鬆懈的，可是事物的本質則不能設想有這些變化。不過關於這一層，我可以逐步來討論。

第二十章　快樂和痛苦的各種情狀

1　**快樂和痛苦是簡單觀念**　在由感覺和反省得來的一切簡單觀念中，痛苦和快樂是兩個很重要的觀念。因爲在身體方面，感覺既然有時是純粹的，有時是伴著苦樂的，因此，人心的知覺或思想有時也是純粹的，有時是伴著苦樂或憂喜的（隨你命名）。這些觀念也與其他簡單觀念一樣，都是無法形容的，而且它們的名稱也是無法定義的。在這裡，我們只有藉助於經驗；正如我們想知道簡單的感官觀念，只有藉助於經驗一樣，因爲你如果以善或惡的存在來定義它們，則仍不外使我們來反省自己心中所感到的、仍不外使我們來反省善和惡在我們心中所產生的各種作用（這些作用是按我們的感覺和思想而有差別的）。

2　**善、惡是什麼**　事物之所以有善、惡之分，只是由於我們有苦、樂之感。所謂善就是能引起（或增加）快樂或減少痛苦的東西；要不然它也得使我們得到其他的善，或消滅其他的惡。相反的，所謂惡就是能產生（或增加）痛苦或能減少快樂的東西；要不然就是它剝奪了我們的快樂，或帶給我們痛苦。我所謂苦樂是兼指身、心二者的，就如普通所分的那樣。不過正確說來，它們只是人心的各種不同的組織；只是這些組織有時爲身體的失序所引起，有時爲人心的思想所引起罷了。

3 **我們的情感是可以為善惡所移動的** 快樂和痛苦，以及產生它們的那些善和惡，都是轉動我們情感的鉸鏈。我們如果反省自己、反省這些事物在各種觀點之下，如何在我們內心產生作用——就是考究它們能產生什麼心理變化或內在感覺，則我們便可以觀察到我們的情感。

4 **愛情**（love） 一件存在的或不存在的東西如果能給人一種快感，則那人在反省那個快樂感時，便會得到愛情觀念。因爲一個人在秋季吃葡萄時，或在春季無葡萄時，他如果說，他愛葡萄，則他的意思只是說，葡萄的滋味能使他高興。他如果因爲健康或身體有了變化，以致感覺不到那種可口的滋味，則他便不能說仍是愛葡萄。

5 **憎惡**（hatred） 反之，任何存在的或不存在的東西如果能給我們痛苦，則我們在思想那種痛苦時，便發生了所謂憎惡。在這裡我們不妨思考一下各種情感觀念是如何由苦和樂的各種變狀所產生的。我們對無生物之所以有愛、有憎，乃是因爲我們的感官與它們接觸時產生了快樂和痛苦（它們在用時，損壞與否在所不計），而在反面，則我們對有苦樂的生物所以有愛、有憎，只因爲我們思考他們的存在或幸福時，自身常常感到一種不安或愉快。一個人的兒女（或朋友）的存在或幸福，常常能給他一種愉快，因此，他就可以說是常常愛他們。不過我們可以總括地說，我們的愛憎觀念就是一般的快樂和痛苦所引起的一些心向——不論這些苦樂是如何產生的。

6 **欲望**（desire） 一種事物在我們當下享受它時，如果能產生出愉快的觀念來，則它不在時，也可以引起一種不安。這種不安之感就是所謂欲望；因此，欲望之或大或小就是看不安之感的強與弱而定的。在這裡，我們正可以說，不安之感縱然不是人類勤苦和行爲的唯一刺激，也可以說是它們的主要刺激。因爲所提出的任何善的事物，它不存在時如果不能使我們感覺任何不悅或痛苦，而且我們離開它，也一樣可以自得、可以滿意：則我們便不會欲望它，也不會努力追求它。在這種情形下，我們只有一種最低的欲望，就是所謂意想（velleity）。這種欲望差不多等於無；因爲在這裡，任何事物的不存在並不能引起什麼不安，因此，它只能使人對它發生一種微弱的欲望，並不能使人利用有效的方法來達到它。不過我們如果以爲所提出的善事是不能達到的，則我們的不安之感也可以減輕、救濟，因此，我們的欲望也可以停止或減低。我們在這方面，本可以多所討論，不過考量到次序，就先暫止於此。

7 **歡樂**（joy）　在我們已經獲得一種善的事物時，或相信將來獲得一種善的事物時，則我們在想像之下，心中就會發生一種愉快，這便是所謂歡樂。就如一個人在將餓時，得到一種救濟，則他在未曾享用之前，就能有一種歡樂。又如一個爲父的，既以兒女之福利爲愉快，因此，他的兒女們只要在幸福的情形下，他就會享有那種善事。因爲他只要一想到那種狀況，他就能得到那種快樂。

8 **悲痛**（sorrow）　一件善的事物如果丟掉了，導致我們不能在可能的長時間中享受它，則人心在思想它時，便會感到一種不安，這就是所謂悲痛。除此以外，我們如果意識到當下一種禍惡，則也會發生悲痛。

9 **希望**（hope）　一件事物如果能使人高興，則我們在思想自己將來能愜意地享受它時，心中便發生了一種快樂，這就是所謂希望。

10 **恐懼**（fear）　我們如果想到將來自己會遭遇一種不幸，則心中便會發生不安，這就是所謂恐懼。

11 **失望**（despair）　我們如果想到一種善的事物是不能達到的，就會產生失望。失望在人心上的作用是因人而異的，有時它能產生一種不安或痛苦，有時它能使人平靜或懶散。

12 **忿怒**（anger）　在感受到損害時，人心如果紛亂不安，並且有報復之意，這然叫做忿怒。

13 **妒忌（envy）** 我們所希望的一種善的事物如果被別人所得，可是我們又覺得他們不應該占了上風，則我在思考那個事物時，心中也會發生一種不安，這就是所謂妒忌。

14 **什麼情感是一切人所具有的** 後面這兩種情感（妒忌和忿怒）不是只由苦樂所引起的，在這些情感中，往往混雜著自我觀念和他人觀念。因此，這兩種情感不是人人所具有的，因爲有些人並沒有評鑑自己價值和報復他人的能力。至於其餘一切情感，既然是純苦或純樂的，因此，我認爲它們是一切人類所具有的。因爲我們所以有愛慕、欲望、歡樂、希望等情感，只是因爲快樂的緣故；所以有憂愁、恐懼、憎惡等情感，完全是因爲痛苦的緣故。總而言之，各種事物之所以能刺激起這些情感來，只是因爲它們（在我們看來）是苦和樂的原因，或與苦樂有間接的關係。因此，我們憎惡之情感往往擴及於能給我們痛苦的那種主物（至少也可以擴及有感覺、有意志的主體），因爲它所留給我們的恐懼是一種恆常的痛苦。至於有益於我們的東西，則我們便不能那樣恆常地愛它，因爲快樂在我們心上的影響並不如痛苦的影響那樣大，而且我們也不容易希望，那件東西將來仍會有益於我們。不過這一層，我們以後再來討論好了。

15 **快樂和痛苦是什麼** 我所說的快樂和痛苦、愉快和不安，並不單指身體的苦樂而言，乃是指我們所感到的任何愉快或不安而言（如我前面所暗示的）——不論它們是由快意或噁心的感覺或反省來的。

16 此外，我們還可以說，在情感方面，痛苦的免除或減少，正與快樂有相同的作用，而且人們也覺得是如此的。至於快樂的失去和減少，其作用也與痛苦一樣。

17 **羞恥（shame）** 大多數感情，在大多數人方面，都能在身體上發生影響，使身體有了各種變化。不過這些變化並不常是明顯的，因此，它們在各種情感觀念中並不能成爲一個必然的部分。

我們所做的事如果是不體面的，如果能減少別人對我所有的敬仰，則我在思想它時，心中當然有不安之感，當然產生所謂羞恥。不過羞恥並不常常伴有一種赧顏。

18 **這些例證就指示出，我們的情感觀念是由感覺和反省得來的**　人們在這裡不可誤以為我已經把各種情感都詳細地描寫出來。情感的數目比我這裡所列舉的要多的多；而且就是我在這裡所提到的那些情感，也應該有比此更為詳盡的敘述。我之所以舉這些例證，也只是為得指示清楚我們在各方面考究各種善惡以後，心中會發生什麼苦痛和快樂的情狀。我在這裡或許應該列舉別的較簡單的苦樂情狀，例如饑渴所引起的痛苦，以及能驅除饑渴的飲食所引起的快樂；又如眼睛的刺痛和音樂的快樂；又如挑剔無理的強辯所給人的痛苦，以及友人合理的談話所給我們的快樂，又如在探究眞理時，有條不紊的研究所給我們的快樂等。不過上面所述的各種情感因為更為人所關心，所以我列舉出它們，並且指示出我們對它們所有的觀念是由感覺和反省來的。

第二十一章　能力（Power）

1　**這個觀念是怎樣得來的**　人心天天藉著感官，知道它所見的外界事物中各種簡單觀念時有變化，並且注意到現在的觀念時時要終止、消滅，未存在的觀念時時又要開始存在。不只如此，它還進而反省自身中所發生的各種現象，還進而觀察它的各種觀念的不斷的變化；這種變化有時來自外物在感官上所印的各種印象，有時來自人心自己的決定作用。因此，它就根據它尋常所觀察到的來斷言，在將來，用同樣執行者和同樣途徑在同樣事物中發生同樣的變化。它以爲一種事物有變化其簡單觀念的可能性，另一種事物有引起那種變化的可能性。因此，它就得到所謂能力的觀念。因此，我們就說，火有熔金的能力（就是能把金的不可覺察的部分的密度和硬度毀壞，使它變爲流體的），又說金有被熔的能力，日有漂白蠟的能力，蠟有被日漂白的能力（因此，它失掉黃色而代以白色）。在這種情形下，以及在相似的情形下，我們所考察的能力都是就可覺察的各種觀念的變化而言的。因爲離開任何事物的可感覺的觀念之明顯的變化，則我們便觀察不到它產生什麼變化，接受什麼作用，而且我們若非先想像它的一些觀念有了變化，則我們也不能想像它本身有了任何變化。

2 **自動的和被動的能力**　在這樣考究之下，能力便有兩種：一種是能引起變化的，一種是能接受變化的。前一種可叫做自動的能力；後一種可叫做被動的能力。至於要問物質是否全無活動的能力，一如造物者全無被動的能力那樣；那是很值得考察的。不但如此，我們還應該考察，能兼有自動和被動兩種能力的，是不是只有介於物質和上帝中間的那些被造物的狀態。不過我當下且不研究這一層，因爲我的職務並不在研究能力的來源，只在於研究我們如何能得到能力的觀念。此外，我們還可以說，在我們對自然實體所形成的複雜觀念中，自動的能力雖然構成了其中的大部分（如後所說），而且我也按照通俗的意義，說它們是自動的，可是這種能力並不如我們這匆促的思想所表象的那樣，並不能說是眞正的自動的能力。因此，我覺得，我在這裡應該藉著這種暗示，使人心來想像上帝和其他精神，以便形成最明白的自動能力的觀念。

3 **能力中含有關係**　我承認，能力中含有一種關係——一種動作關係或變化關係。任何觀念若加以仔細考察後，都有一種關係。就如我們的廣袤觀念、綿延觀念、數目觀念，都包括著各部分的一種祕密關係。至於形象和運動，則其中更顯然含有關係。又如各種可感的性質，如顏色、氣味等，它們不也是各種物體與我們知覺發生關係後所表現出的各種能力嗎？我們縱然退一步來考察它們自身，它們是不再依據於各部分的體積、形象、組織和運動嗎？這種觀念中既然都含有一些關係，因此，我認爲，我們的能力觀念也可以列在其他簡單觀念中而被認爲簡單觀念之一，因爲它也在我們複雜的實體觀念中形成一個主要的成分。這一點，我們以後還有機會可以看到。

4 **最明白的自動能力的觀念是由精神得來的**　一切可感物差不多都可以供給我們一個被動能力的觀念。在許多物體中，我們都觀察到，它們的明顯的性質，甚至它們的實質，都是不斷變動的，因此，我們就容易想像，它們自身也要受同樣的變化。在自動能力（這是能力的本義）方面，我們也有不少的例證。因爲人心不論觀察到什麼變化，它總要在到處追尋引起那種變化的能力，與事物中接受那種變化的可能性。但是我們仔細考究就會看到，各種物體藉感官所給我們的自動能力的觀念，並不如我們反省自己的心理作用時所得的自動能力的觀念，那樣明白、那樣清晰。因爲一切能力既然都和動作相關，而且我們也只能觀念到兩種動作——思想和運動，因此，我們可以考究，我們對能產生這些動作的那些能力所有的最明白的觀念是從哪裡來的。㈠說到思想，則物體完全不能供給我們這種觀念；我們只是藉著反省，才有了那個觀念。㈡我們也不能從物體得到運動起點的觀念。一個靜止的物體不能使我們觀念到一種能運動的自動能力。那種事物如果受了外力，發生運動，則那種運動只可以說是它的被動，不能說是它的自動。因爲球雖然跟著球桿打擊而運動，可是那種運動不是球的自動，乃是純粹一種被動。如果它藉著衝擊力使它所遇的另一個球運動，則它只不過把它由別的物體所受的運動傳遞過去，在這種情形下，另一個球所得的力量正等於這個球所失的力量。照這樣，則我們對物體運動的自動能力，只能得到一個很含糊的觀念，因爲我們只見它把運動傳遞過去，卻不見它產生出運動。因爲我們如果看不到「自動作用」的產生，而只看到「被動作用」的繼續，則我們所得的也只是一個很含糊的能力觀念。一個物體中的運動如果是被另一個物體所推進的，則正有這種情形。只把物體由靜止到運動的那種變化繼續下去，那並不算一種自動，正如只把物體受打擊後形象中所發生的變化繼續下去一樣。因此我們之所以得到運動起點的觀念，只是因爲我們反省自己心中的經驗，因爲在那裡，我們看到，只要我們自己願意動，只要我們心中有那種思想，我們就能運動以前靜止著的身體中的各部分。因此，我認爲，我們如果藉感官來觀察外界物體的作用，則我們只能得到一種很含糊、很不完全的自動能力的觀念，因爲它們並不能使我們觀念到任何能開始動作的一種能力——不論是運動或思想。但是人們如果以爲自己可以從各個物體的互相衝擊，得到一個明白的能力觀念，那也仍契合於我的主張，因爲我原來主張，感覺是人心獲得它的觀念的途徑之一。只是我覺得，人們在此，不妨順便考察一下，人心由反省自己作用所得的自動能力觀念，是否比由外面感覺所得到的，更爲明白一點。

5　**意志和理解是兩種能力**　我認爲我們至少分明看到，自己有一種能力，來開始或停止，繼續或終結心理方面的某些作用和身體方面的某些運動；而且我們之能夠如此，只是因爲我們藉心中的思想或偏向來支配、規劃某些行爲的實現或停頓。人心因爲有這種能力，所以它可以在任何特殊的情節下，任意考察任何觀念，或不考察任何觀念，並且可以自由選取身體上任何部分的運動，而忽略其他部分的運動。這種能力就是我們所謂意志（will）。至於那種能力實在的施展就是所謂意欲（volition or willing）；在實在地施展這種能力的時候，我們或者指導某種特殊的動作，或者停止某種特殊的動作。那種動作的停頓如果是由於人心的命令，那就叫做隨意的（voluntary）；任何動作的進行如果不伴有人心的那種思想，那就叫做不隨意的（involuntary）。至於知覺的能力就是我們所謂理解。理解的作用就是知覺，它可以分爲三種：一是我們對心中觀念所有的知覺；二是我們對符號的意義所有的知覺；三是我們對各種觀念的聯合、矛盾、契合、不諧等所有的知覺。這三種對象都是屬於理解，或屬於知覺能力的不過按習慣而論，我們只是常說，我們能理解後兩種。

6　**官能（faculties）**　人心中這些知覺能力和選擇能力通常還有另一種名稱。按照一般說法，理解和意志就是人心的兩種官能。說到官能一詞，則我們在用它時如果不假設它（我認爲人們是這樣假設它的）代表著心靈中一些實在的存在，而且假設那些存在又分別做理解和意欲作用，以致在人心中產生紛亂的思想，那麼，這個名詞也是很恰當的。人們常說，意志是心靈中指揮的、優越的官能，又說它是自由的或不自由的，又說它決定各種較低的官能，又說它服從理解的吩咐等話。我認爲，人們只要肯仔細觀察自己的觀念，並且不以字音而以事理來指導其思想，則他們一定能懂得這些說法的明白清晰的意義。可是我猜想，要照這樣來談論官能，則不免使人產生錯誤的想法，不免使人想到，我們心中有那麼多各自獨立的主體而且它們各有各的範圍和權威，各個分別命令、服從或執行各種動作。這就在有關它們的問題方面曾引起不少的口角爭論、含糊說法和猶疑態度。

7 **自由和必然的觀念就是由此來的** 我認爲，人人都會看到，自己有一種能力來開始或停止、繼續或終結各種動作。人們所以發生了自由觀念和必然觀念，就是由於他們發現了心中這種支配人的各種動作的能力和其範圍。

8 **自由是什麼** 我們所能觀念到的一切動作，如方才所說，可以分爲思想和運動兩種。一個人如果有一種能力，可以按照自己內心的選擇和指導，思想或不思想、運動或不運動，則他可以說是自由的。如果一種動作的施展和停頓不是平均地在一個人的能力以內，如果一種動作的實現和不實現不能相等地跟著人心的選擇和指導，則那種動作縱使是自願的，也不是自由的。因此，所謂自由觀念就是，一個主因有一種能力來按照自己內心的決定或思想，實現或停頓一種特殊動作。在這裡，動作的實現或停頓必須在主因的能力範圍以內，倘如不在其能力範圍以內，倘如不是按其意欲所產生，則他便不自由，而是受了必然性的束縛。因此，離了思想、離了意欲、離了意志，就無所謂自由。不過就有了思想、有了意欲、有了意志，也不必就有自由。我們只要考究一、二個明顯的例證，就可以看到這一點。

9 **自由要前設理解和意志** 一個網球不論爲球拍所擊動，或靜立在地上，人們都不認爲它是一個自由的主體。我們如果研究這種道理就會看到，這是因爲我們想像網球無法思想、沒有意欲，不能選擇動靜的緣故。因此，我們就以爲它沒有自由，而且不是一個自由的主體。因此，它的動靜都入於我們的必然觀念中，而且被人稱爲必然的。同樣，一個人如果因爲橋塌了，跌在水中，則他在這裡也沒有自由，也不是一個自由的主體。因爲他雖然有意欲，雖然不想掉下去，可是他並沒有能力停頓那種運動，因此，那種運動便不能跟著他的意欲終止，因此，他就不是自由的。因此，一個人如果受了自己手臂的拘攣的運動，來打他自己或他的朋友，則他也沒有能力來藉自己內心的意欲或指導，而停止那種運動，因此，人們也都以爲他在這裡沒有自由。人人還都要可憐他，以爲他受了限制身不由己。

10 **自由不屬於意欲**　再其次，我們可以假設，一個人在熟睡時被人抬到一個屋內，與他所希望晤談的一個人相會，並且抬進以後便被鎖著，再沒有出來的能力；他在醒了以後，看到自己與一個中意的伴侶在一塊，因此覺得很高興，並且寧願停留而不願意出去。在這種情形下，我可以問，他的停留不是自願的嗎？我相信，人都不會懷疑這點，不過他既然被人鎖進，他就非停留不可，並沒有出來的自由。因此，自由並不是屬於意欲或選擇的一個觀念；人們在有能力依據內心的取捨，來做一件事或不做一件事時，才有所謂自由。我們的自由觀念的範圍，正與那個能力的範圍一樣大，並不能超過那個範圍。因爲只要有阻力來限制那種能力，只要有強迫作用來取消自由動作或不動作的那種中立能力，我們的自由，與我們的自由觀念，馬上就會消失了。

11 **「自願的」是與「不自願的」相對待，並非與「必然的」相對待**　在我們自己的身體中，我們就可以找到用不盡的例證。心臟的跳動和血液的流動，人們並沒有任何能力，可藉自己的思想或意欲把它們停止住。因此，在這些運動方面，人並不是一個自動的主體；因爲他縱然願意停止住它們，可是他的選擇和他內心決定並不能使它們停頓。又如拘攣的運動在打動他的腿時，他雖然十分願意停住，可是他也不能以任何內心能力來停止那種運動（就如名爲舞蹈病（Chorea sancti Viti）

的那種奇怪疾病），他必須不斷地跳躍。他在這種動作方面，並沒有任何自由。他是必然得運動的，就如下落的石或被擊的網球似的。在另一方面，他如果心想把自己的身體運在別處，則癱瘓和足枷又會使他的腳不能服從心中的決定。在這種種情形下，他都是沒有自由的，縱然他愛靜坐，不管遷移，那也只是自願的，不是自由的。因此，「自願的」並不是和「必然的」相對待的，乃是和「不自願的」相對待的。因爲一個人所願意的也許是他所能做到的，不是他所不能做到的；而且必然性雖或使他的環境不能改變，而他也許正愛那種環境，不愛它的消滅或變化。

12 **什麼是自由** 在人心的思想方面，與在身體的運動方面一樣。我們如果有能力，來按照自己心理的選擇，把任何一種思想提起或放下，則我們便有自由。一個人在醒時，心中既是必然要不斷地發生一些觀念，因此，他在思想與不思想中間便不能選擇，正如他不能自由使身體與一切事物接觸或不接觸一樣。不過在許多情形下，他在思考各種觀念時，卻可以自由由此一觀念轉移到彼一觀念。因此，他在觀念方面是比較自由的，正如在他所依靠的物體方面一樣；在兩方面，他都可以任意由此一個移在彼一個上。不過有些觀念，在一些情節下是人心所不能免除掉的，正如有些運動是身體所不能免除掉的一樣；在這種情形下，它就用盡力量也不能把它們取消。一個上了刑具的人，並不能把痛苦的觀念擺脫開，也不能藉思維別的東西而開心。同樣，騷動的感情有時也可以擾動了我們的思想，就如一場旋風能席捲我們的身體似的，因此，我們在這裡就不能自由思維我們所希望思想的其他事物。不過人心如果恢復其能力，並且按照自己的選擇來停頓或繼續、來開始或止息外在身體的、內在思想的任何運動，則我們又以爲他是一個自由的主體。

13 **什麼是必然** 任何事物如果完全缺乏思想、沒有能力按思想的指導來實現或阻止任何運動，那就叫做必然。任何運動的發端或繼續，如果與有意欲的主體內心選擇相反，那就叫做強迫（compulsion）。同樣，任何動作所受的阻礙或停頓如果與這種意欲相反，那就叫做束縛（restraint）。凡無思想、無意欲的主體，在任何事情方面，都是受必然所支配的。

14 **自由不屬於意志**　如果是這樣的（我認爲是這樣的），則我可以請人來思考，這種說法是不是可以把那個爭議已久、不可理解的問題結束？是不是可以把「人的意志是否自由」的那個問題了結了？因爲我的話如果沒錯，則我可以由上述的話來斷言說，這個問題本身就是完全不恰當的；而且要問人的意志是否自由，就如要問他的睡眠是否迅速、他的德性是否方形似的，都是一樣沒意義的；因爲自由之不能適用於意志，正如速度之不能適用於睡眠，方形之不能適用於德性一樣。人人都會嘲笑這個問題的荒謬，正如其嘲笑後兩個問題似的。因爲我們不但看到，運動的快慢不屬於睡眠，形象的方圓不屬於德性，而且任何人只要稍一考究，就會清楚看到，自由只是一種力量，只能屬於主體，而不是意志的一種屬性或變狀，因爲意志本身也是一種能力。

15 **意欲**　單以字音來使人對於內在的動作得到一個清晰的觀念，那是很困難的，因此，我在這裡必須警告讀者，我雖然應用「指揮」（ordering）、「指導」（directing）、「選擇」（choosing）、「偏愛」（preferring）等動詞，可是人如果不反省自己在意志發動時所發生的心理作用，則這些動詞並不能清晰地把意欲表示出來。舉例來說，偏愛一詞雖似乎最能表示意欲的動作，可是它也不能精確地表示出來。因爲人雖然偏愛飛甚於偏愛走，可是誰能說他的意志在飛呢？我們看到，所謂意欲就是人心的一種動作，在這裡，它可以有意識地實施自己的能力，以控制人的各部分，使它們做某種動作，或不做某種動作。至於意志就是能這樣作用的一種官能。不過這個官能實際只是人心的一種能力，它可以決定自己的「思想」，來產生、繼續、防止任何動作（當然在可能的範圍以內）。因爲我們不得不承認，任何主體只要有一種能力來思想自己的動作，只要能選擇它們或進行或停止，那他就有一種名爲意志的那種官能。因此，意志不是別的，只是那樣一種能力。至於自由，則是另一種能力，人們在此，可以按照自己心理的眞實選擇，也就是按照他們的意志，來實現或阻止任何特殊的動作。

16 **能力是屬於主體的** 因此，我們看到，意志是一種能力，自由乃是另一種能力。因此，我們如果要問，意志是否有自由，那就無異於問，一種能力是否有另一種能力。這個問題一看之下，就是萬分荒謬的，並不值得一駁、不值得一答。因爲人都知道，能力只屬於主體，只是實體的屬性，並非能力本身的屬性。因此，我們如果問：「意志是否自由？」那實際上就無異於問：「意志是否是一個實體，一個主體？」至少這個問題也假設了這層意思，因爲自由只能成爲實體的屬性。我們如果能按照確當的說法，把自由一詞應用在任何能力上，則它所指的那種能力一定是按照人的內心選擇來決定身體各部分運動與否的那種能力（人所以說是自由的，就是由於這種能力，這種能力也就是自由本身）。不過一個人如果要問，「自由」是否是自由的，則我認爲他大概沒有明白自己所說的話吧！說這話的人正該豎起邁達斯（Midas）的耳朵，因爲他知道了「富的」（rich）一詞是指財富的占有而言以後，竟然來問財富本身是不是富的。

17 人們在此或者又會以官能一詞來稱所謂意志的那種能力，並且由此說意志是能發生作用的一種主體。不過這個名詞雖然可以剽竊別義、隱蔽眞相，略爲把上面的荒謬說法掩飾了一些，可是，正確說來，意志所表示的只是一種選擇能力。而且我們如果把所謂意志的那種官能只當做是能做某種事情的一種力量（事實正是如此），則我們便容易看到，要說意志是自由的，或不自由的，那是很荒謬的。因爲我們如果可以假設那些官能是能自動的一些眞正的存在（我們在說「意志如此命令」、「意志是自由的」等話時，就有這種意思），則我們也可以說有一個說話的官能、行路的官能、跳舞的官能來產生那些運動（它們實則只是運動的各種情狀），正如我們可以把意志和理解認爲是兩種官能，能產生選擇作用和知覺作用似的（實則這些作用都只是思想的各種差異的情狀）。照這樣，則我們可以說唱是由於唱的官能、舞是由於舞的官能、選擇是由於意志，辨別是由於理解；或者照平常人來說，意志支配理解，理解服從或不服從意志。這樣，就如同說話的能力支配歌唱的能力、歌唱的能力服從或不服從說話的能力似的：都是一樣不適當、一樣無意義的。

18　這種說法盛行已久，而且據我猜想已經產生了不小的紛亂。因爲這些都是人心中產生各異動作的各異能力、而且人們雖可以自由運用它們，可是產生此一種動作的能力，並不爲產生彼一種動作的能力所影響。因爲思想能力並不支配選擇能力，選擇能力也並不支配思想能力，正如跳舞能力不支配歌唱能力、歌唱能力不支配跳舞能力似的；這一點在稍一反省之後，就可以看到。可是我們如果說，意志支配理解，或理解支配意志，則其謬誤，正是這樣的。

19　我承認，或此或彼的眞實思想，可以爲意志的起緣（occasion），可以觸動人來施展其選擇能力；我也承認，人心的眞正選擇，可以觸動眞正的思想，使人思此物或彼物；正如現實地歌唱某調時，能觸動人跳某種舞似的，也正如現實跳某種舞時，能觸動人唱某種調似的。不過在這些情節中，並不是各種能力互相支配，因爲能支配它們，施展它們的只有人心，因爲只有人能實施行爲，只有主體能施展其能力。因爲各種能力只是各種關係，並不是各種主體；而且只有具有動作能力或不具有動作能力的主體，可以說是自由的，或不自由的，能力本身並無自由與否之可言。因爲自由只是指有動作能力的東西而言，不自由只是指無動作能力的東西而言。

20　**自由不屬於意志**　我們之所以有這種說法，就是因爲把本不屬於官能的東西歸之於官能。但是我們如果只是以官能一詞，在這篇心理文章內，使人們對於各官能的作用，有了一種似是而非的想法；那在我認爲來，並不能使研究人心的那種學問有絲毫的進步；正如在身體動作方面，我們只發明了官能一詞，不能使我們的醫學稍有進步似的。我並不否認在身心兩方面，都有各種官能；它們都一定有動作的能力，否則它們便都不能動作。因爲一種東西所以動作，只是因爲它能動作，它所以能動作，只是因爲它有動作能力。我並且承認，通用的語言既然使這些字眼都流行，因此，它們在普通語言中，也應有其相當的地位。要把它們完全排斥，似乎也有些矯揉造作。哲學本身雖不喜著華服，不過它在出現於公衆時，應該和婉禮讓，而且只要不傷於眞理和明確性，還應該穿著本國的普通服飾——普通語言。人們的大錯乃在於把這些官能，都認爲是許多獨立的主體。因爲我們如果問人，什麼東西在胃中消化飯食，則人們立刻給出滿意的答覆說那是消化的官能。我們如果再問，什麼東西能使任何東西由身體中排出，則他們又會回答說那是排泄的官能。我們如果再問，什麼能運動，則他們又會說那是運動的官能。因此，在心理方面，他們又說智慧的官能（或理解）來了解；選擇的官能（或意志）來意欲或支配。這就如同說消化力量來消化、運動力量來運動、理解力量來理解似的（因爲官能、力量和能力，都是一種事物的不同的名稱）。這種說法如果再以較明白的文字表示出來，則不外說消化作用是由能消化的一種東西完成的、運動是由能運動的一種東西完成的、理解是由能理解的一種東西完成的。實在說來，要不如此，倒是很奇怪的，就如同說一個人不能自由，而卻自由似的。

21 **自由是屬於主體或人的** 再返回來考察自由，則我認爲意志是否自由的問題是不適當的；只有人是否自由的問題才是適當的。因此，我認爲：㈠任何一個人如果可以藉其心理的選擇或指導，想要使一種動作實現；就能使它實現；想要使它不實現，就能使它不實現：則他可以說是自由的。因爲我如果可以藉著思想，引導手指的運動，使它由靜止而運動，或者使它由運動而靜止，則我在這方面，分明是自由的。我如果憑著心中的思想，自由說話或沉默，則我在開口和緘默方面，可以說是自由的。人在憑著心中思想的選擇，而有所決定時，他的動作能力，或制止能力有多大，則他的自由也有多大。因爲任何一個人如果沒有能力來做他所意想的，我們怎能說他是自由的呢？因此，一個人如果在想要動作時，就能動作；想要靜止時，就能靜止，則他在那種範圍內，就能做他自己所意欲的。因爲他如果想要運動而不想要靜止，那他就可以說是意欲那種運動，而且一個人的自由也以其能做、其所意想的爲限，超出這個界限，則我們便不知如何還能想像其爲自由。因此，各種動作如果是一個人的能力所能及的，則他在這方面，便可以說是完全自由的。

22 **在意志方面，人並不是自由的**　不過好問的人心又願意竭力把一切罪惡的思想都給自己排斥掉，因此，他就不滿意於我這種說法。他主張，自由若非超過這個限度，則便不能解釋許多現象；而且人如果不能自由意欲，一如其自由實行其所意欲的，則人便成了完全不自由的；這樣則人們更有了遁詞（不過他卻因此比在致命的必然之下，又陷於更壞的地步）。在人的自由方面，因此就又發生了另一個問題，就是說，人究竟是否能自由意志？我認爲人在爭辯意志是否是自由時，他們的意思也就在於這個問題。在這方面，我又這樣想像：

23 ㈡意志或意欲既然是一種動作，而且自由既然就是一種動作的能力或不動作的能力，因此，如果有一種人的能力所能實現的動作提示在他的思想中，要他立刻實現，則他在意志作用方面或意欲作用方面，便不能說是自由的。這個理由是很明顯的，因爲依靠他的意志的那種動作如果是必然要存在或不存在的，而且那種動作的存在或不存在如果又是完全依靠於他意志的決定和選擇，那麼他便不能不意欲那種動作的存在或不存在。或此或彼，他絕對地要意欲一種，或此或彼，他絕對地要選擇一種。因爲兩種中總有一種是要跟著來的，而且跟著來的那一種又是完全跟著他的內心選擇和決定的；那就是說，是跟著他的意志，因爲他如果不意欲，則那件事情便不會實現。因此，在意志作用方面，人在那種情形下，是不自由的，因爲自由就在於動作的能力或不動作的能力，而在意志方面，人在思想到那種動作時，他是沒有這種能力的。因爲人的能力所能及的一種動作只要提示在一個人的思想中，則他便不得不選擇那種動作的實現或制止，他必須在兩者中選擇一種，而且根據他的選擇或意欲，那種動作的實現或制止也就必然地相應而至，而且成了眞正自願的。不過那種意志作用，那種選擇彼此的作用，是他所不能免的，因此，他在那種意志作用方面，是受必然所支配的，是不自由的。我們如果能說他是自由的，那就使必然和自由合而爲一，而且人也可以在同時又是自由及束縛的了。

24 因此，我們清楚看到，一種當下的動作在提示於人心時，人是沒有自由來意欲或不意欲的，因爲他根本就不能不意欲，而且所謂自由也就只在於一種動作的能力或制止動作的能力。一個人在靜坐時，可以說是自由的，因爲如果他想要的話，他還可以走動。不過那個靜坐的人如果沒有移動的能力，則他可以說是不自由的。同樣，一個人如果由高岩下墜，則他雖在運動中，也仍沒有自由，因爲他雖想要停止那種運動，卻是有所不能。人在行走時，我們如果提議讓他不要走，則他決定走與不走，也是沒有自由的，他必須要在兩者中選擇一種，必須要選擇走或不走。在我們能力範圍以內的一切其他動作都是如此的，而且這類動作爲數還是更多的。我們如果考究在我們一生中，醒時，一刻一刻繼續出現的那麼多自願的動作，則我們便會看到，許多動作都是在緊要實現的時候，才被人想到、才被提示於意志之前。在這些動作中，人心在意志方面，如我方才所說，並沒有動作與否的能力，因此，它也就無所謂自由。在那種情形下，人心並沒有制止意志的能力，它對於它們並不能全不決定。不論人的考慮多麼快、他的思想多麼迅速，他總要處於他以前那樣環境，或改變了那種環境，或者繼續那種動作、或者停止那種動作。由此看來，他的思想一定要選擇一種而忽略另一種，而且那種動作的繼續或停頓必然地成了自願的。

25 **意志是受外界東西支配的**　我們既然知道，在許多情形下，一個人不能自由來意志，那麼其次的問題就是，他在運動和靜止兩者中，是否可以自由選擇他所想要的一種？這個問題一看就是很荒謬的，因此，人們可以充分相信，自由與意志是全不相干的。因爲要問，一個人是否可以憑著所好，自由選擇運動或靜止，言語或沉默，那就無異於問，他是否能意欲他所意欲的，或高興他所高興的。這個問題我認爲是不值一答的。問這話的人們，一定得假設此一種意志可以決定彼一種意志的動作，而且又得假設還有別的一種意志來決定那種意志，如此一直推到無限。

26 要免除這一類荒謬思想，最重要的是應該在心中對於我們所考究的事物保持一些確定觀念。自由的觀念和意欲的觀念如果在我們理解中劃分清楚，並且在我們論究關於它們的一切問題時，使我們心中一直到底，無有紛亂：則我認爲，擾亂人們思想的那些難題，迷惑人們理解的那些難題，大部分都可以比較容易地解決了。這樣，我們就會看到，使人陷於含混地步的，還是因爲名詞的意義不清楚，還是因爲事物的本性是如此的。

27 **自由**　第一點，我們應當記得，所謂自由只是指一種動作的存在或不存在依靠於我們的意志，並不是指一種動作或其反面依靠於我們的選擇。一個站在高岩上的人，可以自由往下跳二十碼，落入海中，不過他之所以有此自由，並不是因爲他有實現相反動作的能力，並不是因爲他能往上跳二十碼，因爲他根本就不能往上跳那麼高。他之所以爲自由，只是因爲他有跳下或不跳下的能力。但是如果有一種比他更大的力量，把他緊縛住或把他推下去，則他在那種情形下，便沒有所謂自由。因爲那種特殊動作的實現或制止並不在他的能力範圍內。一個囚犯如果囚在二十呎見方的一個屋內，則他在屋內的北端時，可以自由向南走二十呎，因爲他可以走也可以不走。不過同時，他卻不能做相反的一種事情，卻不能往北走二十呎。因此，所謂自由就是說，我們可以按照自己的選擇或意志，有執行或不執行的能力。

28 **意欲是什麼** 第二點，我們必須記得，所謂意欲或意志乃是人心的一種動作，在這裡，人心要使它的思想來注意於某種動作的產生，並且因此來施展自己的能力來產生那種動作。爲避免用字繁多起見，我在這裡可以求讀者原諒，我所用的「動作」一詞也包含著任何動作的制止而言。在提出語言或行走的建議以後，靜坐或沉默雖只是運動的制止，可是它們與那些相反的動作本身一樣需要意志的決定作用，而且它們的影響也是一樣大的，因此，在這個觀點之下，它們也可以當做動作看。我所以提到這一層，乃是恐怕我爲省字起見，引起了人的誤會。

29 **什麼決定意志** 第三點，所謂意志既是指人心有能力來指導人的各種動作官能使之趨向於運動或靜止（在它們能受指導的範圍以內），那麼我們就該問：「什麼決定意志？」對這個問題的正確妥當的回答就是「人心」。因爲能指導普通的能力使之趨向於此種或彼種特殊方向的，只有具有能力的那個主體，因爲只有它可以在那種特殊的途徑中，來施展其能力。這個答覆如果不能滿意，那麼「什麼決定意志？」的這個問題的含義就是說：「什麼能觸動人心，使它在各種特殊的例證中，指導其可左可右的力量，來趨向此或彼的特殊運動或靜止呢？」要答覆這個問題，我們可以說，人心所以要繼續其狀態或動作，動機就在於它所感到的當下的快樂；它之所以改變的動機總是在於一種不快，因爲只有一種不快可以使我們變換自己的狀況或採取一種新的動作。觸動人心使它發生動作的，不快就是它最大的動機。這種作用爲簡便起見，我們就稱它爲意志的決定。這一層我將要詳細加以論說。

30 **意志和欲望不可相混**　在詳細論究以前，我們應當先說一下，在前面，我雖然因爲缺乏名詞的緣故，曾經用能表示欲望兼意欲的「選擇」、「取捨」、以及相似的名詞來表示兼指欲望的意欲作用（這種心理作用只應叫做意志或意欲），可是這種作用，既是一種很簡單的作用，所以任何人如果想了解它，應該先反省自己內心、應該觀察，心在發生意志時，有什麼作用，不應該只依靠於任何發爲聲音的文字。我這種警告乃是要人小心，不要被那些意義含糊的辭語誤導，因爲那些辭語並不足以把意志和其他一些相當差異的心理作用中間所有的差異，完全表示出來。我之所以認爲這個警告是很重要的，尤其是因爲我們常見人們把意志和各種情感相混（尤其與欲望相混）；常見人們將此作彼，而且所見的那些人們還覺得自己有很清晰的事物觀念、還覺得自己在這方面的著述是很明白曉暢的。在這方面，人們所以含糊其辭，陷於錯誤，我認爲這是主要原因，因此，我們應該竭力避免這一層。因爲人只要在發生意志時，觀照自己心中所發生的現象，他就會看到，所謂意志（或意欲的能力）只有關於我們的動作，並且只停在那裡，不再前進；至於意欲則只是人心在動作方面的一種特殊的決定作用，因爲人心藉此可以（只憑自己的思想）努力發生、繼續或停止它所認爲自己能力所能及的各種動作。在充分考究之後，這就可以明白指示我們，意志和欲望是完全有分別的，因爲在同一動作中，欲望所有的傾向是可以和意志所觸動的傾向，完全相反的。就如我所情不可卻的一個人，雖可以強求我勸說另一個人，可是我在說的時候，我也許正不願意說服他。在這種情形下，我們清楚看到，意志和欲望是正相反的。我所意欲的動作朝著一個方向，可是我的欲望可以朝著另一個正相反的方向。一個人在四肢得了劇烈的痛風之後，雖然覺得頭不暈了、胃口也復元了，他仍然想要把他的手足之痛除去（有痛苦就有免除痛苦的欲望），但是他如果恐怕痛苦除去以後，那種毒素或許會轉移到更攸關重要的肢體，則他的意志也許不趨向於任何能免除痛苦的動作。由此，我們就清楚看到，欲望作用和意志作用是完全獨立的兩種心理作用，而且意志既只是一種意欲的能力，所以與欲望更有分別。

31 **不快能決定意志** 現在我們可以返回來考察，「在動作方面，究竟是什麼決定意志？」在我再思之後，我就猜想，那種東西並不是人所著眼的一種較大的好事，如一般人所假設的那樣，它只是人們當下所感到的一種不快（多半是很逼迫人的一種不快）。這種感覺連續不斷地決定我們的意志，使我們進行各種動作。這種不快可以叫做欲望，而所謂欲望就是人心對一種不存在的好事所感的一種不快。身體上任何種痛苦、人心中任何種不安，都是一種不快。所感到的痛苦或不快有多大，則連帶產生的欲望也有多大，而且欲望和痛苦甚至分不出來。因爲欲望之起，既是由於我們在需要一種不存在的好事時，覺得一種痛苦、一種不快，因此，那種不存在的好事就是一種安慰；在那種安慰達到以前，我們就叫它做欲望；因爲任何人只要感到一種痛苦，他就有一種解除那種痛苦的欲望，而且那種欲望是與那種痛苦相等的，是與那種痛苦不可分離的。除了這個解除痛苦的欲望之外，還有一種獲得不存在的積極好事的欲望，因此，在這裡，欲望與不快又是相等的。我們需要任何不存在的好事的欲望有多大，則我們對它所產生的痛苦也有多大。不過一切痛苦雖然都能引起相等的欲望，可是一切不存在的好事所引起的痛苦，並不能與好事所有的重要性（或人想像它所有的重要性）一樣大；因爲好事的不存在並不如痛苦的存在那樣痛苦。因此，我們在思想不存在的好事時，也可以沒有欲望。不過，我們即可斷言欲望有多大，不快一定也有多大。

32 **欲望就是不快** 人們只要反省自身就能看到，欲望就是一種不快的情狀。前哲說過：「希望見阻，則使人心病」（希望和欲望差不多），任何人能感受不到這種急迫的欲望嗎？這種焦慮的程度，與欲望的程度一樣大。人的欲望有時竟使不快之感陡發起來，使人呼到：「給我兒子」、「給我所欲的事物」、「要不然，我就死了」。人生與人生的享樂，正是一種負擔，如果有了不快之感，永久不移地壓住你，那眞是難以忍受的。

33 **欲望中的不快能決定意志**　眞的，善和惡，不論其爲存在或不存在，總是可以影響人心的。不過能時時直接決定意志，使它做各種自願動作的，還在於欲望中所含的不快。這種欲望，或者專注於消極的不存在的好事，就如人在苦痛中意愛懶惰；或者專注於積極的不存在的好事，就如快樂的享受便是。據我看來，不斷的自願動作實占著人生中大部分；而觸動意志使之做這些動作的，正是所謂不快，而且我們所以要由不同的途徑，來達到不同的目的，也正是因爲這種不快。這一點，我將要根據經驗和事理，努力來加以解釋。

34 **不快是動作的泉源**　一個人如果完全安於自己的現狀，如果完全感覺不到一絲不快，那麼他除了想著繼續在那種狀態下過活之外，還有什麼別的勞動、別的動作和別的意志呢？人在一觀察以後，就可以知道這一層。因此，全知的造物主，既然明悉我們的身體組織，而且知道什麼能決定意志，所以他就使人產生了饑渴的不快，以及其他種種自然的欲望，使它們接著時候發動起來，以來促進並決定人們的意志，使他們來保持生命，維繫種屬。因爲我認爲，我們如果只是思維這些不快之感驅迫我們所要達到的那些良好目的，就足以決定我們的意志，並且使我們來從事工作，那麼我們便該完全沒有這些自然的痛苦，而且在世界上或者根本就沒有任何痛苦。聖保羅說：「與其欲火攻心，倒不如嫁娶爲妙。」從此我們就看到，什麼是驅迫人享受伉儷生活的主要原因。我們所感到的一種微小的焦灼，推進起我們，比我們所看到的一些較大的快樂勾引我們時，要更爲有力一點。

35 **最大的、積極的好事並不能決定意志，只有不快能決定意志**　據人們普遍的同意看來，他們都說，好事和較大的好事，可以決定人的意志。這個意見彷彿成了一條堅不可摧的公理，因此，我並不訝異，我在最初印行關於這個題目的著述時，也隨便承認了這一點。而且我認爲，我那樣做法應該比我現在離棄那樣確立的一個意見，更容易得到大多數人的原諒。不過在較嚴密的考究之後，我卻不得不斷言，好事和較大的好事，縱然被人認識、被人承認，也不能決定我們的意志，只有在我們的欲望按照好事的比例，使我們感覺需要，產生不快時，才能決定我們的意志。你縱然能勸說一個人，富厚優於貧窮，並且使他承認，美好的生活安適品，優於汙濁的窮相，但是他如果仍安於後一種生活，而並不感到不快，則他也是不會動的；他的意志從不會決定任何動作，使他脫離那種環境。你雖然諄諄告訴一個人說：「德性是有利益的，而且人如果在此生有大企圖、在來生有大希望、則德性更如食物之於生命一樣重要。」可是他如果不如「饑渴似的，向慕正道」，而且離了正道，他也不感到不快，則他的意志也不會被決定，來追求這個自認的較大的好事；在這裡，他所感到別的不快，就會來驅迫他的意志趨向於別的動作。在另一方面，則一個醉漢雖然知道他的健康要消耗、財產要浪費，而且照他那樣做法，人也不會再信任他、也會染上疾病，並且自己會缺乏一切品物——甚至他所偏好的酒；可是求友之心所不時引起的不快和貪戀酒杯的習慣傾向，以及日常的規定時間，到時候就會把他驅迫在酒店內，實則他也明明知道，自己的健康和金錢會因此損失了，來生的快樂也或許會因此丟掉；而且來生的一點快樂也是不小的幸福，也比以一杯濁酒來潤味覺、也比與醉醺醺的一夥無懶作無聊之談來得幸福許多。他之所以如此，也並非因爲看不到所謂較大的好事，因爲他清楚看到、承認那種好事，而且在不喝酒的時候，還會有決心來追求較大的好事。但是他如果再一感到離了那種習慣的享樂，就是一種不快，則原來所認識的那種較大的好事便失掉了力量，當下的不快又決定他的意志，來追求其平時所好的動作。到了下一次，這種動作仍然占了上風，可是他心中又會自許說：「以後再不喝了；違反那些較大好事的動作，這就是最後一次了。」因此，他一刻一刻，正與那個不幸的自怨者一樣，「我看到好事贊成好事，而卻行壞事。」（Video meliora proboque, deteriora sequor）這句話如果是眞實的，而且如果有恆常的經驗常證明它，則它一定可以由我們這裡所說的途徑（恐怕也沒有別的途徑）更顯得容易了解些。

36 **因為驅除不快正是幸福的第一步**　如果我們考察經驗所明白證實的那種事實，究竟有什麼理由，並且考察爲什麼只有不快能影響人的意志、能決定他的選擇，那我們就會看到，我們在一個時候，既然只能對一種動作有一種意志的決定作用，所以我們當下所感到的那種不快自然會決定我們的意志，來追求我們一切動作所要實現的那種幸福。因爲我們只要感到任何不快，則我們便覺得自己不是幸福的，而且也不是往幸福路上走的。任何人都知道，都覺得痛苦和不快是與幸福不相容的，而且一有痛苦，甚至能把我們所有的美好事物的美味汙損了。一點痛苦就能消滅我們所享的一切快樂。因此，我們只要感到痛苦，則在做一種動作之前，我們意志的選擇，一定在於痛苦的驅除，並且以此爲獲得幸福的第一步。

37 **因為只有不快是當下存在的**　不快之所以獨能決定意志，似乎還有另一種理由。就是，因爲只有它是當下存在的，而且照理來說，不存在的東西也是不會發生影響的。人們自然可以說，不存在的好事也可以藉著思維呈現於人心，變成當下存在的。確實，好事的觀念是可以存在於心中，而且可以被認爲是現在的；不過心中任何觀念如果不能提起我們的欲望，而且那種欲望所含的不快如果不能在決定意志方面有更大的力量，則那個觀念便不能變做現在的好事，並不足以平衡我們當下所感到的那種不快的驅除掉的要求。不達到這種程度，則心中對任何好事所有的觀念，只與別的觀念一樣，都只是單純靜止思維的對象，都不能影響意志，使我們從事活動（這個理由，我們可逐漸指示出來）。就如我們常見，人們雖然在心中對天堂的不可言喻的愉快，形成許多活躍的表象，而且他們雖然承認那些愉快是可能的、可靠的，但是他們仍一樣安享現世的快樂。因此，我們就看到，人們只是縱欲貪求現世的快樂，而且決定他們意志的，也只有那些欲望中所含的不快。在這裡，他們雖然也承認來世幸福大得不可比擬，但他們仍會一步不移、一點不動去追求它們。

38 **又因為人們雖然承認天堂的愉快是可能的，可是他們並不來追求那些愉快**　在思考時，一切好事如果按照其顯現於理解中的或大或小，來影響我們的意志，而且（按傳統的意見）我們的意志既被這種不存在的好事所發動，來趨向這種好事，那麼我就看不到，天堂的無限永久的愉快既然一度被提出來認爲是可能的，爲什麼我們的意志又棄置了它們呢？因爲一切不存在的善如果在一提出、一想像以後，就可以決定意志、就可以使我們來發生動作，那麼那個無限大的、可能的好事一定會規則地、恆常地來決定我們的意志，使它發生連串不斷的一些動作。而且我們也應當恆常地、穩定地來遵從登天的路程，而不能稍微停留、而不能使自己的動作趨向別的目的。因爲來世的永久生涯，無限地超過了我們所希望的一切尊榮財富，與人世間一切的享樂——雖然我們認這些是較容易達到的。而我們所以恆常有相反的決定，乃是因爲一切不存在的好事只是可能的，不是必然的；而且一切將來的事情都非我現在所有的，徒靠希望是足以自欺的。如果眞是我們所見的較大的好事來決定我們的意志，那麼那樣大的一種好事一提出來以後，就該把意志緊緊把握住，使它來追求這個無限大的好事，而不再把它放鬆。因爲意志既然有支配一切動作和思想的能力，它一定該把人心的思考確定在那個好事上。

可是任何大的不快是不曾被人所忽略的　如果意志是被我們所考究的最大的好事所決定的，那麼人心的狀態，以及意志在其一切決定中的有規則的傾向，都應該如上所述的那個樣子。但是我們據經驗知道，它分明不是這樣被決定的。因爲我們常常忽略了自認的無限的最大的好事，以來追求各種瑣碎事物、以來滿足欲望所引起的繼續不斷的不快。但是人所共喻的這種最大的好事、這種永久而不可言說的好事，雖然不常能打動人心、雖然不能穩定地把意志把握住，可是我們卻看到，任何大而有力的不快，只要一抓住意志，就不能再放鬆它。由此，我們就可以看到，究竟什麼能決定意志。任何劇烈的身體痛苦、熱戀中任何不可控制的情感、迫不容緩的報復心理，都可以使意志穩定、專一。意志經過這樣決定之後，再不讓理解拋棄它的對象。在這裡，那種主宰一切的不快只要存在，意志就為它所決定，而且人心的一切思想、人身的一切能力，都集中在那一方面。因此，我就可以說，我們的意志，或驅迫我們選擇各種動作的那種能力，只是被不快所決定的。事實究竟是不是這樣，那可讓各人來考究自身好了。

39 **欲望伴著一切不快**　我之所以常援引欲望中所含的不快，認為它是決定意志的原因，乃是因為不快是主要的，而且是最易感到的；乃是因為在意志支配任何動作時，在實現任何自願的動作時，很少不伴有一種欲望。我認為，人們之所以常把意志和欲望混淆，也就是由於這個緣故。不過我們應當知道，許多別的情感也含著不快，至少也伴著不快，因此，它們所引起的不快，他們也不當把它除外。嫌忌、恐怖、忿怒、妒忌、羞恥，都各有其不快，都能因此影響人的意志。在實際生活中，這些情感很少是簡單的、獨立的，很少完全不與別的情感相混雜。只是在談話和思維中，有名稱的那些情感，在當下的心境中，勢力最強罷了。不只如此，而且我認為，幾乎沒有一種情感不與欲望相聯合。我相信，只要有不快就有欲望，因為我們恆常地希望幸福。我們感到多大不快，就缺乏多大幸福（也許只是我們自己以為如此）——不論我們的狀況何優越。此外，我們的當下狀況既不是永久的，所以我們的當下享受不論多大，我們總要往遠處看，我們的欲望也就隨著我們的先見一直出發，而且還把意志帶去。因此，就在愉快中，能保持發生快樂的那種動作的，也只有繼續享受的那種欲望，和恐怖失掉享受的那種畏懼。但是任何時候，如有較愉快爲大的一種不快出現，意志便又立刻受其決定而趨向一種新的動作，因此就忽略了當下的快樂。

40 **最逼迫人的不快可以自然地決定意志** 不過我們在世上既爲各種不快所襲擊，又爲各種欲望所紛擾，因此，其次的問題自然就是，在決定意志使之趨向其次的動作時，哪一種不快最占勢力？要答覆這個問題，我們可以說，據普通情形看來，能決定意志的是最劇烈而且我們認爲可驅除的那種不快。因爲意志這種能力既是要求指導活動的各種官能，使之發生某種動作，以求達到某種目的，所以任何時候，它總不能趨向它當下認爲不可達到的東西。倘如是這樣的，那就無異於說，一個含靈之物在故意發生某種動作以求達其目的時，只是有心把自己的時光白費；因爲要企圖達到自己所認爲達不到的事情，正是這種情形。因此，過大的不快，我們如果認爲它們是不能遣除的，則它們便不能影響我們的意志，在那種情況下，它們便不能使我們有所努力。不過除了這一層不提以外，在我們一生中，通常能決定我們的意志，使之做不斷的各種自願動作的，仍是我們當下所感到的那些最切要、最緊迫的不快。能刺激動作的就是我們所常感到當下的最大不快，而且決定意志，使它發生下一次動作的，多半也就是這種不快。因爲我們必須銘記，意志的唯一固有對象，就是自己的一些動作，並不是別的；因爲我們在意欲它時所產生的結果，只是我們能力所能及的一種動作，因此，意志也只歸宿在那裡，不能再往前進。

41 **人人都欲望幸福** 人們如果再問，什麼驅迫欲望，則我可以答覆說，那是幸福，而且也只有幸福。幸福和苦難（misery），是兩個極端的名稱，我們是無法了解它們的最終界限的，那正如古人所說：「它是眼所不曾看到、耳所不曾聽到、人心所不曾想到的。」不過我們對兩者的某些程度，卻有一些很活躍的印象；因爲在幸福方面，有各種暢快（delight）和欣愉（joy）所產生的印象，在苦難方面，有苦惱（sorrow）和折磨（torment）所產生的印象。爲簡便起見，我將總括地稱這些爲快樂（pleasure）和苦痛（pain）。至於苦痛和快樂又兼指身、心而言，就如說「他充滿著愉快並且有永久的快樂。」不過正確說來，苦痛和快樂都是屬於心理方面的，只是有的由於思想出現於心中，有的由於運動的變化發自身體罷了。

42　**什麼是幸福**　因此，極度的幸福就是我們所能享受的最大的快樂；極度的苦難就是我們所能遭受的最大的痛苦。至於幸福的最低限度，則是離苦痛最近的一種安慰，而且是當下所不可缺的一種快樂，因此，離了它，我們便都不能安心。幸福和苦難既是由一些外物的作用在我們身心上所生的（程度也不同），因此，凡容易給我們產生快樂的物像，我們便稱它爲好事；凡容易給我們產生痛苦的物像，我們便稱它爲惡事。而我們之所以如此稱呼它們，也只是因爲它們能產生組成幸福的那種快樂並產生組成不幸的那種痛苦。不過能產生任何程度的快樂的，本身雖是好的，能產生任何程度的苦痛的，本身雖是惡的，可是我們也常見，它們如果與更大程度的一些善、惡相比較，則我們便不如此稱呼它們；因爲它們如果互相比較，則更大的苦痛和快樂便比較能得勢。因此，我們如果正確地考究所謂善、惡，我們就會看到，它們大體是按照比較而定的。因爲較小痛苦的原因，也正與較大快樂的原因一樣，都有幾分好的本質；反過說來也是一樣。

43　**某些好事是所欲望的，某些不是**　這雖是普通所說的善、惡，而且一切好事都是一般欲望的固有對象，可是一切好事，縱然被人看到、被人承認，也不能必然地打動每個人的特殊欲望。各種好事，只有被他認爲是他幸福的一個必然部分時才能打動他。因此，其餘一切好事，只要他不認爲它們是他現在所已滿足的（在思想中）幸福的一部分，則那些好事縱然在外表上或實際上是很大的，也不能打動他的欲望。因此，每個人恆常所追求的，就是這種觀點下的幸福，他所欲望的，就是能形成他的幸福的任何部分。至於別的東西，則他雖也承認其爲善，可是他觀察起來，並不發生欲望，而且離了那些東西，也可以心安理得。我認爲，人們都不致於愚蠢地不承認知識能給人快樂；至於各種肉欲，則追逐它們的人太多了，所以我們也不必再問，人們是否受它們的影響。現在我們如果假設，一個人的興趣在於肉欲，另一個人的快樂在於知識；則他們雖然都承認對方所追求的是一種大快樂，可是他們未曾把對方的快樂認爲是自己快樂的一部分。他們的欲望並不會因此發動起來，他們各個雖沒有對方所享受的，可是他們都能安心；因此，他們的意志都不決定來追求對方的快樂。但是那位好學的人如果受了饑渴，感覺不快，則他的意志原來雖然不曾被美味所決定，來追求佳餚、辣味和美酒，可是他現在仍會爲饑渴所含的不快所決定來飲、來食；只是他在食時，只要食物合乎衛生，他就不加選擇，食下去罷了。在另一方面，一個饕餮之徒，如果因爲羞恥，或因爲要討好於情人，覺得自己一無所知，很是不快，則他也會努力讀書。因此，人們雖然專一地、恆常地來追求幸福，可是他們所清楚看到的最大的好事，如果被他們認爲與自己幸福無關，則他們會不關心那種好事，會不爲它所動。至於痛苦，則他們是常關心的，他們一受了那種感動，便感覺到不快。因此，他們如果看到有任何好事可以形成其幸福的一部分，並且因爲缺乏他們所認爲幸福所必需的東西而感不快，則他們立刻會產生欲望。

44 **為什麼最大的好事不是常常為人所欲望的** 我認爲，任何人只要觀察自己或他人，就會看到，任何小的痛苦雖都能驅使我們努力消除它，可是明顯的、較大的好事所引起的欲望，並不能與那種欲望表面上的（或我們所認它所具有的）偉大性相稱。我們觀察幸福和苦難的本質，就會清楚看到這種理由。一切當下的痛苦，都可以形成當下苦難的一部分，可是一切不存在的好事不能常常形成當下幸福的一個必然部分，而且幸福的不存在也並不能常常形成我們苦難的一部分。倘若不然，則我們將有無限恆常的苦難，因爲有無數等級的幸福，都是我們所不曾享有的。因此，一切不快消除以後，當下只有一種中度的好事就可以使我們滿足；而且在日常的一連串享受中，稍有幾度快樂，則可以使人安心自足那種幸福。如果不是這樣，則我們的意志絕不會常被那些明顯瑣碎而無關緊要的動作所決定，並且在那方面把一生中大部分時間自願地消耗了。這種怠慢情形實在與追求最大好事的那種意志（欲望）決定，背道而馳。我認爲這種情形，任何人並不必盡力尋找，就可以充分相信。的確，在這塵世中，許多人的幸福都是很有限的，並不能供給人以一長串中度的快樂，而無任何不快摻雜其中，可是他們也都安心常留於此，不思其他。他們雖承認，在此生以後，能有一種永久不變的愉快狀況，超過塵世上的一切；他們雖分明看到，他們現在所追求的尊榮、財富、快樂，縱然能暫時達到、維持，也遠不及他們所忽略了的那種永久的狀態更爲可能，他們雖明白在將來狀況下，一種完全、永久而安定的幸福是可能的；他們雖然充分相信，他們如果使自己的幸福限於塵世這些小享受或企圖，如果不以天堂之樂來形成幸福的一部分，他們將來便不會得到那種快樂；可是他們雖知道這層差異，而他們的欲望並不爲這種較大的明顯的幸福所激動，他們的意志也不會決定了，採取任何動作，來達到這種幸福。

45 **爲什麼不被欲望的東西，就不能發動意志**　人生因爲受了必然的支配，以致大部分都充滿了各種不快；就如饑、渴、熱、冷、疲勞、倦睡，都輪流著來侵犯我們。此外，還有偶然的傷害，以及風俗、先例和教育三者養成習慣後所引起的狂想的不快（如希求尊榮、權力、財富等），以及其他習慣成自然的千萬種不正常的欲望。因此，我們看到，自己一生中很少有時間能免除了這些不快，使自己自由趨向較遠的不存在的好事的吸引力，很少有時間，我們能逍遙自在，擺脫自然的或養成的各種欲望的苦求，因此，我們那些無數的自然的需要和養成的習慣，便不斷地供給一些不快，來輪流著決定我們的意志。一種動作剛被意志決定完成，隨後立刻就另有一種不快出來使我們繼續工作。因爲要脫離患苦，趨向幸福的第一步，既然在把我們當下所感到的切迫的痛苦免除了，因此，一種不存在的好事，雖然被人思想、被人承認是善的，可是它既然不是這個不幸中的一部分，因此，當它不在時，便被排擠出去，以便我們專注努力擺脫當下所感到的那些不快。不過在之後經過適當的、重複的思維以後，它也可以較接近於人心、也可以較有美味、也可以使我們產生一種欲望。這種欲望既然也變成我們當下不快的一部分，則它與別的欲望便立於相等的地位，也得要求滿足，因此，它也可以按照它的強力和壓力，照樣來決定意志。

46 **適當的考慮能引起欲望來** 由此看來，在適當地考察任何提出的好事以後，我們便有能力來按照那種好事的價值，引起比例相當的欲望，因此那種好事也就可以依著次序，決定意志來追求它。因爲任何好事，不論我們承認它有多大，但如果它不先在我們心中引起各種欲望，使我們對它的不存在感覺不快，則它便不能達到我們的意志，我們也沒有進入那種好事的活動範圍中。因爲能決定我們意志的那些不快，一定得是現在所感到的、一定得是迫人的、一定得能決定意志下一次的方向；人心所衡量的（如果它有所衡量）只是在於：哪一種欲望是應當立刻滿足的，哪一種不快是應當先驅除的。因此，我們就看到，人心中只要有不快、只要有欲望，就沒有餘地來容納純粹的好事，使之來接近意志，或絲毫來決定它。因爲（如方才所說）追求幸福的第一步，既然在完全脫離苦難的範圍，使我們一點也感覺不到它，因此，在各種不快完全擺脫以前，意志就沒有工夫來顧及別的東西。可是我們在現世這種不完善的狀態中，既然爲千萬種需要和欲望所侵襲，所以要在塵世上想擺脫不快，那恐怕是不可能的。

47 **我們之所以能夠從事考慮，乃是由於我們有能力來暫停欲望的實現** 我們既然有許多種不快，來干擾意志、決定意志，因此，最大、最迫人的不快一定會決定人的意志，使之趨向下一次的動作，這一點是很自然的，我們已經說過。但是事實上，雖大部分如此，但並不永遠如此。因爲我們據經驗知道，在許多情節下，人心有一種能力來暫停動作而不急著滿足、不急著實現它的任何欲望，因此，它可以自由考究那些欲望的對象、自由考察他們的各個方面、自由的把它們與別的物像互相比較。人之所以有自由，正是由於這一點。而且我們因爲不善用自由，所以我們在日常生活中，努力追求幸福時，常陷於許多過錯、謬誤和失察。因爲我們意志的決定作用是太躁急的，而且在沒有經過妥當考慮就早已魯莽進行了。不過我們都有一種能力，使某些特種的欲望暫不實現，因此，我們也可以阻止此處所說的不利；這一點，任何人都可以根據日常經驗，在自身看到。在我看來，這就是自由的來源，而且所謂（我看是不正確的稱呼）自由意志，也就是由此成立。因爲在任何欲望暫爲停頓的時候，我們可以在意志決定以前，在動作（由那種決定而來的）實現以前，有機會來考究、觀察、判斷我們所將要做的善或惡。在適當的考察之後，我們如果判斷出，我們所做的是自己的職責，而且在追求幸福方面，我們所能做的，所應做的，也就限於此，則我們自然會按照公平考察後所得的最後結果，來欲望、來意志、來動作。這並不是人性的一種過錯，乃是它的一種美德。

48 **由我們自己的判斷來決定，並不是對自由加了限制**　這種情形不但不限制自由、減少自由，反而促進了它、加強了它，那不但不縮小自由，而且自由的目的和功用還正在於此。因此我們如果愈不受這種決定的支配，則我們愈會走向苦難和奴役地步。我們如果認善、惡可以跟著自己判斷的選擇而來，可是在最後判斷以後，我們的心又完全處於中立狀態，不受絲毫決定，則這種中立狀態不但不是智慧本質的優點和所長，而且它會成了一種極大的缺點，這種缺點，正如在意志未決定以前，我們不能從容中立、亂行亂止是一樣的。一個人可以自由舉手向頭，或讓它靜垂下去，他在兩方面都是中立的；而且他如果沒有那種能力，或沒有那種中立狀態，那一定是一種大缺點。但是他如果在看到有一種打擊來到他的頭或眼時，只是完全漠然，也不管舉手是好，垂手是好，那麼，那一定也是一種大缺點。因此，欲望或選擇的能力，如果被善所決定，則正與動作能力被意志所決定一樣，都是一種優點；而且決定的程度愈準確，優點的程度也就跟著愈大。不但如此，我們如果不被人心在判斷動作的善、惡後所得的最後結果所決定，而被別的事情來決定，則我們便不是自由的。因爲自由的目標，正在於達到我們所選擇的好事。因此，人既然是一種合靈之物，所以他便受了自己組織的支配，不得不受自己思想和判斷的決定追求最好的事物。否則，他一定會受別人的支配，那就不是自由了。而且我們如果不承認人的意志在各種決定作用中，受自己判斷的指導，那就無異於說一個人雖有意欲、雖有動作，可是他的意欲和動作的對象不是他所想要的。因爲在當下思想中，他既然取那個目的，而捨去別的，這就分明表示，他認爲那個目的是較好的，而且想要達到它而不想要達到別的。若非如此，那麼我們只得說，他在同時能有那個目的，又不能有那個目的；又想達到那個目的，又不想達到那個目的。這種矛盾是顯而易見的，我們雖然接受它，也有所不可能。

49 **最自由的主體就是這樣被決定的** 我們如果觀察比人還高，而且享受完全幸福的那些神明，則我們很可以合理地判斷，他們在選擇好事方面，雖比我們更容易被決定些，可是我們並沒有理由來斷言，他們較我們不自由、不幸福。至於要問無限的智慧與善意究竟是什麼樣的，則我們這樣可憐的渺小的動物，如果可以有所言論，則我猜想，上帝一定不能選擇不是善的東西。因爲全能者雖然有自由，但是他如果被至善決定，那並不是沒有道理的。

50 **有恆常追求幸福的決心，並不減少自由**　要適當地來觀察這個被人誤解的自由部分，則我可以問，世上有人因爲他不如聰明人考慮得那樣周全，而願意當一個見異思遷的人嗎？一個人如果只是自由行傻事、使自己蒙羞被責難，那配得上說是自由嗎？脫離了理性的束縛，而且不受考察與判斷的限制，只使自己選擇最壞的，或實行最壞的，那並不是自由；如果那是自由，是眞正的自由，則瘋子和愚人可以說是世上唯一的自由人。但是我認爲，沒有人會因爲這種自由，而願做一個瘋子；只有已經瘋了的，那就無話可說了。追求幸福的恆常欲望，以及追求幸福時這種欲望所給我們的限制，沒人會認它們爲自由的束縛，或者至少說，沒人會認爲這種束縛是可抱怨的。全能的上帝自身也是被幸福的必然性所束縛的；而且任何有含靈之物愈受這種必然所支配，就愈能走近無限的完美和幸福。在我們這種愚昧狀態中，我們這短視的生物往往易於錯認眞正的幸福，爲避免這一層起見，所以上天又賦給我們一種能力，來暫停任何欲望，使它不一直決定我們的意志，一直使我們立刻發產生動作。這就是所謂靜立（standing still）；在這裡，我們是還不曾充分相信我們所應走的道路的。所謂考察則是在發現指南針。在考究以後，意志的決定作用就是所謂遵從指南針。一個人如果有能力，按照那種決定作用的方向來動作或不動作，他就是一個自由人。這種決定作用並不能限制自由所成立的那種能力。一個人的鐐銬如果打掉，獄門如果爲他敞開，他就是完全自由的，因爲他或行或止，可以任其心之所好。他也許因爲夜黑、天變、無家可歸，決定要留下，他也許因爲貪戀那裡的安適，斷然決定意志要留在那裡，不過他仍然是自由的。

51 **追求眞正的幸福是一種必然性，這種必然性正是一切自由的基礎**　智慧本質的最高的完美點，既然在謹愼地、恆常地追求眞正堅牢的幸福，所以我們自己如果心存顧慮，謹防自己將想像的幸福誤認爲眞實的幸福，那正是我們自由的必要基礎。普遍的幸福就是所謂最大的善，也就是我們的一切欲望所趨向的。我們如果受了必然性的支配，來恆常地追求這種幸福，則這種必然性愈大，那我們便愈爲自由。有了這種自由，則在任何特殊的似乎可意的好事出現時，我們就可以先任意考究它是否有引起眞正幸福的趨勢、是否與眞正幸福相吻合，而不必被我們的意志決定所強迫，來實現某種特殊的動作，並且順從那種特殊的好事所引起的欲望。因此，在這方面，我們如果不先按照事體的重要、情節的性質，精密地考察一番，則我們必須在特殊情形下，暫停欲望的滿足，因爲要選擇、要追求眞正的幸福或最大的好事，那也正是人性中一種必然性。

52 **上述的現象究竟有什麼理由** 含靈之物，在特殊的情節下，往往要考究所提出、所希求的那種特殊事物是不是可以達到他們的主要目的，是不是可以形成他們的最大好事的眞正部分；在未充分觀察以前，他們往往暫且停止動作，不來追求眞正的福祉。確實在恆常地追求眞正的福祉時，在穩定地實現眞正的福祉時，他們的自由也就是看他們能不能暫且停止動作以爲關鍵的。因爲一切含靈之物，本性都有追求幸福的趨向，而且這種傾向就形成了他們的強烈動機，使他們時常留心，不要失掉幸福。此外，特殊的動作既是達到幸福的一些手段，因此，那種傾向又會必然地使他們在指導這些動作時小心謹愼、顧慮周到。這種必然性不只能決定我們追求眞正的幸福，而且它可以同樣的力量使我們考量、停擱並且檢查每一種相繼而來的欲望，是否在滿足時能干涉眞正的幸福，並且誤導我們。在我看來，這正是有限的含靈之物的特權，而且我希望人來考究他們所已有、所能有、所能利用、所能用以支配動作的一切自由、之所以能發生、能施展，是不是因爲他們在按照事物的重要性，適當地考察了任何動作的善性、惡性以前，他們能暫停自己的各種欲望，使那些欲望不致於決定他們的意志立刻來趨向那種動作。這分明是我們所能做到的，而且我們如果已經做到這一層，那我們就把自己的職責盡了、也就把自己的能力盡了、也就把應做的都做到了。因爲意志既然需要知識來指導它的選擇，所以我們所能做的，也就是在考察我們所欲望的東西之爲善、爲惡以前，使我們的意志暫不決定。至於以後接著而來的動作，則是輾轉相承，一線直下的。這些動作都依靠於判斷的最後決定。至於這種決定，則無論其是由倉卒粗疏的觀察來的，或是由審慎成熟的考慮而來的，總是在自己能力之內的。因爲經驗告訴我們，在許多情形下，我們是可以暫且停止，而不當下滿足任何欲望的。

53 **能統治我們的情感，正是促進自由的正當途徑**　但是我們的心理如果受了極端的干擾（如日常發生的那樣，例如受刑時的痛苦，又如受了愛、怒等狂暴情感的攪動以後，所發生的強烈的不快），而且感情不能自禁、思想不能自由、心理不能自主、考察不能公正；那麼我們只有讓仁愛、慈悲的天父來審判我們的行爲了，因爲祂知道我們的弱點、憐憫我們的脆弱，不以不可能者勉強我們，而且分明看到，什麼是我們所能做的、什麼是我們所不能做的。不過要想使我們的行爲能趨向於達到眞正幸福的正確方向，則我們確實不能匆促地來俯從我們的各種欲望，而且也應把自己的情感，加以調整、限制，因爲只有這樣，我們的理解才可以自由考察、理性才可以有了無偏頗的判斷。因此，我們關心、努力的點也應當著重在這一方面。在這方面，我們應當努力使自己的心理趣味適合於事物中眞正的、內在的善或惡。而且我們如果思想到所假設的或所承認的偉大而重要的好事，則我們也不應當讓它空空過去；我們應當對它發生欲望、發生貪戀；而且應當考究它的眞正的價值，並且在心中對那種價值形成適當的欲念，使我們在缺乏它時感覺不安，在得到它時又怕失去。究竟人們有沒有這種自己決斷的能力，人人都容易試驗出來。在這裡，人不必說，自己不能支配自己的情感、不能防止它們的暴發、不能不隨它們來行動，因爲他在君王或大人物面前所能做的事、他在獨處時或在上帝面前時，也一樣可以做得到，只看他是否願意罷了。

54 **人們所追求的各種途徑為什麼又不相同**　由前面所說的看來，我們似乎容易解釋，爲什麼所有人類都欲望幸福，可是他們的意志又使他們走著各不相同的方向，而且有些還甚至引起禍惡。在這方面，我可以說，人們在世上所有的選擇雖然互相紛歧、互相矛盾，可是這並不足以證明，他們不是都追求幸福，只足以證明，同樣的東西在人們看來，並不都是善的。由人們追求幸福的多種途徑看來，我們可以說，人人所認爲的幸福並不一樣，而且所選的達到幸福的途徑也不一樣。人生的顧慮如果僅限於今生，則我們可以說，有的人所以愛研讀、愛知識，有的人之所以愛打鷹、愛打獵，有的人之所以愛奢華、愛縱欲，有的人之所以愛清明、愛財富，那並不是因爲這些人所希圖的不是幸福，乃是因爲他們幸福的對象是各不相同的。有一個醫生對他的患眼疾的病人說得好：「如果你覺得享用美酒，比利用視力更快樂，則酒可以說是對你好的；但是你如果覺得看物比飲酒更爲快樂，則酒是全無價值的。」

55　人心的嗜好各不相同，正如各人的味覺似的，因此，你如果要以財富與光榮來取悅於所有人，那是徒勞無功的（自然有些人以此爲幸福），就如你不能以牛乳餅或龍蝦來止所有人的饑餓似的。因爲這些東西，有的人們雖以它們爲可口的美味，可是在別人看來，它們是完全可憎而且可厭的，而且常態的人們有的也竟願挨餓忍饑，也不願以別人所認爲美饌的盤餐來充饑腸，因此，古代哲學家雖然問說，所謂至善（summum bonum）究竟在於財富呢？還是德性呢？還是思維呢？還是身體的快樂呢？可是在我看來，這個問題實在是無意義的。要照這樣問，則我們也可以合理地來爭辯，所謂美味是在蘋果呢？是在酸梅呢？是在核桃呢？照那樣，則我們也可以在這方面有了各種派別了。因爲美味不在於事物本身，只在於它們在特殊的或此或彼的味覺所產生的快感，因此，最大的幸福也在於享有那些能產生最大快樂的事物，而避免那些能產生紛擾和痛苦的事物。不過在各人看來，這些事物的價值是各不相同的。因此，人的希望如果只在於今生，而且他們也只能在今生有所享受，則我們也無怪乎人們要盡力免除能觸犯他們的事物，並且要盡力追求能娛樂他們的事物，以求得到他們的幸福。因爲我們的希望如果不超過墳墓那邊，則我們自然可以合理地推斷，「讓我們今天且吃、且喝」、「讓我們今天且享受我們的快樂」、「因爲明天我們就要死的。」不過同時我們還可以說，這些快樂是因人而異的，因此，我們也不必怪他們所求的各種對象竟然有許多差異。這一層我認爲可以解釋了人們既然都追求幸福，何以他們又不被同一事物所鼓舞。人們所選擇的事物雖然可以各別，可是他們所選擇的都是正確的。在這裡，我們正可以假定他們如一群昆蟲似的。其中有的是蜂，所愛的是花與甜味；又有的是甲蟲，所愛的是別的食物。而且它們在享受一定的時季以後，便行消滅而不復存留。

56 **人們的選擇為什麼會錯誤**　把上述的各種情節加以適當的衡量，則我們可以清楚地看到，人類的自由是什麼情形。所謂自由就在於有能力照自己的意志，是否做某件事情、是否停止某件事情。這是無可否認的，不過在這個含義中，我們似乎只提到由意欲而起的動作，因此，我們還可以問，究竟意欲是不是自由的？我們已經答覆過這一點，在許多情形下，人並不能抑制自己的意志作用，他必須要施展其意志作用，而且所提出的動作，是否將要存在也就要以他的意志爲憑。不過在某種情形下，人在意志方面，也可以說有自由；因爲人可以選擇一種較遠的善，以爲自己所追求的目的。在這裡，人可以對所提出的對象，暫時停止其取捨的選擇作用，慢慢仔細考究，那個對象的本質和所產生的結果，是否足以使他幸福。因爲他只要一選取那個對象，那個對象就要變成他幸福的一部分，而引起他的欲望，這種欲望又要引起相當的不快，這種不快又能決定他的意志，使他從事工作，在所遇的任何機會中，來追求他的選擇。因此，我們就看到，人所意欲、所實現的各種特殊的行動，雖然在自己都判斷爲合理的，可是他有時還正該加以刑罰。因爲他的意志雖然常被他的理解所認爲合理的事物來決定，可是我們並不能因此原諒他。因爲他自己的選擇既然倉卒，所以他的善、惡標準就有了錯誤；不過這些尺度雖然錯誤、虛僞，可是它們在他將來行爲上的影響，正如它們是正確的、無誤的一樣。他既然損壞了他的味覺，則他必得對於後來的疾病和死亡負責任。物性的永久法則，並不能稍事改變，以求合於他錯誤的選擇。如果他本來有選擇眞正幸福的自由，可是因爲他忽略了這種自由，或誤用了這種自由，導致陷於錯誤，則後來的謬行，應該歸咎於他的選擇不當。因爲他本有暫停決定的能力，上帝所以賦予他那種能力，正是要使他考察並關心他自己的幸福，不使自己受了蒙蔽。而且他在這樣關切重大的事情上，也不應覺得，受蒙蔽是應該的。

以上所說的也可以指示給我們，世人所選擇的東西爲什麼不同，而且他們追求幸福的途徑爲什麼各異。不過人們既然恆常地、專一地來免苦求樂，因此，我們仍不得不問，人們爲什麼捨好的而選壞的？爲什麼竟然選擇使他們陷於苦難的那些事物（據他們自白如此）？

57 要解釋人們既然都追求幸福，何以又採取不同的途徑，則我們應該考究，使意志能選擇其自願動作的那些不快之感是從哪裡來的。

㈠**有的是由身體的痛苦來的**　有些不快的來源不是在我們能力範圍內的，就如由缺乏、疾病和外傷（如刑具）所引起的身體痛苦便是。這些痛苦，在現實而狂暴時，往往能在意志上產生很強的作用，並且使人們改變生活方向、離棄德性、虔敬、宗教以及他們以前所認爲能獲得幸福的途徑。人人都不致力或者不能（因爲沒有習慣）藉著思維較遠較遲的好事，使自己心中產生很強的欲望，以平衡他在身體痛苦中所感到的不快、以使他在選擇將來能獲得幸福的那些行動時，有了定見。在這方面，我們如果需要例證，而且世界各地各代如果不曾供給充分的例證，以證明所謂「不可避免的環境使人墮落」（Necessitas cogit ad turpia）的那句常言，則我們正可舉一個悲慘的鄰地爲例，以證明此說不謬（不過這是多餘的）。因此，我們可以說，我們之所以常常祈禱：「不要使我們陷於誘惑。」那正有其充足的理由在。（按：此處係指法國的宗教殘殺而言——譯者）

㈡**由錯誤判斷而起的錯誤欲望**　有些不快之所以產生，乃是因爲我們欲望不存在的幸福。這些欲望是與我們對不存在的善所形成的判斷、所發生的愛好成比例的。不過我們在這兩方面，都易陷於錯誤，而且這些錯誤是由於自己的過失而來的。

58 **我們對當下的善或惡所形成的判斷，常常是對的**　第一，我要考究人們對將來善、惡所形成的錯誤判斷，以及其所引起的錯誤欲望。因爲說到當下的幸福和苦難，則人們如果只單獨考究它，而且它的結果如果也很遠，則人永不會錯誤了。他知道什麼是他所最喜悅的、眞正愛樂的。當下所享受的事物，其所表現的正如其本然的樣子，在這種情形下，外貌的善和眞正的善常常是一致的。因爲所謂痛苦或快樂，其程度正如所感到的那樣，而且當下的善或惡也眞如其所表現的那樣。因此，我們的各種動作如果自身歸結於自身，而不能引起以後的結果，則我們一定會無誤地選取最好的目的，如果人們能同時感到忠實勤勞的辛苦，和饑寒凍餓的痛苦，則沒有人會懷疑自己的選擇；如果人們能同時享受到肉欲的滿足和天堂的快樂，則他在決定自己的選擇時，也不會遲疑、不會出錯。

59 不過我們在進行自願的行動時，它們所要引起的幸福和苦難並不能同時出現，它們只能引起後來的善惡，而且它們所引起的善惡，還是在它們過去以後才能出現的。因此，我們的欲望常常看似超過了當下的享受，並且使自己的心趨向於不存在的那種好事。我們之所以如此，乃是因爲我們想那種不存在的好事是我們幸福的必要條件，而且那種不存在的好事之所以能吸引我們，也就是因爲我們相信那種必然性。如果沒有這種必然性，則我們便不能被不存在的好事所鼓舞。因爲據我們在塵世上所習慣、所意識到的而論，則我們可以說，在我們這狹窄的能力範圍內而言，一切悠遠的好事、甚至明顯的好事，都不能打動我們；因爲我們在同時只能感到一種快樂，而且這種快樂，只要免除一切不快，則在它存在時就能使我們覺得自己是幸福的。因爲懶散和享受已經足以成了當下的幸福，因此，我們便不願意再事變化；因爲我們覺得自己已經幸福，而且只要覺得滿足，就已經夠了。因爲誰能滿足，誰就是幸福的。但是新的不快如果一來到，則這種幸福便被干擾，因此，我們就又重新工作，來追求自己的幸福。

60 **有時是因為人們判斷錯誤哪些東西是自己幸福的必要部分** 人們之所以常常不欲望最大的不存在的好事乃是因爲他們往往斷言，他們離了那種好事也可以得到幸福。因爲這類思想如果一盤踞他們的心理，則將來的快樂便不足以感動他們；他們對於這些快樂並不關心也不感到不快。他們的意志也因爲不受那些欲望的決定，所以便來追求較近的滿足，而且它要驅除它在貪求時、想念時，所感到的那些不快。但是你如果要把一個人對於這些事物的見解改變，讓他知道德性和宗教是他的幸福的必要條件，讓他見到來生的幸福和苦難，並且讓他見到正直的判官——上帝——要按各人的行爲來報酬各人：則支配他的選擇的這些善、惡標準，一定會有所大改變。因爲他會看到，「上帝要給追求光榮、尊榮，和不死的人永生；要給做惡的人忿怒、刑罰和苦楚」，因爲他會看到，來生的完全幸福或禍患要看人們自己在塵世的行爲如何而定。塵世一切快樂和痛苦既然與永生的靈魂此後將要受的無盡的幸福和極大的苦難不能相提並論，因此，人在選擇自己能力所及的各種行動時，一定不看它們是否能引起暫時的快樂或痛苦而定，一定要看它們是否能引起來生的完全永久的幸福而定。

61 **錯誤判斷的一個較詳細的敘述**　不過要詳細地解釋，人們既然誠心追求幸福，何以又會給自己招來禍患，則我們應當考究，各種事物如何可以藉虛僞的現象，呈現於我們的欲望之前。在我看來，我們之所以有這些錯誤，乃是因爲我們關於那些事物的判斷有了錯誤。因此，要想知道我們的錯誤能達到何種程度，並且我們的錯誤判斷是由哪裡來的，則我們應當記得事物的善、惡原有兩層意義：

第一，所謂善或惡，只是快樂或痛苦自身；

第二，除了當下的快樂和痛苦以外，任何東西只要能憑藉其結果或效力能將快樂由遠處招致而來，則它也是我們欲望的對象，也可以感動有先見的任何動物。因此，凡能產生快樂或痛苦的各種東西，也能被人認爲是善的或惡的。

62 判斷之所以錯誤、之所以能使我們誤入歧途、之所以能使意志固執於較壞的一面，乃是因爲在比較這些事物時，我們得到了錯誤的報告（不過我這裡所說的錯誤判斷，並不是說由別人所決定的，乃是人人自己會承認是錯的）。因爲我既然確定地斷言，一切含靈之物都在切實追求幸福，而且所謂幸福只在於快樂的享受，其中不能摻雜任何重大的不快，因此，人們從不會自願地在自己的飲料內加一些苦的成分，而且他只要有能力用一種東西來滿足自己的心願、來完成自己的幸福，則他也不會省略那種東西。因此，他倘若竟然不是這樣，那一定是由於他的錯誤的判斷。不過我此處所說的錯誤，並不是指那種根深蒂固的偏執所引發的錯誤（不信來世）而言，因爲那種錯誤幾乎不配稱爲錯誤的判斷。我這裡所說的錯誤判斷，乃是人人所承認的那些錯誤。

63 **在思考當下和將來的事物時所發生的錯誤判斷**　（甲）因此，人人在當下的快樂和痛苦方面，並不能錯認眞正的善或惡。因爲快樂或痛苦被感覺到有多大，它們實際上就有多大。不過當下的快樂和痛苦，雖然把它們的程度和差異清楚表示出來，可是我們在以現在的痛苦或快樂與將來的相比較時（意志的許多重要決定都是這樣的），則我們往往對它們形成了錯誤的判斷，因爲我們的尺度往往是按照距離的遠近而有所變化的。物像如果近了，則它們便似乎較爲大些，可是比它們大的東西如果遠了，反而似乎小些。痛苦和快樂也是這種情形。當下的物像也容易引起苦樂，至於那些遠隔的物像，則在比較時，便有一層不利。因此，許多人就如浪蕩子似的，他們以爲手中的小數勝過將來的大數，因此，他們往往因爲當下的些小所有，失掉了繼承時的巨大所有。但是不論人的快樂著重在那一方面，他一定會承認這是一種錯誤的判斷。因爲將來終究會變成現在，而且在接近時，它的優勢會顯現出來，會把它自己充分表現出來，而且會發現故意度量錯誤的人的錯誤。飲酒的快樂，在一擲開酒杯以後，如果就伴有嘔吐、頭痛，如一般人在幾點鐘以後所必然要感受的那樣，那麼我認爲，任何人在這些情形下，都不會再以酒沾著自己的口唇——雖然他相當嗜飲。可是他之所以仍要天天豪飮，乃是因爲在選擇時對時間稍有錯誤，以至於引起壞結果。快樂或痛苦只距離幾點鐘的光景，尙足以減了其固有的程度，那麼如果隔著較大的距離，而且一個人如果不以正確的判斷，來做時間所將要給他實現的事情，就是說不能把它看做是當下的，不能把它的眞正分量認識清楚，則他不是更要忽略將來的痛苦和快樂嗎？可是在快樂和痛苦方面、在幸福和禍患的眞正程度方面，我們的做法往往是這樣的。將來的事物總不免失掉其正確的比例，現在的事物總覺得是較大的，總覺得能得我們的偏愛。不過我這裡所說的錯誤判斷，卻不是那種重大的錯誤判斷，因爲人們在那方面，並不是把不存在的事物看輕了，乃竟當作子虛，因爲有的人們只享受他們現在所能享的，並且安然不疑地發生了一種錯誤的結論說，將來是不會有禍患的。這種錯誤並不發生於比較將來的善、惡之爲大爲小（這正是我們現在所說的），它乃是關於善、惡本身的另外一種錯誤判斷，人們在這裡不認爲那些善、惡可以引起以後的快樂或痛苦的。

64 **這種錯誤的原因** 在以現在的苦樂與將來的相比較時，我們的判斷之所以有錯誤，乃是因爲人心的組織就是微弱而狹窄的。我們不能在同時充分享受到兩種快樂的力量，至於在受了痛苦的干擾時，則我們更不容易享受到任何快樂。當下的快樂如果不是微弱無力，則它便會充滿我們的狹窄心靈，占據了我們的全部心理，使我們幾乎不能再想到其他不存在的事物。在另一方面，在我們的各種快樂中，如果有些快樂不很強烈，不足以使我們完全不想遠隔的事物，我們就會極端恐懼痛苦，因此，稍有一點痛苦就足以把我們的一切快樂消滅了；因爲你要把一點苦味攙在杯內，就能把甜味消除。因此，我們無論如何，總要想辦法把當下的禍害驅除了。而且我們想任何事物的不存在都抵不住這種痛苦；因爲在感受當下的痛苦時，我們往往覺得自己便不能享受任何些微的幸福。日常人們的抱怨，就可以明顯地證明這一層。他們覺得現實所感到的痛苦是一切痛苦中最劇烈的，因此，他們便憂戚地喊叫：「什麼都比這好受，什麼也沒有這樣難過！」因此，我們的全部努力和思想就完全著重在當下禍害的驅除上；而且不論後來有什麼結果，我們總覺得先把痛苦驅除，才能滿足實現幸福的第一個必要的條件。我們很著急地想像，什麼也沒有我們現在所感受的痛苦那樣厲害。拒享當下所呈現出的一種快樂，既是一種痛苦，而且常是一種大的痛苦，因此，我們的欲望便是常被接近的、能動人的物像所刺激。因此，我們也不必訝異，這種欲望爲什麼在產生作用時就像是眞正的痛苦一樣，何以它也能使將來的事物在自己思想中減色？何以會使我們盲目地接受它？

65 此外，我們還可以說，不存在的好事或將來的快樂（二者是一回事），往往不容易平衡當下痛苦或欲望所引起的不快，尤其在那種快樂爲我們所不熟知時，更是如此的。因爲那種快樂的程度既然不能超過我們享受它時所眞正嘗到的程度，因此，人們便容易看輕它，使它被任何當下的欲望所取代；而且他們會說，他們在將來眞正嘗試那種快樂時，也不見得眞能如一般人所傳說、所相信的那樣，因爲他們看到，不只別人所讚美的東西，就是自己在某一時期所極端歡喜的東西，到了另一個時期就會變成乏味的、可憎的；因此，他們就以爲那種快樂並沒有什麼特點，可以使我們犧牲一種當下的享受。但是他們應當承認，說到來世的幸福，這種判斷方法是錯誤的，因爲他們萬不能說，上帝不能按照自己的意志使他所愛的人享到幸福。因爲來世既是一種幸福的光景，則它一定會適合於人人的心願和欲望；而且我們縱然假設，他們在將來的口味各不相同，一如現在這樣，可是天堂的瑪珨一定適合各人的脾胃。總而言之，我們對於將來的和現在的快樂和痛苦，之所以有錯誤的判斷，乃是因爲在比較它們時有了錯誤（這裡我把不存在的好事當做是將來的），關於這種錯誤，我們的話也就止於此了。

66 **錯誤的判斷有時是在我們考究行為的結果時發生的**　（乙）至於在將來能引生善、惡結果的那些東西，則我們對它們的判斷所以發生錯誤，也有幾條途徑。

㈠有時我們雖也以爲它們能引起痛苦，可是我們並不以爲它們能引起實際上那樣大的痛苦。

㈡有時我們縱然覺得有很大的壞結果，可是我們以爲它並不確定，也許它不能照著我們所期望的出現，也許它可以藉著別的方法避免了，就如藉勤勞、幹練、變化、悔改等等。這些判斷方法都是非常錯誤的，而且我如果要在各種特殊情節下，加以詳盡的研究，則也很容易指示出這些錯誤。不過我現在只可以概括地說，我們如果不按照事物的重要性，與其不可忽視性，先把它加以適當的考察，就一直根據不可靠的猜想，來爲較小的好事而把較大的好事犧牲了，那是一種十分錯誤且不合理的進行方法。這一層我認爲是人人必須承認的，而且人們如果考究這種錯誤判斷的尋常原因，則他們更得承認這一點。現在我們可列舉一些原因如下。

67 **這種情形之所以發生的一些原因**

（甲）愚昧：一個人在判斷時，如果不先盡力求得充分的報告，則他的錯誤判斷是不可寬宥的。

（乙）忽略：一個人如果忽略了自己所已知道的，則實際上也要促成自己當下的愚昧，使我們的判斷陷於錯誤。所謂判斷本來就是要衡量事實的各種情節，並且要從而決定優勢將落在那一邊。如果我們把一方的情節倉卒地湊在一塊，而且應列入計算的各種條款也被我們所忽略了，則這種倉卒情形所引起的判斷，會與完全的愚昧所引起的一樣。這種情形之所以常常發生，乃是因爲當下有一些痛苦或快樂，被我們這微弱而熱烈的天性所增強，使我們深深感到現實的力量。不過上天之所以要賦予我們以理解和理性，就是要避免這種倉卒的舉動，而且我們如果能正確地利用它來找尋、來觀察、來判斷，則我們一定可以達到這種目的。如果沒有自由，則理解完全無效；如果沒有理解，則自由（如果有的話）全無意義。一個人如果看到某種事物能爲善於他或爲惡於他，並且看到了，某種事物能使他享福，或能使他受禍，可是同時如果他又不能向那種東西進一步，或退一步，那麼他雖然能看，究有什麼好處呢？一個人如果只有在黑暗中行走的自由，則他雖有自由，可是他與被風力所吹的一個忽上忽下的泡泡，有什麼區別呢？只要你被盲目的衝動所支配，則不論那種力量是由外發或由內發，都沒關係。因此，自由的首要功用就在於能阻止盲目的倉卒動作。自由的主要用途就在於張目靜立，四面察看，並且按照事體的重要性來考究我們所要做的事情的結果。至於要問，懶散、怠忽、熱心、情感、風俗、惡習等如何能在一些情節下鑄成這些錯誤的判斷，則我在此地且不加以考究。在下面，我認爲還應當再敘述另一種虛妄的判斷，因爲它雖然很有影響，可是（或者）少爲人所注意的。

68 **對於幸福的必要條件所形成的錯誤判斷**　一切人自然都是欲望幸福的，這一層並無可以懷疑之點。不過我們方才說過，所有人在脫離了痛苦以後，往往容易滿足於當下的快樂，或習慣給他們養成的快樂；而且他們既感到幸福，則除非有新的欲望使他們不快，干擾了他們的幸福，並且使他們知道，他們並非幸福。若非這樣，則他們便不會往遠處看，而且他們的意志也不會決定採取某種行動，以追求別的已知的或明顯的好事。因爲我們既然知道，我們不能同時享受各種好事，而且各種好事又是互相排斥的，因此，任何明顯的好事，只要我們不認爲它是幸福的必要條件，則我們的欲望便不會確定在它上面；因爲我們如果覺得自己離了它也可以幸福，則它便不能打動我們的心。人們所以常常判斷錯誤，這實在也是一種原因，因爲他們往往把幸福的必要條件，認爲是非必需的。這種錯誤常使我們誤選了我們所志向的好事，並且在好事遠隔時，又常使我們誤選了達到它的方法。但是不論一個人是錯認好事的本身，或錯認達到好事的方法，只要他失掉大目標（或幸福），則他便會承認自己的判斷有了錯誤。這種錯誤之所以發生，往往是因爲能達到目的的那些行動有一種眞正的或假設的不快；因爲人們覺得，要先使自己經過不幸，然後再達到幸福，那是很荒謬的，因此，他們就往往不採取那樣做法。

69 **我們可以改變事物中的可意性或不可意性**　在這方面，我們的最後問題就是：「人是否有能力來改變伴隨行動而來的那種快感或不快？」要答覆這個問題，則我可以說，在許多情形下，這是很可能的。人們確實能夠而且也應該改變自己的脾胃，並且對那些無美味的或自認爲無美味的東西，產生一種愛好。人心的口味正如身體的口味一樣有許多花樣、一樣可以變化。人們如果覺得行動所引起的不快或乏味不能改變成快樂和欲望，那確實是一種錯誤，因爲這分明是他們的能力所能改變的。在一些情形下，適當的考慮就可以有這種作用；在許多情形下，練習、專心和習慣也可以有這種作用。麵包或菸葉，雖然人們知道它們有益於健康，可是人們會因為寡味或惡味把它們忽略了。不過理性和考慮可以起首認識到它們的價值，並且開始試用它們，而且後來久用或習慣又可以使它們適合於人。說到德性，則我們分明知道，它也是這樣的。各種行動所以可意（或不可意），或者因為它們本身的性質，或者因為它們能達到較大而較合意的目的。一道盤餐如果烹調好，則它當然可口，而且它在食時所引起的快樂，就能刺激人心，並不必參考著別的目的。不過我們如要再考究健康和強力的快樂（食物當然以這為目的），則我們可以更感到一種美味，使我們吞嚥了並不可口的食物。在後面這種情形下，一種行動之所以適合與否，乃是看我們思考它的目的如何而定、乃是看我們是否相信它有達到目的的趨向而定、乃是看我們是否相信它同目的有必然的聯繫而定。不過行動本身所給人的快樂，多半乃是由習慣和練習而養成及增加的。一種東西在遠看之下，或許要引起我們的嫌惡，不過在屢試之後，就可以安之若素；一種東西在初試之時，或許會使我們不悅，可是在屢習之後，就可以使我們發生愛慕。習慣有很大的魔力，凡我們所慣做的事情，都覺得順利並且高興，因此，它就有很強的吸引力，因此，慣熟的練習如果使一些行動適合於我們，並且使我們感到興趣，則我們如果取消了那些行動，便覺難過及不快。這雖是顯而易見的，而且是人人所經驗到的，可是人們在追求幸福時，十分忽略這一點，因此，我們如果說：「人可以使各種行動或各種事物多少適意，並且緩和了人們一向為自己的漫遊所藉口的原因」，則人們或許會以為那是一個奇論。風氣和俗見確立了錯誤的想法，教育和風俗又養成了壞的習慣，因此，事物的原貌便被誤認，人們的口味便漸變壞。我們必須費心把這些改正，並且使相反的習慣把我們的快樂改變，對那些必然能產生幸福的東西，感到一種趣味。這一層是人人可以自認能做到的，如果失掉幸福、如果禍患來臨，他就會承認，自己的忽略是錯誤的，並且會責怨自己不該如此。我可以問問，人們的一向做法是不是經常如此？

70 **取罪惡而捨德性分明是一種錯誤的判斷** 我現在且不詳論能使人迷途的那些錯誤的判斷，以及對自己能力以內的事情的忽略。因為這樣一來，就可以做成一部書，那就不是我的職務了。但是不論人們的想法如何錯誤，不論他們對於自己能力之內事物的忽略如何可恥，不論這些想法和忽略如何使他們離了幸福的途徑，並且使他們做各種差異的生活（如我們所見的），可是我們分明見到，不論任何人，只要能考究一番，則他在選擇時，一定會依據於眞正基本上所建的道德做判斷；而且一個有理性的動物，如果竟然捨了理性，不能認眞地反省無限的幸福和苦難，則他將來一定會責怨自己一向不曾按照本分應用其理解。我們只要思考永久狀況的可能性（這自然是無人能懷疑的），則全能者為執行其法律所定的來世的賞罰，便可以有充分的力量，使人在選擇時，違反了現世所能呈現出的任何快樂或痛苦。人只要承認，現世的良好生活的可能的結果，一定是無窮無盡的幸福，現世的惡劣生活的可能的結果，一定是無窮無盡的禍患，則他一定會合理地斷言說，一個有德性的生活，比一個罪惡的生活好，因為前者可以使我們希望將來有無窮的福樂，後者則徒使我們恐懼將來會有凶惡的禍患情形，期待著有罪者，或許至少也要使我們猶疑恐怕將來會滅亡了。縱然塵世有德性的生活只是痛苦，罪惡的生活只是不斷的快樂，上述的情形仍分明是眞實的。不過大體說來，惡人們即在現世的所有方面來說，也不見得占得優勢；而且總括起來觀察，我認為他們即在塵世上也是處於最壞境地的。如果人把無限的幸福置於天秤的一端，把無限的禍患置於天秤的另一端，並且他知道，虔誠的人走錯時，所得的最壞結果，也可以抵得住惡人走對時所得的最好的結果，則他如果不是瘋了，他肯來冒險嗎？人們只要有智慧，誰肯使自己陷於無限禍患的可能範圍中呢？因為他縱然不致於得到這種禍患，他也不能由冒險而有所收穫。而在另一方面來說，則清醒者的希望如果能實現，則他只是得到那種無限的幸福，卻並不曾有什麼冒險。因此，善人如果是對的，則他是永久幸福的；如果是錯的，則他也不感到任何禍患。在另一方面，則惡人如果是對的，他也不是幸福的；如果是錯的，則他又是無限地受苦的。既然如此，那麼人們在這方面實行判斷時，如果不知該選擇那一方面，那不就顯然是一種錯誤嗎？我在這裡並不是論說來世的確定性或可然性；因爲我的意思只是要指明人的錯誤判斷。我認爲人如果知道並且確信，來世至少是可能的，則他不論根據任何理由，來選擇罪惡生活中短暫的快樂，他都會根據自己所立的原則承認那是一種錯誤的判斷。

71 **概括前義**　在一開始我就擔心書中論人類自由的這一章不免有些錯誤，而且在初版以後，有一個很聰明的朋友，也懷疑其中有些錯誤，只是他不能指示出特殊的地方。因此，在完結這一章時，我就必須仔細地重新考察一番。在重新思考以後，我就瞥見一個細微而不易察覺的忽略，因爲我已經把似乎無甚分別的一些字混用在一起。因爲有了這種發現，所以我就在這第二版中，又附加了一點新的見解，以求學界的批評。我的意思簡單而言就是：自由乃是按照人心的指導來產生動作或停止動作的一種能力。至於我們所謂意志，則也是一種能力，它可以在特殊的例證中，指導我們的運動官能來運動或靜止。至於在一系列自願的運動中，能決定我們的意志使之發生各種差異動作的，則是一些當下的不快；這種不快就是欲望所引起的，或者至少說是與欲望的不快相伴而生的。至於欲望則多半是被禍害所鼓動的一種逃避的傾向，因爲能完全免除痛苦，乃能得到幸福（不過每一種好事，甚至每一種較大的好事，也不能常常刺激我們的欲望，因爲它不一定是我們幸福的必要部分，或者我們不認爲它是自己幸福的必要部分）。因爲我們所希望的，只是幸福。不過這種貪求幸福的普遍欲望，雖然恆常不變地發生作用，可是任何特殊欲望的滿足，也可以暫時不決定意志，使它發生以後的行動；因爲我們可以先仔細考究，我們所欲望的這種特殊貌似的好事，是否我們眞正幸福的一些部分與我們的幸福互相契合。在考察以後，判斷所得的結果，就是最後能決定人的，因爲所謂人的自由，就是不受別物的支配，只受爲判斷所指導的欲望的支配。我知道，有些人以爲自由就是人在意志決定以前那種中立狀態，我也很希望，著重「先前的中立狀態」的那些人們明白告訴我們，這種假設的中立狀態是不是也在理解的思想和判斷以前一如其在意志的命令以前。因爲我們不能說它是在它們中間的，不能說它是直接在理解的判斷以後，和意志的決定以前的；因爲意志的決定是直接跟著理解的判斷來的。在我看來，我們如果認爲在理解的思想和判斷以前的那種中立狀態爲自由，那彷彿將漆黑的狀態（在這裡我們便無可見、無可說）認爲是自由一樣；至少也可以說，他們認爲不能有自由的主體是有自由的，因爲任何主體若不經過思想和判斷，便不能說是有自由的。我不在文字方面吹毛求疵，因此，人們如果主張中立狀態就是自由，則我也可以同意他們。不過我所謂中立狀態乃是指理解發生判斷以後的那種中立狀態而言，甚至是指意志產生決定以後的那種中立狀態而言；而且那種中立狀態不屬於人（因爲他如果判斷了做好？還是休好？則他便不會再中立），而屬於人的能動作的各種能力。這些能力在意志決定以前，或在意志決定以後，都一樣可以進行或停止各種動作。因此，它們這種狀態或許可以被稱爲一種中立狀態；而且這種中立狀態到什麼程度，則一個人的自由也只到什麼程度，再不能超過這個限度。就如我有能力運動我或靜止我的手，則不論運動或靜止我的手，而我的運動能力都是中立的；因此，不論在哪一方面來說，我也完全是自由的。我的意志雖然決定那種動作的能力來靜止了，可是我仍是自由的，因爲我那種動作能力的中立狀態還存在著，它仍然可以自由行動或不行動。我的意志雖然當下命令我的手靜止住，可是我手的運動能力並不爲意志的決定作用所損壞了，那種能力仍保持其中立狀態，它仍可以如以前一樣自由行動或不行動；我們如果試一試，使它做相反的運動，就可以看到這一層。但是在我的手靜止時，如果它忽然癱瘓，則它的動作能力的中立性就喪失，而且我的自由也就跟著喪失；因此，在那方面，我就失去自由，而且必然要使我的手停頓。在另一方面，我的手如果又爲拘攣症所運動，則那種動作的能力的中立性便被運動所取消，而且在那方面，也就失掉我的自由；因爲我是不得不運動的。我所以要附帶論及這一點，乃是要指示出，自由似乎就是這種中立性，而不是其他任何眞正的或想像的中立性。

72 關於自由的本質與範圍，我們必須有眞正的想法，因爲這種眞正的想法是十分重要的。因爲這種緣故，所以我在前面解釋自由時，不免有些枝蔓的議論。這一層，我希望人們會原諒我。在論能力的這一章，意志、意欲、自由、必然等觀念自然地出現於我的觀念中。在此書第一版，我也曾經按照自己的眼光，把我對於這些觀念的思想敘述出來。不過我現在承認我的意見有些變化，並且我覺得我這層變化是有根據的。我實在是一個愛眞理者，並非是一個崇拜自己主義者，所以我敢公然承認自己的變化。在初版中，我自然也只是不偏不倚地追求眞理，而且我認爲它走到哪裡，我就跟到哪裡。不過我既不虛榮用事，想像自己完全無錯誤，也不論譎存心，只恐怕自己的名譽有了沾汙，故意裝無錯誤。因此，我在較嚴格的考察之後所發現的，我仍然敢把它印行出來，而並不感覺羞恥，因爲我仍是與以前一樣誠實的追求眞理。有的人或許以爲我以前的意見是對的、有的人或許以爲我現在的意見是對的（我已經見過這類人）、有的人或許以爲我前後的意見都是不對的。人們這些差別的意見，我並不覺得可怪；因爲在爭論的事體上，理性往往不易有公正的演繹，而且在抽象的想法方面，精確的演繹也是不容易的，尤其在議論冗長時更是如此。因此，這個自由的題目如果仍有一些困難存在，而且人們如果根據這些理由或別的理由，把這些困難廓清了，那我就感謝不盡了。

在完結這個題目以前，我們不妨運用思想來較精確地考察所謂行動，以便對於能力得到更為清晰的觀念。我在前面已經說過，我們只有兩種動作觀念：一為運動、一為思想。不過事實上這兩種雖都可以叫做動作，可是我們在進一步考察以後，就會看到它們並不完全永遠如此。因為我如果沒錯的話，則我可以說：在兩方面都有許多例證，在適當地考察之後，它們寧可說是被動作用，而不可說是自動作用，而且它們只是客體中被動能力的結果，並不是主體中自動能力的結果，如一般人所想像的那樣。因為在那些例證中，能運動、能思想的那種實體，只是先由外界得到各種印象，然後才能發生動作，因此，那種能力就其本義而論，不是一種自動的能力，只是客體中一種被動的容受力。不過有時一種實體或主體可以憑其自己的力量發生動作；這就是所謂自動的能力。實體只要能變化自身，產生出任何結果，那就是所謂動作。就如一個凝固的實體如果憑其運動使其他實體的可感觀念發生變化，則這種運動的變狀便可以說是一種動作。不過這個凝固實體的運動如果是由外界的別的主體來的，則在正確思考之下，它便不能說是自動，而是一種被動。因此，任何實體如果不能自己開始運動，或者使別的靜止的實體運動起來，則它便沒有自動的運動能力。同樣，在思想方面，我們雖有能力來從外界實體的動作接受到任何觀念或思想，而且這種能力也叫做思想的能力，可是它也只是一種被動的能力或容力。不過我們如能任意把各種觀念呼喚出來，並且任意來比較它們，那就可以算是一種自動的能力。這種反省或許可以有一些功用，或許可以使我們免除了關於能力和動作所形成的一些錯誤觀念；因為文法和言語往往使我們在這方面有了錯誤。文法學者所謂自動的動詞所表示的作用，實在並不總是表示動作，就如，「我看見月或星」，又如「我感到太陽之熱」，這兩個命題雖然是被自動的動詞所表示的，可是它們並不表示出我憑藉任何動作在那些實體發生了作用，只表示我接受了光、圓、熱等觀念，而在這方面，我只是被動的，並非自動的，而且我的眼或身體在那種情狀下，也不得不接受它們。不過我要是把我的眼轉向別處，或者把我的身體離開日光，則我可以正確地說是自動的。因爲我之所以產生那種運動，乃是由於自己的選擇，乃是由於自身的力量。這種動作乃是由自動的能力所產生的。

73　上面我已經粗略地把一切其他觀念所發源的、所由以組成的那些原始觀念加以敘述。我如果要以哲學家的立場來考察一切別的觀念發生的原因和組成的成分，則我可以相信，它們都可以還原於幾個少數的原始觀念，就如我們由感官從外物所接受來的廣袤、凝性、被動力等觀念，以及由反省從心中所接受的知覺力（perceptivity）、運動力（motivity）等觀念。我在這裡，不得不求讀者原諒我這兩個新名詞，因爲我之所以用它們，乃是擔憂人因爲慣用雙關的名詞，導致在這裡發生了誤解。至於存在、綿延、數目等觀念（它們是屬於兩方面的），我們如果也把它們加進去，則我們便得到其他一切觀念所依靠的一切原始的觀念。因爲我認爲，我們可以藉這些觀念解釋顏色、聲音、滋味、氣味，以及所有的其他一切觀念的本質。產生這些感覺的，原是一些微小的物體，因此，我們如果有敏銳的能力，來察看這些物體的各種廣袤和各種運動，我們就可以解釋這些感覺。不過我現在的意思，只是要考察人心何以能憑藉天賦的力量從各種觀念和現象得到事物的知識，只是要考察人心如何對那些事物得到那種知識，並不是要考察各種觀念的起源和生產方式，因此，各種物體雖有能力，可以藉其特殊的組織和其各部分的形象，把它們的可感性質的觀念傳給我們，可是我現在並不想從哲學方面來考察那些形象和那些組織，因爲那正與我這部文章原來的計畫相反。我現在並不想在這方面再有所深論。我現在只說，金或番紅具有產生黃色觀念的能力，雪或乳具有產生白色觀念的能力，而且所謂黃和白的觀念，我們只憑視覺就可以得到，並不必要考察那些物體部分的組織，以及由它們射出並使我們產生那些觀念的那些分子的特殊形象或運動。自然我們在超過心中單純的觀念，進而研究它們的原因時，我們仍然看到，任何可感物之所以能產生各種不同的觀念，憑藉的不是別的，而是那些不可覺察的各個部分的不同的體積、形象、數目、組織和運動。

第二十二章　混雜情狀（Mixed Modes）

1　**什麼是混雜情狀**　在前幾章中，我們已經論述過簡單情狀，並且在重要的觀念方面，舉了一些例證，指明它們有什麼本質，並且我們如何得到它們。現在我們可以進一步來考察所謂混雜情狀。我們所說的義務、酩酔、謊言等等，都是所謂複雜觀念。這些觀念因爲是由各種差異的簡單觀念所形成的，所以我叫它們做混雜情狀，以別於那些由同類的簡單觀念所形成的較簡單情狀。這些混雜情狀，也是由簡單觀念集合成的，那些簡單觀念，我們並不能認爲它們是恆久存在的眞正事物的特殊標記，它們乃是一些散亂獨立的觀念，只是爲人心所合攏，因而和複雜的實體觀念是有分別的。

2　**它們是由人心所形成的**　經驗已經昭示我們，人心在其簡單觀念方面完全是被動的，而且那些觀念全是憑感覺或反省由各種事物的存在和作用所得來的。但是我們如果仔細考察此處所說的那些名爲混雜情狀等的觀念，則我們會看到，它們的來源完全與前不同。在形成這些集合體時，人心往往要施用一種自動的能力，因爲人心得到簡單觀念以後，它就會把它們組合在一塊，形成各種差異的複雜觀念，並不考察它們在自然中是否如此在一起存在。而這類觀念之所以稱爲意念（notion），在我看來，就是由於這種緣故，因爲它們原始的、恆常的存在，多半是在人的思想中，而不是在實在的事物中。而且要形成這類觀念，人心只要把它們的各部分合攏起來，使它們在理解中自相符合，就算了事，我們並不必過問它們是否有眞實的存在。我也承認，它們的一些觀念是由觀察得來的，而且一些簡單觀念的複合存在也是正如理解中所見的那樣。就如僞善（hypocrisy）觀念，原來也可起因於人的觀察，因爲我們會看到，人們沒有好的本質，有時卻裝作有好的本質。不過在另一方面，人心在形成這個觀念時，有時也不必要有任何模型，以資參考。因爲我們分明看到，在社會和語言開始之初，有些複雜觀念（它們是跟著人類的組織來的），在未存在於別處的時候，已經存在於心中，到後來才有了許多名詞來代表這些複雜觀念，因此，那些觀念的形成，是在它們所代表的那些組合以前的。

3 **有時它們是在人們解釋它們的名稱時產生的** 現在的語言已經十分複雜，代表那些組合的文字也很多。這類複雜觀念的產生，往往是由於我們解釋代表它們的那些名詞而來的。因爲它們既是由一群簡單觀念所形成的，因此，它們可以藉著代表那些簡單觀念的名詞，使了解那些名詞的人，也了解它們。事物的眞正存在縱然不曾把那些簡單觀念的複雜組合呈現於他的心中，他也可以得到那些觀念。就如瀆聖（sacrilege）和謀殺（murder）這兩個複雜觀念，你只要把這些名詞所代表的簡單觀念，給人列數出來，則他雖然不見人犯了這兩層罪，他也會得到這些觀念。

4 **一個名稱可以把混雜情狀的各部分聯繫於一個觀念上** 每一個混雜情狀，既是由許多獨立的簡單觀念所形成的，因此，我們似乎可以合理地問，它如何能得到統一性，並且爲什麼恰好某種集合體正能產生一個觀念？因爲那種組合原來並不是常存在自然中的。要答覆這個問題，則我可以說，那種情狀之所以能得到統一性，顯然是因爲人心的作用把那些簡單觀念合攏在一塊，把它們當成是那些部分組合成的一個複雜觀念。至於這種組合的標記，則是那個合體的名稱，而且這個名稱正可以說是完成了那種組合。因爲人們往往只以各種名稱來解說各種獨立的混雜情狀，而且只讓有名稱的各種集合體來形成複雜觀念，至於無名稱的一些簡單觀念的集體，很少被看成是一個複雜觀念。因此，「殺」「一個」「老」「人」，雖然在自然中也可以聯合成一個複雜觀念，就如「殺」「一個人」的「父親」一樣；可是前者因爲沒有名稱來明確地代表它，後者因爲有「弒親」來表示它，因此，前者就不是一個特殊的複雜觀念，而且也不是一種特殊的行動，它仍與殺一個青年人或殺別的人一樣。

5 **形成混雜情狀的原因** 我們如果再稍進一步追問，人們爲什麼要把某些簡單觀念的集合體組成獨立的而且可以說是固定的情狀，同時又忽略了那些在自然中本來也可以形成獨立觀念的各種集合體？那我們就會看到，這正是言語的功用所在。人們因爲要想藉語言標誌出自己的思想，並且要以可能的速度把自己的思想傳達出去，因此，各種觀念的集合體，如果是日常談話所用的，則人們便把它們形成複雜情狀，而給它們一些名稱。至於人們所不常用的集合體，則人們便任其鬆散，而不以名稱來聯繫它們。在這種情形下，人們寧願用表示種種觀念的種種名稱，來列舉那些觀念，也不願意增加複雜觀念的數目，使名目紛歧、記憶受累，因爲這些觀念，本來就不是人們所常用的。

6 **為什麼某種語言的文字，無法在別種語言中，找到與它們相稱的字眼** 這就指示我們，在每一種語言中，爲什麼常有一些特殊的文字，不能以別的語言中單獨的一個字翻譯出來。因爲一個民族風氣、習俗、禮節，使某些觀念的組合在此一種語言中成了慣用和必要的，因此，人們自然要用一些名稱附加在它們上面，使人們在日常談話中，避免來回周折。因此，那些集合體在他們心中就成了一些獨立的複雜觀念。可是這些觀念，在別的民族或許是全無用的，而且甚至完全想不到。就如希臘人的貝殼放逐（Ostracism）和羅馬人的公敵宣告（proscription），在別的語言中，便找不出精確的對應字。因爲它們所代表的複雜觀念，不曾存在於別的民族的人心中。因爲他們如果沒有那種習俗，則他們便沒有那一類行動的觀念，因此，人們便不需用那一類觀念的集合體、便不用那些名詞來聯繫它們；所以，在別的國家，它們並沒有相當的名稱。

7 **語言是可以變化的** 由此我們也可以看到，各種語言爲什麼經常變化，採用新的名詞，而拋棄舊的名詞。習俗和意見改變以後，引起新的觀念組合；這些組合既是日常想到、談到的，因此，我們便從新的名稱附加於它們，使它們成了新的複合情狀，以避免冗長的敘述。人們如果肯試一試，把責斥（reprieve）和申訴（appeal）二詞所代表的各種觀念列舉出來，而且他們如果不用這些名稱，而用別的迂迴說法，向人表示它們的意義，他們就會看到，藉著定名方法，一些大不同的觀念可以包括在一個簡短的聲音裡，而且也可以省下許多我們的時間和氣息。

8 **混雜情狀究竟存在於什麼地方** 在後來論究文字和其功用時，我還要詳細考察這一層。不過我現在仍不得不注意考察混雜情狀的各種名稱。各種混雜情狀既是各種簡單觀念所成功的迅速變化的集合體，而且這些集合體只在人心中有短暫的存在，而且它們也只在被人思想時才能存在，因此，那些混雜情狀似乎只在其名稱方面，有恆常經久的存在，除此以外，再不能在別的地方，有那樣存在。因此，這類名詞在這類觀念方面，往往容易被人認爲就是觀念自身。因爲我們如果要問，勝利或尊神的觀念存在於何處，則我們便會分明看到，它們並不存在於事物本身，因爲它們是需要時間來實行的一些動作，而那些動作是不能同時存在的。至於人心，則我們雖然假設那些動作的觀念存在於其中，可是它們在那裡又只能有一種不確定的存在。因此，我們就容易把它們附著在能引起它們的一些名稱上。

9 **混雜情狀的觀念是如何得來的** 由此看來，我們之所以能得到混雜情狀的複合觀念，乃是由於三種途徑。第一是由於經驗和觀察事物自身，就如看見兩個人決鬥或擊劍，則我們便得到那兩種觀念。第二是由於發明，或自動地把心中的簡單觀念合攏起來，就如發明印刷和鏤刻的人，在這兩種藝術未曾存在之時，心中就有了它們的觀念。第三是一種最尋常的途徑，在這方面，我們的觀念之所以產生，有時是因爲解釋我們所未見過的一些動作的名稱，或我們所不能看到的一些意念；有時是因爲我們藉著列數，把組成它們的別的簡單觀念，呈列於想像面前。因爲我們的心既由感覺和反省得到許多簡單觀念，而且因爲慣用之故，給它們各個一些名稱，因此，我們就可以用那些名稱，來向人表示我們所希望他了解的那些複雜觀念。這樣，則那個複雜觀念中所含的簡單觀念，都是他所知道的，而且他也有相同的名稱來稱呼它們。因爲我們的一切複雜觀念，雖然其直接的組成分子也許也是複雜觀念，可是歸根究底，它們都可以還原於簡單觀念，因爲它們畢竟是由簡單觀念所組成的。就如「謊言」一詞所代表的混雜情狀，就是由簡單觀念所構成的。㈠爲清晰的聲音；㈡爲說話者心中的一些觀念；㈢爲標記那些觀念的一些文字；第㈣則是那些肯定或否定的標記，是和說話者心中的觀念相反的。我認爲我不必再進一步來分析我們所謂謊言的那個複合觀念，我所說的已經足以指示我們它是由複合的觀念組成的。而且我認爲，我如果要再詳盡地列數這個複合觀念中的各個特殊的簡單觀念，那只會讓讀者疲厭不快罷了；因爲我們已經說過，這些觀念都是他自己可以檢查出的。任何別的複合觀念，都可以如此還原；這些觀念不論如何一再混合，最後都可以分解成簡單觀念，因爲我們所有的一切知識或思想，都用簡單觀念作爲其組成的材料。我們也不必擔憂人心中的觀念數目因此就會減少，因爲我們知道，單單數目和形象，就能供給我們無量數的簡單情狀。至於複雜情狀，其中既含著各種簡單觀念的種種組合，以及其各種情狀的種種組合，因此，它更不能說是稀少的；這一點是我們容易想像到的。因此，在我們完結此篇之前，我們就可以看到任何人也不必擔憂自己的思想沒有廣闊的範圍，來在其中馳騁——雖然他的思想（如我所說）都只限於由感覺和反省而來的那些簡單觀念，以及那些觀念的各種組合。

10 **運動、思想、能力、是花樣最多的** 我們應該研究，在我們的一切簡單觀念中，哪一些觀念是花樣最多的，最能產生有名稱的混雜情狀的。這類觀念共有三種：一爲思想，二爲運動（這兩種觀念包括了一切動作），三爲能力（我們想像一切動作由此出發）。思想、運動、能力這三種簡單觀念，是花樣最多的，而且它們的花樣都產生有名稱的最複雜情狀，因爲動作既是人的大事業，而且一切的法律也以動作爲其全體對象，因此，我們也不必訝異，各種思想和運動的變狀要爲人所注意，而且它們的觀念會貯存於記憶中，各個伴有一個名稱。沒有這些名稱，法律也就不能精詳，罪惡和紛擾也就不能抑止。在人類中，如果沒有這些有名稱的複合觀念，則我們便不能有良好的交通作用。因此，人們對於各種動作的情狀，以及合乎那些情狀的能力，便定了確立的名稱，並且在心中有了假設的固定的觀念。動作的各種情狀是由它們的原因、方法、對象、目的、工具、時間、空間以及其他情節分劃的。至於能力，則我們可以舉大膽、習慣等爲例。「大膽」這種能力是在人前從容地、無恐懼地按照自己的意思來說話、來行事。希臘人稱這種敢於說話爲（Paresia）；這種做事的能力，如果是因爲我們屢屢做一件事得來的，則我們便稱這種觀念爲習慣（habit）；這種能力如果一有機會，就容易發爲動作，則我們便稱它爲氣質（disposition），就如暴躁就是易於發怒的一種氣質。

最後，我們可以考察動作的各種情狀，就如「考慮」和「同意」就是人心的動作，跑步和說話就是身體的動作；報復和謀害就是身心兩者的動作。考察之後，我們就會看到，它們都只是簡單觀念的集合體，而且有名稱的複合觀念都是由簡單觀念來的。

11 **有些文字雖然似乎是指示動作，實則只是指示結果的**　能力是一切動作產生的來源。在施行能力發爲動作時，能力所寓的那種實體就叫做原因；至於由此所產生的實體，或者能力施展時在任何實體中所產生的簡單觀念，就叫做結果。至於能產生新實體或新觀念的那種功能（effcacy），在施能力的實體方面，就叫做動作，在接受新的簡單觀念客體方面，就叫做受動。這種功能不論如何變化，這些結果不論有多麼無限的花樣，都是我們在含靈的主體方面。只想它們是思想情狀和意志情狀，在有形的主體方面，只想它們是運動的變狀。我認爲，我們只能想像它們是屬於這兩種的；因爲除了這兩種動作之外，如果還有別的動作可以產生出任何結果，那麼我不得不承認，我是無法意念或觀念到它的，所以，那種動作是在我的思想、理解和知識以外的；因此，它就如同另一套五官不可捉摸一樣，或者如同盲人的顏色觀念不可捉摸一樣。因此，許多文字雖然似乎表示動作，實則完全不表示動作方式，只表示能作用的原因或所產生的結果，與被作用的實體的一些情節。就如「創造」和「消滅」，其中便沒有含著任何動作的觀念，或產生動作的途徑，只包含著原因的觀念和所做的結果的觀念。又如一個鄉人說冷得把水凍了，則「凍」這個字，雖然似乎表示一種動作，可是正確說來它只表示著一種結果。就是說，水原來是流體的，現在成了堅固、凝結的，實則它並沒有含著產生凍的那種動作的觀念。

12 **混雜情狀也可以由別的觀念所形成**　能力和動作雖然形成了大多數的複雜情狀，使我們的心、口都熟悉其名稱，可是別的簡單觀念和其各種組合並不能因此就被排斥。這一層，我認爲是無須提說的；至於各種有名稱的已經確定的混雜情狀，當然更是不必一一列數的。因爲要一一列舉，勢必要把神學、倫理學、法律學、政治學，以及其他科學中常用的大部分字都列舉出來，做成一個大字典。我現在的計畫，只是要指示出，我所謂混雜情狀的那些觀念是屬於那一類的；人心是如何得到它們的，此外我還要指示出，它們這些組合體是由感覺和反省所傳來的那些簡單觀念所組成的。這幾層，我認爲我已經做到了。

第二十三章　複雜的實體觀念

1 **實體觀念是如何形成的**　我已經聲明過，人心中所接受的許多簡單觀念一面是由外物經感官傳來的，一面是由人心如何反省自我的動作而來的。不過人心在得到這些動作以後又注意到，有些簡單觀念是經常在一起的。這些簡單觀念既然被人認爲是屬於一個事物，因此，人們爲迅速傳遞起見，就把它們集合在一個主體中，而以衆所了解的一個名詞稱呼它。後來我們又因爲不注意的緣故，往往在談起時把它視爲一個簡單觀念，實則它是由許多觀念所湊合成的。因爲，如前所說，我們不能想像這些簡單觀念如何能自己存在，所以我們便慣於假設一種基礎，作爲它們存在的歸宿、作爲它們產生的源泉。這種東西，我們就叫做實體（substance）。

2 **概括的實體觀念**　因此，任何人如果考察自己的概括的純粹實體觀念，就會看到自己的觀念只是一個假設，因爲他只是假設有一種莫名其妙的東西，來支撐能給我們產生簡單觀念的那些性質（這些性質通常稱爲附性〔accidents〕）。你如果問任何人，顏色或重量所寄託的那種主體究竟是什麼，則他也只能說，那是有凝性、有廣袤的一些部分。你如果再問他，凝性和廣袤是在什麼之中寄寓著的？則他的情況正有類似於前面所說的那個印度人。他說，世界是爲一個大象所支撐的。可是又問他：「象站在什麼東西上？」他又說：「在一個大龜上。」可是人又追問他：「什麼支撐著那個寬背的大龜？」他又說：「反正有一種東西，不過他不知道。」在這裡，也與在別處一樣，我們雖用文字，可是並沒有明白清晰的觀念。因此，我們的談話，就像小孩似的。你如果問他一個他自己不知道的東西，則他會立刻給你一個滿意的回答，說那是某種東西。這話不論出於兒童或成人，終究都不過是說，這種東西是他們所不知道的，而且他們所裝作知道、假作談論的那種東西，實在是他們所不曾清晰觀念到的、實在是他們所完全不知曉，而對之黑漆一團的。因此，我們以概括的實體所稱的那種觀念，只是我們所假設而實不知其如何的一種支托。我們以爲它是支撐一切存有著的性質的一種支托，因爲我們設想那些性質「離了支托」（sine re substance）便不能存在，我們叫這種支托爲實體（substantia），而這個名詞，在英文中的眞正意義，就是支撐（standing under）或支持（upholding）。

3 **實體的種類** 我們既然形成了含糊的相對的概括的實體觀念，因此，我們就漸漸得到特殊的實體觀念。我們既然憑著經驗和感官的觀察，知道某些簡單觀念的集合體常是一起存在的，因此，我們就把這些觀念的集合體結合爲一實體，並且假設這些觀念是由那個實體特殊的內在組織或不可知的本質中流露出的。因此，我們就得到了人、馬、金、水等觀念；至於人們對於這些實體所有的觀念，是否除了一些共存的簡單觀念之外，是否還有其他明白的觀念，則我可以求訴於各人自己的經驗好了。鐵和金剛石眞正的複雜實體觀念，是由鐵和金剛石中普通可觀察到的性質湊合而成的。這一類觀念，鐵匠和珠寶商人通常知道得比一個哲學家還清楚。因爲哲學家雖然愛談什麼實體的形式，可是他所有的實體觀念也只是由實體中所有的那些簡單觀念的集合體所形成的。不過我們應當注意，我們複雜的實體觀念，除了具有它們所發源的這些簡單觀念以外，還永遠含著另一種含糊的意念，我們總認爲，在這裡有一種東西是爲那些簡單觀念所依附、所寄託的。因此，在我們談論任何種實體時，我們總說它是具有某些性質的一種東西。就如我們說物體就是一種有廣袤、有形象、能運動的一種東西；精神就是能思想的一種東西；同樣，我們也說硬度、脆性、吸鐵的力量，是磁石中的性質。這一類的說法就暗示說，人們永遠假定實體之爲物，除了廣袤、形象、凝性、運動、思想或別的可觀察到的觀念之外，別有所在，只是我們不知道是什麼罷了。

4 **我們沒有清楚、概括的實體觀念** 因此，我們在談話或思想任何特殊的有形實體，如馬、石等時，我們對它們所有的觀念，雖然仍是一些簡單觀念的集合體，而且這些簡單觀念仍只是代表著我們在馬或石中常見一起聯合著的那些可感的性質，但是因爲我們不能想像它們單獨存在，或互相依託，因此，我們就假設有一種公共的主體支撐著它們，爲它們所依託。這種支托，我們便以實體一詞稱之，實則我們就這種假設的支托，切實沒有明白的或清晰的觀念。

5 **我們對精神所有的觀念，與對物體所有的觀念，有同樣的明白程度** 在人心動作方面也有同樣情形。思想、推理、恐懼等作用，我們斷言它們不能自存，也不能設想它們可以聯繫於物體，或爲物體所產生，因此，我們便想它們是另一種實體的動作，就是所謂精神的動作。在這裡我們清楚看到，我們對精神實體所有的觀念，與我們對物質實體所有的觀念、明白的程度是同樣的。我們之所以有物質觀念只是因爲我們假設有一種東西是爲打動我們感官的那些可感性質所寄託的，同樣，我們之所以有精神實體的觀念，也是因爲我們假設有一種實體是爲思想、知識、懷疑、推動力所寄託的。我們並不知道前一種是什麼，我們只是假設它們是外界簡單觀念的基礎，同樣，我們也一樣不知道後一種是什麼，我們只假設它是我們自身所經驗到的那些活動的基礎。物質方面的有形實體的觀念，和精神方面的無形實體的觀念，都不是我們所能了解、摸捉的；因此，我們不能因爲自己沒有任何精神實體的觀念，就斷言精神不存在，就好像我們不能因爲自己沒有物質實體的觀念，就斷言物質不存在一樣。如果我們因爲自己沒有明白清晰的精神實體觀念，就斷言沒有精神，那正如同自己因爲沒有明白清晰的物質實體觀念，就斷言沒有物體似的。

6 **論實體的種類** 概括的實體觀念的本質，不論多麼祕密、多麼抽象，我們對特殊的單獨的實體所有的一切觀念，終究只是一些簡單觀念的集合體，而且那些觀念共同所寄託的那種使它們結合的原因，雖是不可摸捉的，可是仍能使全體獨立存在。我們特殊的實體觀念，就只是藉這些簡單觀念的集合體表像給自己的。我們心中對各種物類所有的觀念，也只是這些集合體，不是別的。我們以特殊的名稱向他人所表示的，也只是這些集合體，不是別的。就如我們一提到人、馬、日、水、鐵，那麼凡能了解這種語言的人，心中一定會形成一些簡單觀念的集合體，而且那些簡單觀念，也正是他觀察到或想像到常爲那些名稱所指稱的。他假設這些觀念都存在、固著於一個不可知的公共主體，至於這個主體，則不存在於任何物體中。不過人雖假設一個基礎，以支撐他日常見在一塊聯合著的那些簡單性質或觀念，可是顯而易見，而且任何人只要一考察他自己的思想也會看到，他對於金、馬、鐵、人、硝酸、麵包以及任何事物，都不會有任何別的實體觀念，他只能對那些簡單的性質有一個觀念，只能假設那些性質是在一種基礎記憶體的。就以日的觀念來說，它不只是一些簡單觀念的集合體嗎？那些簡單觀念不就是光、熱、圓，恆常的有規則的運動，「與我們隔著某種距離」嗎？而且那些觀念的多寡，不是要看思想日、或談論日的那人，在觀察日中所具的那些明顯的性質、觀念或特質時，他的觀察精確與否而定嗎？

7 **能力是複雜實體觀念中的主要部分** 人愈能蒐集特殊實體中的各種簡單觀念，則他對於那個實體所有的觀念便愈完全。在這些簡單觀念中，我們可以把自動的能力和被動的能力包括進去。這兩種能力本來雖不是簡單觀念，但爲了簡便起見，我們在這裡可以把它們歸在簡單觀念之中。因此，吸鐵的能力可以說是磁石的複雜實體觀念中的一個觀念，被吸引的能力是鐵的實體觀念中的一個部分。人們認爲這兩種能力也都是在那些主體中所本具的一些性質，因爲每一個主體既然能藉我們所見到的它自己的能力，把別的主體中的一些可感的性質改變了，正如它直接能使我們接受到它那些簡單觀念似的，因此，它可以藉著它在別的主體中所引進的那些新的可感性質，給我們發現那些間接打動我們感官的各種能力，因爲這些間接能力打動我們的感官，就好像它的可感性質直接打動我們的感官時，一樣有規則。我們可以藉感官直接在火中知覺到它的熱度和顏色；而熱度和顏色在正確思考之下就是火給我們產生那些觀念的能力。我們又藉自己的感官知覺到木炭的顏色和脆性，因此，我們又知道，火還有另一種能力，可以來改變木的顏色和密度。因此，火在前一方面是直接向我們表露出它的能力，在後一方面是間接向我們表露出它的能力。這些能力，我們看它們是火的一部分性質，並認爲它們是那個複雜的火的一部分觀念。我們所認識的這些能力，結果既然改變了它們所作用於其上的那些物體中的可感性質，因而使它們給我們呈現出新的可感觀念，因此，我就把這些能力列在形成複雜的實體觀念的那些簡單觀念的數目中。實則這些能力在其自身，也是眞正的複雜觀念。在我把這些可能列在簡單觀念中時，我求人們應以這種寬鬆的意義來了解它們。在想像任何特殊實體時，我們心中總要聯想它的各種簡單觀念，而我們之所以要把能力歸在這些觀念中，乃是因爲要不把這些必然的觀念包含在各自的實體之中，則我們便不能有了眞正清晰的特殊實體想法。

8 **解釋**　我們也不必驚訝，能力爲什麼形成複雜的實體觀念中的大部分，因爲它們的次等性質主要是在於區別各種實體，並且往往形成大部分各種複雜的實體觀念。因爲物體的眞正組織和差異既然在於其渺小部分的體積、組織和形象，而且這些東西既然是我們的感官所不能發現的，因此，我們就愛利用次等的性質作爲特別的標誌和記號，在心中對那些物體形成相當的觀念，使它們彼此有所區別。這些次等的觀念，如我以前所說，不是別的，而只是一些能力。因爲鴉片的顏色和滋味，也與其能催眠的作用一樣，只是依靠於原始性質的一些能力（而且鴉片之所以能在我們身體的各部分發生各種作用，也就是憑著這些原始性質）。

9 **複雜的實體觀念是由三種觀念所形成的** 複雜的有形實體觀念是由這三種觀念所構成的。第一就是事物原始性質的觀念，這些觀念是被我們的感官所發現的，而且就在我們不知覺它們時，它們也一樣存在於實體中。物體各部分的體積、形象、數目、位置和運動，不論我們注意它們與否，它們總是在物體記憶體的。第二就是可感覺的次等性質，這些性質是依靠於原始性質的，它們只是實體的一些能力；實體可以憑這些能力透過感官使我們產生各種觀念。不過這些觀念不存在於事物本身，就如任何事物不存在於其原因中一樣。第三就是我們所考究的實體能產生變化或接受變化的一種傾向，這些變化是由原始性質來的，各種實體在經受這種變化以後所產生給我們的觀念，便與它們以前所產生的不一樣。這些叫做自動的和受動的能力，不過這些能力，在我們所能注意到、想到的範圍內來說，都只歸結於可感的簡單觀念。因爲不論磁石有什麼能力，能在鐵的微細分子上發生作用，可是鐵的可感的運動如果不把我們那種能力發現出來，則我們便不會觀念到磁有在鐵上產生作用的任何能力。我相信，我們日常所用的東西，都有能力互相產生千萬種變化，只是因爲它們沒有可感的結果，致使我們猜想不到罷了。

10 **能力形成大部分複雜的實體觀念** 因此，正確說來能力就形成大部分複雜的實體觀念。人如果考察自己的複雜的黃金觀念就會看到，形成這個觀念的許多觀念都只是一些能力；就如被融化的能力、在火中不失分量的能力、在王水中能溶化的能力，在形成複雜的黃金觀念時，都是離不了的觀念，正如它的顏色和重量似的。而顏色和重量在適當地考究之後，我們就會看到它們也只是一些不同的能力，因爲正確說來，黃色是不在金記憶體的，它只是金的一種能力，在金置於適當的光亮下時，能藉我們的眼睛產生出那個觀念罷了。至於日的觀念中所不能離的熱，也不眞在日中存在，正如日在蠟上所生的白色是不在日中一樣。這兩種都一樣是日的能力，它們都可以藉日的不可覺察部分的運動和形象發生作用，前一種可以在人身上起作用，使他有了熱的觀念，後一種可以在蠟上面起作用，使它給人產生了白的觀念。

11　**我們如果能發現物體中渺小部分的原始性質，則現在的第二性質也就會消滅了**　我們如果有足夠敏銳的感官，足以分辨物體的渺小分子，而且足以發現可感性質所依靠的那種眞正組織，那麼我相信，它們所產生的觀念一定與現在完全不一樣，現在的金黃色一定會消滅了，我們將會看到某種形狀、某種體積的各部分的精妙組織。顯微鏡清楚的讓我們發現這一點；因爲在感官的敏銳力增加以後，則現在給肉眼所產生的某種顏色會被發現完全是另一種東西；因爲尋常視力所見的有色物像，在這種情形下，其微小部分的體積比例，就會發生變化，產生出與以前相異的觀念。就如沙或搗碎的玻璃，在肉眼看來，雖是白而不透明的，可是在顯微鏡下，它就是透明的。又如毛在顯微鏡下看時，也就會失掉它的尋常的顏色，大部分成了透明的，其中摻雜著一些發亮的顏色，就如金剛石或其他物體的折光作用中所見的那樣。又如血液在肉眼看來完全是紅的，可是在精細顯微鏡下一看，則它的微小部分便呈現出來，並且因此它只顯示出少數紅色小球，在透明的液體內游著。至於我們如果能發明一種鏡子，把這些紅色小球再增大千倍或萬倍，則我們便不能斷言，它們將會成了什麼樣子。

12　**我們的發明能力正與我們的生活狀況相稱**　創造我們和創造我們周圍事物的那個造物主，聰明眞是無限的，因爲祂所供給我們的那些感官、能力和器官，已足以合乎日常生活的方便用途、足以使我們在塵世活動。我們可以藉著自己的感官，在相當範圍內知曉事物、分辨事物、考察事物，使它們合乎我們的用途，並且在各種途徑中適應人生的危難。就我們所洞見到的它們的微妙計謀和奇異組織說，它們已經可以令我們訝異，讚美造物者的智慧、能力和仁慈。這種能適合當下情況的知識，我們的官能已經可以得到。不過上帝似乎不願我們對各種事物具有一個完全的、清晰的、詳盡的觀念；這種觀念或許是在有限存在物的了解能力以外的。不過我們的官能雖然微弱暗鈍，可是它們仍足以觀察萬物，使我們認識自己的造物主，並且認識我們自己的職責；至於我們的各種能力也足以使我們得到生活的必需品，我們在塵世上的職責也就盡於此了。不過我們的感官如果有了變化，如果變得較爲敏銳一些，則事物的現象與外表構造會完全改觀，而且我認爲，在我們所住的宇宙的這一部分，那些現象會完全不適合於我們的生存，或者至少不適合於我們的幸福。人只要知道，我們的體質很脆弱，在升到平常呼吸所在的地帶以外時，就會忍受不住，則他就會相信，在我們所居的這個地球上，全知的設計者已經使我們的器官和紛至沓來的物體可以互相適應。假如我們的聽覺現在敏銳一千倍，那不就不斷有聲音來干擾我們嗎？那樣，則我們雖離群索居，也仍不能睡覺、不能沉思，一如在海戰中那樣。不只如此，假如我們那種最有啓發力的感官——視覺，比現在用最精細的顯微鏡看物時還要敏銳千萬倍，則比一個人所見的最小物還要小千萬倍的那些東西，也一定可以被他的肉眼所見，而且他也容易發現物質事物的渺小部分的組織和運動，而且他在許多事物方面，或許可以得到它們內在結構的觀念。不過在這種情形下，他所住的世界便與別人不一樣，各種事物在他看來，也都和別人所見的不一樣；他對各種事物可感的觀念也都和別人不一樣。如此一來，我眞懷疑他和別人是否能在一起談論視覺的對象、是否可以與他人互相交談各種顏色，因爲他們所見的現象完全是不相同的。視力既這般敏銳、脆弱，因此，它或許忍受不住燦爛的日光，甚至白天的天色；而且它同時所見的也只有任何物體的一小部分，而且只有在很靠近時才能看見。因此，人縱然藉著這種顯微鏡式的眼（如果我可以這樣說），比平常人們更能進一步地看穿物體的祕密組織和根本結構，可是他也不能因爲這層變化得到什麼利益，因爲他那敏銳的視力並不足以引導他到市場去交易、也不足以使他看到應該在適當處所躲避的事物、也不足以使他分辨他日常所接觸的那些可感的性質（這些性質是別人日常所接觸的）。人的視力如果很敏銳，足以看到鐘錶機芯中微小分子的形象，並且可以看到，它那種彈性運動是依靠於什麼特殊的結構和衝動力，則他自然就發現很令人訝異的東西。但是他那種組織特殊的眼如果不能立即看到針和盤上的那些記號，並且在某種距離以外看到鐘是什麼樣子，則那個戴錶的人雖有良好視力也無法得到什麼益處。因爲他的銳目雖使他看到鐘錶各部分的祕密機件，可是同時又使他失掉了鐘錶的功用。

13 **關於神靈的一種猜想** 現在我要請求讀者允許我提出一個狂妄的猜測。我們既然有理由（如果我們可以相信哲學所不能解釋的一些報告）來想像，神靈們可以顯現形象不同、體積、組織各異的種種身體，因此，我們就猜想，有些神靈之所以超越於我們，是不是因爲祂們可以按照當下的計畫，和其所要考究的對象的情況，能變化各種感覺器官或知覺器官。因爲一個人只要能變化自己的眼（但就這一種感官說）的結構，能看到各種程度的現景，如眼鏡（這些眼鏡起初原是偶然發現的）幫助他所見的那樣，則他在知識方面就超過人萬倍了。一個人如果能使自己的視覺適應於各種物像，並且能隨意看到動物血液中微小分子的形象和運動，而且看得正如他平常看動物本身的形象和運動時一樣清楚，則他該會發現多少奇觀給我們呢？不過在我們現在的塵世狀況下，我們的這種可以變化的感官縱然構造得能以察見：我們日常所見的那些可感性質，究竟依靠著物體的微小部分中那些形象和運動，那或許也對我們無甚益處。上帝分明使我們的器官適合於我們當下的狀況。祂使我們能夠適應我們日常接觸的周圍的事物；而且我們縱然不能藉我們所有的感官圓滿認識各種事物，可是它們已經足以使我們達到上述的目的，因爲這正是我們的關心所在。在這裡，我不得不請讀者原諒我這樣冒昧地想像高高在上的神明究竟有什麼知覺方式。不過這種想像不論多麼狂妄，但是我仍懷疑，我們如要猜想天使們的知識，是不是只有這種方法、是不是只能按照自己在自身中的經驗，加以比擬、加以推度？我們雖然不得不承認，上帝的全知全能可以創造無數的生物，而且那些生物也許有千種別的官能和知覺外物的途徑，與我們的不一樣，可是我們的思想並不能超過自己的官能和途徑之外，因爲我們根本就不能超出自己由感覺和反省得來的那些觀念，而擴大我們的猜想。不過我在這裡雖假設天使有時也要以身體來表現自己，可是這種假設並不必使我們訝異，因爲教會中最早、最有學問的神父們似乎都相信祂們是有身體的。但是無論如何，祂們的情形和存在的方式，我們是完全不知道的。

14 **複雜的實體觀念** 不過我們可以返回去考察我們當下的問題、考察我們的實體觀念，和獲得這種觀念的途徑。我可以說，我們的特殊的實體觀念，只是一些簡單觀念的集合體，我們只以爲它們是聯合在一個物體中的。這些實體觀念雖然一般稱爲簡單的概想（simple apprehension），而且它們的名稱雖然叫做簡單的名詞，不過實際上它們是複雜的、組合的。就如「天鵝」一詞所表示的觀念來說，它只是一種白色、長頸、紅嘴、黑腿、有蹼，而且這些形象，還都有一定的大小，還有在水中游泳的能力，和鳴叫的能力。不過除此以外，人們如果常觀察這些鳥，則這個觀念還可以具有別的特質，不過這些特質仍要歸結在可感的簡單觀念，而且那些觀念仍要聯合在一個公共主體內。

15 **精神實體的觀念與物質實體的觀念清楚的程度一樣**　前面已經論說過我們對物質的可感的實體所形成的複雜觀念。不過除此以外，我們也可以藉自己對於自己日常心理作用所形成的簡單觀念，對非物質的精神形成一個複雜觀念。因爲我們日日在自身經驗到各種心理作用，如：思想、理解、意欲、知識，發生運動的能力，同時共存於一個實體中。因此，我們在把思想、知覺、自由、自動力、動他力等觀念，集合在一起之後，則我們對於非物質的實體也可以得到一個相當的知覺和想法，而且那種想法明白的程度正如我們對物質的實體所形成的想法一樣。因爲要把思想、意志（或發生或停止物質運動的能力）等觀念，與我們所不知究竟的實體觀念聯合在一塊，我們就會得到一個非物質的精神觀念。正如把凝固的部分、受動的能力等觀念與我們所不能積極觀念到的實體觀念聯合在一起之後，我們能得到相當的物質觀念一樣。兩種觀念的清晰程度和明白程度都是一樣的。我們對思想和運動物體的能力所形成的觀念，與對於廣袤、凝性、被動力等所形成的觀念，其清晰程度和明白程度都是一樣的。至於我們的實體觀念，則它在兩方面，都是一樣含糊或是完全不存在的。它只是假說的一種「我所莫名其妙」的東西，它只是假設的一種支持所謂附性的東西。我們之所以容易想像，自己的感官只呈現出物質的事物，乃是因爲我們缺乏反省。每一種感覺作用，在充分考究之後，都可以使我們看到自然中的那兩部分：物質和精神。因爲在聽著、看著時，我們固然知道，在自身以外有一種物質的東西——感官的對象——可是我們更確定知道，我自身中有一種精神的實質在看、在聽。這一種動作，我相信它不是由無知覺的物質出發的。而且離了非物質的能思想的東西，它也是不能存在的。

16 **我們沒有抽象實體的觀念**　我們只知道物質實體有廣袤、有形象、有顏色，以及其他可感的性質，並藉此對它們形成「一個」複雜觀念，可是我們仍然遠非得到物質實體的觀念，正如我們全不知道這些性質一樣。人們縱然想像自己熟悉了物質的許多方面，而且他們縱然自信自己知覺到，認識到物體中的許多性質，可是我們在考察之後仍會看到，他們對於物體的原始性質，比他們對於非物質的精神的原始性質，並不曾得到更爲明白的觀念。

17 **凝固各部分的黏合和推動力是物體的原始觀念** 我們在物體方面所有的特殊的原始觀念，就是那些凝固而可分離的各部分的黏合，和藉推動力而傳達運動的那種能力。這兩種性質正是物體異於精神的地方、正是物體方面特有的原始觀念，因爲所謂形象就只是有限廣袤的結果。

18 **思想和運動力是精神方面的原始觀念** 我們在精神方面所特有的觀念，就是思想意志（就是以思想來使身體運動的那種能力）與自由（這是由運動而來的）。因爲人心是可以任意使各種物體運動或停止，正如一個物體在遇到別的靜止的物體時，不得不把自己的運動傳達過去一樣。至於存在、綿延和運動性都是二者所共同的。

19 **精神也有運動** 我認爲精神是有運動的，對這一點人們也沒有奇怪的理由。因爲我們的運動觀念既是指一個物體與別的靜止物體的距離變化而言，而且我們又知道，精神也和物體一樣，只能在它們所在的地方發生作用，而且精神發生作用時，也常變化其時間和地方，因此，我就不得不認爲一切有限的精神都可以變化其地位（至於無限的神靈，我不在這裡提說）。因爲我們的靈魂也與我們的身體一樣，都是一種眞實的存在物，的確與物體一樣，能改變它自己與別的物體或存在物的距離。因此，它也是能運動的。一個數學家既然能思考兩點間的距離與距離的變化，因此，我們也的確可以想像兩個精神間的距離和距離的變化，因此，我們也可以想到它們的運動，和互相接近或互相遠離。

20 人人都可以在自身體驗到，自己的靈魂在它所在的地方，能思想、能意欲、能影響自己的身體，不過它卻不能影響百哩以外的一個物體或一個地方。一個人在倫敦時，他不會想像自己的靈魂能在牛津思想或運動。它既然與身體聯合在一塊，則它一定在牛津和倫敦間的全路程中時時變化其位置，一如拉人的那個車或馬似的，而且在那時，我認爲靈魂可以正確說是在運動中的。我們縱然還不能由此對它的運動得到一個足夠明白的觀念，可是我們仍然知道它在人死時是會與身體分離的，而這一層就使我們對那種運動。得到一個觀念因爲你既然思考它由身體出去或離開身體，則你如果同時又說我們觀念不到它的運動，那在我認爲是不可能的。

21　有人或許會說，靈魂不能變化其地位，因爲它原本就不占地位，因爲精神不是在某處存在的（in loco），而是普遍存在的（ubi），不過我可以說，我們這時代並不十分羨慕這類無意義的說法，也不願意被這種說法所欺騙，因此，在許多人看來，這種說法是沒有什麼分量的。但是如果有人以爲這種區別畢竟有一些意義，而且可以應用於現在這個議題上，那麼我就請他把這種說法用明白的文字表達出來，並且由此推得一個理由指示給我們，非物質的精神是不能運動的。上帝誠然不能說是有運動的，不過那並不是因爲他是非物質的精神，乃是因爲他是無限的精神。

22　**靈魂觀念和物體觀念的比較**　我們現在可以比較複雜的非物質的精神觀念和複雜的物體觀念，並且看看哪一方面是更爲含糊或哪一方面最爲含糊。我們的物體觀念是一個廣袤的、凝固的實體，是可以藉推動力來傳達運動的。至於我們的靈魂（非物質的精神）觀念，則是一種能思想的實體觀念，這個實體有能力可以藉意志或思想刺激物體中的運動來。這幾點，我認爲就是我們的複雜的靈魂觀念和物體觀念之差別所在；不過我們可進而研究，哪一方面最爲含糊、最難了解。我知道，人們的思想如果沉溺在物質中，並且使自己的心靈完全受感官的支配，以至於很少能反想到感官以外，則他們一定會說，他們不能了解什麼是能思想的東西。這也許是眞的，不過我可以說，他們如果仔細思考，那他們也一樣不能了解什麼是有廣袤的東西。

23 **物體中各個凝固部分的黏合，正與靈魂中的思想一樣難以了解** 如果有人說，他不知道什麼在他自身中思維，則他的意思是說，他不知道那個能思想事物的實體。不過我可以說，他也一樣不能了解凝固事物的實體。他如果再進一步說他不知道自己如何思想，則我也可以答覆，他也一樣不知道他自己是如何有廣袤的、他也不知道物體中各凝固部分是如何集合或黏合在一塊，成爲廣袤的。因爲空氣分子的壓力雖然可以解釋物質各部分的黏合（因爲物質的各部分比空氣的各分子較爲粗重，而且物質也較少有孔隙），可是空氣的壓力並不能解釋空氣各分子的黏合，也不能成爲那種黏合的原因。乙太的壓力或者其他比空氣較微細的物質也許可以黏合空氣中分子的各部分，以及別的物體的各部分，不過它仍然不能自我束縛，仍然不能黏合那種微細物質中的各渺小分子的各部分。因此，這個假設雖然指示說，可感物體的各部分是被別的外界的可感物體的壓力所維繫的，可是這個假設無論解釋得如何精妙，也不能超出乙太以外。這個假設縱然能證明別的物體的各部分是由外面的乙太的壓力所維繫的，而且它們的黏合和聯合也沒有其他可想像的原因，可是這個假設也一樣使我們莫名其妙，乙太自身各分子的各部分如何黏合。這個假設愈能證明乙太的壓力是其他物體黏合的原因，它也就愈使我們對於乙太自身的黏合感到莫名其妙。因爲我們既不能認爲乙太的分子是沒有部分的，同時也不能想像它們的部分是如何黏合著的。我們之所以不能想像它們沒有部分，乃是因爲它們分明是物體、分明是可分的，我們之所以不能想像它們各部分的聯合，乃是因爲別的一切物體的各部分都有黏合的原因，唯獨乙太分子的各部分缺乏聯合的原因。

24 不過正確說來，周圍流動體的壓力不論多大，而物質的各凝固部分所以能有聯合，一定不是以它爲眞正可理解的原因。因爲一種壓力，在與兩個光滑的平面處於垂直線時，固然可以阻止那兩個平面的分離（就如我們試驗兩塊光滑的大理石那樣），可是它的運動如果與那兩個平面處於平行線上，則它絲毫不能阻止那種分割。因爲在那種側面的運動使物體把空間騰出以後，周圍的流體可以極其自由地把所離開的空間中的各點都依次塡起來，因此，那樣聯合著的兩種物體的分離運動，並不能被那種流體所阻止，就好像只一個物體四面被那種流體所圍繞，而不與其他物體接觸時一樣（在這種情形下這個物體的運動不能被那種流體所阻止）。因此，物體的黏合如果沒有其他原因，則物體的一切部分都容易被那種側面的運動所分離。因爲乙太的壓力縱然是黏合的固有原因，我們也得承認，那個原因停止時，黏合當然是不可能的。乙太既然不能阻止那種側面的運動，因此，在任何能分割物質的各種想像的平面中，也與在兩個光滑的平面間一樣，都不能有什麼黏合；我們縱然想像它們周圍有流體的壓力，它們也會互相滑開。因此，我們不論想像自己對物體的廣袤（正是凝固部分的黏合）有多麼清楚的觀念，可是人只要一仔細考究自己的心理，則他就會斷言，要想明白地觀念到物體如何擴延，正如要觀念到靈魂如何思想一樣，都是不容易的。因爲物體的廣袤既然在其凝固各部分的聯合和黏合，因此，我們如果不能理解清楚它的各部分的聯合和黏合由何成立，則我們便不能充分了解它的廣袤。可是它的各部分的黏合，在我看來，是與思想的方式和途徑一樣不可了解的。

25　大多數人們在看到有人認爲他們以爲自己日常觀察到的某件事情有難以說明之處時，他們一定會質疑你，我承認這是常見的情形。他們會毫不遲疑地說，我們看不到物體的各部分緊緊貼合在一起嗎？還有比這事情更常見的嗎？這有什麼可懷疑的呢？不過我在思想和自願的動作方面，也可以說，我們不是時時刻刻在自身中經驗到思想嗎？我們還能懷疑它嗎？我承認，事實是很明白的，不過我們如果稍進一步加以觀察，看看它是如何成功的，則我認爲我們在兩方面都是莫名其妙的。我們不但不能了解自己如何知覺、運動，我們也一樣不能了解物體的各部分如何黏合。我希望人給我清楚地解釋金或銅的各部分，爲什麼在此時只像是水的分子或時計中的沙一樣，只是鬆散地混合著，可是過一時以後，就會緊緊地黏合，即使我們用最大的腕力也不能把它們分離。我認爲一個好思想的人在這裡一定會迷離恍惚，不知如何來滿足他自己的理解或別人的理解。

26 組成水的那些微小的物體是十分渺小的，因此，我不曾聽人說過，他們能以顯微鏡（雖然我曾聽人說，他們能把物體放大一千倍或一萬倍）來發現那些分子的精確的體積、形象或運動。水的各分子在平常是完全鬆懈的，因此，些微的力量就能把它們顯著地分離開；不但如此，我們如再考察它們不斷的運動，則我們還得承認，它們彼此就無黏合。不過只要有一種酷寒來臨，則它們會聯合、凝結起來；而且這些微小分子在黏合以後，沒有大力量，還是不能分離的。人如果能發現有什麼紐帶來密實的維繫那一些鬆散分子，並且能知道有什麼黏膠能緊緊地使它們互相黏著，則他們當然已經給我們發現了一種偉大而不爲人所知的祕密。不過在他們做到這一步以後，他們仍不能使物體的廣袤（就是物體各凝固部分的黏合）更容易理解一點，因爲他們仍然不能指示出，那些紐帶、那些黏合物、那些微小的分子，如何能使其各部分互相黏合、互相凝結。由此我們就看到，物體的這種原始而且假設是明顯的性質，在考察之後，就與人心方面的任何事物一樣不可了解，而且一個凝固的擴延的實體，也與一個能思維的非物質的實體，一樣不可想像——不論別人如何在靈魂方面發生種種疑難。

27 因爲我們在稍進一步思考之後，就會看到，我們雖用壓力來解釋物體的黏合，可是那種壓力正如黏合自身是一樣不可理解的。因爲我們若以爲物質是有限的（自然是如此的），則我們可以讓任何人馳騁其思想到宇宙的盡頭，並且看看有什麼可想像的箍子、紐帶，能把物質緊壓在一起，能使鋼那樣密結，能使金剛石的各部分堅硬而不可分解。如果物質是有限的，則它一定有邊界，因此，一定有一種東西來防止它的分離。如果爲避免這層困難起見，人們便來假設物質是無限的，以自陷於不可挽救的深淵中，則他可以考究考究，他在物體的黏合方面，究竟由此有什麼發現。他可以看看，在把這種黏合力還原於這個最荒謬最不可理解的假設以後，他是不是可以使物體的黏合更爲可理解一些。由此看來，我們只要考究廣袤（這只是凝固的各部分的黏合）的本質、原因和途徑，就會看到它比我們所觀念到的思想並沒有更爲明白、更爲清晰。

28 **藉推動力而發生的運動的傳遞，正如藉思想所發生的一樣可以理解**　在物體方面，我們還有另一個觀念，就是它藉推動力來傳遞運動的那種能力；在靈魂方面，我們也有另一個觀念，就是它藉思想來刺激運動的那種能力。在物體和心靈方面這兩種觀念，都是日常經驗所明白地供給於我們的。不過我們如果在這裡再問它（能力）是如何動作的，則我們在兩方面都一樣是莫名其妙的。在藉推動力傳遞運動時，這一個物體所得的運動量正等於那一個物體所失的運動量（這是最常見的情形），不過我們在此只知道物體的運動由此及彼，此外並不知道別的；而這種傳遞是很含糊、很不可想像的，正如我們不能想像我們的心靈如何藉思想來運動或停止我們的身體似的（這是我們常常經驗到的）。不但如此，而且人們還觀察到或相信有時運動也可以藉推動力增加，這更是難以了解的。日常的經驗自然使我們清楚看見，運動可以由推動力和思想產生出來，不過它們產生的方式如何，則是我們難以了解的，我們在兩方面，都是茫然無知的。因此，不論我們如何思考運動，和心或物方面的運動的傳遞，而精神方面的觀念至少也與物體方面的觀念是一樣明白的。我們如果思考自動的運動能力，或能動性（motivity），我們就會看到它在精神方面比在物體方面更要明顯。因爲兩個物體如果並置在一起不動，則它們從不能使我們得到此物有運動彼物的能力的那個觀念，除非是藉助於外來的運動。至於心靈則可以日日使我們得到，它有運動物體的能力的那個觀念。因此，我們應當考究，自動的能力是不是精神的特性？被動的能力是不是物質的特性？我們也可以由此推測，被造的精神是不能完全脫離物質的，因爲他們是一面自動、一面被動的，只有純粹的精神——上帝——是自動的；純粹的物質是被動的，至於那些又自動，又被動的東西，則我們可認它們兼具兩種性質。但是不論如何，我認爲我們對精神所形成的各種觀念也與對物體所形成的各種觀念，都是一樣多並且一樣明白，兩方面的實體都是我們所不知道的。我們不但能明白地觀念到物體的廣袤，也一樣能明白地觀念到精神的思想。至於在精神方面，思想所引起的運動的傳遞，也與在物體方面，推動力所引起的傳遞一樣，都是很分明的。恆常的經驗使我們清楚意識到兩者，不過我們這狹窄的理解卻不能理解兩者。因爲我們的心靈如果看得超過了由感覺和反省而來的那些原始的觀念，並且進一步來鑽研它們的原因和產生的途徑，我們就會看到它只能發現它自己的近視眼。

29 總而言之，感覺使我們相信有凝固的、擴延的實體，反省使我們相信有能思想的實體。經驗使我們相信兩者的存在，並且使我們相信，一種有能力來藉推動力運動物體，另一種有能力來藉思想運動物體；這是不容懷疑的。我可以說，經驗一時一刻都使我們明白地觀念到兩者。不過超出由其固有途徑來的這些觀念以外，我們的官能便不能再進一步。我們如果要進一步來研究它們的本質、原因和方式，則我們不但不能明白地知覺到思想的本質，也不能知覺到廣袤的本質。我們如果再進一步來解釋它們，則它們都是一樣困難的。我們固然難以知道一種我所不知的實體如何會藉思想使物體運動，可是我們同時也一樣難以知道，一種我所不知的實體如何能藉推動力使物體運動。因此，我們不但不能發現屬於精神的那些觀念由何成立，也不能發現屬於物體的那些觀念由何成立。由此，我彷彿認爲，我們由感覺和反省得來的那些簡單觀念，就是我們知識的範圍。人心不論如何努力，也不能超過這個範圍以外更進一步。它縱然來窺探那些觀念的本質和隱祕的原因，它也不能有任何發現。

30 **物體觀念和精神觀念的比較**　簡而言之，我們對精神所有的觀念若與對物體所有的觀念一比較，則我們可以得到這種結論：精神的實體固然是我們所不知道的，可是物體的實體也一樣是我們所不知道的。物體的兩種原始的性質或特性——凝固而黏合的各部分是其推動力——固然是我們所明白清晰地觀念到的，可是精神的兩種原始的性質或特性——思想和動作的能力（就是能發動能停止思想和運動的能力）也是我們所明白清晰地觀念到的。我們對物體中所寓的各種性質，不但有各種觀念，而且有明白清晰的觀念，這些性質也不是別的，只是凝固而黏合的各部分所集成的廣袤的各種變狀，和這些部分的各種變狀。同樣，我們對於思想的各種情狀，如信仰、懷疑、意想、恐懼、希望等，也有清晰的觀念，而這些也都只是思想的各種情狀。此外，我們還可以觀念到意志和由意志而起的身體的運動，以及精神與身體的聯合運動。（因爲我們說過，精神是可以運動的）

31 **精神的想法中所含的困難並不大於物體想法中所含的困難**　最後，我們還可以說，我們不能因爲非物質的精神想法中含有一些不易解釋的困難，就否認或懷疑精神的存在，正如我們不能因爲物體的想法中含有一些我們所難以或者不能解釋的困難，就否認或懷疑物體的存在似的。我很希望有人舉一個例證給我，證明我們的精神想法比物體想法含著更爲難解、更爲近於矛盾的成分。在我看來：任何有限廣袤的無限分割性，不論我們承認它與否，都使我們陷於不可挽救的結局，或使我們不能自圓其說。這種結局所引起的困難更大，而且它的荒謬更加明顯，至於由非物質的能思想的實體想法中所得出的困難和荒謬並沒有那樣大、那樣明顯。

32 **除了簡單觀念之外，我們均無所知**　這是我們所不必訝異的，因爲我們只有一些表面的事物觀念，只是由感官從外面得來的、或是由人心反省它自身中的經驗得來的，而且我們除了這些表面的觀念之外，再沒有其他觀念，因此，再超過這個界限，則我們便一無所知，至於事物的內在組織和眞正本質，則我們更是不知道的，因爲我們根本沒有達到這種知識的官能。在自身中我們既然確實經驗到並且發現自己有知識和自願運動的能力，也與我們確實經驗到並且發現外面事物中各部分的黏合或分離——物體的廣袤和運動——一樣，因此，我們不但應當相信物體的想法，而且也應當相信非物質的精神想法。因此，我們不但應當相信物體的存在，也應當相信精神的存在。因爲你如果說凝性離了思想仍能獨立存在，那麼思想也可以離了凝性而能獨立存在，前者如不矛盾，則後者也不矛盾，它們都是簡單觀念，而且是互相獨立的。我們既然對於思想有明白清晰的觀念，一如對於凝性一樣，因此，我就不知道，我們何以只承認凝固的事物——物質——離了思想仍能存在，而不承認非物質的——思想——離了凝性也能存在。因爲我們固然難以想像，思想離了物質如何存在，可是我們也一樣難以想像物質如何會思想。因爲我們如果離了由感覺和反省得來的那些簡單觀念，進一步來窺探事物的本質，則我們立刻會陷於黑暗、曖昧、猶疑和困難中；而且只能發現自己的盲目和愚昧。不過複雜的物體觀念和非物質的精神的觀念，這兩種觀念不論哪一種是最明顯的，而我們依然明白看到，形成它們的那些簡單觀念，仍是從感覺或反省來的；至於別的一切實體觀念當然也是由此來的，甚至上帝自身的觀念也不能例外。

33 **上帝觀念** 因爲我們如果考察自己對於不可了解的崇高的主宰所有的觀念，我們就會看到，我們之所以得到這個觀念，也是由同一途徑來的；而且我們對於上帝和有限精神所形成的複雜觀念，也是由反省所提供的一些簡單觀念所形成的。我們根據自身的經驗，得到存在、綿延、知識、能力、快樂、幸福等觀念，此外還觀念到有別的有勝於無的一些性質和能力。在我們企圖對於崇高的主宰，形成最恰當的觀念時，我們便以無限觀念把這些觀念各個都加以放大，因此，把它們加在一起之後，就成功了我們的複雜的上帝觀念。因爲我們已經說過，人心在由感覺和反省得到各種觀念以後，它還有能力來把其中某些加以擴大。

34 我如果知道自己知道一些事情，而且所知的事物全部或一部是不完全的，則我可以想像自己知道兩倍多的事物，而且可以一直往下繼續，就如加不完的數目一樣。這樣我就可以想像我的知識包括了一切存在的或可能的事物，因而使自己的知識觀念擴大了（這是就數目方面說的）。至於知識的程度方面也可有同樣情形，我們可以想像自己知道的各種事物較爲完全，我們可以想像自己知道它們的一切性質、能力、原因、結果、關係，並且完全知道它們自身所含的東西，和與它們有關的東西。這樣我們就會觀念到無限無邊的知識。我們也可以想像自己的能力逐漸增加到無限的地步，也可以想像自己的存在無始無終，因而觀念到一個悠久的神明。我們認爲至上的主宰——上帝，有無邊無盡的存在、能力、智慧，和一切其他的美德（我們所能觀念到的），因此，我們就形成人心所能形成的最完全的上帝觀念。而我們之所以能得到這個觀念，只是因爲自己無限地擴大了由反省自己心理作用所得到的那些觀念，或藉感官由外面所得來的那些觀念。

35 **「上帝」觀念** 因爲我們所用以盡力表示無上主宰的那個複雜觀念，是由無限性和我們的存在、能力、知識等觀念所集合而成的。因爲上帝的本質（這自然是我們所不知道的，因爲我們甚至不知道一塊石子、或一隻蒼蠅、或我們自己的眞正本質）雖然是單純而不混雜的，可是我們對他所有的觀念，仍只是複雜的、仍只是由存在、知識、能力、幸福等無限而永久的性質所合成的。這些都是獨立的觀念，有些甚至也是與別的觀念相關，而爲別的觀念所組成的。由此看來，形成「上帝」觀念的那些觀念，原來都是由感官和反省來的。這一層前面已經說過了。

36 **複雜的精神觀念中所含有的觀念都是由感覺或反省來的** 我們還可以進一步說，上帝一詞所含的各種觀念，除了「無限性」以外，每一種都是別的精神觀念中的一部分。因爲除了物體方面的簡單觀念之外，我們所有的一切簡單觀念，既然都是由我們反省自己的心理作用來的，因此，我們誘於各種精神的各種觀念沒有一個不是由「反省」而來的。我們思維他們時，我們認爲他們所有的差異只在於他們的知識、能力、綿延、幸福等的程度和範圍不同。不論在事物觀念或精神觀念方面，我們都一樣以由感覺和反省而來的那些觀念爲限度。這是很明顯的，因爲我們的精神觀念，比物體觀念，縱然完美了若干倍，甚至完美到無限的程度，可是我們對於他們互相表示自己思想的方式並無任何觀念。我們人類固然愛用有形的標記和特殊的聲音來傳達自己的思想，因爲這些記號是普遍爲人所應用的，而且也是人類所能發明的最良好的、最簡捷的方法。不過較高的神靈們，既然比我們有較完全的知識、較大的幸福，因此，我們不得不斷言，他們傳達思想的方法比我們的是更完全的。不過我們自身並不能經驗到他們這種直接的交接，因此也就沒有這種交接的觀念，因此，我們就不能觀念到，各種神明既然不應用文字，有的甚至還沒有身體，他們如何能迅速地運用自己的思想，並且能任意傳達或隱藏它們——雖然我們不得不假設他們有那種能力。

37 **概括前義** 我們已經看到，我們對各種實體所有的各種觀念，都是什麼種類的，由何成立的，並且是如何獲得的。由此，我認爲我們清楚看到：

第一點，我們所有的各種實體觀念，只是一些簡單觀念的集合體；同時，我們還假設有一種東西是這些觀念所依附、所寄託的。不過對於這種假設的東西，我們是不能有明白而清晰的觀念的。

第二點，各種簡單觀念雖然聯合爲一個共同體，以形成我們的各種複雜的實體觀念，可是這些簡單觀念仍只是從感覺或反省而來的。因此，就在我們所最熟悉的那些觀念方面，所最了解的那些觀念方面，我們也不能超過那些簡單觀念之外。不但如此，有些觀念雖然似乎與我們全不相干，雖然無限地超過我們憑反省在自身所知覺到的任何事物，或憑感覺在外物中所發現的任何事物，可是我們在這些觀念中所得到的不是別的，而是原始由感覺和反省得來的那些簡單觀念；就如我們複雜的天使觀念，尤其是上帝觀念便是。

第三點，在正確地思考之後，我們又看到，構成我們複雜的實體觀念的那些簡單觀念，雖然容易被人認爲是積極的性質，可是它們大部分終究只是一些能力。就如形成複雜的黃金觀念的那些大部分觀念，如黃金、重量、延展性、可熔性、在王水中的可溶性，雖然都聯合在一個不可知的基礎中，可是這些觀念都不是別的，而是與別的實體所發生的一些關係，並不眞正是在孤立的黃金本身中的。只是它們仍依靠於黃金內部組織中的第一性質，而且黃金之所以適於在某些別的物體上產生種種作用，或被某些物體施以種種作用，也就是憑著這些眞實的原始性質。

第二十四章 集合的實體觀念

1 **「一」的觀念** 除了這些複雜的單一觀念，如人、馬、金、蘋果、紫羅蘭等之外，人心還形成複雜的合體觀念。我之所以稱它們為合體，乃是因為那一類觀念是由許多特殊的實體所形成的，在這些觀念中，各種實體被認為聯合成一個觀念，而在它們聯合之後也被人認為是一個觀念。就如構成軍隊的許多人的集合體雖然是由大多數獨立的實體所形成的，可是那個集合體的觀念可以成為「一個」軍隊的觀念，而且它之為「一個」觀念，正如一個人的觀念一樣。又如「世界」一詞所表示的一切物體的總集合觀念，也只是一個觀念，正如世界中所有的最微小的分子之為一個觀念一樣。一個觀念，不論是由多少特殊事物形成的，可是你只要把它當做一個表象，或一個圖畫，則它便足以使那個觀念成為一個單位。

2 **這個觀念是由人心的組織能力所形成的** 人心之所以能形成這些集合的實體觀念，乃是因為它能藉自己的組織能力，把各種簡單的或複雜觀念聯合起來，就如它之所以能形成單體的實體觀念，也是藉同一能力，把各種簡單觀念聯合在一個實體內的。人心既能把單位的觀念重複起來，形成數的集合情狀或複雜觀念，如20或144。因此，它也可以把一些特殊的實體集合起來，形成集合的實體觀念，如一隊、一軍、一群、一城、一艦隊等。人人都會看到，他可以在心中藉一個觀念，在一個觀點下，把這些東西分別表示出來，而且在一個想法下，他可以想像各種事物完全只是一個，就如一艘船、一個原子。因此，我們固然容易想像一個人是一個觀念，可是我們也一樣容易想像，一萬人的大隊是一個觀念。人心既然能把組成一個人的那些各異的觀念聚攏在一個觀念中，把它們視爲一個，因此，它也一樣容易把大多數的人集合成一個觀念，把它們視爲一個。

3 **一切人工的事物都是集合的觀念**　人爲的事物大部分都屬於集合的觀念，至少由各異的實體所形成的各種事物是如此的。老實說，我們如果正確地思考「軍隊」、「星座」、「宇宙」等集合的觀念（集合成的單體觀念），就會看到它們只是人心所構的一些人工草圖，只是把互不相關、渺不相涉的一些事物集合在一個視野之下，使它們聯合成爲一個觀念，並且以一個名詞來表示它們，以便在思考和談論時較爲方便一點。因爲任何遠隔的事物、任何相反的事物，人心總能藉其組織的藝術，把它們組成一個觀念，就如「宇宙」一詞所表示的，就是很明顯的一個例子。

第二十五章　關係

1 **什麼是關係**　觀念分爲兩種，一種是人心對事物本身所形成的（簡單的或複雜的），一種是人心由比較各種事物得來的。在研究任何事物時，理解並不恰恰限於那個事物，它能使任何觀念超出自身以外，或者至少說，它能看得超過那個觀念，看看那個觀念與別的觀念的關係如何。人心在思考一個事物時，如果把它與別的事物一起考究，並且在兩物之間反覆觀察，這就叫做關係（relation or respect）。至於指示那種關係的那些積極的事物，如果作爲標記使我們的思想進到當下所提到的那種主物以外的另一種獨立的事物，則它們便叫做關係者（relatives）；至於這樣集合來的事物，則叫做有關係的。人心如果只把凱烏斯（Caius）當做一個絕對的對象來考究，則它在這個觀念中，便一無所增加，所有的只是凱烏斯所眞正具有的性質；那就是說，我們如果只當他是一個人而加以思考，則我的心中所有的，只是「人數」的複雜觀念。因此，我如果說凱烏斯是一個白人，則我所思考的也只是具有白色的一個人。不過我如果以丈夫一詞稱凱烏斯，則我又指示著另一個人；我如果說他是較白的，則我也指示著另一種別的東西。在兩種情形下，我都想到凱烏斯以外，我所思考的都是兩個事物。任何觀念，不論其爲簡單或複雜，既都可以當作一個起因，使人心把兩件事物合攏起來，並且同時觀察它們（自然仍能分別觀察它們），因此，我們的任何觀念都可以作爲關係的基礎。就如在上述的例證中，他與桑普羅尼亞（Sempronia）的婚約和婚禮就是丈夫一詞（或關係）的原因，又如白色也是我們所以說他比砂石白的原因。

2 **沒有相關名稱的關係，是不容易覺察的**　父與子、大與小、因與果等關係，既然都表示於相對的名詞中，既然都有相關的東西互相照應，因此，這些關係是人人可以明顯看到的。因爲父子、夫妻等相關的名詞，既然完全互相依屬，而且因爲習慣之故，在人的記憶中可以互相迅速地相照應，所以我們只提到一方面，就可以立刻思想到當下所提到的那個名詞以外。這種關係是分明指示到的，因此，沒有人會懷疑它。不過語言中如果缺乏了相對應的名稱，則那種關係便不易永遠爲人心所注意。例如「妾」這個名詞雖然與「妻」一樣是相對的名稱，不過在我們的語言中，這類字如果缺乏了相關的名稱，則人們便不容易認爲它們有那種關係，因爲這裡缺乏相關物之間那層明顯的關係標誌，以至於不能互相解釋，以至於可以互相獨立存在。因此，凡含有明顯關係的那些名詞，就叫做外稱（external denomination）。不過一切名稱，只要不是空洞的字音，則它一定表示一種觀念。這種觀念也許是在那個名稱所指的事物中存在的，在這種情形下，它便是絕對的，而且人們也當它是與那個名稱所表示的事物相聯合的，並且是在那個事物中存在著的。如果這種觀念不是在事物中的，則它一定是由關係來的，因爲人心會看到那種事物與別的另一種獨立的事物有一種關係。在這裡，這種觀念便含有一種關係。

3 **有些看似絕對的名詞，也包含著關係**　此外還有另一種相關的名稱，人們往往不當它們是相關的，其至不當它們是外稱。不過這些名詞雖然形式上、外貌上，表示著主物中一種絕對的性質，可是它們確隱含著一種不易覺察的關係。老、大、不完全等貌似絕對的名稱，都是這一類的。不過關於這一點，我在後面幾章中，還要詳爲論說。

4 **關係與關係中的事物不同** 我們還可以進一步說，人對於有關係，有比較的各種事物，雖然所懷的觀念各不相同，可是他們的關係觀念仍可以是一樣的。就如人們對「人類」所有的觀念，雖然很不相同，可是他們仍可以有相同的「父」的觀念。因爲「父」這個想法只是在「人」這個實體上所加的，它只指示所謂「人」那種生物的一種行爲。不論「人類」是什麼，可是他既然生了同類的人，則這種關係是一樣的。

5 **關係雖變，主物不必也跟著變** 因此，關係的本質就在於兩個事物的互相參照、互相比較。根據這種比較，那兩種事物（或其中之一）便可以得到相當的名稱，兩種事物中如果有一種停止了或移去了，則另一種事物雖然完全沒有變化，可是它們的關係也就停止了，結果它們的名稱也就停止了。就如凱烏斯，我今天雖認爲他是一個爲父的，可是明天他的兒子如果死了，則他本身雖然沒有變化，他也就不是爲父的了。不但如此，人心只要從各個物像與一個事物相比，則同一事物可以在同時有相反的名稱。就如凱烏斯如果與數人相比，則他眞可以說是較老的、較幼的、較強的、較弱的等等。

6 **有了兩件事物，才能有關係** 凡能存在的任何東西、凡被人認爲是一件事物的任何東西，都是絕對的。因此，不只簡單觀念和實體是絕對的存在，就是各種情狀也是一樣。各種情狀所由以成立的那些部分，雖然常是互相對待的，可是它們的整體既然被人當做一個事物看，而且在我們心中產生了「一個」複雜的事物觀念，因此，那個觀念，雖然只是一些部分的集合體，可是它既然只有一個名稱，而且在我們心中只產生了一個圖像，因此，它是一個絕對的事物，或絕對的觀念。就如同一個三角形的各部分，在互相比較以後，雖是相對的，可是三角形的全體觀念是一個積極的、絕對的觀念。一個家庭、一段音樂等，也可以有同樣說法，因爲只有在兩個事物之間，而且只有在兩個被認爲各自存在的事物之間，才有所謂關係。在一個關係中，常有兩種事物或觀念，而且那兩種事物必須本身是眞正分立的，或被人認爲是獨立的；只有如此，它們才能互相計較。

7　**一切事物都是可以發生關係的**　在一般關係方面，我們可以考察下列幾點：

第一點，任何事物，不論它是簡單觀念、實體、情狀、關係，或其各自的名稱，都能夠被人在它與別的事物的發生幾乎無數的關係方面加以思考。因此，這種情形就構成人類思想和語言的一大部分。就如一個人可以在同時處於並維持下述的各種關係，以及更多的關係。他可以是父親、兄弟、兒子、祖父、孫子、岳父、外婿、丈夫、朋友、仇敵、臣民、司令、法官、顧主、事主、教授、歐人、英人、島民、僕人、主人、物主、首領、高的、低的、大的、小的、老的、幼的、相似的、不相似的、同時的等等，此外我們還可以有無數的說法。我們只要有機會把他與別的事物相比，則不論他與它們是相契的或不相契的，或是別的樣子，他都可以與它們發生各種關係，因爲我已經說過，關係之所以能發生，只是因爲我們比較或考慮兩種事物，並且根據那種比較給那兩個事物（或一個）一些名稱，甚或給關係本身一種名稱。

8　**關係的觀念比實體的觀念更為明白**　第二點，關於關係，我們還可以進一步思考，它雖然不是在事物的眞正存在中所包含的，只是外面附加的，可是那些相對名詞所代表的觀念，往往比它們所從屬的那些實體的觀念，還要更爲清晰、明白。我們所有的父的觀念，或兄弟的觀念，比我們的「人類」的觀念清晰、明白許多。又如我們對「父職」一詞也是比對「人道」容易有一個明白的觀念。又如朋友也是比上帝容易被人觀念到的。因爲關於一種行動的知識，或一個簡單觀念，往往就足以給我關係的意念。可是要想知道一種實在的東西，則我們必須精確地蒐集若干觀念。一個人既然比較兩種事物，則我們便不容易想像他不知道他自己是在哪一方面進行比較的。因此，他只要比較任何事物，則他一定對那種關係有一個明白的觀念。因此，在我們心中，關係的觀念至少比實體的觀念，要更爲完全、清晰。因爲我們往常不容易知道眞正存在於任何實體中的全部簡單觀念，可是我們大部分卻容易知道，我們所思想的（或所稱呼的）那種關係中所包含的那些簡單觀念。就如我們比較有共同父母的兩個人，則我們雖然對「人類」一詞沒有完全的觀念，可是我們卻容易對「兄弟」一詞形成相當的觀念。因爲有意義的相對文字，也與別的文字一樣，它們只是代表著觀念，而且那些觀念只是簡單觀念，或是由簡單觀念所形成的；因此，我們只要明白知道那些關係的基礎，就可以知道那個相對名詞所代表的觀念；並不必先清楚的觀念到那種關係所歸屬的那種事物。因此，我們既然觀念到有一種東西下了蛋，另一種東西由蛋中孵出來，則我們便明白地觀念到聖詹姆斯公園（St. James's Park）中兩隻火雞有母雞和小雞的關係。

9 **一切關係都歸結在簡單觀念中** 第三點，我們雖可以由許多思考途徑來比較各種事物，並且可以由此得到多數的關係，可是這些關係仍然要歸結於、關係於由感覺或反省而來的那些簡單觀念，而這些觀念又正是我們知識的全部材料。爲闡明這一層起見，我將以我們所能觀念到的最重要的一些關係來加以說明，我將以一些似乎離感覺或反省很遠的關係來加以說明。在說明之後，我們就會看到這些關係中的觀念也是由那個根源來的，而且會清楚看到，我們對那些關係所有的各種想法，都只是簡單觀念、都只是由感覺或反省來的。

10 **任何名詞只要能使人心思及於所提到的實體以外，都是相對的** 第四點，我們可以說，所謂關係就是對一物與另外一物的比較觀察，因此，顯然，任何文字如果不只能使人心思想到那些文字所表示的事物中的那些觀念，而且能使人心思想到另一些觀念，則那些文字都是相對待的。你如果只說「一個人」、「黑的」、「快樂的」、「好思的」、「渴的」、「怒的」、「有廣袤的」，則這些文字以及一切相似的字眼都是絕對的，因爲它們所指示的事物，只是「人」這一名詞中所眞正（或假設）如此含有的事物，此外並不指示別的。不過父親、兄弟、國王、丈夫、較黑的、較快樂的等等字眼，在其所指謂的事物之外，還指謂著另外一些東西，而且那些東西是在那個事物的存在以外的。

11 **結論** 所謂關係，我們既然奠定了這些概括的前提，因此，我們現在就舉一些例證，以求指明我們對各種關係所有的各種觀念也與別的觀念一樣，都是由簡單觀念所形成的。此外，我們還要指明，那些觀念不論多麼精細、與感官離得多麼遠，可是它們結果總要歸結於簡單觀念。我現在要從最廣泛的一種關係說起，就是要從所謂因果關係說起。在這種關係中，一切現存的，或可能存在的事物，都可以包括進去。不過這個觀念究竟是如何由一切知識的兩大來源，即感覺和反省來的，我將在下一章加以考察。

第二十六章　因果與其他的關係

1 **這些觀念是從哪裡得來的**　在我們的感官注意到不斷變動的各種事物時，總會觀察到有一些特殊的性質和實體開始存在起來，而且它們的存在是由別的事物適當的作用所引起的。從這種觀察，我們便得到因果的觀念。能產生任何簡單觀念或複雜觀念的那種東西，我們便以原因（cause）這個名詞概括稱之，至於所產生的就叫做結果（effect）。因此，在我們發現，所謂蠟的那種實體中，一種流動性常常可以為某程度的熱所產生，而且發現，流動性這個簡單觀念以前是不曾存在於蠟以內的，則我們便稱熱這種簡單觀念為蠟體中流動性的原因，並且稱那種流動性為結果。我們如果看到，木這種實體（是一些簡單觀念的集合體），在經了火以後，轉變成所謂灰的另一種實體（這個複雜觀念也是各個簡單觀念的集合體，它與所謂木的那些複雜觀念十分差異），則我們便認為火是灰的原因，灰是火的結果。因此，不論任何事物，我們只要以為它能產生以前不曾存在過的任何簡單觀念，或簡單觀念的集合體（不論是實體或情狀），則那種事物便能在我們心中產生原因的關係，而且我們也以原因一詞稱它。

2 **創造、生殖、製造、變化**　我們的感官因為能發現各種物體相互間的種種作用，所以使我們得到因與果的觀念。所謂因就是能使別的事物（簡單觀念、實體或情狀）開始存在的；所謂果就是由別的事物開始存在的。我們既得到這兩種觀念，所以我們的心便容易把各種事物的起源分爲兩類：

第一，一種東西如果全新製作的，而且它的任何部分以前都不曾存在過，我們便稱這種東西爲創造（creation）。就如在自然界中，一個嶄新的物質分子，以前不存在，後來開始存在的那樣。

第二，一件事物所由以造成的各個分子如果都是以前存在過的，可是由先前分子所組成的那個事物本身，如果以前並沒有存在（如這個人、這個卵、玫瑰、櫻桃等類），這就形成另一種事物的起源。在這種情形下，以前存在的那些分子，便合攏起來形成簡單觀念的集合體。這一類的事物的起源又可以分爲三項：第一爲生殖（generation），第二爲製造（make），第三爲變化（alteration）。㈠一種實體如果是在自然的尋常途徑中由內在的原則所發展出的，可是在發展前，又先受了外面的主力或原因，而且它的作用也是由我們所覺察不到的一種途徑往前進行的，這就叫做生殖。㈡原因如果是由外面來的，而且結果的產生，也是由明顯各部分的顯著的分離或配合來的，這就叫做製造；如一切人造物便是。㈢物體中如果有任何以前不曾存在過的簡單性質產生出來，這便叫做變化。因此，我們就說，人是生殖出的，畫是製造成的，而且它們如果產生了以前不曾存在過的任何新的明顯性質或簡單觀念，則我們便說它們有了變化。以前不存在，現在開始存在的事物，就叫做結果；至於能使別物存在的，就叫做原因。在這些情形下，以及在一切別的情形下，因果的想法都是由感覺和反省所傳來的那些觀念來的，而且這種關係不論如何普遍，也是要歸結於這些觀念的。因爲我們只要知道有任何簡單觀念或實體，由於別的觀念（或實體）的作用而開始存在，我們就可以得到因果的觀念；並不必知道那個作用的方式如何。

3 **時間關係**　時間和空間也是各種普遍關係的基礎，而且一切有限的事物至少都是包含在它們裡面的。不過我們既然在別處提到這些觀念的來源，因此，我們在這裡只須略爲指示說，由時間得來的許多事物的名稱大部分都只是一些關係。就如，任何人如果說：「伊莉莎白女王活了六十九年，統治了四十五年」，則這些文字只是指那段時間與別的時間的關係，而且這話的意義也只是她一生的綿延（時間）正等於六十九個「日的年轉」，她治世的綿延（時間）正等於四十五個「日的年轉」，因此這些文字只表示「多久」的意思。又如說，「勝利威廉約在一〇六六年侵襲英國」，則我們的意思只是把從救主到現在中間的那段綿延認爲是一個長時間，並且指示出這次侵襲與兩個極端隔著多遠。因此，凡表示「何時」的一切時間名詞都只是指出某一個時間點與較長的綿延中某一個時段，有什麼距離；因爲我們在計算時，是以這個較長的綿延爲標準的，而且以爲那個時間點與這個標準是相關的。

4　除了那些名詞以外，還有別的一些時間名詞，雖然普通被人認爲表示著絕對的觀念，可是我們一經考察就會看到它們也是相對的。就如「幼」和「老」就隱約指示，有某種東西是和我們心中所觀念的某種長度的綿延發生關係的。因此，我們如果在思想中確立了人生的平常綿延長度爲七十年，那麼我們如果說一個人是年幼的，則我們的意思就是指他現在的年齡只是人們一般所活年齡的一小部分；我們如果說他是年老的，我們的意思就是說他的綿延已經幾乎到了人們平常所活的年齡的盡頭。因此，所謂老、幼，只是以此人或彼人的特殊的年齡或綿延，與人類通常所活的年紀（這是我們心中所觀念到的）相比較。我們若以這些名詞施之於其他的東西，則更覺得我們所說的是合理的。因爲一個人在二十歲時雖是「幼」的，在七歲時，雖是「很幼」的，可是馬在二十歲時，則可以說是老的，狗在七歲時也可以說是老的。因爲在各個情形下，我們要以它們的年紀與這幾種動物平常所活的各種年齡（這是我們所觀念到的）相比較。至於日和星，則它們雖然經過了多少代人，可是我們也不說它們是老的，因爲我們不知道上帝給這些物體所分配的年紀是多長的。我們如果在事物的日常途徑中，看到某些事物因爲自然的代謝，在經過某些時期以後，要歸於盡：我們才能以「老」這個字應用在那些事物上。因爲在這種情形下，我們心中才能有一個標準，來衡量事物綿延的部分；而且按這些部分與那個標準所有的關係，稱那些事物爲老的或幼的。因爲這種緣故，所以我們不能說翠玉或金剛石是老的或是幼的，因爲它們通常的時期，是我們所不知道的。

5 **場所和廣袤的關係**　各種事物彼此間的場所關係或距離關係，也是很容易觀察到的，就如「在上」、「在下」、「離哲倫廣場（Charing Cross）有一哩遠」、「在倫敦」、「在英國」等說法。不過在廣袤和體積方面也與在綿延方面一樣，有些觀念雖然只是相對的，可是表示它們的那些字眼常被人認爲是絕對的，就如「大」和「小」實在只是一些關係。因爲我們在這裡，也因爲常看到某些事物通常的大小，因而心中確立了一些觀念，並且以這些觀念爲標準來指稱別的事物的體積。因此，我們如果見了一個蘋果比我們平常所見的爲大，則我們便說它是一個大蘋果。我們如果見了一匹馬，比我們心中平常所觀念到的馬較爲小些，則我們便叫牠爲小馬。法蘭明人（Fleming）所說的小馬，在威爾斯人看來就會成了大馬。他們兩人在馬這方面的大小觀念之所以不同，乃是因爲他們本地所產的馬種不同。因此，他們在拿這匹馬與其各自的標準相比較時，便有了大小的差異。

6 **絕對的名詞往往表示著關係**　同樣，弱和強也是能力方面的相對名稱，也與我們當時所有的一些較大或較小的能力觀念相比較的。因此，我們如果說一個弱者，我們的意思是說，他所有的力量不如平常人所有的那樣大，或不如同身材的人所有的那樣大。我們如果說：「萬物都是脆弱的事物」，則我們所謂脆弱兩字也是一個相對的名稱，它是指上帝能力和萬物能力那種不成比例而言的。因此，在普通言語中，許多的名詞（或者竟然是大部分），雖然乍看之下沒有關係的意思，可是實在是表示關係的。就如說「船有了必需的糧食」，則所謂必需、所謂糧食、都是相對的文字，一種是與所計算的那種水程的完成有關係的、一種是與將來的用途有關係的。我們分明看到，這些關係都是限制於、歸結於感覺和反省傳來的那些觀念的，因此，我們也就不必再作解釋了。

第二十七章　同一性和差異性

1　**同一性是由何成立的**　人心往往還需要來比較事物的存在本身。我們如果把一種事物在某個時間和地點存在的情形，與其在另一種時間和地點時的情形加以比較，則我們便形成同一性（identity）和差異性（diversity）的觀念。我們如果看到任何事物在某地某時存在，則我們一定會相信（不論它是什麼），它就是它，不是別的——雖然別的東西同時在別的地方存在，而且在其他各方面都和它相似。同一性之所以成立，就是因為我們所認為有同一性的那些觀念，在現在與在以前存在時的情況完全一樣，沒有變化。因為我們既然不曾見到，也不曾想像到，同性質的兩種事物能在同時同地存在，因此，我們就正確地斷言，任何時候存在的任何東西，必然排斥與之相同的東西，一定是在那裡獨自存在的。因此，我們如果發問，某種事物是否仍是與以前一樣的，則我們總要參照曾在某個時間和空間存在過的一種東西，而且在那時候，那種東西就是那種東西，並不是別的東西。由此看來，一個事物不能有兩個存在起點，兩個事物也不能有一個起點，因為在同時同地並不能有兩個相同的東西存在，而在不同的各個場所也不能有同一的東西存在。因此，凡具有一個發端的東西，就是有同一的東西，至於別的東西的發端如果在時、地方面都與此一種東西不同，則那種東西，便與此種東西是相異的。人們所以在這種關係方面發生了問題，乃是因爲他們缺少注意，不能對於被認爲同一的東西，發生精確的觀念。

2 **實體的同一性，和情狀的同一性**　我們的實體觀念，只有三種：一爲「上帝」，二爲有限的靈物，三爲物體。第一，上帝是無始無終、永恆、不變、無處不在的，因此，我們對於祂的同一性是毫無疑問的。第二，有限精神存在的發端，都有確定的時間和空間，而且在他們存在的時候，各種情形與那個時間和空間所發生的關係，就足以決定他們的同一性。第三，在各種物質分子方面，我們也可以有同樣說法，物質的分子如果不增也不減，則它可以說是同一的。因爲這三種實體，雖然在同一場所方面並不互相排斥，可是我們不能不設想同類的實體各自要互相排斥；若非如此，則同一性和差異性的想法和名稱，便毫無意義，而且各種實體和別的東西，彼此間也就無所分別。因爲兩個物體如果能在同時同地存在，則兩個物質分子無論是大是小，都必然合而爲一，不但如此，而且一切物體也將合而爲一。因爲兩個物質分子既可以存在於一個地方，則一切物體也都可以存在於一個地方。我們如果能這樣假設，則同一和差異、一與多，都將無所分別，而且我們如果硬要分別也就很可笑了。不過要說兩個以上的東西可以成爲一個，那只是一種矛盾，因此，同一性和差異性仍是很有根據的關係和比較方法，而且對理解是有功用的。至於其他的東西既然不外情狀和關係，而且它們最後又得歸結於實體，因此，它們的各自的特殊存在也都有其同一性和差異性，而且這兩種關係也是由上述的途徑決定的。至於前滅後生的一切事物，例如有限精神的動作（運動和思想），則我們分明知道它們只有差異性而無同一性。因爲每一種動作，在開始存在的那一剎那就消滅了，所以它們不能在異時異地仍繼續存在。至於永恆的東西，則在不同的時間，遠隔的地方也可存在。因此，任何運動或思想，若當做是在不同時間中存在的，永不能是同一的，因爲它的每一部分都各有一個存在的發端。

3 **個性原則**　從前面所說的看來，我們很容易發現人們一向所竭力研求的所謂個性原則（principium individuationis），並且發現只有事物的存在自身能決定任何事物來占據特殊的時間與空間，而排斥同樣的兩種事物來占據它們。這層道理，在簡單的實體和情狀方面，固然是比較容易想像的，可是我們在反省之後就會看到，只要我們稍微用心，則在複雜的實體和情狀方面，也一樣不難想像這回事。我們如果假設有一個原子，即在確定的時間和空間內繼續存在，而且其外貌永不變更的物體，則我們分明看到，不論我們在它的存在中那一剎那來想像它，它在那一剎那總是與它自己相同的。因爲在那個剎那，它既然只有自身，不是別的，所以它是同一的，而且它的存在只要繼續，則它一定會繼續其同一性；因爲它也只有在這種範圍中，是同一的、是無變化的。同樣，如果有兩個以上的原子聯合在同一物團中，則其中每一個原子都可以照前面的規則，繼續是同一的。它們如果是在一塊聯合存在的，則那個物團既然是由同一的許多原子組成的，則它當然仍是同一物團、同一物體，不論其各部分是多麼混亂錯雜的。不過這些原子中，如果有一個新的加進去，或者取消了一個；則無所謂同一物團或同一物體了。至於在生物方面，則它們的同一性就不是依靠於各同一分子組成的物團，乃是依靠於別的東西。因爲在生物方面，大部分的物質變化並不能改變同一性。一棵橡樹，自幼苗至成樹，再至砍伐，仍是同一的橡樹；一匹駒雖然長成大馬，雖然有時肥、有時瘦，可是它仍是同一的馬。實則在兩種情形下，各部分的變化是很顯著的，因此，它們雖然一個是同一的橡樹，一個是同一的馬，可是正確說來，它們都不是同一的物團了。因爲在物質的品質方面，和在活動的生物方面，同一性所指的並不是同一的東西。

4 **植物的同一性**　因此，我們必須考察橡樹與一團物質究竟有什麼差異。在我看來，它們的差異就在於，物團只是一些物質分子的黏合，不論其結合的形式如何，都沒有關係；至於植物，則各物質分子的排列必須組成橡樹的各個部分，而且那些部分的那種組織，必須足以接受養料、分配養料，以繼續形成橡樹的木質、樹皮、葉子等，藉以維持它的植物性的生命。所謂一棵植物一定得有那樣一種分子組織、一定有那樣配合起來的軀體，而且其各部分一定要參與著共同的生命。那棵植物只要能繼續維持那種生命，它就是同一植物。這種生命雖然傳遞在新的物質分子上，可是這些物質分子如果與有生命的植物融爲一體，而且它們繼續發展成的那種組織也完全契合於那種植物，因此，那種植物仍可以說是同一的。因爲這種組織不論在什麼時候，不論寓於物質的任何集合體中，而它在那種特殊的具體物中，是和別的組織不相同的。它是一個特殊的生命，它在我們所指的那個時間以前、以後，都是經常存在的，而且不可覺察的前後相承的各部分是和有生命的植物體聯合起來，在同一方式中連續下去的。因此，這種組織的同一性，就能使植物成爲同一的，就能使它的各部分成爲同一植物的各部分——只要那些部分聯合存在於那種有繼續性的組織中，把那種共同的生命傳達於那樣聯合起來的各個部分。

5 **動物的同一性** 在畜類方面，情形也差不多，因此任何人也都可以由此看到，動物的同一性究竟在什麼地方。在機器方面，很有近似的情形，足以闡明動物的同一性。若以鐘錶爲例，則它分明只是一些部分的適當組織和結構，而且我們若加以充分的力量，它還可以達到某種目的。我們如果假設，這個機器有組織的各部分，在不斷地修理以後，在其不可覺察的各部分不斷地增加或減少之後，還能維持其公共的生命，還是一個連續體，那麼我們在動物的身體方面也應該有很相似的假設。不過這裡卻有一種差異，那就是，在動物方面，組織的調和與生命所依的那種運動，是一起開始的，運動是由內部發生的。至於在機器方面，則力量顯然是由外面來的，而且在機器完整，宜於接受動力時也往往沒有動力。

6 **人的同一性**　這也就表示出，人的同一性是由什麼成立的。人的同一性之所以成立，乃是由於不斷生滅的諸多物質分子，連續地和同一的有組織的身體具有生命的聯繫，因而參加著同一的繼續的生命。因此，人的同一性就在於一個組織適當的身體，而且這個身體中的各個物質分子雖在不斷地變化著，可是那些分子與這個身體都連爲一體，形成一種共同的生命組織，而且這個身體不論你從那一刹那來觀察它，它以後仍是要繼續著與此刹那相同的組織。這種同一性正和動物的同一性一樣。因此，有人如果主張，人的同一性不在於這個有適當組織的身體，而在於別的（靈魂），則他很難說，胎兒、有年歲的人、瘋狂者、清醒者是同一個人，除非他所立的假設，使塞特（Seth）、以實瑪利（Ismael）、蘇格拉底（Socrates）、彼拉多（Pilate）、聖奧斯丁（St. Austin）、切薩雷・波吉亞（Caesar Borgia）可以是同一個人。因爲人的同一性如果只成立於靈魂的同一性，而且按照物質的本質來說，我們也可以說，同一個別的精神也可與多少不同的身體結合起來，那麼，那些生於不同時代，性情各異的人們也可以是同一的。這種說法就把「人」這個字用的太奇怪了，因爲人字所應用於其上的觀念，竟把身體和形象排除出去了。不但如此，而更壞的是這種說法與主張輪迴的那些哲學家的意見也是很相契合的；因爲他們認爲人的靈魂可以因爲人的惡行，墮入畜類的身體中，以爲其適當的住所，而且在那種情形下，其所具的感官也只足以滿足它們的獸欲。不過我覺得，一個人如果確知赫利奧加巴哈盧斯（Heliogabalus，羅馬皇帝——譯者）的靈魂住在他所養的一隻豬的身體內，則他一定不會說那隻豬是一個人或是赫利奧加巴哈盧斯。

7 **同一性是因觀念的不同而有差異的**　因此，實體的單一性無法完全包含一切種類的同一性，並不足以在各種情形下來決定同一性。要想正確的判斷說來，我們應當考察所謂同一的那種事物的名詞所代表的觀念是什麼樣的。實體、人和人格者這三個名稱如果代表著三個不同的觀念，則所謂同一的實體是一回事、同一的人又是一回事、同一的人格者又是另一回事。同爲同一性是當和名稱所代表的觀念相對應的。我們如果稍加仔細考察這一層，那麼或許可以防止人們在這方面所常產生的大部分疑難。這種似是而非的疑難，在人格同一性方面更爲有力；因此，下面我們就要把這一層稍加考究。

8 **同一的人** 動物是一個有生命而有組織的身體；因此，所謂同一的動物，如我方才所說，就是分布於各種物質分子中同一的、繼續的生命——這些分子是前後相承地同那個有組織、有生命的身體聯合著的。不論我們說還有其他任何定義，而精細的觀察分明昭示我們，口中所發出的「人」字聲音，所標記的心中的觀念，只是具有某種形式的一種動物。因爲我認爲，任何人只要看到一個與自己形象和組織相同的生物，則那個活物雖然終生沒有理智，正如豬或鸚鵡一樣，他也會叫那個活物爲人。並且我相信，一個人雖然聽到一隻貓或鸚鵡談話、推論、推斷，他也只會叫牠（或以爲它）是貓或鸚鵡。他一定會說，前一種是一個愚昧無知的人，後一種是很聰明、很有理性的鸚鵡。我們只要看看一位著名作者的敘述，就可以發現我們所假設的有理性的鸚鵡，是實有的。他的話語如下：

「我曾聽許多人說，毛慮斯王（Maurice）在統治巴西（Brazil）的時候，曾經有一隻老鸚鵡會說話，並且能提、能答普通的問題，一如有理性的動物一樣。因爲這種緣故，所以他的隨從都說那一定是受了巫覡，或爲邪所乘。他有一位牧師（後來在荷蘭久居），最討厭鸚鵡，並且常說，一切鸚鵡都跟著魔鬼。關於這個故事的一些詳情，我還聽了許多，而且據衆人之言看來，也是難以否認的。不過人人既然都常提到這個故事，而且這個故事也很有根據，因此，我就立意要從毛慮斯王口中親自探詢這件事。他的答話，仍是簡潔而冷淡的，一如其平常時那樣。他說，所傳說的故事有些地方的確是眞的，不過大部分仍是靠不住的。我因此就請他把眞的一方面告訴我聽。他告訴我，他到巴西的時候，曾聽說有那樣一隻老鸚鵡。當時他雖然不很相信，而且那個鸚鵡又在遠處；可是他仍然因爲好奇心的緣故，讓人把牠帶來。那隻鸚鵡又大又老，牠進到屋中時，王子正和一大群荷蘭人在那裡。牠看見他們以後，立刻就說：『這些白人在這裡，都是做什麼的？』他們就指著王子問牠『這是什麼人？』牠就答說：『大概是司令一類的人物吧！』人把鸚鵡帶到王子身邊時，王子就問鸚鵡：『你從哪裡來的？』（D’oú venez vous?）牠答覆說：『從馬呂南來的。』（De Marinnau.）王子又問：『你是誰的？』（A qui estesvous?）牠又答：『我是一個葡萄牙人的。』（A un Portugais.）王子又問：『你在那裡做什麼？』（Que fais tu là?）牠又答：『我在那裡看小雞。』（Je garde les poules.）王子就笑著說：『你看小雞嗎？』（Vousgardez les poules?）牠又答覆說：『是的，我是那樣的，我很擅長看小雞。』（Ouy, moy, et je scay bien faire.）因此，牠就咯咯了幾聲，模仿人叫小雞時的聲音。我在這裡所說的這段有價値的談話，仍是照毛慮斯王子向我所說的法文記載下來的。我也曾問過他，鸚鵡說的什麼話。他說，說的是巴西話。我就問他：『你懂不懂巴西話？』他說不懂。不過他曾留心帶了兩個翻譯員：一個是荷蘭人會說巴西話，一個是巴西人會說荷蘭話。並且他問他們時，是分別著私下問的。他們所告訴他的鸚鵡的話，都是一致的。我所以要敘述這個故事，乃是因爲這太奇怪，而且是由親見的見證來的，是可以視爲事實的。因爲我敢相信，至少那個王子也相信他的話是眞的，因爲人們都知道他是一個很忠實、很虔誠的人。至於自然學者們如何解釋這回事，別的人們是否相信這回事，那就看各人了。不過我之所以提到這一層，乃是爲了藉有趣的閒談來調劑這個枯燥煩悶的景象。至於插入這個故事是否適宜，那我就不管了。」——《克里斯特丹瑣記》（*Memoirs of what passed iu Christendom*, 1672-1679）。

我很希望讀者把原著者的詳文全讀一遍，因爲在我看來，他並不認爲這個故事是不可靠的。因爲這個人既然很有才幹而且很有學識，足以保證其所給的一切證據，因此，他如果認爲那個故事不可靠，他就覺得它怪可笑了。因此，我們萬不能想像，他會費心在一個不相干的地方，把一個荒唐的故事，安插在一個忠實而虔誠的王子身上——還不是朋友身上。聲明這個故事的王子，和轉述這個故事的作者，顯然都稱這個說話者爲鸚鵡。因此，人們如果以爲這個故事值得敘述，則我可以問他，這個鸚鵡和一切鸚鵡如果竟然都常常說話，如王子所保證的那樣，那麼牠們是否可以成爲一個有理性的動物，而且假如牠們也是有理性的動物，是否因此就成了人而不再是鸚鵡？因爲我覺得，就一般人所意味到的人的觀念說來，其中的構成分子不只限於有理性的（或能思想的）實體觀念，此外還有某種形象的身體觀念與之聯合在一塊。人的觀念如果是這樣的，那麼人的同一性一定是由同一的、連續的身體（不致於驟然改變），和同一的、非物質的精神，共同合成的。

9 **人格的同一性**　在作了上述的前提之後，我們可以進而考究人格同一性是由何形成的。在這裡我們必須考察人格一詞所代表的東西。在我看來，所謂人格就是有思想、有智慧的一種東西，它有理性、會反省、並且能在異時異地認爲自己是自己，是同一的、能思維的東西。它在思維自己時，只能藉助於意識，因爲意識與思想是離不開的，而且我認爲意識是思想所絕對必須的，因爲人既然發生知覺，則他便不能不知覺到自己是在知覺的。當我們看到、聽到、嗅到、嘗到、覺到、思維到、意想到任何東西時，我們知覺自己有這些動作。因此，意識永遠是和當下的感覺和知覺相伴隨的，而且，只有憑藉意識，人人才對自己是他所謂的自我。在這種場合下，人們並不思考同一的自我還是繼續在同一的實體中存在的，還是在差異的實體中存在的。因爲意識既然常常伴著思想，而且只有意識能使人人成爲他所謂「自我」，能使此一個人與其他所有能思想的人有所區別，因此，人格同一性（或有理性的存在物的同一性）就只在於意識。而且這個意識在回憶過去的行動或思想時，它追憶到多遠程度，人格同一性也就達到多遠程度。現在的自我就是以前的自我，而且以前反省自我的那個自我，也就是現在反省自我的這個自我。

10 **意識構成人格的同一性**　不過人們還進一步說，它是否是同一的實體？如果這些知覺，以及其所引起的意識永遠在心中存在，因而使那個同一的、能思想的東西永遠伴著意識呈現於心中，並且我們顯然以爲它是與它自己相同，則人們將不會懷疑意識是同一的實體。不過在這裡卻似乎有一種困難，就是這個意識既然永遠被「忘卻」所間斷，而且在一生中也沒有一個剎那，我們能把過去整個一系列行動一覽無遺，而且甚至最好的記憶，在觀察此一部分時，也不能不忘掉彼一部分，而且我們既然有時（並且是一生的大部分）也並不反省過去的自我，因爲我們都著重在現在的思想上，而且在酣睡中，竟然完全沒有思想（至少我們也可以說，睡時的意識和標記覺醒思想的那種意識是不一樣的）；那麼在這些情形下，我們的意識是被間斷開的，而且我們也看不到過去的自我，因此，人們就懷疑，我們是否是同一的、能思想的東西，是否是同一的實體？不過這個問題無論合理與否，終究與**人格的同一性**完全無關。我們的問題只是「同一的人格是由何成立的？」並不是說，在同一人格中永遠思想的那種東西，是否是同一的實體？後面這個問題與我們現在的問題全不相干。各種不同的實體，被同一的意識所聯合（在這些實體進入意識中時）而成人格，正如各種不同的物體被同一的生命所聯合而成動物似的。動物體中的各種實體雖然常變，可是有繼續不斷的同一生命就保存了動物的同一性。因爲人之所以認識自己，既然是因爲有同一的意識，因此，人格同一性就完全依靠於意識——不論這種意識是附著於單一的實體，抑或能在一系列繁多實體中繼續下去。因爲同一的自我所以成立，乃是因爲含靈之物在重複其過去行動的觀念時，正伴有它以前對過去行動所產生的同一意識，並伴有它對現在行動所產生的同一意識。因爲它之所以在當下對自我是自我，既是因爲它對當下的思想和行動有一種意識，那麼這個意識如果能擴展到過去或未來的行動，則仍然將有同一的自我。雖有時間的距離或實體的變化，他也不因此成爲兩個人格者，也正如與一個人不能因爲今天與昨天所穿的衣服不同，或者因爲在兩日之間有長時（或短時）睡眠，而變成兩人似的。遠隔的各種行動不論是由什麼實體產生的，同一的意識畢竟可以把它們聯合起來成爲同一的人格者。

11 **各種實體雖變，人格同一性並不變** 這種情形我們還可以在自己的身體方面多多少少清楚看到。身體的一切分子都是我們的一部分，都是有思想、有意識的自我的一部分，因爲它們和同一能思想而有意識的自我，產生了生命的聯繫，而且它們受了什麼感觸，我們也可以受到；它們遇到什麼禍福，我們也可以意識到。因此，一個人的肢體就是他自己的一部分，他能同情它們、關心它們。可是你如果把一隻手去掉，並且使他感覺不到手原來所感到的熱、冷和其他感覺，則那隻手便不是他的自我的一部分，也正如同最遠的物質部分不是他的一部分一樣。這樣，我們就看到，人格的自我此時所由以成立的那種實體，在另一時雖可以變化了，可是人格的同一性並不因此也跟著要變化。因此，各種肢體雖是一個人格者的一部分，可是它們在被割除以後，人格者仍是同一的。

12 **能思想的實體變化以後，是不是還有人格的同一性** 不過現在的問題是，能思想的同一實體如果變了，是否還能以成爲同一的人格？而且這個實體如果不變，它是否能以成爲不同的幾種人格？

要答覆這個問題，我首先可以說，人們如果認爲「思想」只存於一種純粹物質的、動物的組織中，而且以爲動物的組織中全無非物質的實體，則這個問題將完全不成問題。因爲不論這個假設是否眞實，我們依然分明看到，他們想人格的同一性不保存於實體的同一性中，而保存於別的東西中（就如動物的同一性只保存於生命的同一性中，而並非保存於實體的同一性中）。因此，人們如果主張思想只存在於非物質的實體中，則他們必須首先指示出，人格的同一性爲什麼不能保存於非物質的實體變化之後，爲什麼不能保存於許多特殊的非物質的實體中（因爲我們已經說過，動物的同一性是可以保存於物質的實體變化以後的，是可以保存於許多特殊的物體中的）。他們必須先指示出這一層，然後才能與主張「思想寓於組織」的人們討論。他們也須會說，不但在人類方面，人格的同一性是由非物質的精神所形成的，就在畜類方面，生命的同一性也是由非物質的精神所形成的。不過這種說法，至少笛卡兒派是不能承認的，因爲這樣一來，畜類也就有了思想了。

13 不過，其次我們可以考察前面問題的第一部分，就是，同一的能思維的實體（假定只有非物質的實體能思想）變化了以後，它是否還是同一的人格？要答覆這個問題，我可以說，人們在解決這個問題之前，必須首先知道，能思想的實體是什麼樣的一些實體，而且關於過去行動的意識是否能以由一個能思想的實體傳到另一個能思想的實體。我承認，同一的意識如果是指同一的個別行動而言，則它是不能傳達的。不過這種意識既然只是對過去行動的一個現在表象，因此，我們必須指示出，現在表象於心中的那些行動爲什麼不能是以前實在不曾存在過的。因此，要決定對過去行動的意識在何種範圍內與個別的主體相聯合，以至使其他的主體不能發生這種意識，那是很難的。要想決定這一層，我們必須首先知道，某一種行動在進行時，是必然伴有反省的知覺，而且它是如何爲那種能思想的實體所進行的（這種實體在思想它時，一定不能不意識到它）。不過所謂「同一的意識」既然不是同一的個別行動，因此，我們實在難以根據事物的本性斷言，一個有智慧的實體，爲什麼不能把自己所未做而或爲他人所做過的事情，表象成自己所做過的，爲什麼這種表象作用不能全然離了實在的事實根據，因爲我們在夢時，也會把夢中那些表象當成是眞的。我們之所以不致有這種情形，我們只好說是因爲上帝的慈悲（除非我們對於能思實體的本性有更明白的認識），因爲一切有情的苦樂既然有繫於自己的意識，因此，上帝不肯使人有致命的錯誤，使他們把此一個人的意識轉移到另一個人，因爲意識是可以引起懲罰或獎賞的。有的人們主張，思想只存於瞬息萬變的精神系統中；現在我們這種論證究竟能不能反駁他們，那我讓別人來考察好了。不過言歸正傳，我們必須承認，同一的意識（這個，如以前所說，完全不是身體中同一的形象或運動）如果能由這一種思想的實體轉移到另一種能思想的實體，那麼兩種能思想的實體也仍然可以成爲一個人格者。因爲同一的意識不論保存於同一的或差異的實體中，它只要能保存，人格的同一性就可以保存。

14 至於第二個問題，即是，同一的非物質的實體如果仍然不變，是否可以有兩個獨立的人格者出現？這個問題的根據在我看來就是能意識到自己過去行動的那種同一的非物質的東西，是否可以完全失掉其對自己過去存在的一切意識？是否可以完全忘掉那種意識，永不能再回憶起來？是否可以重新開始一個新時期的紀錄，而且其意識也超不出這個新的狀態以外？主張預先存在（靈魂）的人們多半是這樣著想的，因爲他們承認靈魂意識不到它在那種先前的情況下所做的事，因爲在那種情形下，它或者是全然脫離身體的，或者是指導別的身體的。他們縱然不這樣主張，經驗也會反駁他們。因此，人格的同一性既不能超出意識所及的範圍以外，而且一個先存在的靈魂既然不能在許多年代蟄伏不動，則它必然已經做過許多不同的人。假如有一個基督信徒、柏拉圖信徒，或畢達哥拉斯信徒，在上帝第七天完成其創世之時，以爲自己的靈魂一向是存在的，而且以爲它已經在多少人體中輪迴過，就像我有一次所遇的那個自命爲蘇格拉底後身的人（他的話是否合理，我且不說，不過我的確知道，他的職務不是不重要的，而且就他的地位說來，人們都認爲他是一個很有理性的人，不但如此，我們從其出版品看來，他還是一個有天才、有學識的人），那麼我們可以問，他即然意識不到蘇格拉底的任何行動或思想，還有任何人會說他與蘇格拉底是同一個人嗎？人或者可以反省自己、或者可以斷言，他自身有一個非物質的精神，而且這種精神在他身中思想，而且他的身體雖常變化，而這種精神卻能使他繼續其同一性，卻形成他的不變的自我；他或者還可以進而假設，他的靈魂在特洛伊（Troy）被圍時，曾在涅斯托爾（Nestor）或特里斯特人（Thersites）身中（因爲據我們所知，靈魂按其本性來說，是不擇物質的任何部分的，因此，這個假設並沒有含著明顯的矛盾，而且要照這樣說，也正如說他的靈魂現在是其他任何人的靈魂一樣），不過他現在既然意識不到涅斯托爾或特里斯特人的任何行動，那麼他能想像他自己是與其中一人是同一個人嗎？他能關心他們的行動嗎？他能認爲那些行動是自己的嗎？（他如果不能認爲別的古人的行動是自己的，則他也一樣不能認爲涅斯托爾或特里斯特人的行動是自己的。）因此，曾鼓舞涅斯托爾或特里斯特人的身體的那個靈魂縱然確實就是現在鼓舞他的身體的那個靈魂，可是他的意識既然達不到二者的任何行動，因此，他和他們便不是一個人，正如現在鼓舞他的那個靈魂（或非物質的實體）是從它開始鼓舞他的身體的那時候，才開始存在、開始被創造一樣。因爲只有這種情形並不能使他與涅斯托爾成爲同一個人，因爲這種情形正如一個物質分子以前曾爲涅斯托爾的一部分，現在又爲這個人的一部分似的。離開意識，則同一的物質分子縱然與任何身體相聯合，也不能形成同一的人格者，同樣，同一的非物質的實體，如果離開意識，則它雖與任何身體聯合，也不能形成同一的人格者。不過他只要一意識到涅斯托爾的任何行動，則他立刻會覺得自己與涅斯托爾是一個人格者。

15　因此，我們就能夠設想，在復活時，靈魂所住的身體雖然與它在世時所住的，結構不同，部分各異，可是人的同一的人格仍不能喪失掉，因爲原來的靈魂仍具有其以往的同一的意識。不過在身體變化以後，任何人不能以爲只有靈魂就能形成同一的人。只有以爲靈魂就是人的人們才如此著想。一個王子的靈魂，如果仍記憶其爲王時的生活，而且在一個鞋工的靈魂離開鞋工以後，王子的靈魂入據了鞋工的身體加以鼓舞，則人人可以因爲他有王子的動作，認爲他和王子是一個人格者，不過誰能說這就是同一的人呢？所謂人也是離不開身體的，而且在現在這種情形下，人人都應當認爲身體能決定他是否是同一的人，因爲現在的靈魂，雖具有王子的思想，可是它並不能使鞋工成爲另一個人。在人人看來，鞋工仍是鞋工，只有在他自己看來，不是如此。我自然知道，在平常的談論中，同一的人格者和同一的人是指著同一東西而言，而且人們自然也可以隨便談話，任意以清晰的聲音表示各種觀念，並且常常自由改變它們。不過我們現在既然要考察，同一的精神、人和人格者是由何成立的，因此，我們必須在心中把精神、人和人格者三者的觀念確立。在自己既然確定它們的意義，則我們便不難決定它們何時是同一的、何時不是同一的。談論別的東西，也是如此。

16 **意識造成同一的人格者** 我們已經知道，靈魂或同一的非物質的實體，不論在什麼地方，什麼狀態，並不能單獨地形成同一的人。不過我們仍然分明看到，任何時間，不論是過去幾世紀，只要能被意識所擴及，則意識便能把距離很久的各種存在或行動聯絡起來，成爲同一的人格者，就如它能把過去的存在和行動聯絡起來一樣。因此，不論什麼主體，只要能意識到現在的與過去的各種行動，它就是同一的人格，而且那兩種行動也就是屬於他的。假如我以同一的意識，在先前看到諾亞（Noah）的小舫和洪水，在去年冬天看到泰晤士河的氾濫，在現在又在這裡寫作，則我便會確信現在寫作的我、去年冬天觀察泰晤士河氾濫的我、和以前觀察洪水爲禍的我，是同一的自我，不論你以爲這個自我是由什麼成立的。這個正如現在寫作的我，是和昨天從事寫作的我是同一的自我一樣（不論所謂我是否是由同一的物質的或非物質的實體形成的）。因爲說到我是否是同一的這個問題，則現在的我無論是不是由同一的實體形成，都無關係。自我意識只要認爲千年前的行動是自己的行動，則我對那種行動，正如對前一剎那的行動，一樣關心、一樣負責。

17 **自我是依靠於意識的**　自我就是有意識、能思想的東西（不論它的實體是精神的或物質的、簡單的或複雜的，都無關係）；它能感覺到快樂和痛苦、幸福和患難，因此，這個意識擴展到什麼程度，則這個自我便對自己關心到什麼程度。因此，人人可以看到，自我如果就是意識，則一個小指也正與大部分一樣，都是自我的一部分。在把小指割去以後，這個意識如果伴著小指俱去，而離棄了身體的其餘部分，則小指顯然會成了人格者、會成了同一的人格者，而且這個自我與身體的其餘部分便全無關係。在各部分互相分離了以後，能形成同一人格的、能形成不可分離的自我的，既然在於那個隨著實體而去的意識，因此，在時間距離很遠的各種實體方面，也有同樣的情形。現在能思想的東西的意識能與什麼實體結合，什麼實體就能形成同一的人格者，就與這個意識形成自我，而不是其他任何東西；這個實體因此就能把那個能思的東西的一切行動視爲是自己的。不過這種情形，只以意識所及的地方爲限，並不能超過意識以外。人只要稍一反省，就可以看到這一層。

18 **刑賞的對象**　刑和賞之所以合理、公正，就是在於這個人格的同一性。因爲人人所關心的只是自己的幸福和苦難，至於和那種意識不相連屬的任何實體，則不論它變成什麼樣子，都無關係。因爲我們在上述所舉的事例中清楚看到，在小指被割去時，意識如果隨它而去，則那個小指意識仍是昨天關心於全部身體的那個自我（因爲身體是昨日自我的一部分），而且昨天身體的一切行動，小指那得認爲是自己的。至於那個身體，則它縱然繼續活著，而且在與小指分離以後，立刻有了自己的一種特殊的意識，可是那個小指既然不知道它，所以小指也不當它是自己的一部分，去關心它；而且也不承認此後身體的任何行動是自己的。

19 這就向我們指出，人格同一性只成立於意識的同一性，而不成立於實體的同一性。蘇格拉底和昆伯勒（Queenborough）現任的市長，如果有同一的意識，則他們便是同一的人格者。如果同一的蘇格拉底在醒與睡時不具有同一的意識，則醒時的蘇格拉底與睡時的蘇格拉底便不是同一個人格者。因此，你如果因爲睡時的蘇格拉底有某種思想，而就加刑於醒時的蘇格拉底，則那是很不合理的，因爲他在醒時並不意識到他在睡時所思想的。這個就像你因爲兩個孿生子的外貌相似，不易辨識，就根據此一個人的行動來懲罰其兄弟，是一樣不合理的，因爲他的兄弟或許並不知道他的行動。這類孿生子是我們所見過的。

20 不過人們或許會反對說：「假如我完全忘了我的生活中某部分，並且沒有再記憶起的可能性，以致我也許終身不能再意識到它們，那麼，我既然忘掉我所做的行動與所有的思想（它們是有一次爲我所意識到的），我就和以前不是一個人格者嗎？」要答覆這個問題，我可以說，我們在這裡必須注意「我」這個字所指的是什麼。在這裡，「我」字只指人說。人們既假設同一的人就是同一的人格者，因此，「我」這個字就容易被人認爲是指的同一的人格者。不過同一個人在不同的時候如果能有各異的不可傳遞的各別意識，那麼毫無疑義，同一個人在不同的時候，能形成不同的人格者。人類在莊嚴地宣示自己的意見時，就是本著這種意義，他們說人類的法律並不因爲醒時的行動來懲罰瘋時的人，也不因爲瘋時的行動來懲罰醒時的人，因而就把瘋時的人和醒時的人看成兩個人格者。平常的說法頗能解釋這一層，就如說：「那人不像他自己了，或魂不守舍」等話。這些語句暗示我們，現在說這些話的人，或至少原來說這些話的人，以爲那個自我已經變了，以爲同一的人格者是脫離那個人的。

21 **人的同一性和人格的同一性究竟有什麼分別** 不過我們仍然不解，蘇格拉底既爲同一的單個的人，如何能成爲兩個人格者。在這方面，我們要想有進一步的了解，必須考察所謂蘇格拉底——同一的單個的人——有什麼意義。

第一點，他或許是同一的、單個的、非物質的、能思想的實體，簡單說來，他就是同一的靈魂，而不是別的。

第二點，他或許是同一的動物，與非物質的靈魂全無關係。

第三點，他或許是同一的非物質的精神和同一的動物結合而成的。

不論你採取那一個假設，你都會看到，人格同一性只成立於意識，不能成立於別的，而且不能超過意識以外。因爲按照第一個假設說來，我們必須承認，一個人如在不同的時間，爲不同的婦人們所產生，則他在前、在後仍是同一的人。任何人只要承認這種說法，那他就得承認，同一個人可以是截然不同的兩個人格者，就如兩個在不同時代生活的人，互相不知道對方的思想一樣。按照第二與第三兩個假設說來，今生的蘇格拉底和來生的蘇格拉底，也只有藉同一的意識，才能成爲同一的人。因此，我們如果認爲人的同一性和人格的同一性成立於同一的東西，則我們便不難承認同一的人就是同一的人格者。不過人們如果認爲人的同一性只在於意識，而不在於別的，則他們必須考察，他們怎樣才能使嬰兒期的蘇格拉底和復活後的蘇格拉底成爲同一的人。但是不論人們認爲「人」的本質由何成立，同一的單個的人由何成立（在這方面，人們是很少一致的），而我們總覺得，人格的同一性只應當存在於意識中（因爲只有意識能形成所謂自我），並且我們相信，這種說法不會有重大的錯誤。

22 不過人們還會反對說「一個人在醉與醒時，不是同一的人格者嗎？如果不是，則人在醉時所犯的罪，既是他後來所不能意識到的，爲什麼他還要受刑呢？」不過這個正如同一個人在睡中行走或做別的事情一樣。在前後兩種情形下，人都是同一的人，而且要對自己所招的災難負責任。人類的法律很公正地（按照人類的知識）來懲罰他們。因爲在這兩種情形下，我們分不清什麼是眞的，什麼是假的；因此，醉時或睡時的茫然無知，並不能爲他們做辯護。因爲刑罰雖附於人格者，人格者雖附於意識，醉人雖然也許意識不到他所做的事，可是人類的法律加刑於他，仍是合理的，因爲我們只能證明他有這種事實，卻不能證明他缺乏實行此事的意識。不過在末日審判之時，一切人心的祕密都會表露無遺，因此，我們可以合理地想像，將來無人會對於自己所不知道的事情負責，而且人在受刑時，他的良心一定會責難他或原諒他。

23 **只有意識形成自我**　只有意識能把遠隔的各種存在聯合成爲同一的人格者；實體的同一性，並不能做到這一層。因爲無論有什麼實體，無論實體有什麼組織，而離了意識是無所謂人格者的。倘或不然，則一個屍體以及其他東西，離了意識也可以成爲人格者了。

如果我們一面假設，有兩個互相隔絕的意識支配著同一的身體，一個是在白天、一個是在夜間；另一方面又假設，同一的意識輪流支配著兩個獨立的身體，那麼我就問，在第一種情形下，那個晝夜人是不是獨立的兩個人格者，一如蘇格拉底和柏拉圖一樣？在第二種情形下，兩個獨立的身體是不是只有一個人格者，正如一個人前後穿著兩套不同的衣服似的？人們或許會說，在上述的兩種情形下，這個同一的和差異的意識，是由於同一的和差異的非物質的實體，把它們帶在這些身體內的。不過這種說法也無濟於事，而且不論它是眞、是僞，都改變不了現在這種情況。因爲我們清楚看到，不論意識是否和一個單一的非物質的實體相聯合，而人格同一性一樣是被那個意識所決定的。因爲我們縱然承認，人身中那個能思想的實體必然被假設是非物質的，可是我們仍然看到，那個能思想的非物質的實體有時也會忘掉其過去的意識，而且在忘掉以後也會再回憶起來；就如人們常常忘掉自己過去的行動，而且過去的意識在完全被忘掉二十餘年以後，有時仍會被人記憶起來。你如果假設人在白天和夜裡輪流著時忘、時憶，則你可以使同一的非物質的精神成了兩個人格者，正如前面所舉的一個身體有兩個人格者似的。因此，「自我」並不是由實體的同一性或差異性所決定的（自我並不能確知其實體是什麼），乃是由意識的同一性所決定的。

24　自我誠然可以想像，它現在所由以成立的那個實體是以前存在過的，是和同一個有意識的存在物相聯合的。不過意識一去掉，則那個實體便非自我，也非自我的一部分，正如別的實體不是那個自我似的。這個可以從我們前面所舉的例子看出來。一個肢體在割除以後，則我們便意識不到它的冷、熱等感覺，因此，它就不是自我的一部分，正如宇宙中任何其他物質一樣。在非物質的實體方面，我們如果沒有意識，使自己認識自己，則也正有相同的情形。我如果不能憑著記憶，把它存在的某一部分，與我現在的自我意識聯合起來，則那個實體在其存在的那一部分便不是我的**自我**所在，正如別的非物質的實體不是我的自我所在一樣。因爲任何實體所做的、所想的，如果不能爲我所憶起，而且我也不能藉意識使那種思想和行動成爲自我的，則那種事情縱然是我的一部分所做過的、或所想過的，它也不是我自己的，因爲在這種情形下，那種事情正和被別處存在的非物質的東西所想過、所做過一樣。

25　我相信，較可靠的意見應當是，這個意識是附著於單一的非物質的實體的，並且是這個實體的一種性質。不過人們希望如何解決這個問題，都讓他們按照其不同的各種意見來解決好了。我只可以說，這個有智慧而能感受禍福的生物，一定承認有一種東西（就是**他自己**）是他所關心的、是他所願意使之得幸福的。他還會承認，這個自我一定繼續地存在過，而且存在的時期較一剎那還久，因此，它也可以在將來的多少月、多少年中繼續存在（如其先前那樣），而且其綿延的程度也無確定的界限，而且它在繼續到將來以後，還會藉著同一的意識，仍爲同一的自我。這樣，他藉著這個意識，能知道他自己就是幾年前做某些事的那個自我，而且他現在之所以有幸福、有苦難，也就是由於那時候的行動。在以這些說法來解釋自我的時候，人們並不認爲同一的實體是形成同一的自我的，他們只認爲同一的、繼續的意識是形成同一的、自我的。在所謂意識中，一些實體可以或合、或分；在這些實體與意識所寓的主體連爲一個生命體時，它們便成了那個自我的一部分。因此，我們身體的任何部分，在與我們身體中有意識的那種東西，連成一個生命體時，它們就成了我們自己的一部分，而在它們缺乏這種生命聯合，使意識不能傳達過去時，則前一刹那曾爲我們自我的一部分的那種東西，現在就完全不是了，正如別人自我的一部分不能成爲我的自我的一部分一樣。在這種情形下，那個部分或者可以迅速地成爲他人的眞正部分，而且那也並不是不可能的。因此，我們就看到，同一的實體可以成爲兩個不同人格者的部分，同一人格者也可以在前後相承的各種實體中保存著。我們如果能假設，有一種精神完全記憶不到、意識不到過去的行動（我們常見我們的心往往忘卻了自己行動的大部分或全部），則那個精神的實體無論聯合、無論分離，都不能使人格的同一性發生變化，正如任何物質分子的聯合或分離，不能使人格的同一性發生變化似的。任何實體只要與當下能思想的那種東西連爲一個生命體，它就是現在自我的一部分：任何事物如果藉著先前行動的意識（現在的）與這個自我聯絡，它也就是過去和現在都相同的那個自我的一部分。

26 **人格者是一個法律名詞** 所謂人格者，在我看來，就是這個「自我」的名稱。任何一個人如果發現他所謂的爲他自己，則我認爲其他人可以稱「他」爲同一的人格者。它是一個法律的名詞，專來表示行動和行動的價值。因此，這個名詞只能屬於有智慧的主體，而且那個主體是能受法律所支配，是能感受幸福或苦難的。這個人格之所以能超過現在，而擴及過去，只是因爲有意識。藉著這種意識，它便可以關心過去的動作、對過去的動作負責，並且把過去的動作認爲是自己的，一如其在現在的動作方面所可能的那樣（這些都與人們關心幸福的心理有關，這種關心就是意識的一種必然的伴隨物，因爲能意識到苦樂的那種主體，一定要希望那個有意識的自我得到幸福）。因此，任何過去的行動，自我如果不能藉意識把它們與現在的自我連爲一體，則他便與它們無關，正如它們不曾存在過似的。因此，他如果因爲這種行動而得到快樂和痛苦、獎賞和刑罰，那正如同他在初生時，沒有任何功或罪就度其幸福的或患難的生涯似的。因爲你如果假設一個人因其前生的行動在現在受刑，而且前生的事情又是他所不能意識到的，則那種刑罰和「生來就受罪」有什麼分別呢？（離了意識，刑罰既然不當）因此，聖徒就告訴我們：「在末日時，人人都要根據自己的行爲受報應，一切人心的祕密都要揭露出來。」那時的判決一定會因爲所有人的意識，而得達其公正的目的。因爲一切人們都將意識到，他們自身不論曾經出現於什麼身體中，那個意識不論曾經附著於什麼實體中，而他們仍然就是從前發生那些行動的同一的人，並且該爲那些行動而受懲罰。

27 我常想，在我研究這個題目時，我所擬的一些假設，或許在一些讀者看來是很奇怪的，而且這些假設本身也許就是很奇怪的。不過我認爲這些假設都是可原諒的，因爲我們雖然認爲那個能思的東西是自我，可是我們實在不知道它的本性如何。我們如果知道它是什麼東西、它如何與瞬息萬變的精神系統聯合爲一，它離開像我們這樣組織的身體，是否還能夠進行其思想和記憶諸作用；上帝是不是要使任何一個精神所寄託的那個身體必然具有某種適當的器官組織，作爲它的記憶的基礎；我們如果能知道這些，則我們或許會看到，我那些假設不免有些是假的。但是我們如果把人的靈魂認爲是一個非物質的實體，獨立於物質以外，而且對任何部分的物質都無所取捨（我們平常就是這樣想的，實在說來，我們在這些事情方面是全無所知的），則我們如果假設，同一的靈魂在不同的時候，可以與不同的身體相聯合，而且在那個聯合的時候，就形成一個人，那按道理來說，並不是荒謬的。這個就與我們假設昨天一隻羊的一部分，明天成了一個人的一部分一樣，也正如同原來是米利浦的羊的一部分，在那種聯合中成了米利浦（Meliboeus）生命的一部分一樣。

28 **我們在這方面所有的困難是由名詞的誤用產生的**　總結起來，我可以說，任何實體只要開始存在，則它在其存在時期，是同一的；任何實體的組合體只要開始存在，則那些實體只要仍聯合在一塊，則那個具體物是同一的；任何情狀只要開始存在，則它在其存在時期也是同一的。如果組合體是由各種差異的實體和差異的情狀兩者所組成的，這個規則也仍然可以適用。由此可見，在這方面一向所有的困難或混淆大多是由名詞的誤用而產生的，少部分是由事物的混淆而產生的。因為名詞所代表的那個特定觀念不論是如何形成的，你只要固守那個觀念，則我們很容易想像到什麼是同一的，什麼是差異的。在這方面，並沒有什麼可懷疑的。

29 **繼續的存在形成所謂同一性**　因為我們如果假設人的觀念就是一個有理性的精神，則我們便容易知道什麼是同一的人；也就是說，同一的精神，不論獨立存在或與身體聯繫，總是同一的人。我們如果以為一個有理性的精神在與具有某種組織的身體合為一個生命體之後，才能形成一個人，則那個有理性的精神只要伴有那樣有生命的部分組織，它就是同一的人，至於這個身體雖然瞬息萬變，並無關係。但是如果有人以為人的觀念就是各部分在某種形象下的一種有生命的結合，則那個有生命的聯合和形象只要存在於一個具體物中，它就是同一的人；而且這個具體物的同一性，雖只是存在於繼續不斷而時在變化的分子中，那也並無關係。因為一個複雜觀念的組織無論是如何形成的，只要它的存在能使它成為一種特殊的東西，得到某種名稱，則那種存在只要繼續下去，就使那種組織成為同一的個體，具有同一的名稱。

第二十八章　其他的關係

1　**比例的關係**　在前面我們已經略論過時間、空間和因果關係，並且把一些事物加以比較和參證。不過此外還有其他無數的關係，現在我可以進而略述數種於後。

第一，我首先要提到的就是：某種簡單觀念如果有部分之差、程度之別，那它便可以使人比較它所寄託的那些實體（就是比較那個簡單觀念的程度和部分），就如「較白」、「較甜」、「較大」、「相等」、「較多」等形容詞。這些關係是看在各種物體中，同一的簡單觀念之爲相等或較多而定的。因此，我們可以叫它們爲比例的關係（proportional relations）。至於這些關係，當然也是依據於由感官或反省而來的那些簡單觀念的。這一層似乎是不必再用言辭來證明的。

2　**自然的關係**　第二，我們可以根據各種事物的起源來比較它們，而且在考察此一物時，同時也就把彼一物也附帶著考察了。事物的起源後來既是不可改變的，因此，它們就使依於它們而生的那些關係，與那些關係所寓的主體一樣經久。就如「父」與「子」、「兄弟」、「嫡堂兄弟」，就因爲有血緣關係，而且他們關係的遠近也看他們與這些血統的親近程度而定。這些關係，我都稱之爲自然的關係（natural relations）。又如同國人（就是生在同國家或同土地的那些人）也是這種關係。不過在這方面，我們可以說，人們所形成的觀念和文字都是爲日常生活用的，並不契合於事物的實況和範圍。因爲據實說來，在各種動物間，生者與所生者的關係雖然也和在人方面一樣，可是我們並不常說，這一隻公牛是那個犢子的祖父，也不常說，這兩隻鴿子是嫡堂兄弟。在人類方面，這些關係則的確應當以各別的名稱表示，因爲在法律方面和人類的互相交往方面，我們有許多機會要提到具有這些關係的各種人；而且人類的各種義務之所以有束縛力，也就是因爲這些關係。至於在畜類方面，則人類便沒有什麼原因可以注意這些關係，因此他們就以爲不必給這些關係特定的稱呼。由此，我們就可以間接地看到，各種語言發生的情況何以會不相同。各種語言因爲只是供傳達思想之用，因此，它們只與人們所常用的想法成比例、與人類所有的思想的溝通成比例，而不與事物的實況和範圍成比例；而不與它們的各種關係成比例；而不同人們對它們所形成的各種抽象的觀察成比例。他們如果沒有哲學的想法，則他們便沒有名詞來表示它們。因此，我們也不必訝異，人們何以對他們所不常談論的那些事物，不創造各種名稱。因此，我們就容易想像有些國家何以竟然沒有「馬」的名詞，而在別的國家，何以人們注意馬的血統更甚於注意自己的血統，何以他們於各種馬的名稱以外，竟然還有其親屬關係的名稱。

3 **制度的關係** 第三，有時我們所考察的事物關係，乃是根據於人們的行動。人的行事有時根據道德的權利、有時根據能力、有時根據義務。就如一個司令就是有權力支配軍隊的人，而司令所統轄的軍隊就是必須服從某個人的一些武裝的人們。又如市民就是在某個地方具有某種特權的一個人，這些關係都有賴於人在社會上的意志和合同而定，因此，我稱它們爲*制度的*（instituted）或自願的。它們和自然的關係區別之點，就在於它們大部分或全部可以與它們所屬的那些人分開——雖然具有這些關係的各種實體仍然存在不變。這些關係雖然都是對待的（也和別的一樣），雖然都包含著兩個以上事物的關係，可是這些事物之一，往往因為缺乏相對的名詞，而無法表示這種關係，因此，人們便不常注意這些關係，而且常常忽略過它們。就如一個恩主和一個食客是容易被人認為有關係的，可是一個「員警」，或一個「執政」，在一聽之下，並不容易被人認為是有這種關係的。因為執政和警吏雖然有統治別人的權力，雖然與他們發生了關係，正如恩主與食客、司令與軍隊似的，可是在他們統治下的那些人們並沒有特殊的名稱，來表示統治與被統治的那種關係。

4　**道德的關係**　第四，我們常以一條規則來考察、來判斷人類的自願動作，看看它們與這個規則是否相契，這樣就又產生了另一種關係，這種關係，我認為可以叫做道德的關係（moral relations），因為它可以指示我們的道德的行動。這種關係是很值得我們考驗的，因為在知識的各部門中，我們在這種知識方面是極其應當得到確定的觀念的，並且極其應當避免混淆和紛歧的。人類的各種行動，如果與其各種目的、對象、習俗和環境，形成了獨立的複雜觀念，它們就成了許多混雜情狀（我們已經說過這一層），而且它們大部分也往往得到相當的名稱。我們如果假設感激之心是指人們敏於承認、敏於答報所受的恩惠而言；多妻主義是指一個人有兩個以上的妻子而言；則我們在心中形成這些想法時，便發生了兩個確定的混雜情狀的觀念。不過關於我們的行動，我們只有各種確定的行動觀念是不夠的，只知道某些觀念的集合體有某些名稱是不夠的。我們除此以外，還有更重大的一層關照，我們還更該知道，這樣組成的各種行動，在道德方面，是善的或是惡的。

5　**道德的善或惡**　我們已經說過（第二卷，第二十章，第二段及第二十一章，第四十二段），善和惡只是快樂或痛苦，或是能引發快樂或痛苦的東西。因此，所謂道德上的善惡，就是指我們的自願行動是否契合於某種能引發苦樂的法律而言。它們如果契合於這些法律，則這個法律可以藉立法者的意志和權力使我們得到好事，反之則會得到惡報。這種善或惡、樂或苦是看我們遵守法則與否，由立法者的命令所給我們的，因此，我們便稱它們爲獎賞與刑罰。

6 **道德的規則** 人們在判斷行動的邪正時所依的這些道德的規則，似乎可以分爲三種，而且它們的束縛力（就是賞罰）也可以分爲三種。我們若要給人的自由行動立一個規則，則勢必要強加一種善或惡，以決定他的意志，因此，我們只要假設一種法律，同時就得假設那條法律附有一種賞罰。一個有智慧的主體如果沒有能力來以善或惡，賞他人之服從他的規則或罰他人之違背他的規則，則他雖立一條規則，那也不能限制他人的行動。因爲善和惡並非那種行動的自然的結果。因爲善或惡如果是自然的利益或不利，則它們無需法律也可以自動發生作用。如果我沒錯的話，那麼我可以說，這就是一切法律的眞正本性。

7 **各種法律** 在我看來，人們判斷行爲的邪正時所常依據的那些法律，可以分爲三種：一爲神法（divine law）、二爲民法（civil law）、三爲輿論法（the law of opinion or reputation）。藉著人們與第一種法律的關係，我們可以判斷他們的行動是罪惡還是職責；藉著第二種法律，我們可以判斷行動是犯法的還是無罪的；藉著第三種法律，我們可以判斷行動是德行還是惡行。

8 **神法是罪孽和職責的尺度** 第一種神法就是指上帝給人類行動所建立的那些法律而言。這種法律有時是爲自然的光亮所發布的，有時是爲默示的呼聲所發布的。我認爲人人都不會野蠻不文明，竟然否認上帝已經給了人們一種規則來約束他們的行動。「祂」的確有權力這樣行事；我們都是祂所造的。祂有慈悲和智慧來指導我們的行動向著最好的方向進行，祂並且有權力以來世永久而無限的賞罰，強制其規則的實行；因爲任何人也不能使我們逃出祂的手掌心。這就是試驗道德邪正的唯一眞正的試金石，而且人們之所以能判斷他們的行動在道德上是大善還是大惡，也就是因爲他們把自己的行動與這個法律相比。那就是說，他們要看看，那些行動是罪惡還是職責，是能使他們從全能者手中得到幸福，還是得到苦難。

9　**民法是犯罪和無罪的尺度**　第二，所謂民法就是國家所制定的規則，用以支配人民行動的。人們也可以依據這種規則，來比較他們的行動，並且判斷他們犯罪與否。這種法律是人人所不忽略的，因爲強制實行這種法律的那些賞罰是如影隨形的，是在權力所有者的掌握中的。因爲國家有能力來保護服從其法律的那些人的生命、自由和財產，並且能剝奪破壞其法律的那些人的生命、自由和財產——就是說能刑罰那些犯法的行動。

10　**哲學的法律是德性或惡行的尺度**　第三就是所謂輿論法。所謂德行或惡行就其普通含義來講，是指那些本性爲是或爲非的各種行爲而言。我們如果那樣正確地應用它們，則它們在那種範圍內，便契合於上述的神法。但是不論人們的假設合理與否，而我們依然看到，「德行」和「惡行」這兩個名詞在應用於特殊的各種例證時，它們所指的那些行動只是各國家所讚美的，或各社會所譏毀的那些行動。我們也不必訝異，人們到處要叫他們所稱讚的那些行動爲德行，並且要叫他們所懲責的那些行動爲惡行，因爲他們如以爲自身所鄙棄的行動是合理的，以爲他們所不加罰的那些行動是錯誤的，他們就不免自相矛盾了。因此，嘉賞或不悅、稱讚或懲責，就是決定一般所謂德行或惡行的一種尺度。這些稱、譏、毀、譽，藉著人類的祕密的同意，在各種人類社會中、種族中、團體中，便建立起一種尺度，使人們按照當地的判斷、格言和風俗來毀譽各種行動。因爲人們在聯合成爲政治團體之後，雖然自行恬退，把自己的一切力量讓公家來處理，而且在法律所許可的範圍以外，不准向其同胞利用自己的暴力，可是他們仍然有能力稱譏、毀譽與他們相處的那些人們的行動。因此，他們藉這種讚賞和不悅，便在人類中建立起所謂德行和惡行。

11　任何人一加思考就會看到德行和惡行通常是以毀譽爲共同尺度的，因爲他會明白，在此國所認爲惡行的，在彼國或許會被認爲是德行（或至少不是惡行），可是不論什麼地方，德行和稱讚、惡行和懲責，總是相稱的。不論什麼地方，德性總被人認爲是可稱讚的，而且只有能得共同讚美的那些行動，才能被稱爲德行。德性和稱讚是十分相關的，因此，人們往往以同一名稱稱它們。維吉爾（Virgil）說：「稱讚就是它（德性）的獎品」（sunt sua prmia laudi）。西塞羅（Cicero）也說：「自然中最可寶貴的莫如忠實、稱讚、尊嚴和光榮。（而且他說，忠實、稱讚、尊嚴和光榮也正是同一事物的各種名稱）。」〔Nihil habet natura praestantius quàm hone— statom, quàm laudem, quàm diguitatm, quàm decus.（《塔斯庫蘭論難》，第二卷）〕這雖是異教哲學家的言語，可是他們確實知道他們的德行想法和惡行想法是由什麼成立的。人類的脾胃、教育、風俗、格言和利益，因有種種不同，所以此地所稱讚的，在彼處或許不免於受責難，因此，社會若不同，則德行和惡行或者會易地而處。不過大體而言，它們大部分仍是一律的。因爲要以重視和名譽來鼓勵於己有益的事，要從責難和藐視來挫抑於己有害的事，那是最自然不過的，因此，我們可不必訝異，在任何地方，重視和輕視、德行和惡行，大部分都和上帝法律所立的那個不變的是非規則相應合。因爲只有服從上帝所定的法律，才能直接明顯地獲得並促進人類的普遍幸福，而且要忽略這些法律，也會招來極大的不幸和紛擾。因此，人們如果還有知識、還有理性，還要顧慮他們時常關切的自己的利益，則他們所稱讚、責難的，往往是確實值得稱讚、責難的，而且他們在這方面，並不致於有普遍的錯誤。人們縱然在實行上違反了這個規則，他們的稱讚也不會錯誤。人們縱然敗壞不堪，而在他人犯了他們所犯的那些過錯時，也不致於不會加以鄙棄。因此，縱然風俗敗壞了自然法的眞正界線，德行和惡行的規則，也不致於消滅了。因此，甚至受了靈感的聖徒也敢求訴於社會的名譽，說：「有好名譽的就是可愛的、能得人稱讚的、就是有德性的。」（「新約全書」，腓立比書四

章，八節）

12 **獎勵和不信任就是強制實行這個法律的兩種力量**　人們或許認爲我在這裡已經忘掉自己的法律想法，因爲我認爲人類判斷德行和惡行時所依據的那種法律，只是無力創造法律的一些私人的同意，尤其因爲那些人並沒有強行法律的那種能力——這正是法律的必要條件。不過我認爲，人如果以爲獎贊和貶抑不足以成爲很強的動機，不足以使人適應與他們往來的那些人的規則和意見，則他似乎很不熟悉人類的天性或歷史。他如果一留心觀察就會看到，人類大部分縱使不將這種風俗視爲規制自己行爲的唯一法律，也應以它爲主要的法律。因此，有些人們雖在其儕輩間保持令譽，可是並不稍留心於上帝的法律或官吏的法律。破壞了上帝的法律，雖然會遭到刑罰，可是有些人，或者大多數，並不認眞反省這回事；至於那些能反省的人，則許多人在破壞那種法律時，總想著將來可以緩和、將來可以補償那種破壞。至於破壞國法後所應得的刑罰，則人們往往希望或者可以倖免。不過人如想與其儕輩來往，而且欲取好於他們，則在他觸犯了他們的風俗和意見以後，並不能逃過他們的刑罰、並不能逃過他們的責難和厭惡。萬人中也沒有一人會挺著項、厚著顏，在受了交遊的不斷的憎惡和鄙棄以後，仍有勇氣活下去。一個人如果在其特殊的社會中，受著不斷的鄙視和非議，則他如果能安心在其中生活，那就是一個奇怪而不尋常的人了。孤寂是許多人所追求的，而且他們也竟會安於這種生活。但是任何人只要對於自己還有人的思想或感覺。則他一定不會儘管忍受慣了熟人們的厭惡和非難，而安心過活下去。這種擔子是太重的，人類無法負擔得起。一個人如果一面又愛朋友，一面又不在意伴侶的鄙棄和輕視，則他可以說是徹底的矛盾。

13 **這三種法律就是判斷道德善惡的規則**　這三種法律——第一爲上帝的法律、第二爲政治社會的法律、第三爲風俗的法律或私人懲責的法律——就是人們往常用以度量自己的行動的。他們在判斷自己道德的邪正時、在稱自己的行動爲善爲壞時，就是以這三種法律中之一爲其尺度的。

14 **所謂道德就是各種行動和這些規則的關係** 我們按照這些規則之一（就如試金石似的），來考察我們的自願行動、來考驗它們的善惡，並且要給它們相當的名稱（這些名稱就是我們給它們所定的價值記號）。不論這種規則是由國家的風俗來的，或是由立法者的意志來的，人心總容易看到任何行動與這個規則的關係，並且可以判斷，那種行動是否與那種規則相契合。因此，它就得到善和惡的觀念。所謂善就是一種行動與那個規則相契合的、所謂惡就是一種行動與那種規則不契合的。因此，善惡就被人稱爲道德上的邪正。這個規則不是別的，只是一些簡單觀念的集合體，所謂與規則相契合，就是說，我們要規制自己的行動，使屬於行動的各種簡單觀念，與法律所需要的各種簡單觀念相應。因此，我們就看到，道德的存在和想法是建立在，並且歸結於感覺和反省所傳來的那些觀念的。我們如果思考**謀殺**這一個名詞所代表的那個複雜觀念，並且把它拆開，觀察它的一切特殊情節，我們就會看到，那些情節也只是感覺和反省傳來的一些觀念的集合體。第一點，我們藉著反省自己的心理作用，可以得到「意志」、「考慮」、「預謀害人」或「欲人之禍」等觀念；還可以得到「生命」、「知覺」、「自動」等觀念。第二點，我們藉著感覺，可以得到由「人」傳來的那些簡單而明顯的各種觀念的集合體，並且觀念到我們藉某種行動把他人的知覺和運動消滅了。這些簡單觀念是包含在「謀殺」一詞中的。我如果看到這些簡單觀念的集合體，合乎國人的稱讚，或不合乎他們的稱讚；我如果看到，這個集合體在大多數人看來是值得稱讚的，或不值得人稱讚的，則我便叫它爲**有德的**（virtuous）或惡劣的（vicious）。我如果以崇高而不可見的上帝的意志爲我的規則，並且假設某種行動是爲上帝所獎勵的，或爲上帝所禁止的，則我便稱它爲善的或惡的、罪孽或職責。我如果再把這種行動與民法——國家的立法權所定的規則——比較，則我便又叫它爲合法的或不合法的、犯罪或非犯罪。因此，我們就看到，道德行動的規則不論是由何處得來的，而且我們心中所形成的德性或罪惡的觀念，不論是依據於什麼標準，這些觀念仍是由簡單觀念的集合體所形成的，這些簡單觀念原來仍是由感覺或反省來的，而且它們的邪正，是看它們是否契合於一種法律所擬的模型而定的。

15　要恰當地來考察道德的行動，則我們應當從兩方面來考察。第一就是要考察它們本身，並且在考察時，把它們認爲是由簡單觀念的集合體所形成的。就如昏醉和謊言就是表示號稱爲混雜情狀的一些簡單觀念的集合體。在這種意味之下，它們就和馬飲水、鸚鵡說話，一樣是積極的、絕對的觀念。第二，我們應當考察我們的行動是好的、是壞的、還是中性的。在這方面，它們都是相對的，因爲行動之爲好、爲壞、爲有規則或無規則，就是看它們與某種規則是否相契合。這些行動既和一個規則相比較，而且因此得了名稱，因此，它們就進入關係之中。就如「你與一個人挑戰」，這種戰爭就是一個確定的、絕對的情狀或特殊的行動，而且它可藉其特殊的觀念與別的行動有所區別；這就叫做對打（duelling）。這種行動若以上帝的法律爲衡，則它便可以叫做罪孽；若以一些國家的風俗爲衡，則它可叫做德性和勇敢；若以一些政府的民法爲衡，則它又成了大罪。在這種情形下，絕對的情狀本身有一種名稱，另外在以法律爲參考時又有一種名稱。行動方面這種區別也與在實體方面一樣，都是容易看出的（就如「人」這一詞是指事物本身的，「父」這一詞是指他與別人的關係的）。

16　**行動的各種名稱往往誤導了我們**　不過行動的絕對觀念和其道德的關係，往往合攏在一個名稱中，而且我們往往用同一個字來表示一種情狀（或行動）與其道德的邪正，因此，我們便少注意行動所發生的關係；因此，我們便不常區別行動的絕對觀念和它與規則的關係。人們因爲常把一個名詞中所包括的這兩層觀察混淆了，因此，那般易於感受聲音印象的人們，往往魯莽地認爲名稱就是事物，並且往往在判斷行動時發生了錯誤。你如果不經別人的允許，就背著他把他的東西拿去，那就叫做偷。不過這個名詞又常表示那種行動在道德方面是敗壞的，並且常表示那種行動是與法律相抵觸的，因此，人們往往在一聽到偷字以後，便以爲那種行動是壞的，並且以爲它和公道法則相矛盾。但是你如果暗中把一個瘋人的刀子偷了，以求避免他行凶，則這種行動雖然也可以叫做偷——偷字是這種混雜情狀的名稱，可是我們如果以上帝的法律來衡量，並且以那種崇高的規則來思考，則它便不是罪孽或過失——雖然偷這個字常含著過失的意義。

17 **關係是無限的**　關於人類行動與法律的關係，就是關於所謂道德的關係，我的話也就止於此了。

要把一切關係都提出來，那會寫成一大冊書。因此，我們可不必在這裡把它們一一列舉出來。我現在的計畫只在於以這些例子指示出，我們對於這種廣博的關係所有的各種觀念都是什麼樣的。這種關係既然爲數很多，而且它們產生的原因也很多（我們只要能把各種事物互相比較，則便有所謂關係發生），因此，我們並不容易把這個關係歸爲綱領，加以分類。我所舉的那些，只是一些最重要的，我舉它們也只是意在藉此看看我們的關係觀念是由何得來的、依何建立的。不過在我結束這個題目以前，我還必須再說下面的一些話。

18 **一切關係都歸結於簡單觀念**　第一點，我們清楚看到，一切關係都是歸結在且最終建立於簡單觀念上的，而且一切簡單觀念都是由感覺和反省來的。因此，我們如果應用表示關係的一些名詞，則我們在自心所有的（如果我們想任何事物，或者有任何意思），或向人所表示的，都不外互相比較的一些簡單觀念，或簡單觀念的集合體。這一點在所謂比例的關係方面，是最明顯不過的。因爲一個人如果說：「蜜比蠟更甜」，則他的思想在這種關係方面顯然歸結於「甜」這個簡單觀念上。在別的方面，也有同樣的眞實情形（不過各種觀念如果一再混合，則人們便比較不容易注意它們所由以成立的那些簡單觀念）。就如你提到「父親」一詞，第一，你就會看到「人」字所表示的那種特殊的想法，或集合的觀念；第二，你就會看到「生產」那一個詞所表示的那些可感的簡單觀念；第三，你就會看到生產的結果，就是「兒子」一詞所表示的一切簡單觀念。又如「朋友」一詞，你如果把他當做是愛好他人，慷慨做好事於他人的一個人，則它便含著下列的一些簡單觀念：第一，就是「人」這一詞，或「有智慧的生物」這一詞所含的一切簡單觀念；第二，就是「愛」；第三，就是慷慨或意向；第四，就是行動的觀念——包括思想和運動；第五，就是好事的觀念，這個指著凡能促進他的幸福的一切事情而言；我們如果考察就會知道，這個觀念歸結於一些特殊的簡單觀念，而且好事這個詞可以普遍地表示這些觀念中任何一個，不過它如果完全離了這些觀念，則它便全無所指。由此看來，一切道德的名詞不論遠近總要歸結於一些簡單觀念的集合體，人們雖然常以爲，相對名詞直接所表示的，只是別的一些可知的關係，可是這些關係如果推其根源，則仍然要歸結於簡單觀念。

19 **我們對關係所有的想法，與對其基礎所有的想法一樣明白，有時還更為明白** 第二點，我們在關係方面所有的想法，也多半可以比得上我們在關係所依據的簡單觀念方面所有的想法，那樣明白。關係所依據的契合與否，我們通常能明白地觀念到它，正如我們能明白地觀念到別的東西一樣（我們在這方面，只是分辨簡單的各種觀念和其各異的程度；沒有這一層，我們就完全不能有清晰的知識）。因爲我固然對於甜、光、廣袤等有明白的觀念，可是我們在這些方面也有相等、較多或較少等明白的觀念。我如果知道一個人被一個女子〔就如生普倫尼（Sempronia）〕生產是什麼事，則我也一樣知道，另一個人被同一女子（仍是生普倫尼）生產是什麼事，因此，我們的兄弟觀念與生產觀念是一樣明白的，或者是更爲明白的。我縱然相信，生普倫尼把提圖斯（Titus）由荷蘭芹畦中掘出（如人給兒童所傳說的那樣），因而變成他的母親，隨後又以同樣方法把凱烏斯（Caius）從荷蘭芹畦中掘出，我也一樣可以對他們的兄弟關係得到一個明白的想法，正如我具有產婆的一切技術時那樣。我只要想到，有一個女人以母親的資格，使他們出生，則我縱然不曉得（或錯認了）他們出生的方式，我也能把他們的兄弟關係建立起來；不論他們出生的方式本身是什麼樣的，只要他們出生的方式相同，他們就有那種關係。我們只要一比較他們，知道他們是由同一個人所生的，則我們雖不知道他們出生時的特殊情節，也能想到他們有沒有那種兄弟關係。不過人們在恰當地考察各種特殊的關係以後，他們心中對這些關係所有的觀念，雖然也如其對混雜情狀所有的觀念那樣清楚，雖然也可以比他們對實體所有的觀念較爲確定，可是各種關係的名稱、意義往往是可疑而不確定的，就如那些實體的名稱，或混雜情狀的名稱似的；至於比之於各種簡單觀念的名稱，則各種關係的名稱更是可疑而不確定的。因爲相對的名詞只是這種比較的標記，而這種比較又只是在思想中所形成的，又只是人心中的一種觀念，因此，人們常常按照自己的想像，把這些名詞應用在別的各種事物的比較上，實則他們的想像與應用相同名詞的那些人的想像常常是不相符合的。

20 **不論我們比較行動時所依的那個規則是真、是假，而關係的想法仍是一樣的** 第三點，不論我在比較行動時所依的那個規則是眞、是假，而在我所謂道德的關係方面來說，我的確有眞正的關係想法。因爲我如果以一碼來量任何東西，則我所假設的碼縱然不確合於標準碼，而我仍然會知道，我所量的那東西比那個碼是長、是短。碼的眞、僞，那是另一回事。因爲我的規則縱然是錯誤的，可是我仍然會看到，我所量的那個東西與它是否相契合，因此，我仍然可以看到它們的關係。我雖然會因為利用錯謬而不眞實的規則，把道德的邪正判斷錯誤，可是我仍然可以確知那種行動與那種規則之間的關係如何，仍然可以確知它們是相契的，還是不相契的。

第二十九章　明白的、模糊的、清晰的、紛亂的觀念

1　**有些觀念是明白而清晰的，有些觀念是模糊而紛亂的**　我已經將我們觀念的起源指示出來，並且也考察過它們的各種類別，我已經考察過簡單觀念和複雜觀念間的差異，並且觀察過複雜觀念如何可以分爲情狀觀念、實體觀念、關係觀念三種。的確，一個人要想完全熟悉人心在了解事物、認識事物時有什麼進程，則這幾層工作是必須都要做到的。我既然論究過這幾層，因此，人們或許認爲我已經把觀念考察夠了，不必再多說。不過我仍要求讀者允許我把一些其他意見提供出來。首先，有些觀念是明白的、有些觀念是模糊的、有些觀念是清晰的、有些觀念是紛亂的。

2　**「明白的」和「模糊的」可用視覺來解釋**　心中的知覺若用視覺方面的名詞來解釋，最爲恰當，因此，我們如果一反省，在視覺的對象方面，所謂明白的或模糊的有什麼意義，則我們便可以在觀念方面，充分了解所謂明白的或模糊的有什麼意義。光明是能讓我們發現可見的物像來的，因此，一種東西所處的光亮，如果不足以使我們發現它本身中原可以觀察到的那種形象和顏色，不足以使我們發現在較大光亮下所能發現的那種形象和顏色：則我們便稱那種東西爲模糊的。同樣，能引起簡單觀念的那些物像，如果在正常感覺或知覺中，把那些觀念呈現出來，則那些觀念可以

說是明白的。記憶如果能把這些觀念保存起來，並且人心在需要考察它們時，就能把它們重新產生於心中，它們就是明白的觀念。它們如果缺少了原來的精確性、失掉了起初的新鮮性，而且被時間所消磨，它們便成了模糊的。複雜觀念既是由簡單觀念形成的，因此，形成它們的那些簡單觀念如果是明白的，而且組成它們的那些簡單觀念的數目和秩序也是確定的、精確的，則它們當然也是明白的。

3 **模糊性的起源**　簡單觀念之所以模糊的原因，或者由於感官太暗弱，或者由於物像所留的印象太微弱、太短暫，或者由於記憶太薄弱，不足以保持所接受的印象。我們如果再用可見的物像，來幫助我們了解這一層，則我們可以說，知覺器官或官能，如果像受了冷而變得過硬的蠟似的，在平常的推動力之下，不足以接受圖章的印象，或者如同太軟的蠟似的，在接受了印象以後，不能保持印象，則圖章所留的印紋便會模糊。其次，蠟質如果不變，可是蓋印時，並未施以足夠的力量，以至不能刻得明白的印象，則印象也會模糊起來。我認爲，這種情形，不用解釋，就已經再明顯不過的了。

4 **清晰的和紛亂的觀念**　所謂明白的觀念就是外界物像在配置適當的感官上產生作用後，人心所充分地、明顯地知覺到的一種觀念。同樣，所謂清晰的觀念，就是指人心所見爲與別的觀念截然有別的一種觀念。至於所謂紛亂的觀念，則是指一種與別的觀念本應區別而竟不曾充分區別的觀念而言。

5 **反駁**　有人不免會反對說：「如果你說，所謂紛亂的觀念就是指那個與其他觀念本應區別而竟不曾充分區別的觀念而言，則我們在任何地方也不容易找出一個紛亂的觀念。因爲任何觀念之爲此、爲彼，都是以人心所知覺的爲斷；而且這種知覺就足以充分地把它與別的一切觀念區分開來，因此，它們只要有區別，就能被人心知覺其區別。因此，除非你與想使一個觀念與其自身有所區別，那麼沒有觀念是會與別的差異的觀念互相混淆的。因爲它與任何別的觀念都是顯然有區別的。

6 **觀念的紛亂是就其名稱說的** 爲了避免這個困難，並且爲了幫助我們正確想像，人們所責怒的觀念方面的紛亂性究竟是由何起的，則我們必須考究，各異的名稱所區別標誌的各種事物，常被人假設爲是有足夠大的差異可以互相區別的，因此任何時候它們每一種都可以用特殊的名稱，區別標誌和談論。因此，人們就以爲各種差異的名稱大部分都表示著各種差異的事物。不過一個人所有的觀念既分明是那個觀念，而且與別的一切觀念互相差異（除了與它自己無差異），因此，我們就應當研究它之所以紛亂的原因。據我看來，觀念之所以紛亂，乃是因爲表示它的那個名稱，不是它所特有的那個名稱，而且是因爲兩種事物（兩種名稱所表示的那些事物）間所應有的差異被人忽略，並且因此使本應屬於此名的事物，反而屬於彼名。因爲這種緣故，我們就失掉了原來用這些名稱所標記的那層區別。

7 **引起紛亂的一些過失**——往往引起這種紛亂的，我認爲是下述的一些過失：

第一點，由於形成複雜觀念的那些簡單觀念，有時數目太少 第一點，形成複雜觀念（因爲複雜觀念是最易紛亂的）的那些簡單觀念，有時數目太少，而且是別的事物所共有的，因此，那個觀念的特點就失掉，使原來標記它的那個名稱，就失了作用。因此，一個人的豹子觀念，如果只是由一種有斑點的動物所呈現出的一些簡單觀念所形成的，則他的觀念必定是紛亂的。這種觀念並不足以與大野貓以及別的有斑點的動物區分開。因此，這個觀念雖然有「豹子」一個特殊名稱，可是它和「大野貓」一詞所標誌的那個觀念並無分別，它不但可以叫做豹子，而且也可以叫做大野貓。至於人們常用概括的名詞來定義各種名稱，那也會導致我們用這些名稱所表示的那些觀念紛亂及不確定。不過這一層可以讓別人來考察好了。我們現在只可以說，紛亂的觀念是能使文字的用途不確定的、是能消失各種名稱的功用的。我們用各種名詞所表示的各種觀念，如果沒有各自的特點，以與那些名稱相應合，則它們一定是紛亂的。

8　**第二點，由於複雜觀念中那些簡單觀念次序混雜**　觀念之所以紛亂還由於另一種過失，就是說，形成觀念的那些特殊情節雖然數目足夠，可是它們又混雜紛亂，使我們不易辨識，它是應該屬於它現在那個名稱，還是應該屬於別的名稱。要想了解這種紛亂，我們最好以常見的一種奇異的圖畫為例。人們常用鉛筆在平面上畫一些圖畫，我們乍看之下，只覺得各種顏色烘托出一些奇怪荒誕的形象來，並且覺得它們的位置也是雜亂的。這個圖形的各部分雖然沒有配合、沒有秩序，可是它並不是一個紛亂的東西，正如一張有雲彩的天空畫一樣，其中的顏色和形象雖然沒有秩序，可是沒人會以為它是一張紛亂的圖畫。失了對稱，既然不能使圖畫紛亂了，因此，人就會問：「那麼什麼才能使它紛亂呢？」這種情形既然分明不能使圖畫成為紛亂的，因此，我們如果再照這個圖形畫一個，也不能說它是紛亂的。不過我可以答覆說，我們之所以認為它是紛亂的，乃是因為它與標誌它的那個名稱並沒有特別明顯的關係，正如它與其他名稱一樣。我們如果說，這張畫是畫人或是凱撒，則任何人可以合理地認它為紛亂的，因為它在那種情形下，並沒有特殊的標誌，使我們稱之為人或凱撒，也正如我們不能稱之為狒狒或龐培一樣。狒狒或龐培所代表的觀念，雖與「人」或「凱撒」所代表的觀念不同，可是在這裡，這四個名詞和那幅圖畫都一樣無明顯的關係。但是我們如把一個圓錐形的鏡子置在適當的位置，使平面上那些不規則的光線合攏到適當的秩序和比例中，則便無所謂紛亂，而且我們的眼也立刻會看到它是一個人或是凱撒；也立刻會看到，它應該有那個名稱，而且與狒狒或龐培截然有別——與這些名稱所表示的觀念截然有別。我們的觀念也正是這樣的，因爲觀念也就是事物的圖畫。這個心理的圖畫，不論其各部分如何配列，都不能說是紛亂的，因爲它們分明是它們那樣子。可是在你以普通的名稱稱呼它時，它與那個名稱如果並沒有特殊的關聯，也正如與別的意義不同的名稱沒有關聯一樣，則它當然是紛亂的。

9 **第三點，由於它們變化而不確定** 第三點，我們的觀念所以紛亂，還由於第三種過失，那就是，複雜觀念中有時不免有一些觀念是不確定的。因此，我們可以看到，有的人們因爲不確知其平常用語的恰當意義，就亂用各種語詞，所以他們每每用那些名詞時，就總愛改變他們用這些名詞所表示的各種觀念。一個人在想到教會（church）或偶像崇拜（idolatry）時，如果不確知這些觀念中應當包含什麼或排斥什麼，並且不能固守形成這些觀念的那些簡單觀念的精確的集合體，則他的教會觀念或偶像崇拜觀念，便是紛亂的。不過他的觀念之所以紛亂，乃是因爲前面的理由、因爲一個可變化的觀念（如果我們可稱爲一個）與兩個互異的名稱有幾乎相同的關係，使有差別的名稱所表示的差異消失了。

10 **沒有名稱，則所謂紛亂是不可想像的** 由前面所說的看來，我們就可以看到，人們既然以爲各種名稱是事物的確定標記，而且以爲它們可以藉其差別來代表本有差異的各種事物，使之截然各別，因此，我們之所以說某些觀念是清晰的或紛亂的，正是因爲人心祕密地、不知不覺地，把它的各種觀念與這些名稱聯絡起來。人們讀了我在第三部中關於文字所說的話以後，或許對此點更能充分了解。不過我們的確可以說，我們如果不注意各種觀念與各種清晰的名稱（清晰的各種事物的標記）間的關聯，則我們便不容易說，什麼是紛亂的觀念。因此，一個人如以一種名稱來標記截然各別的一類事物或一個特殊的事物，則他在這個名稱上所附加的複雜觀念之清晰與否，是看組成它的這些觀念如何而定的。那些觀念如果愈特殊、它們的數目如果愈大、秩序如果愈確定，則那個複雜觀念也會愈清晰。因爲它所含的這些觀念愈多，則它愈有了許多可覺察的差異。有了這許多差異，則它便與別的名稱所表示的觀念（甚至與它極相近的觀念）愈可分離，便不致於與它們混淆。

11　**紛亂永遠發生於兩個觀念之間**　所謂紛亂既然常使我們不易區分兩個本應分別的東西，因此，紛亂便永遠發生於兩個觀念之間，尤其發生於兩個極相近的觀念之間。因此，我們如果猜想自己的觀念是紛亂的，則我們應當考察，它和哪一個觀念最容易混淆、最不容易分辨。在考察之後，我們將會看到，那另一個觀念當屬於另一個名稱、當是另一種東西。不過因爲它或者與前一個觀念是一致的，或者是前一個觀念的一部分，或者至少也和前一個觀念有相同的名稱：因此，它們就區分得不甚清楚。因爲這種緣故，它與那個別的觀念，雖有差異的名稱，卻與它無從分別。

12　**紛亂的原因**　我認爲所謂觀念的紛亂，就是指觀念和名稱間這種祕密的關聯而言。縱然除此以外，還有別種紛亂，而我至少也可以說，這種紛亂是最能擾亂人的思想和談論的，因爲表現於名稱中的各種觀念，是人類自心推論時大部分所用的，而且也常是向他人所表示出的。因此，我們如果只假設有兩個不同的觀念爲兩個不同的名稱所標記，可是那兩個觀念之分別並不如表示它們的那兩種聲音那樣清晰，則我們便不免紛亂。反之，兩個觀念如果是清晰的，一如表示它們的那兩個聲音觀念一樣，則它們中間便無所謂紛亂。避免紛亂的途徑，就在於把一些富有特徵的成分恰如其分地聯合成一個複雜觀念；使它們有確定數目和秩序，並且恆久不懈地用一個名稱來稱呼它。不過這種做法既無助於人的舒適和虛榮，也無助於其他任何企圖，只能把赤裸裸的眞理揭露出來，因此，這種精確性，我們只好願望它，卻不能希望它，因爲人們就不常愛追求眞理。不過要把各種名稱鬆懈地應用於變化多的、不確定的、甚或不存在的各種觀念上，那不但能掩蓋自己的愚陋，而且足以混淆人的耳目、迷惑人的視聽，使人覺得自己的知識高超、學問廣博，因此，我們不必訝異，許多人一面抱怨他人的用語含糊，一面卻又犯那種毛病。不過我雖然希望在人類想法中所見的紛亂情形，大部分都可以藉細心和機巧避免，可是我並不敢妄說，那種紛亂到處是人故意造成的。有些觀念是太複雜的，而且是由許多的部分形成的，因此，我們的記憶並不容易精確地保持一個名詞所表示的那些簡單觀念的集合體，因此，我們更不容易精確地猜度，別人用那個名詞時，究竟表示著哪一個複雜觀念。因爲第一種原因，所以一個人自己的推理和意見往往發生了紛亂，因爲第二種原因，所以我們與別人談話和辯論時，往往發生了紛亂。不過我既然在下一卷中將詳細論述文字，以及其缺點和濫用，因此，我在這裡就不贅述了。

13 **複雜觀念有時某一部分是清晰的，另一部分是紛亂的**　我們的複雜觀念既是由簡單觀念的集合體錯綜所形成的，因此，它的某一部分雖是明白清晰的，可是它的另一部分也許是模糊的、紛亂的。就如一個人說一個千邊形時，他的數目觀念雖是可以清晰的，可是他的形象觀念也許是紛亂的。因此，那一個人在談論並解證那個複雜觀念中屬於千數的那一部分時，他往往以爲自己有一個清晰的千邊形觀念。不過，他顯然對於千邊形的形象並沒有十分精確的觀念，藉以把千邊形，與九百九十九邊形分別清楚。人們因爲看不到這一層，所以在自己的思想中有不小的錯誤，在與人談論中，有不少的紛亂。

14 **這種情形，我們一不注意它，就能在我們的辯論中引起紛亂**　人如果覺得自己對於千邊形的形象有一個清晰的觀念，則他可以把一個組織一律體積相等的物體（如金或蠟），做成一個九百九十九邊形來試試看。我相信，他可以藉著邊的數目，把這兩個觀念分辨清楚，而且他的思想和推論如果限於這些觀念中屬於數目的那一部分，則他也會在這兩個觀念方面，有清晰的推理和辯論，他將會知道，一個形的邊數可以分爲等數，一個不能，此外，他還可以知道別的情節。但是他如果進而以形象來分辨它們，則他立刻會茫然不知所措，他一定不能只憑這兩塊金子的形象，在心中形成兩個截然各別的觀念，如他對於一個金六面體，與金五面體所形成的觀念那樣清晰。在這些不完全的觀念方面，我們最易自欺也最易與旁人衝突；而在那些觀念有特殊的、熟悉的名稱時，更是如此。因爲我們既然熟悉了那個觀念中的明白部分，而且我們所熟知的那個名稱又應用於全體，而全體又包括了模糊的和不完全的部分，因此，我們就容易用那個名稱來表示那個紛亂的部分，並且深信不疑的根據這個名稱，在意義模糊的那一部分演繹出一些理論，就如在明白的那一部分方面似的。

15 **以永久觀念為例** 因爲我們口頭上常提到「永久」（eternity）一詞，所以我們常想自己對於它有一個涵蓋的積極的觀念，常想那個綿延中的任何部分都明白地包括在我們的觀念中。眞的，喜歡這樣想的人，或者對於綿延有一個明白的觀念，或者對於很長的綿延有一個很明白的觀念，或者可以明白地觀念到那個很長的綿延和更長的綿延的比較；不過他的綿延觀念不論有多大也無法包括他所假設的那個無邊綿延的全體，因此，在他的思想中所能表象出的那個很長的綿延邊境以外，一定還有別的部分，而且那些部分一定是很模糊、很不確定的。因此，在關於永久以及他種無限方面所有的爭執和推論中，我們往往糊塗了，使自己陷於明顯的矛盾中。

16 **再以物質的可分割性為例** 在物質方面，若遠遠超過了我們感官所見的最小部分之外，我們便再也無法明白地觀念到部分的渺小性。因此，在我們談論物質的無限可分割性時，我們雖然可以明白地觀念到分割作用、分割的可能性、以及全體分割後的各部分，可是我們如果已經把一種物體分到很渺小的程度，而且它們的渺小程度遠出於我們任何感官所能分辨的範圍以外，則我們對於那些即將再被分割的分子或微小物體，便只有很模糊、很紛亂的觀念。因此，我們所能明白的對之有清晰的觀念的，只有抽象或概括的分割作用和全體與部分的關係。至於經過幾度分割，而且即將再被無限分割的那個物體的體積，我認為我們對它完全沒有明白清晰的觀念。因為我可以問任何人，他如果取來一粒他所見過的最小的微塵，則他是否能清晰地觀念到那個微塵的萬分之一和十萬分之一間的差異（數目本身不計，因為它不關乎廣袤）？他如果覺得自己能把這些觀念精緻化了，並且完全看到它們，則他還可以更進一步在這些數目上各加十位數字。我們之假設這樣小的程度，並非不合理的，因為在這樣分割以後，仍沒有達於無限分割的最後點，正如一開始我們只把它分為兩半時似的。在我看來，我無法明白、清晰的觀念到，那些物體的各種不同的體積或廣袤，我對它們只能得到一種很模糊的觀念。因此，我認為，我們在談論物體的無限分割性時，我們對於它們的各種體積所有的觀念（這正是分割的基礎），在進了幾級以後便混淆了，而且幾乎完全迷失在一片模糊之中。因為一個只表象大小的觀念，如果與十倍大的觀念，除了在數目方面以外，並無別的區分，則它一定是很模糊、很紛亂的；因為我們只能明白地、清晰地觀念到十和一，可是並不能清晰地觀念到那兩種廣袤。由此我們分明看到，在我們談論物體（或廣袤）的無限分割性時，我們所能明白地、清晰地觀念到的，只是一些數目。至於明白的、清晰的廣袤觀念，則在幾度分割以後，便全形消失。至於那些極微小的部分，則我們根本對它們沒有清晰的觀念；我們在這方面的觀念，也和別的一切無限觀念一樣，歸來、歸去，仍是一些屢加不盡的數目觀念，因此，我們並不能清晰地觀念到實在的、無限的各部分。眞的，只要我們想像分割，我們就會有明白的分割觀念。不過我們雖能這樣，也不能明白地觀念到物質的無數部分，就像我們不能清晰地觀念到無限的數目一樣，雖然我們有了一個數目，立刻又可以再加上別的新數。不盡的分割性使我們不能明白地、清晰地觀念到實在的無限部分，正如無限的可加性（addibility）使我們不能明白地、清晰地觀念到實在的無限數目一樣。它們兩者都在於能無限地增加數目的一種能力——不論這個數目原來有多大。因此，對於後來應加的數目（正是無限的基礎），我們便只有一種模糊的、殘缺的、紛亂的觀念。我們如果根據這個觀念，有所推論、辯護，則我們便不能達到任何精確和明白的程度；這種情形，在數學方面也是一樣。我們對於一個數目，如果不能像對四和百一樣，有一個清晰的觀念，而只是對它有一個相對的、模糊的觀念，只知道它比別的任何數目大，則我們的推論絕不會精確。因此，我們如果說它大於或多於四萬萬，那麼也就是說它大於「四十」或「四」一樣，在兩種情形下，我們都不能對它有明白的、積極的觀念。四萬萬這個數也不比四這個數爲更近於加的進程（或數目）的盡頭。因爲你如果在四上加四，如此一直加下去，固然也不會達到一切加的進程的盡頭，可是你縱然在四萬萬上，再繼續加四萬萬，你也一樣不會達到加的進程的盡頭。同樣，在永久方面，一個人如只看「四年」的觀念，固然不足以有一個積極的完全觀念，可是另一個人縱然有了「四萬萬年」的觀念，也一樣不能有這種積極的觀念。因爲在這兩個年數以外所餘的那些時間，都一樣是不明白的；這就是說，他們兩人對那個時間，完全得不到任何清晰的、積極的觀念。因爲一個人繼續在四年上加四年，固然永遠達不到永久，可是另一個人縱然繼續在四萬萬年上加四萬萬年，也一樣不能達到永久。他縱然盡量往前加，而所餘的深淵仍然遠超於這些過程的終點，正如其遠超於一日之長或一時之長一樣。因爲任何有限的東西都不能和無限的東西成比例，因此，我們的觀念，既是有限的，當然不能與無限成比例。在我們的廣袤觀念方面也是這樣，我們縱然以加法來遞增（正如以減法來遞減似的），並且把我們的思想擴充至於無限的空間，也一樣不能有積極的無限觀念。把我們所熟悉的最大廣袤觀念重疊幾次以後，我們對那個空間，便不能再有明白的、清晰的觀念。那個觀念會變成一個不清晰的大觀念，並且還附有一種更大的觀念。我們如依據這個觀念來推理、來辯論，則我們將會看到，自己常不知所措。因爲辯論中所用的觀念如果是紛亂的，而且我們的演繹也是由觀念中的紛亂而來的，則它們當然會常使我們陷於紛亂中。

第三十章　實在的和幻想的觀念

1 **實在的觀念是和其原型相符合的**　在觀念方面，除了上述的那幾點以外，我們還可以從其所從出的來源，或人們假設它們所表象的那些東西來考察它們。因此，我認爲，它們還可以分爲三類。就是：

第一，實在的或幻想的（real or fantastical）。

第二，貼切的或不貼切的（adequate or inadequate）。

第三，眞正的或虛妄的（true or false）。

第一，所謂實在的觀念，是指在自然中有基礎的。凡與事物的眞正存在或觀念的原型（archetype）相符合的，都屬於這一類。所謂幻想的或狂想的觀念，就是指那些在自然中無基礎的觀念而言，這就是說，它們和它們暗中指向的那個實在的事物——原型——不相符合。我們如果考察上述的各種觀念就會看到：

2 **簡單觀念是實在的**　第一點，我們所有的簡單觀念都是實在的、都是與實在的事物相契合的。我之所以如此說，並不是說它們都是實在事物的影像或表象；因爲除了在原始性質以外，我們在別的性質方面，已經看到相反的情形。不過白與冷雖然不在雪之中，正如痛覺不在雪之中一樣，可是白、冷、痛那些觀念，既是外物能力的一些結果，而且造物者已經指定這些外物，要給我們產生這些感覺，因此，這些觀念就是我們的實在觀念，而且我們可依據它們來區分事物本身中眞正存在的那些性質。因爲這些現象既然可以當做一些標記，使我們知曉、分辨我們所接觸的各種事物，因此，我們的觀念不論只是外物的一些恆常的結果，或是外物的精確表象，它們都一樣可以成爲實在的、能分別的特徵；因爲所謂「實在」其含義就是各種觀念和實在事物的各種差異的組織，是恆常地相對應的。至於那些組織，對它們或爲原因、或爲印模，都無關係，它們只要常被那些組織所產生，它們就是實在的。因此，我們的一切簡單觀念，都是實在的、眞正的，只是因爲它們與能產生它們於人心中的那些事物的能力相契合；因爲只要有這個條件，它們就會成了實在的，而不是任意的虛構。因爲在簡單觀念方面（如前所說），人心完全限於外物所加於它的那些作用，而且它只能接受簡單觀念，並不能創造簡單觀念。

3 **複雜觀念是自願的集合體** 在簡單觀念方面，人心雖然是完全被動的，可是我們可以說，它在複雜觀念方面，並不如此。因爲它們雖只各有一個名稱，可是它們仍是簡單觀念的集合體，因此，我們清楚看到，人心在形成這些複雜觀念時，不免有幾分自由。否則，一個人的黃金觀念或正義觀念，如何會與另一個人不同呢？他們之所以如此，只是因爲他們在其複雜觀念中，所加所減的簡單觀念互有出入。因此，我們的問題就是說，這些觀念中，哪一些是實在的集合體，哪一些只是想像的集合體？哪一些集合體和實在的事物相應，哪一些不相應？關於這一層，我可以說：

4 **複雜的情狀如果是由互相符合的一些觀念所形成的，則它們便是實在的** 第二點，混雜情狀和混雜關係的實在性，既在於人心中，因此，只要有可能的存在與我們所形成的那些觀念互相契合，那些觀念就成了實在的，此外並不需要別的條件。這些觀念因爲本身就是原型，所以它們也不能與自己的原型相差異，而且人們若非在其中混雜進去一些互不相符的觀念，則它們便不能說是狂想的。不過這些觀念如果在普通言語中有其確定的名稱，而且心中有這些觀念的人在表示它們於人時，也要需用這些名稱，則只有存在的可能性並不足以使它們成爲實在的。它們必須與平常表示它們的那些名稱的含義相符合，才能不流爲幻想的，因爲我們如以「正義」一詞來應用於一般所謂「寬大」，那正是幻想的。不過這種幻想多半與語言的妥當與否有關，與觀念的實在與否無關。一個人在危險中，如果能泰然自若，並且能沉默地決定應爲的事、沉著地進行其應爲的事；則這種情形便是可能的一種行動的混雜情狀或複合觀念。不過一個人在危險中雖可以泰然自若，可是他也許全不用自己的理智和勤勉；這也是一種可能的情狀，因此，也和前一個觀念是一樣實在的。不過前一個概念既有勇敢一詞，所以它在那個名稱方面，可以是一個正確的觀念，也可以是一個錯誤的觀念。不過後一個觀念，在任何語言中既沒有一般公認的名稱，因此，它就無所謂錯誤可言，因爲它並不和別的任何東西互相參考。

5　**實體觀念如果與事物的存在契合，則它們也是實在的**　第三點，我們所形成的複雜實體觀念，既然完全參照於外物，而且我們原想以它們來表象眞正存在的實體，因此，它們所含的各個簡單觀念必須實在聯合在一塊，必須實在共存於外物中，然後它們才能成爲實在的。它們所含的那些簡單觀念的集合體，如果並沒有實在的聯合、如果並不存在於任何實體中，則它們便完全是幻想的。你如果說有一個有理性的動物，具著馬頭人身，如人所說的半人馬座（centaur）那樣；你如果說有一個物體，色黃、可展、可熔、而又確定，可是比普通的水還輕；你如果說，有一種物體，其組織一律，而且其各部分（在感官覺來）也是相似的，可是它卻具有知覺和自願的運動；你如果這樣說，則你的觀念顯然是幻想的。這些實體究竟能否存在，我們恐怕是無從知道的；但是無論如何，這些實體觀念既然不與我們所知道的現存的模型相契合，而且它們所含的觀念的集合體，我們在任何實體中都不曾見實在聯合在一起，因此，我們應當認爲它們完全是幻想的。至於別種複雜觀念，如果它們的各部分是互不相符或矛盾的，則它們當然更是幻想的了。

第三十一章　相稱的和不相稱的觀念

1 **相稱的觀念是完全表象其原型的**　在我們的實在觀念中，有些是相稱的，有些是不相稱的。所謂相稱的觀念就是完全表象著人心所假設的那些觀念的原型的（人心以這些觀念來代表這些原型，並以這些原型爲參考）。至於所謂不相稱的觀念，則只是部分地、不完全地表象它們所參考的那些原型。在這方面，我們看到：

2 **簡單觀念都是相稱的**　第一點，我可以說，我們的一切簡單觀念都是相稱的。因爲它們既是外物能力的一些結果，而且上帝也特意使這些外物必然地產生這類感覺，因此，它們不得不與那些能力相對應、相契合；而且我們的確知道，它們是和實在的事物相稱的。因爲糖既然能給我們產生出所謂白和甜等觀念，因此，我們的確就知道，糖中一定有一種能力，在我們心中產生那些觀念。每一種感覺既然與作用於我們任何感官上的能力相照應，因此，由此所生的觀念一定是一個實在的觀念（它不是人心的虛構，因爲人心就沒有產生任何簡單觀念的能力），必定是相稱的，因爲它是與那種能力相照應的。同樣，一切簡單觀念也都是相稱的。的確，我們在稱呼能產生這些簡單觀念的那些事物時，常以爲這些觀念就是在外物中存在的，而不常認爲外物只是這些觀念的原因。因爲我們在稱火能引起痛覺時，固然只是說它有一種產生痛苦觀念的能力，可是我們在說它是亮的、熱的時，我們總以爲光和熱眞是在火中存在的，並不以爲它只是能給我們產生這些觀念的一種能力。不過，實在說來，這些性質只是能給我們產生觀念的一些能力，因此，我如果說，次等的性質是在事物中的，或是說它們的觀念是在能產生它們的外物中的，則人們應該知道我所說的只是一種能力。這類說法完全是爲適應通俗的想法而起的，因爲沒有這些想法，一個人就不能爲他人所充分了解。不過這些說法所指的仍是外物中能產生某種感覺或觀念的一些能力。因爲我們如果沒有適當的器官，來接受火在視覺和觸覺上所產生的印象，而且我們如果沒有心與那些器官相連，從火或日來的印象，接受到光和熱的觀念，則世界上便不會有光或熱，這個正比如日儘管照、伊特納火山（Mount Etna）儘管高噴，若是沒有感覺的動物，世界上也不會有痛苦似的。至於我們所能觀念到的凝性、廣袤、以及其所形成的形象、運動和靜止，則不論世上有無感覺的動物來感覺它們，而它們仍是實在地在世上存在的。因此，我們應當看這些是物質的實在的變狀，而且是由物體而來的能引生感覺的一些原因。不過這種研究不屬於這個範圍，因此，我就不再詳論這一點。現在我將要進而指示出，某些複雜觀念是相稱的，某些是不相稱的。

3 **一切情狀都是相稱的**　第二點，我們那些複雜的情狀觀念，既只是人心隨意集合來的一些簡單觀念，而並不以任何實在的原型或任何地方存在的模型爲標準，因此，它們便必須是相稱的觀念。因爲人既不打算把它們作爲實際存在的事物摹本，而它們只是人心自造的一種原型，而且人心也可以自由的以這些原型來歸類事物、命名事物，因此，它們便不能缺乏任何東西；它們各個所有的觀念的集合體，和這集合體的完美程度，正是人心原來所規劃的，所以，人心便滿意它們，並且感覺不到任何缺陷。因此，我如果觀念到有一個形象，其三邊交會於三角，則我便有一個完全的觀念，而且這個觀念本身就是完全的，並不需要別的東西再使它完全。我們之所以說，人心完全滿意於它的觀念的完美性，乃是因爲我們清楚看到，縱然假設三角形眞正存在，而人心也不以爲任何理解可以對於「三角形」一詞所表示的那種東西，有一個更完全的觀念。它自身所有的那個三邊三角的複雜觀念就已經完全而無缺陷。只要有了這個條件，則不論三角形的觀念如何存在，或何處存在，它的必要條件就已具備，它就可以自身完成。不過我們的實體觀念卻不如此。因爲在這裡，我們既想著摹擬事物的實在情形，並且給自己表象出它們的一切特性所依靠的那種結構，因此，我們就看到，自己的觀念並不能達到我們所心想的那種完美程度。我們總覺得它們缺少一些我們之所以爲它們應有的東西，因此，它們都是不相稱的。不過混雜情狀和關係，既然本身是原型，而沒有另外的模型，因此，它們所表象的，只是自身，並沒有別的，所以，它們都是相稱的，因爲樣樣事情都是自足而不需依賴外部的。人如果原來想到有一種危險呈現出來，可是看到危險的人，卻毫無恐懼，泰然自若，而且能沉著地考慮應付的步驟，並且能鎭定進行一切，不爲危險所懾；人如果原來想到這些情形，並且把這些觀念合攏起來，則他的心中一定會由此集合體發生一個複雜觀念。他原來所心想的既是那個觀念自身，而且那個觀念所含的一切簡單觀念，也就是他原來所心想的，此外再不需要別的，因此那個觀念必須是一個相稱的觀念。隨後，他又把這個觀念藏在記憶中，以勇敢一詞來向人表示它。因此一種行動如果與這個觀念相契，他就稱它爲勇敢的，因此，他就有了一種標準來衡量各種行動，並且給以相當的名稱。這個觀念本身既然是模型，因此，它必然是相稱的，因爲它並不與別的東西相參照，而且它也不是由別的要素所形成的，只是由原集合者的樂意和意志形成的。

4 **情狀若與固定的名稱相參照，就可以成為不相稱的**　另一個人後來在談話中如果從他學得「勇敢」一詞，則那個人所形成的觀念，雖也有勇敢一詞，可是那個觀念也許與原作者用此名時，所表示的觀念不一樣，也許與他用此名時心中所有的觀念不一樣。在這種情形下，如果那個人以為他的觀念在思想方面正和原作者的觀念相契合，也正如他在說話時，所用的名稱與原作者所用的名稱在聲音方面相契；則他的觀念可以是非常錯誤、非常不相稱的。因為在這種情形下，他在思想時，既然以原作者的觀念為模型，正如在說話時，他的文字（或聲音）以原作者的文字為模型一樣，因此，他的觀念離他所指向的那個原型和模型（這正是他想以名稱表示出的）有多遠，則它的觀念在那種範圍內，就是殘缺的、不相稱的。他既然想以這個名稱來標記原作者的觀念（這個名稱原來是應該附加在這個觀念上的）和自己的觀念（他以為它是與原觀念相契的），因此，他的觀念如果與原作者的觀念不恰相契合，則他的觀念是錯謬的、不相稱的。

5 因此，這些複雜的情狀觀念，如果被人心指向於別的有智慧的存在者心中所有的那些觀念，則我們所用的名稱與原作者的名稱縱然一樣，而這些觀念仍然會非常缺陷、錯誤、不相稱的。因為在這種情形下，它們不能與人心給它們所指定的那些原型或模型相契合。只有在這方面，一個情狀才可以是錯誤的、殘缺的或相稱的。因為這種緣故，在一切觀念中，混雜情狀觀念是最易陷於錯誤的。不過這種情形，關係於說法之當否者多，關係於知識之正誤者少。

6 **實體觀念如果與實在的本質相參照，則是不相稱的** 第三點，就要說實體觀念，這些觀念我們在前面已經說過。它們在人心中具有兩個參照對象：㈠有時它們是指示每種事物中假設的實在的本質；㈡有時人們只以為它們是人心中對實際存在的外物所有的一些圖畫和表象；至於表象的途徑，則藉助於那些事物中所發現的各種性質在人們心中所生的觀念。在這兩種情形下，那些原型的摹本都是不完全的、不相稱的。

第一點，人們平常用實體的名稱以來表示一些事物，並且以爲那些事物之所以能成爲此種或彼種，乃是因爲它們有某種實在的本質。因爲慣於這種思想，所以有些名稱雖然只表示人心中的觀念，並不表示別的，而人們也往往要把自己的觀念參照於那些實在的本質，以爲它們是那些觀念的原型。我們常見人們假設各種實體都有一種種類的本質，而且以爲各個個體都與其種類的本質相契合。這一層是無須證明的，不但如此，而且人們如果不如此假設，別人還覺得他們是奇怪的（人們如果飽受歐洲的教育，則他們更易如此假設）。因此，他們便常把標誌特殊實體的那些種類特有的名稱，應用在各種事物上，以爲那些事物是各個爲其種類的實在的本質所區分的。眞的，一個人如果自稱爲「人」，則他的意思只是說，他有人的實在的本質，因此，你如果懷疑這一點，人們往往會責怪你。但是你如果請問，那些實在的本質究竟是什麼，則人們又分明不知道它們。由此我們就得出結論，他們心中所有的觀念，雖然參照於實在的本質，可是那些原型是我們所不知曉的，因此，那些觀念便必然不是相稱的，因此，我們就不能假設，它們是任何原型的眞正表象。我們已經說過，我們所有的複雜的實體觀念，只是我們所經常在一塊共存的一些簡單觀念的集合體。不過這樣一個複雜觀念並不能成爲任何實體的實在本質。因爲要是如此，則我們在一個物體中所發現的各種性質都當依靠於這個複雜觀念，都可以由這個觀念演繹得出，而且它們的必然聯繫也應該爲我們所知曉；就如三角形的三邊圍了一段空間，我們可由三邊的複雜觀念推演出三角形的一切可發現的性質一樣。不過我們清楚見到，在我們複雜的實體觀念中，並沒有任何觀念，可以爲其中所含的一切其他性質所依託。平常人們所有的鐵的觀念，只是具有某種顏色、重量和硬度的一個物體；至於可展性則人們認爲它是屬於鐵的一種特性。不過這種特性和那個複雜觀念，或其任何部分，並無必然的聯繫。我們之不能說，鐵的可展性依靠於其顏色、重量和硬度，正如不能說它的顏色、重量和硬度依靠於它的可展性一樣。但是我們雖然不知道這些實在的本質，可是人們卻最爲尋常不過地認各種事物都有這類本質。因此，許多人們便直接假設，做成我指上金環的那個特殊的一團物質，一定有一種本質才可以使之成爲黃金，而且他們還假設，我在黃金中所發現的一切特性都是由此種本質流出的——就如黃金的特殊顏色、重量、硬度、可熔性、確定性、與接觸水銀後顏色的變化等。不過這些特性雖然說是由這個本質所形成的，可是我們如果考察它、追求它，則會清楚看到自己無法發現它。我們所能爲力的，頂多也只能假設說，它既是一種物體，則這些性質所依託的那種實在的本質或內在的組織，一定只是它那凝固的各部分的形象、大小和聯繫。不過我對於這些既然完全沒有清晰的知覺，因此，我也就不能得到本質的觀念（可是黃金所以有光耀的黃色，它所以比體積相等的其他物體都重，它所以一見水銀就變了顏色，原因只是因爲它有實在的本質）。如果有人說，這些性質所依託的實在的本質和內在的組織，不是黃金中凝固的各部分的形象、大小和聯繫，而是另一種東西，而是所謂特殊的形式（particular form），則我比以前反而更不能得到實在的本質的觀念了。因爲我雖然不能觀念到黃金的各部分究有何種「特殊的」形象、大小和聯繫，可以產生出上述的那些性質來（這些性質只存在於我指上那一團特殊的物質，並不存在於我削筆時所用的那一團特殊的物質），可是我還能「概括地」觀念到凝固的各部分的形象、大小和聯繫。但是人如果告訴我，那個物體的本質不是它的凝固的各部分的形象、大小和情況，而是所謂「實體的形式」（substantial form），則我敢自白，我完全沒有這種形式的觀念，我只有「形式」二字的聲音的觀念；這個觀念當然與實在本質（或組織）的觀念是全不相干的。我不但對於這種特殊實體的實在本質全無所知，而且我可以自白說，我對於一切其他自然物體的實在本質也全無所知。不但我是如此的，而且我敢相信，其他人如果考察他們自己的知識也會看到自己在這一點上是全無所知的。

7 由此看來，人們在以一個通用的名稱，應用於我指上這一團特殊的物質，並且叫它爲黃金時，他們通常所給的那個名稱，在他們認爲（或者別人以爲他們如此）是屬於某種特殊的物體的，而且那些物體是有一個實在的內在的本質的（有了這種本質，這個特殊的實體才自成一類，才得到那個名稱）。那個名稱既然是標誌出那些事物具有那種本質，因此，那個名稱原來就是指向那個本質的；因此，那個名稱所表示的那個觀念原來也一定要指向那種本質，而且人們原來也想用它來表象那種本質。不過應用這些名稱的人們既然不知道這種本質，因此，他們的實體觀念在這一方面一定是不相稱的，因爲人心原想，那些觀念包含那種實在的本質，而它們卻竟然是不曾包含這種本質的。

8 **各種實體觀念，如果視為實體的各種性質的集合體，則都是不相稱的** 第二點，有的人們以爲要假設一些不可知的實在的本質，以區別各種實體，那實在是無用的，因此，他們便忽略了此點，而努力聚攏各種實體中共存的那些可感性質的觀念，以求類比各種實體。這些人們的確比只想像一種己所不知的實在的物類本質的人們，要更接近於實體的眞相。不過他們雖然想把實體的觀念類比在心中，可是他們仍不能達到完全相稱的觀念；而且那些摹本也不能精確地、充分地把它們原型中所有的一切觀念都包括進去。因爲我們的複雜的實體觀念，原是由諸種性質和能力所形成的，可是那種性質和能力，數目太多、花樣太繁，任何人的複雜觀念也不能囊括它們。我們複雜的實體觀念中包括不盡事物本身中共存的一切簡單觀念，因爲我們清楚看到，人們很少在任何複雜的實體觀念中，把他們所知道在其中存在的一切簡單觀念都加進去。因爲他們既然想使他們所用物類名稱的意義盡量明白、盡量簡便，因此，他們在形成那些物類的實體觀念時，往常只用在其中所見的少數的簡單觀念。不過加進去的這些觀念也不比所遺落的那些觀念，有什麼原始的特權或權利，可以形成物類的觀念，因此，在這兩方面，我們的實體觀念都是殘缺不全的、不相稱的。形成複雜的實體觀念的那些簡單觀念，除了某些物體的形象和體積之外，統統都只是一些能力。這些能力既然是與別的實體接觸後發生的一些關係，因此，我們永不能確信自己知道任何一個物體中所有的一切能力。因爲要想知道它的一切能力，我們必須在各種方式下，試試它和別的實體接觸後，能發生什麼變化。這種試驗既不能行於任何一個事物，更不能行於一切事物，因此，我們從不能根據任何實體的一切特性的集合體，對任何實體形成相稱的觀念。

9 任何人在初見號稱爲黃金的那一團實體時，一定不會合理地推斷，他在那個物塊中所見的體積和形象依託於它的眞正的本質或內在的組織。因此，他對於那種物體所形成的觀念中，從不包含這些性質。他在起初也許把那種物體的特殊顏色和重量抽象出來而形成那種物體的複雜觀念。不過這兩種性質都只是兩種能力：一種在某種方式下，來刺激我們的眼，使我們發生所謂黃的觀念；另一種則可以使它在與任何別的體積相等的物體置於相等的天秤上時，把那種別的物體強抬高起來。至於別的人或者在這兩種性質以外再加上可熔性和固定性兩個觀念，不過這也是兩種被動的能力，它們是與火在金子上產生的作用相關的。另一個人或者除此之外再加上金的可展性與其在王水中的可分解性。不過這仍是兩種能力、仍是與別的物體的作用相關的，因爲它所以改變了外形，並且能分化成不可覺察的各部分，那正是外物與它接觸後的作用。可是人心中對所謂黃金的那種物體所形成的複雜觀念，通常是由這些性質或其一部分所形成的。

10 但是任何人只要概括考察過各個物體的性質，或特別考察過這個物體的性質，則他一定會相信，所謂黃金的這種物體，一定有無數別的性質，是那個複雜觀念中所不曾包含的。如果有人曾經較精確地考察過黃金這種物體，則我相信他一定能在顏色和重量之外，再列舉超過十倍的性質，而且那些性質也與前兩種性質一樣，是與黃金與內在組織不能分離的。如果再有人熟悉許多人所知的這種金屬的一切性質，則他複雜的黃金觀念所含的各種觀念，也許比別人的要多百倍。可是這些性質也許還不夠即將在黃金中發現的各種性質數目的千分之一。因爲在適當地試驗以後，這種金屬所加於、所受於各種物體的各種變化，不但不是我們所知道的，也並非我們所能想像的。任何人只要一反省，他就會覺得，我的話不是一種怪論，因爲他會看到，數學家雖然已經把三角形（還不是複雜的形象）的性質發現了許多，可是他們仍絲毫不能說完全知道它的一切性質。

11 **實體觀念，如視為是各種性質的集合體，則都是不相稱的**　因此，在數學的形象方面，我們所有複雜的實體觀念都是殘缺的、不相稱的，我們對它們所有的複雜觀念，如果只是由它們與別的形象相關後所發生的性質形成的，那麼這些觀念也是殘缺的、不相稱的。對於一個橢圓形，我們如果除了它的少數特性之外沒有別的觀念，則我們對那個形象所有的觀念，將是多麼不確定、多麼不完全呢？可是反過來說，我們只要明白地觀念到那個形象的全體本質，則我們會由此發現那些性質，並且可以根據解證看到，它們如何由這種本質流出，如何與它不能分離。

12 **簡單觀念是摹本，而且是相稱的**　因此，人心就有三種抽象觀念，或名義的本質：

第一點，簡單觀念都是摹本，都一定是相稱的。因爲這些觀念既然意在表示事物在人心中能產生某種感覺的能力，因此，那種感覺只要一產生出來，一定是那種能力的結果。因此，我寫字的這張紙，在有光明（一般概念所謂的光明）時，就有產生所謂「白」的那種能力，因此，這種感覺一定是人心以外一些事物的能力產生的結果，因爲人心自身並沒有產生任何觀念的能力。這個簡單觀念既然只是那種能力的結果，因此，它一定是實在的、相稱的。我心中白的感覺既然是紙中能力所產生的一種結果，因此，它和那種能力一定完全相稱，否則那種能力應該產生另一種觀念。

13 **實體的觀念雖然也是摹本，可是不相稱的** 第二點，複雜的實體觀念也是摹本，不過是不完全的、不相稱的。因爲人心分明見到，它縱然盡力把任何實體的一些簡單觀念集合起來，它也不能確信，它所集合的那些觀念確當於那個實體中所含的一切觀念。因爲它既然不曾試驗過一切別的實體在那個實體上所發生的一切作用，而且沒有見到，那個實體所加於、所受於別的實體的一切變化，因此，人心就不能精確地、相稱地集合來那個實體的一切自動的和被動的能力，因此，它就對任何實體的能力和關係，不能形成相稱的複雜觀念（我們所有的複雜的實體觀念正是這樣的）。退一步說，縱然假定我們在複雜觀念中，能精確地集合，或者事實上終究也精確地集合起來，但任何實體的一切第二性質（或能力），我們也不能由此對那個事物的本質，得到相當的觀念。因爲我們所觀察到的一切性質或能力，並不是那種實體的實在本質，它們是依靠於那種本質，而且是從那種本質流出的，因此，這些性質的集合體不論是什麼樣的，總不能成爲那個事物的本質。由此可見，我們的實體觀念是不相稱的，並不如人心所期望的那樣。不但如此，而且人們也沒有一般的實體觀念，也不能知道實體本身是什麼樣子。

14 **情狀觀念和關係觀念都是原型，所以必須是相稱的** 第三點，複雜的情狀觀念和關係觀念，都是原本、都是原型。它們不是摹本，不是照著眞實存在的模型做成的，人心並不期望它們和一個模型相契合，精確地相對應。這些簡單觀念的集合體正是人心自身原來所合攏的那樣，而且它們各個所含的成分，正是人心期望它們所含的那麼多，因此，它們是一切可能存在的情狀的原型和本質。它們原來指的就是那些情狀，就只屬於那些情狀，因此，那些情狀只要存在，就和那些複雜觀念相契合。所以，情狀觀念或關係觀念必須是相稱的。

第三十二章　眞實的和虛妄的觀念

1 **真實和虛妄照其本義來說只是屬於命題的**　顧名思義，雖然只有命題才有眞假之分，可是各種觀念有時也被人稱爲是眞的或假的，因爲我們看到，人們在用字時，都很隨便、都容易違背嚴謹的、本來的意義。不過我仍覺得，我們在稱各種觀念爲眞或假時，常有一種祕密或暗中的命題作爲那種名稱的基礎。我們如果考察有什麼特殊的情節，使它們被人如此稱呼，則我們可以看到這一點。在這些情節下，我們將會看到，有一種肯定或否定，作爲那種名稱的根據。因爲我們的觀念，既然只是心中一些現象或知覺，因此，它們本身不能說是眞的或假的，正如任何事物的名稱不能是眞的或假的一樣。

2 **哲學上所謂「真的」含著一個祕密的命題**　據實說來，「眞的」一詞如果是指哲學上的意義而言，則觀念與文字都可以說眞實的，就如我們說一切別的存在的東西是眞的，是眞如它們存在的那樣似的。不過即在哲學意義下，我們所謂眞的事物或者也祕密地參照我們的觀念，並且以觀念爲眞的標準。這種祕密的參照正是一個心理的命題，只是我們不常注意它罷了。

3 **任何觀念，如果我們只當它是心中一種現象，則無所謂真假可言**　不過我們在考究觀念之爲眞、爲假時，並不是著眼於這種哲學意義的「眞」，乃是著眼於普通意義的眞。我可以說，我們心中的觀念既只是一些現象或知覺，則它們不會是假的。人馬獸的觀念在出現於心中時，並不能說是假的，正如人馬獸這個名稱出於口、書於紙上時，不能說是假的一樣。因爲眞和假既然只在於心理的或口頭的肯定和否定，因此，我們的一切觀念都不會變成假的。只有在人心判斷它們時，在肯定它們有某種性質，或否定它們有某種性質時，它們才有眞、假可言。

4 **各種觀念如果與別的東西相參照，則可以成為真的或假的**　人心在把它的任何觀念與觀念以外的任何事物相比較時，則那些觀念便有眞、假可言。因爲在比較時，人心要祕密地假設它們與那些事物是否相契。這個假設有眞、有假，因此，觀念本身也就跟著可稱爲眞的或假的。這種情形最常發生於下述諸種狀況下。

5 **人們常把自己的觀念與別人的觀念、真正的存在和假設的實在的本質相參照**　第一點，人心在假設自己的觀念與別人心中名稱相同的那個觀念相契合時，就有所謂眞、假。人心如果以爲自己的公道、節制和宗教觀念，與別人以同樣名稱命名的那些觀念相一致，就會有這種情形。

第二點，人心如果假設它自身所有的任何觀念與實在的存在相契合，則也有同樣情形。因此，我們若假設人和人馬獸這兩個觀念，是實在的實體的觀念，則一個會變成眞的，另一個會變成假的，因爲一個和實在存在的東西相契合，另一個並不如此。

第三點，人心如果把它的任何觀念參照於事物的實在組織或本質，以爲它是那種事物的一切性質所依靠的，則也有同樣情形。我們所有的實體觀念縱然不全是虛妄的，也大部分是虛妄的。

6 **人們何以要這樣參照**　人心最容易默默地在其觀念方面作這些假設。不過我們如果考察它就會看到，這些假設多半關係於人心中複雜的抽象觀念。因爲人心的自然趨勢，既在於獲得知識，而且它既然知道，它如果只從特殊的事物方面努力進行，它的進步就會太慢，它的工作就會無窮，因此，爲造成知識捷徑的緣故，爲使各種知覺更富於涵蓋性之故，所以它在加速擴大知識方面所作的第一步基礎工作就是把各種事物集合起來，加以分門別類。這樣，則它從這些事物中任何一種所得的知識，都可以妥當地擴展及於同類的東西，因此，人心就可以在其重要的工作方面——知識——有了長足的進步。因爲這樣集合以後，人心或者藉思維事物自身，或者藉與別人談論它們，可以較容易地擴展其知識。我們之所以要把各種事物歸類在涵蓋較廣的觀念以下，把它們分成屬、分成種、並且給它們各種名稱，就是因爲這個緣故。這一層，我在前面已經提過了。

7 我們如果仔細考察人心的運動，並且觀察它在求得知識時尋常所由的途徑就會看到，人心如果得到任何觀念，而且它以爲那些觀念可以應用於思維或談論中，則它所做的第一件事，就是要把那個觀念抽象化，並且給它一個名稱。隨後人心又把這個觀念儲存在它的記憶中，以爲那個觀念就包含著那類事物的本質，而且那個名稱就永遠是那個本質的標記。因此，我們就常常看到，一個人如果見了自己所不知道的一種新東西，他立刻會問「那是什麼東西？」。他所問的實則就是名稱；彷佛名稱能使人知道那種事物的種類及其本質似的；因爲人們用這個名稱原就是當做本質的一種標記，並且常假設它和本質是相連帶的。

8 **人們何以要這樣參照** 人心中這個抽象觀念既然介乎存在的事物和那個事物的名稱之間，因此，我們的知識正確與否、語言之妥當與否、可了解與否，就全在於我們的觀念如何。因此，人們就深信不疑地假設，他們心中所有的抽象觀念就契合於心外存在的那些事物（觀念所參照的），並且也正是那些名稱（根據於語言的常軌）所依屬的。因爲人們的觀念如果沒有這兩層契合，那他們就會看到，他們在思維事物自身時，會產生錯誤，在與別人談論事物時，會毫無意義。

9 **簡單觀念如果與別的同名的簡單觀念相參照，則也可以成了虛妄的，不過他們仍是最不易陷於虛妄的** 第一點，我可以說，我們觀念的眞實與否，如果是看它們與別人用同一名稱所標記的那些觀念相契與否來判斷的，則它們也都會是虛妄的。不過簡單觀念究竟是最不易錯誤的，因爲一個人很容易憑其感官和日常的觀念，知道通用的各種名稱所代表的那些簡單觀念，而且那些觀念既然是很少的，所以他縱有疑慮和錯誤，也可以藉那些觀念所寄託的物像改正了。因此，人們很少在簡單觀念的名稱方面發生錯誤，很少把紅的名稱應用在綠上，或把甜的名稱應用在苦上。至於各種觀念若是屬於各別的感官，則人們更不容易混淆它們的名稱、更不容易以滋味的名稱來稱一種顏色。由此我們就看到，他們用任何名詞所稱的那些簡單觀念，通常就契合於別人用同一名稱所指的那些觀念。

10 **混雜情狀的觀念，在這種意義下，是最容易虛妄的** 在這一方面，複雜觀念是最容易虛妄的，至於混雜情狀的複雜觀念也比複雜的實體觀念，容易虛妄。因爲在實體中（尤其是任何語言中普通而非假藉的那些名稱所指的那些實體），有一些可感的性質，通常可以區分它們，而且人們只要在用字時稍微留心就不致於把各種名稱應用在不相干的實體上。不過在混雜情狀中，我們是十分不確定的，因爲我們很不容易決定各種行動是否是正義、殘忍、慷慨和浪費。因此，我們的觀念如果參照於別人以同一名稱所稱的那些觀念，則它們或許是錯誤的。因爲我們以正義一詞所表示的自心中那個觀念，或許應該有別的名稱。

11 **這些觀念至少也是容易被人認為虛妄的** 不論我們的混雜情狀的觀念是否較別的觀念易於違反別人以同一名稱所標記的那些觀念，而我們依然分明知道，人們常認爲這一類的虛妄認識多半仍發生在我們的混雜情狀方面，而少發生在別的方面。你如果以爲一個人的正義觀念、感恩觀念、或光榮觀念是虛妄的，則那也沒有別的原因，只是因爲他的觀念與別人用同一名稱所標記的那些觀念不相符合。

12 這種情形的原因，我認爲是這樣的。抽象的混雜情狀的觀念，只是由人自願地所集合的一些簡單觀念，因此，每一種情狀的本質都只是由人所形成的。不過我們對於這個本質，在任何地方也沒有別的明顯的標準，所有的只是名稱本身，或那個名稱的定義。因此，我們就沒有外界的標準，以來衡量這些混雜情狀的觀念，並且使這些觀念契合於那個標準。我們所僅有的標準，只是能恰當地應用這些名稱的那些人心中所有的觀念。我們的觀念之爲眞、爲假，也就是看它們能否契合這些人的觀念而定。關於各種觀念在名稱方面的眞、假問題，我們的話也就止於此了。

13 各種觀念若以實在的存在爲標準，則除了實體觀念以外，都不是虛妄的。第一點，簡單觀念在此種意義下，都不是虛妄的。第二點，我們觀念的爲眞、爲假，如果以事物的眞正存在爲參考、爲標準，則除了複雜的實體觀念以外，都不是虛妄的。

14 **第一點，在這種意義下，簡單觀念不是虛妄的**　第一點，我們的簡單觀念是我們憑天賦能力所接受的一些知覺，而且這些知覺也是外界事物依其天賦的能力，根據確立的法則和途徑給我們所產生的（這些法則是合乎上帝的仁慈和智慧的，雖然我們不知道上帝的這些品德）。因爲這種緣故，這些觀念的眞實性就在於它們給我們所產生的那些現象，因爲那些現象必然符合於外物中所寄託的那些能力，否則它們不會產生出來。這些觀念既和這些能力相應合，因此，它們就實在是眞正的觀念。人心縱然認爲這些觀念是在事物自身（我相信人大半如此），它們也仍不會錯誤。因爲大智的上帝既然把它們做爲區分事物的標記，使我們由此分辨各種事物，並且在需要時，任意選擇它們，因此，不論我們以爲藍的觀念是在紫羅蘭中或是在人心中，都不能變更簡單觀念的本質。我們縱然以為紫羅蘭本身只有一種能力，可以藉其各部分的組織，在某種情形下，反射光的各部分，以產生出藍的觀念來：我們的簡單觀念的本質仍未變更。因為那個物體中那種組織，既然藉其尋常的，有規則的作用，前後一律地給我們產生出同一的藍的觀念，因此，我們就可以憑視覺所見的那種顏色，把那種物像與別的物像分辨出來——不論那種能分辨的標記真是紫羅蘭中各部分的特殊組織，或就是能為我們觀念的精確原型的那種顏色本身。這種現象不論是實在的顏色，或是能給我們產生那個觀念的一種特殊組織，我們都一樣可以稱它為藍。因為藍這一詞只表示我們視覺在紫羅蘭中所見的那種區分的標記，至於「藍」由何成立，則這個問題不是我們這些才具所能清晰知曉的，而且我們縱然有才具了解這一層，那或許對我們也沒有什麼用處。

15 **此一人的藍色觀念縱然和另一人的不同，也沒關係**　我們的器官組織縱然不同，同一物像縱然同時能在各人心中產生出不同的觀念；就如紫羅蘭在經過視覺後在此人心中所產生的觀念，正等於彼人心中金盞花的觀念（或反過來說也是一樣）。縱然如此，人們也不能說我們的簡單觀念會虛妄了（這一點是無從知道的，因為此一人的心並不能進於另一人的體內，看看那些器官所生的現象是什麼樣的）。我們的觀念和其名稱並不因此稍微紛亂，或者稍微虛妄。因為凡有紫羅蘭組織的一切東西，都可以恆常地產生他所謂「藍」的那個觀念；凡有金盞花組織的一切東西都可以恆常地產生他所謂「黃」的那個觀念；因此，那些現象不論在他心中是什麼樣的，他總可以有規則地按照那些現象來分別那些事物，以合他的用途；他總可以了解並表示「藍」、「黃」二名所標記的那兩層分別，一如他心中所有的那兩種花的現象或觀念，是與別人心中的觀念一樣。不過我猜想，任何物像在各人心中所產生的可感的觀念，大部分是相近的，而且相似的程度，不易使人分辨其差異。對於這個意見，我倒有許多理由可提出來。不過這既然不是我現在的職務，因此，我就不再以此一層麻煩讀者了。不過我仍可以告訴他，相反的假設縱然可以證明，也無法促進我們的知識、改善我們的生活。因此，我們就不必費心來考察它。

16 **第一點，在這種意義下，簡單觀念不是虛妄的**　由以前關於簡單觀念所說的一切話看來，我認為我們可以清楚看到，我們的一切簡單觀念，在與外界存在的事物相參照時，都不能是虛妄的，因為這些現象（或人心中的知覺）之所以能成為眞實的，只是因為它們能契合於產生它們的那些外物的能力，而且事實上，它們在心中也各個契合於產生（由我們的感官）它們的那些能力，而且它們也就只表象著那種能力，因此，它們若與這些原型相參照，一定不能是虛妄的。藍或黃、甜或苦，從不能成為虛妄的觀念，因為人心中這些知覺正是本來的樣子、正是和受了帝命產生它們的那些能力相應合的；因此，它們眞是本來的面目，眞合於造物者的意旨。眞的，說到各種名稱，它們仍是易於誤用的。不過這方面的誤用並不能使觀念成了虛妄的，這個正如不通英文的人稱紫為紅似的。

17 **第二點，各種情狀是不能虛妄的**　第二點，我們的複雜的情狀觀念，在與任何眞實存在的事物「本質」相參照時，並不能成為虛妄的。因為任何複雜的情狀觀念，都不同任何實在的，由自然所形成的「模型」相參照，因此，它所包含的觀念，有多少就是多少，它所表象的觀念的複合體，也就是限於那個複合體。比如有一人，論財產、論地位，都可以有較好的食饌、飲料、衣著和其他生活的安適品，可是他故意不這樣享受，則我對這個人的行動所產生的觀念，一定不會是一個虛妄的觀念。這個觀念所表象的行動，正是我所看到的、或想到的，因此，它便無眞與妄可言。但是我們如果以為這種行動，與節儉一詞所正確表示的那個觀念相契合，或者以為它和德性標準相契合，則我們在以節儉或德性稱它時，則它便成了一個虛妄的觀念。

18 **第三點，實體觀念在什麼時候是虛妄的**　第三點，一切複雜的實體觀念，既然都和事物本身的模型相參照，因此，它們可以是虛妄的。我們如果認爲它們能表象事物的不可知的本質，則它們便完全是錯誤的，這一點是很明顯的，無須贅言，因此，我就不提這個幻想的假設了。但是我們如果以爲這些實體觀念是人心中一些簡單觀念的集合體，以爲它們是由外物中常存的簡單觀念的聯合體來的，並且假設它們就是這些模型的摹本：則它們便成了(a)虛妄的觀念，或(b)不貼切的觀念。(a)它們如果與事物的眞正存在相參考，則它們便是虛妄的。㈠這些觀念中所含的各個簡單觀念，如果在實在的事物中並沒有聯繫；就如馬的形象和大小，與「犬吠」的複雜的能力觀念相聯繫，則這三個觀念雖爲人心所聯繫，可是它們在自然中實在沒有聯繫。因此，這個觀念可以說「馬」是一個虛妄的觀念。㈡其次，如果有常相聯繫著的一些簡單觀念，同時又有別的和它們常相聯繫的任何簡單觀念，則你如果把後一種觀念和前一些觀念隔開，你的實體觀念也會成了虛妄的。你如果以爲黃金有其特殊的廣袤、凝性、可熔性、沉重、黃色等性質，可是認爲它有較鉛或銅爲小的確定性，則你那個複雜觀念可以說是虛妄的，也正如你認爲那些簡單觀念同「完全的」、「絕對的」確定性觀念聯繫在一塊似的。因爲在兩方面，複雜的黃金觀念中所包含的那些簡單觀念，在自然中都無聯絡，因此，它們都可以說是虛妄的。(b)但是你如果在這個複雜觀念中，完全忽略了確定性觀念，在你心中也不把它與別的性質分開、也不把它與別的性質聯合起來，則你那個觀念可以說是不相稱的、不完全的，而不可說是虛妄的。因爲它雖然沒有完全包括在自然中實在聯合著的那些簡單觀念，可是它所聯合來的觀念也都是實際上共存的。

19 **眞僞問題常前設肯定或否定** 我雖然根據普通說法指示出，觀念之爲眞、爲假，有何意義、有何根據，可是我們如果再進一步來觀察，則我們又會看到，任何時候，一個觀念若被人稱爲眞的或假的，則那種說法一定是根據於人心的一種判斷，而且那個觀念之爲眞、爲假，就看那種判斷是眞的或假的而定。因爲所謂眞、假既脫離不了肯定和否定（不論是明白的或隱含的），因此，只有在各種標記依照其所表示的各種事物的相契與否而聯合、而分離時，才有所謂眞、假可言。我們通常所用的標記或爲觀念，或爲文字，用觀念可以形成心中的命題，用文字（或言語）可以形成口頭的命題。這些標記的或合或分，如果與它們所表示的各種事物的或契或違成比例，那便是眞的；反之，便是假的。這一層，我們後面還要詳細地指示出來。

20 **觀念本身無所謂眞假**　因此，我們心中所有的任何觀念，不論其是否與事物的實在狀況相契是否與別人心中所有的任何觀念相契，都不能只因爲這一層被人認爲是虛妄的。因爲這些表象中所有的一切如果眞是外界所存在的，則它們固然不是虛妄的（因爲它們是一些東西的精確表象），可是它們所包含的、縱然和事物的眞相不一樣，我們也不能說它們是它們本不表象的那些事物的虛妄的表象或觀念。它們所以錯誤、所以虛妄，乃是因爲下述的原因：

21 **第一點，人心如果認為它的觀念與別人的觀念相契合，可是實際上如果並不契合，那麼，它的觀念是虛妄的**　人心在有了一個觀念以後，如果它認爲那個觀念與別人心中同名的那個觀念相同，可是實際上如果並不相同，則他的觀念是虛妄的。此外，它如果以爲那個觀念契合於那個名詞的普通定義或意義，可是實際上如果並不如此，則它那個觀念也是虛僞的。這種錯誤，雖然是一切觀念都所不免的，可是在混雜情狀方面，是最易發生的。

22 **第二點，人心如果以為它的觀念符合於實在的存在，可是實際上並不如此，則它的觀念是虛妄的**　人心的複雜觀念中所集合的那些簡單觀念，如果在自然中並無聯合，可是它以爲它們與自然中實在存在的一種事物相符合，則它的觀念是虛妄的。就如它把鋅的重量加在黃金的顏色、熔性、確定性上便是。

23 **第三點，它如果以為它的觀念是確切的，可是實際上如果並不確切，則它的觀念是虛妄的**　它如果在它的複雜觀念中，一面雖加進去一些眞在事物中存在的簡單觀念，可是一面又忽略別的也一樣不能分離的一些觀念，則它如果以爲這個觀念眞是實在事物的一種完全無缺的觀念，那當然是虛妄的。它如果把黃色、可展性、極大重量、可熔性等實體的觀念聯合起來，並且以爲那個觀念就是完全的黃金觀念，則那個觀念當然是虛妄的，因爲黃金特有的確定性，和其在王水中的可溶性，就如同那個物體中別的觀念或性質是不能分離的一樣。

24 **第四點，人心如果以為它的觀念表象著實在的本質，則它的觀念是虛妄的**　我如果以爲這個複雜觀念中，包括了一個存在的事物的本質，則我的錯誤會更大一些；因爲它所含的那些性質，只是由事物的實在本質和組織所流出的極少數的性質。我之所以說極少數的性質，乃是因爲那些性質既然多半成立於此物與別物接觸後所發生的各種自動的或被動的能力，因此，一般人們認爲一個物體所具有的那些性質，他們在形成某種物體的複雜觀念時所用的那些性質，比一個人在各方面試驗後所認識的那些性質，一定是很少數的。不但如此，就是一個專家所知的一切性質，比起那個物體實際上所含的一切性質、比起依靠於它的內在（或主要的）組織的一切性質，也是很少數的。三角形的本質雖然範圍很小，而且也只是由少數的觀念所形成的（三條線圍起一段空間來，就形成它的本質），可是由這種本質所流出的一切性質的數量，不是我們所易想像的，或列數的。在實體方面，我也有同樣想法。它們的本質只限於很小的範圍，可是由那種內在組織流出的一切性質是無窮的。

25 **什麼時候，觀念是虛妄的**　總而言之，一個人所以知道「外界的」物像，既然只憑藉於他心中對那個物體所有的觀念（這個觀念他可以隨便稱呼），因此，他那個觀念也許與實在的事物不相符，也許與別人通用的文字所表示的觀念不相符。不過一種「內心的」對象，如果不藉助於他自己的觀念，就會完全不能爲他所知曉，則他的觀念便不能是錯誤的或虛妄的。我如果想到一個人的腿、臂和身體，與一匹馬的頭和頸聯合在一塊，則我那個觀念對任何事物說來不是虛妄的，因爲它根本就不表象著外界的任何事物。但是我如果稱它爲人或韃靼（Tartar），並且想像它或者表象著外界的一種實在的存在，或者與別人以同一名詞稱呼的那個觀念是相同的，則我在這些情形下，就會有了錯誤。因爲這種緣故，我們可以稱它爲一個虛妄的觀念，不過它之所以虛妄並不是因爲它本身，乃是在於那個默然的心理的命題，因爲它本來與別的事物不相契、不相似，而我們在這個命題中，卻認爲它有那種相似性和相契性，但是我如果只在心中形成那個觀念，而並不希望它屬於人或韃靼那種存在（或名稱），則我在稱它爲人或韃靼時，只可以說是自己的命名太古怪，而不能說我的判斷錯誤或觀念虛妄。

26 **這類觀念若稱為正確的，或錯誤的較為恰當一些**　整體而言，人心在考察我們的觀念時，如果參照於它們名稱的固有意義，或參照於事物的實在情況，則我們很可以按照它們與它們所參照的那些模型之相契與否，稱它們爲「正確的」（right）或「錯誤的」（wrong）。但是如果有人希望稱它們爲眞實的或虛妄的，則他們自然可以隨便以這些名稱來稱呼它們，因爲誰都有這種自由權。不過我認爲，顧名思義說來，只有在這些觀念實在包含著一些心理的命題時（不論途徑如何），它們才能說是眞實的或虛妄的。一個人心中所有的各種觀念，我們如果只考察其自身，則它們便無錯誤可言；只有複雜觀念的各個部分紛雜而不自符時，它們才能成爲錯誤的。一切別的觀念在它們本身，都是正確的，而且我們關於它們的知識也都是正確的、眞實的知識。但是我們如果把它們與別的事物——它們的模型和原型——相參照，則它們如果與那些原型不符，它們就成了錯誤的。

第三十三章 觀念的聯合

1 **多數人都有一些不可解的地方** 幾乎人人都會看到別人的意見、推論和行動，有一些似乎很奇特，有一些荒謬不實。別人只要有這種些微的瑕疵（只要與我們稍有差異），則我們人人會稟著慧眼觀察出它來，並且會根據理性的權威，魯莽地來鄙棄它。實則我們自己的教條和行爲也許更不合理，不過我們向來看不到這一層，而且向來不能相信這一層。

2 **這種現象並不全由於自愛** 自愛心理在這方面雖然也很有力量，不過仍不是完全的原因。因爲心理公平而且不過於自誇的人們，也常犯這種毛病。我們常見人們雖然把理性的證據，明如皎日地置在一個有價值的人面前，而他也會肆意狡辯、執意不服，這眞是十分令人訝異莫名的。

3 **也不由於教育** 人們也常把這種違反理性的情形歸之於教育和偏見。這種說法雖然大部分是十分正確的，可是仍沒有達到病況的底蘊，也不能清晰地指示出，它是由何處產生的。教育自然常是這種毛病的正當原因，而且偏見也正是這種情形的一種適當的普遍的名稱。但是我認爲一個人如果想尋根究底地追求這種瘋狂心理，並且指示出這種缺點的本質如何，它如何由很清醒、很有理性的人心中產生，則他應該再稍進一步往前研究。

4 **有幾分瘋狂**　如果與理性相反，可以叫做瘋狂，而且事實上也就是瘋狂，那麼我如果以瘋狂這個逆耳的名稱，來稱這種無理性的情狀，那也是值得人原諒的。在一切情形下，人人辯論、行動時，如果也與他們在特殊情形下常常表現的那樣；則他們寧可入瘋人院，而眞不配與文明人交談。而且我此處所說的，還不是受了強烈情感的人們，還只是在平靜生活中過日子的人們。不過我這種說法終究是可以原諒的，因爲我在第二卷第十一章第十三節中，順便考究瘋狂的本性時，已經看到它的根源、它的原因，正和此處所說的這種情形的根源和原因一樣。因此，我雖然以逆耳之名來稱呼這種情形，並且背著人情汙蔑人類的大部分，可是我這種說法也不是不可原諒的。在那時候，我只是考察瘋狂本身，並不曾絲毫想到我現在所研究的這個題目，可是那時候的考察畢竟把現在這種見解暗示出來。我認爲這種弱點既是一切人所不免的、這種汙點既是全人類所具有的，因此，我們不妨以適當的名稱來稱呼它，以便激起人們較大的注意，來防止它、來緩和它。

5 **它是由於各觀念的錯誤的聯合而起**　我們的一些觀念相互之間有一種自然的聯合；要來追尋這些觀念，並按照在它們的存在中有基礎的特有的聯絡和契合，把它們聯合起來，那正是我們理性的職務和特長。除了這種聯合以外，還有另一種聯合，完全是由機會和習慣而來的。有些觀念原來雖然毫無關係，可是人心竟能把它們聯合起來，使人不易把它們再行分開。它們永遠固結不解，任何時候只要有一個出現於理解中，則其「同伴」常常會跟著而來。如果它們聯合起來的數目在兩個以上，則全隊觀念都不可分離，因而同時呈現出來。

6 **這種聯合是如何形成的**　觀念的這種強烈的集合，並非基於自然，而是自願或偶然產生的，因此，各人的心向、教育和利益等既然不同，因此，他們的觀念聯合也就跟著不同。習慣在理解方面確立其思想的固定過程；在意志方面，確立其決定的固定過程；並且在身體方面，確立其運動的固定過程。這些都好像是精神的運動行列，因為這些精神一發動以後，就可以循其慣由的途徑，一直繼續下去。這些途徑因為久踏致平，所以在其中運動起來，也比較容易而且自然。就我們在思想方面所能了解的而言，各種觀念似乎是由此種途徑產生於心中的。它們縱然不眞是如此產生於心中的，我們也可以藉此種說法來解釋：它們在一進入那個途徑以後，何以會按照習慣的常軌，一個一個依次而來；正如我們可以藉這種說法來解釋身體的那種運動似的。一個音樂家如果聽慣某個調子，則那個調子只要在他的腦中一開始，各個音節的觀念就會依著次序在他的理解中發現出來，而且出現時，並不經他的任何關心或注意。這個正如他在身體方面一樣，因為他在琴鍵上開始彈一個調子時，他的十指也可按著次序進行，而且在進行時，他的暇想也是在別處漫遊的，並不著意於此。就這個例子看來，這些觀念，與十指的有規則的彈動，似乎多半以精神的運動為其自然原因，不過究竟是否如此，我無意在此決定。但是這種說法究能稍幫助我們來想像智慧的習慣和觀念的聯合。

7 **有些反感也是這種情形的結果** 人只要仔細一考究自己或他人，他一定會相信，習慣在許多人心中的確可以形成各觀念的聯合。許多人所表現出的同情和反感，大部分或者正是由於這種緣故。我們常見這些感應的作用很強，而且能有規則地產生出結果來，彷彿它們是由於自然作用似的。不過它們雖然被人稱為自然的，可是它們的起源不是兩個觀念的原始聯合，而只是它們的偶然的聯合。因為兩個觀念或者由於初次印象的力量，或者由於後來放縱的力量，會固結不解，在人心中常接踵而至，彷彿它們是一個觀念似的。不過我只說，大部分反感是如此的，並不是說一切反感是如此的。因為有些反感的確是自然的，是依靠於我們的原始組織、是與生俱來的。不過大部分反感雖被人認為是自然的，可是它們多半是由早年未經注意的一些印象或張狂的幻想來的，因此，我們如果仔細觀察，應當承認這些印象是它們的原因。一個成年人，如果吃多了蜂蜜，則他一聽到蜜的名稱，他的想像就會立刻使他的胃口產生不舒服和嘔吐，而且他根本就不能想這個觀念。他在想起這個觀念時，別的厭惡觀念、疾病觀念、嘔吐觀念，立刻會接踵而至，使他開始煩心。不過他仍然知道這種弱點是由何處來的、這種病況是如何得來的。這種情形如果是他在兒時由於吃太多的蜂蜜所造成，則這些結果雖然都一樣會發生，可是他會把那種反感誤認爲是自然的。

8 在現在這個論題中，我所以提到這一層，並不是說我們必須要精細地把自然的和後天的反感分開。我的目的乃在於另一方面，就是：負責教育兒女的人們，應當知道自己該如何精勤地觀察青年心中不適當的觀念聯合，並且細心地阻止那種不適當的聯合。在這個時候，他們所接受的印象是最易經久的。關於身體健康的那些印象，謹愼的人們雖然也注意到並且加以防範，可是我覺得，特別關涉於人心的那些印象、特別能影響理解和情感的那些印象，人們並不曾予以應有的注意。不但如此，我認爲純粹關涉於理解的那些印象，在多數人，是全被忽略了的。

9 **錯誤的一個主要原因**　要把本不相關，互相獨立的一些觀念錯誤地聯合在心中，那實在有一種危險的影響。這種聯合的力量很大，往往使我們在行動中、在情感中（道德的和自然的）、在推理中、在想法中牽強、乖錯。因此，這件事情幾乎是世上最値得注意的。

10 **舉例**　幽靈鬼怪的觀念和黑暗並無眞正的聯合，也正如同和光明無聯合似的。可是一個傻姑娘如果常以此渲染兒童的心理，使這些觀念常一起發生，則他在一生中，或者不能再把它們分離開。黑暗的觀念會常把那些可怖的觀念帶來，它們會緊密聯合，因此，他不但不敢想鬼怪，而且也不敢想黑暗。

11 此人如果受了彼人明顯的傷害，則他往往會反覆思想那個人和那種行動，而且他既然在心中念念不忘這兩個觀念，所以它就會把它們聯想在一起，使他們幾乎成爲一體。他一想到那人，則他從前所受的那種痛苦和不如意也會立刻在他的心中發生，因此，他幾乎不能區分他們，而且他不只厭惡那種痛苦也厭惡那人。因此，人們往往因爲輕微可諒的情節，而產生憎惡，因此，世上常有持續不斷的爭執。

12　一個人的朋友如果死在某個屋子內，則他在那個地方，往往會感到痛苦和疾病。在自然中，這些觀念雖然都各不相關，可是那個地方的觀念如果一呈現在他的心中，它就會連帶地把那個痛苦和不悅的觀念也帶來（如果曾有這種印象），他會在心中把它們混淆了，並且不但不能忍受那個痛苦的觀念，而且也不能忍受那個地方的觀念。

13　**為什麼理性不能把人心中的紛亂改正，而時間卻能**　這種結合一經確立，則它只要仍然存在，我們的理性便沒有任何力量來使我們不受它的影響。人心中的各種觀念只要在那裡存在，它們就會按著它們的本性和情境發生作用。在這裡我們就看到，時間何以能改正一些情感，而理性反而不能。我們常見，一些人在別的情形下，雖然很容易聽從理性，可是在某些情形下，理性縱然正確無誤，也不會影響了他們。兒女是母親眼中的寶貝、心中的安慰，因此，兒女如果死了，會使母親肝腸斷絕、會帶給她說不盡的苦楚。在這種情形下，你要用理性來安慰她，那正如你向一個上了刑具的人勸其舒適，並且希望以合理的談論來緩和其骨節分裂時的慘痛似的。那種享有的意識和那種損失的意識，只有在日久鬆懈以後，才從時常復現於記憶中的兒女的觀念脫離。不到這種程度，則一切理論無論如何合理，都是白費的。在一些人，這些觀念的聯合是從不能再解析開的，因此，他們便畢生在悲哀中度日，並且帶著不可挽救的悲哀葬於荒丘。

14　**觀念聯合的另一些結果**　我有一位朋友知道一個人曾經因爲受了極痛苦的手術，完全治癒了自己的瘋病。這位先生自從好了以後，畢生中常常感激這次治療，以爲那是他一生所受的最大的恩惠。不過他無論如何感激、無論如何有理性，終久不敢見那位施術者。因爲那個人的影像可以引發他在手術時所受的那種痛苦，而那種痛苦是太大、太難忍受的。

15 許多兒童把學校中所受的痛苦歸罪於他們受責時所研讀的書本，因此他們就把這兩個觀念聯合起來，並且很討厭書本，而且往後一生中便無法再安心研讀書籍。因此，讀書就成了他們的一種痛苦，實則他們如果沒有這種經驗，讀書或許是他們很大的快樂。此外，我們還見到，有些屋子雖然也很舒適，可是有些人竟然不能在其中研讀；有些杯碗雖然很潔淨、很好用，可是有些人竟然不能在其中飲水。而他們之所以如此，也正是因爲有些偶然的觀念與那些物像聯合起來，使它們成了厭惡的。我們常見，某甲如果在某種情節下，有時爲某乙所勝，則某乙雖在別的方面並不比某甲爲優，可是某甲只要與某乙見面或相處在一塊，就會垂頭喪氣。因爲權威和尊敬的觀念與某乙的觀念聯合在一起，因此，經過失敗的某甲便再不能把它們分開。

16 這類的例證是可以到處遇見的，因此，我如果再多敘述一個，原因不爲別的，只是爲的它奇怪得使人可樂。有一位年輕人學跳舞，並且學得極其到位。不過他在學時，屋子裡適逢有一個舊箱子。這個很奇特的傢俱的觀念和他的一轉一動都混合在一塊，因此，他雖然在那個屋子裡跳得很好，可是只有在那個箱子在那裡時，他才能那樣，而當他在別的屋子裡跳舞時，若沒有同樣的箱子放在那裡，則他也跳不好。如果有人猜疑這個故事，太過修飾、情節太爲可笑，則我可以說，我所報告的正是幾年前聽一個很清醒、很有價值的人說的。我敢說，好問的讀者們縱然沒有親身遇過類似的事情也聽過類似的傳說，因此，他們會以自己所經、所聞來辯護我的報告。

17 **觀念聯合在智力習慣上的影響**　由此種途徑所形成的智力的習慣和缺點，雖然不常爲人所注意，但也是最常見、最有力的。「存在」和「物質」這兩個觀念如果被教育或反覆的思維強烈地聯合起來，則它們只要在人心中那樣聯合著，人們就會對於有限的精神形成荒謬的想法和推理。兒童在幼時如果因爲習慣在上帝的觀念上賦予一種形象，則他們的心裡對於神只會形成極荒謬的觀念。

你如果相信一個人是不會錯誤的，則這個人的觀念和「不能錯誤」的觀念會聯合起來、盤據你的內心，而且你所想像的那個完全無錯誤的人，如果使你相信「一個物體可以同時在兩處存在」，則你也會不加思索，盲目地以毫無保留的信仰，來相信那個命題爲確定的眞理。

18　**在各種教派中，我們可以看到這一點**　哲學或宗教各教派間那種不可調和的反對，多半就是由這一類錯誤而不自然的觀念的聯合來的。因爲我們不能想像，他們的信徒個個會故意欺騙自己，並且故意反對明白的理性給他們所呈現出的眞理。個人的利益自然在這方面有很大的關係，不過我們仍然不能認爲它能使全社會人都顚倒是非，使人人都異口同聲、公然堅持一種虛妄的說法。我們至少得承認，有些人眞是照他們所自誇的去做的，就是說，他們是眞心誠意地來追求眞理的。既然如此，一定有些原因才能使它們的理解盲目、才能使他們看不到自己所認爲實在眞理的原是虛妄的。不過在精確地觀察之後，我們會看到，人的理性之所以受了禁錮，誠實的人之所以會盲目背棄常識，正是由於我們此處所說的這種情形。就是說，有些互相獨立、互不相關的觀念，因爲習慣、教育和其黨派中不斷的喧嘩，會在人心中密切結合，永遠一起出現，因此，人們就不能在思想中把它們分開，彷彿它們是一個觀念似的（它們的作用也彷彿是一個觀念的作用）。這種情形使譫語有了意義、使謬論得到解證、使胡言得以自符、使世界上最大的（幾乎是一切）錯誤得到基礎。縱使它不致於到這種程度，至少它也是最危險的一種東西，因爲只要它得勢就會使人們無法觀察、無法考察。兩個本不相關的東西，如果永遠聯合著呈現於眼前、如果視覺常看到本來不相屬的東西聯合起來，那麼你從何著手來改正兩個觀念中的錯誤呢？因爲它們在心中已經有了習慣性的聯絡，使人們不知不覺地將此作彼了。他們如果受了這種情形的欺騙，則他們便不能有眞正的確信，而且他們在爲錯誤而行爭辯時，會以爲自己是熱烈地爲眞理辯護的。在這種情形下，兩個互異的觀念既然混雜起來，而且藉著它們在人心中的習慣性的聯絡，實際上結合爲一，因此，它們就會使人的腦中充滿了虛妄的觀念，使人的推論充滿了虛妄的結果。

19　**結論**　我們既然敘述過我們觀念的原始的種類和範圍，並且在各方面考察過我們知識的這些工具或材料（我不知是否可以如此稱呼它們），因此，按照我原定的計畫，我應該立刻指示出，理解如何應用這些材料，並且我們由此可以得到一些什麼知識。在我起初約略地觀察這個題目時，我也原想照這樣做，不過在我更進一步之後，我又看到，在我們的觀念和文字之間，實在有一層密切的聯合，而且在我們的抽象觀念和概括的名詞之間，還更有一種恆常的關係，因此，我們如果不先來考察語言的本質、功用和意義，則我們便無法明白地、清晰地談論我們的知識，因爲知識成立於命題（命題又是成立於文字的），因此，在下一卷中，我們就要先研究這一層。

第三卷　言詞

第一章 一般文字或語言

1 **人天生宜於發出音節分明的聲音** 上帝既然意在使人成爲一個社會的動物，因此，他不僅把人造得具有某種傾向，在必然條件之下來與他的同胞爲伍，而且他還供給人類語言，作爲組織社會的最大工具、公共紐帶。因此，人的器官組織，天然造得易於發出音節分明的聲音，這種聲音就是我們所謂字眼（words），不過只有聲音並不能產生語言，因爲鸚鵡和別的鳥類也可以藉著學習，發出十分清晰的聲音，可是它們並無所謂語言。

2 **聲音必須成為觀念的標誌** 因此，人不僅要有音節分明的聲音，而且他還必須能把這些聲音做爲內在觀念的標記，還必須使它們代表他心中的觀念。只有這樣，他的觀念才能表達於人，人心中的思想才可以互相傳達。

3 **聲音還必須是概括的標記才行** 不過只有這一層，還不能使字眼盡其功用。欲使字眼盡其功用，我們不能只使聲音來表示各種觀念，還必須使各種觀念能包括一些特殊的事物才行。因爲每一個特殊的事物如果都需要一個特殊的名稱來標記它，則字眼龐雜，將失其功用。爲了避免此種不利起見，語言中恰好又有進一層的好處。就是，我們可以應用概括的字眼，使每一個字來標記無數特殊的存在。聲音所以有這種巨大的功用，只是因爲它們所表示的那些觀念是有差異的。因爲各種字眼所表示的各種觀念如果是概括的，則那些字眼也就成了概括的，它們所表示的觀念如果是特殊的，則它們仍是特殊的。

4　除了表示各種觀念的這些名稱之外，人們還用其他的文字表示簡單的或複雜觀念的不存在，或表示一切觀念的不存在。例如拉丁文中的空無（nihil）、英文中的無知（ignorance）、貧瘠（barrenness）。這些消極名詞或缺性名詞都不能說是屬於觀念的或表示觀念的，因爲它們如果表示任何觀念，則它們會成了全無意義的聲音，因此，它們只是關係於積極的觀念，而表示它們的闕如。

5　**各種字眼最後都是由表示可感觀念的那些字眼來的**　我們如果注意字眼是在多大程度內依靠於普通的、可感的觀念，那我們就會稍進一步認識到我們想法和知識的起源，我們還應當知道，許多文字普通雖然表示遠離感官的那些行動和想法，可是它們也都是由那個根源來的，也都是由明顯的觀念轉移到較抽象的意義，並因而表示那些不爲感官所認識的各種觀念的。就如想像（imagine）、體會（apprehend）、了解（comprehend）、固執（adhere）、想像（conceive）、注入（instil）、厭惡（disgust）、紛擾（disturbance）、平靜（tranquility）等字，都是由可感事物的作用轉藉而來，應用在一些思想形式上的。精神的原意爲呼吸，天使的原意爲使者。而且我敢說，在各種語言中，許多名稱所表示的事物雖然不是被感官所知覺到的，可是我們如果一追溯它們的起源就會看到，它們也是由明顯而可感的觀念出發的。由此我們可以猜想，初創語言的那些人心中所有的想法都是什麼樣的、都是由那裡來的。我們由此並且可以看到，即在事物的命名方面，自然也在無意中給人指示出他們一切知識的起源和原則。因爲我們看到，人們在用各種名稱來表示他們心中的任何作用，或不爲感官所察知的任何觀念時，他們愛借用一般熟知的各種感覺觀念，來使別人較容易地想像他們心中所經驗的，而外面卻無表現的那些內心動作。他們如果得到衆所共知的一些名稱，來表示他們心中的各種動作，則他們便因此有充分的材料運用各種文字，表示他們的一切別的觀念，因爲他們的觀念，不超出外面的明顯知覺，或內心對這些知覺所起的各種動作。因爲我們已經證明，一切觀念不是由外面的可感物來的，就是由我們自己意識到的內心的元氣運動來的。

6 **分配** 不過，要想清楚理解語言在教育和知識方面的功用和力量，則我們還應該來考察：

第一點，在一般用語中，什麼是各種名稱直接所表示的。

第二點，一切名稱（除了固有名稱）既然都是概括性的，而且它們所表示的不是特殊的此一事物或彼一事物，而是一類一列的事物，因此，我們其次就應該考察，它們所表示的這些種和類究竟是什麼東西，並且它們是怎樣形成的。這一層如果徹底清楚（這是應當做到的），則我們便比較容易發現字眼的正當功用，語言的自然利益和缺點，以及免除字眼意義含糊和猶疑的矯正方法。如果做不到這一層，則我們便無法井井有條討論知識。因爲知識既成立於命題，而且通常成立於最普遍的命題，因此，知識和文字的關係或許要比人們所想像的更大一些。

以下我們就要考察這些問題。

第二章　字眼的意義

1　**字眼是溝通思想的必要的明顯標記**　人雖有各式各樣的思想，而且自己或別人雖然可以由這些思想得到利益和快樂，可是他們的思想都是在心中隱藏不露的，別人並不能看到它們，而且它們自身也不能顯現出來。思想如不能傳遞，則社會便不能帶給人安慰和利益，因此，人們必須找尋一些外界的明顯標記，把自己思想中所含的不可見的觀念表達於他人。爲了達到這種目的起見，最多、最快的工具只有各種音節分明的聲音，因爲人的聲音不但容易發出，而且花樣也是很複雜的。自然既使語言合於這種目的，因此，我們就容易想像，人們何以要利用它們來標記各種觀念。不過語言之所以能標記各種觀念，並非因爲特殊的音節分明的聲音和一些觀念之間有一種自然的聯絡，因爲若是如此，則所有人的語言應該只有一種。語言之所以有表示作用，乃是由於人們隨意賦予它們一種意義、乃是由於人們隨便把一個字當做一個觀念的標記。因此，字眼的功用就在於能明顯的標記出各種觀念，而且它們固有的、直接的意義，就在於它們所標記的那些觀念。

2　**誰用什麼字眼，那些字眼就是他的觀念的明顯標記**　人們所以要利用這些標記，一方面爲的是要把自己的思想記錄下來，以便幫助自己的記憶，一方面爲的是要把自己的觀念表示出來，呈現給他人。字眼的原始的或直接的意義，就在於表示利用文字的那人心中的觀念——不論那些觀念是多麼不完全地、疏忽地，由它們所表象（假設如此）的那些事物獲得的。一個人如與他人講話，則他的目的是要人了解它。因此，說話的目的就在於使那些聲音當做標記，把自己的觀念表達於人。因此，字眼所標記的就是說話人心中的觀念，而且應用那些字眼（當標記用）的人，也只能使它們直接來標記他心中所有的觀念。若非如此，則他一面可用文字來標記他的概想，一面又可以把它們應用到別的觀念上，要照這樣，則字眼同時是他的觀念的標記，同時又可以不是，那就完全無意義了。字眼既是人自己發明的標記，因此，他不能自動地用它們來標記自己所不知道的東西。要是這樣，字眼就不是任何事物的標記，聲音也就全無意義。一個人並不能用字眼來標記事物中的性質，也不能用字眼來標記他人心中的概想；因爲這些都是他們觀念不到的。只有他自己有了相當的觀念時，他才能假設它們和別人心中的概想相應，他才能用文字來表示它們。因爲他若是沒有觀念，則字眼所標記的是他所不知道的，也就是毫不存在的。但是他縱然可以用自己的觀念來向自己表象別人的觀念，而且用同一名稱來稱呼它們，可是他所稱謂的那些觀念仍是他自己的，仍不是他所沒有的。

3　這種情形，在日常用語中，是很必要的，因此，在這方面，智者、愚人、學士和無學之人的用字都是一樣的（只要他們有一點意義）。一切字眼都代表著說話者的觀念，而且他用那些字眼，也就是要表示這些觀念。一個小孩只注意到所謂黃金中的輝煌的黃色，而不注意到別的，因此，他只用黃金一詞來表示那個顏色觀念，並不用它表示別的，並且稱孔雀尾中那種顏色爲黃金。另一個人在更進一步觀察之後，又會在黃色上加了一種重量，因此，他所用的「黃金」，又可以表示具有黃色和重量的一種複雜的實體觀念。另一個人又會在這兩種性質上，加一種可熔性，因此，黃金一詞在他就表示著一種很明亮、很重、可熔、而色黃的物體。此外，另一個人也許除此之外再加上可展性。這些人在表示自己的觀念時，都用黃金一詞，不過我們看到，每個人都只能用它來表示自己的觀念，並不能用它來標記他所不具有的一個複雜觀念。

4 **字眼常祕密地參照一些東西**　人們所用的字眼雖然就其本義來說只能直接表示說話人心中的觀念，可是人們在用它們時，要在自己心中祕密地參照兩種東西。

第一，參照別人心中的觀念　第一，人們假設他們的字眼也可以標記與他們交談的那些人心中的觀念，因為若不如此，則他們的談話會全無效果，因為同一種聲音，他們如用以代表一種觀念，聽者又用以代表另一種觀念，那他們就等於說兩種話了。不過在這方面，人們並不常來考察，他們與他們交談的人，心中所有的觀念是否是一致的。他們以為自己所用的文字只要契合於一般語言的固有意義那就夠了。在這裡，他們假設，他們用字眼所標記的那個觀念，的確是與國內用同一字眼的那些有理解的人心中的觀念。

5 **第二，參照於事物的實相**　第二，人們並不願意讓人認為自己只是在談論自己的想像，而不是在談論事物的實況，因此，他們永遠假設，他們的字眼代替著事物的實相。不過這一層多半又牽涉於各種實體和其名稱，正如前一種多半關涉於簡單觀念和情狀似的，因此，我們可以在後來專門研討混雜情狀和實體的名稱時，再來詳盡地討論應用文字的這兩條途徑。不過我在這裡還可以說，我們如果使字眼不代表心中的觀念，而代表別的東西，我們就誤用了字眼，使它們的意義必然陷於含糊和紛亂。

6 **通用字眼可以立刻刺激觀念**　關於字眼我們還可以作進一層的研究。第一，字眼既然直接標記人的觀念，並且因為能成為傳達觀念的工具，使人們互相表示自己心中的思想和想像，因此，因爲恆常慣用之故，一些聲音與它們所代表的觀念之間，便發生強固的聯繫，使人們一聽到那些名稱，就會立刻產生那些觀念，彷彿產生它們的那些物像眞正觸動了自己的感官似的。

7 **人們常用無意義的字眼** 第二，字眼的固有的直接的含義，就是說話者心中的觀念。可是我們雖從搖籃中起，就因爲習慣之故，學得了完全清晰的聲音，使我們的舌根可以立刻說出它們、使我們的記憶永遠保存住它們，可是我們並不永遠能細心考察它們的完全的意義。因此，我們就常看到，就是那些想仔細思考的人們，其思想也多半著重在文字上，而不甚著重在事物上。不但如此，而且因爲許多字眼是在學得觀念以前就學會的，因此，不只是兒童，就算是一些成人，說起話來也就跟鸚鵡一樣，因爲他們只學會那些聲音而不知道它們的意義，但是字眼只要有功用和意義，則聲音和觀念之間，必然有恆常的聯絡，而且可以指示出，此一個就表示著彼一個。我們如不能這樣應用它們，則它們只不過是一些無意義的喧聲。

8 **它們的意義完全是由人調動的** 我們已經說過，各種字眼因爲慣用之故，可以恆常而迅速地在人心中刺激起一些觀念，因此，人們會想像它們中間有一種自然的聯繫。不過我們很容易看到，它們所指示的是人們的特殊觀念，而且它們的含義完全是可以隨人意轉移的，因爲我們雖然以爲它們是某些觀念的標記，可是有時我們竟然不能用它們在他人心中刺激起那些觀念。任何人都有一種不可侵犯的自由權利，任意使各個字眼來表示自己心中的觀念，因此，別人雖與我們用同樣的字眼，可是我們並沒有權力使他們在心中發生那些字眼所表示的同樣的觀念，因此，偉大的奧古斯都（Augustus）雖然具有統治世界的權力，可是他承認自己不能創造一個新拉丁字。那就是說，他在人民的口中和一般語言中，並不能隨便指定某個音表示某個觀念。自然、一般的習慣，可以藉著一種默許，在一切語言中，使某些音專表示某些觀念；因此，那個音的意義便會大受限制，而且人們說話時，若非用它來表示那個觀念，他就會說錯話。不但如此，而且我可以說，一個人的字眼在聽者心中所刺激起的觀念，如果不是他用這些字眼所表示的那些觀念，則他的說話會全無意義。因此，一個人在運用字眼時，他的意義如果與普通的意義有別，如果與和他交談的那個人的特殊意義有別，他一定會有不利的結果。可是無論如何，我們仍然看到，在他運用那些字眼時，那些字眼的意義仍然限於他自己的觀念，並不能標記別的事物。

第三章　一般名詞

1　**字眼的大部分都是概括的**　一切存在的事物都是特殊的事物，因此，人們或許會想，字眼既與事物相契，所以它們也應該是特殊的（據其意義而言）。不過我們所見的，恰與此相反。一切語言中大部分字眼都是概括的名詞，這也不是疏忽或偶然的結果，乃是理性和必然的結果。

2　**每一個特殊的事物無法有各自的名稱**　第一點，每一個特殊的事物無法有各自的名稱。因爲字眼之所以有意義和功用，既是因爲心中的觀念和表示觀念的那些聲音有一種聯繫，因此，在應用各種名稱於各種事物時，人心必須對各種事物有清晰的觀念，而且必須保留各個事物的特殊名稱，使那個名稱專屬於那個觀念。不過人類的才具並不能對我們所遇到的一切特殊的事物都形成清晰的觀念，並且把它們保留起來。人所見的每一鳥、每一獸，觸動感官的一草一木，也無法在容量廣大的理解中，各個找到一個地方。自然我們聽說，有的將領們能對全軍兵士，一一指名稱呼，不過這雖是一種特殊驚人的記憶力，可是我們仍然易於看到，人們爲什麼不曾想以特殊的名稱來稱呼羊群中的每隻羊，或在他們頭上飛翔的每隻烏鴉，何以更不曾想用特殊的名稱，來稱呼自己所遇的每一樹葉、每一沙粒。

3 **這樣也並無用處** 第二點，這縱然是可能的，也並沒有用處，因爲這樣就不能達到語言的主要目的。各種特殊事物的名稱，如果不能供人用以傳遞彼此的思想，則人們雖有一大堆名稱，也就無濟於事了。人們之所以學習各種名稱，並且用它們與人交談，原意只是要讓人了解自己。不過要想使人了解自己，我們的語言器官所發出的聲音必須刺激起他人心中的觀念，而且所刺激起的觀念還必須和我發那個音時心中所指的觀念是一致的。不過各個名稱如果只能用於我一個人心中對之有觀念的特殊的事物上，則這事是不可能的，因爲我心中所注意到的特殊的事物，並不盡然都是別人所熟悉的，因此，那些事物的名稱，在別人是毫無意義而不可理解的。

4 第三點，我們縱然承認這是可能的（我覺得是不可能的），可是每一個特殊的事物有了一個特殊的名稱以後，也不能在推進知識方面有多大進步。因爲知識雖然建立在特殊的事物上，可是只有藉概括的觀察，才能有所擴大。既然要有概括的觀察，則各種事物必然要分爲種類，並且有概括的名稱才行。因此，這些事物和其名稱，便納入某種範圍中，而且若非人心可以接受且情勢所必要，則它們的數目便不必時時加多。因此，人們大部分便安於一般的事物分類；但是爲了方便之故，人們還一樣可以用固有的名稱來分辨特殊的事物。因此，人在自己的那一個物種內（人類中），便常常應用固有的名稱，使各人有各人的特別稱呼，因爲在人類中，人們常要與同類交往，而且常要提到特殊的人們。

5 **什麼事物具有固有的名稱** 除了各人以外，國家、城市、河流、山脈以及相似的地理劃分，也常有特殊的名稱，而它們之所以如此，也是因爲相同的理由。它們都是人們尋常需要特殊標記出的，而且是要在會議中向對方表示出的。我們如果常常因爲某種緣故提到特殊的馬，就如同常常提到人一樣，則我們在馬方面，也當如在人方面，有很慣用的名稱。因此，布西拉發斯

（Bucephalus，原義爲牛頭馬，是亞歷山大的戰馬）一詞也可以和亞歷山大（Alexander）一詞，一樣常爲人所用。因此，我們常見，賽馬者常用固有名稱來區別他們的馬，就如他們用固有名稱來區別他們的僕人似的。因爲在他們之間，常需要提到這匹馬或那匹馬（在牠們不在眼前時）。

6 **概括性的文字是怎樣形成的**　其次的問題就是要考察，概括性的文字是如何形成的，因爲一切存在的事物，既都是特殊的，那麼我們如何能得到概括性的名詞，或者說，我們在哪裡發現它們所表示的（假設如此）那些共同性質呢？字眼之所以成爲概括的，乃是因爲它們被人作爲概括觀念的標記。觀念之所以成爲概括的，乃是因爲人們把它們從時間、空間的特殊情節，以及決定它們成爲某個特殊存在的其他觀念分開。藉著這種抽象方法，它們便能以表象一個以上的多數個體。其中的各個體既然都與那個抽象觀念互相契合，因此，我們就說它是屬於那一類的。

7 不過要把這一層推論得更爲清晰一點，則我們不妨追尋我們想法和名稱的起源，而且可以察看，我們進行時循著什麼次序、我們是用什麼步驟，由嬰兒時開始擴大了我們的觀念。很清楚的是：兒童對他們所交談的那些人所產生的觀念（我們是專舉這一例），也正與那些人一樣，都只是特殊的。奶媽這一觀念，與母親這一觀念一樣，都是他心中親切地形成的，而且它們正如圖畫似的，也只表象著那些特殊的個人。他們原始給予這些觀念的各種名稱，也只限於那些個人自身，而且兒童所用的奶媽、媽媽等名稱，也只限用於那些個人。後來時間久了、認識多了，他們又會看到，世界上還有許多事物，而且那些事物又因爲在形象和別的一些性質之間，有共同的契合之處，因而與他們的父母以及和他們熟悉的人們又相似，因此，他們又形成可以包括許多特殊事物的一種觀念，他們於是就跟著別人，以人類這個名稱給那個觀念。因此，他們就得到一個概括的名稱和一個概括的觀念，不過在這種過程中，他們並未曾有任何新的創造，他們也只是把彼得（Peter）、詹姆士（James）、瑪麗（Mary）、珍（Jane）等複雜觀念中的特殊成分省掉，只把它們共同的成分保留下來。

8　兒童既然漸漸獲得了「人」這個概括名稱和觀念，因此，他們就容易由同一途徑，進到更概括的名稱和想法上。因爲他們看到，許多事物雖然和他們的「人」的觀念不同，而且不能包括在那個名稱中，可是它們仍有許多性質和「人」相似，因此，他們就把這些性質保留起來，形成另一個更概括的觀念。他們又給了這個觀念一個名稱，因此，他們又造成一個涵蓋更廣的名詞。不過這個新觀念之所以能形成，並非因爲他們添了什麼東西，只是因爲他們把「人」這一名稱所表示的形象和別的一些性質除去，而把「動物」一詞所包括的身體、生命、感覺和自發運動，保留下來。

9　**概括性的名稱只是抽象的觀念**　人們在原始形成概括性的觀念和概括性的名稱時，的確是由於這種途徑的。這一點是很分明的，並不用別的證明，我們只須考察自己或他人，看看他們在知識方面的心理進程如何就是了。人們如果以爲概括性的事物或想法，不是由較特殊事物的複雜觀念抽象而得、割裂而得的，則我恐怕他們再不知向何處去找尋這些觀念。人如果不信，則他可以先反省然後再告訴我，「人」一觀念與彼得和保羅等觀念如何區別，「馬」一觀念與「布西拉發斯」一觀念如何區別；它們之所以有分別，是否因爲在前一種觀念中把特屬於各個體的成分去掉，只把特殊的複雜觀念(屬於特殊存在的觀念)中那些共同的成分保留下來?至於人和馬二名所表示的複雜觀念，我們如果再把它們差異之處除去，把它們相同之處留下，然後以所留下的成分做爲一個新的獨立的複雜觀念，並且給它「動物」一詞，則我們便有了一個較爲概括的名詞，而且這個名詞不但包括了人，還包括了別的活物。我們如再把動物觀念中的意識和自發的運動去掉，而以所餘的身體、生命、營養等簡單觀念做成一個複雜觀念，即這個觀念更會概括，而且我們也可以用涵蓋更廣的

「生物」一詞來稱呼它。這一層是很明顯的，並用不著再多講；我們只可以說，人心還可以由此途徑進到「物體」、「實體」、「存在」、「事物」等表示任何觀念的那些普遍的名詞。總結來說，經院中聚訟紛紜的所謂屬事類和物種的那個問題（經院以外，人們就不理會注意這問題），只是一些具有名稱而含義或寬或狹的抽象觀念。在這些觀念中，有一種恆常不變的情形，就是，每一個較普遍的名詞所表示的觀念，只是那個大觀念中所包含的任何小觀念的一部分。

10 **爲什麼人們常應用「事類」來下定義** 我們由此可以看到，人們在給各個字眼下定義時（所謂定義就是表明它們的含義），何以常要用事類，或進一級的概括名詞。這種做法並非由於不得已，只是爲了省卻麻煩，免得一一列舉事類（或進一級的概括名詞）中所含的那些簡單觀念，或者因爲自己不能列舉，故意避免羞恥。不過以事類和差異（differentia，這些學術上的名詞雖是由拉丁文來的，可是它們很適合於它們所表示的這些觀念，所以我仍用它們）來下定義，固然是一條捷徑，可是我認爲它或許不是最好的方法。至少我可以相信，它不是唯一的、絕對必要的途徑。因爲我們之所以要給名詞下個定義，原是要想藉文字使他人了解所定義的那個名詞所表示的觀念，因此，要下定義，最好是把那個名詞中所含的那些簡單觀念列舉出來。人們之所以不事列舉，而習於應用進一級的概括名詞，那並非由於必然，也不是說因此更爲明白，乃是爲了迅速敏捷的緣故。我認爲，一個人如想知道「人」字所表示的觀念，而且你又告訴他說，人是一個有廣袤的實體，有生命、有意識、有自發的運動、有推理能力，則我認爲，那個人一定會了解人字的意義，一定會明白知道人字所表示的觀念，而且了解的程度，至少也可以比你說人是一個有理性的動物時一樣。因爲「有理性的動物」一詞仍可以藉動物一詞的各種定義，如生物、實體之類，分化成前面列舉的那些觀念。我這裡解釋人字時所用的定義仍是經院中通常的定義，這個定義雖或不是最精確的，但也可以供我們現在的用途。在這個例證中，人們可以看到，所謂「定義必含事類和種差」的那個規則是從那裡產生的，這個例證已經明白地指示給我們，這個規則並不是必然的，而且我們縱使嚴格地遵守它，也並無多大利益。因爲所謂定義只是用別的一些文字來解釋一個文字，使人了解那個文字的意義或其所表示的觀念，可是語言並非按照論理學的規則創造出的，因此，每一個名詞的意義並不能都精確明白地爲其他兩個名詞所表示。經驗已經明白指示我們這一點，而且創立這個規則的人們，也不能首尾一貫，他們所下的定義很少能夠契合這個規則。不過關於定義，我們可以在下一章詳細解說。

11 **總相和共相只是理解的產品**　再返回來說概括的名稱，則我們又看到，總相和共相不屬於事物的實在存在，而只是理解所做的一些發明和產物，而且它之所以造它們也只是爲自己的用途，只把它們作爲一些標記用，不論是字眼或觀念。我們已經說過，字眼之所以成爲概括的，只是因爲它們是概括觀念的標記，而且可以無分別地應用在許多特殊的事物上；我們還說過，觀念之所以成爲概括的，只是因爲它們能表象許多特殊的事物，不過各種事物自身並沒有普遍性，而且那些字眼和觀念的意義雖是概括的，可是各種事物的存在都是特殊的。因此，我們如離開個體，則所餘的共相只是我們自己的產物，它們所以有概括的性質，只是因爲它們可以被理解所變化，來指示或表象許多個體。因爲它們所有的意義，不是別的，只是人心給它們所添加的一種關係。

12 **抽象的觀念形成了事類和物種的本質**　其次的問題，就是要考察，概括性的名詞所有的意義是什麼樣的。因爲我們一面看到，它們並不只表示一個特殊的事物，若是那樣，它們就不是概括的名詞，而成了特定的名稱。而在另一面，則我們又看到，它們也並不表示一種複數，因爲要是如此，則抽象的人字與人們二字便會表示相同的東西，而文法學者所謂數目的區分，也就多餘而無用了。

因此，概括性的名稱所表示的，只是一類的事物，而它們所以能夠如此表示，卻是因爲它們各個是人心中抽象觀念的標記。許多事物如果都與這個觀念互相符合，則它們便歸類在那個名稱下，或許也可以說是屬於那一類的。因此，我們看到，所謂種差的本質，並不是別的，只是一些抽象的觀念。任何事物之所以屬於某一種，只是因爲它有那一個種的本質，而它所以配得到那個名稱，也只是因爲它能與那個名稱所表示的觀念互相契合，因此，具有那種本質，和具有那種契合，就是一回事；因爲屬於某一個種，和有權利配稱爲某一個種，那正是一回事。就如說，「要當一個人」，或「屬於人種」，正和「有權利配稱爲人」是一回事。同樣，要當一個人，或屬於人種，也正和具有人的本質是一回事。我們知道，任何事物如果不與人字所表示的那個抽象觀念互相契合，則它不能成爲一個人，也不配有人的名稱。同樣，任何事物如果不具有人種的本質，則它也不能成爲人，也不配有人的名稱。因此，我們就可以斷言，那個名稱所表示的那個抽象觀念，和那個種的本質是一致的。因此，我們就可以說，物種的本質，和事物的分類，都只是理解的產物，因爲只有它能抽象、能形成那些概括的觀念。

13 **它們雖是理解的產品，可是也以事物的相似關係做基礎**　你們不要以爲我忘了，自然在產生事物時，曾經使它們有些互相贅似，更不要以爲我否認這一層。這種情形在各方面都是顯著不過的，尤其在動物，和以種子來繁殖的一切事物方面，更爲顯著。不過我們仍然可以說，能給它們進行分類命名工作的，仍是理解，因爲理解可以在事物中間發現相似性，做成概括的抽象的觀念，把它們保留在心中，並且給它們立下名稱，以爲事物的模型或形式。因爲形式的本義正是這樣的；各種存在著的特殊的事物如果與那個形式互相契合，則它們便屬於那一種，得到那個名稱，並且歸在那一類裡面。因爲我們如果說：「這是人、那是馬；這是正義、那是殘忍；這是錶、那是千斤頂」；則我們所做的也只是把各種事物歸在那些不同的名稱下面，因爲我們看到，它們與那些名稱所標記的那些抽象觀念正相契合。各種名稱所標記的那些種的本質，只是人心中的抽象觀念；這些觀念就在存在的特殊事物和分類它們的那些名稱中間，形成一種紐帶。任何時候，概括性的名稱如果與特殊的事物發生了聯繫，則連接它們的媒介，只有這些抽象的觀念。因此，我們所分別、所稱謂的那些種差的本質，一定不是別的，一定只是我們心中那些精確的抽象觀念，因此，人們在實體方面所假設的那些實在本質，如果與我們的抽象觀念不一樣，則它們便不能成爲事類的本質，以供我們分別事物之用。因爲兩個事類正可以成爲一個事類，正如兩個不同的本質可以成爲一個事類的本質一樣。因此，我們可以問，馬或鉛的變化，有哪一種不可以使它們成爲另一個事類，而不再爲馬或鉛呢？我們若以抽象的觀念，來決定事物的事類，則這個問題是容易解答的。但是人們如果在這方面，想以假設的實在本質，來指導自己，則我猜想，他們一定會迷惑而不知所以。他們一定不會知道，一種東西在什麼時候，的確已經不是一匹馬，或不是一塊鉛。

14 **每一個獨立的抽象觀念是一個獨立的本質**　我雖然說，這些本質和抽象的觀念（它們是各種名稱的尺度，和事類的界限）是理解的產品，可是人們不必訝異這種說法，因爲他們一經考察，就會知道，至少那些複雜觀念，在各個人都不一樣；它們所含的簡單觀念，在此人和彼人間並不一樣。因此，在此人認爲是一種貪戀，在彼人就認爲不是。不但如此，即在實體方面，抽象的觀念雖似乎是由事物本身來的，可是它們也並非總是一致的。不但如此，即在我們最習見、習知的那些物種間，抽象觀念也是不一致的。因爲人們常問，婦人生出的胎兒是不是一個人；而且他們竟然辯論，人是否應該養育他，並給他施洗禮。如果人這一個名稱所表示的抽象觀念或本質，是自然的產物，而不是理解在不確定的方式下所造成的簡單觀念的集合體，而不是被理解所抽象所命名的一種東西，則這個問題是不會發生的。因此，在實際上，每一個獨立的抽象觀念就是一個獨立的本質，而且表示那些獨立觀念的各種名稱，也就是根本不同的一些事物的名稱。因此，圓形之本質上同橢圓不一樣，正如綿羊和山羊之本質上不一樣似的，雨和雪之本質上不一樣，正如水和土之本質上不一樣似的。因此，任何兩個抽象觀念，只要在任何部分互相差異，而且各有一個名稱，則它們便形成兩個物種，而且這兩個物種之在本質上互相差異，正如世界上最遠隔、最反對的兩個東西一樣。

15 **實在的和名義的本質**　但是有些人們既然認爲事物的本質是完全不能認識的（自然也不是沒有理由），因此，我們正不妨來考究一下本質一詞的各種含義。

第一點，所謂本質可以視爲是任何事物的存在，而且物之所以爲物，也就全憑於它。因此，事物的內在組織（這在實體方面往往是不能被人認識的），就是可感性質所依託的，因此，它就可以稱爲本質。本質一詞的原義也正是如此的，這由其字源就可以推知。因爲本質（essentia）一詞原義就是存在。我們在談論特殊事物的本質，而不給它們任何名稱時，則我們所用的本質一詞指的還是這種含義。

第二點，經院中因爲忙於探究並辯論事類（genus）和物種（species）的緣故，因此，本質一詞幾乎失其原義。因此，「本質」一詞就不用於事物實在的組織，而幾乎完全用於類和種的這種人爲的組織。自然人們也假設物種有其實在的組織，而且我們也分明知道，一定有一種實在的組織，然後共存的簡單觀念的集合體才有所依託。不過我們分明看到，各種事物所以歸在某某「種名」下，只是因爲它們與那些種名所表示的抽象觀念相契合，因此，事類或物種的本質並不是別的，只是那些類名和種名所表示的那些抽象觀念。普通所用的本質一詞，多半指這種含義而言。這兩種本質，我認爲一種正可以叫做實在的本質，另一種正可以叫做名義的本質。

16 **名稱和名義的本質間之恆常聯絡**　在名義的本質和名稱之間，有一種很密切的聯繫，因此，任何物種的名稱所指的特殊存在，都有這種本質，而且它正因爲有這種本質，才能和那個名稱所表示的那個抽象觀念互相契合。

17 **要假設物種是被實在的本質所區分的，那並沒有用處**　如果我沒有錯誤的話，則我似乎記得，關於有形實體（單指這些實體）的實在本質人們曾有兩種意見。有一些人是用本質一詞表示他們所不知道的一種東西，他們假設宇宙間有一定數目的本質，一切自然的事物都依此以生，而且各種事物只因精確地具有這些本質，才能成爲此一種或彼一種。這是一種意見。另有一些人以爲一切自然事物中的不可覺察的各部分雖有一種實在的，不可知的組織，可是我們之所以能區分它們、之所以能按照需要把它們分種列屬，並給它們共用名稱，只是憑藉於由那種內在組織所流出的一些可感的性質。這是另一種意見，是比較合理的。我認爲前一種意見最能混淆我們關於自然事物的知識。因爲它雖然假設這些本質只是確定數的一些模型或形式，而且假設一切存在的事物都受此模型的陶冶，並且都平均具有這些本質，可是我們看到，在一切種動物中常有怪胎產生，而且在人類方面，也有矮小醜陋的小孩（changeling），或別種奇怪的產物，常常難和這種假設相契。因爲兩種事物如果精確地具有同一的實在本質，則它們便不應該有差異的性質，正如兩個形象在共同具有圓形的同一的、實在的本質時，不應該有差異的性質一樣。我們縱然沒有別的理由來反對這個假設，可是它既然一面假設事物的本質是不可知的，一面又假設這些本質能區分事物的種，這就足見這個假設是完全無用的，並不能有助於我們知識的任何部分。因此，只有這一種理由，我們也可以廢棄這一種假設，而自安於我們知識所能達到的那些物種的本質。不過我們在認眞考察之後，就會知道這些本質，只是我們用獨立的概括名稱所標記的那些抽象的複雜觀念。

18 **實在的和名義的本質，在簡單觀念和情狀方面是同一的，在實體方面是差異的** 我們既把本質分爲名義的和實在的兩種，因此，我們可以進一步說，在簡單觀念和情狀方面，它們永遠是同一的，在實體方面，它們是永遠差異的。就如空間被三條線所圍後所成的形象，既是一個三角形的名義本質，也是它的實在本質，它不但是那個概括的名稱所表示的那個抽象觀念，而且也正是事物的本身存在、也正是事物的一切性質所依的那種本質、也正是那些性質完全不能離開地聯合著的那種本質。不過說到我指上這個指環，則形成它的那一團物質便完全與三角形兩樣，在這方面，那兩種本質是顯然有別的。因爲黃金的顏色、重量、可熔性、確定性等性質，所依靠的微妙部分的實在組織，才使那團物質成爲黃金、使它有權利得到黃金的名稱，這個名稱就是黃金的名義的本質所在。因爲任何東西的性質如果與那個名稱所標記的那個複雜的抽象觀念不相契合，就不能叫做黃金。不過專屬於實體方面的這些本質的分類，我們在以後考察實體的名稱時，還有機會來詳細討論它。

19 **本質是不生不滅的** 人們說，本質是不能生、不能滅的，因此，我們更能看到，附有名稱的那些抽象觀念正是本質無疑（如前所說）。如果事物的實在組織是事物的本質，則它便不能是不生不滅的，因爲那種實在的組織是和事物同始同終的。除了造物主以外，一切存在的事物都是要變化的。至於我們所熟悉的、所歸類的、所命名的那些事物，則更是易於變化的。因此，今天的草明天也許就成了羊身上的肉，而且在幾日以後，也許就成了人身上的一部分。在這些變化中，我們清楚看到它們的本質——就是各種事物所依靠的那種組織——是與它們一同毀壞、一同消滅了的。但是特殊的事物雖然極易變化，可是我們如果把人心中所確立的觀念（附有名稱的）作爲事物的本質，則它們通常被人假設爲恆久不變的。因爲「亞歷山大」和「布西拉發斯」不論變成什麼，而「人」和「馬」所表示的那些觀念仍被人假設爲終久不變的，因此，那些物種中的各個體不論如何變化，那些物種的本質仍是完整而無毀壞的。藉著這個方法，物種的本質就可以不需要同種中任何個體的存在，而能安全完整、毫無變化。因此，世界上縱然到處找不到一個圓形（這個形象或者並不曾在任何地方精確地畫出來），而圓形一名所標記的觀念並不能因此失掉其存在，它仍然可以做爲一個模型。來決定：我們所遇的特殊形象中，哪一個配稱爲圓形、哪一個不配，它仍然可以指示出哪一個有哪一種本質、屬於哪一個物種。自然中雖無所謂獨角獸和人魚，可是我們既然假設這些名稱代表著複雜的抽象觀念，而且那些觀念並沒有含著矛盾，則人魚的本質和人的本質是一樣可以了解的，而且獨角獸的觀念也正與馬的觀念是一樣確定、穩固、恆常的。由前面所述的看來，我們可以知道，本質的不可變說，就可以證明，本質只是抽象的觀念；而且這種學說是建立在這些觀念和標記它們的那些聲音間的關係上。同一的名稱只要仍繼續具有同一的意義，則這種學說常常是眞的。

20 **概括前義**　總結來說，關於事類和物種以及它們的本質，我們一場大辯論的主旨不外是這樣：人既然形成抽象的觀念，並且把它們確立在心中，各個給予一個名稱，因此，他們就可以一堆一簇地來考察、談論它們，因此，人們的知識就較容易進步、較易於傳達。人們的文字和思想如果只限於特殊的事物，則知識的進步是很遲緩的。

第四章 簡單觀念的名稱

1 **簡單觀念、情狀和實體的名稱，各有一種特殊的點** 我雖然說過，一切字眼所直接表示的，只有說話者心中的觀念，可是我們進一步觀察之後就會看到，簡單觀念、混雜情狀（各種關係在內）、自然實體等的名稱，都各有一些特點，而且互不相同。例如：

2 **第一點，簡單觀念的名稱和簡單實體的名稱可以告知我們一種實在的存在** 第一點，簡單觀念和實體兩者的名稱，不但直接表示心中的觀念，而且隱含一種實在的存在，因為它們的原始模型正是由這種存在所托出的。至於混雜情狀的名稱，則終止於心中的觀念，而不使我們的思想再往前進一步，我們在下一章中。就可以較詳細地看到這一層。

3 **第二點，簡單觀念和情狀兩者的名稱，常常表示實在的和名義的兩種本質** 第二點，簡單觀念和情狀的名稱不只表示其種屬的名義的本質，而且永遠表示其實在的本質。至於自然實體的名稱，則只表示那些物種的名義的本質，而很少表示別的東西。在第六章專論各實體的名稱時，我們將會看到這一層。

4 **第三點，簡單觀念的名稱是不能定義的** 第三點，各簡單觀念的名稱是不能定義的，一切複雜觀念的名稱是可以定義的。據我所知，人們向來未曾注意到，某些文字是能定義的，某些文字是不能定義的。人們因爲缺少這種注意，所以他們在談論中便發生很大的爭執和疑難。因此，有的名詞本來不能定義，可是人們偏要在這方面要求定義。又有的人們以爲自己只應當用一個較概括的名稱和一種限制（若以學術名詞來講，就是類和種差）來解釋一個字，而且他們也就自滿於這種解釋，實則就按這個規則來形成定義，而聽到它的人也不能比未聽時更明白地概想到這個文字的意義。因此，我認爲，我們如果指示出，某些文字可以定義、某些文字不能定義，並且指示出一個好定義如何可以成立，則這種做法也並非與題旨全不相干的；不但如此，而且這種做法很能闡明這些標記和觀念的本性，因此，我們該加以特殊考察。

5　**如果一切文字都是可以定義的，則定義的過程將會無限**　我們如果承認一切名稱都可以定義，則我們必然會陷於無限定義的過程中。因爲一個定義中所含的名稱如果還得用另一個名詞來定義，則我們將在哪裡停頓呢？不過我現在並不想用這種理論來證明，一切名稱都不能有定義。我只打算根據觀念的本性和觀念的意義指示出，什麼名稱是能定義的，什麼名稱是不能定義的。並且打算指示出這些名稱都是什麼樣的。

6　**什麼是定義**　所謂定義，「只是以一些不同義字來指示另一個文字的意義。」我認爲，這一層大家會承認的。文字的意義既然只是應用文字的那個人用它們所表示出的那些觀念，因此，說話者如用一些文字把某個名詞所標記的自己心中的觀念，呈現於他人眼前，使別人看到它的意義，則那個名詞的意義可以說是指示出的，那個文字可以說是有了定義的。定義的唯一功用和目的就在於此；而且定義的好壞，也以此爲唯一的尺度。

7　**簡單觀念為什麼不能定義**　我們既然立了這個前提，因此，我就可以說，簡單觀念的名稱（只有這些）是不能定義的。因為一個定義所含的各種名詞既然表示著「幾個」觀念，因此，它們萬不能在一起表示一個全無組合的「單純」觀念。因此，簡單觀念的名稱是不能定義的，因為所謂定義，就是以一些不同義字來指示一個文字的意義。

8 **舉運動為例** 人們因為在自己的觀念和名稱方面，未曾看到這層區別，因此，經院中便發生了一種奇特的玩意。這一層，我們可以從他們對少數簡單觀念所下的定義中看得到。我們之所以說少數，是因為說到大部分的簡單觀念，即在那些定義大師們也是略而不提的，而他們之所以如此，也只是因為那些觀念根本是不能定義的。不過就他們已下的定義看來，人的機智還能發明出更好的無意義的定義來嗎？他們有一個定義說：「是一個有能力的存在物的現實——只在其有能力的範圍以內」。我認為縱然有一個有理性的人，如果不曾熟悉這個著名的謬談，則他也不會猜著這個定義是解釋哪一個字的。如果杜萊（Tully）向一個荷蘭人問beweeginge（運動）是什麼意思，而且那個荷蘭人如果又以自己的語言回答他說：「運動『是一個有能力的存在物的現實——在其有能力的範圍內』」，則我可以問任何人，他是否能想像自己了解了beweeginge一詞所表示的意義？他是否能猜著荷蘭人在用那個聲音時，心中所有的那個觀念？或要向人表示出的那個觀念？

9 現代的哲學家雖然竭力想擺脫經院中的胡言，而說較有意義的話，可是他們既藉解釋簡單觀念的原因，或藉別的方法來定義簡單觀念，因此，他們仍是一樣不成功的。原子學者雖然給運動下定義：「它是由一地到另一地的經過」，可是他們所做的，不是只以一個同義字來代替另一個字嗎？因為經過不就是運動嗎？我們如果再問他：「經過是什麼？」則他們不是仍得以「運動」來定義它嗎？因為我們如果可以說，運動是由此處到彼處的一個經過，則我們也照樣可以說，經過是由此處到彼處的一種運動，兩個定義是一樣不適當、一樣無意義的。這只是翻譯並不是定義，因為我們只是把兩個同義字互相調換著。兩個同義文字如果有一個是熟知的，則它自然也可以使我們發現未熟知的那個字所表示的觀念，不過這卻不是定義。我們如果說這是定義，則在字典中每一個英國字都可以說是相關的那個拉丁文的定義，因此，motion也正是mottus的定義。笛卡兒派雖然說一個物體表層的各部分如果繼續與別種物體表層的各部分接觸，那就是運動，可是我們在仔細考察之後，就會看到，這也一樣不是好的定義。

10　**以光為例**　逍遙學者對於簡單觀念還有另一個定義，就是：「光是一種可見物的現實——只在其可見的範圍以內」。這個定義雖然不比運動的定義不是更爲荒謬，可是我們更容易看清楚它的無用和無意義。因爲人只要一反省自己的經驗，就會相信，這個定義並不能使盲人稍微了解光這個字的意義；至於「運動」的定義，則在乍看之下，並不是那樣無用，因爲它可以逃了這個試驗方法。「不過它仍是無用的」，因爲這個簡單觀念，既是由觸覺和視覺兩者來的，因此，我們便不能指示出有任何人，可以只藉運動一詞的定義，來得到這個觀念。又有的人們說，光是迅速地打動眼底的一些小粒子，這話自然讓經院中人們說得稍微有點意義。不過人們如果原來不知道光，則他們縱然完全了解這些文字，也不能明白光這一字所表示的觀念。這個正如你告訴人們說，光不是別的，只是一些小粒子，神仙們整日家用拍子把它們向有些人（在他們經過別人時）的頭上打擊似的。因爲我們縱然承認這種解釋是正確的，可是光的原因的觀念縱然精確，也不能把光本身的觀念傳達給我們，因爲光本身是另一種特殊的感覺。這個就像是銳利鋼片的形象觀念和運動觀念，不能把它所引起的痛苦觀念給我們似的。因爲感覺的原因和感覺自身（在一個感官的簡單觀念方面），完全是兩種觀念，而且這兩種觀念之互相差異、互相遠隔，是世界上任何兩個觀念所不能及的。因爲一個人的眼如果受了黑內障而失明，則笛卡兒的小粒子雖然儘管打動他的視網膜，而且他雖然也明白什麼是小粒子，什麼是互相衝擊，他也不能得到任何光的觀念，或近似的原東西。因此，笛卡兒派就分別有兩種光，一種光就是我們感覺的原因，一種光就是它所生的觀念，就是眞正所謂光。

11 **再繼續解釋，簡單觀念為什麼不能定義** 我們已經說過，簡單觀念只能得之於物像經過各自的通路後在人心上所產生的印象。如果它們不是這樣進入人心的，則人們雖用盡全世界的文字來解釋、定義任何名稱，也不能使我們產生那個名稱所表示的那個觀念。因爲文字只是聲音，因此，它們所產生的簡單觀念只限於那些聲音自身的觀念；而且它們所以能刺激任何觀念，只是因爲它們與它們尋常所表示的那些簡單觀念間有一種人爲的聯繫。人們如果別有高見，則他可以試試，是否有任何文字可以使他知道鳳梨的滋味，使他對於那種精美果實的津津有味得到正確的觀念。他的記憶中如果保存著任何相似的滋味觀念，而且那些觀念是從他所嘗過的可感的物像印在他的記憶中的，則你如果告訴他說，鳳梨的滋味與那種滋味相近，則他在心中也可以約略體會到那種相似性。不過這並非藉定義給我們產生那個觀念，這只是用熟知的名稱來刺激起別的簡單觀念。而且這些觀念與那種果實的眞正滋味是十分差異的。在光和顏色，以及其他一切的簡單觀念方面，也是同樣情形，因爲聲音所附的意義，並非自然的，只是附加的、任意的。任何光或紅的定義也不足以給我們產生出光或紅的觀念，正如光或紅這兩個字音不能產生出這些觀念一樣。因爲你如果想用聲音（不論如何組織）產生一個光的觀念或色的觀念。那正如同想使聲音成爲可見的，或使顏色成爲可聞的一樣，那正如同想使聽覺來做其他一切感官的職務一樣。這就如同說，我們可以用耳朵嘗味、品香、辨色似的。這種哲學，只可以應用於桑丘．潘薩（Sancho Panza），因爲他只要聽到杜爾西內亞（Dulcinea）就能看到杜爾西內亞（按：桑丘．潘薩是唐吉訶德的侍從。見《唐吉訶德》）。因此，人如果不曾藉著固有的入口在心中接受了一個「文字」所表示的簡單觀念，則別的文字和聲音雖然按照定義的規則組合起來，也未能使他了解那個「文字」的意義。唯一的方法只有使適當的物像與他的感官相接觸，並且使他產生那個久已聽說過的觀念。有一個盲人頗爲勤敏，他曾經勞心費力捉摸可見的物像，並且應用書中或朋友們的解釋企圖了解他常常聽到的光和顏色等名稱。有一天他就自誇說，他了解朱紅的意義。因此，他的朋友就問他：「究竟什麼是朱紅？」那個盲人就答：「我想朱紅就好像號筒的聲音吧！」，一個人如果想用定義或一些解釋的文字，來了解任何其他簡單觀念的名稱，則他所得的結果也正和這個盲人一樣。

12 **在複雜觀念方面，正有相反的情形，例如雕像和彩虹就是**　在複雜觀念方面，情形便大不一樣，它們既是由一些簡單觀念所組成的，因此，一些文字如果能表示這個組合中的那些簡單觀念，則這些文字便可以在心中烙印以前不曾存在過的複雜觀念，並且使人了解它們的名稱。各種觀念如果集合在一個名稱下，則我們便可以給它下定義，或用一些別的文字來指示一個文字的意義。而且我們可以由此了解從未觸動我們感官的各種事物的名稱，而且在他人應用一些文字時，我們也可以形成一些觀念與他們心中的觀念相應。如果定義中各名詞所代表的各簡單觀念，沒有一個不是聽解說的那人的思想中所具有的，則他便可以理解這種定義。就如雕像一詞就可以用別的文字解釋給盲人聽，而圖畫一詞就不能。那正是因爲他的感官曾經給了他形象觀念，而未曾給他顏色觀念，因此，他就不能產生顏色觀念。這一層理由正使畫家勝過了雕刻家。他們兩人都爭誇自己藝術的精美：雕刻家說，他的藝術是較優越的，因爲它入人較深，甚至盲人也可以知覺到他的藝術的精美。畫家也同意來求助於盲人的判斷。因此，他們就把前者的雕像和後者的圖畫，置在盲人的面前。盲人先以手摸雕像，摸到身上和臉上的外形，便大爲激賞匠人的絕技，不過人們後來又把他引導在圖畫面前，他的手於是又在圖畫上摸索，於是人就告訴他說，他現在摸到頭部，又摸到前額，又摸到眼，又摸到鼻等等。可是他在摸動畫布上的各部分時，並感覺不到任何差異，因此，他就嚷著說，那只有鬼斧神工能在他看不到、感覺不到任何事物的地方，給他們表現出那些部分來。

13 一個人雖未曾見過彩虹，可是卻知道那些顏色，則我們如果用彩虹這個字向他說話，並且列舉彩虹的形象、大小、位置、光帶，則我們會把彩虹這個字定義得十分清楚，使他完全了解。不過那個定義無論如何精確完全，也不能使一個盲人了解它。因爲他既然未曾藉感覺和經驗，接受過形成這個複雜觀念的那些簡單觀念，所以任何文字都不能在他心中刺激起那些觀念。

14 我們已經說過，某些物像特別適合於產生某些知覺，而且簡單觀念也只有藉這種經驗才能得到。我們的心中如果由此途徑累積了這些觀念，並且知道它們的名稱，則各種複雜觀念如果是由它們所形成的，那我們便會定義它們的名稱，或以定義來了解它們的名稱。但是任何名詞所代表的簡單觀念如果是一個人心中所不曾具有的，則我們永不能以任何文字來使他知道那個名稱的意義。一個名詞所表示的觀念如果是一個人所熟悉的，可是那個人如果並不知道標記那個觀念的那個名詞，則我們如果用另一個他所熟悉的字來表示那個觀念，就可以使他了解那個文字的意義。但是無論如何，任何簡單觀念的名稱是不能定義的。

15 **第四點，簡單觀念的名稱是最少疑義的** 第四點，簡單觀念的各名稱雖然不能藉助於定義，來決定它們的意義，可是它們比那些混雜情狀的名稱和實體的名稱，仍是較少疑義、較爲確定的。因爲它們所表示的既然只是唯一的簡單知覺，因此，人們大部分可以完全一律地了解它們的意義，並沒有餘地來誤解它的意義，或爭辯它的意義。一個人只要知道「白」字是他在雪中或乳中所看到的那種顏色的名稱，則他只要能保留著那個觀念，他就不會誤用那個字。他縱然完全失掉這個觀念，他也不容易誤解它的意義，他仍會覺得自己並不了解這個觀念。這一類名稱並不如混雜情狀的名稱之多歧義，因爲它們各個並沒有含著多數的簡單觀念。它們也不似實體名稱難以了解，因爲在這裡並沒有一個假設的、人所不知的實在本質，以爲各種難以計數的性質之所依託。因爲在簡單觀念方面，名稱的意義是可以立刻完全知道的。它並不成立於各個部分，因此，它也就無所謂各部分的增減，因此，那個觀念就不能變化，因此，它的名稱的意義也不致於含糊而不確定了。

16 **第五點，簡單觀念在範疇系中並沒有多少等級**　第五點，關於簡單觀念和其名稱，我們還可以說，它們在所謂範疇系中，在由最低的進到最高的物種時，並沒有多少等級。理由是這樣的。最低的物種既然只是一個簡單觀念，因此，其中便不能再去掉什麼東西，使所異的地方除去，使原來的觀念與別的東西合攏於一個共同觀念之下，並且使那個較大觀念具有一個名稱，成了兩個觀念的總類。因爲我們並不能在白和紅的觀念中除掉什麼，使它們產生共同的現象，得到一個共同的名稱（反之，我們如果在人的複雜觀念中把理性除掉，則我們會使他成了畜類，並且由此得到一個較概括的動物觀念和名稱）。不過人們因爲一一列舉，頗覺麻煩，因此，就以一個概括的名詞，把白和紅，以及其他簡單觀念都包括進去。不過他們雖愛用一個字來包括那些性質，可是那個字往往只表示它們進入人心中的途徑。因爲人們如果用顏色一類（或名）包括了白、紅、黃等觀念，則那個名詞所指的觀念，都是由視覺產生於心中的，都是由視覺進到人心中的。他們如果再形成一個較概括的觀念，把顏色、聲音和其他相似的性質都包括進去，則他們所用的文字，多半只指示那些由單一個感官進入心中的那些知覺。因此，「性質」這個概括的名詞，在其通常的意義下，便包括了顏色、滋味、香氣和可感的性質；這些性質是和廣袤、數目、運動、快樂和痛苦不一樣的，因爲後者是由兩個以上的感官，把印象印在人心、把觀念印在人心的。

17 **簡單觀念的名稱所表示的觀念不能完全是任意的**　第六點，簡單觀念、實體、混雜情狀三者的名稱，還有一種差異，就是混雜情狀的名稱所表示的觀念是完全任意的，實體名稱是不能完全任意的，它們要參照一個模型，不過也不甚嚴格；至於簡單觀念的名稱，則完全由事物的存在來的，完全是不能任意的，至於要問它們的名稱如何含有不同的意義，則我們可以在以下幾章中看到。

至於簡單情狀的名稱，則和簡單觀念的名稱差不多。

……

第五章　混雜情狀的名稱

1　**它們與別的概括名稱一樣，也表示著抽象的觀念**　混雜情狀的名稱，既然是概括的，因此，它們所表示的只是一些物種，而且每個物種也各有其特殊的本質。這些事類的本質，如前面所說，不是別的，只是那些名稱所表示的心中的那種抽象觀念。在這種範圍內，混雜情狀的名稱和本質，與別的觀念正是一致的。但是我們如果較爲仔細觀察，則我們會看到，它們有一些特殊的地方，頗値得我們注意。

2　**第一點，它們所表示的觀念是由理解所形成的**　我們要說的第一個特殊的點就是：抽象觀念，或一些混雜情狀的本質，是由理解所形成的。它們之所以與簡單觀念的名稱有別，也正在於此。在簡單觀念方面，人心並沒有能力來形成任何觀念，它只能接受實在的事物所呈現於它的那些觀念。

3　**第二點，它們是由人心隨意形成的，並沒有任何模型**　第二點，這些混雜情狀的本質，不只是由人心所形成的，而且是任意造成的，它並沒有任何模型，也並不參照於任何實在的事物。在這方面，它們是和實體的名稱有差別的，因爲在實體的名稱方面，我們假設，有一些實在的事物是爲它們所從出的，是爲它們所要契合的。不過在混雜情狀的複雜觀念方面，人心可以自由行事，並不必精確地依照事物實相。它把「某些」觀念集合、保留，並且把這些集合體當做是許多特殊物種的觀念；至於「別的」觀念，則雖也一樣常發現於自然中、也一樣分明爲外物所提示，可是我們會忽略它們，而不給特殊的名稱和分類。人心在混雜情狀的觀念方面，並不似在實體的複雜觀念方面那樣，它在這裡，並不用實在的事物來考察它們，也不用自然中具有特殊組織的模型來確定它們。因此，一個人要想知道自己的通姦觀念或亂倫觀念是否正確，則他並不必在實在的事物中找尋它。而且那個觀念之爲眞實，也並非有人曾經對那種行動做過見證。在這裡，人並不必如此，人們在這裡只要把一些觀念集合成一個複雜觀念，形成一個原型或物種觀念，則可以形成情狀的觀念，至於那種行動在「自然」中曾經犯錯與否，那都沒關係。

4 **它是如何形成的** 要想正確地了解這一層，我們應當知道，這些複雜觀念是如何形成的。它們之所以形成，並非因爲有任何新創的觀念，只是因爲人心把自己所已有的觀念集合起來。人心在這方面，有三個步驟。第一，它要先選擇一些觀念。第二，它要給它們一種聯合，把它們形成一個觀念。第三，它要用一個名稱把它們聯繫在一起。我們如果考察人心在這方面如何進行，並且它是多麼自由的，我們就容易看到，這些混雜情狀的本質，是人心的產物，而且這些種屬自身是由人所形成的。

5 **觀念往往先於存在，這就證明它是非常任意形成的** 在混雜情狀方面，在任何個體未存在之時，這一類的複雜觀念就可以形成、可以抽象、可以得到名稱、可以構成種屬。人只要反省這一點，他就會相信，這些混雜情狀的觀念之所以形成，只是因爲人心自動地把一些觀念集合起來，並非因爲自然中有任何原始的模型。人人都會承認，在人類犯了瀆聖、通姦等罪以前，人心就會形成這些觀念，並且給它們名稱，因而形成這一類混雜情狀。人人都會承認，這些觀念只要存在於理解中，人們就可以談論、考察它們，發現關於它們的一些眞理，就好像它們有一個實在的存在似的。由此我們就清楚看到各種混雜情狀，都只是理解的產物，而且它們也一樣契合於實在眞理和智識的目的，正和它們是眞正存在的一樣。我們清楚知道，方法對於各種行動雖立有各種法律，可是那一類行動都只是他們理解的產物，只在他們心中存在，在別處並不存在。此外我認爲，人人都會承認，「復活」這種混雜情狀是在它未存在時，就存在於人心中的。

6 舉暗殺、亂倫、刺傷為例　要想看到混雜情狀的這些本質是如何任意地由人心所形成的，則我們只須觀察任何一個例子就可以。我們只要稍一觀察它們就會相信，只有人心能把各種散亂而獨立的觀念，集合成一個複雜觀念，只有人心能給它們一個共名，使它們成爲某一事類（或物種）的本質；而且在形成時，並不必用它們在自然中所常有的聯繫來規範自己。我們看不到，在自然中，「人」的觀念和「殺」的觀念之間的聯繫，比「羊」的觀念和「殺」的觀念之間的聯繫爲大；我們看不到，前一種行動何以形成特種行動，使我們用「謀殺」一詞來標記它，而後一種行動便不能；我們看不到在自然中，「父」的觀念和「殺」的觀念間之聯繫，比「子」（或鄰）的觀念和「殺」的觀念間之聯繫爲大；我們看不到，何以前兩個觀念會集合成一個複雜觀念，因而形成所謂弒親那種行動的本質，而後兩個便完全不能。不過人們雖認爲殺父或母爲一種特殊的行動，而殺子或女便不是，可是在別的情形下，子和女也與父和母一樣都包括進去，都包括於同一事例中——例如亂倫。因此，在混雜情狀方面，人心只要覺得可以把某些觀念集合起來，它就把它們集合成爲複雜觀念。至於別的觀念，雖然在自然中有同樣的聯繫，可是人心也會任其鬆散，不把它們集合成一個觀念，那正因爲它們不需要那一個名稱。因此，我們看到，人心可以藉其自由選擇，給某些觀念一種聯繫，而且它所集合的這些觀念，在自然中，也並沒有比它所遺漏掉的那些觀念，有較大的聯繫。若非如此，則我們不會解釋，人們何以只注意到傷人的那個刀尖，而把那種行動做成一個特殊的事類（或物種），並且以「刺傷」一詞稱它，同時卻忽略了武器的樣式和質地。我並不是說這種說法是無理性的（我們漸漸會看到這一層），我只是說，這種做法是人心在求達其目的時所自由選擇的。因此，這些事類（或物種）的混雜情狀乃是理解的產品。在這裡，我們極其分明地看到，在形成這些觀念時，人心並不必在自然中找尋它的模型，也不必然把它的觀念參照於實在的事物。它只按照自己的目的，把各種觀念集合來，它自身並不受任何束縛，來精確地模擬任何眞正存在的事物。

7 **但是它們仍然合於語言的目的** 這些複雜觀念或混雜觀念的本質，雖然依靠於人心，並且是很任意地形成的，可是它們並不是錯亂地形成的，並不是毫無理性地擠在一塊的。這些複雜觀念，雖然不是常由自然摹擬而來，可是它們仍常常契合於人們原來形成抽象觀念時的目的。它們所集合的各觀念雖然很鬆懈，而且本身並無聯絡，也正如人心所不曾聯合爲一的那些觀念似的，可是人們之所以要形成這些觀念，原是爲溝通思想起見、原是爲達語言的主要目的起見。語言的功用就在於以簡短的聲音，順利地、迅速地表示概括的觀念。在這些概念中，不只包括了一些特殊的事物，而且把各種互不相屬的觀念集合爲一個複雜觀念。因此，在形成各種混雜情狀時，人們所注意的，只是他們常要互相提到的那些集合體。他們只把這一類的觀念集合成獨立的、複雜觀念，並且給它們名稱。至於別的觀念，則雖在自然中有相同的聯繫，人們也任其鬆散而不加注意。因爲即在人類行動的範圍中來說，我們如果對於我們在行動方面所看到的一切花樣，都形成一個獨立的複雜觀念，則觀念的數目將會無限，記憶也會因爲繁雜而產生迷亂，而且名目紛歧，也會無用。因此、人在日常事故中，如果覺得某些混雜情狀的複雜觀念，是必須命名的，則他們只形成那些觀念，並且給它們名稱就是了。人們所以要在「殺」的觀念上，特別加上「父」或「母」的觀念，並且因此形成一種特有的「殺」的觀念，以別於殺子或殺鄰人，那正是因爲那種罪惡的可憎程度不一樣，而且人們覺得，弒父母所應得的刑罰比殺子或殺鄰人所應得的刑罰要當有別。因此，他們就覺得自己必須用特殊的名稱來提說它才是；這正是人們之所以要形成那個集合體的目的。不過母的觀念和女的觀念，在殺的觀念方面，雖被人另眼相待，而且母的觀念和殺的觀念雖然相聯合而爲一個獨立的抽象的觀念，並且使那個新觀念得到新名稱，形成新事類（或物種），同時女的觀念則又不如此；可是在肉欲方面，則他們都包括於亂倫一詞中。人們之所以如此，也只是想用一個名稱，把這些汙濁的混合體表示出來，並且把它們當做一個類別（或物種），視它們比別的行動要更加敗壞。這樣，他們就可以避免來回周折和厭煩的敘述。

8 各種語言中之翻譯不出來的字眼，就可以證明這一層 人只要稍通曉各種語言，就容易相信這個眞理。我們很容易看到，一種語言中有許多文字，在別種語言中找不到其相應的文字。這就分明指示出，一國之中人可以因其風俗習慣之所需，而形成一些複雜觀念，並且給它們各種名稱；而在別的國家，則從不把這些觀念集合爲一個物種觀念。這些事類（或物種）如果是自然恆常的產品，而不是爲人心所抽象出的集合體，而不是爲命名達意之故而抽象出的集合體，則觀念不會因國別而各異。英國法律中的名詞雖不是空虛的聲音，可是在西班牙文中和義大利文中並不易找到相契的名詞（這兩種文還不是缺少字眼的）；而且我認爲無人能把它們翻譯成克利伯文（Caribee）和威士陶文（Westoe）。羅馬人的錢還債（Versura）和猶太人的獻給上帝的禮物（Corban），在別的語言中也找不到相應的文字；這種情形分明是由上述的原因所致的。不但如此，我們如果稍進一步來觀察這回事，並且精確地比較各種語言，我們就會看到，各種語言中雖有各種文字，在翻譯中、在字典中，彷彿互相對應，可是在複雜觀念的名稱方面，尤其在混合情狀的名稱中，所譯出的文字，十個中也難找到一個能精確地表示字典中原字所表示的那個觀念。時間、廣袤、重量三者的度量是最尋常、最不雜的觀念，而且我們也很容易把拉丁文的hora, pes, libra三字翻譯成時、呎和磅三個字。不過我們清楚看到，一個羅馬人在這三個字上所附加的觀念，與英國人用這三個英國字所表示的觀念，實在不一樣。兩個人中如果有一個人要應用對方的文字所表示的度量，則他的計算會成了錯誤的。這些明顯的證據，是不能懷疑的。在較抽象較複雜觀念的名稱方面，更是這種情形；道德學說中大部分名詞都是這一類的。人們如果本著好奇心來比較這些名稱和它們在別的語言中被譯成的名詞，他們就會看到，它們很少能在全部意義方面，精確地互相契合。

9 **這就清楚指示出事類（或物種）之所以形成是為傳達意思的** 我之所以要特別注意這一層，乃是因為要使我們正確地了解所謂種和類，以及其本質，而不要認為它們是自然恆常地而且有規則地，所創造的事物，而不要認為它們在事物中有實在的存在。因為我們在較謹慎地觀察之後，就會看到，它們只是理解的技巧的產物，理解所以要創造它們，乃是要用一個概括的名稱，來較容易地傳達它常要表示的那些觀念的集合體；因為各種特殊的觀念只要契合於那個抽象的觀念，它們就可以包括在那個概括的名詞之下。有人或許覺得，事類或物種（species）這一個字意義可疑，因此，他們如果聽我說，混雜情狀的事類或物種是為理解所形成的，則他們或者覺得有些逆耳。不過我認為，人人都得承認，事類的名稱所表示的那些抽象的複雜觀念是由人心所形成的。人心既形成各種模型，來分類、命名各種事物，則我可以請問，各個事類（或物種）的界限果然是由誰所形成的。（在我看來，拉丁文的species和英文中的sort只不過是語言之差，並無別的意思。）

10 **在混雜情狀中，只有名稱能把那種組合體聯繫在一起，使它形成一個事類或物種** 在事類（或物種）本質；和概括的名稱之間，的確有一種切近的關係（至少在混雜情狀方面是如此的）。因爲我們清楚看到，能保持那些本質，並使它們有永久存在的，似乎只有名稱。因爲那些複雜觀念中的各個鬆散部分所以有聯繫，既然只是由於人心，因此，這種聯繫在自然中就沒有基礎，因此，如果沒有一種東西把它們維持住，使它們不致於分散，則這種聯繫仍會消失。它們雖是人心所集合的，可是能使它們緊縛的，只有它們的名稱。就如凱旋一詞就把許多不同的觀念維繫住，給了我們一個事類（或物種）的觀念。如果人們未曾造這個名稱，或者完全失掉它了，則他們雖也可以敘述那種莊嚴行動中一切的經過，可是我認爲，只有表示複雜觀念的那個字，可以把各種不同的部分維繫在一個觀念中。如果沒有這個字，則我們不會想它的各部分會構成一個東西。因爲任何現象，如果只發現一次，而且並沒有集合爲一個複雜觀念，也沒有得到一個名稱，則它便不會成爲一種東西。因此，在混雜情狀方面，本質所必要的統一性是依靠於人心的，那個統一性之能繼續、能確定是依靠於人在其上所加的通名。人們如果認爲本質和事類（或物種）是自然中確立的實在的東西，則他們可以好好考察這一層。

11 人們的做法正是與此相契的。因爲我們看到，人們在談論混雜情狀時，他們所認爲可以成爲事類（或物種）的情狀，只是那些有名稱的情狀。因爲人們之所以要形成它們，爲的既是給它們命名，因此，它們如果不附有名稱，則人們不會注意到這些事類（或物種），或者竟然不以爲它們是事類（或物種），因爲有了這名稱，才可以標記出人們已經把一些鬆散的觀念集合爲一個觀念，才可以給各個部分以一種永久的聯繫。人心如果一放棄那個抽象的觀念，並且再不思維它，則其各部分會完全瓦解，而無任何聯繫。但是我們若給這個觀念一個名稱，使那個複雜觀念的各個部分有了一個確定的、永久的聯繫，則所謂本質便會確立，而所謂事類（或物種）也就會完成。因爲記憶所以要使自己多添了這些組合體，並沒有別的作用，只是要藉抽象作用，使它們成爲概括的。因此，我們看到，以刀或斧來殺人，那並不是特種的行動。可是刀尖如果先入了身體，則它就成了一個特種的行動，附有一個獨立的名稱，因此，我們便叫它爲刺。不過在別的國家中，它如果不曾歸類到一個特殊的名稱下，則它便不是一個特殊的事類（或物種）。至於在有形實體的事類方面，則它們的名義的本質雖也是由人心所形成的；但是人們既然假設，在這個事類（或物種）中所包括的那些觀念在自然中原有一種聯繫，因此，不論人心接合它們與否，我們也應當認它們是獨立的事類（或物種），並不必藉助於人心的任何抽象作用，而且人心也並不一定要給那個複雜觀念一個名稱。

12 **我們不必越出人心以外，就可以追尋出混雜情狀的起源，這也足以證明它們是理解的產品** 我們方才說過，各種混雜情狀的本質都只是理解的產物，並非自然的作品。現在我們看到，確實有一種情狀與這個說法相契。因爲我們看到，它們的名稱只使我們想到人心爲止，並不再想到別的東西上。在我們提到「正義」和「感恩」時，我們並不想像有任何存在的事物，可以爲我們所想像。我們的思想只歸結於那些德性的抽象觀念中，並不再往前觀察。可是我們如果一提到馬或鐵，則我們的思想必然會再往前進一步。因爲我們不以爲這些事類（或物種）觀念，只存在於人心中，我們以爲它們是存在於事物自身中的，而且它們是以這些事物爲其原始的模型的。不過在混雜情狀方面，我們則以爲它們大部分（例如道德的性質）只在人心中有其原始的模型；而且我們在以各種名稱來區分特殊的事物時，往往要參照這些原型。因此，我認爲，各個事類（或物種）的混雜清狀的本質，應該以想法一詞來稱呼它們。因爲它們是特別屬於理解的。

13 **理解形成它們時，並無任何模型，這便可以解釋它們為什麼是那樣複雜的** 由此我們可以知道，混雜情狀的複雜觀念何以通常比自然實體的複雜觀念更爲複雜。因爲它們既是理解的產物，而且理解只是追求它的目的、只是用簡便方法來表示它所表示的那些觀念，因此，它可以很自由地把本不相連屬的一些事物合攏在一個抽象觀念中，並且用一個名詞來聯絡許多一再混合的觀念。就以禮拜行列一詞而論，則我們會看到，這個複雜觀念是人心任意集合而來的，其中所包含的各種獨立的觀念，如人、習慣、小蠟燭、命令、運動、聲音等，多至不可勝數。至於人對於各種實體所形成的複雜觀念，則通常是由少數簡單觀念形成的。而且在動物的種方面，只有形象和聲音兩者就能形成全部的名義的本質。

14 **混雜情狀的名稱往往能表示它們的實在的本質**　由前所說的看來，我們還可以看到另一件事，就是，混雜情狀的名稱（如果它們有任何確定的意義），往往能表示那些事類（或物種）的實在的本質。因爲抽象的觀念既是人心的產品，而不與實在存在的事物相參照，因此，我們假設那個名稱所表示的，並沒有別的，只是人心所形成的那個複雜觀念。而且那個事類（或物種）一切性質，也就都依靠於這個觀念，而且它們也都是由此所流出的。因此，在這類名稱方面，實在的和名義的本質便合而爲一。至於這種情形在我們對於普遍眞理所有的某種知識方面，有何種關係，我們以後就會看到。

15 **它們的名稱為什麼往往是在它們的觀念之前獲得的**　這也可以向我們指示出混雜情狀的名稱的獲得，爲什麼多半是在它們所表示的觀念以前的。因爲這些事類中平常被人注意的，都是有名稱的，而且那些事類（或它們的本質）就是人心任意所形成的複雜的抽象觀念，因此，我們在獲得這些複雜觀念之前，如果就先知道這些名稱，雖然不是必要的，但也是方便的。若非如此，則一個人腦中雖然充滿了一大堆抽象的複雜觀念，他也得把它們棄置、忘卻，因爲別人都不知道那些觀念的名稱。我承認，在語言初創時，原是先有了觀念，然後才有名稱；我承認，就是現在，也是先形成新的複雜觀念，然後才有新的名稱，然後才有新的文字。不過語言如果已經盛行，而且已經供給了許多日常通用的觀念，則情形便不一樣。在這種情形下，我可以問任何人，兒童通常是不是先學得混雜情狀的名稱，然後才得到那些觀念。千人中曾有一人，是先形成了抽象的光榮觀念和野心觀念，然後才聽到它們的名稱嗎？不過在簡單觀念和實體方面，我承認不是這樣的；因爲這些觀念在自然中既然有其存在和聯繫，因此，它們的觀念是先獲得的，它們的名稱是後獲得的。

16 **我何以要再三申論這個題目** 我在這裡關於混雜情狀所說的話，幾乎可以無分別地應用在各種「關係」方面。我認爲，人們都可以看到這一層，因此，我就不再費心討論它；尤其是因爲有些人或許覺得我在這第三部中關於文字所說的一切話，已經超過了這個題目所需要的程度。我承認，我這裡所說的話可以再簡略一些。不過這個論題既然在我看來似乎有些新奇，而且稍出常軌（我相信，我在起首寫此書時並不曾想到這個題目），因此，我希望讀者在此多停留一時。因爲我們如果追根究底、面面俱到，則有些地方或許能觸發人們的思想，並且使最不愛思想的人也來反省一種普遍的錯誤；因爲這種錯誤雖很重要，卻是不常爲人所注意的。我們如果考察人們對於所謂本質所起的一切爭論，並且考察各種知識、討論和談話，如何因爲文字的誤用，產生許多擾攘和紛亂，則我們會看到，我們確實應該把這種錯誤完全揭露出來。因此，我如果在這個題目上已經說得太多，那麼讀者可以原諒我；因爲我覺得，我應該以此諄諄教人；因爲人們在這方面所犯的過錯不只是眞正知識的最大障礙，而且人們往往竟認錯誤爲眞正的知識。人們雖然拿各種文字作爲武器，並且自信不疑地拿各種文字來向各方進攻，可是他們如果觀察某些觀念是包含在這些文字中的，某些觀念是不包含在這些文字中的，並且他們考察的範圍如果超出了時髦的聲音（語言）之外，則他們會常看到，在自己所誇張的一切意見中，所有的理性和眞理是很少的，或者甚至沒有。我雖然在這個題目上說得未免太多，可是我也許能因此在眞理、和平、學問方面稍微有些效勞。因爲我或許因此可以使人來反省自己語言的用法，而且人們或許會因此猜想，別人既然一面在口頭上、著述中，會常有很良善、很恰當的文字，一面又有很不確定的意義，或者竟然全無意義，因此，他們自己也許也是這樣的；因此，他們或許會在這方面謹愼一點，願意讓人來考察自己。我將本著這個計畫，進一步來討論這個問題。

第六章　各種實體的名稱

1　**普通的實體名稱往往表示物種**　普通的實體名稱，也與別的概括的名詞一樣，所表示的都是物種。這就是說，它們被作爲各種複雜觀念的標記，使各種特殊的實體在事實上，或在可能上，都與這些觀念相契合，因而它們可以包括於一個共同概念之下，並且可以爲一個名稱所表示。我之所以說「在事實上，或在可能上」，乃是因爲世界上雖只有一個「日」存在，可是日的觀念可以抽象化了，使許多實體（假使有）都與它相契。它正是表示著許多日的一個物種，也正如星的抽象觀念表示著許多星似的。我們如果想，在處於適當的距離時，所謂恆星也可以與「日」這個名稱所表示的觀念相契，則我們的想法正是合理的。由此，我們就可以順便看到，事物的種類只依靠於人所形成的觀念的集合體，並不依靠於事物的實在本質。因爲顧名思義，此一個人所謂恆星，或者正是彼一個人所謂日。

2　**每個物種的本質都是抽象的觀念**　每個物種所以能有其特有的性質，並且能和別的物種有別，原是因爲它有它的尺度和界限；這種界限就是所謂本質，這個本質就是附有名稱的一個抽象觀念；因此，這個觀念中所包含的一切事物，都是那個物種所必要的。不過這個本質雖然就是我們所「知道」的一切自然實體的全部本質，而且我們也以它來分類各個實體，可是我仍稱這種本質爲名義的本質，以別於實體的實在組織。名義的本質，和物種的一切特性，都依靠於實在的組織，因此，這種組織，如前所說，就可以叫做實在的本質。例如黃金的名義本質，就是黃金一詞所表示的那個複雜觀念，例如，就是一個色黃、量重、可熔，而且固定的物體。至於所謂實在的本質，就是那個物體的不可覺察的各個部分的組織，黃金的這些特性，以及別的特性都依靠於此。這兩種本質雖都是叫做本質，可是它們是很差異的，這在一看之下，就可以發現出來。

3 **名義的和實在的本質，是有區別的**　某種形象的身體，與自願的動作、感覺和理性結合以後，我們便形成一個複雜觀念；這個複雜觀念，我和別人都稱它爲「人」，因此，它就成了所謂「人」這一物種的本質。不過沒有人會說，那個物種中各個體所有的一切動作，都以這個複雜觀念爲其實在的本質或源泉。構成那個複雜觀念的那些性質，有另一種十分相異的基礎；我們如果能知道，人的動作、感覺、推理能力，都是從什麼組織流出的，並且能知道人的有規則的形象依靠於什麼組織（天使大概可以知道這一層，造物主的確是知道的），則我們對於人的本質所形成的觀念將大異於現在人類的定義中所含的一切（不論這個定義如何）。在那時候，我們對於任何人所形成的觀念，將大異於現在的觀念；也正如一個明白斯特拉斯堡（Strasburg）那個大鐘的人的觀念，大異於一個張目四望的鄉下人的觀念一樣。因爲前一個人知道那個著名大鐘內所有發條、輪制和機件，而那個鄉下人則只能看到針的動作、聽到鐘的聲響，觀察到一些外表的現象。

4 **在個體方面，無所謂主要的條件**　我們如果把分類和命名各個體時所依的那個抽象觀念除去，則我們便不會再想，某一種性質是某一類中任何個體的本質所在。由此顯然可見，所謂本質，就其通用意義來說，只涉及於物種，而且特殊的事物只有在其歸在物種的範圍內，我們才考察它們的本質。離了抽象觀念，就無所謂本質的條件。這就清楚指出它們是有關係的。我自然就得是我這樣子，而且上帝和自然也把我造就成這樣子，不過我所有的一切，並非都是我的本質的條件。一次事故或疾病也許把我的膚顏和形象大爲變換了；一場熱症或一次跌落，也許把我的理性或記憶完全喪失了；一場中風也許把我的知覺、理解，甚至生命取消了。與我形體相同的其他生物，他的各種官能或許比我多、或許比我少、或許比我優、或許比我劣。至於別的有同樣理性和感覺的動物，則其形象和身體或者和我的完全不一樣。這些東西對於或此或彼的各個體都不能說是本質的條件。不過人心如果一把個體來與物種互相參照，則我們可以立刻根據那個物種的抽象觀念，發現所謂本質的條件。任何人只要一考察自己的思想，他就會看到；他只要一假設、一談論所謂本質的條件，則他的心中一定要思想到一些概括名稱所表示的某個物種或複雜觀念；而且或此或彼的性質所以成爲本質的條件，也只是以這個物種爲參考。因此，如果有人問說，理性是不是我或任何其他特殊的有形生物的本質所在，則我說，絕不是的；而且它之不爲本質的條件，正如我在上面寫字的這個白色之物之不以寫有文字爲其本質似的。但是我們如果以爲那個特殊的東西是屬於人類的，並且以「人」一詞給他，理性就成了它的本質條件，因爲我們已經假設，理性是「人」字所表示的那個複雜觀念的一部分。同樣，我如果從文章一詞來稱呼我在上面寫字的這東西，並且把它歸在文章這個類名之下，則它的本質便在於其含有文字。因此，所謂本質的，或非本質的，只涉及於我們的抽象觀念，和觀念上所附加的那些名稱。這就是說，任何特殊的事物如果不具有抽象觀念中所含的有那些性質，則它便不能歸在那一個物種中，也不能得到那個名稱，因爲那個概括的名稱所表示的抽象觀念正是那個物種的本質。

5 因此，物體觀念像有些人所主張的，如果只是廣袤或空間，則凝性便不是物體的本質所在，別的人如果以爲物體一名所指示的觀念含著凝性和廣袤，則凝性便成了物體的本質所在。因此，任何性質，必須是物種名稱所表示的觀念的一部分，它才能成爲本質所在，如果不是這樣，則任何特殊的東西都不能歸在那一類，也不能得到那個名稱。如果有一團物質具有鐵其他所有的性質，只是不能依從磁石：既不爲它吸引，又不因它而改其方向：則有人會問說，它缺少任何本質的性質嗎？我們如果要問，一個眞正存在的東西是否缺少任何本質的東西，則我們的問題是很荒謬的。我們也一樣不能問，這本質是否形成本質的和種別的差異，因爲我們除了抽象的觀念，便沒有別的尺度來判斷本質和物種。我們若不參照於概括的觀念和名稱，則談起自然中的物種的差異，那實在是無意義的。抽象的觀念既是物種的本質和標準，則我可以問，拋開抽象的觀念，自然中還有什麼東西可以使特殊的兩個物體有本質的差異呢？我們如果完全棄置所有這一類的模型和標準，而只考察各種特殊事物的本身，則它們所有的一切性質都一樣是本質的；各個體中所含的任何性質都是那個個體的本質所在，否則毫無意義（這是更重要的一點）。因爲我們雖然可以問「爲磁力所吸引」是否是鐵的本質所在，可是我們如果問這種性質是否是我削鉛筆用的這一團特殊物質的本質所在，則這個問題是很不適當、很沒意義的。只有我們當它是鐵時，或當它是屬於某個物種時，我們的問題才有意義。由此看來，附有名稱的各抽象觀念如果是物種的界限，則所謂本質的條件，一定都是包括在那些觀念中的。

6　我已經說過，在各實體方面，其實在的本質與其名義的本質——它們的抽象觀念——是不相同的。所謂實在的本質，就是任何物體的實在組織；包括在名義本質中而與之共存的一切特性都以這種組織爲基礎。這種特殊的組織是各個物體自身所含的，並不與以外的東西發生關係。不過就在這種意味下，所謂本質也與物種相關、也必然要假設一個物種。因爲它既是各種特性所依靠的實在組織，則它必然要假設一個物種。因爲所謂特性只屬於物種，並不屬於個體。因此，我們如果假定黃金的名義本質是一個具有特殊顏色、重量、可展性、可熔性的物體，則所謂實在的本質就是那個物質各部分的組織，而那種組織是這些性質和其聯繫所依靠的；不但如此，而且黃金在王水中之可溶性，以及那個複雜觀念中所含的其他特性，也都以那種組織爲基礎。在這裡，是有所謂本質和特性的，可是我們在這裡必須假設一個物種，或概括的抽象觀念，以爲它們之所依託，因爲只有這個觀念可認爲是不變的。但是說到任何單獨的一團物質，則這些性質無論與它有何種聯繫，也不能成了它的本質所在，或不可分的條件。自然，一個物體有了本質的條件，才能屬於某個物種；但是我們如果不以爲它是屬於某個抽象觀念的名稱下，則它便無所謂本質的條件或不可離的條件。自然，說到各實體的實在的本質，我們只能假設它們的存在，可是並不確知它們，不過把這些本質聯繫在某一物種上的，仍是名義的本質，雖然我們假設實在的本質是名義的本質的基礎和原因。

7 **名義的本質可以界說物種**　其次要考察的問題就是，這兩種本質中，哪一種可以決定各種實體，使之屬於此一物種或彼一物種。我們清楚看到，這是由名義的本質所決定的。因爲名稱——事物的標記——所表示的，只是這種本質。因此，只有那個名稱所標記的那個觀念，能決定各個概括的名稱所表示的各個物種。而這個觀念並不是別的，就是我們所謂名義的本質。我們爲什麼說，「這是一匹馬、那是一頭騾；這是動物、那是野草」呢？任何特殊的事物之所以屬於此種或彼種，不是因爲它有那個名義的本質，不是因爲它與那個名稱所表示的那個抽象觀念相契合嗎？我希望，人在聽說或自說各種實體的名稱時，可以反省自己的思想，看看那些名稱所表示的是哪一種本質。

8 所謂物種，就是要以各種名稱來分類各種事物；不過這種分類，只是依據於我們的複雜觀念，並非依據於它們精確的、清晰的、實在的本質，因爲我們清楚看到，同種同名的許多個體，也竟會從其實在的組織，產生出許多互異的性質，而且它們差異的程度，也正和它們與別的異種的個體所差異的一樣。凡在自然物體方面做過試驗的，都容易看到這一點，而在化學家尤其可以藉慘澹的經驗，相信這一點，因爲他們雖在某一些硫磺、銻或硝酸內，發現了一些性質，可是他們在別一些硫磺、銻或硝酸內有時竟然找不到同樣的性質。因爲這些物體雖是同一物種、同一名稱，而且有同一的名義本質，可是在嚴格考察之後，它們會顯露出十分相異的種種性質，使很謹慎的化學家白費努力、空抱希望。因此，事物的分種如果是按照它們實在的本質，則同種中任何兩個實體，不會有相異的性質，正如我們不能在兩個圓或等邊三角形之間發現相異的性質一樣。所謂本質一定要能決定各個特殊事物，使之成爲此族或彼族，使之屬於此一個概括的名稱，或彼一個概括的名稱。但是除了那個名稱所表示的那個抽象觀念之外，什麼東西能有這作用呢？那個名稱既表示著那個抽象觀念，因此，它只涉及於事物的公共名稱，並不涉及於各特殊事物的存在。

9 **能界說物種的不是實在的本質，因為我們不知道這種本質**　我們並不能依據事物的實在的本質，來分類它們，並命名它們（這正是分類的目的），因爲我們根本就不知道它們。我們的各種官能在我們對實體的知識和分別方面所能爲力的，只是使我們得到各實體中所觀察出的各個可感觀念的一個集合體。這個集合體縱然是我們很勤苦地、很精確地所形成的，它也離那些性質所發源的那種眞正的內在組織很遠。正如前面所說一個鄉下人，只看到斯特拉斯堡大鐘的外形和動作，不能了解鐘的內部組織似的。世界上最鄙賤的動物或植物也可以使識力廣大的人迷亂不知所措。我們在習見習聞各種事物以後，雖然可以不再訝異，可是這並不能因此治癒了自己的無知。我們如果考察我們所踩的石頭和日常所運用的鐵，就會立刻看到，我們並不知道它們的組織，也不能解釋它們所含的各種差異的性質。顯然，它們的各種特性所依靠的那種內在的組織，我們是完全不知道的。即以我們所能想像到的最粗糙、最明顯的事物而論，我們能知道，有什麼部分的組織和實在的本質，能使鉛和銻成爲可熔的、木和石成爲不可熔的嗎？我們能知道有什麼東西，可以使鉛和鐵成爲可展的、使銻和石成爲不可展的嗎？不但如此，而且人人都知道，動植物精妙的構造，和不可想像的本質，又比鉛、鐵、石等微妙了無限倍。在大宇宙的全部結構中和其各部分中，全知全能者的巧工，遠非世上最好問、最聰明的人所能了解的，正如最伶俐的人的最妙機件遠非理性動物中之最愚昧的人所能了解的一樣，而且還更有甚於此者。因此，我們並不能以各種事物的眞正本質來歸類它們、命名它們，因爲它們的實在本質遠非我們所能發現、所能了解的。一個人如果可以憑自己所不知的內在組織來分類事物，則一個瞎子也可以憑顏色來歸類事物、一個失了嗅覺的人也可以憑香味來分辨百合和玫瑰。人如果以爲自己可以憑自己所不知道的實在的本質來分辨綿羊和山羊，則他不妨在Cassiowary和querechinchio，這兩種鳥方面，來試試他的本領。他可以試試，他如果不知道那些名字在那些鳥類的產生地所表示的各明顯性質的複雜觀念，他是否可以憑實在的本質，來決定那些物種的界限。

10 **能界說物種的，也不是實體的形式，因為我們更不知道這一層**　有些人們因爲常聽人說，實體的各個種都有其清晰的，內在的，實體的形式，而且各個實體之所以區分爲眞正的種和類，也就是由於這些形式：因此，他們就又捕風捉影地考察這些全不可了解的實體形式。實則他們會因此離正道更遠一些，因爲在這些形式方面，我們連一點概括的模糊觀念也沒有。

11 **我們可以根據神祇，更進一步地來證明，只有名義的本質能區分各個物種**　我們根據神祇的觀念，也可以看到，各種自然實體之所以分種別類，只是依據於人心所創造的名義的本質，並不在於事物本身中實在的本質。因爲人心所給予各神祇的那些簡單觀念，既然是因爲它反省自己的動作而形成的，因此，它之所以有神祇觀念，一定只是因爲它把自身所有的那些動作，給予某種非物質的東西。我們對於上帝所有的最進步的想法，也只是把一些簡單觀念無限地賦予他；此處所謂簡單觀念就是指我們由反省內心所得的那些觀念，而且我們以爲這些觀念存在時比不存在時要完美。因此，我們如果在反省內心時，得到「存在」、「知識」、「權力」、「快樂」等觀念，而且我們又以爲這些觀念有甚於無、多甚於少，則我們會結合這些觀念，並且各個賦予無限性，使我們得到一個永恆、常在、全能、全智、無限智慧和幸福的上帝的複雜觀念。人雖然告訴我們，天使有許多種，可是我們並不知如何來形成清晰的各種各類的天使觀念。而我們之所以不知，並不是因爲我們以爲神祇的種類不能超過一種以上，而其原因乃別有在。因爲我們並沒有別的簡單觀念（也不能再形成較多的）可以應用在這一類神祇上，所有的少數觀念，只是由自身來的，只是由思維時、享樂時、支配身體時所有的各種心理動作來的，因此，我們在自己的概念中，要想區分他們，只有按照或高或低的等級來把自身所感到的那些動作和能力賦予他們。因此，我們在神靈方面，除了上帝觀念之外，便沒有很清晰的神種觀念，因爲我們所給與上帝的「綿延」和別的觀念都是無限的，而所給予別的神祇者，則都是有限的。而且就愚見看來，我們在上帝觀念和神祇觀念方面，之所以認爲有差異，並非因爲有些簡單觀念是此所無而彼所有的，乃是因爲他們在無限性方面有差異。存在、知識、意志、權力、運動等特殊的觀念，都是由我們心理動作來的。我們把這些觀念賦與各種神祇，使他們所差異的，只在程度方面。我們如果要想竭能盡智來形成「第一實有」的觀念，則我們便要把這些觀念擴充到無限的程度。不過我們仍然清楚看到，他的本質的實在優越性，要超過於最高貴、最完全的被造物，正如最偉大的人物和最純潔的天使，超過於最鄙賤的物質似的，而且還有甚於此者。因此，他一定無限地超出了我們這狹窄的理解所能想像的範圍以外。

12 **在神祇方面或者有無數的種別** 事實上也許有各種神祇是爲我們所觀念不到的一些清晰的特性所分劃及分別的，正如一切可感的種物是爲我們所知的一些性質所分別及分劃一樣。這不是不可能想像到的，而且這種說法也並不悖乎理性。在全部有形的世界內，我們並不能看到有裂口或縫隙，因此，在我們以上的那些靈物的種類或者比在我們以下的那些可感的物質的種類還要多。由我們往下數都是循序漸進、一脈相承的，因此，每一推移所差的都很小。有些魚是生有羽翼的，它們常到空界；有些鳥是住在水中的，它們的血也像魚一樣冷，而且它們的肉味也相似，因此，虔誠的人們在食魚日（fish days，如天主教星期五就是一個禁食日，在那一天只食魚而不食肉），竟然也可以吃它們。又有些動物，與鳥和獸都相近，因此，它們就成了一種中間物，兩棲類可以同時具備水陸兩種動物特質：海豹可以在陸上和水中居住，海豚也有豬的熱血和臟腑；至於一般所宣傳的人魚，則更不用說了。有些動物的知識和理性，也和一些所謂人者一樣。而且動植兩界是很有聯絡的，所以你如果把最低等的動物和最高等的植物相較，則你幾乎看不出其間有什麼大的差異。如是一直進到最低等、最無機的物質部分，我們都可以看到，各個物種都是聯合在一塊的，而且其差異幾乎是覺察不到的。我們如果考察造物者的無限智慧和能力，則我們正有理由思想，各個神祇也應該循著漸次的等級由我們一直上升到無限的完美程度，正如各個物類漸次由我們往下降的一樣，因爲這正適合於宇宙的莊嚴的和諧，與建築家的妙計和仁心。如果這種推測可靠，則我們正可以相信，在我們之上的神物種，比在我們之下的物種，理當還多；因爲我們在完美的程度方面離上帝的無限存在之距離，比我們離最低下而且接近於零的那些事物之距離，還要更遠。不過我們仍因爲上述的理由，對於那些各別的神物種，不能形成明白而清晰的觀念。

13 **我們還可以由水和冰來證明物種的本質只是名義的本質** 我們可返回來討論有形實體的種

類。我如果問：「冰和水是否是兩種特殊的物種？」，那麼我相信，人一定會給我肯定的答覆；而且我們不得不承認，人說它們是兩種事物，這是很正確的。但是一個英國人如果生於牙買加（Jamaia），而且從未聽過或見過所謂冰，則他在冬天走到英國時，會看到，他在晚上所置於盆中的水，在早上大部分會凍了；而且他既然不知道它的特殊的名稱，他也許叫它爲凝結的水。因此，我就可以問，這東西在他看來是否是一個新種，是否與水有別？我相信，人一定會說，那不是一個新物種，就如冷時凝結的果漿與熱時流動的果漿不是兩個物種一樣；也正如火爐中流動的黃金，與工人手中的硬塊黃金，不是兩個物種一樣。如果眞是這樣的，則我們會分明看到，所謂各別的物種只是附有各別名稱的各別的複雜觀念。自然，凡存在的實體都有其特殊的組織，以爲它那些可感的性質和能力所依託；不過要給它們分類命名，我們只得依照於我們對它們所有的觀念。不過我們雖然可憑這些觀念來以各種名稱區分它們，而且在它們不在場時，我們也可以談論它們，但是我們如果假設這種區分是由實在的內在的組織所形成的，而且存在的各種事物，是自然按照它們的實在的本質把它們區分的，正如我們用各種名稱來區分它們那樣——我們如果這樣假設，則我們會陷於很大的錯誤。

14 **要說有一些實在的本質，則有下述的許多困難**　人們假設一切存在的個體，之所以被自然區分爲各種各類，乃是因爲有一些精確的本質或形式。但是我們如果按照這個假設，把各種實體的存在分種別類，則我們必須滿足下述幾個條件。

15 **一個粗略的假設**　第一點，我們必須確知，自然在產生各種事物時，必然恆常要使它們具有某種有規則而確立的本質，作爲將要產生的一切事物的模型。不過人們必須先詳細解釋這個意義粗淺的說法，我們才能同意它。

16 **怪物的誕生** 第二點，我們必須知道，自然在產生各種事物時，是否永遠達到它所計畫的那種本質。常見的各種動物的怪胎永遠使我們有理由懷疑這兩點。

17 **怪物真的是一個獨特的物種嗎？** 第三點，我們應當決定，按照經院派對物種一詞所下的定義，我們所謂怪物，是否眞是獨特的物種。因爲各種存在的東西雖然確實有其特殊的組織，可是我們發現，這些怪物竟然沒有它們所從出而爲其譜系所屬的那個物種的本質中流出的那些性質。

18 **各個實體的名義本質，並不是各種性質的完全的集合體** 第四點，我們所分類、命名的那些事物的實在本質，必須是我們所知道的；那就是說，我們對它們必須具有觀念。不過我們既然完全不知道這四點，因此，所假設的事物的實在本質，不能使我們把各種實體分成物種。

19 **我們宣稱的物質本質，不是其真正本質所具有的物性的完美集合** 第五點，在這方面，所能想像到的唯一幫助，應該是，我們如果對於各種實在的本質所流出的各種事物的特性已形成完全的複雜觀念，我們就可以因此把各種事物分成各個物種。不過這一層也是做不到。因爲我們既然不知道實在的本質，則我們便不能知道由它所流出的一切性質。我們並不能知道那一些性質是和那種本質不能分開的，因此，我們也不能斷言，缺少了某種性質，那種本質就不存在，那種事物也就不屬於那一個種。我們永遠不能知道，依靠於黃金的實在本質的，的確有多少樣性質；可是只要缺少了任何一種性質，則黃金的實在本質就不存在，結果黃金也就不存在。我們若不能知道黃金本身的實在本質，並且不能依此來決定那個物種，則我們便會有此結果。不過我此處所謂黃金，乃是指某一片特殊的物質而言，就是指實在鑄造出的那個金錢而言。因爲它如果仍是普通意義、仍是指著我們所稱爲黃金的那個複雜觀念、仍是指黃金的名義本質，則我所說的等於妄語。由此我們可以看到，要指示出各種文字的各種含義和缺點眞是不容易的，正因爲我們除了用文字便不能指示出來。

20 **名稱與真實本質無關**　由前面所說的種種看來，我們所以要用各種名稱來分類各種實體，完全不憑於它們的實在的本質；而且我們也不能自誇自己能按照內在的本質的差異，來精確地歸類各種事物，決定各種事物。

21 **實體的名義本質只是人造的名稱所表示的觀念的集合體**　前面已經說過，我們雖然不知道事物的實在本質，可是我們仍然需要概括性的文字。因此，我們所能爲力的，就在於把經過考察以後在存在著的事物中所發現的一些簡單觀念集合而來，形成一個複雜觀念。這個觀念雖然不是存在著的任何實體的實在本質，可是它們是我們的名稱所表示的物種本質，而且這個觀念與這個本質還可以互相掉換。藉著這種互相掉換，我們至少也可以試驗這些名義的本質是否是正確的。人們如果說，物體的本質就是廣袤，則我們如果以任何事物的本質來代替那種事物自身，那一定不會錯誤的。因此，我們在談論中，可以用廣袤來代替物體；而且在我們說物體運動時，還可以換一個說法，說廣袤可以運動。但是我們考察之後，就可以看到這層謬誤。因此，人如果說，一個廣袤可以藉推動力來運動另一個廣袤，他只有這種說法，就可以充分表示出他的想法是荒謬的。在我們看來，所謂事物的本質就是那個名稱所包含，所表示的那個全部的複雜觀念。在實體方面，除了形成實體的那些簡單觀念之外，那個紛亂的實體觀念——就是聯合它們的那種不可知的原因觀念——永遠是那個本質中的一部分；因此，物體的本質不只是廣袤，而且是有有凝性的東西；因此，我們如果說，一個有廣袤、有凝性的東西能運動或推動另一個有廣袤、有凝性的東西，那正如同說：「物體可以運動或推動」似的。同樣，我們如果說：「一個有理性的動物可以談話」，那正如同說：「一個人可以談話」一樣。不過沒有人可以說，理性可以談話，因爲只有理性並不形成名爲人的那個動物的全部本質。

22 **我們的抽象觀念就是我們判斷物種時所依的尺度，「人」的複雜觀念就是一個好例子**　世界上有些動物，形象類似我們，不過它們生著毛而且缺乏語言和理性。在人類中也有許多白痴，形象雖與我們完全一樣，可是他們沒有理性、有的還沒有語言。據人們說（這種情形也沒什麼矛盾可言），有些動物，其語言、理性和形象的其他部分都和我們一樣，不過有帶毛的尾巴。又有些動物，公的沒有鬚，又有些動物，母的偏有鬚，有人如果問，這些都是人嗎？都屬於人類嗎？則我們清楚看到，這個問題只關涉於名義的本質。因爲他們如果與人這個字的定義相合，或與人字所表示的這個複雜觀念相合，則他們便是人，否則便不是。但是我們如果進而探究那個假設的、實在的本質，並且考察這些動物的內在組織和結構，是否眞有物種上的差異；則我們便完全不能答覆這個問題，因爲這個組織的任何部分，都不曾包含在我們的物種觀念中。我們所能想像的只是，各種官能或外面的結構，如果有差異，則內在的組織的確一定不能是同一的。但是我們如果要考察內在的實在的組織中究竟有何種差異，才能形成物種的差異，則我們仍是白費心力。因爲我們判斷物種時所用的尺度，只是我們所知道的抽象觀念，不是抽象觀念中所不包含的那種內在的組織。矮小醜陋的小孩和黑狒形象相同，而且都缺乏理性和語言，那麼它們皮膚上之有毛與否，就可以表示它們的內在的、物種的組織有差異嗎？如果可以，則在矮小醜陋的小孩和有理性的人之間，理性和語言的缺乏，爲什麼不可以表示它們的實在組織和物種是有差異的呢？在別的方面也是一樣，我們如果妄說，種類的區分是由事物的實在組織和祕密結構所確立的，則我們會陷於矛盾。

23 **物種也不是依生殖關係來區分的**　人們或者會說，動物可以藉雌雄交合來生殖，植物可以藉種子來繁殖，因此，這種生殖能力就可以使那個假設的實在的物種完整不雜。不過這種說法也是不恰當的，因爲我們縱然承認這是正確的，它也不能使我們來區分各個物種，因爲它只能區分動植物兩大類。那麼別的東西，我們該怎麼辦呢？不過就在動植物方面，這一種生殖能力也不足以來區分它們的物種。歷史如果不撒謊的話，則我們曾聽說，婦人有的受了黑狒的孕；按照他們這種標準，我們正不知道在自然中這種生產是何種實在的物種，這實在是一個新問題。這事情我們可以想像是可能的，因爲我們在世上常見有驢和馬雜交後所生的騾子、牛和馬雜交後所生的鳩磨（Jumart）我有一次還看到貓和鼠所生的動物，它分明具有兩者的特徵。而且我們在這方面看到，自然並沒有專依從哪一個物種的模型，它只是把它們混合在一起。此外，我們在自然中，也常看到一些妖形怪狀的產物，因此，即在動物方面，我們也難用譜系來決定每個動物的後嗣應該屬於哪一個物種。因此，我們雖然以爲實在的本質的確可以爲生產過程傳達下去，而且以爲只有它可以得到物種的名稱，可是我們也將茫然不知何爲實在的本質。此外我們還可以說，如果動植物的種只是依生產來分辨的，那麼我們還得跑到印度看看這個動物的父母、那個植物的前代，以便斷定這是虎，那是茶嗎？

24 **也不是由實體的形式所分別的**　總而言之，我們看到各種實體的本質，就是人所形成的那些可感性質的集合體，而且人們在分類各種實體時，大部分都不考察它們的實在的內在組織。至於所謂實體的形式，則思想到它們的人更是少的；只有在世界上這一部分熟悉了經院中用語的人們，才能思想到它們。但是那些不學之人雖然不自誇自己洞見了事物的實在本質，雖然也不費心思維實在的形式，雖然只藉可感的性質來分別各種事物，可是他們往往更清楚地知道事物的差異，並且能更精細地根據它們的用途來分別它們、並且能明白地知道各個會有什麼結果；至於那些獨具慧眼、博學多能的人，雖然觀察得它們較深一點，雖然較自信地談論一些較祕密、較根本的東西，可是他們並不如前一種人知道得那樣清楚。

25 **物種的本質是由人心所形成的**　我們縱然假設，人們如果認眞來探求各個實體的實在本質，就眞的會發現它們，可是我們仍不能合理地假設，所謂分類命名，不是根據於明顯的現象，而是根據於實在的內在的組織；因爲在所有國家中，各種語言是在各種科學之前就已確立的。因此，在各民族間，雖有人們形成通用的各種概括的名稱，可是他們並非哲學家或論理學家，而且他們也並未費心來探求過所謂形式或本質。在一切語言中，那些較概括的名詞大部分都是由無知識的文盲產生的，而且它們的意義也是由這些人們所賦予的。不過這些人們在分類和命名時，只依據於他們所看到的那些可感的本質；而且在要提到一個物種或特殊的事物時，他們也往往依此來向人表示。

26 因此它們是很繁雜、很不定的　我們既然依據名義的本質，而不依據實在的本質，來分類實體，命名實體，因此，其次要考察的問題就是，這些本質是如何形成的？什麼人形成的？說到後面這個問題，則我們清楚看到它們是由人心所形成的，而不是由自然所形成的。因爲它們如果是自然的產物，則在各個人方面，它們不會成了互有差異的，如經驗所報告的那樣。因爲我們考察之後就會知道，任何種實體的名義本質，在各人都不是一致的；即使是我們最熟悉的那些實體，也是這樣的。「人」字所表示的這個抽象觀念如果是由自然所形成的，則它在各個人萬不會成了不一樣的。萬不能此一個人說他是理性動物，彼一個人說他是無毛、兩腿，而有寬指甲的一種動物，人們如果把感覺和自發運動所形成的複雜觀念同某種形象的身體聯合起來，並且稱之爲人，則他便形成了一種人的本質；另一個人在進一步考察之後，如果又加上理性，則他又形成了另一種人的本質。因爲這種緣故，同一個體在此人看來就眞是一個人，在彼人看來或許不是。我相信，差不多人都不會認爲這個衆所共知的直立形象，是人類的本質的差異；不過我們仍然看到，動物的種多半決定於它們的形象，而少決定於它們的譜系。因爲人們常常爭辯，各種人形的胎兒，是否應當保存、是否應當受洗禮。而他們之所以要如此爭辯，只是因爲胎兒的外在形象，和普通嬰兒的身體不同。不過他們雖然如此爭辯，可是他們仍不知道那些胎兒是否如形象不同的嬰兒們將來一樣可有理性。有些嬰兒們，雖然形象正常，可是他們有的終身並沒有絲毫理性，而且甚至還不及一個猿或象；因此，我們看不到有任何標記，證明他們是被有理性的靈魂所支配的。因此，我們就清楚看到，人們只以爲外在形象是人的本質，而不以理性官能爲人的本質。因爲人們在這裡只看到胎兒缺少某種外形，並不知道它們將來是否在適當的時期中要缺乏理性。在這種情形下，有學問的神學家和法律家，必須把理性動物這個神聖的定義拋棄了，而代以人類的其他本質。在這裡，孟納智（Menage）曾提供我們一個値得注意的例子。他說：「聖馬丁（St. Martin）出生時，很不像人樣，因此就有人說他是一個怪物。因此，人們考慮了許久，研究他是否應該受洗。不過他長來長去，究竟把眞相露出來，因此，人就給他施了洗禮，正式承認他是一個人。自然把它鑄造得很不像樣，因此，人終身以醜陋修道院院長（Abbot Malotru）一名稱呼他（他是「凱因人」——見Menagian278/430〔《彌那智嘉言鈔》是法人Giles Ménage所集〕）。我們看到，這個嬰兒只因其形象出奇，就幾乎被逐於人類以外。他的逃脫也正是僥倖；而且我們可以斷言，他如果再長得更怪一點，則人們將不認他爲人，而且要把他處死了。不過我們仍不能解釋，他的臉上的形色在稍一變更之後，有理性的靈魂何以就不能在其中居住。他那種醜陋的形象，既然不妨礙他在教堂中得爲尊者，那麼他的面孔縱然再稍長些、鼻子縱然再稍平些、嘴縱然再稍寬些，何以就不能與他的靈魂相契，使他不得爲尊者呢？這眞是不可解釋的了。

27　因此，我很想知道，那個物種的確立不移的界線，究竟在什麼地方。我們如果一觀察，就會清楚知道，自然並沒有造了這種東西，並沒有在人類中建立這種東西。無論這種實體或其他實體的實在本質，都是我們完全不知道的；因此，我們在自己所形成的名義的本質方面，是很不確定的。我們如果問許多人，形象奇怪的胎兒，在出生後是不是算一個人，則我們一定會遇到各不相同的答案。由此看來，我們雖用名義的本質來限制、區分各種實體，可是那些本質只是由人自由所形成的，並不是精確地由自然所確立的界限摹擬來的，因此，各種實體並不是由此種界限來區分的。誰能決定李西塔（Licetus, *Encyclopædic ad Aram My sticam Nonarü*，第一卷第三章）所提到的那個人頭豚身的怪物應該屬於哪一個物種呢？又有誰人能決定人身獸頭（如犬頭、馬頭）的那些動物應該屬於哪一種。這些動物如果活下去並且能說話，則我們的困難更會加增。如果上半身是人形、下半身是豬形，則我們如果殺了它，那也算謀害嗎？我們必須請問聖馬丁，它是否是人，是否可到洗禮盤前嗎？我的確聽說，在幾年前，法國曾有一種相近似的情形。動物種類的界限是如此不確定的，因此，我們只能用自己所集合的複雜觀念爲我們的尺度。因此，我們並不能確知一個人是什麼。我們如果懷疑什麼是人，則人們或者會以爲我們是大愚。不過我認爲，物種的界限並不是確定的，而且形成名義本質的那些簡單觀念的數目，也是不能確定、不能確知的；因此，我們在這方面，正可以有極大的懷疑。我認爲人這個字的任何定義，我們對那種動物的任何敘述，都不能很完全、很精確，都不能滿足一個好思好問的人。任何定義都不能得到普遍的同意，而且人們在決定案件時，在決定各種胎兒的生與死、受洗與不受洗時，並不能到處都謹守這種定義。

28 **不過它們並不如混雜情狀那樣任意**　各種實體的名義本質，雖是由人心所形成的，可是它們並不是任意所形成的，如混雜情狀的那些名義的本質那樣。要形成任何名義的本質，有兩個必要的條件。第一，它所包含的各觀念，無論如何複雜，必須有緊湊的聯繫，只形成一個觀念。第二，那樣聯繫起來的特殊觀念，必須的確是始終同一的，不能多也不能少。因爲兩個抽象的複雜觀念，如果其所含的各個部分數目有差，或種類有差，則它們便是兩個互異的觀念，而不是同一的觀念。在第一方面，人心在形成它的複雜的實體觀念時，只能依據於自然；而且它所聯繫的那些觀念，我們也必須假設它們在自然中原有聯繫。沒有人會把羊聲和馬形集合起來，或把鉛的顏色和金的重量及確性集合起來，以求形成一個實在實體的複雜觀念。倘或不然，他就是故意用幻想充滿自己的腦海，並且用不可了解的文字來與人談論了。人們既然看到某些性質永遠在一塊聯合著，因此，他們就摹擬自然，並且用這些聯合的觀念，造成他們的複雜的實體觀念。因爲人們雖然可以任意形成各種複雜觀念，並且隨意給它們各種名稱；可是他們在談論實在的事物時，如果想使人了解，則他們必須在某種程度內，使他們的觀念與他們所說的事物相契合。否則人的語言會成了巴伯（Babel）的語言（見《舊約．創世紀》第十一章——譯者）。而且各人的語言既然只有各人知道，則語言文字便不能供談話和日常生活之用；因爲那些文字所表示的那些觀念，已經和平常的現象不相符合，而且與實在存在的實體不相符合。

29 **不過這些觀念仍是很不完全的** 第二點，人心在形成它的複雜的實體觀念時，它所結合的各個觀念雖然都是實在共存的，或被人假設爲共存的，可是它所集合的各觀念的數目，會因創造觀念者的注意、勤勞、想像而有所差別。人們一般都安於少數可感的性質；至於別的性質縱然也很重要、縱然也與人們所取的那些性質有同樣緊密的聯繫，可是人們往往會（縱使不是經常地）忽略掉它們。可感的各種實體可以分爲兩類，一種是有機體，它們可以爲種子所繁殖。在這些物體方面，形象是主要的性質，而且是能決定物種的一個最重要的部分。因此，在動植物方面，某一個有形象有廣袤、有凝性的實體，就可以作爲物種的區分標準。因爲人們雖然似乎很珍視理性動物這個定義，可是假如有一個動物有理性、有語言而無正常的人形，則它雖是理性動物，我相信，人也不會認爲它是一個人。如果巴蘭（Balaam）的驢終生能有合理的談話（見《舊約．民數記》二十二章二十八節），一如牠與牠主人那一次所談的話，則我眞不知道，人還是認爲牠是一個人，還是認爲牠仍是一頭驢。在動植物方面，我們所注意、所依從的乃是它們的形象，至於在不被種子所生殖的那些許多物體中，則人所注意、所依從的乃是顏色。因此，我們如果看到有黃金的顏色，則我們便容易想像，那個複雜觀念中所包含的其餘性質，也都在那裡存在。平常我們認爲形象和顏色這兩種明顯的性質，爲各物種中的主要觀念，因此，見了一張好圖畫，我們立刻會說：「這是獅子，那是玫瑰；這是金杯，那是銀杯」，而我們之所以如此分辨，只是憑藉於鉛筆給眼睛所表象出的那些不同的形象和顏色。

30 **不過它們仍足以供一般談話之用** 這種途徑雖然已經足以形成粗疏紛亂的概念、已經足以使我們有了含混的思想方法和談論方法，而且一個名稱雖然也表示著一種事物，可是人們對各種事物所包含的簡單觀念的確數並不能意見一致。這也不足爲奇，因爲各種簡單觀念雖然恆常地、緊緊地在自然中聯合爲一，雖然經常共存於同一物體中，可是我們如果想要知道它們是什麼樣的，則我們必須費許多時間、辛苦、技術，嚴格的探討和長久的試驗。大多數人們並沒有多少時間、意向和勤勞用在這一方面，因此，他們就安於事物的一些少數明顯的外形，並且由此來分類它們，以供日常生活之用。因此，他們就不經考察，而一直給它們名稱或應用已經盛行的名稱。在日常的談話中，人們雖認這些名稱爲足以標記少數共存的明顯的性質，可是這些名稱並沒有確定的意義、並沒有包含著不能增減的各簡單觀念，更沒有包含著自然中聯繫好的一切觀念。關於物種和物類人們雖然有許多爭論，而且他們也常常談論到物種的差異，可是人們考察之後就會看到，各種文字很少有確定的定義。因此，他們正可以合理地想像，人們尋常所爭論的那些形式只是一些幻想，並不能使我們洞見物種性質。而且人們如果知道，各人對於各種實體的名稱，都不能給予相同的意義，他們就可以斷言，各種實體的名義本質，雖然是由自然摹擬而來的，可是它們全部或大部分都是不完全的，因爲那些複雜觀念的組織是會因人而異的。因此，自然中縱有這些預定的界限，而尋常物種的界限仍是由人形成的，不是由自然形成的。確實，自然所形成的許多個別的實體，可以互相契合、互相類似，可以做爲分類的基礎。不過我們之所以分種別類，既然只是爲命名起見，而且只是想用概括的名詞來包含它們，因此，我就不知道，自然何以會確立物種的界限；退一步說，自然縱然確立了這些界限，而我們的物種界限也不能精確地與它們相契。因爲我們既然需要概括的名詞作爲當下之用，因此，我們便無餘暇來盡數發現各種性質，以便了解它們的最重要的差異和契合。因此，我們只是依據一些明顯的現象，把各種事物分成種類，以便較容易地用概括的名稱，把我們關於它們的思想傳達出去。因爲我們在實體方面所認識到的，既然只有在其中聯繫著的一些簡單觀念，而且我們又看到，有一些特殊的事物與另一些特殊的事物，在少數這些簡單觀念方面是相契合的，因此，我們便認爲那個集合體是我們的物種觀念，並且給它一個概括的名稱。這樣一來，則我們在記述自己的思想，或與別人談話時，我們便可用簡短的文字，來表示具有那個複雜觀念的一切個體，而不必一一列舉形成那個觀念的一切簡單觀念。這樣我們便不致於費時費力，反覆地敘述——我們常見人們在談論任何無名稱的新物種時，往往要如此周折。

31 **同一名稱所表示的物種的本質，可以互相差異**　這些實體的種類，在一般談論中，雖然十分適用，可是我們又清楚看到，各種個體所共有的這個複雜觀念，是會因人而異的；那就是說，有些人的觀念是較精確的、有些人的觀念是較不精確的。這個複雜觀念所包含的各種性質，在有些人是較多的，在另一些人是較少的，因此，它顯然是由人心所做成的。在兒童看來，黃亮的顏色就是黃金，在別人看來，又得加上重量、可展性、可熔性：在第三者看來，又得加上別的與黃色常相聯合的一些性質（它們與黃色聯合的程度就如重量和可熔性那樣）。因為這一類性質，各個都有同等權利，來加入它們一起寄託的那個實體的複雜觀念中。人們既然按照他們各別的考察、技能和觀察，或加或減各種簡單觀念，而且在加減時又與他人相反，因此，他們就各人有各人的黃金本質。因此，這些本質就是他們自己所形成的，不是自然所形成的。

32 **我們的觀念愈概括，則它們愈不完備、愈不完整** 在最低等的物種方面，或在最初步的個體分類方面，構成其各為本身的簡單觀念的數目，如果是因人心而異的，那我們就會看到，它們在更概括的綱目方面，就是在論理學者所謂類一方面，更是如此的。這些複雜觀念是人們故意讓它們不完全的；而且我們在一觀察之下，就會看到，事物本身中所含的某些性質，在類別的觀念中是故意被人捨掉的。因為人心既然想形成概括的觀念，來包括各種特殊情節，則它便必須把時間情節、空間情節以及使它們各不相通的那些情節除掉，同樣，它如果要形成更概括的觀念，以便包含各個物種，則它又不得不捨掉那些使各個物種互相差異的那些性質、又不得不在那個新組合體中加進各個物種所共同的那些觀念。人們之所以要用一個名稱來表示由幾內亞和秘魯來的各種黃色物體，原是為了方便，同樣，他們之所以要形成一個名稱，以來包括金、銀以及別種物體，為的也是這種方便。而他們之所以能這樣做，只是因為他們把各個物種所特有的那些性質捨掉，而以它們所共同具備的那些性質做成一個複雜觀念。我們在這個觀念上，如果加以金屬一詞，則我們便形成了所謂類。這個類的本質，就是一個複雜觀念，這個觀念中只包含著一些觀念中所共有的可展性、可熔性以及某程度的重量和確性；至於金、銀以及金屬一詞所包含到的物種所特有的顏色及其他性質，就被排斥於這個觀念之外。由此我們就清楚看到，人們在形成概括的實體觀念時，並不精確地依照自然所立的模型；因為任何物體不能只有可展性和可熔性，而無其他同樣不可分離的性質。不過人們在形成概括的觀念時，多半在以簡短而含蓄的標記來形成可用的語言，以便迅速地表示自己的意思，並不在乎探求事物實在的、精確的本質；因此，他們在形成他們的抽象觀念時，大半都著眼於那個目的，就是要求儲蓄一些概括的、含蓄（程度不同）的名稱。因此，在有關物類和物種的這全部議論中，較概括的類只是種方面的片面的概念，至於種，則它也是各個體方面的片面的概念。因此，有人如果主張一個人、一匹馬、一隻動物、一棵植物，都是由自然所造成的實在本質來區分的，則他必然主張，自然在形成各種實在的本質時，是太慷慨大方的，它給物體形成一種本質、給動物形成另一種本質、給馬形成第三種本質，並且很寬大地把這些本質都加之於布西拉發斯。但是我們如果考察在這些種類中，究竟有什麼新發現，我們就會看到，在這方面並沒有什麼新東西，所有的只是一些含蓄程度不同的標記。我們藉這些標記可用少數的綴音，來表示某些特殊的事物。至於所表示的事物數目之多少，則看我們所形成的那些概括的概念範圍寬窄而定。在這方面，我們可以看到，較概括的名詞往常是較不複雜觀念名稱；而且每一個類，只是它所包含的各個種的片面的觀察。因此，我們如果想，這些抽象的概括的觀念是完全的，則我們所說的，只可以應用於它們和表示它們的名詞之間的那種確立的關係，並不能應用於自然所造的任何實在的東西。

33 **這些都適合於語言的目的**　這些都適合於語言的眞正目的，都足以用最簡易、最直捷的途徑，來表示我們的想法。因爲一個人所要談論的各種事物，如果都與「廣袤和凝性」這個複雜觀念相契，則他只須用「物體」一名，就能表示一切。一個人如果再加上別的觀念——就如「生命」、「感覺」、「自發運動」等名詞所表示的各觀念——則他只須用動物一詞，就能表示具有這些觀念的一切動物。一個人如果再用身體、生命、感覺、運動、推理能力等和某種形象，來形成一個複雜觀念，則他只須用很簡單的「人」字，就能表示和那個複雜觀念相契合的一切情節。我們之所以分種別類，目的正在於此。不過人們在分種別類時，並不曾考察過任何實在的本質或實體的形式，因為我們在思想那些事物時，我們根本就不知道這些東西，而且我們與他人談論時，我們的字義中也並不包含著這些東西。

34 **舉食火雞為例**　最近我在聖詹姆士公園中見了一隻鳥，它大約有三、四呎高，有一層類似羽又類似毛的外衣，色深棕、無翼，只有兩、三小枝下垂、如西班牙帚似的；它的腿很長、足有三爪、其後無尾。我如果與任何人談起這個鳥，則我必須照前面那樣敘述，以使別人理解我。但是人如果告訴我們說，它的名字是食火雞，則我在談話中，便可以用這個名詞，來表示前面敘述的那個複雜觀念。不過這個名詞現在雖然成了一個物種的名稱，可是我仍如前一樣，並不能由此知道這類鳥的實在本質或組織。可是我在未學得這個名稱之時，我已經知道這種鳥的性質，正如許多英國人對於英國常見的天鵝和蒼鷺這兩種鳥的性質所知的一樣。

35 **決定物種的是人，舉黃金為例**　由前面所說的看來，我們知道，只有人可以造成事物的種類。因為各別的物種既是由各別本質形成的，因此，我們就清楚看到，只有能創造抽象觀念的人們，才能形成所謂物種，因為抽象的觀念正是名義的本質。如果我們見了一個物體，具有金的其他一切性質，只是缺少著可展性，則我們一定會問，它究竟是否是金，究竟屬於哪個物種。這個問題只能決定黃金一詞所表示的那個抽象觀念。因此，一個人如果在「金」這個音所表示的名義本質中，沒有把可展性包含進去，則這個物體可以說是眞正的金。可是一個人如果把可展性包括在他的金的種觀念中，則那個物體便不是眞正的金，便不屬於那個物種。我可以請問，誰造成這些同一名稱的各種不同的物種呢？我認為這一定不是自然，而是人，因為人可以形成這兩個不同的抽象觀念，使它們所集合的各種性質，的確是不一樣。不過我們雖想像有一種物體具有黃金的其他性質，只缺乏其可展性，可是這並不是一個無稽的假設；因爲我們知道，金有時是很脆的，就像玻璃一樣，承受不住錘打。可展性固然可以加入或退出「金」一詞所表示的複雜觀念中，就是它的特殊的重量、確性以及別的相似的性質，也可以有如此說法。因爲不論我們加進什麼或減了什麼，而形成物種的仍只是那個名稱所表示的那個抽象觀念；而且任何特殊的物體只要與那個觀念相契，它就應該得到那個名稱，並且應該屬於那一個種。因此，一切東西都可以是眞正的金，都可以是十足的金屬。這個物種之決定分明是依據於人的理解，因爲只有人可以形成某些的複雜觀念。

36 **自然製作成相似性**　簡單說來，就是這樣的自然所造的許多特殊的事物，在許多可感的性質方面是一致的，而且在它們的內在結構和組織方面，也或許是一致的。不過各種事物之所以區分爲各種各類，並非由於這個實在的本質。只有人們可以給它們分類命名，以便製作一些含蓄的標記，而他們所以如此，正是因爲他們看到，在各種事物中，有許多性質聯繫在那些事物中，而且有許多個體，在這些性質方面是一致的。在製作各種標記以後，我們便可以把各個個體分爲物種，加以徽誌；而我們之所以如此，只是看它們是契合於這個抽象觀念，或那個抽象觀念而定的。因此，我們就說，這是藍色、那是紅色；這是人、那是黑狒。我認爲，所謂物類和物種的職務也就盡於此了。

37 **又使相似性在物種中繼續下去**　我承認，大自然在不斷地產生各種特殊的事物時，並不常使它們成爲新種、成爲異種，而要常使它們互相類似、互相聯絡。不過我仍然覺得，要說人們分類它們時所依據的物種的界限，是由人所造成的，那也是正確的，因爲各種名稱所區分的各個物種的本質，如前所證明的，只是由人所形成的，很少與它們所從出的事物的內在本質互相適合。因此，我們可以正確斷言，這種事物的分類法完全是由人所造成的。

38 **每個抽象的觀念，就是一個本質**　在我的學說中有一件事情，在我看來雖是毫無疑義的，可是在別人看來，或者似乎是奇特的。我的意思是說，由前面所說的看來，我們可以斷言，每個名稱所表示的每一個抽象觀念，就是一個獨立的物種。不過眞理既是如此的，則我們也不得不如此說這種說法是不能更改的；要想更改，則人們必須給我們指示出，物種是爲別的東西所限制、所區分的；不但如此，而且他們還得指示出，概括的名詞所表示的，不是我們的抽象念觀，而是異乎此的一些東西。我眞想知道，一個長毛犬爲什麼與獵犬不是各異的物種。說到差異的本質，則我們在獵犬和長毛犬方面，固然觀念不到它，可是即在象和鬈毛獵犬方面，我們也一樣觀念不到它。我們區別它們時所以有本質的差異可以依據，只在於附有各種名稱的那些簡單觀念的集念體是差異的。

39 **物類和物種只是為命名而創造的**　在前面所舉的水和冰的例證中，我們已經看到，人們所以要創造物種和物類，只是爲得要形成概括的名稱，而且概括的名稱，對物種的存在縱然不是必要的，至少對物種的完成，也是必要的。不過除了這個例證以外，我們在另一個很熟習的例證中也可以看到這一點。人如果用一個名稱來稱呼一個無聲響的錶與有響聲的錶，則那兩種錶在他看來就是一種。但是另一個人如果稱一個爲錶，稱另一個爲鐘，而且他對於那兩個名稱又各有複雜觀念；則那兩個錶在他看來，就成了兩個物種。人或許會說，這兩個錶的內在組織和結構是不同的，而且鐘錶匠對這種差異也有一個明白的觀念。但是我們清楚看到，一個人如果只用一個名稱來稱它們，則在他看來，它們只是一個物種。因爲在內在的組織中，什麼足以形成一個新種呢？有些錶其中有四齒輪，有些錶其中有五齒輪，那麼在工匠看來，這就足以構成物種的差異嗎？有些錶有細絲和發條輪，有些沒有；有些有活動的平衡輪，有些是爲螺旋式的彈簧所控制的，有些是爲豬鬃所控制的。工匠既然知道錶的內在組織中，這些機件以及別的互異的各種機件，那麼這些東西在他看來，就足以形成物種的差異嗎？眞的，這些錶的確有實在的差異，不過這種差異是否足以成爲本質之差或物種類之差，那就看錶這一詞所表示的那個複雜觀念而定。它們如果都與那個名稱所表示的那個觀念相契合，而且那個類名也並沒有包含著別的差異的物種，則它們便不是本質上有差異的。但是如果有人願意根據錶的內部組織中所有的差異，來做出較精細的劃分，並且給那些精確的複雜觀念各種將要盛行的名稱，則那些錶在他們看來，就成了新的物種，因爲他們具有各種有名稱的觀念，而且能藉那些差異把那些錶分爲數種，因而使錶這個名稱成了一個類名。但是人們如果不知道錶的機件和內部結構，而且他們所觀念到的，只有外在的形象和體積，以及針的計時動作，則這些錶便不是各異的物種。因爲在他們看來，那些別的名稱都是表示同一觀念的一些意義相同的名詞，而且它們所指示的，也只是一個錶，並沒有別的。在自然的事物方面，我認爲也是一樣的。人人都會相信，有理性的人的內部機輪和彈簧（譬喻之詞）和矮小醜陋的小孩內部的不同，也正如他們相信，矮小醜陋的小孩和黑狒內面的結構不同似的。不過（我們如想知道）這些差異是否是本質之差或物種之差，則我們只得看它們與「人」這一個名詞所表示的那個複雜觀念是否相契。因爲我們只能藉這個觀念來決定它們是否是人。

40 **人造事物的種類比自然事物的種類較為不紛亂**　由前面所說可以看到，在人工的事物方面，何以比自然的事物方面，較少雜亂、紛歧。因爲一個人造的事物既是人的產物，而且它既是工匠所設計的、既是工匠所熟知的，因此，我們假設它的名稱所表示的觀念和本質，一定是容易確知、容易了解的。因爲各種人造事物的本質或觀念，既然大部分成立於各可感部分的確定形象。而且匠人在其所運用的物質中所形成的運動，也依靠於此，因此，我們的官能便可以使我們對這些事物形成確定的觀念，並且確立了各種名稱的意義，以來區分人造事物的種類。而在自然的事物方面，則我們在區分時，便有較多的疑點、難點和歧義，因爲它們的差異和動作所依靠的各種機件，不是我們所能發現的。

41 **人造的事物也有各別的種類** 我認爲人造的事物也和自然的事物一樣，它們也有各別的種類；因爲我們看到，人們往往依據各概括名稱所表示的各別的抽象觀念，井然不紊地歸類它們，而且它們的種類之互相差異也正如各自然實體的種類之互相差異一樣。因爲錶和手槍在我們心中既有各別的觀念來表示它們，而且在與人談話時，又有各別的名稱來表示它們，那麼它們爲什麼不能與馬和犬一樣，成爲各別的物種呢？

42 **只有各種實體能有固有的名稱** 在實體方面，我們還可以進一步說，在一切觀念中，只有各種實體能有固有名稱，以表示單一的特殊的事物。因爲簡單觀念、情狀與關係三者，如不爲人所發現，則人們並不常特意要分別提到它們。至於混雜情狀，則大部分都是倏生倏滅的一些動作，不能有永久的綿延。至於各實體，則不如此，它們是主動者，而且在其中，各種簡單觀念，形成一個複雜觀念，而用一名稱加以表示；因此，它們就有永久的聯合。

43 這個題目我雖然已經討論了很久，可是其中仍不免有模糊之處，這一點，我不得不求讀者的原諒。不過我很希望人們知道。要想使人脫離物種的差異，赤裸裸地來思想事物本身，可是同時又用文字來指導他的思想，那是很困難的。因爲我們如不給各種事物名稱，則我便無所說的；可是我如果給它們名稱，則我又把它們分類了，並且把那個物種的平常的抽象觀念提示給人心，因而把我的原意阻礙了。因爲我們如果一面談論「人」，同時又要把人字的普通意義丟掉（就是把那個名稱平常所表示的抽象觀念丟掉），只爲了使讀者方便考察人自身，並來考察他在內在組織和實在本質方面（就是在他所不知的一方面）與別的人有什麼實在的差異，那就是無聊戲論了。不過我們只要想提說事物的假設的實在本質和種類（設想爲自然所形成的），並且想讓人知道，各種實體的類名所表示的東西並不存在：而我們仍不得不以指喻指。不過要想用平常的名稱來表示我這一層意思，那並不容易，因此，我可以藉一個特殊的例子，來明白指示人心對於物種的名稱和觀念，所有的不同的觀察。因此，我在這裡要指示出，複雜的情狀觀念怎樣有時參照於別的有智慧的心中的原型（就是參照於別人在這些觀念的盛行名稱上所加的意義），有時完全不參照於任何原型。此外。我還要指示出，人心如何常把它的實體觀念參照於實體自身，或其名稱的含義；此外，我還要指示明白我們所了解、所應用的事物的種類，有什麼性質。此外，我還要指示明白，那些物種的本質是什麼性質。我認爲要發現我們知識的範圍和確性，這種性質是必須要知道的，而且它的重要性也比我們乍看之下較爲大些。

44 **舉嫉妒（kinneah）與通姦（niouph）兩字為混雜情狀的例證**　我們可以假設：亞當是一個成人，並且具有良好的理解力；不過他處於異鄉，周圍的事物都是新的，都是他所不知道的。此外，我們還可以假設，他明白這些事物時所憑的官能也正如別的像他這年紀的人所有的官能一樣。他看到拉麥（Lamech）比平常憂愁，因此，就想像他是猜疑他夫人亞大（Adah）（他甚愛其夫人）對別的男子有過分的愛情（見「創世記」）。亞當就把這種意思向夏娃提說，並且希望她留心，不要讓亞大做出不體面的事。他在談話中，曾用過嫉妒和通姦這兩個新字，不過後來亞當知道自己想錯了，因爲拉馬克所以愁悶，只是因爲他殺了一個人。不過嫉妒和通姦這兩個各別的名稱並未曾失掉其各別的意義，所謂嫉妒就是表示丈夫懷疑其妻對自己不忠，所謂通姦就是表示犯了奸邪的行爲。在這裡，我們清楚看到，有兩個混雜情狀的複雜觀念，而且它們各有各的名稱，又是本質不同的兩種行動。不過我可以問，這兩種各別情狀的本質是怎樣成立的？我們清楚看到，它成立於各簡單觀念的精確的集合體，而且這些集合體是各不相同的。我可以再問，亞當心中這個複雜觀念，就是他所謂嫉妒是否是貼切的；顯然，它是貼切的，因爲它既是簡單觀念的集合體，並不與任何原型相干，並不摹擬任何模型，而且它既是任意集合來的、抽象出的，因此，它必然是貼切的，因爲他用嫉妒一詞向他人所表示的一切簡單觀念，正是這個複雜觀念中所包含的。他既然自由集合了那些觀念，因此，那個集合體中所有的一切也正是他原意要加入的，因此，它必須是完全的、必須是貼切的，因爲它既不表象任何原型，因此，它也就不參照於任何原型。

45　不過嫉妒與通姦這兩個字逐漸盛行以後，情形便又不同。亞當的兒子們，與他有相同的官能和能力，他們也可以在自己心中任意創造各種混雜情狀的複雜觀念，也可以任意抽象它們，並且任意用任何標記來表示它們。不過我們之所以要應用各種名詞，原是要想把自己心中的觀念表示於人，因此，兩個人如果想談論、想傳達思想，則他們必須用同一的標記來表示同一的觀念才行。因此，亞當的子孫如果聽著人常用嫉妒和通姦這兩個字，則他們便不能認爲這兩個字是無意義的聲音。他們必須斷言，這些字一定表示著一些東西、一些觀念、一些抽象的觀念，而且他們既是概括的名稱，所以那些抽象觀念也就是那些名稱所表示的物類的本質。因此，他們如果要應用這些文字，並且認爲其已經確立、已經共認的事類名稱，則他們必須使這些名稱所表示的自己心中的觀念，契合於這些名詞所表示的別人心中的觀念，並且把那些觀念作爲模型、作爲原型。因此，他們這些複雜情狀的觀念是容易不貼切的，因爲這些觀念（尤其是集合了許多簡單觀念的那種複雜情狀）很不容易和同一名稱所表示的別人心中的觀念相契合。在這方面，我們雖然易於找到改正，雖然可以向用這些字的人請教我們所不知的字義，可是我們終究不能知道，在與我們談話的那人心中，嫉妒和通姦這兩個名稱的確表示著什麼，正如我們在語言初興時不經解釋，就不能確知嫉妒和通姦這兩個字在別人心中表示著什麼一樣，因爲它們都是各人任意所造的標記。

46 **在實體方面我們可舉金（zahab）為例**　我們還可以由同樣途徑來考察初通用的實體名稱。亞當的一個後裔，在山中漫遊時，碰到一個明亮悅目的實體，他於是就把它帶回家中給亞當。亞當看了看，知道它是硬的、有明亮的黃色，並且有特別重的重量。他起初所注意到的或許就限於這些性質，於是他就由此抽象出一個複雜觀念來，並且使這個複雜觀念所表示的實體，具有特殊的黃色和極重的重量（與其體積相較）。於是他就又以黃金一詞給它，以來標記具有這些性質一切實體。在這裡，我們清楚看到，亞當所做的和先前不一樣。他先前雖然也形成混雜情狀的觀念，並且稱之爲嫉妒和通姦，可是他在聯合這些觀念時，只憑藉於自己的想像，並不依據於任何存在的事物；而且任何事情只要與他那些抽象觀念相合，則他便用那些名稱來稱他們，並不考察那一類東西究竟存在與否；因爲他的標準是自己定下的。不過在形成這個新實體的觀念時，他的做法是完全相反的。他這裡的標準是由自然所定的。因此，即在那個實體不現在時，他如果用觀念來表象它，他也不能在那個複雜觀念中加進他所未知覺到的任何簡單觀念。他要留心使自己的觀念契合於這個模型，並且要使其名稱所表示的，也就是這樣相契的一個觀念。

47　亞當用金一詞所表示的這個物體，既然與他以前所見的任何物體不同，因此，人人都會承認它是一個各別的物種，並且有特殊的本質，而且黃金一詞就是那個物種的標記，而且是凡具有那種本質的一切事物的名稱。不過我們看到。亞當用黃金一詞所表示的那種本質，只是一種堅硬、明亮、黃色、沉重的物體。不過好問的人，仍不以認識這些表面的性質自足，因此，亞當就又不得不進一步來考察這件事情。因此，他就又用火石來錘打它，看看在其中能發現什麼東西。他於是看到，在打擊之後，它可以起了變化，不過卻不能分成碎片；而且它雖易彎曲，卻不易折斷。因此，可展性就又加在他以前的觀念中，又形成黃金一詞所表示的那個物種的本質中的一部分。在更進一步試驗之後，他又發現了可熔性和確定性。因此，這兩種性質又可以根據同樣理由和別的性質一齊加入黃金一詞所表示的那個複雜觀念中。如果它們不能加入，則前述的性質也一樣不能加入，因為我們在兩方面所有的理由都是不分軒輊的。這些性質如果都能加入，則我們在這個物質中所能繼續發現的一切性質都可以依據同一理由加入，以形成黃金一詞所表示的那個複雜觀念中之一成分，並且成為那個名稱所標記的那個種屬的本質。不過這些性質既是無限的，因此，由這個途徑，依這個原型，所形成的觀念，永遠是不能相稱的。

48 **實體觀念是不完全的，因此，是因人而易的** 不過還不只這樣。由此還可以推斷說，各種實體的名稱不但實際上有不同的意義，而且我們必須假設它們有不同的意義。它們的意義是因人而異的，因此，語言的功用便大受阻礙。如果任何人在任何物質中所發現的特殊性質，都被假設為共同名稱所表示的那個複雜觀念的一個必然部分，那麼結果人們必須假設，同一個文字在不同的人會有不同的意義。因為他們不得不相信，在同一名稱的各個實體方面，這些人所發現的各種性質，是會為別的人們所不知曉的。

49 **因此，人們要假設一個實在的本質，以來確立它們的種類** 為避免這層糾紛起見，人們就假設，各個物種都有一個實在的本質，以為其一切性質的源泉，而且他們還用物種的名稱，來表示那種本質。不過他們對於實體中那種實在的本質，並無任何觀念，而且他們的文字所表示的，也只是他們的觀念，因此，他們所能為力的，只是用名稱或聲音，來代替具有那種實在本質的東西，實則他們並不知道那種實在的本質是什麼樣的。人們雖然說事物的種類是為自然所形成，是為實在的本質所分劃的，可是他們實際上，也只能在名稱方面努力。

50 **他們這種假設是無用的** 我們如果確說，一切金是固定的；則我們的意思便有兩層。一層意思是說，固定性是金的定義的一部分，是金字所表示的那個名義本質的一部分。要照這樣解釋，則在「一切金是固定的」這個確言中，所包含的只是金這個名詞的意義。另一層意思是說，固定性不是「金」字定義的一部分，而是那個實體的一種性質。在這種意義下，則金字所表示的乃是一種實體，而且那種實體的實在本質是由自然所形成的。不過在這樣代替以後，金字的意義便紛亂而不定，因此，「金是固定的」這個命題雖是敘述一種實在的東西，可是我們在特殊的情形下應用起這條眞理時則往往會失敗，因此，它並無實在的功用和確定性。因爲一切金（就是一切有金的實在本質的東西），縱然的確都是固定的，可是我們在這種意義下如果不知道什麼是金，什麼不是金，則這個眞理還有什麼用呢？因爲我們如果不知道金的實在本質，則我們便不能知道，那一團物質有那種本質，因此，也就不知道它眞是金不是。

51 **結論**　總結而言，我們可以說，原來亞當既然有自由可以不藉任何別的模型，只藉自己的思想來構成混雜情狀的複雜觀念；則一切人類從來也都有這種自由。在另一方面，他在擬構實體觀念時，如果他不欲自欺，則他又必然得契合於外界的事物、契合於自然所造的原型，因此，一切人類如果要想擬構實體觀念，則他們也必然得由此途徑。此外，我們還可以說，亞當既有自由權，可以用任何新名稱來附加於任何觀念上，則其他任何人也都有這種自由（尤其在語言初興時爲然）。不過在這裡，卻有一點不同，就是，人們在社會中如果已經確立了一種語言，則文字的意義便不易變動，而且縱然變動，也是要極其謹愼的。因爲人們既然用各種名稱來表示自己的觀念，而且習俗也已經使某些名稱專表示某些觀念，則人們如果故意誤用其文字，那一定是很可笑的。產生新想法的人們，或許可以冒險造新名詞來表示自己的想法；不過人們因此會認爲你太過大膽，而且習俗也不一定會使那些文字盛行。總而言之，我們在向他人傳達思想時，必須要使普通文字所表示的觀念與它們的本來意義相適合（我已經詳細解釋過這一層），或者能把我們所給它們的新意義表示於人。

第七章　連　詞

1　**連詞可以連接部分或整個的句子**　除了表示人心中觀念的那些文字之外，人們還常用許多別的文字來表示人心在各觀念間，或各命題間所發現的那些聯繫。人心在向他人表示自己的思想時，不但需要各種標記來表示它所有的觀念，而且需要別的文字來表示它自己在那時對那些觀念所憑的動作。這種表示方法也有許多，例如「是」和「不是」就是表示人心肯定或否定的普遍標記。不過離了肯定或否定，各種文字雖然就無所謂眞或假，不過人心在向他人表示自己的意見時，不只要聯繫命題的各部分，而且要按著各種依屬關係，來聯合各個整局，以構成緊湊的議論。

2　**巧言就在於應用連詞**　人心在一長串推論和敘事中，常有各種肯定和否定；而聯合這些肯定和否定的那些文字，通常就叫做連詞。一種好文體之所以清晰、美麗，多半就在於善於運用這些連詞。要想有完美的思想，人們在思想中只有明白清晰的觀念還不夠，而且只看到某些觀念的契合與否也不夠，他們必須要有連續不斷的思想，必須要看到他的各種思想和推論的互相關係。此外，他們若想要表示清楚他們那種合理而有系統的思想，則他們還必須有適當的文字來指示他們那談話中的各部分，都有什麼聯繫、什麼限制、什麼區分、什麼矛盾、什麼語勢（emphasis），在任何方面一有錯誤，則我們不但不能開示聽者，反而會使他心生迷惑。因此，不表示任何觀念的那些文字，在語言中，也正有其恆常而不可離的功用，而且人們要想表示得盡善盡美，則這些文字也正有其功用。

3 **它們可以指示出，人心給它的各種思想什麼關係** 文法的這一部分是常被忽略的，正如別的部分是過於精細的一樣。人們很容易寫出，各種格（cases）、性（genders）、語氣（moods）、時態（tenses）、動名詞（gerunds）、目的分詞（supines），因爲在這些方面，人們曾經下過很大的苦功。至於各種連詞，則在一些語言中，也似乎分爲很精確的類別。不過各種介詞（preposition）和連接詞（conjunction）是文法中所熟知的名稱，而且其中所包含的連詞也精細地重新分類，可是人如果想要指示連詞的正當功用，以及它們的意義和力量，則他還必須稍費些心思，來體會自己的思想，並且細細地觀察推論時心理的各種姿態。

4 但是我們如果想解釋這些文字，則我們仍不能照普通的字典那樣，只用別種語言中最相近的文字，把它們翻譯出來。因爲它們的意義，在這種語言中，固然是不易了解的，可是即使在別的語言中，也是一樣不易了解的。它們既是動作的標記，或心理的表示，因此，我們如果想正確地了解它們，必須勤爲研究人心的各種觀點、姿勢、情況、變化、限制、例外，以及其他種種思想，因爲它們有的根本沒有名稱，有的只有很不完備的名稱。這些情節數目很多，遠非任何語言中所有的連詞所能表示出的。因此，我們也不必訝異，這些連詞何以大部分會有差異的意義，而且甚至有相反的意義。在希伯來文中，有一個連詞雖只是由一個字母所構成的，可是我記得它有七十種意義，縱使沒有這麼多，至少我確知它有五十種以上的意義。

5 **以「但是」二字為例** 「但是」這個連詞，在我們的語言中是最常見的，而且人只要說它是一個離接連詞（discretive conjunction），說它等於拉丁文中的sed、法文中的mais，就以爲自己已經充分解釋過它。不過這個單詞在我看來，似乎表示人心在各種命題間或其各部分間所發現的許多關係。

第一，「但是，我們不必說了。」這裡的「但是」表示人心在未完成其進程以前，就停頓住。

第二，「但是我看到兩種植物，」這裡的「但是」表示人心在所表示的植物上加了一層限制，並且否定了別的一切植物。

第三，「你雖然祈禱，但是能使你入於眞正宗教的，卻不是上帝。」

第四，「但是他可以堅定你自己的眞正宗教。」第三例中的「但是」表示人心所假設的事情和實際不相符，第四例中「但是」表示人心把這裡的意思，與前面的意思，恰好成爲對比。

第五，「一切動物都是有知覺的；但是一隻狗是一個動物」，這裡「但是」所表示的，只是，後面這個命題附加於前面那個命題，並且爲三段論法中之小前提。

6 **關於這個字義，我們在這裡所談的，只是一個大概** 我的本意如果在考察這個連詞的充分意義並且在各方面來考察它，那麼我相信，除了這些意義之外，還能附加上許多別的意義。人如果眞照這樣來研究，那麼我也不知道，就我們運用這個連詞的各種途徑看來，它是否仍可以叫做離接連詞，如文法學者所稱呼的那樣。不過我並不想在這裡充分解釋這一類的標記。我在這個連詞方面所給的各種例證，已經足以使我們反省各種連詞在語言中的功用和力量，並且足以使我們來思維人心在談論時的各種動作。它可以藉各種連詞來向人表示它這些動作，而且在這些連詞中，有的可以恆常包含全句的意義，有的在某種結構下也可以包含全句的意義。

第八章 抽象的和具體的名詞

1 **抽象的名詞不能互相作為謂詞；我們可以解釋其故**　我們如果仔細考察語言中的普通文字，以及其常用法，我們就會因此窺見我們觀念的性質。我們已經指示過，人心有一種能力可以抽象它的觀念，使它們成爲概括的本質，用以區分各種事物。每一個抽象觀念既是獨立的，因此，這兩個觀念便不能互相轉移，因此，人心就可以憑其直觀的知識，觀察出它們的差異；因此，在各種命題中，兩個完整的觀念便不能互相肯定。在通用的語言中，我們就可以看到這一層；在這裡，兩個抽象觀念或兩個抽象觀念的名稱，都不能互相肯定。因爲這些觀念縱然十分相近，而且，人雖然的確是一個「動物」、是「有理性的」、是「白的」，可是任何人一聽說：「人性就是獸性、就是理性、就是白性」等命題，就會立刻看到這些命題的謬誤。這是很明顯的，就如同任何最確立的公理一樣。因此，一切肯定形容之爲抽象的，並不是說甲抽象觀念，就是乙抽象觀念，只是說把甲抽象觀念與乙抽象觀念聯合。至於這類抽象觀念，則在實體方面可以屬於任何一種，在一切別的方面，多半屬於關係，在實體方面，往往屬於能力。就如說「一個人是白的」，那就表示說，具有人的本質的那個東西同時又具有白的本質，而所謂白的本質並不是別的，它也只是在平常能辨物像的人心中產生出白的觀念來的一種能力。又如說「一個人是有理性的」，那就表示說，具有人的本質的那種東西，同時也具有理性的本質，具有推理的能力。

2 **它們可以指示出我們各觀念間的差異**　各個名稱間這種差異，也給我們指示出我們觀念間的差異。我們如果觀察我們各種觀念，則會看到它們的差異。一切簡單觀念都具有抽象和具體兩種名稱；而按文法學者說的說法說來，抽象的就是所謂名詞（substantive），具體的就是所謂形容詞（adjective），就如「白性和白、甜性和甜」就是。在我們的情狀觀念和關係觀念方面也是一樣，就如「正義、正義的，平等、平等的」就是。不過這裡卻有一層分別，就是，具體的關係名稱（多半在人類方面爲然），有些也是名詞，就如父道、父親等。這個理由是易於解釋的。至於在實體觀念方面，則我們很少有抽象的名稱。因爲經院中雖然創造了獸性（animalitas）、人性（humanitas）、物體性（corporeity）以及別的名稱，可是這些字只是很少的，比起無量數的實體名稱來，簡直不成比例。在這許多實體名稱方面，他們如果都一一給它們造一個抽象的觀念，那是怪可笑的。就以他們所造的少數名稱而論，他們的學生們雖然津津樂道，可是那些名稱無法盛行，也沒有得到公共的特許權。這就似乎表示出，一切人類都承認自己觀念不到實體的實在本質，因爲他們並沒有表示那類觀念的名稱（他們如果不意識到自己在這方面全無所知，因而不肯白費工夫，則他們一定會有了這些名稱）。

因此，他們的觀念雖然足以使他們分辨金和石、金屬和木，可是他們仍不敢放膽捏造金性（aurietas）、石性（saxietas）、金屬性（metalleitas）和木性（ligneitas）等名詞，因爲這些名詞雖說是可以表示那些實體的實在本質，可是他們知道自己對這些本質並無任何觀念。人們起初所以要捏造獸性和人性這些字，只是因爲他們相信所謂實體的形式說，只是因爲他們強不知以爲知，過分自信的緣故。不過這些名詞終究跑不出他們的經院之外，終究不能盛行於有理解的人們之間。人性（humanitas）這一個詞，雖然是羅馬人常用的一個字，可是它的意義相差很遠，它並非表示任何實體的抽象本質，只是一種情狀的抽象名稱，它的具體字是人道（humanus）而不是人（homo）。

第九章　文字的缺陷

1　**我們之所以應用文字，原是為記載和傳達我們的思想**　由前幾章所說的看來，我們很容易知道，我們的語言有很大的缺陷，而且文字的性質本身，就會使許多字的意義含混而不確定。要想考察這些文字是否有缺陷，我們首先得考察它們的功用和目的。因爲它們的完全與否，取決於它們是否可以達到那個目的。在這部文章的前一部分，我們已經常提到文字的雙重功用。

第一，是要記載我們的思想。第二，是要把我們的思想傳達於他人。

2　**任何文字都可以供記載之用**　說到第一項，則任何文字都可以記載我們的思想，以幫助我們的記憶，使自己與自己談話。因爲各種聲音既可以任意地、無分別地表示任何觀念，則一個人可以任意用任何文字來向自己表示自己的觀念。在這裡，他如果常用同一的標記來表示同一的觀念，則所謂文字便無缺陷，因爲他既然能藉這些文字了解自己的意思，則語言的正當功用和價值也就在於此了。

3 要傳達思想，我們要用通俗的和哲學的兩種文字

第二，說到用文字來傳達思想，則它們有兩種用法：第一是通俗的，第二是哲學的。

第一，所謂通俗的用法，就是，我們可以在日常社會中用各種文字來表示各種思想和觀念，來與別人談論日常的生活。

第二，所謂哲學的用法，就是要用它們來傳達事物的精確觀念，並且用普遍的命題，來表示確定而分明的眞理，以使人心在追求眞理時，有所依著、有所滿足。這兩種用法是很有分別的；後來我們就會看到，一種需要極大的精確性，一種只需要普通的精確性。

4 **文字的缺點，在其意義含混**　在傳達思想時，語言的主要目的既然是想讓人了解自己，因此，任何文字在聽者心中所刺激起的觀念與說者心中所有的觀念如果不一樣，則在通俗的意義和哲學的意義兩方面，文字都不能盡其功用。各種聲音與我們的觀念既然沒有自然的聯繫，而且它們所有的意義既然都是由我們所附加的，因此，它們之所以含混、之所以不定、之所以有缺陷，多半原因在於它們所表示的觀念自身，而不是由於此一聲音比彼一聲音較能表示那些觀念。因爲說到聲音，它們都是一樣完全的。

因此，某些文字之所以比其他文字較爲含混，只是因爲它們所表示的那些觀念互相差異。

5 **缺陷的原因**　各種文字在自然方面既然沒有意義，因此，我們如果想與別人交換思想，並且作有意義的談話，則我們必須要學會各個文字所表示的觀念，並且要把它們記在心裡。不過這都是不易做到的。

第一，因爲它們所表示的觀念是很複雜的，是由許多觀念集合起來的。

第二，因爲它們所表示的觀念在自然中並無聯繫，而且在自然中並無任何確定的標準，來改正

它們、校正它們。

第三，因爲一個文字的意義必須與一個標準相參照，而那個標準是不易知道的。

第四，因爲文字的意義和事物的實在本質，是不能精確地同一的。

這些困難都是發生於本可了解的文字的意義方面的；至於那些本不可了解的文字，則我們不必在這裡提說；屬於這類的，就如顏色的名稱之於盲人，聲音的名稱之於聾者等，因爲這些名稱所表示的簡單觀念，在對方並沒有適當工具來接受。

在這些情節下，我們都可以看到文字的缺陷。在後來把各種文字應用在各種特殊的觀念時，我將要詳盡地解釋這一層。我們如果考察它們，就會看到混雜情狀的名稱，多半因爲前兩種理由而陷於含糊和不完全；至於實體名稱所以如此，即大半因爲後兩種理由。

6 **混雜情狀的名稱是含糊的**　第一點，混雜情狀的名稱，在其意義方面，多半容易陷於很大的含糊程度和曖昧程度。

第一點，因為它們所表示的觀念是複雜的　(一)因爲這些複雜觀念組織太密。我們已經說過，要想使文字達到傳遞思想的目的，則它們在聽者心中所刺激起的觀念一定得與它們在說者心中所代表的觀念一樣。如不能做到這一點，則人們只是互以煩聲和亂音相聒，並不能因此把自己的思想傳遞出去、並不能互使對方窺見自己的觀念，以達其談論和語言的目的。但是一個文字所表示的複雜觀念如果是一再混合的，則人們便不易精確地形成並保留那個觀念，因而也不能使通用的名稱毫無變化地精確地表示同一的觀念。因此，各個名稱所表示的觀念如果是很複雜的（大部分道德的名稱就是這樣的），則那些名稱在兩個人方面往往的確不能有同一的意義。因爲一個人的複雜觀念與別人的複雜觀念往往不能相契合，而且與自己昨天所已有的和明天所將有的，有時也不相契合。

7　**第二點，因為它們沒有外界的標準**　㈡因爲混雜情狀的名稱，大部分在自然中都無標準，使人來改正並校正它們的意義，因此，它們是很複雜、很含糊的。它們只是人心任意所合攏的一些觀念，人心在合攏它們時，只是爲求達到談論的目的，只是爲求表示自己的想法，它並不摹擬任何實在的東西，只用自己所形成的原型或形式，來分類命名各種事物。起初創造欺騙、諂媚和戲弄等這些字的那人，只是任意把各個字所表示的一些觀念集合起來。在古時，那些混雜情狀的名稱初通行時，也正如現在新的情狀名稱在任何語言中初盛行時一樣。因此，各種名稱所表示的觀念的集合體如果是爲人心所任意造成的，則它們的意義一定是含糊的，因爲那些集合體在自然中並無恆常的聯繫，而且它們也沒有任何模型，使人來校正它們。所謂「謀害」、「瀆神」，我們永不能在事物本身中發現其意義。在那些複雜觀念中，有許多部分並不能在行動本身中看得到。「謀害」觀念中所含的人心的意向，和「瀆神」觀念中所含的聖物的關係，與犯罪者外面的可見的行動，並沒有必然的聯繫。在犯謀害罪時，我們所能見的動作，只有拉輪制的一種動作，不過這種動作和「謀害」這個複雜觀念中的其他部分並無必然的聯繫。它們所以有聯絡和聯合，只是因爲人心把它們合攏在一個名稱下。不過人心在集合它們時，並無任何規則或模型，因此，表示那些自由集合體的任何名稱的意義，在各人心中一定是互相差異的，因爲各人並沒有確立的規則，在這些任意的觀念方面，來規範自己和自己的想法。

8　**常度（propriety）並不能完全挽救這一點**　自然，人們可以假設，一般用法或所謂常度，可以有幾分確立了語言的意義；而且事實上，我們也不能否認，它有幾分可以幫助我們。不過一般用法在普通談話中，雖然大致能規範文字的意義，可是任何人也沒有相當的權威，來確立文字的意義，來決定人在它們上應附加什麼意義。因爲所謂常度並不足以使各種文字供哲學的推論之用。很複雜觀念的名稱在通用時都有很大的伸縮性，而且即在常度的範圍中，一個名詞也可以表示十分不同的若干觀念。不但如此，而且我們根本就看不到什麼地方有所謂常度的規則和標準，因此，我們還往常爭執，究竟一個字的用法怎樣才能契合於語言的常度。

由此看來，觀念如果太複雜，它的名稱自然就易於不完全，自然就容易有含糊而不確定的意義。而且即在互求了解的人們，這些名字所表示的觀念，在說者和聽者兩方面，也不能相同。在全國中，人人口中雖然都會說「光榮」、「感激」等名稱，可是人們在用這些名稱時所想要表示出的那些複雜的集合觀念，顯然會因人而異的。

9 **人們在學習這些名稱時所由的途徑，也能使它們含糊起來**　人們學習混雜情狀的名稱時所由的途徑，也最能使它們的意義不確定。因爲我們如果考察兒童如何學習語言就會看到，要使他們了解簡單觀念的名稱所表示的東西，和實體觀念的名稱所表示的東西，則人們往往要把那些東西指示出來，使他們得到那些觀念，並且要向他們重複指示那個觀念的名稱，如「白的、甜的、乳、糖、貓、犬」等。不過在混雜情狀方面，尤其在最重要的道德的文字方面，則他們往往是先學習各種聲音的。學習了以後，他們如果要想知道它們表示著什麼樣的複雜觀念，則他們必須求他人的解釋，或者自己費苦心觀察（大部分是這樣的）。不過他們雖然追求各個名稱的精確的意義，可是這些複雜觀念也不易發現出來，因此，這些道德的文字在多數人口中，就只是一些空空的聲音，而且它們縱然有點意義，而那種意義大部分也是很鬆散、很不定、很含糊、很紛亂的。而且人們縱然以較大的注意來確立自己的想法，可是他們如果想用各種名稱來表示那些複雜觀念，並且想使那些觀念與別的（縱然是聰明而勤懇的）人們用這些名稱所表示的那些觀念有所差異，則他們仍然免不了一種困難。在這裡，我們雖然看到，人們在「尊榮」、「信仰」、「恩典」、「宗教」、「教會」等方面，常有不斷的爭辯和討論，可是我們卻不容易觀察出各個人所懷的不同的想法來；這就是說，各人對這些文字的意義，見解並不一致，而且各種文字所表示的各複雜觀念，在他們心中也不一致。因此，人們由此所產生的爭執，只在於聲音的意義方面。因此，我們就看到，在神或人的法律方面，人們的解釋便無窮盡。注解又引起注解，解釋又發生了新的解釋；因此，人們常常要限制、分別、變化這些道德文字的意義，而無止盡。而且人們既然仍有能力來編造新的混雜情狀的觀念，因此，這些人造的觀念就會增加到無數的程度。許多人在初讀經文或法典時，雖然對其字句的意義，自己覺得已經了解，可是他們一求助於注解家，則往往反覺得失掉原來的意義，而且正因爲那些解說，自己反而產生（或增加）了疑惑，使那些地方含糊起來。我之所以如此說，並不是我以爲注解是無用的，乃是想要指明，人們縱然有能力、有意向，來利用極清晰的語言表示自己的思想，可是即在他們口中，那些混雜情狀的名稱也是天然不確定的。

10 **因此，在古著作家方面，一定免不了含混情形** 不用說，這種情形能使往古的和遠國的著作家的作品必然地含混不明，因爲許多聰明人既然在這方面曾運用其思想，而且著了汗牛充棟的作品，這就足以證明，要想找尋古代著作家的眞正意義，是需要何等注意、精研、聰明和推論的。不過我們在各種著作方面，不必都過分推求其意義，我們所當著重的，只應當限於包含眞理和法律的那些書籍，因爲眞理是我們所信仰的，法律是我們所服從的，稍有錯誤、稍有觸犯，就會使我們陷於不利。至於別家作者的意義，則我們不必過於費心來探求，因爲他們所寫的既然只是他們的意見，因此，我們並不必知道他們，正如他們不必知道我們的意見一樣。我們的禍福既然不依靠於他們的命令，因此，我們縱然不知道他們的想法，那也是不危險。因此，我們在讀他們的著作時，他們所用的文字如果沒有適當的明白程度、清晰程度，則我們可以把它們擱置在一邊，並且決定說：

「他們如不想使人了解自己，則他們是應當被忽略的。」這樣對於他們也就無損害。

11 **意義含糊的實體名稱**　我們已經說過，混雜情狀的名稱之所以沒有確定的意義，乃是因爲自然中沒有眞實存在的標準，使那些觀念有所參照、有所校正。不過實體的名稱之所以沒有確定的意義，卻因爲與此相反的理由，因爲人們假設，它們所表示的觀念是與實在的事物相符合的，而且是以自然的標準爲參考的。在我們的實體觀念中，並不如在混雜情狀的觀念方面那樣，在這裡，我們並不能自由來組合各種觀念，使它們形成一個具有特徵的標記，以來歸類並命名各種事物。在這些觀念方面，我們必須服從自然、必須使我們的複雜觀念契合於實在的事物、必須用事物本身來規範它們名稱的意義，若不如此，那麼我們的名稱不能成爲它們的標記、不能代表它們。在這裡，我們自然有模型可以依從，不過這些模型卻能使它們名稱的意義變得很不確定。因爲外界的標準既是根本不能知道的（或者縱使知道，所知的也是很不完全、很不確定的），那麼各種名稱所表示的觀念如果仍以它們爲參照，則那些觀念的名稱當然不能有穩定而單一的意義。

12 **實體的名稱第一參照於實在的本質，而實在的本質是不能知道的**　我們已經說過，實體的名稱在普通用法中，有兩層參照。

第一，人們以爲各種事物都有實在的組織，它們的一切性質都由此流出，並且薈萃於此。因此，他們就使實體的名稱來表示這種組織，並且假設它們的意義與這種組織相契。不過這種實在的組織或本質（人們往往有這種稱呼）既是我們所完全不能知道的，因此，我們不論用任何聲音來表示它，而那個聲音總不能有確定的含義。我們如果用「馬」或「銻」兩個字來表示我們所完全觀念不到的那些實在的本質，則我們眞不知道，那些事物是叫做馬或銻，或應叫做馬或銻。因此，按照這個假設，實體的名稱既然參照於我們所不知曉的一些標準，因此，那些標準從不能校正它們的意義、確立它們的意義。

13 **第二，它們參照於一些共存的性質，而那些性質又是我們所無法完全知道的** 第二，有的人們以為它們的名稱直接所表示的，就是在實體中共有的一些簡單觀念，因此，他們想在各種事物中所聯合的這些簡單觀念，就可以當做適當的標準，以為它們的名稱所參照，並且使它們的意義有所改正。不過這些原型仍不足以達到這種目的，仍不能使這些名稱免除紛歧而不確定的意義。因為這些簡單觀念雖然共存、聯合於同一的實體中，可是它們為數很多，而且各個都有相等的權利，可以加入於那個物種的名稱所表示的複雜觀念中，因此，各種人們雖然聲言來考察「同一」的物像，可是他們對它所形成的觀念必須是「差異」的；因此，他們用以表示這個物體的那個名稱，在各個人必須有互相差異的意義。形成複雜觀念的那些簡單性質，大部分都是一些能力，因為這些性質可以在別的物體上產生各種變化，或由別的物體接受到各種變化。變化無窮，因此，這些性質也就無窮。一個人只要知道，低等的金屬在經過各種火候以後，會有無窮的變化，只要知道，在化學家用各種物體化驗它們以後，它們會有不盡的花樣，他就不會奇怪，我何以要說，在我們的能力範圍內，我們憑這種探求方法，並不容易集合來任何物體的「一切」性質，並不容易「完全」知道它們，至少我們也可以說，它們為數很多，沒有人能知其確定的數目，而且各人的注意不同、技術各異、試驗途徑互異，所以各人所發現的性質也不一樣。既然如此，則這般人們，對同一的實體不得不有差異的觀念、不得不使同一名稱的意義參差而不確定。因為複雜的實體觀念所包含的簡單觀念如果是共存於自然中的，則任何人都有權利把他所見為互相聯合著的那些性質，加在他的複雜觀念中。因為在黃金實體中，此一個人雖然只相信有顏色和重量，可是另一個人又會以為金在王水中的可溶性，也與顏色一樣應該加入他的黃金觀念中，而且第三個人又會以為可熔性也應該加入那個觀念中

（因爲金在王水中的可溶性也與其可熔性和其他性質一樣，也是和它的顏色和重量常相聯繫在一塊的）。至於第四個人又會依據傳說或經驗，把可展性或固定性加在裡面。究竟這些人中哪一個曾經確立了黃金的貼切意義？哪一個人可以來做判決的法官？此一個人固然可以求助於自然中的標準，而且可以很合理地想像自己可以把自己所見爲在一塊聯繫著的那些性質，加在黃金一詞所表示的那個複雜觀念中；可是另一個人如果未曾考察好，則也有相同的權利忽略那些性質，而且第三個人如果有另一種試驗，則他也有相同的權利，把別的性質加進去。因爲我們之所以要把這些性質聯繫在一個觀念中，既然眞是因爲它們在自然中有其本來的聯繫，那麼誰能說，此一種性質應加入或應退出，彼一種性質不應加入或不應退出呢？因此，我們就可以毫無疑義地斷言，人們雖用同一的名稱來表示複雜的實體觀點，可是那些觀念在他們都是一人一個樣子，而且那些名稱的意義也是很不確定的。

14　此外，我們還看到，在任何存在著的特殊事物中，各種性質與外界事物所發生的關係也不同，有的能與多數的事物發生關係，有的能與少數的事物發生關係。既然如此，則誰能斷言，哪一些性質應該來組成那個物種名稱所表示的精確的集合體。誰又有充分的權威來規定，某些明顯的普通的性質應該排除於實體名稱的意義以外，某些較祕密、較特殊的性質，應該加入其中呢？諸如此類的情節都會使實體名稱的意義大爲紛歧而不確定，而且在我們把它們應用到哲學上時，會使我們發生了猶疑、爭辯或錯誤。

15　**它們既有這種缺點，因此，它們只可以供通俗之用，不可以供哲學之用**　自然在通俗的和平常的談話中，概括的實體名稱如果用各種明顯的性質來規範普通常的意義（就如在以種傳代的各種事物方面，我們多半憑藉於它們的形象和樣式，又如在別的實體方面，我們多半憑藉於它們的顏色和其他可感的性質），則它們也很足以表示人們想要說的那些事物，而且它們也往往可以充分涵蓋了「黃金」和「蘋果」等所表示的各種實體，使它們各個有所區別。不過在哲學的探討中和爭辯中，我們雖然應當建立概括的眞理，並且應該依據前提推求出結論，可是在這裡，我們又看到，各實體名稱的確定意義不但未曾建立，而且根本就不容易建立。一個人如果把可展性或某種程度的固定性認爲是他的複雜的黃金觀念中的一部分，則他由此在黃金方面所立的一切命題，和由此所推定的一切結論，當然都是分明由那種意義下的黃金來的。但是一個人如果不以爲可展性或某種程度的固定性是黃金一詞所表示的那個複雜觀念中的一部分，則他永不會承認這些命題和結論，永不會相信它們是正確的。

16 **以液體為例** 人們如果拋棄了紛亂粗疏的想法，進而嚴格縝密的考察，就會容易看到，在一切語言中、在一切實體名稱方面，這種缺點是很自然而難免的。因爲他們如果這樣考察，就會相信許多文字的意義，在通常用法中，固然似乎是很明白、很確定的，但實際上是很含糊、很模糊的。有一次，我與一群聰明而博學的醫生們聚會，他們就偶爾談到，是否有任何液體經過神經的纖維？

他們爭辯了許久，而且兩造都有很多的理由。但是我卻希望他們說，他們應當先考察、確定了液體一詞的意義，然後再來爭辯。因爲我常覺得，人們的爭執大部分都偏於文字的意義，而不注重思想中事物的實在差異。他們一聽這個提議頗爲訝異；而且他們如果沒有那般聰明，則他們或許會以爲它是一個輕浮狂放的問題。因爲在座的人人都想，自己完全了解液體這一名詞的含義，而且我也想，這個名稱也眞不是最難解的一個實體名稱。但是他們終於屈從了我的動議；而且在考察之後就發現，那個名詞的意義並不如他們所想像的那樣確定，而且他們各人用這個名詞所表示的複雜觀念也都不一樣。因此，他們就看到，他們的爭執大部分在於名詞的意義，實則他們都承認有一些流體或微妙物質通過神經管；在這方面，他們的意見並無多大出入，差別就在於他們不容易一致斷言，這種流體是否可以叫做液體。不過說到這一層，人們在考察以後，都覺得它是不值得爭辯的。

17 **以黃金為例**　人們所熱烈從事的各種爭辯，大半都是這種性質，這一點，我之後或者在別的地方可以注意到。

我們在這裡，只要稍精確地觀察前面所舉的那個黃金一詞的例子就會看到，要決定它的意義，確實不容易。

我認爲，人人都會承認它是黃色而燦爛的一個物體，而且兒童也往往就以黃金一詞來稱這個觀念，因此，在他們看來，孔雀尾上那個照耀而色黃的部分就應當是黃金。不過別的人們又看到，在某些物質團中，可熔性又和那種黃色聯繫在一起，因此，他們又把這個集合體形成一個複雜觀念，而以黃金稱之，以表示實體的一種；因此，凡經火以後，成爲灰燼的那些黃亮的物體，便被排除於黃金之外；因此，各種實體只有黃亮的顏色還不算，它必須在經火以後，不爲灰燼，而爲熔液，才能歸在黃金這個物種之中，才能爲黃金一詞所包括。另一個人又因爲同樣理由把重量加在這個觀念中，這個性質也與可熔性一樣、與那個顏色緊相聯繫，因此，他以爲這種性質也應當加在那個觀念中，也應當用那個名稱來表示。

至於前一個觀念所表示的，既只是只有顏色和可熔性的一個物體，因此，它當然是不完全的。說到別的性質也是一樣。

在這裡，人們並不能解釋，在自然中常相聯繫著的那些性質，爲什麼有些應當加在那個名義的本質中，有些應當排除在外。

他們也一樣不能解釋，表示指環質料的那個黃金一詞，爲什麼當用它的顏色、重量和可熔性來決定那個物種，而不當用它的顏色、重量和王水中的可溶性來決定那個物種。因爲它在王水中的可溶性，正和在火中的可熔性是一樣不可分離的，而且它們也都是那個實體與其他兩種物體所發生的關係，這兩種性質之所以有差別，只是因爲那兩種物體在那種實體上作用的方式不同。因爲有什麼權利，能使可熔性成爲黃金一詞所表示的本質的一部分，而可溶性則只是它的一種附屬性質呢？而且它的顏色如果是其本質的一部分，則可展性如何只是它的一種附屬性質呢？我的意思只是說，這些既然都是依靠於實在本質的一些性質，而且只是與他物接觸以後所發生的自動的或被動的一些能力，因此，任何人都沒有權力使黃金一詞（它是和自然中存在著的物體相參照的，）只決定於那個物體中所含的此一些觀念的集合體，而不決定於彼一些觀念的集合體。既然如此，則那個名稱的意義，必然是很不確定的。因爲我已經說過，各人在同一種實體中所見的各種性質是不同的；而且我認爲，沒有人能夠見到它的整體性質。因此，我們對於事物的描寫是很不完全的，而且各種文字的意義是很不確定的。

18 **簡單觀念的名稱是最不含混的**　由以前所說的看來，我們就可以知道在一切名稱中，簡單觀念的名稱是最不容易錯誤的。而它們之所以不易錯誤，第一，是因爲它們所表示的那些觀念各個都是一個單獨的知覺，而且它們比複雜觀念，不但較容易得到，而且也較易於保存，因此，它們就不如複合的實體觀念或混雜情狀的觀念那樣易於不確定，因爲在下面這類觀念中，各個簡單觀念的精確數目不容易互相契合，而且也不容易保留在心中。第二，因爲它們並不參照於任何實體，只參照於它們直接所表示的那個知覺。至於實體的名稱，則因爲永遠有這種參照，所以它們的意義是很雜亂的，而且能引起許多爭辯。人們如果不故意牽強用字、不故意責罵他人，則他們在自己所熟悉的任何語言中，便不容易不知道，簡單觀念的名稱有什麼樣的功用和意義。「白」與「甜」、「黃」與

「苦」都有明顯的意義，人人都可以精確地了解這種意義；而且他假如不知道，也容易知道自己不知道、也容易求得解答。但是說到「謙抑」或「節儉」，則我們眞無法確知，別人在用這種詞時，它們所表示的那些簡單觀念的集合體。而且我們縱然以爲自己很清楚金或鐵的意義，可是我們仍然不能確實知道，別人用此字時所表示的精確的複雜觀念；而且我相信，在說者方面和聽者方面，它們所表示的集合體往往是不同一的。人們在談論時，既然要處理普遍的命題，要在心中確立普遍的眞理，並且要考察由此所得的結果，因此，他們如果一旦用這一類意義不確定的名詞，一定會發生誤解和爭執。

19 **簡單情狀也是比較不易含糊的** 我們已經說過，簡單觀念的名稱是不易陷於含糊和不確定地步的。根據同樣規則，我們也可以說，簡單情狀的名稱也是這樣的，尤其那些形象和數目的名稱更是如此，因爲我們在這方面正有明白而清晰的觀念。人們如果有心來了解「七」和「三角形」，則他們能誤解這兩個名稱的意義嗎？因此，我們可以概括地斷言，在任何方面，最不複雜觀念一定有最不含糊的名稱。

20 **在最複雜的混雜情狀和實體方面，各種名稱是最容易含糊的** 混雜情狀如果只是由少數明顯的簡單觀念構成的，則它們的名稱往往不致於有不確定的意義。但是各混雜的情狀如果含著許多簡單觀念，則它們的名稱，往往如上所述，會有很含糊、很不確定的意義。至於實體的觀念，則它們既非實在的本質，又非它們所參照的模型的精確表象，因此，它們的名稱比較容易不完全、不確定，而在我們把它們應用在哲學上時，更是這樣的。

21 **為什麼我們說這種缺點是在文字方面的** 在各種實體的名稱方面，所有的紛擾大部分是因爲我們缺乏知識，不能窺見它們的實在本質。因此，人們或許疑惑，我爲什麼說這種缺陷是在文字方面而非在理解方面，這個反駁似乎是很正確的，因此，我不得不解釋，我爲什麼要採取這個方法。我可以自白說，在我開始寫這部理解論的時候，而且在往後很長的一段時間，我未曾絲毫想到，在這部書中，我應該考察各種文字。不過在後來討論完觀念的起源和組織以後，在我開始考察知識的範圍和確定性的時候，我就看到，知識和文字有很密切的關係，而且我們如果不先考察好它們的力量和意義，則我們在知識方面所說的，肯定無法清楚、恰當。

因爲知識所關涉的既只有眞理，因此，它會不斷地與各種命題發生關係。知識雖然以事物爲歸依，可是它又必得以文字爲媒介，因此，各種文字就似乎與我們的概括知識是不可分的。

至少我們也可以說，文字是永遠介在理解和理解所要思維的眞理之間的，因此，文字就如可見物所經過的媒介體似的，它們的紛亂總要在我們的眼前遮一層迷霧、總要欺騙了我們的理解。我們如果知道，一般人之所以使自己和他人陷於錯誤，他們的爭辯和想法之所以離奇，大部分都是因爲文字和其不確定（或誤解）的意義，則我們可以認爲，這種情形在知識之路上實在是一種大障礙。而我們對這種障礙之所以不得不提防，更是因爲人們往往不注意這是一種不利，反而要用心來促進它，並且認這種促進障礙的藝術，配得到博學深思的頭銜（下一章中就可以看到）。我總認爲，語言既是知識的工具，因此，我們如果能完全考察它的各種缺點，則世界上滔滔不絕的爭論會停止，而且知識之路、甚至和平之路，將來會比現在要寬敞的多。

22 **因此，我們在解釋古代著作家的作品時，不可不心存謙虛** 我的確相信，在一切語言中，文字的意義多半都是依靠於用文字的那人的思想、想法和觀念的，因此，即在同國同文的人們，文字的意義也是十分不確定的。在希臘作者方面，我們很能看到這一層，因此，人只要稍一披閱他們的作品就會看到，他們雖用著同一文字，可是幾乎各人有各人的語言。不過除了各國之中這種自然的困難之外，還有各國和各代的差異；在各國各代，說教者、著作家都各有各的想法、癖好、習慣、藻飾和綺語，而這些情節雖非我們現在所能知的，可是它們又各個能影響各著作家所用文字的意義。因此，我們在解釋或誤解古代的作品時，應該互相寬恕，因爲這些作品雖然是極其應當研求的，可是它們也都會陷於語言中不可避免的困難。因爲說者如不能先把各種名詞（簡單觀念的名稱和明顯事物的名稱不計）定義出來，就用文字來表達自己的意思和意向，則聽者便不能免於懷疑和不定。至於宗教、法律和道德等論說，既是至關重要的，所以在這方面，困難也是最大的。

23 在《新舊約》方面，各解釋家和注經家所著的許多書籍，很明顯地能證明這一點。經文中所說的樣樣事情雖是極其眞實的，可是讀者在理解時是可以錯誤的，而且是難以避免錯誤的。我們也不必訝異，上帝的意志在披上文字的外衣以後，就會陷於那種工具所不能免的疑義和不定。因爲就是他的兒子在披上肉體的外衣以後，也不得不陷於人性所有的一切弱點和缺點——罪惡除外。不過因此，我們正應當讚美他的慈悲，因爲他已經在全世人面前把他工作的和意志的痕跡明顯表露出來，並且給了全人類充分的理智光亮，使他們雖然不曾見到所寫的上帝這個詞，也的確能知道（只要他們肯費心）上帝的存在，或對於上帝應有的敬禮。自然宗教的教條是很明顯的，是全人類所了解的，是不常爲人所爭執的；而在另一方面，則在書籍和語言中所顯示的眞理，卻免不了由文字自然所生的一些曖昧和困難，因此，我認爲，我們應該勤懇地、精細地觀察前者，不應當專橫地、獨斷地、傲慢地來解釋後者。

第十章　文字的濫用

1 **文字的濫用**　我們已經說過，語言中自然有一種缺陷，而且我們在應用文字時，又難免含糊紛亂。不過除此以外，人們在用文字傳達其思想時，往往又犯了各種故意的錯誤和忽略。他們因爲有這些錯誤，所以又使這些標記的意義比原來更不明白、更不清晰。

2 **第一，全無觀念的文字，或無明白觀念的文字**　第一點，在這方面，最主要、最明顯的濫用就是：我們所用的各種文字，有時沒有明白清晰的觀念，而且所用的各種標記，有時竟然全沒有表示任何事物。這類濫用可分兩種：

㈠在一切語言中，人人都可以看到，有些文字在其起源方面，在其習慣的用法方面，並不曾表示任何明白清晰的觀念。這一類文字大部分是各派哲學或各派宗教所發明的。各個作者或傳道者之所以要創造各種新文字，往往是因爲他們愛裝做一些奇特的事情、愛裝做一些超乎常人理解以外的事情，或者是因爲他們要支持一些奇特的意見，或者是因爲他們要遮掩自己假設中的弱點；實則這些文字，在一考察以後，都可以叫做「無意義的名詞」。這些文字或者在初發明時，就無確定的觀念集合體與之相應，或者（至少也可以如此說）在精細考察之後，可以被人發現是不相符合的。因此，我們不必訝異後來同黨中人通用起它們時，它們只成了空虛的聲音，毫無任何意義，因爲那般人們以爲口裡只要常常提到那些文字，就足以表示他們教派或學派的特徵。他們從不肯用腦子考察那些文字所表示的精確的意義是什麼。我在這裡也用不著累積一大堆例子，一個人只要一讀書、一談話，就會得到充分的例證。他們如果想再多要一些，則編造這類名詞的大家——經院學者和玄學家（後來的自然哲學家和道德哲學家也可以歸類在這些人）很能充分供給他們。

3　㈡至於其他人，則其濫用更進了一層。他們不但不能拋棄原來沒有清晰觀念的那些文字，而且他們疏忽異常，甚至用其那些表示重要觀念等等的文字（這是爲語言的常度所確立的）時，也全無任何意義。「智慧」、「光榮」、「恩典」是各人口中所常用的文字，可是我們如果一問他們，這些文字究竟作何解釋，則他們會不知所以、不知如何答覆。

這就充分證實，他們雖學會這些聲音，雖然這些聲音可以隨時脫口而出，可是他們心中並沒有儲備確定的觀念，表示於這些聲音中。

4　**他們之所以如此，乃是因為他們學習名稱在學習觀念之前的緣故**　人們從搖籃中起就往往先學會那些容易得到、容易記憶的文字，然後才學會文字所表示的那些複雜觀念，然後才學會事物中所寓的那些複雜觀念（這些事物，人假設它們是爲這些文字所表示的）。因此，他們在一生中，也往往是如此的。他們往往不肯費相當的苦心在自己心中確立確定的觀念，他們只是濫用各種文字來表示那些含糊而紛亂的想法，而且他們只覺得別人用什麼文字，自己也用什麼就是了，彷彿那些聲音就必然恆常地表示著同一的意義似的。

在日常事故中，人們爲求對方了解起見，自然要在文字方面變通運用，應用各種標記，以期他人的了解。可是在他們討論到自己的教條和利益時，則這些無意義的文字顯然能使它們的論說中充滿空虛無意義的喧聲和譫語。在道德的事體方面，這種情形更是如此的，因爲在這裡，各種文字所表示的，大部分只是任意集合的一些觀念，而且那些觀念在自然中並沒有確定的、恆常的聯繫，因此，人們只能思想到那些文字的聲音，否則至少我們也可以說，它們所表示的觀念是很含糊、很不定的。人們往往隨便應用周圍的人所用的一些文字，而且他們爲表示自己對於那些文字所表示的東西並非不知道起見，他們用這些文字時，還要帶著很自信的樣子，可是他們並不肯費心來考察它們的確定意義。這樣一來，他們不但可以自己應用，而且還有進一層的利益。因爲他們雖然在自己的談話中，很少時候是對的，可是你卻因此不容易說服他們，使他們相信自己是錯的。他們既然沒有確定的意見，因此你就難以使他們脫離自己的錯誤，正如一個漫遊者既然沒有確定的住宅，你就難以剝奪他的寓所似的。這種情形是我猜想的。至於究竟是否如此，則人人都可以在自身或在他人方面觀察出來。

5 **第二點，應用文字時的前後不一貫** 第二點，另一種文字濫用法，就是在應用時前後矛盾。說到人們在任何題目（尤其是辯論）方面所寫的論說，則我們如果稍一注意來讀它們，我們一定會看到，同一的文字（這些文字在談論中往往是很重要的、往往是全部辯論的關鍵），有時會表示此一些簡單觀念的集合體，有時又會表示彼一些簡單觀念的集合體。這可以說是一種徹底的語言濫用。各種文字之所以能標記我的觀念、之所以能把自己的觀念表示給他人，並非因爲它們在自然方面有意義，只是因爲人們任意賦予它們一些意義，因此，我如果這時候使它們代表一物，另一時候又使它們代表另一物，我就分明蓄意欺騙，故意濫用了。這種人爲的濫用不能歸之別的，只能歸之於很大的愚痴或更大的欺騙。一個人在談論或推理時，如果可以使同一的文字表示著不同的簡單觀念的各集合體，則他在與別人算帳時，也一樣可以使同一數位有時表示此一種單位的集合體，有時表示彼一種單位的集合體（就如用了這個數字來表示三，又表示四，又表示八）。人們在算帳時如果是這樣的，則我眞不知道，誰還敢與他們交易！在各職業中，人如果眞這樣說起來，並且爲自己的利益打算，有時候呼八爲七，或呼爲九，則他立刻會得到人所厭聞的愚痴或欺騙的頭銜了。不過在學者的辯論和爭執中，同樣的進行法往往被人認爲是機智和博學的表現。但是在我看來，這種做法比還債時錯置數字，還更爲不忠實，而且我認爲，眞理的重要性和價值比金錢大多少倍，則眞理方面的欺騙也比金錢方面的欺騙大多少倍。

6　**第三點，人們故意誤用文字也能使文字變得含混**　另一種語言的濫用，就在於故意所形成的含混性。人們或者愛把古字應用到新的不尋常的意義上，或者創作出一些新而含糊的名詞，並不給它們下定義，或者任意把各種文字集合起來，使它們失掉一般的意義。這種做法雖是逍遙學者最擅長的，可是別的學派也不能完全擺脫了它。本來人類的知識是不完全的，因此，任何學派都不能免於困難。不過他們卻愛以含混的名詞來遮掩這些困難，來混亂文字的意義，因此，他們所用的文字就在人的眼前障了一層深霧，使人不易發現它們的脆弱部分。人人一反省，就會知道，「物體」與「廣袤」在平常的用法中，表示著兩個獨立的觀念。因爲它們的意義如果的確是相同的，則我們不但可以說「一個物體的廣袤」，而且也可以說「一個廣袤的物體」，兩種說法都一樣適當、一樣可了解的。不過世人也眞奇怪，他們總覺得非把這些字義混淆不可。可是他們雖濫用了語言、雖混淆了字義，可是經院中所教的邏輯和高等文藝，反而誇張他們這種做法。至於衆所仰慕的那種辯論術，更增進了語言的天然缺陷，因爲在這裡，人們所用的語言，只足以淆亂文字的意義，不足以發現事物的眞理。人們一留心觀察那種博學的論著就可以看到，在那裡，他們所用的各種文字的意義，比在平常談話中要曖昧、含糊得多。

7 **邏輯和辯論最能促進文字的濫用** 我們如果依人們的辯論技術來批判人的學問和天才，則這種情形是不可避免的。在這方面的勝利，都依靠於用字的精巧俏皮，因此，這些勝利如果在世人方面可以得到命名和獎勵，則我們也不必訝異，人們何以要竭盡心力來混淆、紛擾、弄虛作假那些聲音的意義，使他們在反駁或辯護任何問題時，滔滔不絕、不窮於詞。他們的勝利並不歸於得到眞理的那一造，只能歸於辯論中的最後一句話。

8 **人們稱此為玄妙之思** 這雖是一種無用的技巧，而且和知識之路正是相反的，可是人們還往往用表示敬慕的「玄妙」和「深刻」二詞來稱呼它，而且經院學者也常獎勵它，世上一部分學者也常贊助它。因此，我們也不必訝異，古代哲學家（我所說的就是那些愛好爭辯的哲學家——如希臘作家琉善〔Lucian〕詼諧、合理地譏訕那樣）和經院學者們，要用奇異而難解的繁瑣的文字網，來遮掩自己的愚陋。他們所追求的，只在一種光榮和重視，只在讓人知道自己有博大而普遍的知識。可是這種知識，冒充則易，眞求則難，因此，他們要應用不可理解的名詞，希圖博得他人的讚美，因爲他們的文字愈不可了解，則人們愈會羨慕他們。不過我們看到，在一切歷史中，這些淵博的博士們，並不比其他人們更爲聰明、更爲有用，他們在人生中，在其所住的社會中，並沒有貢獻什麼利益。因爲要編造些毫無新事物與之相應的種種新文字，或許干擾了、隱蔽了舊文字的意義，使一切事物都成了問題，那對於人生並無利益也不值得稱讚和獎譽。

9 **這種學問對社會沒有任何好處** 世上雖然有這些有學問的辯才家——無所不知的博士們——可是各種政府之所以能維持和平、得以自衛、得到自由，全有賴於非經院派的政治家，而且世界各國之所以在實用的藝術方面能有進步，也只是因爲有不識字而被人輕賤的那些賣手藝的。不過這種裝模作樣的愚陋和學問淵博的妄語，在近世終究十分盛行，而它們之所以盛行，也只是因爲那些人們爲自己利益著想，因而不得不機心用事的緣故。因爲他們覺得，要想維持他們所已達到的那種最高的權威，最容易的方法，就是要用艱澀的文字來收買匆忙而無知者的歡心，並且使聰明而懶散的人們從事於糾紛的爭辯和無意義的名詞，使他們永久陷於無底的迷洞中。此外，我們還可以說，要想使人相信奇異而荒謬的學說，不二法門就是用一大套混淆含糊而不確定的文字來保障它們。不過這樣卻使這些營寨只像似盜賊的洞窟或野狐的居穴，而不像似公平戰士的堡壘。我們雖然難以把這般人們從這些洞中趕出來，可是那並非因爲它們是堅固的，只是因爲周圍有灌木荊棘遮蔽著它們。因爲人心既然不能接受僞說，則人們所能辯護的，將不是荒謬的錯誤，而是含混的意義了。

10 **不過這樣卻消滅了知識和傳達思想的工具**　這種博學的愚陋之人，雖然自命爲可以啓發人的理解，可是他們這種藝術已經使理解迷惑，已經使好問的人們遠離眞正的知識了。至於別的聰明而坦白的人們，則他們的教育和天才雖然沒有使他們達到那樣深刻的程度，可是他們能明白地互相表示各人的意思，並且可以不牽強地應用文字，得到語言的利益。不過無學問的人們，雖然能充分了解白與黑這兩個字，雖然常常能想像這些字所表示的觀念，可是有的哲學家竟然有學問、聰明來證明雪是黑的、白是黑的。他們雖然可以由此得到一種上風，雖然可以由此毀滅了談論、教訓和交遊三者的工具，可是他們的偉大聰明和藝術，只使它們把文字的意義攪亂、混淆了，並且使語言更失其效用（它本身的缺陷已經使它減少效用），這種本領是不識字的人們所沒有的。

11 **這樣就如同把字母的聲音混淆了一樣**　如果你覺得這些博學的人們可以教導人的理解，補益人的生活，則一個人如果把通行字母的意義改變了，那麼也可以有此結果；因爲一個人如果以超乎庸流愚凡的才能，博學微妙的設計，在他的著述中，表示自己能以A代B、D代E、X代Y，使其讀者產生驚羨、得到了利益，那是很沒有意義的。因爲要用黑這個字來表示另一個相反的觀念，並且稱雪爲黑，那正如同以A代B是一樣無意義的；因爲大家承認「黑」字代表著一種可感的觀念，「白」字代表著另一種可感的觀念。A字母是代表語言器官運動後所產生的一種音的變狀，B字母是代表語言器官運動後所產生的另一種音的變狀。

12 **這種藝術，使宗教和正義發生了紛擾** 這種禍患不只限於邏輯上的煩瑣或奇特的空洞思維。它曾經侵犯了人生和社會的極大利益、曾經使法律和神學的重要眞理糊塗、紛亂、曾經使人生的事務混沌、騷擾了、曾經使宗教和正義兩大典範大部分無用了（縱使不致於消滅）。在上帝的法律方面和人的法律方面，大部分的解釋和辯論，不是只讓它們的意義更爲含糊，更爲紛亂嗎？他們那些反覆奇特的區分和深刻的解析，不也只是一些含糊而不確定的說法嗎？不是使文字更難了解、讀者更不知所云嗎？爲什麼君王們在向其僕役口傳命令或筆授命令時，容易被人了解，可是在向人民發布法律時，反而不易被人了解呢？而且我們不是常見，具有平常理解能力的人，在讀短文或法律時，很能了解它們，可是在求助於解釋者或向他人討論時，就茫然不知所措嗎？——這般解釋家在解釋了以後不是使各種文字一無所指，或任意指示嗎？

13 **這並不能算是學問** 這些事情究竟有什麼附帶的利益，要使人們這樣做，那我是不必在這裡加以考察的。我只希望人們想想，自己是不是應該如實地知道事物的眞相？是不是應該實行其所應爲的？是不是不應該一生中只談論事物、只賣弄文字？我只希望人們想想，他們在應用文字時是不是應該明白而簡潔？而且人們之所以發明語言，既是爲促進知識、聯絡社會，則人們應該想想，我們是不是不應該應用語言來遮撥眞理、搖動人民的權利、興雲作霧、使道德和宗教成爲無意義的。至少我們也可以問，這類事情如果發生了，我們是否應當認爲它是由於學問或知識而然的。

14 **第四點，人們把文字當作是事物本身** 第四點，另一種文字的濫用法，就在於人們把文字當做是事物的本身。這一層雖然有幾分關涉於全體的名稱，可是它所最能影響的，仍是那些實體的名稱。人們如果把自己的思想限於任何一個系統，並且完全相信某種傳統的假設是完美無缺的，則他們最易陷於這種錯誤，因爲他們既是這樣，那他們就會確信那一個教派的所有名詞都是合乎事物本質的，都是完全與事實的實相相符合的。自幼感染了逍遙哲學的人們，哪一個不以爲十個範疇的名稱是精確地契合於事物的本質呢？哪一個學派中又有哪一個人不相信實體的形式、植物的靈魂、憎惡虛空之感和心理射像等都是實在的事物呢？人們在剛開始學到知識時，就學會這些文字，而且他們看到，他們的祖師和宗派都著重這些文字，因此，他們總相信，那些文字是與自然相契合的，而且是表象眞正的事物的。

柏拉圖學者們主張有世界的靈魂，伊壁鳩魯派又主張「原子在靜止時」也有「趨向運動的努力」。差不多各派哲學都有自成一套的名詞，而且那些名詞都是別派所不能了解的。不過這些妄語，在人類脆弱的理解方面，很能文飾人的愚陋、遮掩人的錯誤，因此，久而久之，它們在同種人中，似乎竟成了語言中最重要的部分、最有意義的名詞。而且他們那個學說在盛行之後，既使人到處相信所謂空媒或乙太媒，因此，他們的名詞也不能不在人心上留些印象，也不能不使他們相信事物眞是這樣的。這個正如同逍遙學派所謂形式，或心理射影像似的。

15　**舉物質為例**　我們如果注意研讀哲學的著作，則我們便會充分看到，要把文字當成事物本身看，那確實能誤導我們的理解。不過有些文字雖被這樣誤用，我們還往往猜想不到它們有這種誤用。我在這裡，只可以舉一個最熟悉的例子來闡明此點。人們關於物質有糾紛爭辯時，彷彿自然中眞有這種東西是異乎所謂物體的。物質一詞所表示的觀念誠然是和物體觀念不一樣的。因爲這兩個名詞所表示的觀念如果的確是相同的，則我們在任何地方都可以無分別地互相掉換它們。但是我們看到雖可以說：「一切物體共一物質」，可是我們並不能說「一切物質共一物體」。而且我們雖然常說：「此一物體大於彼一物體」，可是我們如果說（自然人不如此說）：「此一物質大於彼一物質」，那就怪刺耳了。不過這種情形究竟是如何產生的呢？據我看來是這樣的，就是物質與物體雖然沒有實在的區別，而且有此就有彼，都不能相離，可是「物質」與「物體」，實在代表著兩個不同的想法，而且物質想法只是不完全的，只是物體想法的一部分，因爲「物體」既然表示著一個有凝性、有廣袤、有形象的實體，而且物質既是實體的一個平面的、較紛亂的概念，因此，物質似乎只表示物體的實質和凝性，而並不涉及它的廣袤和形象。因此，在我們提到物質時，我們總以爲它只是一個，因爲實際上它所包含的只是一個有凝性的實體觀念，而這個觀念是到處同一、到處一律的。我們的物質觀念既是這樣的，因此，我們便不能想像說世界上有不同的物質，也正如我們不能想像有不同的凝性一樣。可是在另一方面，我們依然可以想像並談論各個不同的物體，因爲形象和廣袤是可以有變化的。不過凝性雖然不能離開廣袤和形象而存在，可是哲學家因爲把「物質」一詞認爲可以標記這種意義下眞實存在的一種東西，結果在原始物質方面，他們的腦筋中和書籍中，便都充滿了含糊而無意義的談話和辯論。至於這種缺點或濫用，在別的許多概括的名詞方面，究竟有怎樣的影響，那我可以讓別人自己考察就好。不過至少我可以說，我們如果能如實地觀察文字本身，如果只把它看做是觀念的標記，而不把它看做是事物的本身，則世界上的爭執，一定比現在會減少了許多。因爲在我們爭論「物質」或相似名詞的時候，我們所爭論的只是那兩個聲音所表示的那種觀念，至於那個精確的觀念是否與自然中眞正存在的事物相契合，則我們是不問的。人們如果能說明，他們的文字都表示著什麼觀念，則他們在探求眞理、衛護眞理時所有的困難或口角將不及現在的一半。

16 **這樣可以使錯誤永久繼續下去**　人們在誤認文字以後，究竟有什麼不便，那我是不必細說的，不過我的確相信，各種文字在慣用久用以後，的確能使人們心生迷惑，產生遠非眞實的想法。我們很不容易使人相信，他的父親、教師、教區的牧師、可敬的博士們所用的文字，完全不表示自然中實在存在著的任何事物。人們之所以難以擺脫他們的錯誤，這或許是一大分部原因。因爲這種緣故，即在純哲學的意見方面，人們所關心的雖然只是眞理，可是他們也不容易擺脫自己的錯誤。因爲他們所久習的那些文字既然牢固地留在他們心中，因此，我們正不必訝異它們所表示的那些錯誤的想法，何以竟不能去掉。

17 **第五點，人們常用文字來表示其本不能表示的東西**　第五點，另一種文字的濫用，就在於用它們來表示它們所不能表示的事物。我們之所以能知道各種實體的名義本質，只是因爲我們用各命題來表示它們，只是因爲我們是默認它們有某種性質，或否認它們有某種性質，而且我們在實體方面所能知道的，也只有它們的名義本質。不過我們看到，在各種實體的概括名稱方面，我們常常默默地假設它們表示著一些實體的實在本質。因爲一個人如果說：「金是可展的」，則他所暗示的，並不只是說，「我所謂」金是可展的（實則他不能有別的意義）。他所說的乃是：只有具有金的實在本質的那種東西，才是可展的。這就是說，可展性是和金的實在本質分不開的，是依靠於這種本質的（不過一個人既然不知道什麼是實在的本質，因此，在他的心中，所謂可展性並不是與他所不知的本質發生聯繫的，只是與他所用以表示這個本質的「金」字一音相聯繫的）。因此，我們如果說「人」的定義應該是「有理性的動物」，而不該是「兩腿、無羽而寬指甲的一個動物」，則我們在這裡分明假設了在這種情形下，「人」一詞只表示著人類的實在本質，而且我們的意思就是說，這種實在本質的適當形容詞，只應當是一個「有理性的動物」，而不應當是「兩腿、寬指甲而無羽的一個動物」。因爲在這裡ἄνθρωπος這個字如果不是被假設在其平常所表示的東西之外，還表示著另一種東西，如果它不是於一個人用它所表示的觀念之外還表示著另一種事物，則柏拉圖正可以如亞里斯多德一樣適當地以人字表示其複雜觀念。雖然柏拉圖的複雜觀念只表示著某種形象和某種外貌的一個特殊身體，而亞里斯多德所說的人的複雜觀念則是指聯合爲一的身體和推理能力而言。

18 **所謂用文字來表示它們所不能表示的東西，就是指用它們來表示它們本不能表示的實體的實在本質**　眞的，那些文字所表示的人心中的觀念，如果就是實體的實在本質，則實體的名稱應該比現在有用，而且用這些名稱所形成的命題也該比現在確定。在關於實在本質的一切談話中，我們的文字之所以不能表示什麼知識、之所以不能達到確定的程度，只是因爲我們不曉得這些實在的本質。人心爲竭力避免這層缺點起見，就藉著祕密的假設，來用這些文字表示著具有那種實在本質的東西，彷彿由此就可以接近於那種本質似的。因爲人字或金字所表示的雖然只是一個複雜的「觀念」，而且那個「觀念」中所包含的，雖然只是一個物種中聯合著的一些性質，可是人人在用這些文字時，差不多都要假設這些名稱表示著一種具有實在本質的「東西」，而且他們還假設，這個本質就是那些性質所依託的。不過這樣不但不能減少文字的缺點，反而藉著明顯的濫用而增加了這種缺點。因爲我們用它們所表示的那種東西既然不在於我們的複雜觀念中，因此，我們所用的名稱無論如何也不能表示它。

19 **因此，我們以為實體觀念的改變，並不能改變所謂物種**　這就可以指示出混雜情狀和實體的差異。在混雜情狀中，組成那個複雜觀念的任何簡單觀念如果忽略了、變化了，那個複雜觀念就成了另一種東西、另一個物種，如所謂因正當防衛而殺人（chance-medley）、如所謂屠戮（man-slaughter）、謀害（murder）、弒親（parricide）等。這個原因就在於：那個名稱所表示的複雜觀念不但是名義的本質，而且是實在的本質，而且那個名稱所參照的也就止於此種本質，並沒有祕密地參照著別的本質。不過在實體方面，可就不是這樣。在「所謂」黃金中，此一個人在其複雜觀念中所「加」（或所減）的觀念，雖然也許正是彼一個人所減（或所加）的觀念，可是人們並不因此就以爲實在的物種也改變了，因爲他們在心中祕密地把這個名稱參照於存在著的事物的一種實在不變的本質，而且以爲那些性質是依靠於這種本質的。

一個人以前在其複雜的黃金觀念中，雖然不曾把固定性、或金在王水中的可溶性加進去，可是他現在即把這種性質加進去，人也並不以爲他曾把那個物種改變了。人們只是以爲他有了一個較完整的觀念，因爲他在這個複雜觀念中加入了另一種簡單觀念，而使之與他以前的複雜觀念所含的別的簡單觀念聯繫在一起。不過人們既然把這個名稱參照於我們所觀念不到的一種東西，因此，這不但不能有助於我們，而且還正使我們陷於困難中，因爲金這個字既然祕密地參照於那一種物體的實在本質，因此，它就可以說是完全沒有意義的，因爲它所表示的，是我們所完全觀念不到的，而且物體如果不在面前，則它是一無所表示的（金字如果只表示或多或少的簡單觀念的集合體，則它在日常談話中也足以指示那個物體）。因爲我們雖然常認名義上的黃金，和那種物體本身（就如面前的一個金頁）是同一的，可是我們在仔細考察之後，就可以看到，在兩者方面的論戰，確實是各不相同的；我們只是在談話中，常把名稱當做事物罷了。

20 **這種濫用的原因就在於：人們假設自然的作用是經常有規則的**　人們之所以愛用名稱來代替物種的實在本質，只是因爲他們假設（如前所說），自然在產生事物時，作用是有規則的，而且因爲他們假設，自然曾經把同一實在的內在組織，賦予了一個概括名稱下所包含的一切個體，因而把各個物種的界限確立了。可是任何人只要一看到它們的各種差異的性質，則都會相信，同一名稱的許多個體，在其內在的組織方面，都是互相差異的，而且差異的程度，正如在各異的物種名稱下所包含的那些個體似的。不過人們既然假設，同一精確的內在組織經常伴著同一物種的名稱，因此，他們便毫無疑義地認爲那些名稱就是那些實在本質的表象，實則這些名稱所指示的，只是他們在用這些名稱時心中所產生的一些複雜觀念。這些名稱所表示的東西，既然與人假設它們所表示的東西不同，因此，人們如這樣使用它們，則在他們的談話中，必然會引起很大的歧義。這種情形，在完全學習過所謂實體形式說的人們，尤其是如此的，因爲他們自信地想像，各個物種都是由這些形式所決定、所區分的。

21 **這裡含有兩種虛妄的假設** 要用各種名稱來表示我們所沒有的觀念或我們所不知道的本質，那是很荒謬的，因爲這樣就使我們的文字不標記任何東西了。可是人們只要反省如何應用各種文字就會看到，這種情形是屢見不鮮的。一個人如果問說，我所見的這個東西（如一個黑狒或怪胎）究竟是不是人，則他的問題很清楚的不是在說，這個特殊的東西是否與他用人字所表示的那種複雜觀念相契。他所問的只是，這個東西是否具有人字所表示的那種事物的本質。在這樣應用實體的名稱時，我們就有兩種虛妄的假設。

㈠第一，我們假設宇宙中有一定不變的本質，大自然用以形成一切特殊的事物，人類用以區分事物的種類。我們自然不能否認，各種事物都有一個實在的本質，然後才能成其自相，然後才能使其各種可感的性質有所依託。不過我們已經證明，這並不能使物種（如我們所區分的那樣）有所分別，也不能使名稱發生分界。

㈡第二，這種用法還暗示，我們似乎能觀念到這些假設的本質。因爲我們之所以要追問，這種東西或那種東西是不是具有人類的本質，那正表示我們假設這個物種的本質是人所已知的，否則我們怎樣會有這樣問題呢？不過這種假設完全是虛妄的，因此，我們如果用各種名稱來使它們表示我們本來沒有的觀念，則我們在關於這些名稱的一切談論中和推理中，會產生很大的紛亂，而且在我們用文字傳遞思想時也會有很大的不利。

22 **第六點，人們假設各種文字都有明顯而確定的各種意義**　第六點，另一種文字的濫用雖是更普遍的，卻是少爲人所注意的。那就是人們因爲慣用之故，常把一定的觀念附加於一定的文字上，因此，他們容易想像，在名稱和其意義間，常有一種切近而必然的聯絡。因爲這種緣故，他們便無疑義地假設，人人都可以知道他們的意思，都應該安於所表示的文字，而不必再往深處追求。他們彷彿以爲，人們在應用那些通用的文字時，說者和聽者似乎必然有相同的觀念似的。他們在談論中應用各種名詞時，既然以爲他們已經由此把他們所談的東西分明置於人前，而且他們既然以爲別人的文字所表示的東西自然也與他們用這些文字時所表示的一樣，因此，他們從來不肯費神來解釋他們自己的意義，或明白地了解他人的意義。因此，就發生了許多的爭吵和口角。可是這樣並無絲毫進步，也不能稍微促進知識。因爲人們雖然以爲各種文字是共同想法的尋常而有規則的標記，實則它們只是自己的觀念的一些任意而不正確的標記。不過在談論或爭辯中，有人如果與他們的意義一樣，則他們反會覺得是奇怪的。可是日常談話中所發生的爭執，使我們清楚看到，兩個人所用的複雜觀念的名稱，很少能夠表示同一精確的集合體。任何文字都可以證實這一層。就如生命一詞本是最常見的，而且你如果問一個人，他如何解釋這個名詞，則他反而會責怪你。但是我們如果發問，在種子中已存在的植物是否有生命？卵未孵時期中的胚形是否有生命？人在暈過去時，是否有生命？則我們會清楚看到，生命這個名詞雖是最常習見的，可是我們運用時並不見得永遠有明白、清晰而確定的觀念。概括說來，人們自然有一些粗疏而紛亂的想法，並且應用語言中普通的文字來表示它們。在日常談話和事務中，文字的這種用法雖是粗疏的，可是也很足以應用。不過在哲學的探討方面，這種用法並不夠。在知識和推論方面，我們需要精確而確定的觀念。我們自然不致於太愚蠢，常讓他人解釋了他們所用的文字，然後才能了解他們所說的是什麼，我們自然也不常吹毛求疵，來改正他人的用字方法。不過我們所追求的既是眞理和知識，則他們所用的文字如果意義紛歧，我們當然可以希望他們給我們解釋清楚；那並不是什麼過錯，而且我們如果不知道，他人所用的文字有什麼意義，則我們自已坦白地承認這一點，那也並無可恥的地方。因爲我們如果不聽他人把意義講解出來，則我們便沒有別的方法可以確知他們的意義。由輕信而生的這種文字的濫用，在學者間範圍最廣，而且結果也最壞。因爲人們雖然都相信，在迷惑世人的那一些爭論中和書籍中，確實有許多不同的意見，可是我只看到，各派學者在互相爭辯中，所能爲力的，只是說了一些不相同的語言。因爲我總相信，他們如果跳脫名詞只思考事物本身，並且知道他們所思想的是什麼，則他們的思想都是一樣的；只是他們所要主張的東西或許不同罷了。

23 **語言的目的，第一，在於傳達觀念**　關於文字的缺點和濫用，我們現在可以作一個結束。我們可以說，在我們與他人談話時，語言的功用大體有三種。第一、是要把一個人的思想或觀念傳於另一個人。第二、是要極簡易、極迅速地達到這層目的。第三、是要把人們對於事物所發生的知識傳達出去。在這三方面中任何一方面，語言如果失其作用，則它若不是被人濫用，就是它本身是有缺陷的。

第一點，各種文字如果發生了下述的三種情形，則它們便達不到第一種目的，便不能把一個人的觀念傳達於另一個人。㈠人口中所用的名稱如果不表示他心中確定的觀念，則這個目的不能達到。㈡人們在把語言中的普通名詞應用於各種觀念上時，那些觀念如果並不曾表示於那種語言中的那些名詞，則這個目的不能達到。㈢人們如果在應用各種文字時，反覆變化，有時用它們表示這個觀念，有時又用它們表示另一觀念，則這個目的也是不能達到的。

24 **第二，在於迅速地表示**　第二，人們如果只有複雜觀念，而無清晰的名稱來表示它們，則他們便不能用簡便方法迅速表示它們。這種缺點有時是在語言本身、有時是在人方面的。語言方面之所以有這種缺點，只是因爲它本身沒有能表示這個意義的聲音。人方面之所以有這種缺點，乃是因爲他只想把自己的觀念表示給人，卻沒有懂得那個觀念的名稱。

25 **第三，在於用語言來傳達人們對於事物所有的知識**　人們的觀念如果不符合於實際的事物，則他們的文字便不能傳達出關於事物的知識。知識方面這種缺點是導源於我們的觀念中的，因爲我們的觀念有時會因爲我們缺乏注意、研究和專一，導致與事物的眞相不符。但是這種缺點也可以擴及到文字方面，如果我們用文字所表示的實在事物，竟然沒有實在性或存在的。

26 **人類的文字如何在這些方面達不到目的**　第一，一個人如果只用某種語言中的文字，而在心中卻沒有他用這些文字所指的清晰的觀念，則他在談話中用起這些文字，只是空口喧嘩並無絲毫意義。他在表面上，用其生硬的文字，和學術上的名詞時，雖然也很像有學問的樣子，可是他並不能因此在知識方面稍有進步；這個正如一個人只知道各種書名，而不知道其內容，不能在學問方面有所進步似的。因爲我們縱然按照適當的文法結構，或調和流暢的音節，把各種文字應用於談話中，可是那些文字仍不過只是一些聲音，並無別的意義。

27 第二，一個人如果只有複雜觀念，而無相當的名稱與之相符，則他的情形正如一個書商，只在貨棧中存著未裝訂、沒有書名的一些書籍似的。像這樣一個書商，要想把這些書籍表示於人，他只得把這些散亂的紙張指示給人，把總數傳達給人。這個人既然因爲缺乏文字之故，不能在談話中表示出他的複雜觀念來，因此，他就不得不一一列舉那個觀念所包含的各簡單觀念，以求把那個觀念表示出來；因此，他就不得不用二十個字，來表示他人用一個字所表示出的東西。

28 第三，一個人所用的標記，如果並非恆常表示著同一的觀念，他所用的文字如果有時表示一種意義，有時又表示另一種意義，則他在經院中和談論中，一定不能成爲一個公平的人，就如一個人在市上交易時，以同一名稱來表示所賣的幾種貨物似的。

29 第四，一個人用各種文字所表示的觀念，如果異於同國家中用同一文字所表示的那些觀念，則他的理解雖然富有眞理和光明，可是他如果不先把他的名詞定義出來，則他便不會用自己的文字把自己的知識傳遞給人。因爲各種聲音縱然是人們所熟知的，縱然是易於進入慣聽它們的那些人耳中的，可是它們所表示的各種觀念，如果不是它們通常所表示的那些觀念、如果不是它們通常在人心中刺激起的那些觀念，則人們雖使用它們，它們也不能把人的思想表示出來。

30 第五，一個人如果只是空想一些「不存在的」實體，而且他的腦中所充滿的觀念，如果並不與事物的實在本質相契合，那麼他縱然給這些觀念確定而有界說的名稱，縱然在自己的談話中或別人的腦筋中，充滿了一些自己所創造的虛狂的想像，可是他在實在的、眞實的知識方面，並不能有絲毫進步。

31 總而言之，一個人如果只有名稱而無觀念，則他的文字是缺乏意義的，他所說的也只是一些空洞的聲音。一個人如果只有複雜觀念，而無名稱來表示它們，則他在表示時便不能自如，不能迅速，而且他必須要採用迂迴說法。一個人如果只是粗疏、紛歧地應用各種文字，那麼他或不能爲人所注意，或不能爲人所了解。一個人用各種名稱所表示的各種觀念如果與常用的文字不一樣，則他的語言便失了常度，而且他所說的也只是妄語。一個人所有的實體觀念如果與事物的實相不相符，則他在自己的理解中，便缺乏了眞正知識的材料，所有的只是一些幻想。

32 **在實體方面，人的文字如何會喪失它的功用**　在一切實體觀念中，我們容易陷於上述的五種缺點。㈠就如一個人如果只是用達鑾杜拉（tarantula，蜘蛛之一種）這個詞，而卻不知道它所表示的觀念，則他所發的聲音雖然正確，可是他並不因此能表示出任何意義來。㈡又如一個人來到一個新發現的土地，看見自己未曾見過的種種動植物，則他對它們雖然有正確的觀念，一如其對馬或鹿一樣，可是他如果不學會土著所用的名稱，或自己不給它們相當的名稱，則他在提說它們時，除了詳細的敘述，便無別法。㈢又如一個人有時用物體一詞表示純粹的廣袤，有時又用它表示廣袤和凝性的集合體，則他的談話便必然是錯誤的。㈣又如一個人如果用馬這個字來稱呼平常所謂騾，則他的談話是不適當的，並不會得人了解。㈤又如一個人用馬面一詞表示著一種實在的事物，則他只有自欺，只有把文字當做事物。

33 **在情狀和關係方面，人的文字如何會失掉它的功用**　在情狀和關係方面，我們只容易陷於前四種缺陷。就是㈠我的記憶中雖然有情狀的名稱，如「感激」和「仁慈」之類，可是我的思想中或許沒有精確的觀念和那些名稱相符。㈡我雖然有各種觀念，可是我們會不知道標誌它們的那些名稱，就如我雖然觀念到一個人喝酒喝得色變、性改、舌顫、眼紅而足軟，可是我也許不知道那叫做醉。㈢我雖然有善惡的觀念和名稱，可是也許會誤用了它們；就如我用節儉一詞所表示的觀念，或者正是別人所謂「貪婪」也不一定。㈣我也許在用那些名稱時，屢次變更了意義。㈤不過在情狀和關係方面，我所有的觀念一定得符合於事物的眞相。因爲所謂情狀既是人心任意所形成的複雜觀念，而且所謂關係也只是我們比較兩種事物時的一種途徑，也只是我們自己所形成的一種觀念，因此，這些觀念便難以與任何存在的事物不相符合。因爲它們在人心中並不摹擬自然有規則地所構成的那些事物，而且它們也不是由任何實體的內在組織或本質所必然流放出的一些性質。它們只是存在於人心中的一些模型，而且表示它們的那些名稱，也只是按照它們存在的樣子，來標記各種行動和關係。在這方面，我們所有的錯誤，只在用錯誤的名稱來稱謂我們的概念。因此，我們所用的文字，如果與別人所用的意義有別，則我們便不易被人了解，而且我所給它們的名稱如果是錯誤的，則人們也會以為我有錯誤的觀念。但是在我的混雜情狀的觀念或關係觀念中，我如果置入一些不能符合的觀念，則我的腦筋也只有一些幻想。因為這一類的觀念（在一考察之後，就可以看到），既不能存在於人心中，更不能指示一些實在的事物。

34 第七點，綺語也是一種語言的濫用法 在世界上，機智和想像，要比枯燥的眞理和實在的知識，易於動人聽聞，因此，人們很不容易承認綺語和典故是語言中的缺點或濫用。我也承認，在各種談話中，我們如果只想追求快樂和高興，而不追求知識和進步，則由這些綺語而成的妝飾品也算不了什麼錯誤。但是我們如果就事論事，則我們必須承認，修辭學的一切技術（秩序和明晰除外），和演說術中所發明的一切技巧的迂迴的文字用法，都只能暗示錯誤的觀念、都只能夠動人的感情、都只能夠迷惑人的判斷，因此，它們完全是一套欺騙。因此，在雄辯中和演說中，這些把戲雖是可獎賞的，可是我們的議論如果在指導、教益人，則我們應完全免除這些。因為在眞理和知識方面，這些把戲確實可以說是語言本身的缺點，或應用這些語言的人的過錯。在這裡，我們並不必多事說明這些把戲的重疊花樣，人們如果想得詳細知道這一層，則世界上層出不窮的修辭學者很可以來指導他們。不過我不得不說，人類對於眞理的保存和知識的促進，實在太不關心、太不注意了，因為他們天生就有撒謊的本領，而且還很愛這種撒謊的本領。我們清楚看到，人們是既愛騙人而又愛被騙的，因為所謂修辭學，雖是錯誤和欺騙的一種最大的工具，可是它竟然有專研究它的教授們，並且公然被人傳授，而且常能得到很大的名譽。因此，我如此反對它，人們縱然不認為我是野蠻的，也肯定會認爲我是太大膽的。辯才就如美女似的，它的勢力太惑人了，你是很不容易攻擊它的。人們如果眞覺得被騙是一種快樂，則那種騙人的藝術是不易受人責難的。

第十一章 前述各種缺點和濫用的改正方法

1 **各種改正方法是值得追求的** 前面我們詳細探究過語言有什麼自然和後加的缺點。語言既是維繫社會的重要紐帶，而且知識由個人傳至個人，由一代傳至一代，也以語言爲共同的管道，因此，我們應該用縝密的思想，來考察我們有什麼方法改正上述這些缺點。

2 **這是不容易做到的** 任何人只要敢自誇說，他可以完全改良世界的語言，甚或僅止於其本國的語言，則人們一定會笑他，因此，我並不敢想像有人能如此自誇。要使人應用文字來恆常具有同一的意義、恆常只表示確定而一律的觀念，那就無異於想使人們都具有同一的想法，而且想使他們所說的都只是他們所明白地、清晰地觀念到的。但是這一層是難以期望的，因爲誰能妄自尊大，以爲自己可以使世人或有了充分的知識、或保守絕對的沉默呢？我認爲，一個人如果以爲流利的口才只與正確的理解爲伴，或以爲人的談話或多或少是與他們的知識成比例的，那他就太不懂人事了。

3 **可是這些改正方法是哲學中所必要的** 不過我們雖然得讓市場中的人和交易中的人自由談話，雖然不能使街談巷語失掉其古來的權威，而且我們如果貢獻一些東西，使經院中或好辯者的爭辯力量減弱、數目減少，他們也許會認我們是錯誤的，可是我認爲：人們如果願意認眞探求眞理、維護眞理，則他們應該研究，自己在表示思想時，怎樣才能免於混淆、含糊或歧義，因爲人們稍不注意，則他們的文字是會陷於這些缺點的。

4 **文字的誤用乃是最大錯誤的原因**　人們如果知道了，由於文字的誤用，世上竟然會發生種種錯誤和紛亂、混淆和誤解，則他便會懷疑，一向所用的語言，是促進了人類的知識？還是阻滯了人類的知識？許多人們在應當思考各種事物的時候，只把自己的思想著重在文字上，而在他們費心於道德的事體時，則更是這樣的，各種聲音所表示的觀念，如果是很紛亂、不定，甚至就根本不存在，則人們也不必訝異，他們這些思維和推論的結果，爲什麼會只關於空洞的聲音？爲什麼會終結於曖昧的誤解，而無明白的判斷或知識？

5 **固執**　人們在私下思維時，錯用文字，固然有一種不利；不過在與人談話和辯論時，由此所發生的紛亂則更爲明顯。因爲人們在互相傳遞其發明、推論和知識時，既然把語言作爲很大的管道，因此，人們如果錯用語言，則他們雖然不致於在事物本身方面把知識的源泉汙損了，他們也一定會把那些水道阻塞了，使知識不能分配出去，供全人類的利用。一個人既然用字，可是同時又無明白而固定的意義，那麼他不是只能使自己和他人陷於錯誤中嗎？而且一個人如果是故意這樣做的，則我們正可以把他看做是眞理和知識的仇敵。不過人人都可以看到，一切科學和知識的各部分，都充滿了含混而雙關的名稱、含糊而無意義的辭語，而且那些名稱和辭語，又都足以使最用心、最明眼的人不能稍在知識和正教方面有所進益。因爲即在那些自命爲傳布眞理或辯護眞理的人們，他們也都認爲玄妙是一種德性，而玄妙呢，又只能使人們自詡其無知、固執其錯誤，因爲所謂玄妙，大部分即在於依據幻想，錯亂地應用含混而騙人的名詞。

6 **口角**　我們如果一披閱任何種辯論的書籍就會看到，我們若應用含混、雙關而不定的名詞，則結果只有在聲音方面，反覆喧嘩爭論，而並不能稍微促進人的理解。因爲說者和聽者既然不能同意於文字所表示的觀念，則他們的辯論，不能在於事物本身，而只能在於它們的名稱。因此，他們如果不知道他們所用文字的意義，則他們的理解中便無共同契合的對象，而只有空洞的聲音。因爲他們雖用相同的文字來表示各種事物，可是他們所思想的事物是各不相同的。

7　**以蝙蝠和鳥為例**　一個蝙蝠究竟是否是一隻鳥，這不是一個問題，因爲我們正不能荒謬地懷疑，一個蝙蝠是否於其自相以外另是一種東西，是否於其所有的性質以外，別有其他性質。這個問題只有在兩種人間才能成立。一種人承認自己對於這些名稱所表示的事物之一或全體，只有不完全的觀念，因此，他們在鳥或蝙蝠的性質方面，要想有實在的探求、要想使他們的觀念較爲完全，則他們必須考察，鳥這個名稱所含的一切簡單的概念，是否也可以在蝙蝠中找到。不過這個問題，只是在探求者一方而非爭辯者一方，因爲探求者既不肯定也不否定，他們只是來考察的。至於另一種人，則是兩造的爭辯者，他們一造承認蝙蝠是鳥，一造否認它是。因此，他們的問題，就只在於這兩個字（或一個）的意義。他們對於這兩個名稱，既然沒有相同的複雜觀念，因此，他們有的主張這兩個名詞可以互相肯定，有的便不如此主張。他們如果能同意這兩個名稱的意義，則他們便不會爭論這兩個名稱。因爲他們可以立刻明白地看到，在較概括的鳥這一名稱中所包的一切簡單觀念，是否可以在蝙蝠這個複雜觀念中找到，因此，他們並不能懷疑，它是否是鳥。在這裡，我希望人們精細地考察世界上大部分的爭辯是不是都是口頭的？是不是都是只關注文字的意義？他們還可以考察爭論中所用的各種名詞如果有了界說，而且它們的意義也的確限於它們所表示的那些簡單觀念的集合體（它們如果想表示一些事物，則它們的意義必須確定），則那些爭論是不是立刻要自行消滅。至於爭辯的學問究竟是什麼樣的，而且那些專愛擺弄字音的人們（這些人們畢生精力都消耗在爭論中），究竟於己於人有無利益，那我就讓別人來考察好了。不過我可以說，爭辯的人們中間倘若有一人眞能擺脫一切名詞的歧義和昧義（人人在自己所用的文字方面都可以如此），則我可以說他是爲眞理、知識與和平而戰的戰士，並不是虛榮、野心、或黨派的奴隸。

8 要想在某種程度之內來改正上述的語言缺點，要防止由此所生的種種不利，則我認爲我們可以遵守下述的一些規則。

自然，其他較我有力的人，如果覺得在這題目上值得更進一步的思索，並且用自己的思想嘉惠世人，則我這些規則或許是可以廢棄的。

第一改正方法：不要用無觀念的文字　第一點，人應當留心不要亂用無意義的文字，和無觀念的名稱。人們只要留心觀察就會看到，這個規則不是全無用處的。因爲他們稍一留心，就會記憶起，在與別人談話時，所謂本能、同情、反感等名詞是常被人亂用的，而且他們正容易由此斷言，應用這些名詞的人們，在自己心中並沒有與之相應的觀念，他們所說的只是一些聲音，而且那些聲音只是常在相似的情況下，來代替所謂理由。不過我們並不是說，這一類文字原來就沒有固有的意義，我們只是說任何文字和任何觀念之間，既然沒有自然的聯繫，因此，人們縱然在心中沒有觀念來表示於文字中，而他們也會根據習慣學會讀誦、書寫這一類的文字。不過人們只要想自己與自己作有意義的談話，則他們必須用一定的文字來表示一定的觀念才行。

9 **第二點，在情狀方面，各種文字要有清晰的觀念**　第二點，人們若只是用文字來標記觀念還不夠；他們用文字所表示的那些觀念，如果是簡單的，則它們還應該是明白的；如果是複雜的，則它們還應該是有定的；這就是說，他們的心中必須有簡單觀念的精確集合體，而且我們的聲音還必須標記那種精確、確定的集合體，而不標記別的。在情狀的名稱方面，這種情形是在所難免的，尤以在道德的文字方面爲然；因爲道德的文字在自然中既然沒有確定的對象，則它們的觀念，便非由自然中發源的，因此，它們就會很紛亂。就如正義一詞，雖是人人口中所常說的，可是它的意義常是很無定、很鬆散的。要想避免這種情形，則人心中必須清晰地了解那個複雜觀念中所含的一切成分；而且那個觀念如果是由一再混合而成的，則人還應當分析它，一直等找尋到最初的簡單觀念。若不達到這種程度，則人們所用的文字都是錯誤的；不論這個名詞是「正義」或其他的文字。我並不是說，人在每一次用「正義」一詞時，都應當永遠記著，要詳細地做這分析。我所說的乃是，人必須把那個名稱的意義詳加考察，必須在心中對那個名稱的各部分有確定的觀念，使自己在任何時候，都可以來從事分析。一個人如果以爲所謂正義的複雜觀念，就是要按照法律來處理他人或他人的貨物，可是同時他對於那個正義的複雜觀念中所含的法律那個部分，又無明白清晰的觀念，那麼他的正義觀念，一定會成了紛亂、不完全的，要想達到這種精確的程度，那自然是一種麻煩的事體，因此，人們覺得，自己心中縱然沒有精確地把混雜情狀的複雜觀念確立起來，那也是可原諒的。不過我仍然得說，人們如果不能做到這一步，則他們的心中一定會發生了很大的含混和紛亂，而且在與人談話時，一定會發生許多的口角。

10　**在實體方面，各種文字必須與外物相契**　在實體方面，我們如果想正確地利用各種名稱，則只有確定的觀念還不夠。在這方面，各種名稱必須與實在的事物相契合。不過關於這一層，我將逐漸詳細討論。在探求哲學的知識時、在談論眞理時，這種精確性是絕對必要的。在普通談話中和日常事物中，如果也能有這種精確性，那自然是很好的，不過我認爲這一層是難以辦到的。通俗的觀念正適合於通俗的談話；這兩種雖然都紛亂已極，可是在交易中和教區的宴會中，它們也很夠用。商人、愛人、廚役和成衣匠，都各有各的文字，來進行日常的事情，因此，我認爲，哲學家和辯論家如果要想被人明白地了解自己，他們也應該要有自己的文字才是。

11 **第三點，它們要有常度**　第三點，人們單單有了觀念及確定的觀念，用文字把它們表示出來，那還不夠；他們還必須盡力把自己的文字應用在平常人用這些文字所表示的那些觀念上。因爲各種文字（尤其是已經確立的語言中那些文字），既然不是私人的所有，而是交易和溝通的共同尺度，因此，任何人都不能任意改變通行的印鑒、改變文字所表示的那些觀念；而且即使在不得已要改變時，至少他也得使人注意到這一層。在說話時，人們的意思至少要讓人了解才是；可是人們如果不常依從共同的用法，則他們必須時時解釋、發問、中斷，那是多麼不方便的。我們的思想必須依據語言的常度，然後才能迅速明瞭地進入於他人心中；因此，我們應當費一些心思來研究語言的常度，而在道德的名稱方面，尤其應當如此。要想學會各個名詞的固有意義和用法，我們必須有所取捨才是。人們如果在自己的著述、談話中具有極明白的想法，而且依據極精確的選擇和適度用各種名詞來表示它們，則他們正可以成爲我們的模範。我們如果能依據語言的常度來應用我們的文字，則我們縱然仍不幸地不被人所了解，可是這種責任往往歸在對方，因爲我們既按照常度來運用語言，則他應該了解我們，他若無法，那就證明他是不懂他所說的語言了。

12 **第四點，必須把它們的意義指點出來**　第四點，不過通用的語言並不永遠明顯地把確定的意義附加在各種文字上，使人們經常確知它們所表示的是什麼；而且人們在促進自己的知識時，因爲所得的觀念異於普通傳統的觀念，因此，他們或者造一些新字（這是人們所不常冒險做的，因爲恐怕被人誣爲矯揉造作或標新立異），或者仍用舊字而附從新的意義。因爲這兩種緣故，人們即在遵守前述各種規則以後，有時爲分辨其文字的意義起見，也不得不常聲明其含義是什麼。因爲，有時候，習慣會使文字的意義鬆散而不定（例如在複雜觀念的名稱方面），有時候，談論中最關重要的名詞是易陷於含糊或錯誤的。

13 **要指示文字的意義，有三條途徑**　人的文字所表示的各種觀念既然種類不同，因此，我們要在某種情形下來指明它們所表示的觀念是什麼樣的，則我們也應當採取不同的途徑。因爲人們雖然以爲要表示文字的固有意義，應當以下定義爲最適當的方法，可是有些文字卻是不能定義的，這個也正如有些文字的精確意義，不用定義是不能知道的一樣。此外還有第三種文字，是一部分可下定義，一部分不可下定義的：這在簡單觀念、情狀和實體等名稱方面，就可以看出來。

14 **第一，在簡單觀念方面，我們可用同義字或實物來指明**　第一，人在應用簡單觀念的名稱時，如果知道自己不曾被人所了解，或有被人誤解的危險，則他爲坦白起見、爲達到語言的目的起見，應該指明他的意思，應該宣示他那個名稱所表示的是什麼觀念。不過這是不能用定義來指明的（如前所說），因此，我們如果不能用同一個文字來指示出我們的意義，則我們只能用下述兩種方法。㈠人們如果知道那個簡單觀念所寄託的實體，而且知道它的名稱，則我們如果向他們提出那個實體後，他們也可以知道那個簡單觀念的名稱。因此，我們如果想使鄉下人明白什麼是所謂「敗葉色」（feuille-morte，枯葉或垂死的葉子的顏色），我們就可以告訴他說，那種顏色彷彿深秋萎葉飄零時的顏色。㈡不過要想使人知道，一個簡單觀念的名稱，究竟有什麼意義，則最妥當的方法是把那種實體呈示於他的感官前，讓他心中產生出那個觀念，使他眞正了解那個文字所表示的觀念。

15 **第二，在混雜情狀方面，要用定義來指明文字的意義**　第二，混雜情狀，尤其是道德學方面的混雜情狀，大部分既然只是人心自由所組合的觀念的集合體，而且它們在外面並沒有實在的模型，因此，我們並不能實地指示出它們的名稱有什麼意義，如在簡單觀念的名稱方面那樣。不過爲防止這層缺點起見，我們卻能給它們完全的、精確的定義。因爲它們既是人心任意所形成的一些簡單觀念的組合體，並不與任何原型相參照，因此，人們正可以精確地知道組成它們的各種觀念，正可以用確定無疑的意義來應用這些文字、正可以在必要時，完全聲明它們所表示的是什麼。因此，在道德學方面，人們的談話如果不是很明白、很清晰的，則他們正該因此受到很大的懲責。因爲混雜情狀既然不是自然所形成的，而只是人所創造的，因此，它們名稱的精確含義——就是物種的實在本質——一定是可以爲人所知道的，因此，我們在談論其道德的事物時，如果仍免不了不定和含混，那只是很大的疏忽和執拗。不過在談論自然的實體時，這種情形是較爲可以原諒的，因爲在那裡，含糊的名詞正因爲相反的理由，不易避免。這一層，我們以後逐漸就可以看到。

16 **道德是可以解證出的**　根據這種理由，我可以說，道德學和數學一樣，也是可解證的。因爲道德學的文字所表示的事物的實在本質，是可以完全知道的，而且各種事物之相符或不相符，也是的確可以發現的——這正是完全的知識所依據的。人們或許會反駁說，在道德學中，我們不只應用情狀的名稱，而且也應用實體的名稱，因此，在這方面，也會產生混淆。不過這種反駁是不合理的。因爲在道德的談論中，我們並不十分注意實體的各種屬性，如人們所假設的那樣。就如我們說：「人是受法律制裁的」，則我們所謂人，只是說他是一個有形體、有理性的動物。至於那個動物的實在本質或別的性質，在這裡，我們並不思考它們。因此，在自然學者方面，他們雖然可以爭辯，在物理的意義下，一個兒童或一個矮小醜陋的人是否是人，可是這個問題與道德學上所謂「人」不相干，因爲道德學上所謂「人」，是一個永不變的觀念，是一個有理性、有形體的東西。因爲縱然是一個猴或其他動物，只要他能應用理性來了解概括的標記，並且由此在概括的觀念方面推演出結論來，則他就得受法律的支配，而且他縱然與別人的形象不同，可是他在這種意味下，也不能不說是一個人。實體的名稱，如果應用得當，則它們並不能把道德學的推論擾亂了，也正如它們不能把數學的推論擾亂了一樣。因爲在數學方面，人如果說一個金的立方、或球、或其他物體時，他一定有一個明白而確定的觀念，而且那個觀念是不變的，只是我們會因爲錯誤，把它應用到不適當的特殊觀念上罷了。

17 **定義可以使道德學的推論清楚** 我之所以提到這一層，乃是要指示出，在混雜情狀的名稱方面，並且在一切道德學的談論方面，人們在必要時，如果把各種文字定義出來，那是至關重要的。因爲道德學的知識正可以藉定義達到極明白、極確定的程度。我們如果做不到這一層，則正表示我們很不聰明（且不用再往壞處說），因爲要想使人知道道德學文字的精確意義，唯一的方法只有定義，而且我們由此所得的知識，是毫無爭辯餘地的。因此，人們在道德學方面的推論，如果比在自然哲學方面的推論不特別明白，則他們的疏忽、執拗是不可原諒的。因爲他們所討論的乃是心中的觀念，而且那些觀念又都不是虛僞的、不成比例的，因爲它們並不以外界的事物爲原型，來參照、來契合。人們如果想在自己心中形成一個觀念，並且以此觀念爲正義一詞的標準，把與此相契的一切行動都歸在這個名稱下，那並不是難事。而在另一方面，則他們如果在看到了阿里斯提德（Aristides，西元前五世紀時希臘一個將軍）以後，要想形成一個觀念，並且使那個觀念在一切方面，都和他的確相似，那是不容易的，因爲各人對阿里斯提德的觀念可以任意形成，而阿里斯提德本人則是不改其自相的。在前一方面，他們只須知道自己心中所集合的那些觀念的組合體就是。至於在後一方面，則他們必須考察他們以外存在的那種事物的全部本質，深奧隱密的組織以及各種性質。

18 **定義是唯一的方法** 定義在混雜情狀方面，尤其在道德學的文字方面，所以成爲必要的，還有另一種理由（這是我以前提說過的）就是，大部分道德學的文字的意義只有藉助於定義，才能確實爲人所知曉。因爲它們所表示的各種觀念，其組織的成分大部分都是散亂錯雜，並不聯繫在一起的，而且只有人心才能把它們集合起來，才能用一個觀念把它們聯繫起來。因此，只有藉助於文字、只有把人心所集合的那些簡單觀念列舉出來，我們才能使人知道，它們的名稱所表示的是什麼。在這種情形下，各個感官並不能把各種可感的對象提示出來，幫助我們並且指示於我們說，這一類的名稱究竟表示著什麼觀念。至於在可感的簡單觀念方面和實體方面（有幾分），則各個感官往往可幫助我們來了解它們的名稱。

19 **第三，在實體方面，要藉助於實地觀察和定義**　第三，各種實體的名稱所表示的乃是我們對於各個物種所形成的觀念，因此，我們如果想解釋這些名稱的意義，則在許多情形下，上述的指示和定義兩種方法都是必要的。因爲在各個物種中，平常都有一些主要的性質，而且我們假設那個物種的複雜觀念中所含的其他性質，是依附於這種主要性質的，因此，我們便毫不含糊地，認爲具有那種特徵標記的事物，就應該得到那個物種的名稱，並且用那個標記作爲那個物種的最明顯的觀念。這些主要的或特徵的觀念，在動植物方面，多半在於形象（如我在第六章第二十九節和第九章第十五節所說），在無生物方面，多半在於顏色；在別的方面，多半在於兩者。

20 **我們最好藉觀察實物來觀念到各實體的主要性質**　這些主要的「可感的」性質，是物種觀念中的主要成分，因此，在物種名稱的定義中，它們往往成了最明顯、最不變的部分（此處所謂物種的名稱就是表示我們所知道的各種實體的。因爲「人」這個音，雖然可以表示具有動物性和「理性」的一個實體，雖然可以表示那個複雜觀念，一如其表示別的組合體一樣，可是我們既用它來標記我們人類，因此，外面的形象也應該加入人字所表示的那個複雜觀念中，正如我們在那個觀念中所見的別的性質一樣。因此，我們正不易指示出，柏拉圖所謂「無羽、兩足而寬指甲的動物」，爲什麼不是人這個名稱（表示著一種動物）的很好定義；因爲決定人種的，似乎在於他的形象而不在於他的推理能力，因爲形象正是他主要的性質；而推理能力，在初生時是沒有的，在有的人還是永久沒有的。如果不是這樣，則一個人因爲怪胎的形象特別，把他殺死時，一定免不了謀害罪；因爲說到有理性的靈魂，人們是不能知道它的，因爲在出生以後，嬰兒的形象不論是美麗的、殘缺的，我們都不能知道他們有無靈魂。而且誰能說，有理性的靈魂所住的宅舍一定要有那種外牆，而且它所維繫、所指導的身體，非有那樣一種外面的結構不可呢？

21 這些主要的性質，只有藉助實地的觀察才能爲人所知曉，其他方法是不易應用的。因爲要想用文字把馬或食火雞的形象印在心中，結果是很粗略、很不完全的，可是你如果親眼看見那些動物，則你的印象會千倍地明顯起來。要想認識黃金的特殊顏色，我們不能單憑藉於任何形容詞，只能常常用眼來觀察它。就如慣熟於這種金屬的人們，常常能分別眞、僞、純、雜，而別的不慣熟的人們，則不能察覺這種差異，因爲他們雖有同樣的眼，可是他們對那個特殊的顏色並沒有精確細微的觀念。至於各種實體所特具的別的簡單觀念，則也可以有同樣的說法。人們對這類精確的觀念，往往沒有特殊的名稱。金所特有震音，雖然與別的物體的聲音有別，可是它並沒有特殊的名稱，正如這種金屬的特殊黃色沒有特殊的名稱似的。

22 **它們的能力觀念最好用定義表現出來** 不過表示物種的實體觀念中所含的許多簡單觀念，既是一些能力，又因爲那些能力在普通所見的事物中，並不能顯然地刺激我們的感官，因此，要想知道名稱的意義，或實體的意義，最好是把那些簡單觀念列舉出來，而不是只把那個實體指示出來。因爲一個人如果於其視覺所得的金的黃色之外，又根據我的列數得到可展性、可熔性、固定性、在王水中的可溶性等觀念，則他所得的黃金觀念，應該更爲完全，反之，他如果只看那個金屬，並且因此只把那些可感的性質印在心中，則他的黃金觀念便沒有那樣完全。但是這個光明、沉重而可展的事物的形式組織（formal constitation），如果是我們的感官所可察知的，一如三角形的形式組織（或本質）那樣，則黃金這個詞的意義，應該也與三角形的意義一樣易於分辨。

23 **我們可以在這裡反省一下各種神靈的知識**　由此我們可以看到，我們在有形事物方面所有的知識，都是在感官方面建立其基礎的。因爲各種神靈離開身體，雖然也知道各種事物，而且他們對這些事物所有的知識和觀念也比我們更爲完全，可是他們究竟如何能夠這樣，那是我們所完全意想不到、觀念不到的。我們的知識全部或想像全部，並不能超乎我們的觀念之外，而我們的觀念又是限於自己的知覺方面的。我們雖然知道，比降生於世上的神靈較高一層的那些神靈，對於實體的根本組織，有很明白的觀念，正如我們對三角形的根本組織所有的觀念一樣，而且他們還能看到，實體的一切性質和動作都是如此由此流出的，可是我們究竟不知道，他們怎樣能得到那種知識。

24 **實體的觀念必須與事物相契合**　實體的名稱如果只是表示著我們的觀念，則我們可以用定義來解釋它們，可是它們如果表示著事物本身，則雖有定義，也不能免除很大的缺陷。因爲實體的名稱並不只表示我們的觀念，它們終究要表示實在的事物，因此，它們的意義不但要與人的觀念相合，而且要與實在的事物相契。因此，在各種實體方面，我們並不常以爲一個名詞的意義，就盡於通常的那個複雜觀念，我們往往要進一步來考察事物本身的特性和性質，並且因此盡力來改正我們的物種觀念。若不如此，我們也會從經驗過那些性質的人們來學知它們。因爲它們的名稱不但應該表示他人心中的複雜觀念（這就是它們平常所表示的），而且應該表示事物本身的簡單觀念的集合體，因此，我們如果想給它們的名稱正確的定義，則我們必須研究自然史，並且用心發現它們的性質。因爲在自然的物體和實質的事物方面，我們談論、辯論起來，如果想免除種種不方便，則我們不能只根據語言的常度來學得一個名詞所表示的紛亂而不完全的觀念、不能只在應用各種事物時使它們與我們那個觀念相契合，除此之外，我們還必須熟悉那種事物的歷史，並且要改正，要確立各個物種的名稱所表示的複雜觀念；而且在與別人談話時，他們如果誤解了我們，則我們還必須指示出，我們那個名稱所表示的複雜觀念是什麼樣的。人們如果想追求知識和哲學上的眞理，則他們必須如此做才是。因爲人在兒童時，雖然對事物只有不完全的想法，可是他們既然先學會了各種文字，因此，他們往往不經思考就亂用它們，而且往往不能形成確定的觀念，用它們表示出來。這種習慣，一直在他們到成人時，仍然繼續下去，因爲這種習慣是很順利的，而且在日常事務和談話中，也是可以應用的。因此，他們是從錯誤的一端著手的，他們是先完全學會了文字，然後才用它們來表示想法的。因此，我們就看到，人們雖然能按照本國的文字恰當地說本國語，可是他們說其事物本身時，是很不恰當的。因此，我們就看到，他們雖然常常互相辯論，可是他們並不能拋除想像專注在事物本身，發現什麼有用的知識和眞理。因爲要想在我們的知識方面有所進步，事物的名稱是無關重要的。

25 **實體的觀念並不易和事物相契合** 因此，我們希望，人們如果精通了物理的研究、熟悉了自然的物體，則他們應該給我們把各個物種中一切個體所共具的那些簡單觀念記載出來。這樣便可以擺脫許多的紛亂；因爲人們在考察一個名稱所標記的一種事物中的各種性質時，熟悉的程度和精確的程度都有差異，因此，他們用同一名稱所標記的集合體也會含著或多或少的可感的性質。不過要把一個物種中的一切簡單觀念都記載下來，則這種字典就包含了全部自然史，而且需要更多人的手、更多的時間、更多的花費、更多的辛苦、更多的才智，那就是幾乎不可期望的了。因此，在未達到這種程度時，我們在實體名稱方面所下的定義，只要能解釋人們用它們時的意義就夠了。在必要時，人們如果能供給我們以這類的定義，那已經算是好的。不過就這也是不常有的。人們在辯論時、談話時，所用的文字往往沒有共同的意義，而他們之所以如此，正是因爲他們誤以爲普通文字的意義是確立了的，而且它們所表示的觀念，是完全爲人所知曉的。因此，他們以爲若不知道這些，那是一種羞恥。

這兩種假設都是虛妄的，因爲任何複雜觀念的名稱，都沒有十分確定的意義，而且它們也不能經常表示同一的精確的觀念。因此，我們如果離了必要的解釋途徑，則我們對某件事物縱然不能得到確定的知識，那也不是恥辱。一個人如果只用一個聲音，而不由別的途徑把它解釋給我們，則我們雖然不知道那個聲音在他心中所表示的精確觀念，那也無損於我們，因爲我們離了他這種解釋，並沒有別的方法可以確知那個觀念。自然，人們既是必然要用語言來傳達其思想，因此，他們在某種範圍內，可以同意共同文字的意義，使各種文字足可以供日常談話之用；因此，我們並不能說，一個人在其所熟悉的文字中，會完全不知道常用的文字所表示的觀念。不過共同用法只是一個不確定的規則，它最終會歸結在各人的特殊觀念上，因此，它只能成爲一個變化無定的標準。

不過上述的字典，雖然需很多的時間、財力和人力，因而不易在一時舉辦，可是我想我可以提議說，各種事物所以爲人所知曉、所分辨，如果只是憑著它們的外形，則表示它們的那些文字，應當用小的草案和圖樣表示出來。這樣編就的字典，應當能較容易、較迅速地把許多名詞的眞意義教給我們；尤其在遠國遠代的語言中更是這樣的，而且我們如果在古著作家的著作中，讀到了各種事物的名稱，則這種字典也可以在我們心中把它們的觀念確定了，而且所確定的觀念比有學問的批評家所不憚煩地解釋的觀念還要更爲眞實。研究動植物的自然學者，很知道這種利益；而且人們如果有機會來考察他們的書籍，則他會承認，他憑圖樣所知的罌粟或山羊，比起這些名稱的很長定義所知的要更爲明白。因此，我們的字典如不以「馬櫛」和「鐃鈸」來翻譯strigil和sistrum兩字，而只在其邊緣上附著這兩種器皿的小圖，一如其古時所用的那樣，則人看起來，一定會有較明白的觀念。又如Toga, timica, pallium三字，雖很容易翻譯成長衣、上衣、外衣，可是我們並不能由此觀念到羅馬人那些服裝樣式，正如我們不能觀念到製作它們的那些成衣匠的面孔似的。人類的眼睛分辨這類事物時，既然憑著它們的形象，因此，我們如果想把它們印在心中，最好藉助於圖樣，因爲這類圖樣，比任何形容詞、比任何定義都容易確定那些文字的意義。不過這一層，我們以後可以慢慢提到。

26 **第五點，文字的意義要前後一致**　人們縱然不肯費苦心來聲明自己所用文字的意義、縱然不肯給它們的名詞下固有的定義，可是至少我們有一件事希望他們可以做到。就是，一個人如果想指導、勸諭別人，則他在一切談話中，所常用的文字，應該常有同一的意義。他們如果能做到這一層（如果做不到，那就太糊塗了），則現存的許多書籍可以省掉、許多的辯論可以結束；而且現在那些厚重的大書，凡富於含糊、雙關的文字者，也都可以縮減到很小的程度；而且許多哲學家和詩人的作品，也可以容納在一個小堅果殼中。

27 **什麼時候該當說明意義的變化**　不過人類的思想是無限的，文字的供給是很稀少的，因此，人們並沒有足夠多的名詞來表達他們的精確的想法，因此，他們雖極其謹慎，有時也爲勢所逼，不得不在數種意義下應用同一的文字。在繼續談話時、在滔滔辯論時，人們在每一次變化其名詞的意義之後，雖然沒有許多閒暇來重下定義，可是人們如果不是蓄意錯誤，則談話中所表現的意義也大部分可以使坦白而聰明的讀者，來領略眞正的意義。不過讀者如果不能因此領會眞正的意義，則作者應該解釋他的意義，並且指明他在那裡用那個名詞時，究竟是指的什麼。

第四卷　知識與概率

第一章　知識通論

1 **我們的知識有關於我們的觀念**　人心在一切思想、推論中，除了自己的觀念之外，既然沒有別的直接的對象，可以供它來思維，因此，我們可以斷言，我們的知識只有關於觀念。

2 **所謂知識，就是人心對兩個觀念的契合或矛盾所生的一種知覺**　因此，在我看來，所謂知識不是別的，只是人心對任何觀念間的聯絡和契合，或矛盾和相違而生的一種知覺。知識只成立於這種知覺。一有這種知覺就有知識，沒有這種知覺，則我們只可以想像、猜度或信仰，而卻不能得到什麼知識。我們之所以知道白不是黑，不就是因爲我們知覺到這兩個觀念不相契合嗎？我們之所以確定不疑地相信「三角形三內角之和等於兩直角」這個解證，不就是因爲我們知覺到三角形的三角必然等於兩直角而不能有所變化嗎？

3 **這種契合可以分為四層**　要進一步來了解這種契合或不契合是由何成立的，則我們可以把它歸爲四種。㈠同一性或差異性，㈡關係，㈢共存或必然的聯繫，㈣實在的存在。

4 **第一，論同一性或差異性**　第一，我們可以先論究第一類契合或相違——就是所謂同一性和差異性。人心在產生任何意見或觀念時，它的第一步動作，就在知覺它的各個觀念，並且在所知覺的範圍內來認識各個觀念的自相和其差異性——就是說這一個不是那一個。這種作用是必要的，離了它則根本無所謂知識、推論、想像和清晰的思想。藉著這種作用，人心就明白無誤地知覺到各個觀念都與自身相符，都各有其自相，同時又可以知覺到，各個清晰的觀念是互不相符的，就是說，這一個並不是那一個。它這種作用，並不用什麼辛苦、勞力和演繹，在乍看之下，就可以憑其自然的知覺能力和分辨能力，發生這種作用。學者們雖然把這一層歸納成一些概括的規則為：凡存在者存在，而且同一事物不能同時存在而又不存在。可是這些規則，在我們需要反省時，雖然可以隨時應用於一切情節，但是這種能力起初一定是運用在特殊的觀念上。一個人心中一有了「白」、「圓」等觀念，他立刻就會無誤地知道，這些觀念就是這些觀念，而不是「紅」、「方」等別的觀念，他在以前不知道那個概括規則的時候，就已經十分明白、十分確定這一層，因此，世界上任何公理、任何命題也不能使他知道得更加明白、更為確定。這是人心在其觀念之間所發現的第一種契合或相違，而且這種契合是它一看之下就知道的。在這方面，我們如果有任何懷疑，那永遠只發生於名稱方面，而不發生於觀念本身，因為人心中只要一發生了各種觀念，則它們的同一性和差異性便立刻被人心所明白地知覺到，這種情形是不能變更的。

5 **第二點，論關係** 第二點，人心在其任何觀念間所發現的第二種契合或相違，我認為可以叫做關係（relative），這種契合就是人心對任何兩個觀念——不論它是實體地、情狀地或別的——之間的關係所發生的一種知覺。一切各別的觀念既然永久被人認為是同一的，而且它們是普遍地、恆常地互相排斥的，因此，人心若不能在各種途徑下比較各個觀念使我們知覺到它們的關係，並且發現其契合或相違，則我們便根本得不到任何確定的知識。

6 **第三點，論共存** 第三點，人心在各種觀念間所知覺到的第三種契合或相違，就是所謂在同一實體中的共存性或不共存性。這一種契合是特殊屬於實體方面的。就如我們說：「黃金是固定的」，則我們關於這個眞理的知識只是固定性（就是在火中不能消蝕的能力）這個觀念，是和黃金的複雜觀念中所含的特殊的黃色、重量、可熔性、可展性、王水中的可溶性，常相聯合的。

7 第四點，論實在的存在　第四點，至於最後第四種契合，就是指現實的實在的存在和觀念間的契合而言。在這四種契合或相違中，我認爲就包括了我們所能有的一切知識。因爲我們在任何觀念方面所考察的、所認識的、所斷言的只不過是說，㈠它就是它自身，不是別的；㈡它與別的觀念永遠共存於同一實體中或不在其中共存；㈢它與別的觀念有此種關係或彼種關係；㈣它們在心外另有一種實在的存在。就如說「藍不是白」就是論同一性的，又如說「兩條平行線間等底的各三角形是相等的」，就是論關係的。又如說「鐵可以受磁力的影響」，就是論共存的。又如說「上帝是存在的」，就是論實在存在的。同一和共存雖然也是關係，不過它們是我們觀念的一種特殊的契合（或相違）方法，因此，它們應該另立一項，不應該歸在一般的關係之下。因爲人們只要一反省我在這部文章中所說過的幾處，他們就容易看到，這兩者和關係並不一樣，它們是肯定和否定的完全不同的根據。現在我將進而考察我們知識的各種程度，不過在預先，我們還當先來考察知識一詞的各種意義。

8 知識可以分爲實在的和習慣的兩種　人心獲得眞理的途徑有很多，每條都可以叫做知識。

第一，就是所謂現實的知識（actual knowledge），就是人心對於各個觀念彼此間的契合和關係而產生的當下的認知作用。

第二，就是所謂習慣的知識（habitual knowledge）。一個命題如果曾經有一次呈現於一個人的思想中，而且他又分明看到其中各個觀念的契合與相違；則他在以後，可以把那個命題貯存在記憶中，因此，他在以後反省那個命題時，就可以毫無疑惑地接受正確的一面，並且的確相信它所含的眞理。貯存於記憶中的這種命題也可以說是爲人所認知的，這種知識可以叫做習慣的知識，一個人如果因爲先前有過明白而活躍的知覺，使他在記憶中把各種眞理貯存起來，則他的心在以後任何時候反省那些眞理時，一定會的確相信不疑，因此，貯於記憶中的這種眞理也可以說是爲他所知道的。因爲我們這有限的理解，既然在一時只能明白地，清晰地思考一件事，因此，人們如果除了現實所思維的以外，便再一無所知，那就太無知了，而且世上最有知識的人，也只能認識一個眞理了，因爲他在一時所能思維的，根本只是限於那個眞理。

9 習慣的知識可以分為兩個程度 習慣的知識按通俗的說法可以分爲兩等。

第一，記憶中的眞理分爲兩種。一等眞理在任何時候出現於人心時，人心總可以確實認知那些觀念間的關係。我們憑直覺所知的那些眞理全部都屬於這一類，在這裡，各種觀念都可以憑直觀發現它們的契合或相違。

第二，另一等眞理，在被人心一度信仰以後，人心只記得自己的確信卻不能記得其證明，就如一個人如果切實記得他曾經有一次曾見「三角形三角等於兩直角」的這個解證的眞實，則他會相信自己的確認識那個解證，因爲他十分清楚，不能懷疑那個解證的眞實。自然，一個人如果只固執一個眞理，可又同時忘卻原來說明這個眞理的解證，則我們可以說他只是信仰他的記憶，並非有眞正的知識，因而這種信仰眞理的方式，在我原來也認爲是介乎意見和知識之間的（不過這種信念，卻超乎空空的信仰之外，因爲信仰是根據於他人的證據的）。不過在適當思考之後，我卻見到它仍然不缺乏完全的確定性，而且實際上，仍然是眞正的知識。在這方面，我們初看之下，所以易於發生錯誤，只是因爲我們在這裡認知這些觀念的契合或相違時，並不與原來認知這個命題中各觀念的契合或相違時一樣，因爲在這裡，我們的認識並不是由於紀念公理會到原來那些媒介觀念，乃是由於另一些中介觀念（intermediate ideas），而那些觀念是以另一條途徑，指示我們所確記爲眞實的那個命題中各個觀念的契合或相違的。就例如在「三角形的三角等於兩直角」的這個命題中，一個人如果曾經分明了悟這個眞理的解證，則他現在心中雖然忘了那種解證，而且以後或許會再也回想不起來，可是他仍然知道這個命題是眞實的，不過他現在之認知它是眞實的，卻與以前認知它時，完全由於另一條途徑。他仍然分明看到在那個命題中結合著的兩個觀念的契合，不過他現在所憑的媒介觀念，和以前產生這個認識的那些媒介觀念，卻大有別。他記得，也就是他知道（因爲記憶就是過去知識的再現），他曾經有一次確信過「三角形三內角等於兩直角」的這個命題的眞實在同一而不變的各種事物間，同一的關係仍是不變的，因此，這個「不變」的觀念現在就向他指示出三角形三內角如果曾有一次等於兩直角，則它們將來也會永遠等於兩個直角。他既然確知在這方面，任何眞理只要以前有一次是眞的，將來也永遠會是眞的；而且以前有一次互相契合過的觀念，將來也永久是互相契合的；因此，他有一次所認知爲眞實的事物他將永久認知它是眞實的——只要他記得自己有一次認知它。在數學中，特殊的解證之所以能供給概括的知識，就是由於這種理由。知識之所以有充分的根據，如果不是因爲我們認知到同一的觀念永遠有同一的關係，則人們在數學中便永遠不認知所謂概括的命題。因爲任何數學的解證就是特殊的，而且一個人在解證一個關於環或三角形的任何一個命題以後，他的知識也不會超出那個特殊的圖解以外。如果他想把自己的知識再推進一步，則他在另一個例證中，還得重新來解證，否則他便不知道，那個命題在那個三角形方面也是眞的；如是可以一直繼續下去。這樣，就沒有人能以認知任何概括的命題。我認爲，人人都會承認，牛頓在讀他自己的書時，他雖然不能現實看到原來發明他的眞正命題時所憑藉的那一系列可羨的中介觀念，可是他一定知道，那些命題是眞實的。能保留這樣一系列殊事的記憶，不是人類能力可及的，尤其是因爲他是發明、認知、建立各種觀念的奇異聯繫，已經可以說是超出許多讀者的理解能力。不過作者本人仍然清楚知道那個命題是眞正的，因爲他記得他有一次看到那些觀念的聯繫；在這裡，他之確知這個命題之爲眞實，正如他記得某甲刺了某乙，因而知道某甲傷了某乙似的。不過記憶既然永不如現實的知覺那樣清楚，而且在一切方面人總會跟著時間漸漸消滅，因此，這種差異就顯示解證的知識遠不及直覺的知識（它們自然還有別的差異）那般完整。這一層我們在下一章中就可以看到。

第二章　知識的各種等級

1　**直覺的**　我們已經說過，我們的一切知識都成立於人心對其觀念的所有觀察，而且就我們的能力及認識途徑來說，我們所能得到的光明，也就以此爲極限、所能得到的確定性也就以此爲最大。現在我們不妨進而稍一考察知識的明白性的各種等級。在我看來，我們的知識之所以有或高或低的明白等級，就在於人心是從不同的途徑知覺它的各個觀念的契合或相違。因爲我們如果一反省自己的思維方式，就可以發現人心有時不藉別的觀念爲媒介就能直接看到它的兩個觀念間的契合或相違這種知識，我認爲可以叫做直覺的知識。因爲在這方面，人心並不用費力證明、考察就能瞥見眞理，正如眼只要朝向光明，就能瞥見光明似的；就如人心認知白非黑、圓非三角形、三比二多並等於一加二。這一類眞理，人心把那些觀念聯繫起來，加以比較之後不藉其他觀念爲媒介，就能憑直覺立刻觀察到。而且在人類弱點的範圍之內來說，這種知識就可以說是最明白，最確定的。這一部分知識是不可反抗的，它就如同日光似的，人心只要把視線轉向它，它就會立刻強迫人來認知它，不使人心有絲毫躊躇、懷疑或考慮，它只使人心立刻充滿了對於它的明白知覺。我們一切知識的確定性、明白性，就依靠於這種直覺；這種確定性，人人都知道它是大得不能再大的，因此，他不能想像再更大，也就不需要再更大。因爲一個人只知道，他心中的觀念就是如他所知覺的那樣，超過這個限度，他並不能想像自己還能達到更大的確定性；他只知道，在兩個觀念間，他如果看到一層差異，則那兩個觀念是差異的，而的確不是同一的。一個人如果於這種確定性以外，想求另一種更大的確定性，則他自己也不知所求的是什麼，而且他這樣只表示他想當一個懷疑學者而又當不了。確定性是完全依靠於直覺的，因此，在次一級知識中，就是在所謂解證的知識中，一切中介觀念只有憑直覺乃能有所聯繫。離了直覺，我們就不能達到知識和確定性。

2　**解證的知識**　在次一級知識方面，人心也可以察覺自己各觀念的契合或相違，不過它這裡的作用並不是直接的。什麼地方，人心能察覺其觀念間的契合或相違，那個地方就有確定的知識。雖然如此，可是人心並不能永遠察覺它的觀念間的契合或相違——縱然這是可發現的；在這種情形下，人心便終於無知，它頂多也只能達到一種可能的推想。人心之所以不能永遠立刻看到兩個觀念間的契合或相違，乃是因爲我們所要考察其是否契合的那兩個觀念，不能被人心所組合，以表示出它們的契合或相違來。在這種情形下，人心既不能藉直接比較或互相並列；把各個觀念合攏，以發現它們的契合或相違，因此，它就愛以別的觀念（或一或多，隨情形而定）爲媒介，來發現它所要追求的那種契合或相違。這就是我們所謂推論（reasoning）。就如人心雖想知道三角形三內角和兩直角的大小是否相契，可是它並不能藉直接的觀察和比較來認知這一層，因爲三角形的三內角不能同時合疊起來，和任何一個角或兩個形互相比較。因此，在這方面，人心便沒有直接的、直覺的知識。在這種情形下，人心只得找尋一些與那個三角形的三角相等的其他角；它既然發現，那些別的角與兩直角相等，因此，它就知道，三角形的三角等於兩直角。

3　**此種知識依據於證明**　凡指示兩個觀念間的契合關係的那些中介觀念，就叫做證明；我們如果能用這個方法使人明白地，顯然地，看到契合或相違，這就叫做解證，在這裡，理解便由此方法明瞭這種契合或相違，人心也就由此方法看到它是契合的或相違的。人心如果很敏捷，可以找出這些中介觀念（它們可以發現別的觀念間的契合或相違），並且能正確地應用它們，我認爲那就可以叫做機敏（sagacity）。

4 **不過這種知識不如前面那樣容易** 我們藉中介證明所得到的這種知識雖然確實無疑，可是它的證驗並不那麼清晰明瞭，我們的同意也不很直接迅速，如在直覺的知識方面那樣。因爲在解證方面，人心最後雖然也能認知它所考察的那些觀念是否契合，可是它所達到這種程度，不能不費一番辛苦和注意，因爲它不能只憑一次瞬息的觀察發現這種契合。要發現這種契合關係必須勤勉不懈、努力研求才行。人心必須先經過多少步驟、多少等級，才能由此途徑達到確定性，才能看到兩個觀念間的契合或矛盾——如果這兩個觀念需要證明和理性的運用才能指示出其關係。

5 **證明之前不免疑惑** 在直覺的知識和解證的知識之間，還有另一種差異，就是，在解證的知識方面，我們如果依據中介的觀念看到契合關係或相違關係以後，雖然也可以把一切疑惑完全消除，可是在直覺的知識方面，則人心只要尙有幾分分辨各個觀念的知覺能力，則它總不致於發生絲毫疑惑，這個也正與能清晰分辨黑白的眼睛，不會質疑墨水和紙是否是同一顏色一樣。視覺只要仍有視力，則它在一看之下，就會毫無疑惑地知覺到紙上所寫的字與紙的顏色是不一樣的；同樣，人心只要有清晰的知覺能力，它在直覺的知識方面，就可以看到各種觀念的契合或不相違。眼如果失了視力、心如果失了認知能力，則我們便無從研究眼的視力是否敏捷，也無從研究心的認知是否明白。

6 **這種知識也不如前一種知識那樣明白** 自然，由解證而生的認識也是很明白的；不過這種認識遠不及我所謂直覺知識方面所有的那種輝煌光亮和充分確信。就如一個人的面孔在幾個鏡中來回反射以後，只要影子仍與原物保留一點相似性和契合關係，它就能產生一種認識；不過在每一度反射以後，原來那種完全的明白程度和清晰程度總要減低幾分，一直到經過許多次推移以後，它便大爲含糊不清，而且一看之下，幾乎辨認不出來——在視力微弱的人尤其如此。由一長串證明而得的知識也正是如此的。

7 **每一步中必然含著直覺的明白性**　在解證的知識方面，理性每進一步，必然伴有一種直覺的知識；我們每走一步，必須憑直覺認識此一個觀念與下一個中介觀念（它可以用作證明）間的契合或相違。如果我們不知道這一層契合，則我們仍然需要別的證明；因爲我們如果認識不到這種契合或相違，則我們便不能發生任何知識。如果它能自己知覺到自己，那就成了直覺的知識，如果它不能知道自己，則必須用一個中介觀念，作爲共同的尺度，以指示它們的契合或相違。由此，我們就可以看到，在能產生知識的推理中，每一步都帶有一種直覺的確實性；人心一明白這種確實性，只要把它記下，就可以使我們所考察的觀念間的契合或相違明顯而確定，因此，我們要想解證任何事理，必須先看到中介觀念間的直接契合，因爲我們依據這種契合才能發現我們所考察的那兩個觀念（一個常是最先的，一個常是最後的）的契合或相違。解證每進一步，人心必須精確地保留這種直覺的知識，必須經常看到各個中間觀念的契合或相違，而且人們必須確保不曾遺失任何部分。不過在冗長的演繹中，因爲所用的證明太多，所以人的記性不易永遠把這種知覺迅速地、精確地保留，因此，我們就常見，解證的知識不及直覺的知識那樣完全，而且人們往往把謬論當做解證。

8 **因此人們就誤認推理是由預覺（precognition）和預想（preconscious）來的**　在科學的或解證的推論中，每一步既然都需要這種直覺的知識，因此，人們就形成一個錯誤的格言說：一切推論都是由預覺和預想來的。不過這個格言是非常錯誤的，這一層我在以後考察各種命題（尤其是那些所謂公理的各種命題）時，將加以詳細的考察。在那裡，我將指示出，人們之預覺和預想是一切知識和推理的基礎乃是由於一種錯誤。

9 **解證不限於數量方面** 一般人們都承認只有數學才能有解證的確定性。不過在我看來，不但在數目、廣袤和形象等觀念方面，我們可以憑直覺認知它們的契合或相違這種知識並不是它們方面的特權。人們之所以認爲解證在其他知識部分無大關係，而只有數學家才敢希冀達到解證的程度，那或許是因爲我們缺乏適當的試驗方法，而不是因爲事物本身不太明顯的緣故。因爲人心在我們的各個觀念之間，只要能觀察到它們的直接契合或相違，人心就能有直覺的知識；它只要能憑直覺知道兩個觀念與別的中介觀念的契合或相違，它就可以認知那兩個觀念的契合或相違；它只要能藉中介觀念知道兩個觀念的契合或相違，它就可以實行解證。因此，解證就不限於廣袤、形象、數目及其情狀等觀念。

10 **人們為什麼這樣想** 人們之所以只在這些觀念方面來追求所謂解證，並認爲只有這些觀念方面才有解證，我認爲那並非單單由於那些科學有普遍的功用；這種原因我認爲是：在比較它們的相等或多寡時，數目情狀方面所有的微細差異，都是可以清楚看到的，至於在「形象」方面，則每一種微細的差異，雖然不能都爲人所覺察，可是人心已經找出種種方法，憑著解證來考察並發現兩個角、兩段廣袤或兩個形象的相等性。因此，數目和形象兩者都可以表示於明顯而永久的標記中，在這裡，我們所考察的觀念都是完全確定的（反之，我們如果只用各種名稱和文字來標記各種觀念，則它們大部分是不確定的）。

11 不過在別的簡單觀念方面，它們的情狀和差異，如果不是以數量來計算，而是以等級來計算，則我們便不能精細而確當地區分它們的差異，以至於能察知它們的精確相等和些微差異，也不能找到方法來計算這些。因爲那些其他的簡單觀念既然都是不可被覺察的（在其單獨存在時微小分子的大小形象、數目和運動所產生的現象或感覺，所以它們的各種等級也都依靠於這種原因的（全部或一部）變化。不過在任何物質團中，這些原因都是微細而不可覺察的，因此，我們對於這些簡單觀念的各種差異的程度，便不能有精確的尺度。假定所謂「白」的那種感覺或觀念，是由一定數量的微粒所產生的，而且那些小粒又因爲有一種旋轉能力，在打動網膜時，一面自己旋轉，一面又往前進；則我們很容易斷言，任何物體的表層組織，如果能反射較多的光子，並且給它們產生白色所必需的那種旋轉，則那個物體將會現得較白一點，因爲它可以在同一空間中，向網膜放出具有那種特殊運動的較多數的光子來。我並不是說，光的本性之所以成立就在於很小的圓粒子，白的本性之所以成立就在於物質部分的組織反射光時，使它們有特殊的旋轉，因爲我現在並不是從物理方面來論究光和顏色。不過我可以說我眞不能設想（我眞願意有人告訴我他能如此設想），外界物體如果不與可以感到的各種物體自身直接接觸，它們怎樣能打動我們的感官。

因爲我知道，物體所只能打動我們的感官，不出兩條途徑：一則藉助於可感物體的直接接觸，如觸覺和味覺；一則藉助於由它們發出的不可覺察的各部分的推動力，如視覺、聽覺和嗅覺。因爲各種感覺之所以產生，就是因爲物體各部分的不同的大小、形象和運動，能產生出不同的推動力來。

12　它們是否是微粒也沒關係，它們之所以能使我們發生白的觀念，是否是因爲它們都依著自己中心旋轉，那也沒有關係。無論如何，我們可以斷言，物體的組織如果能給光子特殊的運動，使它們給我們產生出所謂白的感覺來，則它所反射的光子愈多，而且那種特殊的運動愈速，則那個物體也會顯得愈白；因爲它已經反射較多的光子。我們如果把一張紙置於日光下、又置於陰暗處、又置於黑洞中，就可以看出這種情形。在這每一種情形下，它所產生的白的觀念都是各不相同的。

13 不過我們既然不知道光子有多少數目，何種運動，就可以產生某程度的白的觀念，因此，我們就不能解證兩種白的程度是否確實相等。因爲我們沒有確定的標準可以衡量它們，也沒有適當的方法可以分別極微細的實在差異。我們所能有的唯一互助，就是我們的感官，而感官在這一方面，又是靠不住的。不過這種差異如果很大、如果能在人心中，產生出明白而清晰的觀念，而且這些觀念的各種差異又可以完全保留在心中，則這些顏色的觀念，如藍與紅等不同的顏色也可以解證出一如數目和廣袤似的。我認爲，我在這裡關於白和其他顏色所說的話，在一切次等性質和其情狀方面也都可以適用。

14 **我們對於特殊存在所有的感性的知識** 知識的等級就分爲直覺和解證兩種；任何思想如果缺乏了這兩種中任何一種，則我們不論多麼確信它，它總不是知識，只是信仰或意見，至少在一切概括的眞理方面，我們是可以這樣說的。

不過人心在運用於外界特殊的有限存在時，它確有另一種認知。這種認知雖然超過了僅僅的或然性，可是它還不能完全達到前述的兩種確定程度。不過我們仍以知識一詞來稱謂它。

我們分明知道，我們由外物所得來的觀念乃是在我們心中的；這乃是一種直覺的知識。不過有人可以問，事實上除了我們心中這種單純的觀念以外，是否還有別的東西？而且我們是否可以由此確然斷言，外界有任何東西與那個觀念相應？因爲人心中雖然有那些觀念，可是外界也許沒有那種東西存在、也許沒有那種物像來刺激我們的感官。不過我認爲，我們這裡有充分的證據可以解除我們的疑惑。因爲我可以問任何人，他在白天看日時與夜裡思想日時，是否確實有不同的知覺？

他在實在嘗艾草、嗅玫瑰時，是否和他僅僅想像那種滋味或香氣時，有截然不同的知覺？我們清楚發現，由記憶所復現於心中的觀念，與由感官現實進入人心的觀念，確實有一種差異，而且它們的差異正如兩個各別的觀念似的。有人如果說「在夢中我們也有同樣的情形，而且這些觀念都可以離了外物產生於我們心中」，則他可以會夢見我向他作此回答：

㈠如果一切都是夢境，如果推論和辯論都無功用，眞理和知識都畢竟空虛，則我是否能袪除他的疑慮，那都無大關係。

㈡我相信，他會承認，夢見在火中與眞的在火中，確實有一種明顯的差別。但是他如果決心要當一個懷疑家，以至主張說，我所謂「眞的在火中」也只是一個夢，而且我們並不能由此確知有所謂火其物者的確在我們以外存在；則我仍可以答覆說，我們可以憑感官知覺到（或者夢想我們知覺到）一些物像的存在，而且我們同這些物像接觸時，我們的確感覺到有苦有樂。這種確定性是和我們的幸福或痛苦一樣大的，超過這種限度，則我們有知無知都無大關係。因此，我們在前兩種知識以外，還可以另加一種關於特殊外物的存在的知識，因爲我們憑知覺和意識知道確有各種觀念由外界那些特殊事物而來。因此，我們可以承認知識有三種等級，就是直覺的、辯證的、感覺的三種。在這三種的每一種中，明白性和確實性都有各別的程度和途徑。

15 **各個觀念雖是明白的，而知識卻不是永遠明白的**　我們的知識既然只建立在、運用在我們的觀念上，那麼我們就可以說，它與我們的觀念相契合，而且我們的觀念如果是明白的、清晰的、含糊的或紛亂的，則我們的知識也必然會這樣嗎？我可以答覆說，不是的。因爲我們的知識既成立於我們對兩個觀念間契合或相違所有的知覺，因此，知識的明白或含糊，只看這種知覺是明白或含糊而定，而不看各個觀念本身是明白或含糊而定。就如一個人雖然可以與世界上任何數學家一樣，明白地觀念到三角形三角和兩直角的等量，可是他也許對於這兩層間的契合只有一個極含糊的知覺，因此，他對這種契合便只能有一種極含糊的知識。但是各個觀念如果因其本身含糊，致陷於紛亂的地步，則它們便不能產生出明白或清晰的觀念，因爲觀念如果一紛亂，則人心便不能清楚地看到它們是否互相契合。我們還可以用比較不易誤解的另一種說法來敘述這層理由：就是，一個人如果不能對其所應用的文字有確定的觀念，則他對於自己應用那些文字所形成的命題，也不能確知其眞理。

第三章　人類知識的範圍

1　「知識」，如前所說，既然成立於任何觀念間的契合或相違，由此，就可以推斷：

第一點，知識不能超過我們的觀念　第一，我們所有的知識，不能超過我們所有的觀念。

2　**第二，我們的知識不能超過我們所認知的觀念的契合或相違之外**　第二，我們的知識不能超過我們對那種契合或相違所有的認知以外。這種認知，有時㈠是藉直覺或藉直接比較我們的兩個觀念得出來的；有時㈡是由推論，即藉其他觀念爲媒，來考察兩個觀念的契合或相違而得來的；有時㈢是由感覺，即藉認知特殊事物的存在得來的；因此，我們可以說：

3　**第三點，直覺認識不能遍行於一切觀念的一切關係**　第三，我們所有的直覺的知識，並不能遍行於我們一切的觀念、並不能遍行於我們在觀念方面所應當認知的一切。因爲我們無法藉平排並列或直接比較來考察、發現它們互相所有的一切關係。就如在兩條平行線間，在兩個相等的面上所畫的兩個三角形，一個是鈍角的、一個是銳角的，則我雖可以憑著直覺的知識知覺到此一個不是彼一個；可是我們不能由此知道它們是否是相等的，因爲它們在相等性方面的契合或相違，我們永不能藉它們的直接比較而發現。它們的形象既異，因此，它們的各部分便不能精確地直接比較；因此，我們就需要一些中介的性質以來衡量它們，而這就是所謂解證或所謂理性的知識。

4 **第四點，解證的知識也不能遍行**　第四，由前面所說的看來，就可以推斷理性的認識也一樣不能遍行於一切觀念的全部範圍。因爲在我們所考察的兩個差別的觀念之間，我們在演繹的一切部分中，並不能常常找到適當的媒介，憑直覺的知識把它們加以聯合了，什麼地方我們不能做到這一步，那麼就等於那個地方我們就沒有解證的知識。

5 **第五點，感覺的知識比前兩種都狹窄**　第五，感覺的知識由於不能超過我們感官當下所感到的事物的存在，因此，它比前兩者都更爲狹窄。

6 **第六點，因此，我們的知識比我們的觀念更為窄狹**　由面前所說種種，我們清楚看到知識的範圍不但達不到一切實際的事物，而且甚至也達不到我們觀念的範圍。我們的知識限於我們的觀念，而且在範圍和完美方面，都不能超過我們的觀念；這些觀念在一切存在方面可以說是加了一層很窄狹的限制，而且我認爲，其他有限的理解（如天使的理解——譯者）如果比我們的感官有更多、更敏銳的知覺方法，如果它（別種理解）所接受的知識不如人類這樣脆弱而狹窄，則那種理解所有的觀念一定可以遠過於我們所有的。雖則如此，可是我們的知識如果也與我們的觀念有一樣大的範圍，而且關於我們所有的各個觀念，我們如果也沒有終生不能解決的那樣多的疑難和問題，則我們的情形也比較好的多了。這一層縱然做不到，可是我仍然相信，人們如果不肯用其精力心思，以來文飾掩護自己的錯誤、以來維持自己無端歸心的系統、利益和黨派，如果他們只用自己的心思精力，以來推進發明眞理的方法；則在人類現在的能力和身體的範圍內，我們的知識也會比一向更爲進步。不過就是這樣，我總相信（這種信仰與人類的尊嚴無損），我們的知識總不能遍行於我們在所有觀念方面所應知的一切；而且在任何觀念方面所發生的全部困難也非人智所能克服的，所發生的全部問題也非人智所能解決的。我們雖然有方形、環形、相等性三個觀念，可是我們也許永不能找到與一個方形象等的一個環形，而且也許永不會知道它們是相等的。我們雖然有「物質」和「思想」兩個觀念，可是我們恐怕永不能知道，純粹「物質的東西」是否也在思想。離了上天默示，則我們不能只憑思維自己的觀念來發現，「全能者」是否給了某一些組織適當的物質一種知覺和思想的能力，是否在那樣組織的物質上，賦予一種能思想的、非物質的實體。因爲在我們的想法範圍內，我們不但容易想像，上帝可以憑其意旨在賦予物質上以有思想能力的另一種實體，而且可以想像，他可以任意在物質本身賦予一種思想能力。因爲我們不知道，思想是由何成立的，也不知道上帝願意在何種實體上，賦予那種能力（這種能力只憑造物者的慈悲和樂意，才能存在於有限的生物中）。因爲我雖然證明（第四卷第十章），要假設物質（物質就其本性而論是沒有感覺和思想的）就是永久的原始的「思維實體」那乃是一種矛盾，可是我們如果說，那個原始的永久的「思維實體」，或全能的神靈可以任意造一套無知覺的物質，並且給它某程度的感覺、知覺和思想，那並不是一種矛盾。一個人如何能夠確實知道某些知覺，例如快樂和痛苦，不能存在於某種方式下被改變、被運動的物體本身，一如它們在身體的某些部分運動起來時存在於一個非物質的實體中呢？所謂物體，在我們所能想像的範圍中而言，只能打擊和影響別的物體，所謂運動，就我們所能觀念到的最大範圍中而言，不能產生別的，只能產生運動，因此，我們如果承認運動能產生苦或樂、顏色或聲音的觀念，那我們就不得不背棄理性，超出於觀念之外，而完全把這一回事歸於造物主的善意了。在身體的各部分發生了運動以後，「非物質的實體」既然能發生了苦樂的知覺，那麼我們能夠確知，各種物體在發生了某種變化和運動以後，那些物體自身一定不發生苦樂的知覺嗎？因爲我們既然承認，上帝在運動上附加了運動本不能產生的一些結果，那麼我們有什麼理由可以斷言，他不能使物質的實體發生這些結果，一如精神的實體一樣？因爲我們固然不能想像物質有這些結果，可是我們也一樣不能想像物質的運動如何能在精神上發生影響。我之所以如此說並不是要使人減低對於靈魂的非物質性的信仰。我此處所說的，並不是或然性，乃是知識。因此，我認爲，在我們缺乏證據因而不能產生知識時，哲學家應當謙抑從事，不要隨便專斷；而且我們如果能看清楚：我們的知識可以達到什麼程度，那也是很有用的。因爲現世既然不是所謂神觀（vision）境地，因此，在許多事物方面，我們應當安於信仰與或然性；因此，在關於靈魂的非物質性的這個問題方面，我們的才能如果不能達到解證的確定性，那也不足爲奇。不過我們縱然不能在哲學方面證明靈魂的非物質性，而道德和宗教的一切偉大宗旨仍不能絲毫有所動搖。因爲顯然造物者不但使我們起初顯現爲有感情、有知覺的生物，不但使我們在若干年中繼續此種狀況，而且在另一個（無形的）世界中，他也仍會使我們復返於相似的知覺狀態，並且使我們能以接受他爲我們在世時的行爲所準備的那種果報。因此，我們正不必學一般人非把這個問題加以或是或否的決定不可。他們有的過於熱忱地擁護靈魂非物質說，有的過分熱忱地爲對靈魂非物質說，所以都急於大聲疾呼使世人相信其說。他們一面使自己的思想完全沉浸於物質中，不能承認非物質的東西有其存在；而在另一方面，則他們在絞盡腦汁一再考察以後，又看到物質的自然能力全不能認識，因此，他們又自信地斷言，「全能者」不會把知覺和思想賦予有凝性有變化的一個實體。不過一個人如果思考在「我們的思想」中，感覺多麼難與有廣袤的物質調和，無廣袤的東西又多麼難與「存在」調和，則他會承認自己實在無法確知他的靈魂是什麼樣的。這一點，在我看來，似乎不是我們的知識所能達到的；而且一個人如果能自由思考，並且仔細觀察各種假設的黑暗糾纏的部分，則他便難以認爲自己的理性能以使他的確相信或排斥靈魂的物質說。因爲不論他來觀察那一面，不論他認靈魂是一個無廣袤的實體或一個有思想、有廣袤的物質，而在他的心中光思想到此一面時，所遇到的困難總不免驅其他想到另一面。因此，人們往往因爲一種假設不易想像，便魯莽地相信相反的一個假設，實則在無偏見的理解看來，那另一個假設也是一樣不可理解的。因此，他們這種做法，實在不能算是公平的。

我們由此不僅看到，我們的知識是脆弱而貧乏的，而且我們看到，這類論證縱然勝了，也是無意義的；因爲這類論證，只是依據於我們的觀點的，我們由此只能知道自己在問題的一造得不到確實性，可是我們如果因此就接受相反的意見，那也一樣完全達不到眞理，因爲相反的意見，在一考察之後，也是有相等的困難的。一個人爲了避免此一種意見中所有的貌似的荒謬，和不可踰越的障礙起見，自然可以托庇於另一種意見，不過那另一種意見的基礎如果也是不可解釋、不可了解的，那麼他可以得到什麼保障、什麼利益呢？我們身中自然有一種能思維的東西存在，這是不容爭論的。我們雖然不知道它是什麼，而且還必須安於不知，可是我們既然能對此發生懷疑，這就確證了它的存在；而且我們如果懷疑這一層，那也是徒然的；這個也正如在許多情形下，只因爲我們不知道某種事物的本質，就確然反對它的存在是一樣無理的。因爲我可以請問，世界上存在著的任何實體，哪一種沒有含著一種使人理解迷惑的東西呢？——說到別的神靈們，則祂們既能窺見並知道事物的本質和內在組織，則祂們的知識比我們的知識當然超過了無數倍。至於別的理解更廣大的神靈們，則祂們在一看之下，可以看到許多觀念的聯繫和契合，並且給它們各種中介的證明，因此，祂們的理解既敏銳而又深刻，知識的範圍也更爲廣大。在這裡我們正可以想像到高級天使的一部分幸福，因爲祂們一看之下所見的這些聯合和證明，我們雖然鍥而不捨搜索，也未必能找到，而且在找尋到新的以前，幾乎是把舊的忘掉。——不過我們可言歸正傳。我可以說，我們的知識不但因爲我們的觀念稀少而不完全、大受了限制，而且即使在這個範圍內，它也不能遍行。不過它究竟能達到什麼程度，我們現在就可以開始研究。

7 **我們的知識究竟能達到多遠** 前面已經概括暗示過，我們在各個觀念方面所作的肯定或否定，可以歸爲四類，就是同一、共存、關係和實在的存在四種。我將要逐步研究，在每一種中，我們的知識可以達到多遠。

8 **第一點，我們對同一性和差異性所有的知識，與我們所有的觀念有一樣大的範圍** 第一點，說到由我們觀念的這種契合或相違途徑所得到同一性和差異性，則我們的㈠直覺知識和㈡觀念本身是有同等範圍的。人心中一發生任何一個觀念，它都可以憑直覺的知識，立刻知覺到它自己是什麼樣子，而且可以知覺到它和別的任何觀念都是不一樣的。

9 **第二點，說到共存，則其範圍是很狹的** 說到我們的第二種知識——就是在共存方面的觀念的契合或相違——則我們的知識在這方面是十分缺陷的。不過在實體方面，我們所有的最重要最廣博的知識部分，卻在於共存方面的知識。

因爲如我已經指示出的，我們對於實體種類所有觀念，不是別的，只是在一個實體中所集合的各個觀念的集合體（就是所謂共存）。就如我們的火焰觀念就是又熱、又亮、又向上運動的一個物體；又如黃金的觀念就是沉重、色黃、可展、可熔的一個物體。火焰和黃金這兩個實體的名稱，就表示著人心中這些複雜觀念。我們如果在這一類實體方面想有進一步的知識，則我們所考察的，不是別的，而是這一類實體是否還有別的性質或能力。這就是說，我們只是想知道，除了形成那個複雜觀念的那些簡單觀念之外，是否還有別的簡單觀念與它們共存著。

10 **因為我們不知道許多簡單觀念間有什麼聯繫** 這一種知識，雖然在人類科學中，形成了很重要的一部分，可是它的範圍太小，而且幾乎就不存在。因爲形成複雜的實體觀念的那些簡單觀念，依其本性說，大部分並和別的簡單觀念沒有明顯的必然的聯合或矛盾，因此，我們雖欲考察兩種觀念的共存也不可能。

11 **在次等性質方面尤其是如此的**　形成複雜的實體觀念的那些觀念，也就是我們關於實體所有的知識所最研索的那些觀念——就是那些次等性質的觀念。不過這些性質，如前所說，都依據於微小而不可覺察的各部分中的原始性質（若不如此，則其所依據的更不是我們所能想像的），因此，我們就不可能知道，哪一些性質與另一些性質有必然的聯繫或矛盾。因爲我們既不知道它們是由何種根源出發的，既然不知道形成複雜的黃金觀念的那些觀念是由各部分的什麼形象、大小和組織的，則我們便不能知道，有什麼別的性質是由黃金中不可覺察的各部分的那個組織而成的，或是與它不相契合的；結果我們也不知道它們是否和我們所有的複雜的黃金觀念相契或相違。

12 **因為在任何次等的和原始的性質之間，我們並不能發現任何聯繫**　各種物體的次等性質所依據的原始性質，不是我們所能知道的，因爲原始性質所寄託的物體的各部分是不能覺察的。不過除此以外，我們還有另一種更不可救藥的無明，使我們更無法確知同一實體中的各部分是共存的或不共存的。因爲在任何次等性質和有所依據的那些原始性質之間，並沒有可以發現的聯繫。

13 我們自然可以想像一個物體的大小、形象和運動，能使另一個物體的大小、形象和運動發生變化。此外，我們還可以想像，一個物體插入另一個物體時，可使另一個物體的各部分分開，而且一個物體在衝擊另一個物體以後，也可以使另一個物體由靜而動起來；這類情形，在我們看來，似乎是彼此有聯繫的。我們如果知道各個物體的這些原始性質，則我們正有理由希望自己在它們這些互相影響的作用方面有更多的知識。不過人心並不能在物體的這些原始性質，和它們給我們所產生的各種感覺間發現任何聯繫，因此，我們縱然能發現直接產生次等性質的那些不可覺察的各部分的大小、形象或運動，我們也不能對於任何次等性質的共存關係，建立一些確定而無疑的規則。我們既然完全不知道各部分有什麼形象、大小或運動，可以產生出一種黃色、一種甜味、或一個尖音，因此，我們無論如何不能設想，任何分子的大小、形象或運動，如何會給我們產生出任何顏色、滋味或聲音的「觀念」。因爲在兩者之間，根本沒有可想像的聯繫。

14 因此，我們並不能努力憑各種觀念來發現（這正是達到確定知識，普遍知識的唯一眞正途徑），有什麼別的觀念與我們的複雜的實體觀念中所含的那些觀念是經常聯合著的。因爲它們的性質依據於微細部分的眞正組織，而這種組織又不是我們所知道的。不但如此，我們縱然知道它們，我們也不能在它們和任何次等性質之間，發現任何必然的聯繫；我們如果不能知道這一層，我們的確就不能知道它們的必然共存。因此，我們對於任何種類的實體所懷的複雜觀念不論是什麼樣的，我們總難以根據這個觀念中所含的各個簡單觀念確實決定，有任何別的性質是與它們必然共存的。在這些研究方面，我們的知識不能超出於我們的經驗之外。自然，有少數原始性質，互相有一種必然的依屬關係和明顯的聯繫關係，就如形象必然要前設廣袤爲其條件，由推動力所發生的運動的傳遞必然要前設凝性爲其條件。不過這些觀念（或者還有別的）雖然有一種明顯的聯繫，可是互有這種聯繫的觀念畢竟爲數太少，因此，我們無論憑直覺或憑解證，也只能發現聯合在各種實體中的極少數性質的共存關係。

因此，我們要想知道各種實體中究竟含著什麼性質，就只有求之於感官了。因爲各種性質縱然共存於一個實體中，可是它們的觀念如果沒有這種依屬關係和明顯的聯繫，則我們除了藉感官的經驗之外，並的確不能知道有任何兩種性質是共存於一個實體中的。因此，我們雖然看到黃色，而且在一試驗以後又看到重量、可展性、可熔性、固定性等同聯繫在一片黃金中，不過這些觀念彼此既然沒有明顯的依屬和必然的聯繫，因此，我們並不能確知，這些觀念中有四個存在時，第五個必然也存在。這種推想固然是很可靠的，不過最高的概然性也不等於確定性；而沒有確定性，也就沒有眞正的知識。——因爲這種共存關係離了知覺便不能爲人所知；而知覺的途徑又不外兩種。就是在特殊的實體方面，我們要藉助於感官的觀察，在概括的方面，要藉助於觀念本身的必然聯繫。

15　**不共存性範圍較大**　說到不共存性，則我們應當知道，任何一種實體在一時所有的各原始性質，只能限於一種，就是，各個部分的每種特殊的廣袤、形象、數目和運動，一定要排斥其他一切的廣袤、形象、數目和運動。關於各個感官所特有的一切可感的觀念，我們也可以有同樣的說法。因爲在任何實體中存在著的任何一個觀念總要排斥一切同類的觀念；這就是說，沒有一個實體同時能有兩種氣味或兩種顏色。有人或許會反駁說：「蛋白石或蔊菜木的溶液不是同時有兩種顏色嗎？」我可以答覆說，各種眼的位置如果不同，則這些物體誠然可以在同時發出不同的各種顏色來。不過我仍然可以大膽地說，眼的位置如果不同，則反射光子的那些部分（物像的）也就各異。因此，能同時呈現出青色和黃色的，並不是同一的部分，也就不是同一的實體。因爲任何物體的同一分子並不能在同時各別地變化光線、反射光線，正如它不能同時有兩種不同的形象和組織一樣。

16　**我們對於各種能力的共存只有很狹窄的知識**　各種實體都有能力來改變其他物體的可感性質，這種能力正是我們在實體方面研究的主要對象，並形成知識的一個枝幹，不過說到這些能力，則我眞懷疑，我們的知識是否遠遠超越於經驗以外、是否可以發現大部分的這些能力、是否可以確知它們是在任何實體中的？因爲我們根本不知道這些能力和形成實體的本質的那些觀念是有必然聯繫的。因爲各種物體的自動能力和被動能力，以及其動作的途徑，既在於各部分的組織和運動，而這些組織和運動又是我們所萬不能發現的，因此，我們只能在極少數的情形下，來看到它們和複雜的實體觀念中任何觀念間的依屬或矛盾。我這裡所採取的是所謂微粒說（corpuscularian hypothesis），而我之所以採取它，只是因爲人們都以爲它最能明瞭地解釋物體的各種性質。我擔心人類的脆弱理解不能再換另一個假設，使我們在各種物體中，更明白地發現各種能力的必然聯繫和共存關係。

至少我敢相信，不論哪一種假設是最明白的、最眞實的（因爲要決定這個，不是我的職務），而我們關於有形實體所有的知識，並不能因任何假設而稍有進步。要想在這方面有所進步，我們必須知道物體的某些性質和能力與其他的性質和能力，有必然的聯繫或矛盾；不過就現在的哲學界的情狀說來，我們在這方面所知道的，實在是微乎其微的。而且我眞懷疑，憑我們這些能力是否可以在這方面，使我們的概括知識（不提特殊的經驗）有很大的進步。在這方面，我們只有經驗可以依據。因此，我們希望我們的經驗該再進步一點。我們已經看到，在自然知識方面，有些人已經利物爲懷，費了心血，使知識的總量大爲增益。因此，別的自命爲博物學者的人們，尤其是憑火實驗的那些哲學家，如果在他們的觀察方面謹愼異常，在他們的報告方面，眞實無妄，一如自命爲哲學家的人們所應爲那樣，則我們對於周圍物體的認識，對於它們的能力和動作的洞察，一定比現在大的多。

17 **在神靈方面，這種知識更為狹窄** 在物體的各種能力和動作方面，我們如果茫然不知所以，那我們就更容易斷言，在神靈方面，我們更是漆黑一團的。因爲我們對於神靈並無任何自然的觀念，我們只是在可以觀察到的範圍內，藉反省自己靈魂的動作才能推想出神靈的觀念來。不過居住我們身體的那些精神，比許多（或者是無數的）高貴的神靈等級就太低了，它們的才能和品德，比之於衆天使及高於我們的那些無量數的神靈也就太差了。這一層，我在別處已經略爲暗示，提供讀者考察了。

18 **第三點，說到別的關係，則我們不容易斷言，我們的知識可以達到多遠**　第三種知識，就是我們的觀念在任何別的關係方面的契合或相違，這一種知識既然是人類知識的最大領域，因此，我們不容易決定，它可以達到多遠。因為我們在這部分知識中之所以有進步，既然只是因為我們有聰明的心思，可以發現各種中介觀念，由此間接知道各種觀念（並不考慮它們的共存關係）的關係；因此，我們很不容易斷言，什麼時候，我哪一類發明到了盡頭；什麼時候，我們的理性已經得到可能的各種幫助，藉以找尋出各種證明來，並且藉以考察遠隔的各個觀念間的契合或相違。不懂代數的人就不能想像，人在這方面所發現的驚奇成績；而且我們也不易決定，人類聰明的心思在這方面，究竟還能找出什麼有利於其他部分知識的發展和助力來。至少我相信，不但數量方面各種觀念是可以被解證、被確知的，而且別的思維部分（這些部分或者是較有用的）也一樣可以供給我們確實性——只要人生的各種罪惡、情欲和熱中的貪心不來阻抑、脅迫這些企圖。

道德學是可以解證出的——所謂無上的神靈是權力無限、善意無極、智慧無邊的，我們是他的創造物，而且是依靠於他的。所謂人類，則是有理解、有理性的動物。這兩個觀念在我們既然是很明白的，因此，我認為，我們如果能加以適當的考察和研索，則它們在行為的職責和規則方面，可以供給我們適當的基礎，以至使道德學列於解證科學之數。在這裡，我相信，任何人只要能同樣無偏頗地注意數學和這些別的科學，我們就可以根據自明的命題，必然的聯繫（就如數學中推論的一樣不可反抗），證明出是非的尺度給他。別的情狀間的關係，也與數目和廣袤間的關係一樣，都是可以確實被人認知到的。我們如果能發現適當的方法，藉以考察並研索那些情狀的契合或相違，則我便看不到，它們為什麼不能被解證出來。所謂「無財產，就無非義」，這個命題和歐幾里得（Euclid）的任何解證都是一樣確定的。所謂財產的觀念乃是指人對於某種事物的權利而言，所謂非義的觀念乃是指侵犯或破壞那種權利而言。這些觀念既然這樣確立了，而且各有各的名稱，因此，顯然我就可以確知這個命題是眞實的，正如我確知「三角形三內角等於兩直角」這個命題是眞實的一樣。又如說「沒有政府可以允許絕對的自由」，則我也確知這個命題的眞實正如我確知數學中任何命題的眞實一樣。因爲政府這個觀念，乃是指建立於規則和法律之上的一種社會而言，而這些規則是要強人來服從它們的，至於絕對自由這個觀念，則是指人任意行事而言的。

19 人們之所以認為道德的觀念不能解證，因為兩層原因，一是它們太過複雜，另一是它們缺乏可感的表象 在這方面，數量的觀念之所以得到上風、認爲可被解證、可被確知，乃是因爲：

第一，這些觀念能用可感的標記記錄下來、表象出來，而標記與觀念的聯絡又比任何文字（或聲音）與觀念的聯絡更大、更近。紙上所畫的圖形，正是人心中觀念的基本，因此，它們便沒有各種文字所含的那些歧義。用線所畫出的一個角、圓形或方形，是人眼所能分明見到的，因此，我們便不能錯認了它。它是不會變化的，我們可以隨時考察它、任意複檢它的解證，一再審察它的部分，而且在這些過程中，並不怕觀念自身有任何變化。至於在道德的觀念方面，則我們便不能如此；我們並沒有與它們相似的可感的標記，藉以把它們記錄出來；我們只有文字可以表示它們；除此以外，再無別的；不過這些文字寫出以後，雖然可以前後一致，可是它們所表示的觀念，即使在同一個人也會發生變化。至於在不同的各個人，則它們很少不是差異的。

第二，倫理學中還有更大的一層困難，就是道德的觀念，比數學中尋常所考察的形象的觀念，要較爲複雜些。因爲這種緣故，於是就發生了兩種不利。第一，這些觀念的名稱，意義比較不易確定；它們所表示的簡單觀念的精確集合體，不容易爲大家公認，因此，在交談中，在思想中，表示它們的那種標記並不穩固地帶有同一的觀念。這樣就容易發生紛亂和錯誤；這種錯誤正如一個人在解證七角形時，在其圖形中漏掉一個角或多加一個角，因而使他所畫的圖形已經不是那個名稱所表示的那樣，也不是他在解證時原來所想像的那樣。在很複雜的道德觀念方面，這種情形是常常發現的，而且是不容易避免的，因爲在這裡，名稱雖然仍是同一不變，可是複雜觀念中所含的簡單觀念有時會加多，有時會減少。第二，由這些道德觀念的複雜性，於是又發生了一種不利，就是，人心不容易完全、精確地記憶那些恰好的集合體，使人在考察各觀念的關係契合或相違時，有所依據（在表示兩個遠隔觀念的契合或相違時，我們的判斷如果要憑藉一長串演繹，和各種複雜觀念的媒介，則人心更非得有此種記憶不可）。

對於這層困難，數學家的圖解和形象，實在是一種大而明顯的幫助，因爲這些圖解和形象的輪廓是前者不變的。

若非如此，則人心在一步一步考察它們各部分的關係時，它的記性便往往難把它們保留住。在一長串加、乘或除的過程中，人心要逐步往前觀察它自己的各個觀念，並且要考察它們的契合與否，而且問題的解決只是全部計算的結果，而且全部中每個專案都是人心所明白知覺的。不過要想在心中記憶這許多觀念，而且使計算中的各部分毫無紛亂、毫無遺失，並且要使一切推論不致於無用，則我們必須把推論中的各個部分都用意義精確的標記表示出來，而且那些標記在不被人記憶時仍然經久不變被眼看見。若非如此，則數位或標記，並不能幫助人心來認知兩個以上的觀念的契合、相等和比例；照這樣，則人心只有憑直覺才可認知各個數目觀念的這些關係了。不過數位的符號的確能幫助記憶來記錄和保留所要解證的各種觀念，而且人們由此才知道，在考察各種殊事時，他的直覺的知識到了什麼程度；因此，他最後就可以有條不紊地由已知進於未知，最後，還會總括地看到他的一切認識和推論的結果。（在道德學方面不是這樣的——譯者）。

20 **克服那些困難的方法** 各種道德的觀念，雖然因爲這些缺點，以致令人以爲它們是不能解證的，可是我們如果用定義把各個簡單觀念的集合體確定了，並且始終如一地用一個名詞來表示那個精確的集合體。則這些缺點大部分也可以克服了。至於別的困難，則代數或其他一類的科學，也許能找出方法把它們克服，不過這一層是不能預爲斷言的。

至少我相信，人們在追求道德的眞理時，如果也與追求數學的眞理時一樣，用著同一的方法、同一的客觀態度，即他們將會看到那些眞理比平常人所想像的有更強的聯繫、更近於完全的解證，而且它們會根據明白而清晰的觀念得出更必然的結果。但是這種情形大部分是不可企及的，因爲人們爲追慕令名、富厚和權力之故，會使他們來接受時髦的意見，使他們找尋論證以求充實自己的美點，或文飾自己的醜陋。人心之愛眞理，有過於眼睛之愛美麗，而且在理解看來，撒謊是最醜陋、最不可耐的。因爲許多人雖然可以滿意地在自己胸懷間擁有一個不甚美的妻子，可是誰敢大膽明說，他接受了一個僞說，並且在其胸懷內擁有醜如謊言其物的一種東西呢？現在各黨派的人們，只是把他們的教義塞在他們所能支配的人們的咽喉內，而不讓他們來考察自己教義之爲眞爲妄的；他們並不讓眞理在世界上有公平展露的機會，並且也不讓人們來追求眞理。那麼在這方面，我們能希望有何種進步呢？那麼在道德科學中，我們還能期望有較大的光明嗎？幸而天主把他自己的燈光親手植在人心中，使人的氣息或權力，完全不能消滅它，若非如此，則各地只管盲目信從的人們，既然受了埃及人所受的束縛，當然只能得到埃及人所處的黑暗了。

21 **第四點，實在的存在。我們對於自己的實在存在有一種直覺的知識，對於上帝的實在存在有一種解證的知識，對於一些別的東西的實在存在有一種感覺的知識** 說到第四種知識，它是關於事物的現實存在的。在這方面，我們對於自己的存在有一種直覺的知識，對於上帝的存在有一種解證的知識，對於別的一切東西，則我們只有感性的知識，這種知識超不出感官當下所取的物像以外。

22 **我們在許多方面都是無所知的**　我已經說過，我們的知識是很狹窄的，因此，我們如果稍一觀察黑暗的一面和我們的無知，則我們或許會對自己現在的心理狀況窺測到一點。所謂無知比我們的知識要大無數倍，因此，我們如果發現，自己在何種範圍內有明白清晰的觀念，並因而只使自己的思想限於思維「理解」所能達到的那些事物，而不使自己陷於黑暗的深淵中（在這裡，我們的眼便不能有所見，各種官能也就不能有所知覺）——這樣一來，則我們會大爲平息了許多無謂的爭執、促進了許多有用的知識。人們一向之所以不能這樣，只是因爲他們妄想自己可以理解一切。

不過我們並不必遠去，就可以看到這種妄想是痴人說夢。人只要有所知，他第一就會知道，他不待遠求，就能爲自己的無知找到許多例證。與我們接觸的那些最鄙賤、最明顯的事物，也都有黑暗的一面，而且最敏銳的目光也是不能透入它的。不過我們如果考察自己無知的各種原因，便不會十分訝異這一層。就前面所說的看來，無知的原因主要可分爲以下三種。

第一，由於缺乏觀念。

第二，由於在我們所有的各觀念之間，缺乏明顯的聯繫。

第三，由於我們不能循序考察我們的觀念。

23 **第一點，我們所缺乏的觀念或者是我們所想像不到的**　第一點，有許多事物，我們對它們並沒有觀念，因此，也就不知道它們。

第一點，我們的一切簡單觀念（如前所說）或是由有形物像經感官來的，或是由人心的動作——反省的對象——來的，因此，它們的範圍也就限於此而不能再有所進。不過人們只要不致於愚昧十足，以為自己的指尺就是衡量一切事物的尺度，則我們便不難使他們相信，這些人口是太稀少、太狹窄，確實與萬物的全部廣大範圍不成比例的。我們自然難以斷言，在宇宙的其他部分中，其他生物究竟有什麼不一樣的感官和能力、究竟有什麼更多數、更完善的感官和能力，幫助他們得到別的簡單觀念。但是我們如果因為自己不能想像那些觀念，就說沒有那些觀念，那實在不能算是很好的證據。這樣就如一個瞎子因為自己不能觀念到景物和顏色、不能想到什麼是看，就肯定地斷言，沒有景物和顏色似的。我們的黑暗和無明，並不能阻止和限制他人的知識，正如一個鼴鼠的盲目不能反駁飛鷹的銳目似的。人只要思考造物者的無限權力、智慧和善意，他就有理由想像，那並不是卑賤無能如人其物者所能洞見的，因為他多半是一切含靈之物中最低等的一種。別的生物究有什麼能力，可以洞入事物的本質和最深的組織，那我們是不能知道的，他們能由這些能力得到什麼異乎我們的一些觀念，那也是我們所不知道的。我們的確只是知道，對於各種事物，除了我們所已有的那些觀念以外，我們還缺少別的觀念，使我們不能在它們方面完成更完美的發現。我們還相信，我們憑自己能力所得到的各種觀念，與事物本身是不成比例的，因為一切觀念都以積極的、明白的、清晰的實體觀念為基礎，而這個觀念，卻是向我們隱蔽起來的。不過這類觀念的闕如，不但是無知的一部分，而且也正是無知的原因，因此，我們並不能加以敘述。不過關於它，我仍然可以自信不疑地說，理性的世界和感性的世界卻有完全相似的一點，就是：我們在兩方面所見的都是不能與所未見的成比例；而且我們用眼或思想在兩方面所見的，比起其餘的也只是一點，甚至等於零。

24 **我們所缺乏的觀念或者是因為遼遠而單單不為我們所有的** 第二種無知的主要原因，就是我們缺乏自己原本能夠具有的各種觀念。如果觀念的闕如是由於我們感官的無能所致，則較我們完美的其他生物，在我們所不知道的事物方面所有的觀念，是我們所完全不能有的。可是如果觀念的闕如是因遼遠所致，則我們所不知道的事物，是我們原本可以知道的。大小、形象和運動，是我們所能觀念到的。但是我們雖然在概括方面可以觀念到物體中這些原始的觀念，而我們既然不知道宇宙中大部分物體的特殊的大小、形象和運動，因此，我們也就不知道，我們日常所見的各種結果是由哪些能力、生力和作用方式所產生的。我們之所以不認識這些事物，有時是因為物像太遠、有時是因為物像太小。㈠在世界中我們所見的各明顯部分間的距離已經是很大的，可是我們還正有理由來想像，我們所能認識到的只是無限宇宙中的一小部分；因此，我們可以看到自己無知的深淵。我們如果問，在這有形事物的全體大結構中，各種大物質團有什麼特殊的結構、有多大廣袤、有什麼運動（而且這種運動怎樣繼續或傳遞），並且相互間有什麼影響，則我們在一看之下會迷惑昏亂，不知所以。我們縱然把思維的範圍縮小了，把自己的思想限於這個小太陽系，和顯然圍繞太陽運動的那些大的物團，則我們仍然會看到，別的行星上或許有許多動物、植物和有智慧、有形象的生物，完全異於我們這渺小的地球上所見的，而且我們對它們的外面形象和部分，也完全不能知道，因為我們既限於這個地球，則我們無論在感覺方面或反省方面，都沒有自然的方法可以把它們的確定觀念，傳達到我們心中。它們遠在於我們一切知識的入口之外。那些居屋中，究竟有什麼器具、什麼居民，我們連猜也猜不著，更不用說能明白地、清晰地觀念到它們了。

25　㈡**有時因為它們太小**　宇宙中大部分而且是絕大部分物體固然因為太過遠隔，逃掉我們的注意，但是另一面還有一些物體卻又因為太過渺小，一樣隱而不顯。這些不可覺察的各個分子，是物質的自動部分、是自然的偉大工具，不但一切次等的性質都依靠於它們，而且大部分自然的作用，也都依靠於它們；因此，我們如果對於它們的原始性質，沒有精確而清晰的觀念，則我們對於我們在這方面想知道的一切事情，都會茫然無知、無可救藥。我的確相信，我們如果能發現任何兩個物體中微細部分的形象、大小、組織和運動，那我們不藉試驗就會知道它們的互相影響，就如我們知道一個方形或三角形的各種性質似的。我們如果能知道大黃、毒草、鴉片和人體的各分子的機械作用，正如一個鐘錶匠知道錶的各部分機能（錶由此進行其工作）和銼刀的各部分機能似的，那麼我們預先就可以說出大黃可以瀉肚、毒草可以致命、鴉片可以催眠，正如一個錶匠可以預言，一片紙擱在齒輪上可以使錶停頓（如果不把紙移去），或者預言，錶的一小部分如果被銼刀所銼，則那個機器會停止運動，那個錶會不走似的。照這樣，則我們不難知道，爲什麼銀只能在硝酸中溶化、金只能在王水中溶化，而不能互相掉換；這個正如一個鐵匠不難知道，爲什麼把鑰匙這樣一轉就能將鎖打開，爲什麼用另外一把就不能一樣。但是我們如果因爲缺乏足夠敏銳的感官，以致不能發現物體的微細分子來，不能觀念到它們的機械的作用，那我們也就只好安於不知道它們的性質和動作方式了。在這方面，我們縱然有所確信，也只以少數試驗所能達到的程度爲限。但是這些實驗在別的時候，是否仍可以成功，那都是我們所不敢確知的。因此，這在自然的物體方面，就阻止我們認知普遍的眞理，而且我們的理性在這方面也不能使我們超出於特殊的事實之外。

26 **因此，我們就沒有物體的科學** 因此，我就猜想，在物理的事物方面，人類的勤勞不論如何能促進有用的、實驗的哲學，而科學的知識終究是可望而不可及的。因爲我們對於那些最近的物體，最易受我們支配的物體，並沒有完全的、相應的觀念。對於那些已命名、歸類的事物，對於那些我們自以爲很熟悉的事物，我們只有很不完全、很不完備的觀念。對於我們感官能考察到的一些物體，我們或許可以有清晰的觀念，可是，我認爲，我們對其中任何一個物體都沒有相應的觀念。清晰的觀念雖然可以供日常談話之用，但是我們如果缺乏相應的觀念，則我們便得不到科學的知識，而且在各種事物方面也不能發現普遍的、有益的、無問題的眞理。在這些事體中，我們並不能自命達到確知性和解證。藉著顏色、形象、滋味、氣味和其他可感的性質，我們雖然可以對「藿香」和「毒草」產生明白而清晰的觀念，一如對一個環和三角形一樣；但是我們既然不能觀念到這些植物中和別的物體中各微細分子的特殊的原始性質，因此，我們就不能說這些植物在加於別的物體上時會產生出什麼結果來；而且即使當我們看到那些結果時，也不能猜著它們是如何產生的，更不能知道它們是如何產生的。我們對於自己所見、所接觸的那些物體，既然不能觀念到其微細分子的各種特殊的機械運動，因此，我們便不能知道它們的各種組織、能力和作用；至於更遠的物體，則我們更是不知道的，因爲我們根本連它們的外在形象，或其組織中較明顯、較粗糙的部分，也不能知道。

27 **當然更沒有關於神靈的科學**　如此一來，就清楚指明，我們的知識與物質事物的全部範圍比較也是不成比例的。但是我們如果再思考可能存在或現已存在的那些無數的神靈，就會看到這種無知的原因，又以不可穿度的煙霧，把全體理性世界從我們隔開。這個世界比物質世界是更大的，而且也的確是更美麗的，可是我們對它更無所知、更不認識，而且我們對精神的各種等級和種類也不能形成一些清晰的觀念。我們對於神靈，只能藉反省自己的精神，產生少數膚淺的觀念，而且我們對一切神靈的天父、對一切事物（包括神靈，人類和萬物）的永久超越的造物主，所能有的最好的觀念，也是由自己反省自己的精神來的。可是除了這些少數膚淺的觀念之外，我連其他天使的存在，也不能確知——除了藉助於啓示。各級天使，本來就不是我們所能發現的，而且那些靈物或者比有形實體的種類還多，可是我們的自然能力並不能把它們稍微報告出來。人只要觀察別人的語言和行動，就有理由相信他人也有心靈和能思的實體；而且他既然知道自己的心理，則有思索能力的他便必須知道還有一個上帝。但是誰能憑自己的搜索和能力，得以知道在人和偉大的上帝之間，有許多等級的神靈呢？至於他們（並與我們）相互之間究竟有什麼差異的本質，情況、狀態、能力和組織，那更是我們所不能清晰地觀念到的。因此，關於他們的種類和性質，我們是絕對不能認識的。

28 **第二點，在我們所有的各個觀念之間，缺乏可以發現的聯繫** 我們已經看到，因爲缺乏觀念，所以我們只能在全宇宙中知道一小部分的實體的事物。不過第二點，除此以外，還有另一種無知的原因，就是，在我們所有的各個觀念之間，並沒有可以發現的聯繫。因爲我們只要缺乏那種聯繫，則我們便完全不能得到普遍的、確定的知識；便不能不依靠於觀察和經驗，如在前一種情形下那樣。不過我們的經驗是很狹窄，很有限的，而且與概括的知識是離得很遠的；這一點，我們是不必再提的。在這裡，我只給這種無知的原因舉一些例證，就不再多事論究。顯然，我們周圍各種物體的大小、形象和運動，產生了如顏色、聲音、滋味、氣味、快樂和痛苦等各種感覺給我們。不過這些機械的動作，和它們給我們所產生的那些觀念，並沒有什麼不可離的關係（因爲在任何物體的推動力，和我們自心的顏色知覺或聲音知覺之間，並沒有可以想像的聯繫），因此，我們超出經驗之外，對於那些動作，便沒有清晰的知識。我們只能把它們看成是全知的「造物者」憑其命令所產生的結果，而且它們完全不是我們所能了解的。我們完全不能由物質的原因演繹出我們的心對可感的次等性質所有的那些觀念，而且那些原始的性質雖然在經驗上可以產生出那些觀念給我們，可是我們在這些原始性質和次等觀念之間，也不曾發現任何聯繫或溝通。同樣，我們的心靈在我們的身體上所施的各種動作，也照樣是我們所不能想像的。據我們觀念的本性說來，我們不但不知道，一個物體爲什麼能在人心中產生出任何思想，而且我們也一樣不知道，一種思想如何能在身體中產生出任何運動。如果我們沒有這種經驗，那麼我們只憑考察事物本身，是絲毫無法發現這種作用的。這些性質在普通事物中，雖然有恆常的、規則的聯繫，可是這種聯繫並不能在觀念本身中發現出來，因爲各種觀念彼此似乎都是沒有必然的聯繫。因此，我們只能把它們的聯繫歸於全知的造物者的任意決定，因爲只有「祂」可以在我們這脆弱理解所不能了解的途徑中，使它們成爲那種狀況、發生那種作用。

29 **例證**　在我們的某些觀念方面，某種關係和聯繫，顯然地包含於觀念本身的本性中，因此，我們便不能設想，有任何權力可以把它們和那些觀念分開。只有在這些觀念方面，我們能得到確定的、普遍的知識。就如直線三角形的觀念，就必然含有其三角等於兩直角的這種性質。我們並不能設想，這兩個觀念的關係和聯繫可以發生變化，可以爲任意的權力所形成、所改移。不過說到物質各部分何以能黏合、能繼續；推動力和運動如何能在我們心中產生出顏色、聲音等感覺；而且運動有什麼原始的規則和傳遞，則在這些方面，我們並不能發現它們和我們所有的任何觀念有自然的聯繫，因此，我們只能把它們歸於聰明「建築家」的任意的意志和高興。我認爲，我在這裡並不必提到靈魂的復活、地球的將來狀況、以及人人承認爲完全依靠於自由造物者的那些事物。只就我們所觀察到的各種事物而言，我們雖然看到它們的作用是有規則的，而且我們雖然可以斷言，它們是依照它們的法則進行的，可是這個法則究竟是什麼，那是我們所不知道的。因此，各種原因雖然經常地進行著，各種結果雖經常地由它們流出來，可是它們的聯繫和關係並不能在我們的觀念中發現出來，因此，我們對它們只能有實驗的知識。

由此我們就容易看到，我們完全處於黑暗中，而且在存在方面、在各種事物方面，我們所知的，也只限於極小的部分，因此，我們就可以謙抑地想到（這種想法並與知識無損），我們實在不能了解宇宙的全部本質，和其中所含一切事物的全部本質，因此，我們對於身外身內的各個物體，並不能得到哲學的知識，而且對於它們的次等性質、能力和作用，我們並不能有普遍的確定知識。各種結果每日雖都可以促使感官的注意，可是我們對它們只有感性的知識，至於它們的原因、方式和產生的確然性，則我們因爲前面的兩個理由，只有安於不知罷了。在這些方面，我們並不能超出於特殊經驗所指示的事物之外，我們只能憑著比附來猜想，相似的物體在別的試驗中會有什麼樣的結果。不過要說到自然物體（且不說精神的實有）方面的完備科學，則我相信，我們完全沒有此種能力，因此，我敢斷言，我們如果妄想來追求它，那只有白費心力罷了。

30 **第三點，因為我們不能逐步追尋我們的觀念**　第三點，在某些方面，我們雖然有相應的觀念，而且在它們之間雖然有確定而可以發現的聯繫，可是我們也許因爲別的原因會不知道這種聯繫。至於不知的原因，則是因爲我們不能逐步推尋我們所有（或所能有）的各觀念，並且不能找尋出各中介觀念來，以發現其相互間的契合或相違關係。因此，許多人之所以不知道數學的眞理，並不是因爲他們的能力有缺陷，或因爲事物本身不確定，只是因爲他們不肯用心來獲得、來考察，並且用適當的方法來比較它們。在我們看來，我們之所以不能適當地推尋我們的觀念、之所以不能找尋出各觀念間的契合或相違，最大的障礙就在於文字的誤用。因爲人們的思想如果只飛翔於、固執於意義可疑而不確定的各種聲音，則他們便不能正確找尋出、明確發現各種觀念的契合或相違。數學家因爲能撇開名稱，專用思想，並且能把所要考察的各個觀念（不是只要聲音）清楚置於心中，因此，他們就可以避免大部分的迷惑、糊塗和紛擾。而在別的知識部分，則人們正因爲不能如此，所以陷於紛亂的境地，而很少有進步。因爲人們如果固執於意義不確定的文字，則他們便不能區分自己的意見是正確的或虛妄的，是確定的或概然的，是自符的或矛盾的。大部分學者既然常遭此命運或不幸，因此，他們在眞正知識的總量上所有的增益，比起充斥於世界上的那些經院、爭辯和著述，也就微乎其微了。因爲世界上雖然充滿了這些玩藝，可是學者們已經迷惑在文字的樹林中，不知道自己到了什麼地方、不知道自己的發明到了什麼境地、不知道自己的或公共的知識總是缺乏著什麼。人們在物質的世界方面，如果也與在精神的世界方面一樣，如果他們的發明也都限於烏煙瘴氣的說法中，則世界上關於航海和水程的著述，關於潮汐和地帶的層出不窮的故事和學說，而且甚至所造的船舶，所製的艦隊，都不能指示我們地平線以外的事情；而且對跖地直到現在也會不爲我們所知曉，正如古代一樣（因爲主張此說的人在那時候被人認爲是異端）——但是我既然詳細討論過文字及一般的誤用，因此，我在這裡就不再多說了。

31 **知識在普遍性方面的範圍**　我們前面已經在各種特殊的存在物方面考察過知識的範圍。不過在普遍性方面，我們也應該考察知識的範圍才是。在這方面，我們的知識是隨觀念的本性而定的。各種觀念如果是抽象的，而且它們的契合與否也是我們所認知到的，則我們的知識是普遍的。因爲這些概括觀念所有的已知性質，必然要包含於具有那個本質——那個觀念——的各種特殊事物中，而我們在概括觀念方面一次所發現的性質，也將永久是眞實的。因此，說到一切概括的知識，我們只能求之於我們的心中，而且我們只要一考察自己的觀念，才能得到這種知識。特殊事物的存在只能由經驗得知，至於在事物的本質方面（就是抽象觀念），則各種眞理是永久的，是只由思維那些本質來的。不過在後面幾章中論究概括的、實在的知識時，我們還要更詳細地討論這一層，因此，關於一般知識的普遍性，我們的話說到這裡也就夠了。

第四章　人類知識的實在性

1 **反駁，知識如果被置在觀念方面它就成了一個幻想**　我相信，我的讀者在此時或許會以爲，我一向只是在建造空中樓閣；他會一直對我說：「這是瞎鬧什麼！你說『知識只成立於人心對自己觀念的契合或相違而發生的那種認知』，但是誰知道那些觀念是什麼樣的呢？世上還有比腦中的想像更爲狂妄的東西嗎？哪一個人的腦中沒有一些幻想呢？縱然有一個清醒而聰明的人，可是按照你的規則說來，在他的知識和世上最狂妄的想像之間，還有什麼區別呢？他們都各有自己的觀念，都各能知覺到觀念間的互相契合或不契合。他們如果有任何差異，則優勝當歸於頭腦狂熱的那一造，因爲他的觀念是較多而較活躍的。因此，按照你的規則，那麼他應該是較爲有知識的。如果一切知識眞在於人心對觀念間的契合或相違所發生的一種認知，則一個狂熱者的幻想，和一個清醒者的推論，會成了一樣確定的。照這樣，則不論事物本身是什麼樣的，一個人只要能知覺自己想像間的契合，並且能首尾一貫地談話，那就是眞理、那就是確實性了。照這樣，則空中的樓閣和歐幾里得的解證，就都一樣成爲眞理的堡壘了。照這樣，則我們說哈耳庇厄（harpy，身首如婦女、爪翼如鳥的一種怪物）不是馬面，也正如說方形不是圓一樣，都成爲確定的眞理和知識了。

「但是一個人如果意在追求事物的實相，則他對於自己想像所有的這種精微知識究竟有什麼功用呢？人們的幻想不論如何是無關重要的，只有人類對事物所有的知識才是應當珍視的。只有這個知識才能使我們的推論有了價值，才能使這一個人的知識優越於那一個人的知識。所謂知識只是描寫事物的眞相的，並非寫照人的夢昧和想像的。」

2 **答覆，各種觀念如果與事物相互契合，則知識不會成了單純幻想**　對於這個問題我可以答覆說，我們關於觀念的知識如果只限於觀念，而不能更進一步（實則我們的知識此外還別有所指），則我們最重要的思想也和瘋子的幻想一樣沒有功用，而且在這些思想上所建立的各種眞理也是很輕浮的，只如一個人在夢中明白觀察到各種事物，因而就自信不疑地敘述出它們來似的。不過在未完結這個題目之前，我希望人們了解，藉我們對於觀念方面的知識，而達到的這種確信稍微超出想像以外，而且我相信，人們或許會看到，一個人對一切概括眞理所有的確信也正在此。

3 顯然，人心並不直接認識各種事物，它必然要以它對它們所有的觀念爲媒介，才能知道它們。因此，我們的知識之所以爲眞，只是因爲在我們觀念和事物的實相之間有一種契合。

不過在這裡，我們拿什麼作爲標準呢？人心既然除了自己的觀念以外再不認知別的，那麼它怎麼能知道它們是和事物本身相符合的呢？這裡雖然有這一層困難，可是我相信，有兩種觀念確是與事物相契合的。

4 **第一點，一切簡單觀念都是與事物契合的**　第一點，簡單觀念都是與事物相契合的，因爲它們既是人心完全不能自己創造的（如前所說），則它們一定是各種事物由自然途徑在人心上產生作用之後的結果，而且各種事物之所以能產生那些知覺，只是因爲造物者憑其聰明和意志，把它們造得特別宜於產生那些知覺。由此我們就可以看到，簡單觀念都不是自己想像的虛構，都是外界的事物在我們身上發揮了實在作用以後自然地、有規則地所產生的。因此，它們都能照上帝的意旨和人類的需要而與事物互相契合；因爲那些觀念都在它們所適於產生的那些特殊的現象下給我們表象出各種事物，使我們能夠依據那些現象來區分各個特殊實體的種類，來觀察它們所處的情況、來使它們供我們的需要，並且使它們供自己的應用。因此，人心中白的觀念（或甜的觀念）便和任何物體中能產生它的那種能力相稱合，便和外界的事物有了應有的實在的契合關係。在我們的簡單觀念和事物的存在之間，所有的這層契合這就足以成爲實在知識的基礎。

5 **第二點，除了實體觀念，一切複雜觀念都和事物互相契合** 第二點，除了實體觀念以外，我們的一切複雜觀念都是人心自己所造的原型，它們並不被認爲是任何事物的摹本，也不以任何事物的存在爲原本，而與之參照，因此，它們便不缺乏實在知識所需要的任何一種契合關係。因爲任何觀念如果原來就不表象任何事物，而只表象其自身，則它便不會有錯誤的表象，它也不會因爲與任何事物不相似致我們陷於錯誤，而不能有眞正的了解。除了實體的觀念之外，我們的一切複雜觀念都是如此的；因爲那些觀念，如我在別處所說，是人心自由所形成的一些觀念的集合體，而且在形成時，人心也不曾考察它們在自然中的聯繫。因此，在這方面，觀念本身都是原型，而且各種事物必須與它們相合，因此，我們能夠確實無誤地斷言，我們在這些觀念方面所得到的知識，都是實在的，都可以達於事物本身。因爲在我們這一類的思想中、推論中和談話中，我們只希望各種事物與我們的觀念相契合，再不希望別的。因此，在這方面，我們便不能失掉一種確定無誤的實在。

6 **因此，數學的知識是實在的** 我相信人人容易承認，我們在數學的眞理方面所有的知識，不但是確定的，而且是實在的。不過這些知識雖不是人腦中空虛不實而無意義的空想幻覺，卻是我們在考察之下就可以看到，這種知識只是有關於我們的觀念的。數學家考察一個三角形或環形的眞實和性質，只是就它們是自己心中觀念的範圍內來考察的。因爲他或者在其一生中，可能不曾看到它們的存在拿數學上的即精確的眞實性。但是在環或任何數學的形象方面，他對於任何眞理或數學所有的知識，即應用到實在存在的事物上也是眞正的、確定的，因爲在那些命題中，我們之考察實在的事物，只是把它們當做是和人心中那些原型相契合的。

如果在三角形的觀念方面，三角眞是等於兩直角，則在任何地方實在存在著的三角形方面，這個命題也是眞實的。至於別的存在著的形象，凡不與人心中那個三角形的觀念精確地相稱合的，都完全不包括於那個命題中。因此，他就確實知道，他對於那些觀念所有的一切知識都是實在的知識；因爲他既然只把那些事物當做是與他那些觀念相契合的，因此，他就可以自信，他在那些形象方面所有的知識，不論在心中或在物質中都是一樣眞實的；因爲那些形象雖然在心中只有觀念性的存在，在物中卻又有實在的存在，可是我們所考察的只是那些形象自身，而那些形象自身不論如何存在或何處存在，都是一樣的。

7　**道德的知識也是實在的**　因此，道德的知識和數學是一樣可以有實在的準確性的。因爲所謂確定的知識既是人心對自己觀念的契合或相違而有的一種認知，而且所謂解證也是人心經過別的觀念的媒介對那種契合所發生的一種認知，而且道德的觀念和數學的觀念本身都一樣是原型，一樣是貼切的完全的觀念，因此，我們在道德觀念方面所見的契合或相違，一定可以產生出實在的知識，正如我們在數學的形象方面一樣。

8　**道德的知識並不需要眞正的存在，就能成爲實在的**　要達到知識和確實性，我們必須要有確定的觀念，而且我們的知識要達到實在的程度。我們也必須先使我們的觀念契合於它們的原型。不過我雖然認爲知識的確實性只在於我們對觀念的思考，而不甚注意到事物的實在存在，可是人們並不必訝異這一層。因爲人們雖然自命爲專心探求眞理和確性，可是在他們的大部分思想中和辯論中、在他們的概括的命題和想法中，眞正的存在是完全無蹤影的。就如在數學方面，雖有所謂將圓作方法和圓錐曲線法或其他部分，可是數學家在這方面所有的一切推論，並不與那些形象的實在存在相關，不論世界上有無圓形或方形存在，他們的解證都是不變的，因爲那些解證只是依靠於他們的觀念的。同樣，道德推論中的眞理和確實性，是可以脫離人生和我們所討論的那些德性的實在存在的。縱然沒有人精確地實行西塞羅（Cicero）的規則，縱然沒有人能照他所說的那個模範的有德之人來生活，而且他所寫的那個模範縱然只在他的觀念中存在著，而不在別處存在著，可是他的《論責任》（*De officiis*）中所說的種種職責並不因此成了不眞實的。在思維方面，就是在觀念方面，「謀害」如果應當受死刑，則實際上如果有任何行動和那個謀害的觀念相契，那種行動也是應該受刑的。至於別的行動，則那個命題的眞理與它們無關。任何事物，如果其本質只在於人心中的觀念，則也都有同樣情形。

9 **道德的觀念雖是由我們所造成、所命名的，可是它們並不因此減少其真實性或確實性**　人們在這裡或許會說：「道德的知識如果在於我們對於道德觀念的思考，而且那些觀念又和別的情狀一樣，也是我們自己所形成的，那麼我們對於「正義」和「節制」將會發生什麼奇異的想法呢？人人如果可以任意來形成罪和德的觀念，那麼罪和德將會陷於怎樣紛亂的地步呢？」不過事物本身和我們關於它們的推論並不會因此陷於紛亂，因爲在數學方面，一個人縱然說三角形有四角、梯形（trapezium）有四個直角，再說得明白一些，就是說，他縱然把形象的名稱掉換了，縱然他給予某個形象的名稱，不是數學家一般所給予的，那也並不足以攪亂解證，變化各種形象的性質及其相互的關係。因爲一個人縱然把含有直角的三角形觀念叫做等邊三角形、或梯形、或其他名稱，而那個觀念的性質和解證一定仍是一樣，仍是與他稱它爲直角三角形時一樣。我承認，我們如果因爲語言的誤用，把物名改變了，則他人如果不知曉那個名稱所表示的觀念，則他在一聽之下，一定會感到糊塗；不過我們把那個形象畫出來，則結論和解證是顯然而分明的。在道德的知識方面也正有相同的情形。一個人如果不經他人的同意，而把他人由誠實的勞苦所獲得的東西拿走，則這個行動的觀念並不能叫做正義。不過縱然你叫它爲正義，那也無妨。

因爲一個人在這裡在只聽到名稱而不知其觀念時，雖然會發生錯誤，把自己的另一個觀念附加在那個名稱上，但是你如果把你自己那個觀念的名稱去掉，而只觀察你自己心中那個觀念，則仍會有相同的事物與那個觀念相契合，正如你叫它爲不義似的。眞的，在道德的推論中，錯誤的名稱比較易於發生紛亂，因爲它們並不如在數學方面那樣易於改正；因爲在數學方面，一把形象畫出後，人就可以看得到，因此，名稱就無大功用、無大力量。因爲所表示的事物如果是當下看到的，則我們又在乎標記呢？不過在道德的名稱方面，改正卻是不容易的，因爲那些情狀的複雜觀念中含著許多混合的成分。雖然如此，可是我們如果能謹愼地固守同一的精確的觀念，並且能逐漸追尋其相互的關係，而不爲其名稱所誤導，則我們雖反著文字的普通意義，而誤稱那些觀念，而我們依然可以對它們的契合或相違，產生了確實的、解證的知識。我們只要能把所考察的觀念，和表示它的那個標記分開，則不論我們應用什麼聲音，我們的知識都一樣可以達到實在的眞理和確實性。

10 **名稱的錯誤並不足以攪動知識的確實性**　此外我們還要注意一件事，就是，上帝或別的立法者如果定義了任何道德的名稱，他們就把那個名稱所表示的事類的本質形成了。在這種情形下，我們如果使用它們不得當，那是不妥當的。不過在別的情形下，我們如果把它們用得反乎那個國家的普通用法，則那只不過是語言的濫用罷了。不過就這樣也並不足以干擾知識的確性，因爲我們只要能適當地思維和比較那些有別稱的觀念，則我們仍然可以得到知識的確實性。

11 **實體的觀念有外界的原型** 第三，此外還有另一種複雜觀念是以外界的原型爲參照的，因此，它們會與原型有所出入，而且我們關於它們所有的知識也會有欠實在。我們的實體觀念就是這樣的。它們既是由簡單觀念集合成的，而且那些簡單觀念又是由自然的產起來的，因此，它們可以與自然的事物有所出入，因爲它們所結合的各個觀念或許可以多於自然事物的觀念，或許可以異於自然事物本身所結合的觀念。因爲這種緣故，它們往往和事物本身不相契合。

12 **在它們和事物本身相契的範圍以內來說，我們關於它們的知識是實在的** 在各種情狀方面，各種觀念以前縱然不存在過，可是它們只要不互相矛盾，我們就可以把它們聯繫在一起，就如瀆褻和僞誓這兩個觀念，不論在這些事實存在以前或以後，都一樣是實在的、眞正的觀念。不過我們在實體的觀念方面，要想有實在的知識，則必須使它們與事物本身相契合，因此，我們如果只把不相矛盾的各個觀念聯繫起來，那還不夠。因爲我們的實體觀念既是假設的摹本，而且是和外界的原型相參照的，因此，它們必須取之於現存或已存的一些事物，它們所含的各個觀念一定不能是人心離了外界的模型任意所聯繫的——縱然在這種組合中，我們看不到什麼矛盾。因爲我們既然不知道有什麼實在的組織，寄寓於各個簡單觀念所依託的那些實體中，而且不知道有什麼實在的組織可以使某些特殊的觀念具有特殊的聯繫，而排斥其他一切觀念，因此，我們只能在經驗和可感的觀察以內，知道某些事物在自然中是矛盾的或相符的，而且所知的範圍是極其狹窄的。一切複雜的實體觀念必須是在自然中共存的（我們所見的範圍以內）一些簡單觀念形成的，然後我們對於各種實體的知識才能達到實在的程度。這些觀念雖非很精確的摹本，卻是眞正的摹本，因此，它們可以成爲實在知識（如果有的話）的成分。這種知識如前所說，範圍並不很大，不過在它所能涉及的範圍內來說，它們是實在的知識。不論我們有什麼觀念，我們只要能觀察到它們和別的觀念的契合，那就成爲知識。那些觀念如果是抽象的，那種知識就成了概括的知識。不過要使它在實體方面成爲實在的，則那些觀念必須取之於實際存在的事物才行。各種簡單觀念只要共存於任何實體中，我們就可以確然把它們重新聯繫起來，組成抽象的實體觀念。因爲不論什麼觀念，只要在自然中有聯繫，就可以重新聯繫起來。

13　**在我們考察各種實體時，我們必須考察觀念自身，不要把我們的思想限於各種名稱或限於名稱所標記出的各個物種**　我們如果適當地考究這一層，而不把自己的思想和抽象的觀念限於各種名稱，而不認爲各種事物就限於或只能限於已知名稱所決定的那些種類，則我們思考其各種事物來或許比現在更爲自由、更少紛亂（可是現在的人們不是這樣的）。因此，我如果說，有些活了四十多歲住在一塊而毫無理性的怪胎，是介乎人和獸之間的一種東西，則他們縱然不認爲我的話是惑人的僞說，也會認爲是大膽的怪論。他們之所以有這種成見，原因無它，只是因爲它們虛妄地假設，「人」和「獸」這兩個名稱代表著兩種具有實在本質的各別物種，而且其中間並不能有別的物種。但是我們如果拋開各種名稱、拋開那種假設，不以爲那些物種的本質是爲自然所形成的、不以爲一切同名的事物都精確地平等地分具那種本質；我們如果不想像各種本質有固定數目，並且不以爲一切事物都在其中範鑄了、形成了，如在模型中似的；則我們會看到，在無理性的人方面，我們對其形象、運動和生命所有的觀念，是一個獨立的觀念、是一個獨立的物種、是與人和獸有別的；這個正如我們對於一個有理性的驢的形象所有的觀念，是異乎人或獸的觀念，是在人和獸間另成一個動物種似的。

14　**有人反對說，怪胎不是人和獸之間的一種東西。現在要答覆這一點**　在這裡，人人都會問：

「如果你說怪胎是在人和獸之間的一種東西，那麼它們到底是什麼呢？」我可以答覆說，它們是「怪胎」。因爲怪胎這個詞正可以表示異乎人或獸的意義的一種東西，正如人和獸這兩個名稱可以有各別的意義一樣。人們如果能好好考究這一層，則他們可以解決了這個問題，而且可以不經困難指示出我的意思來。不過任何時候只要有人冒險來違反常人的說法，則那些人們的熱忱會使他們顧慮到結局上，並且使他們認宗教爲受了威嚇。這些人們我是很慣熟的，因此，我很知道，他們會以何種罪名加於這個命題上。他們會立刻問你：「如果怪胎是在人和獸之間的一種東西，那麼它們在來生時成了什麼東西呢？」不過要答覆這個問題，則我第一點可以說，這一層並不是我所要知道的、要考察的。它們的禍福，只讓它們的造物主來支配好了。我們不論如何決定它們，它們的狀況也不會因此更好或更壞。它們處在無私的造物主和仁慈的天父手裡的，而且天父也不按照我們這窄狹思想的意見來處理它的造物，也不依我們所造的名稱和物種來區分它們。說到我們自身，既然對於現世還不能知道什麼，則我認爲，最好我們不要太於專斷、不要預先擬就各種生物去世後在來世所處的各種地位。不論如何，凡能受教育、能談論、能推理的生物，上帝都已經使它們知道，將來它們要按照自己在此世所做的受報應。我們只知道這一層，那就夠了。

15 **第二點，我還可以答覆說，這些人們之所以要問**「那麼你不承認怪胎有來世嗎？」這個問題：乃是根據於兩個假設，而這兩個假設卻都是虛妄的。第一個假設是：凡具有人之外形的一切生物，在死後上帝必然要爲它們預備一個永久的來世。第二個假設是：凡由人所生的，都是如此的。但是如果你把這些想像拋開，則這些問題會成了無根據的、可笑的。有的人們既然主張，在他們和怪胎中間只有一種偶然的差異，而兩者的本質仍是完全一樣的，因此，我就希望他們考察考察，自己是否是能想像，只有身體的外形可以得到永生？我認爲一提這回事，他就會否認這一層。人們不論如何沉掉在物質中，可是我還不曾聽說，有人認爲粗疏可感的外界部分的形象會有如此美好的性質，我們還不曾聽說，有人會肯定它應當有永生，或必然有永生。我還不曾聽說，任何物質團，只因其曾仿於某些的形象，只因其各明顯部分有特殊的結構，就必然會在此世解體以後，將來仍復返於有意識、有知覺、有知識的永生狀態。這種意見既然認某種外形會有永生，因此，它就不承認有靈魂或精神了。人們一向之所以認爲有些有形的物體有永生，有些沒有，只是著眼在靈魂上。（我們如果反對這個意見），則我們便看事物的外表重於內容，便把人的美點置於他身體的外面形象，而不置於它靈魂的內在妙聽了。這樣就無異於把人所特有（別的物質的事物所無）的偉大而無價的永生利益，歸之於他的鬍鬚的形式和衣服的樣子。因爲我們身體的外形並不能使我們希望到永生，正如衣服的樣式不能使人得到合理的根據，來想像它會永久不磨，會使自己永久存在一樣。人們或者會說並沒有人以爲事物的外形可以使事物永生，人只是以爲形象是內面有理性的靈魂的標記，而靈魂卻是永生的。不過我眞不解，誰把那種形象做成靈魂的標記？只這樣說，並不能使它成了那種標記。我們非有一些證明，不能使任何人相信這一層。我所知的任何形象，還不曾這樣說過。怪胎在其一生中，其各種行動並不曾表現它們有任何理性，它們甚至還不及許多動物，因此，我們如果只因爲它們有理性動物的外形，就說它們有理性的靈魂，那正無異於說，一個人的屍體，雖然與塑像一樣無動作、無生命，可是它既有人的形象，就有活著的靈魂似的。

16 **妖怪** 你或者又會說：「它是有理性的父母的後裔，因此，它一定有一個有理性的靈魂。」不過我眞不知道，你憑什麼邏輯得到這個結論。我相信，這個結論是無人可以承認的。因爲他們如果眞要承認這個結論，則他們絕不敢到處把形象不完全的產兒毀壞了。不過他們會說：「呀！這是些妖怪」，那麼讓他們是妖怪好了；不過你那個說憨話、無理性，難駕馭的怪胎是什麼樣的呢？身體上有了缺陷，尚能使一個東西成了妖怪，那麼心理上有了缺陷反而不能夠嗎？（心理還是較高貴、較重要的部分。）人在缺了鼻子或頸項時，就是一個妖怪，就可以不是人類；那麼他在缺了理性和理解時，反而不致於如此嗎？這樣就又回到我們剛才摧陷的那個主張去了，這樣就又著重在形象上，並且以人的外表來度量人了。我們只要追尋人們的思想和行爲就可以看到，人們在這方面，普通的推理方法，都著重在形象上，並且把人的全部本質歸在外面的形象上，雖然這是無理性的，雖然他們不承認這一層。你說，形象完美的怪胎是一個人，而且具有一個有理性的靈魂（雖然外表面上沒有），而且你說：「這是毫無疑義的」。不過他的耳朵稍微比平常長一點、尖一點，而且他的鼻子稍微平一點，則你會開始躊躇。他的面孔如果再長一點、狹一點、扁一點，則你會不知如何決定。如果他更像一個獸類，而且他的頭又完全是一個獸類，則你立刻又會認爲他是一個妖怪。於是你又可以解證說，他沒有有理性的靈魂，一定要毀滅了他才是。不過我可以問，我們究竟有什麼適當的度量，來衡量形象的極限，而認爲它具有有理性的靈魂呢？因爲所產的胎兒，既然有半人半獸的；而且有三分獸一分人的、或一分獸三分人的，因此，它們在各種花樣中，有的近於此種形象，有的近於彼種形象，而且它們的各種混合程度，有時可近於人，有時可近於獸。既然如此，那我就可以問，按照這種假設，究竟何種外形是能和有理性的靈魂聯合在一塊的，何種外形是不能的？哪一種外形能標記其中有無這樣一個居者呢？因爲若不先決定這一層，則我們談起「人」，是毫無根據的。而且我相信，只要我們儘管無端依靠一些聲音，並且想像自然中有確定不移而卻爲自己所不知道的物種界限。則我們談起「人」，都永久是無根據的。不過我希望人們知道，那般人們雖然說，形象不完全的胎兒是妖怪，並且以爲自己因此就把困難解答了，可是他們卻因此又陷於他們所反對的那層錯誤，因爲他們已經在人和獸之間，組成了另一個物種。因爲妖怪一詞如果有任何意義，則那不是說，那種東西既非人又非獸，而是具有兩者形象的一種東西嗎？不過說到前面所說的怪胎也正是這樣的。由此看來，我們如果想正確研求事物的本性，而且在考察它們時，要依據於我們官能在它們中所發現的實在性質，而不依據於我們對它們所發生的空想：則我們必須把人們對於物種和本質所有的通俗意見拋棄掉才行。

17　**文字和物種**　我之所以提到這一層，乃是因爲我認爲，我們萬不能十分謹愼，使各種文字和物種，在其普通的意義下，不欺騙了我們。因爲我常想，在這裡正有一層大障礙，使我們不能達到清晰明白的知識；而且這種情形在各種實體方面更是如此的。在眞理和確實性方面，大部分的困難都是由此產生的。我們如果習慣把思想和推論從文字分開，則我們或許會把自己思想中這層不利大部分消除了。但是我們如不改善意見，如果仍以爲物種和其本質，不是具有名稱的抽象觀念，則我們在與他人談論時，總不免使自己有所迷惑。

18　**概括前義**　只要我們能看到我們觀念間的契合或相違，我們就有確定的知識；只要我們能確知，那些觀念和事物的眞相相符合，我們就有確定的、實在的知識。我既然指示出，我們觀念和事物實相的契合有什麼標記，因此，我認爲我已經指示出，那種確實性在於何處？那種實在的確實性在於何處？不論別人看這一層是什麼樣的，在我總覺得這正是我們所極其缺乏的必需品之一。

第五章 眞理通論

1 **眞理是什麼** 「什麼是眞理？」乃是多少世紀以來的一個問題。它既是全人類所實在追求或冒充追求的，因此，我們很該細心考察它是由何成立的；並且應該極其熟悉它的本性，以便觀察人心如何把它和虛妄分別開。

2 **眞理就是各種標記（就是觀念或文字）的正確分合** 在我看來，所謂眞理，顧名思義，不是別的，只是按照實在事物的契合與否，而進行的各種標記的分合。在這裡所謂各種標記的分合，也就是我們以另一名稱稱之爲命題的。因此，眞理原是屬於命題的。命題分爲兩種，一種是心理的，一種是口頭的。這種區分是按普通常用的兩種標記——觀念與文字——分的。

3 **什麼能構成心理的或口頭的命題** 要想對於眞理形成一個明白的想法，則我們必須各別地考察思想方面的眞理和文字方面的眞理。不過要把它們分別加以論究，那確是很難的。因爲即在處理心理的命題時，我們總不得不用文字。

因此，我們在心理的命題方面所舉的例證，立刻會失掉其單純的心理性，而成了口頭的。因爲心理的命題，既只是單獨考察心中那些無名稱的觀念，因此，它們一表示於文字中，立刻就失去純粹心理命題的本性。

4　**心理的命題是最不易處理的**　我們之所以不易分別考察心理的命題和口頭的命題，尤其是因爲大多數人（縱然不是所有人）在自己推論和思想時，往往只用文字而不用觀念；至少在他們的思維題目含有複雜觀念時是這樣的。這就足以證明，我們的複雜觀念是不完全、不確定的，而且我們如果能注意這一層，還可以看到，哪些事物是我們所能明白地、清晰地觀念到的，哪一些是不能的。因爲我們仔細考察人心在思想和推論中所由的途徑就可以看到，如果在心中，對於白或黑甜或苦、三角形或環形方面形成一些命題，則我們能夠，而且也就常常構成那些觀念自身，而並不反省它們的名稱。但是我們如果考察人、硫酸、堅忍、光榮等較爲複雜觀念，或者對它們形成一些命題，則我們往往要用名稱來代替觀念。因爲這些名稱所表示的各種觀念大部分既是不完全的、紛亂的、不確定的，因此，我們就一直反省到那些名稱自身，因爲它們比純粹觀念更爲明白、更爲確定、更爲清晰、更容易出現於思想中。因此，我們即在自己思想和推論時，即在擬構默然的心理命題時，我們也常用這些文字來代替觀念自身。在實體方面，這種情形是由觀念的缺點所引起的，因爲我們只用文字來表示實在的本質，而對於那種本質我們卻完全沒有任何觀念。在各種情狀方面，這種情形之所以發生——乃是因爲形成情狀的那些簡單觀念太於繁雜的緣故。因爲這些觀念既然多半是複雜的，因此，那些名稱便比那些複雜觀念自身較爲容易顯現，因爲這些觀念需要時間和注意，才能爲人心所記憶、所精確地表象出來，而且人們先前縱然曾經費心把它們記憶過、表象過，而他們後來在記憶它們時，仍不得不費一些時間和注意。因此，人們如果只在記憶中貯存大部分一般的文字，同時在畢生中又不肯費心來考察那些名稱所表示的精確觀念，則他們便根本不能精確地記憶並表象那些觀念。他們所有的只是一些紛亂而含糊的想法，而且他們雖然常談宗教和良心、教會和信仰、權力和權利、障礙和迎合、憂鬱和發怒，可是你如果讓他們思維那些事物自身，而拋棄了他們所用以混淆他人（甚或自己）的那些文字，則他們的思想和思維中或者全無所有。

5 **真理只是拋開文字以後，各觀念自身的分合** 不過我們可再返回來重新考察眞理。我們必須觀察我們所能構成的兩種命題。

第一是心理的命題，在這方面，人心由於知覺到或判斷出幾個觀念的契合或相違，因而能拋開文字，把理解中的觀念加以分合。

第二就是口頭的命題，這些命題就是文字（觀念的標記）的分合。這種分合表現而爲肯定的或否定的句子。藉著這些肯定的或否定的方法，由聲音所做成的這些標記，便互相有了分合。因此，命題之成立，是成立於標記的或分或合，而眞理之成立，則是在於這些標記之分合合於事物本身之契合或相違。

6 **什麼時候，心理的命題含著實在的眞理；什麼時候，口頭的命題含著實在的眞理** 人人都可以憑其經驗知道，人心在知覺或假設觀念間的契合和相違時，它一定要默然地在自身以內把它們組成肯定的或否定的命題；這就是我所謂分或合。不過這種心理作用，既是一切有思想，有理性的人所熟悉的，因此，我們若想要想像它，應該反省自己在肯定或否定時自身所有的內在經驗，不能只憑文字來解釋。一個人心中如果有了兩條線的觀念，一條是方形的邊線，一條是它的對角線，而且那個對角線如果是一吋長，那他就可以知道，那條對角線是否可以分成一些相等的部分，例如分爲五、十、百、千以及任何數目；而且他可以知道，那條線所分成的各相等部分，其中是否有一些部分之和恰等於那條邊線。任何時候，他只要知覺、相信或假設，那種分割的觀念和那條線的觀念契合或相違，他就分了或合了那條線的觀念和那種分割的觀念。這樣他就形成了一種心理的命題，而且這個命題的眞僞也就看那條線是否可以分成那些相等的部分而定。各種觀念在心中的分合，如果正與它們（或它們所表示的事物）的契合與相違相應，我就可以稱它們爲心理的眞理。不過文字的眞理卻比此多著一層；這就是說，各種文字的互相肯定和否定必須與它們所表示的觀念之契合與相違相應才行。所謂文字的眞理又分爲兩層，它或者是純粹口頭的、瑣碎的；或者是實在的、能啓發人的；前一種我將在第十章論究，後一種是實在知識的對象，這是我們已經論究過的。

7 **有人反對口頭的真理說，這樣它就會成了幻想的**　不過人們在這裡卻可以懷疑眞理，一如其以前懷疑知識的樣子；他們或者會反對說，眞理如果只是各種文字按照人心中各種觀念的契合與否而表示於命題中的或分或合，那麼我們對於眞理所有的知識，便不是十分有價值的東西也不値得人們費辛苦和時間來追尋它，因爲照這樣說，那麼眞理不過只是各種文字契合於人腦中的幻想罷了。誰不知道，許多人的腦中充滿了特別奇特的想法，而且所有人的心中會有怪異的觀念呢？但是我們如果相信這種說法，則我們雖有這種規則，也不知道眞理，只知道自己想像中的虛幻的世界。照這樣，則我們所有的眞理，在哈佩和馬面方面，也和在人和馬方面一樣。因爲這些也都會成了我們腦中的觀念，也會有契合或相違，正與實在事物的觀念是一樣的。既然如此，則我們對它們也一樣可以形成各種命題。照這樣，則我們不但可以說「一切人是動物」，而且也一樣可以說「一切馬面是動物」；而且兩個命題都是一樣眞實、一樣確定的。因爲在兩個命題中，那些文字都是按照心中觀念的契合配列在一塊的。

人心不但清晰地看到動物的觀念和人的觀念相契合，而且也清晰地看到動物的觀念和馬面的觀念相契合，因此，這兩個命題是一樣眞實、一樣確定的。不過這類的眞理，對我們有什麼功用呢？

8 **答覆。實在的真理中所含的觀念必須與事物相契合**　在前一章中，我們已經說過，實在的和想像的知識如何可以區分：而且前面所說的話，在這裡也就足以答覆現在這種疑惑、也就足以區分實在的和幻想的（或純名義的）眞理，因爲它們都是立於同一基礎上的。不過我們除此以外，還應該知道，我們的文字雖然只表示觀念，但是我們既然要用文字來表示事物，因此，文字所表示的人心中的觀念如果不與事物的實在性相契合，則文字雖形成了命題，而其所包含的眞理，仍只是口頭的。因此，眞理和知識一樣，也可以有口頭的和實在的區分。我們如果只知道各種名詞所表示的觀念是契合的或相違的，而卻不管那些觀念在自然中是否有實在的存在，則由這些名詞所組成的眞理，只是口頭的眞理。如果我們的觀念是相契合的，而且它們在自然中又有實在的存在，則由這些標記所組成的眞理是實在的眞理。不過在各種實體方面，我們之所以能夠知道各種觀念在自然中是否有存在，只是由於我們知道那些已存在的實體。

9　**所謂虛妄就是：名稱的聯合異乎其所表示的觀念的聯合**　所謂眞理就是文字的契合或相違，同觀念的契合或相違相應；所謂虛妄就是文字的契合或相違和觀念的契合和相違不相應。各種聲音所表示的這些觀念只要能與它們的原型相契，眞理就成了實在的。我們對於這種眞理所以有知識，就是因爲我們知道這些文字表示著什麼觀念，就是因爲我們按照文字所表示的樣子，知覺到那些觀念的契合或相違。

10　**概括的命題應該較詳細地論說一番**　不過人們既然認爲文字是眞理和知識的最大管道，而且在傳達、接受和研究眞理時，我們常要應用文字和命題，因此，我將要詳細研究，表示於命題中的實在眞理的確實性是由何成立的，是在何處可以來得的。此外，我還要努力指明，在哪一類普遍的命題方面，我們可以確知它們的實在眞理和虛妄。

我將首先提出概括的命題，這一類命題最常能運用我們的思想、練習我們的思維。概括的眞理是人心所極願探求的，因爲它們最能擴大我們的知識。因爲它們的概括性既然能使我們同時知道許多特殊的事情，因此，它們就能擴大我們的視線、縮短我們的知識途徑。

11 **概然的和形上學的真理** 除了上述那種意義嚴格的眞理之外，此外還有別的一些眞理；就如概然的眞理和形上學的眞理便是。㈠所謂概然的眞理，只是按照人心的信仰來談論事物，雖然我們的命題未必與事物的實相契合。㈡所謂形上學的眞理，只是說各種事物的實在存在是與我們所命名過的那些觀念相契合的。這個眞理雖然似乎成立於事物的本身存在，可是我們稍一仔細考察之後，就會知道，它似乎含著一個默然的命題，而人心就藉這個命題，把那個特殊的事物附加於它所命名過的那個確定的觀念上。不過眞理的這些方面，或是我們所已經論說過的，或是與我們當下的題旨不甚相干的，因此，我們在這裡略提它們就足夠了。

第六章　普遍的命題及其眞理和確實性

1 **要研究知識必須研究文字**　要想得到明白而清晰的知識，最好的、最妥當的方法，本來應該是撇開它們的名稱，只考察和判斷觀念自身，但是世人既普遍地應用文字來表示觀念，因此，我認爲這種做法是不常爲人所實行的。人人都可以看到，一般人們即使在自己心腦中推論和思想時，也要應用文字來代替觀念本身；而且那些觀念如果是複雜的、如果是由許多簡單觀念集合成的，則更有這種現象。因爲這種緣故，文字和命題的考察，就成了認識論中一個必要的部分，因此，我們如不能解釋前者，則講其後者也是不易理解的。

2 **概括的眞理只有在口頭的命題中才可以了解**　我們所有的一切知識不是特殊的就是概括的眞理。不論我們在特殊的眞理方面是什麼樣的，而普遍的眞理（這是人所最願追求的）若不藉文字來想像，若不表示於文字中，則它便不能爲人所知曉、不易爲人所了解。因此，在考察我們的知識時，我們應當考察普遍命題的眞理和確實性。

3 **確實性有兩層，一層屬於眞理、一層屬於知識**　不過名詞的含糊，則更能引起危險，因此，在這種情形下，我們爲避免錯誤起見，應該知道，確實性原有兩層：一層是屬於眞理方面的、一層是屬於知識方面的。各種文字如果在形成命題之後。能精確地、如實地表示出各種觀念的契合或相違，這就叫做眞理方面的確實性。至於我們如果按照命題中所表示的樣子，來認知各種觀念的契合或相違，那就是知識方面的確實性，我們稱爲「認識那個命題的眞理」。

4 **在任何命題中，我們如果不知道所提到的各個物種屬本質，則那個命題不能說是真實的**　我們如果不知道各個名詞所表示的物種有什麼精確的界限和範圍，則我們便不能確知由這些名詞所組成的命題的眞理。因爲這種緣故，我們必須知道每一個物種的本質，因爲本質正是組成物種、規範物種的。在一切簡單觀念和情狀方面，這是容易做到的。因爲在這些方面，實在的和名義的本質既是同一的，因此，概括名詞所代表的那個抽象觀念就是物種的唯一本質和界限。

因此，我們就可以確知各個物種所及的範圍，或各個名詞所包括的事物；而且我們分明知道，只有這些事物和那個名詞所表示的觀念精確地相似，再沒有別的。不過在各種實體方面，能形成、能決定、能規範各個物種的，只有實在的本質，而且那種本質是和名義的本質有別的，因此，在這方面概括名詞的範圍是很不確定的，因爲我們既然不知道這個實在的本質，則我們便不知道，什麼是那個物種、什麼不是那個物種。因此，我們也就不知道，它的確有某種性質、的確無某種性質。就像在說一個人或黃金，或其他任何自然物體時，我們如果以爲那個物種的形成是由於自然有規則地給了那個物種從一種精確的、實在的本質，則我們便不能確知在這個物種方面所形成的肯定命題或否定命題是否是眞的。因爲人或黃金在這種意義下如果是表示實在本質所形成的物種，而不是表示說者心中的複雜觀念，則它所表示的不是我們所能知道的。這些物種的範圍是完全不能知道、不能決定的，因此，我們便不能確說，一切人是有理性的，一切金是黃的。但是人們如果固守名義的本質，以它爲各個物種的界限，而且他們在應用概括的名詞時，也以構成那個抽象觀念的各種特殊的事物爲限，則他們便不致於有錯認各物種範圍的危險，而且也會因此確知任何命題是正確的或非正確的。

我之所以用這種經院派的說法，來解釋各種命題的這種不確定性，並且在解釋時應用了本質和物種等名稱，乃是故意要指示出一般人思想的荒謬和不通，因爲我們確實不應當認爲本質是實在的東西，而非具有名稱的一些抽象觀念。所謂物種只是按照一些抽象的觀念，把各種事物分類，並且以概括的名詞表示它們，因此，我們如果假設物種不是這樣的，我們就把眞理打亂了，並且導致關於這些物種所形成的一切概括的命題不確定。不過各種事物，在未受經院學問的薰陶的人手裡，雖然可以得到較適當、較明白的研究，可是在歐陸上這種學問既然風行已久，而且許多人們在受了這種學問的習染以後，心中又發生了牢不可破的錯誤的「本質想法」或「物種想法」，因此，我們必須把這些想法找尋出來，剷除淨盡，使人們得以運用那些能表示確實性的文字。

5 **在實體方面特別有這種情形** 各種實體的名稱所表示的物種，我們如果以爲是由我們所不知道的實在本質所組成的，則那些名稱並不能傳達確實性於理解中；而且由這些名詞所組成的概括的名詞，我們也不能確知其眞理。這個理由是很明顯的。因爲我們如果不知道哪個是黃金，哪個不是黃金，則我們怎麼能確知哪種性質是在黃金中的呢？因爲按照這個說法，所謂黃金只是具有這個本質的一種東西，可是我們既然不知道這種本質，因此，我們也就不知道，它是在那裡或不在那裡；因此也就不能確知世界上哪一種物體是契合於這種意義下的黃金。因爲我們根本就不知道它是否具有黃金所以成爲黃金所依的那種東西，是否具有我們所觀念不到的黃金的實在本質。這種情形正如一個盲人無法說出三色堇的顏色是否在那種花裡一樣，因爲他根本就不知道三色堇是什麼顏色。而且假如我們能夠（這是不可能的）確知，哪裡有我們所不知道的那種實在本質，就是說，假如我們能夠知道黃金的實在本質是在某個物體中的，我們也一樣無法確知某個性質眞是屬於黃金的。因爲我們既不知道什麼是實在的本質，則不論那種假設的實在本質能組成什麼物種，我們依然不知道某個性質、某個觀念，是和那種實在的本質，有必然聯繫的。

6 **在實體方面，並沒有什麼普遍命題的真理可以為我們所知道**　在另一方面，我們所用的實體名稱如果只表示人心中的觀念（自然應該如此），它們就可以有明白確定的意義。可是它們仍然不能給我們構成多數我們所能確實信其爲眞的普遍命題。這並不是因爲在於我們用它們時，不確知它們所表示的各種事物，乃是因爲它們所表示的那些複雜觀念只是一些簡單觀念的集合體，而那些簡單觀念只與極少數別的觀念有著明顯的聯繫或矛盾。

7 **因為各種觀念的共存關係是不易知道的**　實體類名稱所表示的複雜觀念都是各種性質的集合體，而那些性質又被人認爲是共存於所謂實體的一種不可知的基礎中的。但是我們如果不知道這些集合體和別的性質間的自然聯繫，則我們便不知道，有什麼別的性質是和這些集合體必然聯繫在一起的。但是在原始性質方面，我們對這種自然聯繫並不能知道什麼，而在一切次等的性質方面，則我們也因爲上述的理由（三章）完全不能發現它們的聯繫。第一，因爲我們不知道各種次等性質所依附的實體的實在組織。第二，我們縱然知道這一層，那也只能供我們的實驗的知識之用，而不能供普通的知識之用；而且它也只有在那個例證中是可以有確實性的。因爲我們的理解不能在任何次等性質和任何原始性質的變狀間，發現可以想像的聯繫。因此，在各種實體方面，很少有概括的命題是具有毫無疑義的確實性的。

8 **以金為例**　「所有黃金都是固定的」這個命題，雖是爲世人所普遍信仰的，可是它所含的眞理是我們所永不能確知的。因爲任何人如果按照經院派無用的想像，來假設黃金一詞表示著眞正的物種，而且假定那個物種是自然用實在的本質所確立的：則他便不知道哪一些特殊的實體是屬於那個物種的：因此，他也不能確實地概括地斷言，黃金有某種性質。但是他用黃金一詞所表示的物種，如果是決定於名義的本質，而且那個名義的本質，又只是指黃色、可展、可熔而沉重的一種物體的複雜觀念而言，則在這種固有的意義下，我們便不難知道什麼是黃金、什麼不是黃金。但是別的性質如果與那個名義的本質沒有可以發現的聯繫或矛盾，則我們便不能確定地，概括地斷言黃金有那種性質或無那種性質。就如固定性和複雜的金子觀念中的顏色、重量或別的簡單觀念（或全部的集合體），並沒有可以發現的必然的聯繫，因此，我們就不能確實知道「所有黃金都是固定的」這個命題一定是眞的。

9 在固定性與黃金的名義本質中所含的顏色、重量和其他簡單觀念之間，並沒有可以被發現的聯繫：因此，我們縱然進一步認爲複雜的黃金觀念是色黃、可熔、可展、量重而固定的一個物體，而我們對於它在王水中的可溶性，仍是一樣不確定的。理由也正是一樣，因爲我們並不能只憑考察觀念自身，就確實斷言，色黃、量重、可展、可熔而固定的一個物體，可以在王水中溶化，或不可以在王水中溶化。至於別的性質也是一樣。在黃金的任何性質方面，我很希望找到所有人所能確信其爲眞的一個概括的肯定（不過這是不可能的）。人們無疑地會立刻反對說：「所有黃金都是可展的」，這個命題不是普遍而確定的嗎？我可以答覆說：「如果可展性是黃金一詞所表示的複雜觀念中的一部分，則這是一個很確定的命題」。不過在這裡，我們並不曾肯定黃金有任何性質，我們只不過是說，在那個聲音所表示的觀念中，可展性也包括進去罷了。因此，這個眞理就如同說所有馬面是四足的一樣。但是可展性如果不形成黃金一詞所表示的物種的本質中的一部分，則「所有黃金都是可展的」這個命題，並不是很確定的。因爲複雜的黃金觀念不論是由它的其他任何性質所組成的，而可展性總不是依靠著它的，而且也不能由那個觀念中所含的任何簡單觀念推論出來。可展性之所以和那些別的性質有了聯繫，只是因爲有不可覺察的各部分的實在組織爲之媒介，但是我們既然不知道這種組織，因此，我們就不能窺見那種聯繫，因爲我們並不能發現能聯繫它們的任何東西。

10 **這種共存關係有多大範圍，則普遍的命題有多大確實性。不過這種範圍究竟是很小的，因為**在一個名稱所表示的複雜觀念中，我們所聯合的共存的性質爲數愈多，則我們愈能使那個文字的意義精確。不過說到未曾包含於這個複雜觀念中的那些別的性質，則那個文字的確實性並不能擴充及於它們，因爲我們並不知道它們的相互聯繫或關係，因爲我們既不知道它們所依託的那種實在組織，也不知道它們是如何由它流出的。因爲在實體方面（不如在別的方面），我們知識的主要部分並不只在於兩個獨立觀念的關係。我們在這方面所要知道的，乃是同一實體中各種觀念間的必然聯繫和共存關係，或它們的不共存性。我們如果能從另一端起首，並且能發現那種顏色由何成立，什麼東西能使一個物體較輕或較重，各個部分有什麼組織能使它可展、可熔、固定、可溶於此種水中而不溶於彼種水中；我們如果能有這樣的物體觀念，並且能看到，一切可感的性質原始都由何成立、如何產生：我們就可以對它們形成適當的抽象觀念，使我們在較概括的知識方面，可以得到材料，並且使我們所形成的普遍的命題具有概括的眞理和確實性。不過各種複雜的實體觀念，確實和一切可感性質所依靠的那種內在的實在組織不相干，而且是由感官所能發現的少數明顯性質不完全地集合成的，因此，在各種實體方面，就沒有概括的命題，使我們可以確實相信它們的眞理了：因爲我們無法確知任何觀念間的必然聯繫和共存關係。我想像，在實體的一切第二性質中，和與此相關的能力中，我們並不知道任何兩種性質的必然的共存性或不共存性（只有屬於同一感官的各種性質，我們才能確知其不能共存，因為它們是互相排斥的，如我以前所示）。任何人都不能根據一個物體的顏色就確知它的氣味、滋味、聲音或其他可感的性質，或確知它在別物中所能產生的變化，和它從別物所能接受到的變化。在聲音或滋味方面也都可以如此說。可是表示實體的物種名稱，既然表示著那些觀念的集合體，因此，我們也不必訝異，我們只能用它們做成極少數的實在而確定的概括命題。但是我們對任何複雜的實體觀念中所含的任何簡單觀念，如果能發現它與別的任何觀念間的共存關係，則在這種範圍內，我們可以對那個觀念形成一個確定的普遍的命題。就是說，一個人如果能發現在可展性和黃金的顏色或重量，或那個名稱所表示的複雜觀念的任何部分之間，有一種必然的聯繫：他就可以在這方面對於黃金構成一個確定、普遍的觀念。如果是這樣的，則「所有黃金都是可展的」這個命題的實在眞理，正與「一切直線三角形的三角等於兩直角」的這個命題是一樣確定的。

11 **複雜的實體觀念中所包含的各種性質，多半都依靠於外面的、遼遠的、不可知覺的原因** 我們所有的實體觀念如果能使我們知道，有什麼實在的組織能產生出它們那些可感的性質，並且能使我們知道，那些性質是如何從它們流出的，那麼我們便可以根據心中表示它們的實在本質的物種觀念，更確定地發現它們的特性來，並且發現它們具有什麼性質或不具有什麼性質（這是我們現在其感官不能做到的）；而且要知道黃金的特性，也無需黃金的眞正存在，也無需在黃金上做各種實驗；這個也正與要知道三角形的特性，並不必非有三角形存在於物質中一樣；因為人心中的觀念在兩方面都將可以適用。但是我們遠不知道自然的祕密，因此，我們連它們的門前也走不到。因為我們在考察各種實體時，往往當它們是各個自存的，認為它們的一切性質都是在自身以內存在，而且與別的事物不相干的。我們往往不考察它們周圍那些不可見的流體的各種作用；實則我們在那些實體中所見的各種性質（就是我們區分它們、命名它們時所依的各種內在標記），大部分都是依靠於那些流體的運動和作用的。你如果使一塊金子獨立自存，使它脫離一切物體的範圍和影響，則它會立刻失掉它的一切顏色、重量，或者失掉了可展性；據我估計它也許因此會變成一種完全易脆的東西。又如水，雖從流動性爲其主要的特性，可是你如果使它獨立自存，則它會成了不流動的。無生物的現狀既然依靠於外界別的物體，而且那些周圍的物體在移去以後，又會使它們失去現在的樣子，因此，各種植物一定更是如此的。

因爲它們是不斷地接受營養，而且是不斷地生長、長葉、開花、結果的。我們如果再更詳細觀察動物的狀況，則我們又可以看到，它們的生命、運動和許多重要的性質，都完全依靠於外面的原因和別的物體的性質（這些還都不是它們的部分），而且離了那些外物，它們一時也無法存在，雖然它們所依靠的那些外界的物體不是我們所注意到的，而且也不是我們所構成的那個複雜的動物觀念中的一部分。你如果使大部分的動物與空氣隔開，則它們立刻會失去意識、生命和運動。呼吸的必然性就強使我們認識到這一層。但是那些可羨的機器的機簧還正依靠著許多別的外界的（或者還是很遠的）物體，而且那些物體不但是我們所觀察不到，而且也是所想像不到的，並且也是極嚴格的探求所不能發現的。就如地球上的居民離太陽雖然有多少萬哩之遙，可是它們仍然十分依靠於太陽所放射出的分子的調節適當的運動，因此，這個地球如果稍移其距日的距離，如果與那個熱源離得稍近一點或遠一點，則在其中居住的絕大部分動物十之八九會立刻消滅。因爲我們常見，這個渺小的地球，如果因爲有些部分發生了偶然的變化，以致各種動物所感到的陽光或太過或不及，則各種動物是常要滅亡了的。我們所見的磁石的各種性質也必然是發源於磁石的範圍很遠以外的；而且我們知道，有些不可見的原因可以使各種動物受了損害；據說，有些動物只因爲經過某個地帶就一定要死亡，而且我們確知，有些動物只因爲進入鄰邦就會死亡。這就清楚指示出，有些事物雖然很少被人認爲和這些動物沒有任何關係，可是它們的影響和作用是絕對必要的，有了那些作用，動物才會成爲現在的樣子，才會保存我們分辨它們時所依的那些性質。

因此，我們如果以爲我們在事物中所見的那些性質是在事物本身中存在著的，我們就迷失方向了；而且我們如果在蠅和象的身體中，來找尋它們的性質和能力所依靠的那種組織，也是白費心力的。因爲這種緣故，所以我們要想正確地了解它們，則我們的視線不但要超出這個地球和空氣，而且要超過太陽或我們的眼睛所能發現的最遠的星球。因爲我們不能決定，這個地球上各個特殊實體的存在和作用，是怎樣依靠於我們所完全看不到的各種原因的。我們雖然在地球上看到周圍事物的一些運動和粗重的作用，但是我們卻不能理解有什麼不可見的川流，能使這些奇異機器繼續運動和完整，而且也不能理解，這些川流究竟是從什麼地方來的、是怎樣傳遞來的、怎樣變化的。據我看來，在宇宙的這個大結構中，各種大的部分和機輪的影響和作用可能是互相聯繫、互相依屬的，因此，距離極遠的一些大星宿和物體倘或消滅了、或停止了運動，則我們這個居屋中所有的一切事物會換上另一個十分差異的面孔，不再是現在的樣子。我們的確知道，各種事物本身雖似乎是絕對的、完整的，可是它們之所以有我們所見的各種明顯的性質，只是因爲它們是自然中別的部分的扈從。它們的可觀察到的性質、行動和能力，都導源於外界的一些事物，而且我們在自然中所知的任何部分，不論多麼完備、完整，而它的存在和優點，都只是由其鄰居來的。

要想完全了解一個物體的性質，我們的思想並不能限於那個物體的表層，而當遠遠往前看。

12 如果眞的這樣是，則我們也不必訝異，我們爲什麼有很不完全的實體觀念；而且各種性質和作用所依的那些實在的本質爲什麼是我們所不知道的。我們並不能發現實在存在於實體中的那些微細自動的部分，有何種體積、何種形象、何種組織；更不能發現各種外物在它們上面所加的各種運動和衝擊。可是我們在實體中所見的大部分性質都是依靠於這些運動和衝擊的，並且是由這些運動所形成的，而且我們的複雜的實體觀念也是由此形成的。我們只要考察到這一層，就足以使我們拋棄了一切希望，不再想對於各種實體，得到它們實在本質的觀念。我們既然缺乏這種本質，因此，我們只得用名義的本質來代替它，因此，我們由此就只能得到微乎其微的實在確定的概括知識或普遍命題。

13 **判斷也許能較為進得遠些，不過那不是知識**　因此，我們也不必訝異，在各種實體方面，何以在很少數的概括的命題中才能找到確實性；因為我們對於它們性質和特性所有的知識，很少能夠超出於感官所達到、所啓示的範圍以外。愛觀察、好研究的人們，也許會憑其強有力的判斷，穿透得較為深一點；他們也許會根據，由審愼觀察而來的可能性和組織看條理的線索，常常猜對經驗所未給他們發現的事物。但是這仍是猜想、仍是意見、仍缺乏知識所必須的那種確實性。因為一切概括的知識，都只存在於自己的思想中，都只存在於我們對自己抽象觀念所有的思維中。任何時候，我們如果察覺到觀念間的契合或相違，我們就有概括的知識；我們如果再把那些觀念的名稱聯合於各種命題中，我們就能確實宣示概括的眞理。但是各種實體名稱所表示的抽象觀念，縱然有清晰有定的意義，也只與很少數的別的觀念，有其可發現的聯繫或矛盾，因此，我們在各種實體方面的主要探求，雖在於普遍命題的確實性，可是這種確實性在這裡是很狹窄、很薄弱的。因此，任何實體的名稱，不論其所表示的觀念是什麼，我們總不能概括地、確定地斷言它具有某種別的性質，或不具有那種性質；而且也不能斷言，那個觀念只要存在，某種性質就常和它共存或不共存。

14 **我們對於實體所有知識需要什麼**　在我們對於這些實體未得到還可以的知識之時，第一，我們必須知道，一個物體的原始性質在別的物體的原始性質中，能有規則地產生些什麼變化，並且是怎樣產生的。第二，我們必須知道，一個物體的哪些原始性質可以產生出哪些感覺或觀念給我們。不過要想知道這些，就無異於要想知道，物質在其大小、形象、黏合、運動和靜止等的變狀下所產生的一切結果。我認爲人人都會承認，若不藉助於神聖啓示，則我們是完全不能知道這一層的。縱然上天給我們啓示，使我們知道各個分子有什麼形象、大小和運動，可以產生出黃色感覺給我們，而且使我們知道，任何物體的表層部分有什麼形象、大小和組織，可以使那些分子發生適當的運動，以產生出那種顏色，可是我們對於各種實體，仍不能因此就形成確定的普遍的命題。

因爲各種物體之所以能作用於我們的感官，只是依它們那些微細的部分，可是我們的官能並不足夠敏銳，並不能知道那些微小部分中所有的精確的大小、形象、組織和運動；因此，也就不能依據這些來形成抽象的物體觀念。我這裡所提到的，只限於有形的實體，因爲它們的作用似乎還是「理解」所能知曉的，至於神靈的作用，則不論是他們的思想或推動物體的能力，我們一看之下，都是莫名其妙的。但是即在各種物體和起作用方面，我們如果稍運用思想進一步來考察它們，並且考察：即在這些物體中，我們的想法，在超出明顯事實的範圍以外時，還能明白地達到何種地步，則我們仍會看到，即在這些事物方面，我們所有的一切發現，也只等於無知無能罷了。

15 **我們的實體觀念既然沒有含著它們的實在組織，因此，我們在它們方面便不能形成概括的確定的命題** 由此看來，概括的名稱所表示的抽象的複雜的實體觀念，既沒有含著實體的實在組織，因此，它們便不能供給我們以普通的確實性。因爲我們在實體中所見所知的各種性質雖以那種組織爲基礎，雖與那種組織有一定的聯繫，可是我們的實體觀念中並沒有含著這種組織。就如普通所謂人的那個觀念，雖是具有「平常形象、感官、自由運動和理性的一種身體」，而且這個抽象觀念雖然形成了人類的本質，可是我們在表示這個觀念的「人」這個字方面，很少能形成概括的、確定的命題。因爲我們既然不知道感覺、運動能力、推理作用，和那個特殊的形象所依靠著的那種實在組織、既然不知道這些性質的聯繫所依靠的那種實在組織，因此，我們並不易看到有什麼別的性質和那些性質有必然的聯繫。因此，我們便不能確實斷言，所有人都要隔著相當的時間睡覺、所有人都不能爲木石所滋養、所有人都可以爲毒草所斃命。因爲這些觀念和人的名義本質，和人字所表示的這個抽象觀念，既無聯繫也不矛盾。在這類情形下，我們必須求助於對特殊實體所作的試驗，不過我們這種方法又只能行之於很小的範圍中。關於我們所經驗不到的事物，我們必須安於「想當然耳」；不過關於人這個物種觀念中既沒有含著他的實在的組織，因此，我們便不能達到概括的確實性，因爲人的一切不可分離的性質都是聯繫於這個根源中，而且是由這個根源所出發的。人字所表示的這個觀念，既只是把人的一些明顯的性質和能力不完全地合攏起來，因此，在人這個物種觀念和毒草（或石）各部分在其身體上所施的作用之間，便沒有可以察見的聯繫或矛盾。有些動物，吃了毒草並無危險，而且有些動物是爲木石所營養的。但是在任何種動物方面，這一類的性質和能力都依靠於它們的實在組織。因此，我們如果不知道那些實在的組織，則我們便不會在關於它們所形成的普遍命題中達到任何確實性。只有少數觀念與我們的名義本質（或其任何部分）有明顯的聯繫，因此，也只有它們可以供給我們這一類的命題。但是這類觀念是很稀少、很不重要的，因此，在實體方面，我們便可以無偏頗地認爲確實的、概括的實體知識幾乎等於零。

16 **命題的概括的確實性，成立於什麼**　總結而言，我們可以說，任何一種概括命題之所以成爲確實的，只是因爲其中所含名詞所表示的觀念之契合與否是我們所能發現的。

只有當我們察知觀念的契合或相違，是與名詞的互相肯定或否定相一致時，我們才能確知它們的眞和僞。因此，我們就可以注意，只有在我們觀念中，才有概括的確實性。我們如果在外界的實驗和觀察中，來找尋這種確實性，則我們的知識便不能超過特殊的事情以外。因此，只有我們思考自己的抽象觀念，才能給我們的概括的知識。

第七章　定　理

1 **它們是自明的**　有一類命題，人們一般稱之爲定理和公理，它們被人認爲是科學的原理。人們因爲它們是自明的，所以就認爲它們是天賦的。不過據我所知，卻不曾有人來指示出，它們之所以明白、之所以有力，究有什麼理由和基礎。因此，我們正可以研究它們之所以明白的原因，並看看這種明白的性質是否是它們所獨有的，並且可以考察一番，它們在別的知識上有多大影響、多大支配力。

2 **那種自明性是由何成立的**　我們已經說過，所謂知識就是人心對觀念的契合或相違所發生的一種察知。因此，這種契合或相違，如果不經別的媒介或幫助，就能直接被自己看到，則我們的知識是自明的。這一層是人人都看到的，因爲他們看到有許多命題，不經任何證明，就可以爲他們所同意。因爲在這些命題中，他們都看到，他們之所以同意只是因爲他們的心在直接比較它的觀念時，看到它們的契合或相違是和命題中所表示的肯定或否定相應的。

3 **自明性並非公認的公理所特有的**　我們既然知道了這一層，因此，我們就可以往下考察，這種自明性是否是普通所謂公理而具有公理之尊嚴的那些命題所特有的。在這裡，我們清楚看到，有許多眞理，雖不曾被人認爲是公理，可是它們也一樣有這種自明性。我們如果考察前面所述的觀念的各種契合或相違，如同一、關係、共存、實在的存在等，我們就可以看到這一層。因爲我們考察這些關係就可以知道，不只號稱公理的那些少數命題是自明的，而且許多命題，甚至無限數的命題都是如此的。

4 **第一點，說到同一性和差異性，一切命題都一樣是自明的** 第一點，人心對於同一性的契合或相違所有的直接知覺，既然是建立在它的清晰的觀念上的，因此，我們有多少清晰的觀念，就有多少自明的命題。人們只要有任何一點知識，他就有各種清晰的知識，以爲其知識的基礎；而且人心的第一步作用，就在於認知各個觀念的自相，和那個觀念與別的觀念的差異（沒有這種作用，人心就不能有任何知覺）。人人都會覺得，自己知道自己的觀念，並且知道他的理解中何時有觀念，而且知道那個觀念是什麼的；而且觀念如果在一個以上時，他還可以有條不紊地知道它們。他既然不能不知覺到他所知覺的，因此，任何觀念只要存在於心中，他就會知道那個觀念在那裡，並且知道那個觀念是什麼；而且兩個觀念如果都存在於心中他也會知道，它們是在那裡，而且不是同一的觀念。因此，這一類的肯定命題和否定命題之形成，都是毫無疑義、毫無不定、毫無躊躇的，而且我們一理解它們，就必然同意於它們；這就是說，我們在心中一有了命題中各種名詞所表示的那些有定的觀念，我們就必然要同意於它們。因此，任何時候，人心只要能以注意來考察一個命題，並且能知道各種名詞所表示的那兩個觀念（互契或互斥）是相同的或差異的，它就可以立刻知道那個命題的眞實，不但如此，它還可以立刻知道，這些命題中的名詞是表示著較普遍的觀念，還是表示著不普遍的觀念；它還可以知道概括的存在觀念是否是自相契合的，就如「凡存在者存在」這個命題中所表示的；它還可以知道一個較特殊的觀念是否自相契合，如「一個人是一個人」、「凡白的都是白的」；他還可以知道，一個普遍的存在觀念是否和「非存在」（這個念觀是與存在相異的唯一的觀念）相斥，就如說，「一件事物不能同時存在而又不存在便是」；他還可以知道，任何特殊的存在觀念是否和另一個觀念相斥，就如「人非馬」、「紅非藍」等。各種觀念既是互相差異的，所以我們一了解各種名詞，立刻就可以看到命題中所含的眞理，而且不論在概括的命題方面，或在非概括的命題方面，我們的知識都是一樣確定、一樣容易的，因爲人心可以知道它所有的任何念觀是與自身同一的，而且知道兩個觀念是互相差異的。不論這些觀念的概括程度、抽象程度、包括程度有多大，人心都一樣確知它們。因此，所謂自明性並不能憑其特權專屬於「凡存在者存在」、「一物不能同時存在而又不存在」這兩個概括的命題。人對於存在或不存在所有的知覺，不但屬於「任何事物」四字所表示的這些廣泛的觀念，而且屬於任何別的觀念。這兩個概括的公理只不過是說，同一的是同一的、同一的不是差異的，這些眞理，不但在這些概括的公理中，即使是在較特殊的例證中，我們也可以知道它們。我們在未曾思想過這些概括的公理之時，就已在特殊的例證中認識這些眞理，因爲這些公理的一切力量都是由運用於特殊觀念中的人心的分別能力來的。我們清楚知道，人心不藉助於任何證明，並且不反省這兩個概括的命題，就可以明白地知道、確定地知曉，白的觀念就是白的觀念而非藍的觀念，而且知道，白的觀念當其在心中時，實是在心中的，並非不在心中的。它既然明白地確知這些特殊的例證，因此，它縱然再來考察這些公理，也不能使它的知識增加其明顯性或確實性。

在人心所有的一切觀念方面（這是人人都可實驗的），都是這種情形；心中只要有觀念存在，人就可以最確切地知道那個觀念就是那個觀念，不是別的觀念；就可以知道，那個觀念是在他心中的，並非在於別處，因此，任何概括命題的眞理也不能被人知道得更確定些，也不能在此一點上再加任何證明的力量。因此，在同一性方面，我們的直覺的知識是和我們的觀念範圍一樣大的。我們只要對自己的各種觀念有清晰的名稱，我們就可以有自明的命題。我可以讓各人的心來考察圓是圓這個命題，是否和「凡存在者存在」這個較概括的命題一樣自明；而且它在了解藍非紅這個命題中的各個文字以後，是否就會立刻相信這個命題，一如其相信一物不能同時存在而又不存在這個公理一樣。在別的命題方面，我們也都可以如此發問。

5 **第二點，在共存關係方面我們有很少數的自明命題** 第二點，所謂共存，就是兩個觀念間的必然聯繫，也就是說，在一個實體中，我們只要假設有此一個觀念，同時彼一個觀念也必然要存在。關於這一類的契合或相違，人心只能在少數的情形下得到直接的認識。因此，在這一類知識方面，我們只能有很少量的直覺知識。因爲這種緣故，所以我們在這方面，並沒有許多自明的命題。不過有一些命題仍是自明的；就如，一個物體所占的空間必然等於它的表層以內的內容，因此，這個觀念便附加在物體的觀念上，因此我認爲，「兩個物體不能在同一空間存在」。這個命題就是一個自明的命題。

6 **第三點，在別的關係方面，我們可以有自明的命題** 第三點，說到各種情狀的關係，則數學家只在「相等」這一關係方面，已經構成了許多的公理；就如從「等數中減了等數，餘數也相等」就是一例。這一類命題雖然被數學家認爲是公理，而且是毫無問題的眞理，可是人們在一考察之下就會知道，這些命題的自明性並不比特殊命題的自明性更大，因爲我們也一樣可以說：「一加一等於二」，你如果從一手的五指上減去二，而且從另一手的五指上也減去二，「餘數也相等」。在數目方面，成千上萬的這些命題，在一聽之下，就能強迫你的同意，而且它們的明顯性縱使不比那些數學公理的明顯性大，至少也是相等的。

7 **第四點，在實在的存在方面，我們都沒有自明的命題**　第四點，說到實在的存在，則它除了同「自我觀念」和「第一存在者」的觀念有聯合之外，並不與我們任何其他觀念有聯合，因此，我們在一切別的事物的實在存在方面，既沒有解證的知識，更沒有自明的知識。因此，在這方面，我們便無公理可言。

8 **這一類公理並不能十分影響我們其他的知識**　其次，我們還可以考察，這些公理在知識的其他部分上有多大影響。經院中有一些確立的規則說：「一切推理都是由預知和預覺來的」，而且這些規則似乎以爲一切別的知識的基礎都是奠定在這些公理中的，似乎以爲它們都是人所預知的。

他們這種說法在我看來，有兩種意義：第一，這些公理是人心最先認識的一些眞理；第二，我們知識的其他部分都是在它們上面建立著的。

9 **它們之所以無大影響，乃是因為它們不是我們首先認識的真理**　第一點，我們根據經驗知道，它們並不是人心首先認識的眞理；這一點是我們在別處已經說過的（第一卷第二章）。人人都可以看到，兒童知道陌生人不是他的母親，他的奶瓶不是棍棒，然後慢慢才能知道，一件事物不能同時是此物而又不是此物。人人都可以看到，在數目方面，人心先完全熟悉、相信許多眞理，然後慢慢才思想到數學家在辯論中有時所提到的那些概括的公理。這個理由是很明顯的；因爲人心之所以能同意那些命題，既是因爲它看到它的各個觀念的契合或相違正是和文字所肯定的或否定的是一致的，而且是因爲它知道每一個觀念就是每一個觀念，每兩個清晰的觀念不是同一的觀念；因此，各種自明的眞理，只要其所含的觀念是人心所首先知道的，則那些眞理也是首先爲人心所知道的。但是，首先存在於人心中的觀念，分明是特殊事物的觀念，有了這些特殊的觀念，人心才慢慢得到少數概括的觀念。因此，這些概括的觀念是由感官所習見的物像得來，以概括的名稱確立於人心中的。因此，我們是先接受、分辨了特殊的觀念，然後才能對它們得到知識；較小程度的類觀念或種觀念，則是跟著特殊的觀念來的。

因爲抽象的觀念，在兒童或未受訓練的人看來，並不如特殊的觀念那樣明顯、那樣容易。成年人之所以看它們是容易的，只是因爲熟悉的緣故，因爲我們如果仔細一反想概括的觀念就會看到，它們只是人心的虛構和造作，而且它們帶有相當困難，呈現於心中時並不如我們常想的那樣容易。

若舉三角形爲例，則我們都知道，要想形成三角形的類觀念（這還不是最抽象、最概括、最困難的觀念），非得需要一些辛苦和技巧不可，因爲這個三角形觀念不是單單斜角的、直角的、等角的、等腰的、不等邊的；它是俱是而又俱非的。實際說來，它是一種不完全的東西、是不能存在的；在這個觀念中，各種差異而互不相容的觀念的各部分都混雜在一塊。誠然，人心在這種不完全的狀態下，爲便利傳達、增加知識起見，常要想盡辦法地求助於那些觀念，因爲它天然就傾向於這兩種目的。不過我們正有理由猜疑這些觀念只是我們缺點的標記了：至少這也足以指明，最抽象、最概括的觀念不是人心最初所熟悉的，也不是它的最初的知識所由以成立的。

10 **因為我們知識的其他部分，並不依靠於它們** 第二點，由前面所說的話得出的分明結論就是：這些受人讚美的公理並不是其他知識的原則和基礎。因爲事實上既然有許多別的眞理與這些公理一樣自明，而且有許多眞理是在我們知道這些公理之前先已知道的，因此，那些眞理就不可能是其他一切眞理所由以演繹出的原理。我們之所以知道一加二等於三，果然能夠是憑著「全體等於分子之和」這樣一些公理嗎？許多人雖不曾聽到或想到人們用以證明一加二等於三的那個（或別的）公理，也能知道一加二等於三，而且他的知識的確實程度，正和一個人知道「全體等於各部分總和」這個公理或其他公理一樣。他們之所以知道這一層，都是根據同一的自明性的理由。因爲不論有無這些公理，而那些觀念的性質在他們看來是一樣明顯、一樣確定的，因爲這種性質是不用證明就可以爲人所見到的。他縱然先知道全體等於各部之和，他也不能把「一加二等於三」這個命題知道得更爲明白、更爲確實些。因爲「全體」和「部分」等觀念縱然較有優勢，可是它們仍是較爲含糊的、仍是不易確定在人心中的，至於一、二、三，三個觀念則正與此相反。人們既然主張，除了那些概括的原則自身以外，一切知識都依靠於概括的、天賦的、自明的原則，因此，我就可以問他們：「有什麼原則可以證明一加一等於二、二加二等於四、三乘二等於六呢？」這些命題自然是不經證明就能爲我們所知道的，因此，我們看到，一切知識或許都不依靠於預知的、概括的公理（就是所謂原則）或者這些命題就都是原則。但是這些命題如果都是原則，則大部分的列數都成了原則了。我們如果以爲我們關於一切清晰觀念所形成的一切自明命題，都是原則，則人們在各時代所發現的原則的數目會成爲無限的，至少也會成了不可數的，而且有許多這些天賦的原則是他們終身所不知道的。但是不論這些眞理出現於人心中的時期爲遲爲早，而我們的確知道，它們之所以爲人所認識，只是因爲它們本有的明顯性，而且它們是完全獨立的，並不能爲別的眞理所證實。不但如此，而且較特殊的更不能爲較概括的所證明、較簡單的更不能爲較複雜的所證明，因爲較簡單而較不抽象的眞理，是最尋常爲人所了解的，而且人們知道它們也是較爲容易、較爲在先的。但是不論哪些觀念是最明白的，而我們依然知道，一切命題的明顯性和確實性之所以能成立，只是因爲人們能看到同一觀念就是同一觀念，並且的確知道，兩個差異的觀念就是兩個差異的觀念。因爲一個人的理解中如果有了一和二的觀念、黃和藍的觀念，則他的確就會知道，一的觀念就是一的觀念，不會是二的觀念，黃的觀念就是黃的觀念，而不會是藍的觀念。因爲一個人心中如果有了清晰的觀念，則他便不能把它們混淆；倘若不是如此，則他的觀念同時是淆亂的、同時又是清晰的，那就形成一個矛盾。我們的觀念若不清晰，則我們的官能便無功用，而且我們也就得不到任何知識。因此，不論哪一個觀念自相肯定、不論哪兩個完全清晰的觀念互相否定，而人心在了解那些名詞以後，一定不得不同意那些命題是的確眞實的，而且在同意時，也不疑慮、也不需要證明，也不顧及由較概括的名詞所組成的那些命題——就是所謂公理。

11 **這些概括的公理有什麼功用**　那麼我們應該怎麼說呢？這些概括的眞理竟然會無功用嗎？絕不會的；不過它們的功用也許不是如常人所想像的那樣。不過我們稍一懷疑這些公理的尊嚴，則不免被人反對，以爲我們要把一切科學的基礎都推翻。因此，我們可以考察這些公理和別的知識有什麼關係，並且詳細考察，它們是否合乎某種用途。

㈠由前面所說的看來，這些公理並不能用以確認或證明概括性較小的自明命題。

㈡它們不是，而且也不曾是任何已成的科學的基礎。

我自然知道，經院派的人們大肆談論各種科學和各種科學所依的基礎，並且把這種談論加以宣揚，但是很不幸的，我並不曾遇到那樣一些科學，更不曾遇到一種科學是建立在「凡存在者存在」、「同一事物不能同時存在而又不存在」這兩條公理上的。我很希望有人告訴我，在這類概括公理上所建立的科學，在哪裡可以找到；在我看來，並沒有任何科學系統是建立在這一類公理上的，而且離了這些公理，它們也一樣可以屹立不搖。如果眞有這樣一種科學是建立在這些公理上的，則人們只要一指示這種科學給我，那我就感激不盡了。我相信這些公理即在神學的研究和問題中，也與在別的科學中有同樣的用途。在這方面，它們也可以止爭、也可以息辯。但是我總不相信，有人會說，基督教是建立在這些公理上的，或者說，我們對於基督教所有的知識是從這些原則演繹出的。基督教是由神聖的啓示來的，沒有啓示，則這些公理永不能幫助我們知道這個宗教。我們如果找尋到一個觀念，並且以它爲媒介，發現別的兩個觀念內的聯繫，這就是上帝以理性的呼聲給我們所完成的啓示。在這種情形下，我們便知道以前所不知的一種眞理。上帝如果直接告訴我們任何眞理，那就是他藉聖靈給我們所完成的啓示，在這裡，我們的知識也有了進步。但是在兩種情形下，我們的見識或知識，都不是由這些公理來的。在前一方面，是各種事物自身把知識呈現給我們，因爲它們可以使我們看到它們的契合或相違，因而使我們看到它們所含的眞理。在後一方面，上帝自身直接把知識授與我們，使我們看到他所說的眞諦。

㈢它們並不能幫助人們來推進科學或發現未知的眞理。就如牛頓雖然在其永垂不朽的著作中，解證了各種命題，而且那些命題又都是世人從不知曉的許多眞理，又都是數學中高深的眞理；但是他之所以能發現這些眞理，並不是得力於「凡存在者存在」或「全體大於部分」等公理。他之所以能發現那些命題之正確，並不是以這些公理爲線索；他之所以得知那些解證，也並非由於這些公理；乃是由於他找尋出中介的觀念，把他所解證的命題中所表示的觀念的契合與相違指示出來。在擴展知識、促進科學方面來說，人類理解到他這種程度，也就可以說是極其馳騁奔放的能事。不過在這裡，它們遠不曾從人們對這些堂皇公理的思維得到任何幫助。對於這些命題，有傳統信仰的人們，以爲知識方面的任何一個步驟都得要一個公理的幫助，而且在建立各科學時所憑的任何一塊石頭，都不能離了概括的公理。

但是他們只要能分別獲得知識的方法和傳達知識的方法，只要能分別建立科學的方法和以科學教人的方法，那他們就會看到，那些概括的公理並不是原始發明者的美妙建築所依的基礎，也不是啓發知識奧密的鑰匙。不過在後來，人們既然建立起經院，而且各科學方面都有教師來以他人所發現者教人，因此，他們就往常應用各種公理，或奠定一些自明的命題。他們既把這些命題確立在他們學生的心中，使他們認爲這些命題是無庸置疑的眞理，因此，如果有特殊的例證不是他們學生心中所熟悉的（如他們所諄諄教人的那些概括的公理），他們便要藉機應用自明的命題，使學生們相信那些特殊例證中的眞理。不過這些特殊的例證，在仔細反省之後，對於理解是一樣自明的，正如人們用來證實它們的那些概括的公理是一樣的：而且原始發明者也是在那些特殊的例證中發現眞理的，並不曾求助於這些概括的公理。因此，任何人只要肯注意考察那些眞理，也一定能發現它們。

現在我們可以談論各種公理的實在用途。

㈠在已經達到的科學範圍內，我們如果用普通方法教人科學，則這些公理是有用的（如前所說）；不過我們要想促進科學，則這些公理是沒有什麼用處的。

㈡在爭辯中，我們可用它們來平息固執的爭論者，並且使那些爭論得到一個結束。我認爲，這種用途是由下述的途徑來的，至於它究竟是否如此，那我就請讀者來考察了。經院中既以能爭善辯爲人的才能的試金石，並且以它爲知識的標準，因此，誰能固守陣地，他們就把勝利歸之於誰；誰是後息者，他們就以誰爲爭論勝利——不是主張勝利。不過照這樣，那麼在棋逢對手將遇良才，將沒有最後的決定，因爲一造永會找到中間名詞（medius terminus）來證明任何命題，另一造會永遠反對大前提或小前提（不論有無眞正區分）。爲避免來回爭辯，落於三段論式的圈套內起見，所以經院中便採用了一些概括的命題（多半是自明的）。這些命題既是一切人所公認的，因此，人們便看它們爲眞理的一般標準，而且爭辯者之間如無建立別的原則，則他們還要以這些命題爲原則，使人不得超過這個範圍；使兩造都不得拋棄它們。這些公理既然得到「原則」的尊號，使爭辯者不得退出這些界限以外。因此，人們就誤認它們是一切知識的來源，而且以它們爲一切科學的基礎。因爲他們在爭辯中，達到這些公理中任何一種時，便停止住不再往前進步——他們的問題就決定了。不過我們已經指示出這是一種很大的錯誤了。

經院中這種方法，既被人認爲是知識的泉源，因此，即在經院以外的日常談論中，人們也往往應用這些公理來止息爭辯者的利口。強辯者既然反對這些概括的自明的原則，因此，人們如果不屑與他們辯論，很能得到人的原諒，因爲任何有理性的人們，只要一思想到這些原則，都是不得不承認它們的。不過這些公理在這裡的用處，仍只是在止爭息辯。在這些情形下，我們縱然提到它們，那也並不能指教人什麼事理。這種教人的職務，已經由辯論中所用的那些中介觀念所完成；不過那些觀念的聯繫，離了那些公理的幫助也可以爲人所知曉，因此，人們在提出公理之前，辯論在未達到第一原則之時，我們已經知曉眞理了。人們在辯論中如果只是意在找尋眞理，而並不是在爭求勝利，則他們在未達到第一原則時，早該拋棄錯誤的觀念。因此，這些公理的用處，只在防止人的執拗，實則他們如果心存坦白，早就該屈服了的。不過人們在未受挫阻時、在未達到自相矛盾的地步時、在未曾被人指出自己違犯確立的眞理時，經院中的辯論規則總是允許鼓勵他們一直反對抵抗自明的眞理，因此，我們也不必訝異，在普通談話中，不論他們所採取的問題的哪一造是眞是僞，他們總要固執堅持（即在被人說服以後），達到不能再躲閃的地步，而並不以爲恥，因爲這些做法正是經院中所認爲能幹和光榮的。這種探求眞理和知識的途徑，不得不說是很奇怪的，因此，人們只要有理性，不曾爲邪教所汙染，一定不會相信它可以被愛護眞理、研究宗教（或自然）的人們所接受；而且人們若以宗教和哲學的眞理教導愚昧而未信服的人們，則他們也不會把這個方法採用於其學校中。這種求學的方法確實能使年輕人的心理不再眞實地探求眞理、愛慕眞理，不但如此，而且會使他們根本懷疑是否有眞理其物，至少也會使他們懷疑眞理是否值得固執。不過這一層，我現在且不加以論究，我只可以說，除了少數地方之外，並沒有人以爲這些公理是建立科學的基礎，是推進知識的大工具，因爲只有少數地方，曾把逍遙哲學採用於經院中，多少世紀以來，只以口角的藝術教人，而卻未曾於世界稍有貢獻。

我們已經說過，這些概括的公理在爭論中因爲能止息強辯者口吻，所以是很有大用的；不過我們卻不能用它們來發現未知的眞理，或促進人心來探求知識。因爲誰曾把自己的知識建立在「凡存在者存在」這個概括的命題上，或「一物不能同時存在而又不存在」這個概括的命題上呢？誰以這些公理爲科學的原則，進而演繹出一套有用的知識系統呢？自然，錯誤的意見往往是含有矛盾的，因此，這些公理足以做爲試金石，指示出它們的去向。但是這些公理雖然足以揭發推論的荒謬或意見的錯誤，可是說到啓發人的理解力上，它們的功用是極其渺小的。我們很容易看到，人心在其知識的進程中，並不能得到這些公理的幫助；而且我們縱然不曾想到這兩個概括的命題，我們的知識也不會減少、也不會減低其確定性。這些公理誠然有時在辯論中可以止息強辯者的口吻，因爲它們可以指示出人們所說的荒謬之點，並且使他們覺得要違反舉世和自己所共認爲眞的事理，那不能不是一種羞恥。但是要指示人的錯誤是一件事，要使他得到眞理，那又是一件事。因此，我很希望知道，這兩個命題能教人什麼眞理，而且我們以前所不知的東西是否只有藉助於它們的影響才能爲我們所知。不論我們根據它們作何種推論，它們只是同一性方面的斷言，而且它們縱有些許影響，也只能限於同一性方面。不過在同一性或差異性方面，每一個特殊的命題自身都是很確定、很明白的（只要我們稍一注意它），正如這些概括的命題似的。只是這些概括的命題，因爲能適用於一切情節下，因而更爲人所注意、所傳播罷了。至於別的概括性較小的命題，則它們許多都只是一些口頭的命題，它們所教給我們的，只是各種名稱相互的關係和意義。就如「全體等於各部分總和」這個命題，究竟能教我們什麼實在的眞理呢？那個公理中所含的意義，不是「全體」這一個名詞自身所表示出的嗎？人只要知道「全體」二字表示著由其一切部分所成的一種東西，他就知道全體是等於其一切部分的。根據這個原理，我們也照樣可以說：「一座山高於一個谷」等命題是公理了。不過數學家之所以在開始傳授其科學時，把這一類的公理置於其系統之前，那並不是沒有理由的。他們之所以如此，乃是要使其學生們在一開始就使自己的思想完全熟悉於這類概括名詞所形成的命題，以便常常發生這一類反想，並且把這些較概括的命題當做確定的規則，應用於一切特殊的情節下。並不是說，在同樣衡量之後，這些命題要比它們所要證實的特殊例證更爲明白，更爲顯然；乃是說，這些命題因爲是和人心較熟悉的，所以一提到它們就能使理解得到滿足。不過我認爲這種情形，多半是由於我們常用它們、慣思它們，使它們確立在心中的緣故，並非那些情節的明顯性眞有所差異。在習慣未將思維和推論的方法確立於人心之時，我總想情形正與上述的相反。你如果把兒童的一部分蘋果切去，則他在這個特殊例證中所知的，較比藉「全體等於部分之和」這個概括命題所知的，還要更爲確定。

這兩個命題中如果有一個要爲另一個所證實，則概括的命題進入人心時，更需要藉助於特殊的命題，而非特殊的命題要藉助於概括的命題。因爲我們的知識是由特殊方面開始，逐漸才擴展到概括方面的。只是在後來，人心就採取了另一條相反的途徑，它要盡力把它的知識形成概括的命題，並且要使它們在思想中熟悉，使自己常常求助於它們以爲眞和僞的標準。人們既然慣用這些命題爲規則，以來衡量別的命題的眞僞，因此，積漸所致，他們便以爲較特殊的命題之所以眞實、之所以明顯，只是因爲它們契合於這些較概括的命題，因爲概括的命題是在爭辯和推論中是尋常被人主張、經常被人承認的。我認爲在許多自明的命題中，最概括的之所以獨能得到「公理」的尊號也就是因爲這個緣故。

12 **我們應用文字時，如果不加注意，則各種公理會證明互相矛盾的事理**　關於這些概括的公理，我們還有一層要說的，就是，這些公理並不能促進我們的心理，使它穩立在眞正的知識中，因此，我們的想法如果是錯誤的、鬆散的、不確定的，而且我們如果只使自己的思想隨從文字的聲音，而不使自己的思想確立在有定的事物觀念上，則這些公理反而會證實我們的錯誤，而且在這種文字的用法中（這是最習見的用法），會證明各種矛盾。一個人如果照笛卡兒的主張，在自己心中形成所謂物體的一個觀念，並且以爲那個觀念只是廣袤，則他可以藉「凡存在者存在」這個公理，很容易地解證出並無所謂虛空、並無所謂「沒有物體的空間」。因爲他所稱爲物體的那個觀念既然只是廣袤，因此，他就可以確實知道空間是不能沒有物體的；因爲他很明白地、很清晰地知道他的廣袤觀念，而且知道那個觀念就是那個觀念並非別的觀念；它只是有「廣袤」、「物體」、「空間」三個名稱罷了。這三個名稱既然表示著同一的觀念，因此，它們不但可以自我肯定，而且可以互相肯定。因此，我如果應用這三個名詞來表示同一的觀念，則「空間就是物體」這個斷言在其意義方面是眞正同一的，正如「物體就是物體」這個斷言，在意義和聲音兩方面都是眞正同一的一樣。

13 **舉虛空為例**　但是另一個人所形成的觀念如果與笛卡兒的觀念不同，可是他仍與笛卡兒一樣，也用物體一詞稱它，並且以爲「物體」一詞所表示的觀念爲具有廣袤和凝性兩者的一種東西，則他又容易解證出，宇宙中會有一個虛空，會有一個無物體的空間，正如笛卡兒解證出相反的一面似的。因爲他所稱爲空間的那個觀念，既然只是一個廣袤觀念，他所稱爲物體的那個觀念既然是廣袤和凝性合體的複雜觀念，因此，這兩個觀念並不是精確地同一的，而且它們在理解中是很清晰的，正如一和二的觀念、白和黑的觀念、物性和人性的觀念之互相各別似的，如果我們可以用那些野蠻的名詞。因此，我們在心中或文字中關於這兩個觀念所形成的斷言，並不表示它們是同一的，只表示它們的互相排斥，就如「空間或廣袤不是物體」這個命題，就和在「一物不能同時存在而又不存在」這個公理上所建立的任何命題是一樣眞實、一樣確定的。

14 **它們並不能證明外界事物的存在**　不過我們雖然可以用「凡存在者存在」和「一物不能同時存在而又不存在」這兩個確定的原則，來同樣地解證「有一個虛空」和「無一個虛空」這兩個命題，可是這兩個原則並不足以給我們證明，有什麼物體存在。在這裡，我們只有盡自己感官的能力來實行發現。那些普遍的、自明的原則，既然只是我們對於較概括較廣泛的觀念，所有的恆常的、明白的、清晰的知識，因此，它們便不能證實我們心外所出現的事情，它們的確實性之所以能成立，只是因爲我們知道各個觀念自身，並且知道它和別的觀念的區分。這些觀念只要存在於我們的心中，我們就不能錯認它們。只有在我們記著名稱而忘卻觀念的時候、只有在我們亂用名稱，隨便變化其所代表的觀念的時候，我們才常常發生了錯誤。在這些情形下，這些公理的力量因爲只達到文字的聲音而未達到它們的意義，因此，我們便不得不陷於紛擾、謬誤和錯亂中。不過我之所以說這話，只是在指示人們，這些公理雖然被人認爲是眞理的有力護衛，可是他們如果錯亂地、鬆散地使用文字，則這些公理是不能使他們免於錯誤的。我這裡雖然提示，它們在促進知識方面沒有多大功用，而且我們所用的觀念如果不確定，它們的用途更是危險的，可是我並不曾說也不曾想說，這些公理應該拋棄了，如一般人所魯莽地責難我那樣。我仍然必須說，它們是眞理、是自明的眞理，因此，它們是不能拋棄的。在它們影響所及的範圍以內來說，我們雖然想減低它的力量，那也是白費的，而且我也根本就不曾有此種企圖。不過我卻可以說，它們的功用並不與人們著重它們的程度相稱合，而且我還可以警告人們，不要誤用它們，使自己執著於錯誤。我認爲這話並不是於眞理或知識有損的。

15 **要把它們應用在複雜觀念上，那是易有危險的**　但是不論它們在口頭的命題中有什麼功用，而它們在經驗以外，永不能使我們按照外界的實在狀況稍微知道實體的本質是什麼樣的。這兩個命題（所謂原則）的結果雖然有時是很明白的，它們的功用有時雖然是不危險且無害的，可是這種情形只限於無關緊要的情形下，就是說，只有在我們所試驗的事物完全不用這些公理來證明時，只有在各種觀念自身完全明白時，只有在我們的觀念很確定，而且我們可以藉代表它們的那些名稱來知道它們時，才是這樣的。但是我們如果應用「凡存在者存在」、「一物不能同時存在而又不存在」這些原則，來考察由複雜觀念（如人、馬、金、德性）所組成的那些命題時，則它們是非常危險的，而且它們往往使人誤認謬說爲眞理、誤認猜想爲解證，我們在錯誤的推論中之所以有謬見、固執和其他危險，都是由此來的。這種緣故並不是說這些原則在證明由複雜觀念（表示於文字中的）所組成的各種命題時，比在證明由簡單觀念所組成的命題時，較不眞實、較少力量，乃是說，人們往往有一種誤解，以爲各種命題只要有同一的名詞，則那些命題所說的總是同一的事物——縱然那些名詞所表示的各個觀念已經有了變化。因此，人們往往就利用這些公理，以來維護在聲音上和外貌上都是矛盾的那些命題；就如前面所舉人們關於虛空所做的那個解證就是。因此，人們如果把文字當做事物（他們常是如此的），則這些公理只有常常證明矛盾的命題罷了。這一層，後來我們還要更明白地加以闡述。

16 **舉人為例**　你如果根據這些第一原則，在「人」方面有所解證，則我們可以看到，你的解證如果只依靠於這些原則，則它只是口頭的，並不足以給我們任何確定的、普遍的、眞正的命題，或使我們知道任何外界存在的事物。第一，一個兒童所形成的「人」的觀念，也許正如畫家把各種可見的現象揉合在一起後所畫成的圖畫一樣；他的理解中所謂人的那個複雜觀念，也許就是由那些雜合的觀念（可見的現象）組織成的。按這種意義說來，英國的白人或膚色人既是一個人，則那個兒童可以向你解證說，一個黑人不是一個人，因為白色正是他所謂人的那個複雜觀念中所含的恆常的簡單觀念之一。因此，他可以藉「一物不能同時存在而又不存在」這個原則向你證明，黑人不是人。不過他的確實性的基礎並非是那個普遍的命題，因為他並不曾聽過也不曾想過那個命題。它的基礎乃在於他對於自己的簡單的白黑觀念所有的明白的、清晰的知覺，而且不論他知道那個公理與否，他也不會錯認了它們、也不會被人錯教。這個兒童（或任何人）既然有這樣一個「人」的觀念，因此，你就不能向他解證說，人是有靈魂的，因為他那個「人」的觀念中並沒有含著靈魂的觀念。因此，在他那一方面，「凡存在者存在」這個原則，並不能證明這回事。這回事只依靠於他的蒐集和觀察，而且他只有藉助於觀察，才能形成所謂「人」的複雜觀念。

17　第二點，另一個人在形成所謂人的觀念時，如果又進了一步、如果在外面的形象上又加上笑聲和合理的推論，則他可以藉「一物不能同時存在而又不存在」這個公理解證說，嬰兒和怪胎不是人。我曾與很有理性的人們談過，他們的確否認他們是人。

18　第三點，另一個人在形成其所謂「人」的那個複雜觀念時，或者只採用了概括的物體觀念，和語言及推理的能力，而忽略掉其整個的形象。這個人可以向你解證說，一個人並沒有手，他只是一個四足獸，因為手和四足獸的觀念都是不包含在他的人的觀念中。不論任何形象，只要其中有語言和推理的能力，那便是人，因為他既然明白地知道那個複雜觀念，因此，那個觀念「是什麼就是什麼」。

19　**我們如果有明白而清晰的觀念，則這些公理便沒有什麼證明的力量**　因此，在全面地考察之後，我們可以說，我們心中如果有確定的觀念，並且給它附有意義確定的恆常名稱，則我們便不必應用這些公理來證明這些觀念的契合或不契合。人們如果不藉助於這一類的公理，就不能分辨那一類命題的眞和僞，則他們雖藉助於這些公理也不能分辨出來；因爲他如果不藉助於證明就不能知道與這些公理一樣自明的命題，則他沒有證明也不能知道這些公理的眞實。因此，一切直覺的知識不論哪一部分都是無需任何證明的。人們如果以爲這種知識需要證明，他就把一切知識和確性的基礎毀掉，一個人如果藉助於證明才能確知、才能同意「二等於二」這個命題，則他也必須藉助於證明，才能承認「凡存在者存在」這個公理。人們如果在試驗之後，才能相信二非三、白非黑、三角形非圓形，或者任何別的兩個有定的差異的觀念是不相同的，則他們也必須藉助於別的解證，才能相信「一物不能同時存在而又不存在」這個公理。

20 **我們的觀念如果是混淆的，則我們用起這些公理，是很危險的** 我們如果有確定的觀念，則這些公理是沒有什麼用處的；而在另一面說來，則我們的觀念如果是不確定的，則用起這些公理，又是有危險的。我們所用的文字如果不表示確定的觀念，而且它們的意義是猶疑不定的，有時表示這個觀念，有時又表示那一個；則由此所發生的錯誤反而被這些公理的權威所證實、所固定（如果我們用這些公理來證明觀念不確定的各種文字所組成的命題）。

第八章　無聊的命題

1 **有些命題並不增加我們的知識**　前章中所說的那些公理，對於眞正的知識是否有一般人所想像的那種功用，我讓人們來考察好了。不過我認爲，有一點可以確實肯定的是：有一些普遍的命題，雖的確是眞實的，可是它們並不能給理解增加光明，使知識有所增益。屬於這一類的，就如：

2 **第一，表示同一性的那些命題**　第一，一切純粹表示同一性的命題都是這樣的。這些命題在一看之下，我們就可以知道它們不能給我們任何指導。因爲我們所說的那個名詞，不論只是口頭的或包含著任何明白清晰的觀念，而在我們肯定它時，它所指示給我們的，必然只是我們以前所已知道的——不論那個命題是我們自己所構成的，或是由他人指示給我們的。自然，「是什麼就是什麼」這個最概括的命題，有時也可以指示人們所犯的荒謬之點，因爲人們有時可以由於迂迴的說法、雙關的名詞，在特殊的例證下，把同一件事物否定了。任何人都不敢公然來挑戰常識，竟然以明白的文字來肯定明顯而直接的矛盾；而且他如果公然如此，則我們如果不再繼續談論，那也是可原諒的。不過我們仍然可以說，那個公認的公理，或別的表示同一性的公理，都不能教我們什麼。在這類命題方面，這個偉大崇高的公理、這個被人誇爲解證基礎的公理，雖然常被人應用，來證實它們，不過它所證明的只不過是說，同一個文字可以極其明白地自相肯定，而不使我們質疑於那個命題的眞實。不過我們由此並不能得到任何眞正的知識。

3　照這樣，則任何至愚之人，只要他能形成一個命題，並且能知道他所說的「是」和「否」的意義，就能形成千萬條命題，就如說，「凡有靈魂者，有靈魂」、「一個靈魂是一個靈魂」、「一個精靈是一個精靈」、「一個物神就是一個物神」，這些命題都等於「凡存在者存在」這個命題，也等於「是什麼就是什麼」，或「誰有靈魂，就有靈魂」這個命題。不過他雖然分明知道這些命題的眞實，可是他並不能由此知道世界上任何事情。這不就是在玩弄文字嗎？這就彷彿一隻猴子把牡蠣從一隻手換到另一隻手，而且用語言說（假如他有的話）：「右手的牡蠣是主詞，左手的牡蠣是謂詞」，並且由此對於牡蠣形成一個命題說：「牡蠣就是牡蠣」似的。不過他並不因此稍微聰明了一點，而且這樣做法既不能充猴之饑餓，也不能滿足人的理解；既不能使猴子的軀體長大，也不能使人的知識增加。

我知道有些人們，因爲同一性的命題是自明的，所以不免要爲它們擔心，而且他們以爲自己竭力誇張這些命題，就給哲學盡了很大的功勞；他們彷彿以爲一切知識都是包括在這些公理中的，而且人的理解只由它們才能達到任何眞理。我自然也敢與任何人一樣來承認，它們都是眞實的、自明的。我還承認（如前章所說），人類一切知識的基礎，只是在我們有能力來知覺同一的觀念就是同一的觀念，只是因爲我們有能力來分辨它和別的差異觀念的不同。不過我看不到，我們如何由此就能得到辯護，使自己應用表示同一性的命題來促進知識，而不致於被人責斥爲瑣碎無聊。我們雖然儘管重述「意志就是意志」這個命題，並且竭力著重它，不過這一類的命題，在擴大我們的知識方面講，究竟有何種功用呢？一個人所有的命題縱然與他所有的文字一樣多，他縱然儘管說，「法律就是法律，義務就是義務」、「是就是是，非就是非」，可是這一類的命題如何能幫助他，使他了解論理學，或教導他（或別人）來知道道德學呢？人們縱然不知道，而且永不知道什麼是「是」和「非」、什麼是是非的標準，也一樣能無誤地知道這一類命題的眞理，而且他的這種知識就和最熟悉道德學的人的知識是一樣的。不過這一類眞理果眞能使他們知道任何有益於他們行爲的事物嗎？

一個人如果意在啓發理解，使它得到某種知識，可是他同時又忙於同一性的命題；而且固執下述的命題，如「實體就是實體」、「物體就是物體」、「虛空就是虛空」、「漩渦就是漩渦」、「吐火獸就是吐火獸」——他如果這樣，則我們只能說他是意在玩弄罷了。因爲這些命題雖然都一樣是眞正的、確定的、自明的，可是我們如果用它們當做能啓發人的原則，並且重視它們，以爲它們能幫助我們的知識，則它們不能不說是一些無聊舉動，因爲它們所教人的，乃是凡能談話的人不用指導就能自己知道的，因爲人人都知道，「同一的名詞就是同一的名詞、同一的觀念就是同一的觀念」。因爲這種緣故，我從前和現在都以爲，人們如果想用這些命題來使理解得到新光亮，並且在事物方面得到新知識，那只不過是無聊舉動罷了。

我們必須用另一些東西，才能啓發人們；一個人如果想擴大自己或他人的心理，使它知道自己從前所不知的一些眞理，則他必須找尋出中介觀念，並且把它們排列起來，使理解看到所討論的各個觀念的契合或相違。各種命題只要能做到這一層，就能啓發人們；不過它們這樣仍不是以一個名詞來肯定同一個名詞，因爲這種做法並不能使自己或他人得到任何知識。這樣並不能使人得到知識；這個正如一個人在學讀書時，只聽到「A是A」、「B是B」這些命題不能得到任何知識似的。一個人雖然可以知道這些命題，如同師塾一樣明白，可是他終其一生也許不會讀一個字。不論他如何應用這些同一命題，而他從不能在讀書的技術方面稍有進步。

我稱這些命題爲無聊的命題，或者會引起人的責難，但是他們如果讀了我上述以淺顯文字所述的道理，並且曾費心來理解過它，則他們一定會看到，我所謂同一命題，只是用指示同一觀念的同一名詞來肯定它自身的。我認爲，所謂同一命題正有這樣的意義；而且關於這一類的命題，我仍然可以說，我們如把它們當做是能啓發人的，而把它們向人提出來，那只不過是無聊玩藝罷了。因爲人們只要有理性，則在這些命題應被注意的時候，他們便不能不注意到它們，而且他們既注意到它們，也就不能懷疑它們的眞實。

人們所謂同一性的命題，或者不是指「一個名詞肯定同一名詞」而言，不過他們這種說法究竟是否適當，那我可以讓別人來判斷好了。我可以說，他們所說的同一性的命題，如果與我所說的不一樣，則那便與我無關，也與我所說的話無關。我所說的命題，只是指同一名詞自相肯定而言的。我很願意有人給我舉一個例子，證明我們可以用這一類命題來促進自己的知識。至於別的例證，則他們不論如何能應用它們，那都於我無關，因爲它們不是我所謂同一性的命題。

4 **第二點，我們若以複雜觀念中的一部分作為全體的賓辭，則它們也不能促進我們的知識** 第二點，另外一種無聊的命題，就是指我們用複雜觀念的一部分作爲名詞全體的賓辭而言（所謂複雜觀念的一部分，就是說定義的一部分，所定義的文字的一部分）。凡以類來作爲種的賓辭的各種命題，以較概括名詞作爲次概括名詞的賓辭的各種命題，都是屬於這一類的。因爲我們如果說：「鉛是一種金屬」，則在明瞭鉛字所表示的那個複雜觀念的人，這個命題究竟能給它以什麼知識，什麼啓示呢？因爲「金屬」這個複雜中所含的一切簡單觀念，都是他以前所知道的，都是他曾用鉛這個名稱所表示過的。雖然如此，可是一個人如果知道金屬一詞的意義，而不知道鉛字的意義，則我們如果說：「鉛是金屬」，那也是解釋字義的一個較簡捷的方法。因爲這個說法可以一直表示出鉛的各種簡單觀念來，並不必一一列舉說：「它是一個沉重、可熔且可展的一個物體」。

5　**我們如果只舉述名詞定義的一部分，則也不能使我們得到知識**　我們如果只用定義的一部分，作爲被定義的那個名詞的屬性或者只舉複雜觀念中所含諸簡單觀念之一，來肯定一個複雜觀念、來肯定整個複雜觀念的那個名稱，就如說「所有黃金是可熔化的」，那也只是一種無聊玩藝。因爲可熔性既是黃金二字所代表的這個複雜觀念所含的簡單觀念之一，那麼我們如果以這個觀念作爲黃金一詞的賓辭，那不只是玩弄字音嗎？因爲可熔性這一觀念已經包含在黃金的通俗意義中了。我們如果認眞地說，金是黃的，並且以此爲重要的眞理，那只是很可笑的。不但如此，我們如果說，金是可熔的，那也不會比較有意義。只有在這個性質，從普通語言中黃金兩個字音所表示的複雜觀念中遺漏了時，我們這種說法才有絲毫意義。若不如此，則我們如果把人們已經聽過、已經知道的事情告訴人，那有什麼可以指教人的地方呢？因爲人在應用一個文字時，應該假設我知道它的意義。在我不知道時，他才可以告訴我。不過我既然知道黃金一詞所表示的複雜觀念是指色黃、沉重、可熔且可展的一個物體而言，則人們在後來如果把它加入命題中，並且認眞地說：「所有黃金是可熔的」，那並不能教我們什麼。這一類命題只能提醒人們已離棄自己名詞的定義，而指示出他們沒有誠意。他們雖然確定無比，可是它們只能使我們知道文字的意義，此外，並不能指導我們什麼。

6　**以人和走馬為例**　「所有人都是動物，或活動的物體」，這個命題是最確定不過的。不過這個命題並不能使我們知道什麼事物，正如「一匹走馬是一匹善走的馬，或一匹能嘶善走的馬」這個命題不能使我們知道什麼事物一樣。這兩個命題所說的只是文字的意義，前一個命題只是告訴我們，身體、意識和運動（或感覺和運動的能力）是我常用人字所表示的三個觀念，而且這三個觀念如果不在一起時，則人這一詞便不能屬於那個事物。這後一個命題只是告訴我們，身體、意識、某種走法、某種聲音，是我常用走馬一詞所表示的一些觀念，而且它們如果不一起存在，則走馬一詞便不能屬於那種事物。這個說法正和我們用能表示複雜觀念中任何簡單觀念（或一或多）的名詞，來肯定人這個名詞是一樣的；就如一個羅馬人如果用「人」一詞來表示一物中所聯合的許多清晰的觀念，如身體、感覺、運動、推理和笑等，則他雖可用這些觀念之一或多，確實地、普遍地來肯定人這個字，但是他所說的只不過是，在羅馬，「人」這個字在其意義中包含著這些觀念罷了。又如一個浪漫騎士如果以走馬一詞表示著「長形、四腿、意識、運動、緩行、嘶鳴、白色、背上常有一女郎」等觀念，則他雖也可以確實地、普遍地用這些觀念之一或多，來肯定走馬這個詞，但是他所教我們的只不過是說，在他的（或浪漫故事的）語言中，走馬一詞表示這些觀念，而且在這些觀念中有一個缺乏了的時候，我們便不能應用這個名詞罷了。但是如果有人告訴我說：「任何東西只要有意識、運動、理性和笑，它就實在有上帝的想法，或可以為鴉片所催眠」，則他所立的命題是能啓發人的，因為「具有上帝的想法」和「被鴉片所催眠」這兩個觀念既然不曾包含於人字所表示的觀念中，因此，我們由這兩個命題所知道的，就比只有人字所表示的為多，因此，這個命題中所包含的知道也不只是口頭的。

7 **依據定義而來的各種命題只能指示文字的意義**　在一個人未立任何命題的時候，我們一定假設他了解他所用的那些名詞。若不如此，他們的談話就如鸚鵡似的，只可以模仿他人的聲音，並不能如理性動物似的，用它們作為他心中觀念的標記。至於聽者，則我們也假設他了解說者所用的名詞的意義，否則他所說的只是譫語、只是無意義的雜訊。

因此，一個人所立的命題所包含的觀念，如果只是其中某一個名詞所表示的，或者是人所早知道的，如說「三角形有三邊」或「橙是黃的」等命題；則他只不過玩弄文字罷了。這種做法只有在下面一種情形中是可以容忍的，就是說，一個人如果不了解我們，而且我們如果向他解釋我們的名詞，則我們可以採用這種做法；不過在這裡，我們所教他的仍只是那個文字的意義，和那個標記的功用。

8 **不過這些命題仍不是眞正的知識**　因此，我們所能確知其爲正確的命題可以分做兩類。第一類就是那些無聊的命題，它們雖有確實性，不過那種確實性只是口頭的，並不能啓發人們。至於我們所能確知其爲正確的第二種命題，則它是以甲種事情肯定乙種事情的，而且甲事情雖不包含於乙事情中，可是它仍是乙事情的精確的複雜觀念必然所產生的結果，就如說「三角形的外角大於其不相鄰的任何一內角」便是一例。在這個命題中，外角和其不相依的內角間之關係，既然不是三角形一名所表示的這個複雜觀念的一部分，因此，這個命題就是一個實在的眞理，而且能給人實在的、能啓發人的知識。

9 **在實體方面，概括的命題常只是一些無聊玩藝**　我們離了感官既然不知道在各種實體中有某些簡單觀念是共存著的，因此，我們在實體方面所形成的普遍的、眞實的命題，便只以名義的本質所指導的爲限。不過說到依靠於實在組織的一切簡單觀念，則所謂名義的本質只能包括少數不重要的眞理，因此，我們在實體方面所立的概括命題如果是確定的，則它們大部分是瑣碎的；反之，它們如果是能啓發人的，則它們是不確定的，而且我們雖憑恆常的觀察和比較指導我們的判斷來猜想，我們也不能知道它們所含的實在的眞理。因此，我們常見很明白、很合理的理論結果是空無所有的。因爲各種實體的名稱分明也與別的名稱一樣，就它們附有相對的意義而言，則我們足以按照它們的相對的定義所允許的範圍，把它們正確地以肯定方式或以否定方式聯合在各種命題中。由這類名詞所成立的各種命題，也正可以互相演繹，而且演繹之明白的程度，正如表示最實在的眞理的各種命題可以互相演繹似的。不過我們卻並不能由此知道外界事物的本性或實在。因此，我們雖可用文字來成立解證和無疑的命題，可是我們並不能由此稍微知道事物的眞理。就如一個人知道了下述的各種文字和其平常相對的意義，如「實體、人、動物、形式、靈魂、植物的、感覺的、有理性的」，他就可以在靈魂方面成立一些無疑的命題；不過他在成立命題時，卻可以完全不知道靈魂眞是什麼樣的。人們可以在哲學、神學、一些自然哲學中，找到無數這一類的命題、推論和結論；不過他們畢竟仍然不知道什麼是上帝、精神或物體，一如其以前出發時一樣。

10 **什麼緣故** 一個人如果自由決定各種實體名稱的意義（任何人如果用各種名稱表示自己的觀念，都是如此的），並且任意由他人的或自己的幻想來取得其意義，而不考察事物本身的本性，則他很容易按照各種名稱的相對關係來互相解證它們。在這些解證中，各種事物的本性不論相契與否，他都不必過問，他只管自己那些附有名稱的各種想法就是。不過他卻不能因此就增加了自己的知識。這種情形，正如一個只知道法碼數目不能增加其財富似的，因爲一個人如果取來一袋法碼，叫某處所置的爲鎊、某處所置的爲先令、某處所置的爲便士，則他可以按照各個法碼所表示的數目多寡，正確地計算下去，加成一大個數目。不過他卻不能因此而稍微致富，而且他甚至也不知道多少是鎊、多少是先令、多少是便士。他只知道，鎊大於先令二十倍、先令大於便士十二倍。同樣，一個人如果使各種文字的含義有多、有少或相等，則他也可以相同的做法。

11 **第三點，用文字時如果意義不一致，則那也只是玩弄文字** 不過關於日常談話中（尤其是辯論式的談話）所用的各種文字，還有一種更可懲責的事情；這種事情乃是最壞的一種玩弄方法，它能使我們更達不到我們希望藉文字所求得的那種確定的知識。就是說，許多作者不但不能使我們知道事物的本性，而且他們所用的文字是鬆散而不確定的。他們所用的文字既然不能有恆常的確定的意義，因此，他們就不能以各種文字明白地、顯然地互相演繹，也不能使他們的談話緊湊而明白（不論他們的談論如何能啓發人）。這種情形本來是容易免除的，不過他們覺得紛亂含糊的名詞，正可以掩飾其愚陋和固執，因此，他們就反而不肯拋棄了。——不過這種壞處在許多人方面也是可以因爲怠忽和惡習而加甚的。

12 **表示空言命題的各種標記**　總而言之，空言的命題可以由下述的各種標記觀察而得。

第一點，斷言如果是抽象的，則命題是空言的　第一點，在各種命題中，兩個抽象的名詞如果互相肯定，則那些命題所說的只是聲音的意義。因爲任何抽象的觀念既然只能和它自身相一致，因此，我們如果用它的抽象名詞來肯定別的名詞，則我們的意義只是說，那個名詞可以如此稱呼或者是說，這兩個名稱表示著同一的觀念。因此，如果有人說，吝嗇是節儉、感恩是正義，此種行動是正義、彼種行動不是正義，則這一類的命題在一看之下雖然是很堂皇的，可是我們如果一仔細研究它們，並且仔細考究它們包含著些什麼，則我們會發現這些命題所說的不是別的，就只是那些名詞的意義。

13 **第二點，我們如果用定義的一部分作為那個名詞的賓辭，則我們的命題是空言的**——第二點，在各種命題中，我們如果用一個名詞所表示的複雜觀念的一部分作爲那個名詞的賓辭，則那些命題只是空言的；就如說「金是金屬」或「金是重的」便是。因此，在各種命題中，我們如果用較概括的文字來肯定附屬的、次概括的文字，以所謂總類來肯定物種（或個體），則那些命題都只是空言。

因此，我們如果根據這兩個規則，來考察我們日常在談論中所遇到的各種命題（不論在書中或書之外），則我們會看到，大部分命題（比人們常常所想的爲多）所說的，都只是純粹關於文字的意義的，而且它們所包含的，也只有這些標記的用法。

在這裡，我可以立一條確定的規則，我們如果不知道一個文字所表示的清晰觀念，而且我們如果不用不包含於那個觀念中的東西來肯定它，或否定它，則我們的思想就完全固執在聲音上，而且我們也不會得到眞正的眞理或虛僞。我們如果能仔細考察這一層，或者可以避免大部分無謂的娛樂和爭論，而且在追求實在的、正確的知識時，或許可以省去許多辛苦和漫遊。

第九章　我們對於「存在」的三重知識

1　**概括的確定的命題與存在無關**　我們一向所考察的，只是各種事物的本質，不過這些本質既然只是抽象的觀念，而且它們在思想中又和特殊的存在隔絕開（人心在抽象作用中的特有活動，只是把一個觀念當做是理解中存在著的東西而加以考察），因此，它們便不以有關實在存在的知識給予我們。這裡我們順便注意到，各種普遍的命題之眞僞雖是我們所確知的，可是它們並與實在的存在無關。其次，各種特殊的肯定或否定，在成爲概括時雖是不確定的，可是它們本身只是與「存在」相關的；它們所申述的，只是事物中各種觀念的偶然聯合或分離，不過這些觀念在事物的抽象本質中在我們看來並沒有已知的必然的聯繫或矛盾。

2　**關於存在的知識有三重**　不過說到各種命題的本性和各種斷言的方式，我們以後還要在別處詳細討論，因此，我們現在就略而不提了。現在我們可以研究我們對於事物的存在所有的知識，並且研究它是如何得來的。我可以說，我們之所以能知道認識自己的存在，乃是憑藉於直覺；之所以能認識上帝的存在，乃是憑藉於解證；之所以能認識其他事物的存在，只是憑藉於感覺。

3　**我們對於自己存在所有的知識是直覺的**　說到我們自己的存在，則它是我們很明白地、很確定地所知覺到的，因此，它也不需要別的證明，而且也就不能再有所證明。因爲任何東西都不能像我們的存在那樣明顯。我雖然思想、雖然推理、雖然感覺到苦和樂；可是這些動作果然能比自我的存在更爲明顯嗎？我雖然可以懷疑別的一切東西，可是只有這種懷疑就可以使我們知覺到自己的存在，而不容我來懷疑它。因爲我如果知道自己在感覺痛苦，則我清楚知覺到自己的存在，一如我知覺到我所感的痛苦的存在似的。我如果知道我懷疑，則我一定知道那個在懷疑的東西，一如我知道所謂懷疑的那種心理作用似的。因此，經驗使我們相信，我們對於自己的存在有一種直覺的知識，而且我們由內心無誤地知道，我們自己是存在的。在每一種感覺、推理或思想中，我們都意識到我們自己的存在，而且在這方面，我們正有最高度的確實性。

第十章　我們對於上帝存在的所有知識

1　**我們能夠確知有一位上帝**　上帝雖然沒有給予我們有關他自己的天賦觀念，雖然沒有在我們心上印了原始的字跡，使我們一讀就知道祂的存在，可是祂既然給了人心那些天賦官能，因此，祂就不曾使祂的存在得不到證明；因爲我們既有感覺、知覺和理性，因此，我們只要能自己留神，就能明白地證明祂的存在。我們也不應該抱怨自己在這個大問題上全無所知，因爲他已經供給了我們許多方法，使我們按照自己生存的目的和幸福的關懷而發現祂。不過這雖是理性所發現的最明顯的眞理，而且它的明顯性也等於數學的確實性（如果我沒錯的話），可是我們必須思想它、注意它，而且我們的心也必須從我們的某一部分直覺的知識，按照規則將它演繹出來，否則我們便會無法確知這個眞理，也正如我們不能確知本可以明顯地證明出來的那些命題似的。因此，我們如果要想指示出，我們能夠認識並確信有一位上帝並且指示出，我們如何得到這種確知，則我認爲我們並不必跑出自身以外、並不必跑出我們對自己存在所有的確定知識以外。

2　**人知道自己是存在的**　我認爲，人人都對於自己的存在，有一種明白的認識，都知道他存在著，都知道自己是一種東西，這是毫無疑義的。人如果懷疑自己是否是一種東西，則我可以不與他講話；正如不與虛空辯論，不努力使虛體相信它是一種東西似的。一個人如果矯情妄以懷疑的態度來否認自己的存在（因爲要眞正懷疑這個，那顯然是不可能的），則他可以安度其子虛烏有的幸福生活，等饑餓或別的痛苦使他發生相反的信念。因此，我敢說，他是實在存在的東西，而且我可以認爲這個說法是一個眞理，是人人的確實知識使他確信不疑，無法懷疑的。

3 **他還知道虛無不能產生出一個存在物，因此，一定有一種永久的東西**　其次，人還可以憑直覺的確實性知道，虛無不能產生任何實在的存在，也正如虛無不能等於兩直角似的。一個人如果不知道虛無（或一切事物的闕如）不能等於兩直角，則他便不能知道幾何中任何解證。因此，我們如果知道有一種實在的存在物，而且虛無不能產生出實在的存在物，那就分明解證出，從無始以來，就有一種東西存在，因爲凡非由無始以來存在的東西，一定有一個開始，而凡開始存在的東西，都一定是爲另外一種東西所產生的。

4 **悠久的主宰必然是全能的**　其次，任何東西如果是由別種東西開始存在的，則它自身所有的東西和依屬於它的東西，顯然一定是由另一種東西來的。它所有的一切能力都一定是從那個根源來的。因此一切事物的這個悠久的泉源，一定是一切能力的泉源，因此，這個悠久的主宰一定也是全能的。

5 **而且是全知的**　其次，一個人又看到自己有知覺和知識，因此，我們就又進了一步，並且確實知道，世界上不但有一個存在者，而且有一個有知識、有智慧的存在者。

因此，在某個時期並沒有有知識的東西，到了那個時期，才開始有了知識；要不這樣說，我們只得說，無始以來就有一位全知的主宰。人們如果說：「有一個時期，任何東西都沒有知識」，而且「悠久的主宰也並沒有任何理解」，則我可以答覆：要照這樣，則知識永不會存在，因爲一切事物如果全無知識，而且其作用又是盲目的，毫無任何知覺，則它們便不能產生出任何有知識的存在物來，也正如三角形不能使其三角大於兩直角似的。因爲要說無感覺的物質可以發生了感覺、知覺和知識，那正是與那個觀念相矛盾的，也正如說，三角形的三角大於兩直角，是和那個觀念相矛盾似的。

6　**因此，就有一位上帝**　因此，根據我們對自己的思考，根據我們在自己組織的內容方面所作的無誤的發現，我們的理性就使我們知道這個明顯而確定的眞理，就是有一位悠久的、全能的、全知的主宰。這位主宰，人們叫做上帝與否，都沒關係。事實是明顯的，在仔細考察這個觀念以後，我們更會由此演繹出這位悠久主宰所應有的一切品德。有人如果傲慢不遜，竟然以爲只有人類有聰明、有知識，可是同時又以爲它是無明和偶然的產物，而且宇宙的其餘一切部分也只是爲那個盲目的偶然所支配：則我可以讓他在有暇的時候，來思考西塞羅（見其《論法律》〔*De Legibus*〕）所加於人的那種最合理、最有力的責詞，他說：「人如果以爲只有自己才有心思聰明，而在全部宇宙中再沒有這回事；或者以爲自己盡其理性的能力所不能了解的那些東西，其運動、其安排，竟會全無理由；那是多麼傲慢，多麼不恭呢？」

由前面所說的看來，我就分明知道，我們對於上帝的存在所有的知識，比對於感官不能直接發現的任何東西的存在還要確實。不但如此，而且我認爲我還可以說，我們知道有一位上帝，比知道有任何外界的事物，還要確實些。我所說的「我們知道」這句話就是說，我們確實能夠得到那種知識，而我們只要肯用心思考它，也如思考別的東西一樣，則我們是不能不知道它的。

7　**我們對於最完全的存在者所有的觀念，還不是上帝存在的唯一證明**　人心中所構成的最完全的主宰的觀念，是否證明上帝的存在，我且不在這裡加以考察。因爲在證實同一眞理時，人們的秉心各異、用意互別，所以有些論證可以較有力地說服某些人，另一些論證又可以較有力地說服另一些人。但是我認爲有一點我還可以說的就是，我們如果把這樣重要的一點建立在那個唯一的基礎上，並且以爲人心之具有這些觀念就是「神明」的唯一證明，那確實不是證成眞理說服無神論者的妥善方法，因爲我們見到，有些人並沒有神明觀念，有些人比沒有這觀念還更壞，而且大多數人的觀念都是互相差異的。因此，我們萬不可因爲自己過於愛惜這個得意的發明，就想摒斥或企圖減弱一切別的論證，並且以爲一切別的證明都是脆弱而錯誤的，因爲我們自己的存在和宇宙中各個明顯部分已經在明白有力的方式下把那些證明提供給我們，使我認爲一切有思想的人們都不能反駁它。

因爲人們有一種最確定最明白的眞理說：屬於上帝的一切無形事物，從世界的創造明白看出來，我們甚至可以由所造的萬物看出他的永久的能力和神明。不過我們的存在雖然對於上帝的存在給了一個明顯而不可爭辯的證明（如前所說），而且任何人只要仔細考察這個證明（一如其考察關於別的部分的證明一樣），就不能不承認這個證明的有力；但是這個眞理既是基本的、重要的，而且是一切宗教和純正道德學所依託的，因此，我認爲我可以重新複檢這個論證的內容，並且詳細考察一番。我認爲讀者一定會原諒我這一層。

8 **宇宙中一定有一種無始以來就存在的東西** 宇宙中一定從無始以來就有某種東西，而且這種說法乃是明顯不過的一種眞理。我還不曾聽說有人會無理假設，宇宙中曾經有一時是完全無物的；這實在是最明顯的一種矛盾。因爲要想像：純粹的虛無，一切事物的完全否定和闕如可以產生出任何實在的存在來，那乃是荒謬之至的。

一切有理性的生物既然都不能不斷言，從無始以來就有某種事物存在，因此，我們就可以看看那種東西一定是什麼樣的。

9　**事物分兩種，一為有認識力的，一為無認識力的**　人們所能認知、所能設想的只有兩種事物：第一是純粹物質的，並無意識、知覺和思想，就如剃鬚子、剪指甲便是。

第二是有感覺、能思想、能知覺的事物，就如我們自身便是。這兩種存在我們以後可以叫做「有認識力的和無認識力的存在物」，因爲這兩個名詞爲了我們現在的目的（縱然不爲別的），也許比物質的和非物質的兩個名詞較爲適當些。

10　**無認識力的存在物不能產生有認識力的**　無始以來既是必然有一種東西，那麼，我們就可以看看它究竟是什麼樣的。說到這一層，則可明白看到，它一定是一個有認識能力的東西。因爲我們既不能想像虛無自身可以產生出物質來，因此，我們也一樣不能想像無認識力的物質可以產生出有認識力的存在物。我們不論假設任何大或小的永久的物團，我們總會看到，它自身不能產生出什麼東西來。比如面前一塊小石的物質是永久的、密集的，而且其各部分是完全靜止的，那麼世界上如果沒有別的東西存在，它不是終久是一塊死寂而不活動的物團嗎？它既是純粹的物質，那麼我們能想像能在自身加上一種運動，產生出任何東西來嗎？因此，物質如只憑其自己的能力，則它連運動也不會產生出來；它的運動必須也是無始以來就有的，否則是被比物質更有力的東西加於物質的，因爲物質自身顯然沒有能力來產生運動。

不過我們可以再進一步假設運動也是無始以來存在的；但是無認識力的物質和運動，不論在形象和體積方面產生什麼變化，它永遠無法產生出思想。因爲虛無或虛體既然沒有能力產生物質，所以運動和物質也沒有能力來產生知識。一個人既然不易設想虛無可以產生物質，因此，他也一樣不易設想，在原來無思想或無智慧的生物時，純粹的物質可以產生出思想。我們不論把物質分到多麼細微的地步（我們容易想像這樣就使物質精神化了），不論把它的運動和形象變化到怎樣的程度，可是直徑爲格里（Gry，一吋的百分之一）百萬分之一的那些圓球、立方、錐形、三棱形、圓柱形等在別的體積相差不遠的物體上所有的作用，也正如直徑爲一吋或一呎大的其他物體的作用一樣。你如果想用世界上最微細的物質分子來產生意識、思想和知識，則你也可以把粗重的物質置於一定的形式和運動中，產生出那些作用。因爲微細的分子也正與較大的分子一樣，它們也能互相衝擊、推動和抵抗，而且它們的能力也就以此爲限。因此，我們如果不假設無始以來就有一種原始的或悠久的東西存在，則物質便不能開始存在；我們如果只假設有物質而無運動，則運動永不能開始存在；我們如果只假設物質和運動是原始的或悠久的，則思想便不能開始存在。因爲不論物質有無運動，我們都不可能設想它在自身並憑自己原來能有感覺、知覺和知識，因爲若是這樣，則這些作用都將成爲物質及其各分子的永久不可離的一種性質（那就荒謬了）。不僅如此，此外還有另一種困難，就是，我們平常雖然按照物質的類概念或種概念把它當做一種東西看，可是實際上一切物質並非是一個單一的東西，而且我們也不知道、也不能想像有一個物質的存在物或單一的物體。因此，物質如果是悠久的原始的有認識力的存在物，則一定不會有一個唯一無限而有認識力的存在者，這樣，一定會產生無數的悠久、有限而有認識能力的一些存在，而且這些存在是各自獨立的，它們的力量和思想也是有限而各自有範圍的，因此，它們也就不能產生出自然中所具有的那種秩序、和諧與美麗。任何原始的、悠久的存在物，必然是有認識力的；任何原始存在的東西，至少也一定包含著並且現實具有以後所能存在的一切妙德；它所給予其他東西的任何妙德，一定是它自身所現實具有或是至少比它在較高程度內所有的。因此，必然的結論就是，原始的、悠久的存在者，一定不能是物質。

11 **因此，宇宙中一定有一種悠久的大智** 因此，我們知道，從無始以來不但必然有一種東西存在，而且那種東西又必然是一個有認識力的東西。因爲虛無或一切事物的否定，既然不能產生出積極的存在物或物質，因此，無認識力的物質也不能產生出有認識力的物質。

12 我們既然發現了一個悠久的心的必然存在，因此，我們就可以充分知道有一個上帝存在。因爲有了上帝，我們才能說，後來開始存在的一切其他含靈之物，都是依靠於祂的，而且他們的知識的途徑或能力的範圍，也不出於祂所給與他們的。有了上帝，我們才能說，祂不但造了這些東西，而且祂還造了宇宙中別的次美的東西——一切無生物——來證成、來建立祂的全知、全能和意旨，以及其他一切品德。不過這一層，雖是很明顯的，可是我們爲求進一步了解起見，還可以看看人們對於此說提出什麼懷疑來。

13 **他是否是物質**　第一點，人或者說，我們雖然極其明白地解證出，世界上有一個永久的「存在者」，而且那個「存在者」必然也是有知識的，可是我們並不能由此斷言，能思想的「存在者」就不是物質的。不過就照這樣說「我們也一樣可以推斷說有一個上帝。因爲宇宙中如果有一個永久的、全知的、全能的「存在者」，則那個「存在者」不論你想像祂是物質與否，總確實有一位上帝。不過這個假設卻是危險的、騙人的。「宇宙中，必然有悠久有知的存在者」這個命題乃是無法避免的一個解證，因此，崇拜物質的人們就情願承認這個有知識的存在者就是物質。不過這樣一來，則他們在心中又忘卻了原來證明「悠久而且有知性的存在者必然存在」的這個解證，結果就堅持一切都是物質、就否認上帝、否認悠久而有知性的存在者。這樣，他們就不但不能建立其他們的假設，反而把他們的假設毀滅了。因爲照他們的意見說來，宇宙中既然只有悠久的物質，而無任何悠久而有知性的存在者，那麼他們顯然就把物質和思想分開了，顯然就假設它們彼此無必然的聯繫、顯然就成立了「悠久精神」的必然性，而把物質的假設摧毀；因爲我們已經證明，我們是不得不承認有一個悠久而有知性的上帝的。思想和物質既然可以分開，則物質的悠久存在，並不能跟著有知性的神明的悠久存在而來，因此，他們的物質假設就空無意義了。

14 **不是物質的，第一，因為各個物質分子都不是有知性的** 不過讓我們看一看，他們如何向自己或他人來解釋，這個永久的、能思的東西是物質的。

第一，我要問他們，他們是否想像一切物質，一切物質分子都是在思想的，我認爲他們是不容易這樣說的，因爲要這樣主張，則所有永久能思的東西，將和物質分子的數目一樣多，因而上帝的數目就會成了無限的。但是他們如果不承認單作爲物質看的物質（即一切物質分子）是有知性的，一如其爲有廣袤的似的，則他們便有一個困難的任務，他們必須向自己的理性解釋無知性的分子如何能產生出有知性的分子，無廣袤的部分如何產生出有廣袤的部分，如果我可以這樣說。

15 **第二點，不能單有一個物質分子是有知性的** 第二點，全部物質如果都不能思想，則我們其次就可以問，是否單有一個原子是能思想的？這種說法正與前一種說法有一樣多的荒謬之點，因爲這個物質分子必須單是永久的，或不是永久的。如果單單這個原子是永久的，這個原子自身就可以憑其有力的思想或意志，創造其餘一切物質。因此，我們就可以說，物質是由有力的思想所創造的（這正是物質主義者所堅持的）。因爲他們如果假設一個單一能思的原子曾經產生了一切其餘物質，則他們之所以認爲它高出於一切，一定是因爲它是能思想的，因爲它和別的原子的唯一差異就在於這一點。我們縱然承認它的優越之點在於別的方面（這是我們所不能思想到的），可是這仍是創造，而且這些人們仍得拋棄「無中不能生有」的那個偉大的公理。人們如果又說「其餘一切物質也與那個能思的原子一樣永久」，則那就無異於任意胡說了，因爲要假設：一切物質都是永久的，而同時卻有一個小分子在知識和能力方面又無限地高於一切，那正是毫無理性的一種假設。任何一個物質分子都可以與別的任何一個分子有相同的形象和運動；我可以請任何人在其思想中，試試能否使此一個分子高出於另一個分子。

16　**第三點，一個無知性的物質系統不能成為有知性的**　第三點，這個悠久能思的存在者，既不是特殊的單個原子，又不是一切物質分子（全部物質），因此，我們只可以說，是組織適當的一個物質系統了。我認爲主張上帝是物質存在者的人們，往往是懷著這種想法的；他們常常想像自己和他人都是物質的，能思想的存在者，因此他們最自然地就發生了這個想法。不過這種想像雖是最自然不過的，卻仍與前兩種假設一樣荒謬。因爲要假設那位悠久的、能思的存在者，只是無知性的物質分子的一套組織，就無異於把那個永久神明的一切智慧和知識都歸於各部分的並列關係，這是多麼荒謬的一種說法呢？因爲不能思想的物質分子，不論如何排列，所發生的只能有一種新的位置關係，並無其他東西加於其上，而這種關係是不能產生思想和知識的。

17　**它是運動的，還是靜止的**　我們還可以進一步說，這個物質系統的各部分不是靜止的，就是有一種運動的。如果它是完全靜止的，則它只是團塊，並不比單一個原子優越。

如果這個系統的思想是依靠於其各部分的運動，則一切思想都成了附加的、有限的，因爲能藉運動引起思想的一切分子，本身既然沒有任何思想，因此，它們便不能規範它的思想，更不能被全體的思想所指導，因爲全體的思想不是那個運動的原因（如果是，它就在運動以前，而且離開運動了），而是它的結果。照這樣，則自由、能力、選擇和有理性的思想，聰明的行爲都失掉了。照這樣，則那個能思想的東西，比純粹盲目的物質也沒比較聰明，因爲要把一切都歸於盲目物質的偶然的無指導的運動，或歸於依靠這種盲目運動的思想，那正是一回事；而且這類思想和知識既然依靠於其各部分的運動，當然它是很狹窄的。不過這個假設雖然充滿著許多荒謬和矛盾，可是我們只舉前面所說過的那些就是了。因爲不論這個思想的系統是宇宙物質的全部或一部分，我們依然可以說，任何分子都不能知道它自己的或別的分子的運動，全體也不能知道各個體的運動，因此，它就不能規範自己的思想或運動，也不能由那種運動產生任何思想。

18 **物質不能與悠久的心靈同其悠久** 又有些人們雖然承認有一個悠久的、有知性的、非物質的「存在者」，可是他們又以爲物質也是永久的。這種主張雖然沒有取消上帝的存在，但是它既然否認上帝的一件奇妙作品——創世——所以我們不妨稍微考察它。你說物質必然是悠久的；那有什麼根據呢？因爲你不能想像物質由無中生出來嗎？若眞如此，那麼你爲什麼不想像自己也是悠久的呢？你也許又會說，因爲三、四十年前，你才開始存在。但是我如果再問，開始存在的那個「你」是什麼，則你恐怕就難以答覆了。構成你的那種物質一定不是在那時開始存在的，倘若是，那它就不是悠久的了。那種物質只是開始有了新的形態和結構，來形成你的身體，不過各個分子所形成的那個結構並不是你，它並不能使你成爲能思想的東西（因爲我現在的對手是一面主張有一個悠久能思而且非物質的東西，一面又主張不能思想的物質也是悠久的）。那麼那個能思想的東西究竟是何時開始存在的呢？它的存在如果不曾有開始，則你從無始以來就是一個能思想的東西；這種謬論我是不必反駁的，因爲人們不致於缺乏理解而竟然承認這一點。你如果承認能思想的東西可以由無中生出（一切非悠久的東西都是如此的），那麼你爲何不能承認，相等的能力也一樣可由無中創造出物質的東西來呢？

只因爲你經驗到精神的創造，沒有經驗過物質的創造，就不承認這一層嗎？不過我們在仔細考察之後，就可以知道，精神的創造也不比物質的創造費著較小的能力。不但如此，我們如果能脫離俗見、提高思想，精密地考察各種事物，則我們還可能含糊地想像到物質如何能藉悠久神明的能力開始存在，而說到精神，則它的開始存在，在我們看來更是「全能」的一種更難思議的作用。這種說法雖然也許會使我們遠離了現代哲學所賴以建立的那些想法，可是我們仍不得不拋棄那些想法，仍不得不在文法所許可的範圍內從事研究，因爲通俗的確立的意見正是許可這種做法的。在歐洲尤其是這樣的，因爲在這裡，傳統的學說很充分地說明我們的主張，而使下面一事成爲毫無疑問的，就是人們如果承認了任何一種實體可以由無中生出，則他們會同樣容易地來假設其他一切東西都可以由無中生出，唯獨造物主除外。

19　不過你或許又說，……只因爲我們不可能想像無中生有就不可能這樣主張嗎？我說，不是的，因爲我們不能只因爲自己不能設想無限神明的作用，就來否認它的權力。我們平常也不因爲自己不能設想其他作用的產生方式就來否認那些作用。我們只能設想，物體的推動力才可以使物體運動，除此以外，我們便不能設想有別的東西可以有這種作用；不過這並不是充分的理由，藉以否認這種作用是可能的。因爲我們在自身恆常經驗到，自己的一切願意運動都是由人心的自由作用或思想所發生的。它們並不是身內外盲目物質的推動力（或定決）的結果，因爲要是如此，我們就無能力來選擇了。例如我的右手寫字時，左手卻閒著，那麼我們就可以問，什麼能使一手運動、一手靜待著呢？沒有別的，就是我們的意志，我心中的一種思想；而且我的思想一變，則右手會休息、左手會動作，這種事實是不能否認的。你先解釋這一層，加以明白認識，然後你就可以了解創世工作了。有的人們雖然用精神的運動來解釋隨意的運動說，它是因爲精神的運動受了新的決定作用發生的，可是這並不能減少絲毫困難。因爲在這種情形下，要來變化運動的決定，正如發生運動是一樣不容易的，因爲精神所受的新的決定作用，不是由思想直接所賦予的，就是由思想所觸動的其他物體所賦予的（這種物體從前當然是不能控制精神的，它的運動當然是由思想所觸動的）；無論哪種說法，都使隨意的運動仍如前一樣不可解釋。同時我們還可以說，要用我們這些狹窄的才具來衡量一切事物，而且斷言我們所不能了解如何做成的那些事物都是不能做成的，那就太過分看重自己了。因爲這樣就使自己的識解成了無限的，而使上帝成了有限的，因爲祂所能做的已經限於我們對祂所能了解的範圍以內了。你如果不理解你自己有限心理的動作——你內心那個能思想的東西——則你也不必奇怪，自己爲什麼不能了解那位悠久無限、支配一切事物而爲諸天之天所不能包容的偉大「心靈」。

第十一章　我們對其他事物的存在所有的知識

1　**這種知識只能藉感覺得到**　我們對自己的存在所有的知識是其直覺得來的。至於上帝的存在，則是理性明白昭示我們的。這是之前所說過的。

至於我們對任何別的事物的存在所有的知識，則只是由感覺得來的。因爲實在的存在和一個人記憶中所有的任何觀念，既然沒有必然的聯繫，而且只有上帝的存在和特殊的人的存在才有必然的聯繫（其他任何事物的存在與人民存在並無此種關係），因此，任何東西只有現實地影響了一個特殊的人以後，他才能知覺到它，除此以外，他便不能知覺到其他東西。因爲我們心中之具有任何觀念，並不能證明那個事物的存在，正如一張人像不能證明他在世界上實在存在著一樣、也正如夢中的幻景不能成爲眞正的史蹟一樣。

2　**以紙的白性為例**　因此，我們之所以注意到別的事物的存在，並且知道在那時候外界確實存在著一種東西，引起我們那個觀念（雖然我們也許不知道或不思考它是如何引起那個觀念的），只是因爲我們現實地接受了那些觀念。因爲我們雖然不知道各種觀念產生的途徑，可是這無法減少我們感官的確實性，並且無法減少由感官所得的那些觀念的確實性。就如我寫這篇文章時，紙就實在地刺激了我的兩眼，在我心中發生了所謂白的那個觀念（不論什麼東西產生它），而且我也由此知道那個性質或附性（它在我們眼前的現象永遠引起那個觀念）是在我以外的外界實在存在著的。對於這一點，我所有的、最大的確信，和我的才具所能達到的最大的確信，就在於我這兩眼所有的證據，因爲兩個眼睛正是這件事的唯一專管的判官。它們的證明我有理由認爲是十分確定的，因此，我在寫這篇文章時就不懷疑自己看見白和黑，而且不懷疑有一種實在存在的東西引起我那個感覺，正如我不懷疑自己正在寫字、或正在運動自己的手似的。除了在人自己或上帝方面以外，關於任何事物的存在，人性所能得到的確實性，也就以此爲最大了。

3 **這雖然不如解證般確實，但也可以叫做知識，而且證明外界事物的存在** 我們藉感官對各種外物的存在所產生的知識，雖然不如我們的直覺的知識那樣確定，雖然不如理性在心中的明白抽象的觀念方面所有的推論那樣確定，可是它仍然是配得上稱爲知識的一種確信。我們如果相信各種官能是在活動著並把刺激它們的那些物像的存在正確地報告出來，則這並不是全無根據的一種自信。因爲我認爲沒有人會當採取懷疑態度，以至無法確信他所見所覺的那些事物的存在。至少我可以說，人如果懷疑到那樣程度，則他不論如何處理自己的思想，他總不能與我談話；因爲他從不能確知，我曾說了與他的意見相反的話。說到我自身，我認爲上帝已經使我充分確信外界事物的存在，因爲我如果在各種途徑下使它們接觸我的身體，我就能以在自身中產生我們在現世所極關心的苦和樂。我相信我們的官能在這方面並不會欺騙我們，而且這種信念就是我們在物質事物的存在方面所能達到的最大的確信，這一點是毫無疑義的。因爲我們做任何事情都是憑藉於自己的官能，而且我們在談論知識本身時，也不能不藉助於可以了解知識是什麼一回事的那些官能。由此我們就可以確信，在各種外物刺激我們時，我們的官能，關於它們的存在所做的報告，是不會錯誤的。不過除此以外，我們還有別的與此可以互相印證的一些理由來證實我們這種確信。

4 **第一點，因為我們不藉感官的入口，就不能得到它們**　第一點，我們清楚看到，那些知覺是由刺激我們感官的一些外界原因給我們所產生的；因爲缺乏任何感覺器官的人，就不能在心中產生屬於那個感官的觀念。這是不容懷疑的；因此，我們不得不相信，它們是由那些感覺器官來的，而不是由別的途徑來的。器官本身並不能產生它們，因爲要是如此，則一個人的眼在黑暗中也可以產生出顏色，而且在冬天，他的鼻子也可以嗅著玫瑰花香。因此，我們看到，人如果不到產波羅蜜的東印度群島親自嘗嘗它，則他便不會得到那種滋味。

5 **第二點，因為由感覺來的一個觀念和由記憶來的另一個觀念，是很不相同的兩種知覺**　第二點，因爲我們常見我們不能避免心中出現的那些觀念。當我的眼簾緊閉、窗子緊合時，我一面可以任意在心中喚起先前感覺貯存於記憶中的光或日的觀念，而且一面又可以把那個觀念拋棄轉而觀察玫瑰花香或糖味的觀念。但是我如果在正午時分把眼睛轉向太陽，則我並不能避免光或太陽給我產生出的它們的觀念。因此，貯存於記憶中的那些觀念，和強迫而入的那些觀念，顯然有一種區別（前一種觀念只要在心中，我就有能力來安排它們、擱置它們）。由此，我們就知道，一定有一種外界的原因、一定有一種外物的活躍動作，不論我們願意與否，總要給我們心中產生出那些觀念，因爲它們的效力，我是不能抵抗的。不但如此，任何人都可以在自身看到，在思維記憶中的日的觀念，和現實觀察日時，顯然有所區別。這兩種觀念，他是可以極其清晰地知覺到的，因此，很少有別的觀念，能如它們那樣彼此有所分別。因此，他就可以確知，它們並不都是記憶，並不單純是他自身心理和想像的作用；而那種現實的視覺是有一個外界原因的。

6 **第三點，伴隨現實而來的苦和樂，在那些觀念復現時，並不相隨而至，因為已經沒有外物了**

第三點，此外我們還可以附加說，有許多觀念在產生時，雖然伴有痛苦，可是在後來我們記憶起它們的時候並無任何難堪。就以冷或熱的痛苦來說，則我們清楚知道，它的觀念在復現於人心中時，並不能干擾我們。可是我們在眞感覺它時，它原是很難受的，而且我們如果眞再感覺它一次，它仍是很難受的。我們之所以感到這種難受，正是因爲外界物體在我們的身體上引起一種失調。不過在我們記憶起饑渴、頭痛時，我們並不感到痛苦；這些觀念永久不能干擾我們，否則我們只要思想到它們，它們就會給我們痛苦，假使我們心中只有一些浮游的觀念和娛樂想像的一些現象，並沒有打動我們實在存在的事物。說到伴隨各種實在感覺而來的快樂，我們也可以有同樣的說法。數學的解證雖然不依靠於感官，可是我們如用圖解來考察它，就可以使我們視覺的證據得到大的信用，並似乎給予它一種接近於解證的確實性。因爲一個人既然以線和角做成圖解來度量一個形象的兩角，並且由此承認此一角大於彼一角爲一個不容否認的眞理，那麼他如果還懷疑在度量時親眼所見的線和角的存在，那不是很奇怪的嗎？

7　**第四點，我們的各種感官，在外物的存在方面，可以互相幫助其證據**　第四點，關於外界可感物的存在，我們的各種感官可以互相證明其所報告的眞理。一個人看到火以後，如果疑問，它是否只是一個幻想，則他可以再摸摸它，並且把手擱進去試試。單純的觀念或想像一定不能使他的手產生劇烈的痛苦，除非那個痛苦也是一個幻想。不過即在幻想中，當創傷好了以後，他也不能只藉喚起火的觀念再發生這種痛苦。

因此，我就看到，在我寫這篇文章時，我就能把紙的現象改變了，而且我在想好字母以後，還可以預先說出，我只要一揮筆，下一刻的紙上就可以現出什麼新觀念來。我如果只是想像，而手卻不動，或者手雖動，而眼卻閉著，這些新觀念就不會顯現出來；可是那些字一寫在紙上以後，則我後來又不能不照它們的樣子看見它們，又不能不發生了我所寫的那些文字的觀念。因此，它們顯然不只是我們想像的遊戲，因爲我發現那些字母原來雖是由我的自由思想寫就的，可是在寫就以後，它們就不服從我們的思想了。我雖然隨時可以想像它們消滅了，它們也並不消滅，它們仍然繼續按照我所寫的那樣，經常地、有規則地來刺激我的感官。此外我們如果再加上一點說，別人在看見它們以後，還會自然發出我原來寫它們時所想表示出的那些聲音，那麼我們就更沒有理由來懷疑我所寫的那些文字是眞在外界存在的，因爲它們可以引起一系列有規則的聲音，來刺激我的聽覺，而這些聲音並不能是我的想像結果，而且我的記憶也無法都照那種秩序來保存它們。

8 **這種確實性所能及的程度，正與人生所需要的相適合**　不過說了半天，如果還有任何人懷疑存心，不信任自己的感官，並且斷言在我們一生中，我們所見、所聽、所覺、所嘗、所想、所做的，只是大夢中的一長串惑人幻象並沒有實在，因此，他就會懷疑一切事物的存在，或我們對任何事物所有的知識。不過我可以請他考慮，一切如果都是夢境，則他也只有夢見自己發生這個疑問了；那麼一個醒者答覆他與否也就無關了。不過他假如愛聽的話，則他正不妨夢見我向他作下述的回答。我可以說，在自然界中存在著的各種事物的確實性，如果我們的感官親自證實的，那麼這種確實性不只是我們這身體的組織所能達到的最大的確實性，而且它是和我們的需要相適合的。我們的各種官能雖並不足以達到全部存在物的範圍，並不能毫無疑義地對一切事物得到完全的、明白的、涵蓋的知識，它們只足以供保存自我營謀生命之用，因此，它們只要能把有利有害的事物確實地向我們報告，那它們的功用就已經不小了。一個人如果看見一盞燈燃著，並且把自己的手指置在焰裡試試它的力量，則他不會懷疑，能燒他、使他發生劇痛的那種東西是在外面存在的。這種確信是有用的，因爲一個人在支配自己的行動時，所需要的確實性，只與他自己的行動一樣確實，那就夠了。

我們這個做夢的人如果肯把自己的手擱在玻璃爐內，試試它的劇熱，是否只是昏睡者想像中的一種浮游的幻想，則他會驚醒，的確知道有一些東西不僅僅是想像，而且他的這種知識的確實性，遠過於他原來所想像的。因此，這種明顯性已經達到我們所希望的程度，因爲它是與我們的快樂和痛苦、幸福和患難，一樣確定的。超過這種限度，我們對於知識或存在就不必再關心了。我們對於外物存在的這樣一種確信，已經足以指導我們趨或避這些外物所引起的福與禍，而我們所以要想知道它們，重要的目的也正在於此。

9 **不過這種確實性不能超過實在的感覺** 總而言之，我們的感官，既然實實在在把一個觀念輸入於我們的理解中，所以我們不得不相信，在那時，外界眞正有一種東西在刺激我們的感官，並且藉感官使我們的理解官能注意到它，因而確實產生了我們由此所知覺到的那個觀念。我們並不能太過於懷疑它們的證據，以至於懷疑我們感官所見爲聯合在一起的簡單觀念的集合體，並不眞正在一起存在。不過這種知識所及的範圍，也只以感官運用於刺激它們的特殊物像時所得的直接證據爲限，它並超不出這個範圍。因爲我在一分鐘前，縱然見過號稱爲人的一些簡單觀念的集合體是在一起存在的，可是現在我如果只是一個人獨自在這裡，那我就不能確知，那個人還存在著，因爲他在一分鐘前的存在和他現在的存在並沒有必然的關係；因爲我剛才雖可以憑感官知道他的存在，可是他仍會在千萬種狀態下消滅了。在今天方才見的人，我如果此刻尚且不能確知他的存在，則一個人如果與我的感官遠隔，而且我自從昨天或去年還未見過他，則我更不知道他是存在的；至於別的人我如果從未看見他，則我更是不能確知他的存在的。因此，在我獨處一室，寫這篇文章時，千千萬萬人們雖然多半是存在的，可是我對於這件事並沒有嚴格意義可稱爲知識的確定信念。此事發生的很大概然性，雖然使我無法懷疑，雖然使我不得不相信某些人現在還活在世界上（而且這些人們是我相識、是與我共事的），並且應當本著這個信念來做一些事情，可是這只能說是概然性，並說不上是知識。

10 **在樣樣事情方面要求解證，那是很愚昧的**　因此，我們可以說，一個人雖然有理性，可以判斷事物的各種差異的明顯性和概然性，並且由此規制其行爲，可是他的知識既然是有限的，因此，他並不當在本不能解證的事物方面要求解證和確信，而且他也不當因爲很合理的命題，和很明白的眞理不能解證得克服他的膚淺的懷疑藉口（不是理由），就不相信那些命題，而且就反著那些眞理行事。倘若如此，那就很愚蠢、很荒誕了。因爲一個人在日常生活中如果除了直接明白的解證以外，完全不願承認其他的一切，則他便不能確信任何事物，只有加速其死亡罷了。他的飲食雖精美，他也會不敢嘗試；而且我也眞不知道，還有什麼事情，他在做時，是憑藉毫無疑義、毫不能反駁的根據的。

11 **過去的存在是由記憶所認識的**　我們的感官在現實運用於一個對象的時候，我們說那種對象是存在的，同樣，各種事物如果以前曾刺激過我們的感官，則我們的記憶也可以使我們相信，它們是曾經存在過的。這樣我們才知道各種事物過去是存在的；我們的感官曾把那些事物報告給我們，我們的記憶現在仍保存著這些觀念。不過這種知識所及的範圍仍以我們感官以前使我們確信的程度爲限。因此，我在此刻如果看見水，則水現在的存在對我說來是一個毫無問題的眞正命題。我如果記得我昨天看見它，則我可以說水曾在一六八八年七月十日存在過，而且只要我的記憶能保存這件事，我這個命題將永遠是眞實而不容懷疑的。我如果在那時候，又見過水面上的泡沫，而且泡沫上又有各種鮮豔的顏色，則要說那些顏色曾經存在。那也一樣是眞實的。但是我現在既然看不見水和泡沫，則我現在便不能確知水在當下是存在的，正如我不能確知泡沫或其上的顏色是存在的一樣。

我們不能因爲泡沫和其顏色昨天存在過，就說它們今天也必然存在，同樣，我們也不能因爲水在昨天存在過，就說它今天也必然存在。不過水的存在仍是十分可靠的，因爲我們常見水長期繼續存在，而其上的泡沫和顏色則迅速消滅了。

12 **神靈的存在是不能認識的** 我以前已經指示過，我們對於神靈有什麼觀念，而且說過，那些觀念是怎樣獲得的。不過我們心中雖然具有那些神靈的觀念，而且知道我們具有它們，可是這些觀念並不能使我們知道，任何那類東西是在外面存在著的，而且除了永久的上帝以外，我們也不能由此知道，宇宙中有任何有限的神靈或其他精神的存在物。

我們自然可以根據啓示或其他理由，來確信有這些被造物存在；但是我們的感官既然無法發現它們，我們便沒有方法可以知道它們的特殊存在。因爲我們不能因爲自己心中有這些存在物的觀念，就能以確知實有有限的神靈存在，正如一個人不能因爲自己有神仙或馬面的觀念，就知道有與這些觀念相應的東西存在似的。

因此，關於有限神靈的存在，和其他事物的存在，我們只得自足於明白的信仰；而且在這方面，我們是永遠達不到普遍確定的命題的。因爲上帝所造的那些有智慧的神靈縱然千眞萬確仍然是存在著的，可是這一點永不能成爲我們確實知識的一部分。這一類的命題，我們只可以當它們是十分可靠的而加以信仰，不過我們是永不能確知它們的。因此，在各種事物方面，如果只有我們的感官可以把或此或彼的特殊事物報告給我們，此外再沒有別的知識，則我們在這些事物方面，便不能要求他人解證出普遍的確定性，而且我們也就不當追求這種普遍的確定性。

13 **關於存在的特殊的命題是可以知道的** 由此我們就可以看到，命題共有兩種。㈠一種命題是關於與觀念相應的事物之存在的。就如我們心中如果有了一隻象、鳳凰、運動，或一個天使的觀念，則我們自然首先會考察那個東西究竟存在不存在。這種知識只是屬於特殊事物的。除了上帝的存在以外，我們只有藉感官的報告，才能確知別的任何事物的存在，除此以外便無所知。㈡至於第二種命題則是表示抽象觀念的契合或相違，以及其相互關係的。這一類命題是可以成爲普遍的、確實的。就如我們有了上帝、自我、服從、恐懼等觀念以後，則我們不得不相信「我是應該恐懼上帝、服從上帝的」。我如果造成「人類」這個抽象觀念，而且我爲「人」中之一，則上述這個命題在一般的人方面都是確定的。不過「人應該恐懼上帝、服從上帝」的這個命題無論怎樣眞實，總不能給我證明世界上人的存在，而只有當這些被造物存在的時候，這個命題才能對它成爲眞實的。這一類普遍命題的確實性，只是依靠於那些抽象觀念中所發現的契合或相違的。

14　**有關抽象觀念的概括命題也是可以知道的**　在前一種情形下，我們的知識之所以成立，乃是外界存在的事物藉我們的感官在我們心中產生了那些觀念的結果；在後一種情形下，我們的知識之所以成立，乃是因爲心中的各種觀念（不論它們是什麼樣的）產生了那些普遍而確定的命題的結果。這類命題多半都叫做永恆的眞理（aeternae veritates），而且它們全部也實在是如此的。不過它們之所以是永恆的眞理，並不是因爲它們全部或部分烙印於人心中，或者因爲它們是任何一個人心中的命題。只有人在得到抽象的觀念以後，用肯定或否定把它們加以聯合或分離時，人們才能構成這些命題。不過任何地方只要有人其物存在，而且他只要賦有各種官能來獲得我們所有的那些觀念，則我們便可以斷言，他如果運用思想來考察那些觀念，則他在他的觀念之間，一定會看到契合和相違，而且他也一定知道由此契合或相違而起的各種確定命題的眞理。因此，這類命題之所以名爲永恆的眞理，並非因爲它們是實在形成的永恆的命題，而且是在理解形成它們以前就存在的；也並非因爲它們是由心外先在的一些模型印在心中的；乃是因爲它們在抽象觀念方面，如果有一次被造成眞的，則不論在過去、在將來、任何時候，具有這些觀念的人心只要再做一次這些命題，則這些命題永遠被他認爲是眞實的。因爲各個名詞既被假設爲永遠表示著同一的觀念，而且那些觀念互相之間又有同一的關係，因此，關於任何抽象觀念的命題，只要有一次是眞的，則它們必然會成了永恆的眞理。這些命題永遠被他認爲是眞實的。因爲各個名詞既被假設爲永遠表示著同一的觀念，而且那些觀念互相之間又有同一的關係，因此，關於任何抽象觀念的命題，只要有一次是眞的，則它們必然會成了永恆的眞理。

第十二章　知識的改進

1 **知識不是由公理來的**　學者間有一種通行的意見，以爲公理是一切知識的基礎，而且以爲每種科學都是建立在一些預知上的。他們以爲理解是憑這些預知而起的，而且理解之得以探討那種科學的事體，也是憑著那種預知的。因此，經院中一向所循的道路，就是一開始把幾條普遍的命題作爲基礎，而在其上建立在那個題目方面所要求得的知識。用作任何科學的基礎的這樣所奠定的學理就叫做原則；我們不但以這些原則爲出發點，而且我們在探求中，也就不返回來再行考察它們，正如我們所說過的那樣。

2 **這個意見的起因**　別的科學中之所以予人採用這個方法的，我認爲有一個原因；就是這種方法用在數學中似乎很有成效，而且人們在這裡得到最確實的知識，因此，這些科學就特別被人叫做學問（learning）或學得的東西（things learned），因爲它們比別的學問，都是最確定、最明白、最顯然的。

3 **知識是由我們比較各種明白而清晰的觀念來的**　不過任何人只要一考察就會看到（我認爲），人們在這些科學中所得的實在知識之所以有進步、之所以能確實，並不是由於這些原則的影響，而它們之所以特別占有上風，也不是由起初所建立的兩三條概括公理來的。這些知識之所以產生，乃是因爲人們的思想曾經運用於明白、清晰而完全的觀念，以及某些觀念間的相等關係、多寡關係極其明白，使他們得到一種直覺的知識，並由此得到一種途徑使他們在別的觀念中也能發現這種知識。在這裡，人們都無需那些公理的幫助。因爲我們知道，一個幼童不藉助於「全體大於部分」的這個公理，就可以知道他的全身大於他的手指，而且他在未學得這個公理時，他就會知道身大於指。一個村姑如果從一個欠她三先令的人收回一先令，又從另一個欠她三先令的人收回一先令來，則她會知道，在那兩人手中所剩下的債務是一樣多的。我相信，她之所以能確知這一點，一定不是由於「等量減去等量，結果也相等」的這個公理，因爲她或許根本就不曾聽過或想過這個公理。我希望人們根據我在別處所說的話，來考察是特殊的例證還是概括的公理，爲大多數人首先明白地知道的？究竟是哪一個產生哪一個的？

這些概括的公理只是把較概括、較抽象的觀念加以比較，而這些觀念又只是被人心所創造、所命名的，而它之所以如此，乃是爲求在推論中容易進行，並且把它的各種複雜的觀察納於較概括的名詞中，較簡短的規則中。因此，人心中知識之產生、建立，乃是由於特殊的事物，只是我們後來或許會忘掉這一層罷了；因爲人心自然的傾向，就在於不斷地增加它的知識，就在於細心地把那些概括的想法貯存起來並且適當地運用它們，使記憶免除了許多特殊事物的重負。一個兒童或任何人都知道（包括手指和全體的）身體比手指爲大，那麼你縱然叫他的身體爲全部，叫他的手指爲部分，他的知識會因此較以前更爲確實一些嗎？這兩個相關的名詞果眞給他新的知識，而且那種新知識，離了這些名詞，就是他所不知道的嗎？他的語言中如果竟然缺乏了「全體」和「部分」這兩個相關的名詞，那麼他就不知道，他的身體大於他的手指嗎？他在學得這些名稱以前，就知道他的身體大於他的手指，而在學得這些名稱以後，他也只不過知道身體是全體、手指是部分，而且後面這種知識，也不比以前那種知識更爲確實。

人如果可以否認他的手指小於他的身體，則他也一樣可以否認他的手指是他的身體的一部分。人如果懷疑手指是否是小的，則他也一樣可以懷疑它是否是一部分。因此，「全體大於部分」的這個公理，並不能用以證明手指是小於身體的；我們只能用它來使人相信他已經知道的一種眞理，不過在這時候，它已經沒有用了。因爲一個人如果不能確知兩個物質部分加在一起以後，比任何一個部分都大，則他也不會藉「全體」和「部分」這兩個相對的名詞來知道它，不論你用這些名詞做出什麼公理來。

4　**在不確定的原則上有所建立，那是很危險的**　關於數學，我們在特殊方面可以說，從兩吋黑線上減去一吋，從兩吋紅線上減去一吋，兩條線的餘數是相等的；此外，在概括的方面，我們也可以說，如果你從等量上減去等量，結果也是相等的。這兩種道理，究竟哪一種是在先知道的，而且是知道得較爲明白的，我讓別人來考察好了，因爲我現在並不打算來考察這一層。我現在所要說的乃是：如果知識的捷徑是要使我們由概括的公理開始，並且在其上建築，則我們是否可以把別的科學中所確立的原則，認爲是不可反駁的眞理？我們是否可以不經考察就接受它們，並且不容懷疑就執著於它們？數學家已經很幸運地、很公平地應用過自明而不可反駁的公理了，我們也可以照樣行事嗎？若眞如此，那麼我眞不知道道德學中有什麼不可成爲眞理、自然哲學中還有什麼不可引證的東西。

我們如果把一些哲學家的原則當做是確定而不可質疑的，如說「一切都是物質，並無別的東西」。則我們便會看到，在現代祖述這種學說的一些人的著述裡，我們被帶領到什麼地方。人如果認爲世界（如帕勒蒙〔Polemo〕所主張）、乙太或太陽（如斯多伊〔Stoics〕派所主張）、或空氣（如安諾撒門尼斯〔Anaximenes〕）是上帝，則我們所有的神學、宗教和禮拜，將成了什麼樣子呢？

像這樣不經考察就被接受的原則，是最危險不過的；而在道德學方面，尤是如此；因爲道德學可以影響人的生活，並且給他們的行動一種方向。阿瑞斯提普斯（Aristippus）既然主張幸福在於身體的享樂，安提西尼（Antisthenes）既然主張德性就是幸福，那麼他們所營的生活不是不一樣的嗎？人如果與柏拉圖一樣，主張鴻福即在於我們對上帝所有的知識，則他的思想會提高來思考別的東西，不如一般人似的、只著眼於地球和其中所有的一些無常的東西。一個人如果與亞基老（Archelaus）一樣主張是非忠奸，只是爲法律所定的，而不是爲自然所定的，另一個人如果主張我們所負的義務是獨立於人類組織以外的，則他們兩人的邪正的法度當然也就不一樣了。

5 **並沒有到達眞理的確定途徑**　因此，我們所接受的那些原則如果是不確定的（我們必須有方法來分別確定的原則和可疑的原則），而且我們只是由盲目的信仰才認爲它們是原則，則我們一定會被它們所誤導了。因此，我們不但不能憑原則達到眞理，反而會因爲它們沉溺在錯誤中。

6 **我們只能比較那些具有確定名稱的、明白的完全觀念**　不過我們之所以能知道確定的原則和其他眞理，只是因爲我們認知到我們觀念的契合或相違，因此，促進知識的途徑不在於盲目地本著確定的信仰，來吞嚥各種原理，而是要在心中確立明白、清晰和完全的觀念，而給予它們恰當的、恆常的名稱。因此，雖然沒有別的原則，我們只要能考察觀念自身，並且比較它們、尋出它們的契合或相違以及各種關係和習性，那我們只根據這個規則，就會得到較眞實、較明白的知識。反之，我們如果只是盲目地把一些原則記在心裡，用以處理別的原則，我們便不會有這種結果。

7 **促進知識的眞正方法，只有考察我們的抽象觀念**　因此，我們如果要遵從理性的指示，往前進行，則我們必須使我們的考察方法適合於我們所考察的觀念的本性、適合於我們所探求的眞理。概括而確定的眞理只是建立在抽象觀念的各種常性和關係上的。因此，要想在各種關係方面找尋出那些能夠眞實而確定地表示在概括的命題中的關係，則我們必須剖析毫芒、井井有條地運用我們的思想，把那些關係找尋出來。在這方面，我們的進行步驟，正可以從數學家的學校中學得，他們是由很明白、很容易的起點，按步就班，藉著一長串的連續推論，發現、解證出，似乎非人類才力所能達到（在一看之下是如此的）的眞理來。數學家之所以有很大的進步，並且有許多意外驚人的發現，只是因爲他們有發現各種證明的本領，只是因爲他們發明了可羨的方法，把各種中介觀念找尋出來、排比起來，從而又根據解證把原不能互相比較的數量的相等或不相等指示出來。不過在別的觀念方面，我們是否也可以如在體量觀念方面一樣，發現類似的方法，那我是不敢斷言的。我只可以說，如果有別的觀念是它們物種的實在的和名義的本質，則我們如果用數學家所慣用的方法來考察它們，它們一定會使我們的思想十分進步、十分明白、十分顯然，而且明顯的程度會超出我們平常所想像的程度之外。

8 **藉這種方法，我們也可以使道德學更為明白一點**　由此我更可以自信不疑地來主張我在第十八節所提出的那個猜想，就是，道德學和數學是一樣可以解證的。因爲倫理學所常用的各種觀念，既是實在的本質，而且它們相互之間又有可發現的聯繫和契合，因此，我們只要能發現其相互的常性和關係，我們就可以得到確實的、眞正的、概括的眞理。我相信，我們如果能採取一種適當的方法，則大部分道德學一定會成了很明白的，而且任何有思想的人也不會再懷疑它，正如他不會懷疑給他解證出的數學中的命題的眞理似的。

9 **不過我們關於各種物體所有的知識，只能藉經驗來促進** 在追求有關實體的知識時，由於我們沒有適合於上述進行途徑的觀念，因此，我們就被迫採取另一種十分差異的方法。在前一種學問中，我們的抽象觀念就是實在的和名義的本質，因此，我們只思考我們的觀念，只考究它們的關係和聯絡，我們就可以進步；不過在實體方面，這種方法卻不能絲毫幫助我們，這個理由我們前面已經說過了。由此我們就知道，各種實體所給予我們的材料並不足作爲概括知識的對象，而且我們如果只思考它們的抽象觀念，也不能在追求眞理和確實性方面有所進步。那麼要想在實體方面促進我們的知識，我們該怎麼樣呢？在這裡，我們應採取一種完全相反的途徑；我們既然缺乏有關它們實在本質的觀念，所以我們就不得不拋開我們的思想，而被打發到事物本身上去。

在這裡，經驗必須教我們理性所無能爲力的事情。我們只有藉經驗才能知道，有什麼別的性質和我們的複雜觀念中那些性質共同存在，才能知道，我所稱爲「金」的那種色黃、沉重且可熔的物體是否是可展的；不過這種經驗（不論它如何證明我所考察的那個特殊的物體）仍不能使我確知一切或任何其餘色黃、沉重且可熔的物體，都是如此的，我只知道我所試驗過的那種物體罷了。因爲無論如何我也不能根據我的複雜觀念得到這個結論，因爲可展性和任何物體中那種顏色、重量和可熔性的集合體，並無可見的聯繫或矛盾。我這裡所說的黃金的名義本質，固然是指著那種有確定顏色、重量和可熔性的物體而言，可是我們如果把可展性、固定性和在王水中的可溶性加進去，則我們仍可以有相同的說法。我們縱然知道這些觀念，也不能因此就發現這些觀念所寄託的那個物團中的其餘性質。因爲那些物體的其他性質既然不依靠於這些觀念，而只和這些觀念共同依靠於人所不知的那種實在的本質，因此，我們便不能藉這些性質發現其餘性質。我們所能及的範圍，只以名義本質中那些簡單觀念爲限，因此，我們便很少能夠得到確定、普遍而有用的眞理。因爲在試驗以後，我雖然見到，那個特殊的物體（以及我所試驗過的具有那種顏色、重量和可熔性的其他物體）是可展的，而且可展性雖然由此可以在黃金的複雜觀念或其名義的本質中形成一個部分，而且我雖然由此使我所稱爲黃金的那個複雜觀念比以前含著較多的簡單觀念，不過那個複雜觀念既然沒有包含著任何物種的實在本質，因此，它仍不能使我確知（實際上只可以說是猜想）那個物體的其他性質；因爲其他性質並不與那個名義本質中所含的簡單觀念全體或一部有可見的聯繫。因爲我還不能由這個複雜觀念知道，黃金是否是固定的。因爲在色黃、沉重、可熔，而又可展的複雜的物體觀念，和固定性之間並沒有可見的聯繫或矛盾，使我確實知道任何東西中只要有了這些性質，固定性一定也確實存在。在這裡，我爲了得到確信起見，仍得從事於經驗；而且我所有的確定知識也就以經驗爲限度而不能再進一步。

10 **這只能使我們得到方便，卻不能使我們得到科學**　我承認，一個人如果習慣做合理的、規則的實驗，則他會比一個生手更能深入物體的本性，並且能較正確地猜到它們尚未發現的別的性質，不過這只是判斷和意見，卻不是知識和確實性。在現世的平凡狀況下，我們這脆弱的才具既然只能使我們憑經驗和歷史來促進我們的實體知識，因此，我就猜想，自然哲學不能成爲一種科學。我認爲，我們在各種物類和其各種性質方面，並不能得到許多概括的知識。我們只可以有實驗和歷史的觀察、只可以由此得到安適和康健的利益、只可以由此增加人生的舒適品。但是超過這個限度，那就不是我們的能力所能及的了，而是我認爲也就不是我們這才具所能達的了。

11 **我們有能力在道德方面有所知識，在自然方面有所進步**　由此我們就可以斷言，我們的才具既然不足以洞察物體的內在組織和實在本質，只足以明顯地對我們發現上帝的存在和關於自身的知識，因而使我們充分明白地發現我們的職責和要務，因此，我們作爲理性動物，就應該把自己的才具應用於它們最適合的那些事物上，並且在自然似乎指給我們出路時，我們要遵從它的指導。因爲我們正可以合理斷言我們的固有職務就在於那一類的考察、就在於最合於我們自然才具的那一類知識，就在於與我們最大興趣（永生狀態）有關的那一類知識。因此，我認爲我可以斷言，道德學是一般人類的固有的科學和職務（因爲他們很關心於他們的至善，而且也有能力來求得至善），至於各種藝術，則既關涉於自然的各部分，因此，「特殊的」人們應該用其專能來從事研究，一則爲人生公共的利用，一則爲他們個人的生計。我們一看全美洲，就可以分明看到，只要把一種自然物體和其各種品德發明了，那對於人生就有極大的功用。美洲人們雖然處於物產豐盈的國土中，可是他們竟然不知道有用的藝術，竟然缺乏了人生大部分安適品。而他們之所以如此，只是因爲他們不知道普通的鐵礦中所含的各種性質。不論我們多麼自誇自己的才能，或在歐洲的進步，不論在這裡內面的知識和外面的物類如何互相爭雄，而我們只要肯認眞思想一番，就會清楚看到，我們如果忘掉了鐵的功用，則不出幾年必然會降低到古代野蠻的美洲人那種窮乏和無知的程度。可是說到美洲人，則他們的自然才具和天然原料，並不比最繁榮、最文明的民族來得缺乏。因此，首先發明那個賤金屬功用的人，正可以叫做「藝術之父、繁富之主」。

12 **不過我們必須留意各種假設和錯誤的原則**　不過人們不要以爲我不尊敬有關自然的研究，或者有意阻止那種研究。我承認，我們如果一思考造物主的創作品，我們就會羨慕他、尊敬他和讚美他。而且我們如果能正確地指導我們的研究，則神益於人類者，將不是設醫院、施救濟的一般人們的極大費用、極大仁德所可比擬的。首先發明印刷術、發現羅盤、發現奎寧功用的人們，比設立學院、工廠和醫院的人們，還更能促進人的知識、還更能供給人以有用的物品、還救了更多數人的性命。我所要說的一切，只是意在使人不要在本無知識可求的地方，盲目地追求知識，並且用本不能達到知識的方法，妄想達到知識。我的意思只是：人們不要把可疑的系統當做完全的科學，把不可理解的想法當做科學的解證。在關於物體的知識方面，我們只能滿足於從特殊的實驗、蒐集我們所能得的知識，因爲我們並不能發現它們的實在本質，從而突然把握住它們的全體，並且整個了解全部物種的本性和特性。說到「共存」和「不能共存」兩種情節，我們既不能只藉思維自己的觀念發現它們，因此，我們要想在有形實體方面有所洞見，則必須憑自己的感官，一點一滴來從事經驗，來實地觀察、親身蒐集自然史。要想知道各種物體，我們必須謹慎應用我們的官能來觀察它們的性質和其相互的作用。至於在這個世界中，我們如果想知道各種有限的神靈，則我們只能憑藉於啓示。人們如果知道概括的眞理、不定的原則和任意的假設，怎樣不能促進眞正的知識、怎樣不能促進有理性的人們，來研討眞正的知識；他們如果能知道，許多年來由這一頭出發，並不能使人在自然哲學方面，促進自己的知識，則他們一定會相信，我們確實應該感謝後來的科學家，因爲他們已經採取了另一個途徑，而且他們給我們踏平了使我們不是順利地達到有學問的愚痴的道路，而是使我們妥當地得到有益的知識的道路。

13 **假設的眞正功用**　不過我的意思並不是說，我們不當用任何或然的假設來解釋自然中任何現象。各種假設如果擬定得好，至少可以給我們的記憶很大的幫助，而且往常指導我們獲得新的發現。我的意思乃是說，我們不應倉卒採取任何一個假設（人心因爲永遠想要洞見事物的原因，並且找尋可依仗的原則，很容易倉卒接受各種假設），我們應當先考察各個特殊的事物、先試驗我們用假設所要說明的那種事物，看看它是否與我們的假設相契；應當先考究我們的原則是否可以行得通，而且它們雖然似乎彼此符合，實際上究竟與一個自然現象相契不相契，至少我們也應當先留神不要使原則一詞欺騙我們，使我們頂多是很可疑的推想當做一個毫無問題的眞理——就如自然哲學中的許多假設（我簡直可以說是全部假設）。

14 **要想擴大我們的知識，則唯一的途徑是要獲得附有確定名稱的明白而清晰的觀念，並且把指示它們契合或相違的那些別的觀念找尋出來** 不論自然哲學是否能有確實性，在我看來，擴大知識的途徑總不外兩途。

第一，各種事物如果已有類名或種名，則我們在心中應當對它們具有確定的觀念；至少對我們所要知道、所要推論的東西，我們要具有確定的觀念。如果它們是表示種別的實體觀念，則我們更應當使它們進於完全；這就是說，凡常在一塊共存而且能完全決定物種的那些簡單觀念，我們應當一律都蒐集在一起；而且組成複雜觀念的那些簡單觀念，各個都應當在我們心中明白、清晰。因爲我們的知識既然不能超過我們的觀念，因此，我們的觀念要是殘缺、紛亂、含糊，我們便無法期待得到確定的、完全的、明白的知識。

第二，我們要運用方法來找尋出各中介觀念，使它們把不能直接比較的各種觀念的契合或矛盾指示出來。

15 **舉數學為例** 我們如果考察數學的知識，就容易看到這兩種正確的方法，除了在數量觀念方面之外，還可以在別的情狀觀念方面促進我們的知識（而這些途徑並不是讓我們依靠於公理，也不是讓我們由某些概括的命題來求得一些結論）。在數學方面，一個人對於其所要知道的那些角和形象如果沒有一個完全而明白的觀念，則他對這些東西便完全不能有任何知識。一個人如果對直角、不等邊形或梯形不能有一個完全的、精確的觀念，則他雖想在它們方面有所解證，那也是徒勞的。此外，我們還看到，數學大家之所以有了那些奇特的發現，並非由於在數學中成爲原則的那些公理的影響。一個天才縱然完全知道數學中所常用的那些公理，並且盡力來思考它們的範圍和結果，我認爲他也不能藉這些幫助知道直角三角形的斜邊之平方等於其餘兩邊之平方之和。他雖然知道「全體等於其一切部分」、「等量中減去等量，餘量仍相等」，可是他並不能由此得到前面那個解證。而且我認爲，一個人縱然盡量來思度那些公理，他也不會因此比較明白數學的眞理。我們只有在別的途徑中應用我們的思想，才能發現它們；人心首先在數學中知道了那些眞理時，它所有的對象，所見的狀況完全與那些公理不一樣。人們如果只熟悉那些傳統的定理，而不知道發明這些解證的人們所用的方法，則他們永不會領略人們所發明的眞理。說到別種科學，則我們也不能斷定，人們將來會發明出什麼方法以使擴大我們的知識。代數中所用的方法既然能找出各種數量觀念，以度量我們用其他方法所不能知其關係的各種觀念，別的科學中，焉知後來不能有類似的方法呢？

第十三章　關於知識的一些附論

1　**我們的知識一部分是必然的，一部分是隨意的**　我們的知識和我們的視覺有許多有相似的地方；而最顯著的一種相似關係就是，知識就像視覺一樣，既不是完全必然的也不是完全隨意的。如果人的知識是必然的，則一切人的知識不只是相似的，而且人人都會知道一切能知道的事情；如果它完全是隨意的，則有些人竟然會不注意它，竟然會完全沒有知識。人只要有感官，則他們便不得不由此接受到一些觀念；他們只要有記性，則他們便不得不保留一些觀念；他們只要有分辨的能力，則他們便不得不知覺到一些觀念間相互的契合或不契合；正如人有了眼睛，在睜開以後，就不得不看到一些東西、不得不知道它們的差異似的。不過在光明之下，一個人在睜開眼睛以後，雖然不得不有所見，可是有些物像，他仍然可以自由選擇究竟要看不要看。在他的書中也許有悅目的畫圖和啓發人的理論，不過他也許沒有心思打開書費心一看。

2　**看與不看雖是隨意的，可是我們只能按事物的真相來知道它，不能按自己的意思來知道它**　人還有可以隨意行止的另一件事，就是他在轉眼向物時，仍可以決定自己是否要注意觀察它、是否要專心來精究其中所能見的一切情節。

不過他所能看到的，仍限於他所看到的那樣，並不能有所更改。現象爲黃的東西，他不能任意看做是黑的；燙燒他的東西，他不能說那是冷的；地球也不能跟著他的意志滿被花草，田野也不能照著他的心思蒙蓋翠色，在深冬，他只要向外一看，則他所見的就會是一片蒼白。說到我們的理解也是一樣，在知識方面我們所有的自由，只限於運用官能來思考此種物像，或收回官能不思考彼種物像；只限於觀察它們時，可以或詳或略。但是我們只要一應用它們，則我們的意志便沒有能力來決定人心所知道的事物。能決定知識的，只有那些明白被我們所看到的各種物像。因此，我們的感官只要運用於外界的物像上，則人心便不得不接受它們所呈現出的那些觀念，便不得不知曉那些外界事物的存在。同樣，人的思想只要一運用於有定的觀念，則它便不得不有幾分看到它們的契合或相違。這就是所謂知識。人們如果對自己所考察的那些觀念又有相當的名稱，即他們對於表示這種契合或矛盾的各種命題，又不得不確信其眞理。因爲一個人看到什麼，他就不得不看什麼；知道什麼，他就不得不知道自己是知道的。

3 **舉數目為例**　因此，一個人如果得到數目的觀念，並且費心比較，一、二、三之和同六，則他便不得不知道它們是相等的。一個人如果得到三角形的觀念，並且找到方法來度量它的角度和其面積，則他會相信，它的三角等於兩直角。而且他之不能懷疑此點，正如其不能懷疑「一物不能同時存在而又不存在」似的。

4 **舉自然宗教為例**　一個人如果觀念到有一個有智慧而很脆弱的東西，而且又觀念到那個東西依靠於另一個永恆、全能、全智、全善的存在著，則他便會確知，人應當尊敬、恐懼、服從上帝，正如他在看見日光時，確知它是照耀的一樣。

因爲一個人心中只要具有這兩個觀念，並且以這種方式運作思想，那他一定會確知低級的、有限的、依賴的東西應該服從優越的和無限的，正如他在數了三、四、七三個數以後，確知它們小於十五一樣，正如他在清晨轉晴向日時，確知道它是升起來一樣。不過這些眞理雖然極其確定、極其明白，可是一個人如果不肯用自己的才能來求知它們，那他是永不會知道的。

第十四章　判斷

1　**我們的知識因為有所缺陷，所以我們就需要一種別的東西**　人類之賦有理解能力，不單是要供他思辨玄想，而且是要指導他的生活，因此，人如果除了具有眞正知識的確實性的東西以外，便不能再有指導自己的東西，那他就茫然不知所措了。因爲眞正的知識既然是缺乏而稀少的，因此，人在缺乏明白而確定的知識時，如果便沒有可依憑的東西，則他會完全處於黑暗中，而且他的一生的行動也多半會停頓。一個人如果在解證出食物能益人以後方肯來食，在確知了他的事業能夠成功以後才肯行動，則他便不能做任何事情，只有坐以待斃而已。

2　**這種黃昏的狀態，我們該如何來應用**　我們知道，上帝已經在把一些事物置在大白天之下，而且使我們對於少數的事物（比較而言）發生確定的知識，又從而刺激我們來希望並企求一個較好的生活（這種知識也許是對於有智慧的生物所能達到的成就的一種試味），不過說到人生大部分的事務，則他只供給了我們一種概然性的黃昏之光；而且這種光明，我認爲就適合於我們在塵世上的平庸狀態和摸索狀態。在這裡，上帝爲使我們降伏其過分自信和妄斷起見，他要使我們在日常經驗裡感覺到自己的眼光短淺和容易錯誤。因爲有了這種意識，我們就可以常常自己警覺，要在這個旅行的日子裡，勤懇謹愼、追求正道、達於完美境界。在這裡，我們縱然聽不到啓示，我們也可以想像，人們既然利用上帝所給予他們的那些才能，因此，他們在日落夜晚停工時，一定會接受到他們的報酬。

3 **判斷可以補充知識的缺乏**　在有些情形下，我們既然沒有明白而確定的知識，因此，上帝便又給了我們一種判斷能力用以補充這種缺陷。藉著這種判斷，人心雖然看不到解證的明確性，也可以看到它的觀念之是否契合，或命題之眞僞。人之施用這種判斷能力，有時是出於必然的，因爲有時候，解證的證明和確定的知識是不能得到的。不過在本有確定證明的地方，他們有時也往往因爲懶惰、笨拙或草率，而輕易施用這種能力。人們往往不肯細心考察他們所要知道的兩個觀念間的契合或相違；他們或許不能在一長串推論中保持應有的注意，或許急其從事而不耐煩，因此，他們便不嚴究證明或竟然放過證明。因此，他們不用解證，在遠處稍一觀察之後，就決定兩個觀念是否相契，而且在這樣粗疏觀念之後，覺得哪一造有可能性，他們就隨便決定了。人心這種能力在直接運用於事物時就叫做臆斷，在運用於文字所表現出的眞理時，通常就叫做同意或不同意。人心最常在這種途徑下需要運用這種判斷能力，因此，我就要用這些名詞稱它，加以研究，因爲這些名詞是在我們的語言中是意義最不含混的。

4 **所謂臆斷只是在未見其然時，假定其然**　因此，在眞僞方面人心便施用有兩種能力。

第一就是知識，人心藉此可以確然認知任何觀念間的契合或相違，對之深信不疑。

第二就是臆斷，在這裡，我們看不到各種觀念的切實契合或相違；我們只是假定它們的契合或相違，並且從而在心中把它們加以分合。因此，所謂臆斷，就其本義而言，就是在未確知其然時，就假定其然的。它在分合各個觀念時，如果與事物的實際相契合，那就叫做正確的臆斷。

第十五章　概然性

1 **所謂概然性就是根據可以錯誤的證明而見到的一種契合**　所謂解證是用恆常地在一起聯繫著的明顯不變的證明做爲媒介，來指示出兩個觀念間的契合或相違。至於概然性則是我們用本沒有恆常不變聯繫（至少也是我們見不到這種聯繫）的各種證明作爲媒介所見的貌似的契合或相違。不過概然性大部分已足以誘使人心來判斷一個命題之寧眞而非僞、或寧僞而非眞。我們可舉例來說明這兩種心理作用。就如在解證時，一個人如用中介觀念來指示三角形的三個角等於兩個直角，則他可以認識那三個角和那些中介觀念有一種確定不變的相等聯繫；因此，他就其直覺知道了各段中各中介觀念的契合或相違，而且在全部進程中，他也都可以明白看到那三個角和兩個直角在相等方面是契合的或相違的；因此，他對於這種關係就有一種確定的知識。不過另一個人，如果不肯費心觀察那個解證，而當他聽數學家（一個有信用的人）說，「三角形的三角等於兩直角」時，他就同意它，也就信它爲眞的。在這裡，他同意的根據只在事物的概然性，他所用的證明也大部分是眞的。他的證據取之於那個人，而那個人向來所說的話多半與他的知識不衝突，而且也並非不知而言的，尤其在這個事體方面爲然。因此，他之所以同意於「三角形的三個角等於兩個直角」的這個命題，而且他之所以在不知道這些觀念相契合時，就認為它們是相契合的，乃是因為說者在別的情形下是誠實的，或者因為聽者假設在這種情形下，他是誠實的。

2 **概然性可以彌補知識的缺乏** 我們的知識如前所說既然是很狹窄的，而且我們也不曾僥倖在我們所考察的樣樣事物方面都找尋出確定的眞理，因此，我們所思想、所推論、所奉行的大多數命題，我們對它們的眞實性並沒有毫無意義的知識。不過有些命題也十分近於確實性，因此，我們便不懷疑它們，而且我們也能堅定地相信它們、決心地照那種同意行事，彷彿它們是無誤地解證出的、彷彿我們對於它們的知識是完全而確實性的。不過信念也有各種等級，從接近於解證和確性的地步開始，可以一直降到不可保和不可靠的地步，甚至降到不可能性的邊境上。至於同意也有各種等級，從充分的確信和信念起，可以一直降到猜度、懷疑和不信。因此，我既然找尋出人類知識和確信的邊界來（我認為），所以我其次就要來考察概然性同意（或信仰）的各種等級和根據。

3 **我們可以藉概然性在未知事物為真之時，就擅擬其為真的** 所謂概然性就是「多半為眞」的意思。這個名詞的含義本身就指示出，對於這樣一個命題是有一些論證或證明，使人相信其為眞的。人心如果採納了這類命題，那就叫做信仰、同意或意見。所謂信仰就是，我們雖不確實認知一個命題是眞實的，可是我們會因為各種使我們信以為眞的論證或證明承認它是眞的。由此我們就看到，「概然性」和「確實性」之差異，信仰和知識之差異就在於：在知識的每一部分，都有一種直覺，而且每一個中介觀念，每一步驟都有其明顯的、確定的聯繫。在信仰方面，便不如此。使我信仰的，乃是與我能信仰的事情無關的另一種東西。這種東西兩邊並未明顯地連接起來，因此，它便不能明顯地指示出我們所考察的那些觀念的契合或相違。

4 **概然性有兩種根據，一種是與自己經驗的「相契」，一種是別人經驗所給的證據** 概然性只可以在我們缺乏知識時，來補充那種缺陷，並且來指導我們。它所表現出的各種命題，我們對之並無確知，只有相信它們爲眞的一種傾向。所謂概然性的根據，簡言之，有兩種：

第一，是任何事物和我們的知識、觀察與經驗所有的一種相符關係。

第二，就是聲明自己觀察和經驗的別人的證據。在他人的證據方面。我們第一要考察數目多少；第二要考察忠實與否；第三要考察證人的技巧；第四要考察作者的原意，如果我們引證書中的證據；第五要考察所說的各部分、各情節是否一貫；第六要考察相反的證據。

5　**在達到判斷以前，一切贊成的或反對的契合都必須先行考察**　在概然性方面既然沒有直覺的明白性，確然使理解有所決定，並且產生出確定知識，因此，人心要想有條有理往前進行，則它應該先考察概然性的一切根據，並且看看它們如何能贊成或駁倒一個命題；然後再來同意它或否決它。因此，在通盤考察以後，它才可以按照概然性根據在此邊或彼邊的優越程度的大小來產生或強或弱的同意。例如：我看見一個人在冰上行走，那就超過概然性，而是知識。

但是如果有一個人告訴我，他在英國曾見一人在嚴冬裡在凍結的水上行走，則這個報告與日常所見的事情是很相契合的，因此，這個事實的敘述如果沒有明顯的可疑之點，則按照物理來講，我是很容易相信它的。但是你如果把同樣事情告訴生活在熱帶的人聽，則全部概然性就都依靠在證據上，因爲他根本不曾見過，甚至不曾聽過那回事。在這裡，說話的人數如果愈多，他們的信用如果愈大，而且他們說謊話也與他們沒有利益，則這回事情便會按著情形或多或少得到人的信仰。但是一個人的經驗如果一向就與此相反，而且從未聽過類似的事情，則證人的最無瑕疵的信用也難以使他發生信仰。有一次荷蘭公使把荷蘭的詳情告訴安南王（他是愛問的）說：「在那個國家，冬天水有時變得堅硬，使人可以在上行走，而且他如果在那裡，水也可以載得動他的象。」但是那個國王卻答覆說：「我一向認爲你是一個清醒正派的人，所以你所說的奇怪事情，我都相信，不過現在我的確知道你是在撒謊了。」

6 **概然性可以有很多的花樣** 一切命題的概然性都是建立在這些根據上的，就是說，一個命題愈與自符的知識相契合、愈與確定的觀察相契合、愈與恆常的經驗相契合、愈與多數可靠的證據相契合，則它的概然性也就愈大，反之，它的概然性就愈小。不過除此以外還有另一種根據，這種根據在其自身雖不是概然性的眞正根據，可是人們常當它是一種根據，而且他們常依此來規範其同意，並且依此來固執其信仰。這就是所謂他人的意見。不過要依靠這個，乃是最危險不過的，而且也最易陷於錯誤，因爲在人方面比在眞理和知識方面比較易於含著較多的虛僞和錯誤。如果我們所讚美的那些人的意見和信念，可以當做同意的根據，則人們正可以在日本成了異教徒、在土耳其成了回教徒、在西班牙成了天主教徒、在英國成了新教徒、在瑞典成了路德教派。不過關於這種錯誤的同意基礎上，我將要在別的方面詳爲論述。

第十六章　同意的各種等級

1 **我們的同意應該為概然性的各種根據所調節**　我們在前章所說的概然性的各種根據，既是我們同意所依據的基礎，因此也就是調節同意的各種程度所用的尺度。不過我們應當知道，概然性不論有多大根據，而一個人要想追求眞理，判斷正確，則他只應該以第一次判斷和研究中所見的根據爲憑，不應該妄事增益。我承認，世人之所以固執某些意見、之所以同意某些事情，並不一定是因爲他們實在看到原來使他們發生信仰的那些理由。在許多情形下，即在記憶豐富的人，也難以記得原來所以使他們接受問題的某一面的那些證明（自然這些證明都是經過適當考察的）。人只要曾有一次細心地、充分地盡力考察過那件事情那就夠了。他們只要把能闡明問題的各種詳情都考察過，只要應用極高的技術，根據全部證明來得到一個總結果那就夠了。在充分地精確地考察之後，他們只要能見到概然性落於那一面，他們就可以把那個結論當做自己所發現的眞理貯存在記憶中。在後來，他們就可以憑他們記憶的證據，知道某一個意見是值得某程度的同意的，因爲他們已經有一次看到那個意見的各種證明了。

2 **我們既然不能永遠把這些證明現實保持在眼前，那麼，我們只要能記得自己曾一度看到某程度**

的同意有某種根據，那就夠了　大部分人們在支配自己的意見和判斷時，都是照這樣的（在這裡，我們自然不能要求人們在記憶中把關於任何概然眞理的一切證明都清晰地記住，而且在記憶時還要把他們原來實行證明時所經過的次序和有規則的演繹都照樣記得住，因爲要照這樣，則只關於一個問題，我們就得寫一大卷證明了）。若非如此，他們就得要求一個人在接受一個意見時，日日來考察各種證明了。這兩種情形都是不可能的。因此，我們就得依靠於記憶，而且各種命題的證明縱然不是現實存在於人思想中的，縱然我們不能現實回憶起它們，我們也得相信它們。若非如此，則我們大部分要不成了懷疑家，要不無時無刻都在變化，而且任何人只要新近研究過一個問題，並且提出論證，我們就得屈從他，因爲我們既然沒有記憶，則我們便不能立刻回答這些論證。

3　**我們先前的判斷如果是不正確的，則記憶會產生不良的結果**　我承認，人們之固執過去的判斷、堅信先前的結論，往往是他們之所以堅持錯誤和謬見的原因，不過他們的過失並不在依靠記憶喚回先前的良好判斷，而在於他們未考察好就判斷。我們不是見到許多人（且不說大多數人）相信自己對於各種事物的有合理的判斷嗎？而他們之所以如此相信，不是因爲他們不曾有過別的想法嗎？誰會想像自己的判斷之所以正確，只是由於他們未曾懷疑、未曾考察他們自己的意見呢？因爲照這樣就無異於說，他們的判斷之所以正確，只是因爲他們根本不曾判斷過。但是這些人們在堅持自己的意見時，卻是最頑強不過的；因爲我們常見，愈不考察自己教義的人，通常是愈凶猛地、牢固地相信自己的教義的。

我們一度知道的事情，我們就確信它是如此；而且我們可以確信，並沒有尚未發現的隱祕證明足以推翻我們的知識，或使它可疑起來。不過在概然性方面，我們在各種情形下，並不都能確知我們是否把凡與問題有關的一切特殊情節都蒐羅進來，我們並不能確知，再沒有尚未發現的證明，留在後面。會把概然性投在另一面，並且壓倒我們當下所見的那個較重的一面。因此，人人幾乎都沒有閒暇、耐心和方法，來蒐集關於自己大部分意見的一切證明，因而他們也就不能確實斷言，他們自己已經把樣樣情節都明白而充分地觀察到，此外再沒有可提出的東西，來促進他們的知識。不過我們卻仍不得不選擇一面。日常的行爲、事業的經營，都不讓我們遲延。在這裡，我們雖沒有確實的、解證的知識，可是我們仍不得不選擇一面，因爲人生的事務，大部分是要依憑意見的決定的。

4　正確的運用同意、互相的仁愛和容忍　絕大部分人們（如果不是所有人們），雖然對於自己所主張的眞理沒有確定的證明，也不得不有一些意見，不過在別人提出一種論證之後，我們如果只因爲自己不能當下予以答覆、指其缺點，就遽然放棄自己先前的教條，那也不能不說是無知、輕浮和愚昧的表現。因此，我認爲，人們的意見雖然盡可參差不齊，可是我們都應當互相維持和平、培植友誼。因爲我們並不能期望任何人甘於諂媚地拋棄自己的意見，並且盲目地屈從人的理解所不能承認的權威，從而來接受我們的意見。因爲人的理解再怎麼易於錯誤，終究只能承認理性的幫助，並不能盲目地屈服於他人的意志和命令。如果一個人必須先行考察、然後才能同意，則你如果想使他相信你的意見，那麼你就得讓他自在考察各種理由，並且要使他記憶起心中所貯存的，把各種詳情加以考察，看看那一邊占優勢。如果他覺得我們的論證無關緊要，不肯費心來重行考察，則我們也不必責怪，因爲我們在相似的情形下，也正是如此的，而且，別人如果指示我們應當研究那幾點，我們也許會生氣的。如果他的意見是憑輕信而來的，那麼我們能想像他竟然會拋棄那些教條嗎？因爲時間和習慣已經把那些教條確立在他心中，使他認爲它們是自明的、確定的了，因爲他以爲那些教條是他由上帝親身（或由上帝的差遣）所得的印象。我們如何能想像這樣確定的意見該讓步於一個陌生人（或對敵）的論證或權威呢？在他猜想我們心想利益或別有作用時（人在覺得自己受人惡待時，多半如此猜想），不更是如此的嗎？我們應當竭力來憐憫我們共同的愚昧，並且盡力以文雅的勸導來驅除無知。人們縱然不肯犧牲自己的意見，不肯接受我們的意見（或者是我們勉強他們所信的意見），我們也不要因此就總認爲他們是固執的、乖僻的，因爲我們在不接受他人的意見時，也多半是一樣固執的。因爲我們正不曾見有一個人，對自己所主張的事理的眞實、所鄙棄的事理的虛僞，都有不可辯駁的證據；正如我們不曾見有一人可以說，自己已經把自己的或他人的意見都完全考察。在這個迅速的、盲目的行動狀態中，我們雖然沒有確定的知識，也是必須信仰的，雖然只有輕微的根據，也是必須信仰的，因此，我們正應該勤懇謹愼地來使自己增益知識，不要多事約束他人。至少那些未曾徹底考察過自己教條的人們，應該承認自己不配指揮他人，而且他們自身如果不曾考察過自己的意見、也不曾衡量過他們憑著哪種概然的論證來接受或拒絕那個意見，則他們如果勉強別人信仰自己的意見爲眞理，那是很無理由的。人們如果充分地正確地考察過，並且的確相信他們所宣示、所奉行的主義，則他們自然比較可以來要求別人跟從他們；不過這一類人究竟是很少的，因此，人們確實不應該專橫獨斷、也確實不應該暴慢倨傲。我們可以想，人們如果多使自己受點教訓，則他們會少在別人前顯露威風。

5 **概然性或者是關於事實的，或者是關於思辨的**　現在我們可返回來討論同意的各種根據和其各種程度。我們應當注意，我們根據概然性的誘發所接受的各種命題可以分爲兩種：一種是關於某些特殊存在的，就是關於所謂事實的，一種是關於我們感官所不能發現的事物的。前一種是可以有人證明的，後一種則不能。

6 **我們的經驗如果與其他所有人的經驗都相符合，則我們的確信可以接近於知識**　關於第一種，就是關於特殊的事實，我們可以說：

第一點，任何特殊的事物，如果在相似的情形下，都與我們和他人的恆常經驗相符，而且凡提到它的人們都有互相契合的各種報告來證明它，則我們便容易接受它，並且能穩固地在其上有所建立，正如它是確定的知識似的。在這裡，我們便可以毫無疑義地根據它來推論、實行，正如它是完全的解證一樣。就如所有英國人提到水時都說：「它去年冬季在英國曾經凍結」，或者提到燕子時，又說「牠們去年夏季曾在那裡出現」，則我認為人們一定不會懷疑他們這些話，正如不會懷疑「七加四等於十一」似的。所有時代、所有人的同意（在我們所能知的範圍內），如果都與一個人在相似情形下的恆常而無變化的經驗相符，足以證實一個公平證人所提出的任何特殊事實的眞實，那我們就得到第一等最高度的概然性。

各種物體的確定的組織和特性自然界中各種因果的有規則的進程，都是屬於這一類的。這個我們就叫做「根據事理而來的論證」。我們的和他人的恆常觀察如果看到一些事物是常由同一途徑出現的，則我們正可以斷言它們是某些恆常而有規則的原因所產生的結果——雖然這些結果我們是不知道的。就如說「火能暖人，能使鉛流，能把木或炭的顏色和密度改變」，又如說「鐵在水中則沉，在水銀中則游」，這一類關於特殊事實的命題，都是與我們在這些事物方面的恆常經驗相符合的，而且人們都常說它們是這樣的，並沒有人來反駁它們，因此，我們就可以確然相信，凡敘述這類過去事實的命題，和預料將來同類事實的預言，都是眞實的。這些概然性幾乎上升到確實性。因此，它們就絕對支配我們的思想，充分影響我們的行動，正如最明顯的解證似的；而且在與我們相關的事情方面，我們看這些概然推斷和確定知識，幾乎沒有什麼分別。在這種概然推斷上所建立的信念，就已經達到確信的地步。

7 **無疑義的證據和經驗大部分可以產生確信**　第二點，我如果根據自己的經驗，和別人的相契報告，知道一件事情大部分是如此的，則這裡便發生了次一等的概然性。在這裡，我們可以知道一個特殊的例證是爲許多分明的證見所證實的。就如說，大部分人類愛私利甚於愛公益，則這是歷史在所有時代所給我們的敘述，而且在我所能觀察的範圍以內，我的經驗也證實這一層。因此，凡寫提比略（Tiberius）歷史的史學家，如果都說他是這樣行事的，則那件事情是十分可靠的。在這種情形下，我們的同意就有充分的根據可以上升到所謂信賴的地步。

8 **公平的證據，和與人類利益無關的事情，也可以產生強固的信念** 第三點，各種事物之出現如果與人的私心無關，而且特殊的事實如果被各個坦白證見的相符的證據所證實，例如，「一隻鳥由此邊飛或由彼邊飛」，或「一個人的右邊響雷或左邊響雷」，在這種情形下，我們的同意也是不能避免的。就如說，「義大利有一座城名爲羅馬；在一千七百年前左右有一人名爲凱撒的曾在那裡居住；他是一個大將，打勝過龐培。」這些話按事理講，我們雖也不必有所取捨於其間，可是它們既是可靠的史家所敘述的，而且不曾被任何作家反駁過，因此，我們便不得不相信它們，正如我們不能懷疑我們親自所見的相識者的存在和行動似的。

9 **經驗和證據如果發生衝突，就可以使概然性發生無數的等級** 在上述的範圍內，一切事體都是很容易決定的。在這些根據上所建立的概然性是很明顯的，因此，它自然就決定了判斷，使我們很少自由來信仰或不信仰，正如解證不允許我們自由來知道或不知道似的。但是各種證據如果和普通經驗衝突，而且歷史和證見的報告，又和自然的普通程序衝突，或者它們自相矛盾，則我們便發生困難了。在這裡，我們要想形成適當的判斷，要想使我們的同意符合於事物的各種明顯性和概然性，則我們必須要勤懇、注意而精確才行。至於概然性的或升或降，就看信仰的兩種根據（就是在相似情形下的共同觀察，和特殊例證下的特殊證據）是贊成它或反對它而定的。在這些證據方面，各報告者會有許多相反的觀察、情況、報告、資格、脾氣、計畫和疏失，因此，我們並不能把同意的各種等級歸納成確定的規則。我們只可以概括地說，在適當的考察之後，在精細地衡量各種特殊情節以後，相反的和相成的各種論證和證明，在總量上偏向哪一面，則它們會按照各種程度在心中產生出各種差異的心態來，就如所謂信仰（belief）、猜測（conjecture）、猜想（guess）、懷疑（doubt）、猶疑（wavering）、疑心（distrust）、不信（disbelief）等等。

10 **輾轉相傳的證據，傳流愈遠，則其證明力量愈薄弱**　我們這裡所說的都是關於可用證據證明的那些事物所同意的。關於這一方面。我們不妨觀察英國法中所守的那個規則，就是：「一種記錄的摹本在經過檢證之後，雖然是很好的證明，可是摹本的摹本，無論檢證的多好、無論出之於多可靠的證見，在法院中總不能認爲是一個證明。」人們都認這個規則是很合理的，而且正契合於我們考察重要眞理時所用的那種智慧和細心，因此，我從未聽過有人不贊成這個規則。在判斷是非時，這種做法如果是可以允許的，那我們就一樣可以說：「任何證據愈與原來的實況離得遠，則它的力量和證明就愈微弱。」事物本身的存在，就是我所謂「原始的眞實」一個可靠的人，如果表示出自己對那種存在所有的知識，那就叫做證明；但是另一個同樣可靠的人如果只根據前一個人的報告從事證明，那他的證據便微弱了一層：

至於第三人如果只是證明口傳的口傳，則他的話更是不重要的。因此，在傳說的眞理方面，每推移一步，就是把證明的力量減弱，而且傳說所經的人數愈多，則它的力量和明顯性便愈爲減少。這一點是我們必須要注意的，因爲我見有一些人的做法正是與此相反的，他們以爲各種意見愈爲年深日久，它們就愈有力量。千年前原始說教的人所主張的，在其同時有理性的人看來，雖然完全是不可靠的，可是到了現在，人們提起那種意見，似乎就是不成問題的，而他們之所以如此，只是因爲許多人一代一代都是繼續如此說的。因爲這種緣故，許多命題在原來發生時雖是十分虛妄、十分可疑的，可是它們後來反會藉著顚倒上下的可靠性規則，被人視爲純正的眞理。因此，有些意見在其原始說教者的口裡雖然不曾得到人的信任，可是在年深日久之後，人們反以爲它們值得尊敬，而且視它們爲不可反駁的而加以主張。

11 **但是歷史仍然相當有用** 人們在這裡不要以爲我看輕了歷史的價值和功用；在許多情形下，歷史還正是我們所能得到的唯一依歸；而且我們還正從歷史中得到大部分十分明顯有用的眞理。我認爲，古代事實的記載是最有價值不過的。我正想有多一些記載、有多一些純正的記載。不過有一種眞理，我們是不能不提到的，就是，何種概然性不能超過其原始根源。一件事情如果只有一個人的單獨證據，則那個證據不論是好的、劣的、抑或中性的，總能使那件事情跟著它成立與否。後來雖然有千百人們輾轉援引它，它也只有變弱，並不能由此稍微得到任何力量。性情無定的人在引證他人的文字或意義時，因爲受感情、利益、怠忽、誤解和千種奇特的理由（都是無法發現的）等所影響，所以他們常會引證錯誤。人只要稍一考察各個作家的引證就會知道，在原著缺乏時，所謂引證是多麼沒有價值的，至於引證的引證則更是不足爲憑的。因此我們確知，人們在一時代根據輕微理由所說的話，後來並不能因爲屢次地引證得到較大的效力。它離原著愈遠，則它的效力愈差；最後使用它的人在口中或文字上的力量，總是比從他那裡得到的人少。

12 **在感官所不能發現的事物方面，類推是概然性的最大規則** 我們一向所提到的概然性都只是關於實在事情的，只是關於能觀察能證明的事物的。不過此外還有另一種事情，雖然不是感官所可達到的雖然是不能證明的，可是人們對它們也有各種意見和各種信念。這些事情也分兩類：就如㈠外界有限的非物質的東西（如精靈、天使、惡魔）的存在、本性、作用，又如某些物質的存在，因爲本身過小或與我們距離過遠，不能爲我們的感官所覺察；又如在大宇宙之內，我們究竟不知道在別的行星上或其他地方，是否有無動植物或其他有智慧的生物。㈡就是關於絕大多數自然物的作用方式的；在這裡，我們雖可以看到明顯的結果，可是它們的原因是不知道的，我們並不能窺見它們所由以產生的途徑和方式；我們只看到各種動物的出生、滋養動作；我們只見磁在吸鐵；我們只見蠟燭的各部分依次融化變爲火焰，給我們光和熱。這一類結果是我們所看到、所知道的。但是它們的原因和產生的途徑，我們只能猜想或頂多能猜度。因爲這些事情既然不能爲人類感官所考察，因此，任何人都不能用感官來檢查它們，因此，我們只能看它們與人心中所已確立的眞理是否相契，和知識與觀察的別的部分是否相合來決定它們的概然程度。在這些事情方面，我們只能求助於類推，而且只有從類推我們才能得到一些概然性的根據。就如我們看到兩個物體在一起猛烈地磨擦以後，就產生了熱並且往往自身產生了火，我們就可以想到我們所謂熱和火就是由可燃物不可覺察的部分的狂暴激動所發生的。又如我們見了各種透明物體經過種種折射以後，就在我們眼中產生出各種顏色，並且見了各種物體的表層部分在作了不同的配置以後也能有同樣的作用（如天鵝絨和有波紋的絲織品），我們就想像，各種物體的顏色與光亮，大概只是那些物體的各種不可見的微細部分的不同的配置和曲折。同樣我們在人類所能觀察到的宇宙的一切部分中，既然看到形形色色的物體之間有一種逐漸推移的聯繫，而並無任何大的或可以發現的缺口，而且我們又看到世界上形形色色的事物都緊相聯繫，使我們在各種品級之間，發現不出明顯的界限，因此，我們正有理由相信，各種事物是由逐漸推移的等級漸次升到完善地步的。我們難以斷言，有感覺、有理性的動物往哪裡開始；無感覺、無理性的東西在哪裡終了。誰有過人的銳目，可以精確地決定哪一種是最低的生物種，哪一種是無生物的發端呢？在我們所能觀察的範圍以內來說，各種事物的增減正如有規則的錐體的數量之增減似的；在這裡，兩個遠隔的部分的直徑雖然有明顯差異，可是在緊相鄰近的上下兩部分間之差異，是不易分辨出的。在某些人和某些動物之間，差異是很大的，但是我們如果一比較某些人類的和某些畜類的理解和能力，則我們並看不到多大差異，因此，我們也就難說，人的理解較爲明白、能力也較爲大些。宇宙中從人類往下的各種部分既然有逐漸而不易覺察的推移的等級，因此，我們正可以根據類推規則說，在人以上而爲我們所看不到的那些事物方面，大概也是這樣的。我們正可以猜想在我們以上，也有許多各等級的靈物，完美的程度比我們逐漸增高，而且循著漸次的不可覺察的等級和差異，慢慢向著造物主的無限完美地步上升。這一種概然性也有其正當的功用和影響，它最能指導合理的實驗，使人形成各種假設。

我們若根據類推謹愼地進行推論，則往往能發現原本易於隱而不顯的眞理和有用的效果。

13 **在有一種情形下，相反的經驗也減少不了它自身的證據** 普通的經驗和日常的事情，在人心上雖然有很大的影響（這是應當的），使他們在聽到任何要他們信仰的事物時，表示信任或表示懷疑，不過在有一種情形下，一種事情並不能因其奇特，就使我們不同意於人所給予它的公平的證據。因爲上帝既有權力來改變了自然的途徑，所以他任何時候覺得這一類超自然的事件合於他的企圖，則在那些情形下，那些事件和平常的觀察愈相反，愈應當得到人的信仰，這就是所謂神蹟。這些神蹟如有適當證驗，則不但它們自身得到信仰，而且會使別的要它們來證實的眞理得到信仰。

14 **啓示的單純證據就是最高的確定知識** 除了我們所提過的那些命題之外，還有一種命題，不論它們所提出的事情契合於普通經驗和日常事物與否，只憑單純的證據，就要求人們最高的同意。因爲上帝是不能騙人也不能受騙的，因此，他的證據也是最爲有力的。這個證據只使我們確信，不許我們懷疑；只使我們明知，不許我們反對。這種證據的特殊名稱就叫做啓示（revelation）；我們對它所表示的同意就叫做信仰。這種信仰正如知識自身似的，可以絕對決定我們的心思，可以完全排除一切的猶疑，而且我們如果懷疑上帝的啓示是否眞實，那我們就懷疑自己的存在好了。因此，信仰就是確定的同意原則或確信原則；它並不允許任何懷疑、任何猶疑。不過我們必須確知它是神聖的啓示，而且我們必須正確地了解它。否則我們便會被恣意的狂熱和錯誤的原則所迷惑欺罔，因為我們所信仰的並不是神聖的啓示。因此，在那些情形下，我們必須證明它是啓示、必須明知它的意思，而且我們的同意也就以此爲衡，不能超過這個限度。如果我們只能有「概然的」證明來證實它是啓示、來確定它的眞義，則我們只能依據證明的概然性之爲明爲暗，來發生相當的信念和懷疑，我們的同意不能超過這個限度。不過關於信仰和其優越於別的論證之處，我以後再詳說。在那裡，我將照普通的方法，把信仰和理性加以對比；不過說實在的，信仰也只是建立於最高理性上的一種同意。

第十七章 理性

1 **「理性」一詞的歧義** 在英文中reason這一個字有幾種意義；有時它指正確而明白的原則而言，有時它指由這些原則所推出的明白清楚的演繹而言；有時它指原因而言，尤其是指最後的原因而言。不過我這裡所將考察的它那個意義，完全與這些不相干。在這裡，它是指著人的一種能力；這種能力正是人和畜類差異之處，而且在這方面，人是顯然超過畜類的。

2 **推理是怎樣成立的** 概括的知識（如前所說）既然成立於人心對其觀念所見的契合或相違，我們對於外物所有的知識（關於上帝的知識除外，因爲人人都可以根據自身的存在確知並且解證出上帝的存在），既然只能得之於感官，那麼除了外面的感官和內在的知覺之外，還有別的能力施展的餘地嗎？爲什麼還需要理性呢？需要多的是，因爲它可以擴大我們的知識並且調節我們的同意；因爲它和我們的知識和意見都是有關係的，而且它對我們其他所有的理智官能都是必要的、有助力的；而且它實際就含著機敏和推論兩種官能。它藉前一種發現中介觀念，藉後一種加以整理，因此，它就可以發現一系列觀念中各環節間的聯繫，把兩端連接起來。因此，它就把所追求的眞理一目了然，這就叫做推論（inference）。推論之所以成立，就是因爲人心在演繹的每一步驟中知覺到各個觀念的聯繫。藉著這種作用，人心就知道任何兩個觀念間的確定的契合或相違，就如在解證中便是；它藉此也看到概然的聯繫，就如在意見中便是；在前一方面，它就得到知識；在後一方面，它就予以同意或不同意。感官和直覺並不能達到多遠。我們的絕大部分知識都是依靠演繹和中介觀念的。至於在一些情形下，我們如果願意以同意來代替知識，並且在不知命題爲眞時，就當它們是眞的，則我們必須找尋、考察並且比較它們的概然性的各種根據。在兩種情形下，都只是所謂「理性」這個官能才能找尋出方法來，並應用那些方法在前一方面發現確實知識，在後一方面發現概然推測。因爲理性不但可以在解證的每一階段，發現各個觀念或證明間的必然而不可避免的聯繫以產生知識，就是在它以爲應當同意的推論中，它也可以在每一階段之間發現出各個觀念或證明之間的概然的聯繫。這就是我們所謂理性的最低階段。因爲人心如果看不到這個概然的聯繫，如果看不到究竟有沒有那樣的聯繫，則人們的意見一定不是判斷的產品或理性的結論，一定只是偶然和機會的結果，只是自由漂蕩、無選擇、無方向的人心的結果。

3　**它的四個部分**　因此，我們正當考究下述的四個階段：第一個最高的階段就是發現證明；第二就是有規則地配置其各種證明，以明白的秩序，使它們的聯繫和力量爲人迅速明白看見；第三就是察知它們的聯繫；第四就是形成一個正確的結論。在任何數學的解證中，這幾個階段都可以觀察出來；能察知別人解證中各部分的聯繫，是一回事；能察知一個結論和其各部分的依屬，是另一回事；能自己做出一個明白整齊的解證，又是一回事；至於能首先發現中介觀念或證明，以構成那個解證那是與前三者都不同的另一回事。

4　**三段論法並不是理性的最大工具**　在理性方面，還有一件事，我認爲要加以考察；就是三段論法是否如一般人所想像的那樣，是理性的唯一工具，是否是施用這個官能最有用的方法。我之所以懷疑這一層的原因，約有數點：第一點，三段論法在理性方面，只能在上述的四個部分之一中是可以供理性用的；就是，它只在任何一個例證中指出各種證明的聯繫，此外再沒有別的功用。不過即在這一方面，它的功用也並不大，因爲人心離了這個三段論法，也一樣可以察見這種聯繫，不但如此，而且也許還看得更清楚些。

我們如果觀察自己心理的活動就可以看到，如果只觀察證明的聯繫而不把思想化爲三段論法的規則，則我們反而推論得最爲妥當、最爲明白。因此，我們應當注意，有許多人雖然不知道如何構成一個三段論法，可是他們的推論仍是極其明白、極其正確的。人如果觀察亞洲和美洲的許多地區就會看到，許多人雖然未曾聽說過三段論法，雖然不曾把任何論證歸在那些形式中，可是他們和我們是一樣能精確地推理的；而且我相信，幾乎沒有一個人在自身實行推論時要用三段論法。在華麗詞句中，有時會隱藏著錯誤，因此，我們有時也正需要利用三段論法把它發現出來；並且把一個謬論的機智和美辭的外表脫掉，而把它的赤裸裸的醜陋形象暴露出來。不過人們在已經研究過論式和圖式以後，你才能用三段論法的技巧形式給他們指示出這樣粗略推論中的弱點和謬誤；因爲只有在考察三個命題所能結合成的各種形式以後，人們才能知道，哪一種形式有正確的結論，哪一種形式沒有，而且能知道之所以爲正、爲誤的各種根據。人們如果充分考察過三段論法，並且知道三個命題如何在結合於某種形式中以後，就能產生正確的結論，在結合於另一種形式中以後就不能，則他們自然會知道，在傳統的論式中由前提所得的結論是否是正確的。但是人們如果不曾考察過那些形式，則他們便不能藉著三段論法確知，某種結論必然會由某種前提而來。他們之所以如此相信，只是因爲他們眞誠地相信他們的教師，並非因爲信仰那些論證的形式；不過這仍是相信而不是確知。在全人類中，能構成三段論法的人們，比不能構成的人們，爲數是太少的，而且在那些少數學過論理學的人中，大部分也只是相信三段論法在其慣用的論式中能發生正確的結論，他們很少能夠確實知道這一回事，因此，我們如果把三段論法當做是理性的唯一固有的工具和知識的方法，那麼結論就是說：在亞里斯多德以前，不曾有一個人能憑理性認識任何事物；而且自三段論法發明以後，一萬人中也不曾有一個人憑其理性認知任何事物。

不過上帝對人並不曾十分吝嗇，祂並不曾只把人造成爲兩腿的動物，而使亞里斯多德給他們再添上理性（亞里斯多德只使少數人來考察三段論法的根據，並且使他們看到三個命題雖然能在六十個以上的途徑中結合，可是只有在十四個形式中人們能相信結論是正確的；此外他還使他們看到，何以在這些少數的形式中結論是正確的，在別的形式中便不是正確的）。上帝對人類的仁慈確實超過了這個限度。祂給了人們一個心，而那個心是不學會三段論法就來推論。我們的理解並不是受了這些規則的教導才能來推論；它有一種自然能力可以看到它的觀念是否互相契應，並不需要麻煩的手續就可以把它們排列正確。我說這話並非意在貶抑亞里斯多德，我看他實在是古代的一位大人物；他的見識廣遠、思想銳利、判斷準確，是很少有人能夠比得上的；而且他發明這些論證形式，就在折服那些醜然否認一切的人們方面盡了一種大功，因爲我們是可以用這些論式指示出結論是否是正確的。而且我很願意承認，一切正確的推論都可以化爲三段論法的形式。不過我認爲，我可以正確地說（這並與他的身價無損），這些並不是唯一的、最好的推論方法，而且人們如果意在找尋眞理，希望盡力應用自己的理性來求得知識，正不必需要這些方法。而且我們清楚看到，他之所以看出有些論式是有結論的、有些是沒有的，並非由於那些論式自身，只是由於原始的知識方法、只是由於各觀念間的顯見的契合關係。你如果告訴一個村婦說，風是西南風，天氣陰暗，有欲雨的樣子，則她容易理解她在虐疾初癒之後，穿上薄衣到外面去是不妥當的。她清楚看到這些現象概然的聯繫——西南風、雲、雨、濕、傷風、復發、死的危險——她的心在離了三段論法的技巧的、麻煩的束縛以後，更能迅速地、明白地由此部分進於彼部分，因爲那些形式只足以桎梏人心、阻礙人心。不但如此，你如果用論式把這個論證系統的表示出來，則她在事物原狀中所容易見到的那種概然性，反而會忽然消亡，因爲它是往往會把聯繫混淆的。我認爲任何人都可以在數學的解證中看到，由此所得的知識雖沒有三段論法，可仍是最簡捷、最明白的。

人們往往看推論是理性官能的一種大的作用；誠然，它如果是正確的。則它不得不說是一種偉大作用。不過人心因爲想擴大它的知識，或竭力贊助它所學得的意見之故，往往不先看到觀念間的聯繫（能聯絡兩端的那種聯繫），就冒然構成各種推論，這是必須注意防範的。

所謂推論，只是要用公認爲正確的一個命題，來推得另一個正確的命題；就是說，要假設推得的那個命題中的兩個觀念是有聯繫的。就如我們先立這個命題說：「人們在來世要受刑罰」，並且由此推斷出另一個命題說：「因此人們可以自由決定」。則我們現在的問題就是要認識，人心所作的這個推論是否是正確的。它在作這個推論時如果是藉著找出中介觀念來，並且把它們置在適當的秩序中，而看到它們的聯繫，則它的進行是合理的、它的推論也是正確的。如果它在推論時，未曾見到這一層聯繫，則它所得的推論將不能成立，也不合於正確的理性，只表示它願意使自己的推論成爲合理的，或讓人視爲合理的。不過在兩種情形下，能發現那些觀念而指示其聯繫的，並不是三段論法，因爲我們必須先把它們找尋出來，並且始終一貫地看到它們的聯繫，然後才能把它們合理地應用在三段論法中。若非如此，我們就得說任何觀念，我們雖不考察其與別的兩個觀念間的聯繫，也都可以在三段論法中指示出它們的聯繫，而且我們也可以冒然把它當作中名詞，來證明任何一個結論；這是沒有人肯主張的。因爲我們看到了中間觀念和兩端觀念的契合，才斷言兩端是契合的，因此，在整個連鎖中，每一個中介觀念必須與其兩邊的觀念有顯然的聯繫才行。否則我們便不能由此推得任何結論；因爲任何時候、任何環節如果是鬆懈而無聯繫的，則整個系列的力量會因而失掉，它便不會再有力量推出任何東西。在上述的那個例證中，我們之所以知道推論之得當、推論之合理，不是因爲我們先看到一切中間觀念，然後才依據它們求得結論或命題嗎？在這裡，我們的推論是這樣的：「人是要受刑的；上帝是刑懲者；這種刑罰是公正的；被刑罰者是有罪的；人們能換一個法；因此，就有所謂自由；就有所謂自由決定」。

在這一長串系列中，各個觀念都顯然聯繫在一起，每一個中間觀念都和緊接的兩個觀念相契合，因此，「人」的觀念和「自行決定」這兩個觀念便分明聯繫在一起；因此，我們就可以根據「人在來世要受刑」的這個命題，推論出「他們能自行決定」的這個命題。因爲在這裡，人心既然看到「人在來世受刑」的這個觀念，和上帝的觀念有聯繫，能懲罰的上帝與公正的刑罰有聯繫，公正的刑罰又和犯罪有聯繫，犯罪又和「能反其道而行的能力」有聯繫，能反其道而行的能力又和自由有聯繫，自由又和自決有聯繫；因此，它也就看到人和自決是有聯繫的。

我現在就問，在這個簡單而自然的排列中，兩端觀念的聯繫是否比在五、六個重複雜亂無章的三段論式中，更看得明白些呢？這個聯繫原來並不是雜亂的，因爲在原來那個簡短、自然而明顯的秩序中，人人都可以看到這種聯繫，而且人們先看到了它們這種秩序，然後才把它們應用在三段論法中。我稱它爲雜亂無章，要請人們原諒，除非有的人在把這些觀念列入那麼多的三段論法中以後，反而會說，它們比較不雜亂、它們的關係比較明顯，雖然它們已經被一再換位、一再重複，弄成一長串人爲的形式。各種互有關係的觀念的自然秩序必然先要指導三段論法的秩序，而且每個人都必須看到中間觀念和其所連接的那些觀念的聯繫，然後他才能在三段論法中應用那種聯繫。不過在那些三段論法既形成立後，則不論是論理家或非論理家，都不能看得論證的力量（就是兩端觀念的聯繫）更爲明顯一點。「因爲不曉論理學的人，既然不知道三段論法的正確論式，又不知道它們的根據，因此，也就不知道它們是否應用於正確而決定的論式中，因此，也就絲毫不能被那些形式所幫助；不但如此，人心在這裡既然在判斷各個觀念的聯繫時，失掉了自然的秩序，因此，這些形式反而使推論更不確定，還不及沒有這些論式時爲好」。至於論理學家本人，不論在構成三段論法以前或以後，都可以一樣看到各中間觀念和其兩邊觀念的聯繫（推論的根據正在於此）；若非如此，他們根本就不曾看到那種聯繫。因爲三段論法並不能指示出也不能加強任何直接相連的兩個觀念的聯繫，它只能藉著我們在各中介觀念間所觀察出的聯繫，表示出兩端觀念間的聯繫。但是三段論法卻不能指示出中介觀念與兩段觀念有何種聯繫。人心在那樣排列的各個觀念中間所見到的，只是其他自己的觀察而來的，至於三段論法的論形，則只不過是這種觀察所用的一種偶然的形式，並不足以給這種觀察指導。三段論法只指示我們，中間觀念如果與其緊相接的兩個觀念互相契合，則那兩個相隔的觀念（就是所謂極端〔extremes〕）也的確是聯繫著的；因此，一個觀念和其兩邊觀念的直接聯繫，不但在三段論法之後可以看到，即在它成立之前，也是被看到的；否則，構成三段論法的那人根本就不能見到這種聯繫。這種聯繫只是被眼（人心的知覺官能）所見的；各個觀念只要排置起來，人心就可以看到這種聯繫。任何時候，兩個觀念只要排列在一個命題中，人心就可以看到這種聯繫，不論那個命題是否列入三段論法中而爲其大前提或小前題。

那麼人們會問：「三段論法究有什麼功用呢？」我可以答覆說，它們的主要功用有兩方面，一方面是在經院中的，一方面是在經院外的。因爲經院中人都互相允許，恬不知恥地來否認明白契合的那些觀念間的契合；至於經院以外的人們，也有些模仿經院中的樣子，恬不知恥地否認甚至他們自己所分明見到的觀念的聯繫。不過誠實探求眞理的人，既然目的只在找尋出眞理，因此，就無須用這些形式強迫人同意任何推論；因爲我們如果把各種觀念排列於簡單明白的秩序中，則比較更能看到推論之爲眞實、之爲合理。因此，人們在自己探求眞理時，並不用三段論法來使自己得到信念；在教人時也不用三段論法來指導誠心的學者，因爲在他們未將各種觀念列入三段論式之中時，他們必須先看到中間觀念和其兩邊觀念間的聯繫，把它們的相契關係指示出來；而在他們既看到這層聯繫以後，則他們又可以看到推論是否正確，因此，三段論式並不能及時來確立它。即以前面那個例子來說，人心在把正義觀念插入刑罰，和受刑者的罪惡之間，把它當做中介觀念而加以考察時（人心如果不能這樣考察正義，它便不能把正義當做中間觀念用），它不是能分明看到這個推論之爲有力，一如這個推論表現於三段論式中時那樣嗎？我們可再用明白簡易的例子來闡述這一點。假定人心把「動物」做爲中間觀念或中名詞，來指示人和生物的關係；並且假定表示的式子有兩個，一爲：

人——動物——生物

一爲：

動物——生物——人——動物

那麼我就問，人心在前一種方式下是不是要比在後一種方式下更能明白地、迅速地看清楚它們的聯繫，因爲我覺得在前一個方式中，有聯繫作用的中介觀念的位置是簡單的、恰當的，而在後一個方式中，則那個觀念的地位是複雜的。

有的人們以爲，即在愛好眞理的人一方面，三段論式也是必需的，因爲它正可以指示出華詞、諧句、亂談中所隱藏著的一些錯誤。不過這實在是一層謬見，因爲我們知道，眞正追求眞理的人們之所以有時被那樣鬆懈的、華麗的推論所蒙蔽，只是因爲他們的想像被一些活躍的、比喻的表象所打擊，使他們懶於觀察或不易觀察到，那個推論究竟是依靠於哪些眞正觀念的。要向這般人們指示出那種辯論的弱點來，我們只須㈠先把那些多餘的觀念除掉就是，因爲那些觀念，與推論所依據的那些眞正觀念混合在一塊，能在本沒有聯繫的地方表現出一種假聯繫來，或者至少也使人發現不出缺乏這種聯繫。此後，㈡我們也只須把推論所依據的那些觀念排列在適當的秩序中。在這種情形下，我們只要一觀察它們，就可以看到它們的聯繫，因此，不用任何三段論式，它就可以判斷那個推論。

我承認，在那些情形下，人們通常要利用論式或圖式，彷彿他們之所以能在那些鬆散的推論中，發現任何矛盾，只是完全由於三段論式。我以前是曾經這樣想的，不過後來卻不以爲然了，因爲在嚴格考查之後，我看到，只把各個觀念置於適當的次序中，就可以看出那些推論的矛盾，而且沒有三段論式，反而會更看得清楚一點。事情所以如此，並不只是因爲我們在直接觀察了一長串中的每一環節以後（在其適當的地位），能最清楚地看到它們的聯繫；此外，還因爲三段論式只能把矛盾指示給最少數的人們，因爲能完全了解論式和圖式的人們，能完全了解那些論式所由以成立的各種根據的人們，是萬人中不得一二的。可是我們如果把推論所依據的各種觀念置在適當的秩序中，則不論是論理學家或非論理學家，只要他了解那些名詞，並且有才具來觀察那些觀念的契合或相違（人如果不能做到這一層，則他不論在三段論式以內或以外，都不能看到推論之爲有力、之爲脆弱、之爲結實、之爲矛盾），他就會看到他的論證是否缺乏聯繫，他的推論是否含著荒謬。

我知道有一個人，雖不精於三段論式，可是他在一聽到一長串虛僞貌似的推論時，卻能立刻看到它的脆弱和不堅實；至於別的精於三段論式的人們反因此發生了錯誤。我相信，讀者們知道這類事實的，當不在少數。如果不是這樣，則朝廷的辯論、大會的事務，都會有措置失當的危險。因爲堪當大事，有可以左右政局的人們，並不常僥倖完全知道三段論法的論形，或完全熟悉各種論式和圖式。

如果在人爲的推論中，三段論式是唯一的甚至是最妥當的發現錯誤的方法，那麼我認爲全人類，甚至君主們在有關自己王位和尊嚴的事體方面，不致於那樣愛惜虛僞和錯誤，而在最重要的辯論中竟然忽視應用三段論式，竟至於以爲在重要的事體中要提出三段論法來，就是很可笑的。他們之所以如此，就已經分明證實了許多有天才和遠識的人們（這些人們並不是隨便閒談的，他們要按照自己辯論的結果來實行，而且在錯誤時，還常要喪失其頭顱和財產的），以爲那些經院中的論式是沒有功用的，並不能發現眞理或謬誤；因爲任何人只要肯接受明白呈示於他的東西，則沒有這些論式，我們也一樣可以把眞理或謬誤指示給他，而且會指示得更爲明白一點。

第二點，我之所以猜想三段論式在發現眞理方面不是理性的唯一固有的工具，還有一種原因，就是，不論人們怎樣誇張論式和圖式能發現虛僞（如上所述），我們依然看到經院式的推論方法和平常的辯論方法是一樣易於陷入錯誤的。因爲據平常經驗來說，這些虛妄的推理方法只足以捉弄人心、圈套人心，卻並不能啓發理解、指導理解。因此，人們在經院式的辯論中，雖可以被人折服，默然無言，可是他們很少甚或從不會眞心相信勝者一造的意見。他們或許承認他們的對手比自己精於辯論，不過他們永不會相信對方所爭持的眞理，他們雖然失敗，可是依然要帶其原來的舊意見以去。這種辯論方法如果能給人以眞知灼見，並且使人看到眞理在於何處，則他們萬不會有這種情形。因此，人們就想三段論式只可以在爭辯中求得勝利，並不能在明白的探求中發現眞理或證實眞理。錯誤既然能隱藏在三段論式中，而且同時我們又不能否認它，那麼能發現眞僞的，一定不是三段論式，而是其他東西了。

人們如果慣於認爲某種東西有某種功用，他們就不許別人否認那種功用，否則他們很容易大聲疾呼地說，別人要把那個東西完全拋棄了。這是我常有的一種經驗。但是爲防止這種不公正而無根據的責難起見，我可以告訴他們說，我並不主張取消理解在達到眞理時所憑靠的任何幫助；而且精於三段論式的人們如果認爲它們可以幫助理性發現眞理，則我認爲他們正可以利用它們。我的意思只是說，他們不應當以分外的功用歸給這些論式，並且不應當以爲離了這些論式，則人們便不會運用、或不會充分運用自己的推理能力。有些眼睛需要眼鏡才能看得清楚明白，不過戴眼鏡的人們卻不可因此就說，離了眼鏡就沒有人能看得明白。說這話的人總未免過於著重藝術（他們或者是得了藝術之助的）而看輕自然。

理性如果能充分地運用自身，就可以憑其洞察力迅速地、明白地看到眞僞，而且看得比用三段論式時還要迅速、還要明白。他們如果因爲用眼鏡久了，致使自己的視力發了昏，而且沒有眼鏡就不能看到辯論中堅牢的推論或不堅牢的推論，則我也不致於無理性地妄來反對他們配帶眼鏡。人人都知道，什麼最適宜於自己的目光，不過他萬不可因此就說，凡不用他那種工具的人，都是在黑暗中的。

5 **三段論式在解證中無大功用，在概然性方面更是無用** 三段論式在知識方面不論是什麼樣的，而在一切概然性方面，我敢說，它是完全沒有功用的。因爲在概然性方面，我們的同意既然是在適當地考察了兩造的一切證明和情節以後，按照一面的優勢發生的，因此，在概然性方面要用三段論式來幫助人心，那是最不適當的。三段論法只根據一個假設的概然性或局部的論據，一直往前進行，因此，結果它就會使人心完全看不到當下所考察的東西，並且使它陷於一種遠隔的困難，陷於進退維谷之境，彷彿被三段論法的鎖鏈所桎梏似的。在這裡，三段論式並不能給人心必要的自由、更不能給它必要的幫助，因此，它就不能使人心來考究一切事物、來指示出較大的概然性是在哪一面的。

6 **它不能增加我們的知識，只能用知識進行詭辯**　我們縱然承認三段論式可以幫助我們使人相信他們自己的錯誤（有的人雖如此說，不過我並不曾見任何人曾經被三段論法的力量所迫，致拋棄意見），可是在最重要的一部分，它卻不能幫助我們的理性。我所謂最重要的一部分，就是指找尋證明、尋求新發現而言的。這部分工作雖不是理性的最高妙用所在，可是它仍是最困難的一種工作，而且在這方面，我們是最需要幫助的。三段論式的規則並不供給人心那些中介觀念，以指示出遠隔的各個觀念間的聯繫。這種推論方法無法發現新的證明，它只是整理排列已有證明的一種藝術。就如歐幾里得第一卷第四十七命題雖是很正確的，可是它之所以被人發現，我認爲卻不是由於普通邏輯中的任何規則。一個人必須先有知識，然後才能用三段論式加以證明。因此，三段論式是在知識之後來的，因此，一個人並無需乎它。我們的知識量之所以能增加，有用的藝術和科學之所以能進步，主要是因爲我們找尋出各個中間觀念，以指示出遠隔觀念間的聯繫。三段論式頂多也不過是用我們所有的少量知識進行詭辯的一種藝術，它並不能絲毫增加我們的知識。一個人的理性如果盡用在這一方面，那正如一個人從地內掘出少量的鐵以後，全把它打成刀，並且把它置在其人們手中，使他們互相鬥爭、互相猛擊似的。西班牙國王如果曾這樣運用其人民的手和西班牙的鐵，則他便不會在美洲的腹地發現所蘊藏的珍寶。我認爲，一個人如果盡其理性的力量揮舞所謂三段論式，則他一定不會在自然的內部寶藏中發現大量隱伏的知識。

但是照經院派的做法，我們雖不能藉嚴格的論式和圖式的規則發現知識，可是我們的自然的、素樸的理性，卻容易開一條通向人類的知識總量（一如其以前所做的樣子）的大道，而對之有所增加。

7 **我們應當尋求別的幫助** 不過我並不懷疑，在最有用的這一部分知識方面，我們可以找到一些幫助理性的方法，而我之所以如此說，乃是受了聰明的胡克（Hooker）的慫恿。他在其《教會政體》（*Ecclesiastical polity*）第一卷第六節中曾經這樣說過：「如果加上眞正藝術和學問的一些正當幫助（說到這些幫助，我必須坦白地說，當今之世雖然號稱學風鼎盛之時，可是人們對這些幫助並不甚知也並不注意），則受了這種培植的人們的成熟判斷，和現代人的粗淺判斷之間，將來一定有天壤之別，正如現代人和嬰兒之間，有天壤之別一樣。」我並不敢妄謂：自己在這裡曾經發現了這位好學深思的大人物所提到的那些正當的藝術幫助中任何一種。但是，現代所通用的三段論式和邏輯分明不是他所指的那些，因爲這些技術在他那時代已經爲人所熟知了。在我自己覺得，我只要能用一種或者不習見的推論（我相信它是完全新的，並非抄襲來的），引起別人的注意，來找尋新的發現、來在自己的思想中尋求藝術的正當幫助，那已經夠了。我相信，人們如果奴顏婢膝地完全服從他人的規則和命令，他們一定不會發現這些幫助。因爲走平的道路只能領導這些牲畜們（如一個留心的羅馬人所說）達到模仿的地步；他們所做的不是巧合的同一，而是屢次的重複。不過我仍然可以大膽地說這個時代既然產生了一些判斷準確、識解宏大的人們，因此，他們如果肯在這個題目上運用其思想，則他們一定能開拓一些新而未發現的道路，以促進人類的知識。

8 **我們的推論限於特殊事物**　我們既然藉此機會在這裡總論過三段論式，和它在推論方面，在知識的促進方面所有的功用，因此，在完結這個題目之前，我們還應當注意到三段論式的規則中一個明顯的錯誤，就是：「任何三段論式的推論，至少要含有一個概括的命題，才能成為正確的、決定的。」他們這樣說，彷彿以為我們關於特殊的事物，是不能有所推論，不能得到知識似的。實則在適當考察以後就知道，我們一切推論和知識的直接對象，只是一些特殊的事物。每人的推論和思想所關涉的只是他自己心中存在著的各種觀念，而這些觀念又各個都是特殊的存在。至於在「別的」事物方面，我們的知識和推論之能成為正確的，也只以它們和那些特殊的「觀念」相符合為限。因此，我們對自己特殊觀念間的契合或相違所發生的認知，也就是知識的全體和極限。

至於普遍性，則只是由這種認識的附帶性質，而且它的含義也不過是說，那種認識所關涉的那些特殊觀念，可以和兩個以上的特殊事物相符合，可以表象兩個以上的特殊事物罷了。但是那些觀念中不論兩個或一個或一個也沒有能表象兩個以上的實在事物的，而我們對那兩個觀念的契合或相違所發生的認識——就是知識——仍是一樣明白、一樣確定的。此外，在完結這個三段論式的題目以前，我還要請求允許我提出一點來，就是：「我們不應當依靠正確的根據來考察三段論法現在所有的論式，是否契合於理性嗎？」因為中名詞的功用既然在聯合兩端，即既是要藉其媒介來指示出兩個觀念間的契合或相違，那麼中名詞如果置在那兩個觀念中間，則它的位置不是更自然一點，而且它不是更能明白地指示出兩端的契合或相違嗎？這是很容易做到的，我們只須把前兩個命題的位置一掉換，使中名詞成了第一命題的賓詞，成了第二命題的主詞，那就是了，就如：

所有人都是動物，
所有動物都是生物，
所以所有人都是生物。
所有物體都是廣袤和凝性，
廣袤和凝性不能是純廣袤，
因此，所有物體也就不能是純廣袤。

此外還有一些三段論式，其結論是特殊的，不過我也不必再用這些例證來麻煩讀者了。在特殊方面也和在概括方面一樣，我們也可用同樣理由來討論同樣形式。

9 理性雖可以透入深海和厚地，雖可以把我們的思想提到星宿一樣高，雖可以帶領我們在大宇宙的高樓豪宅中遊行；可是它即在物質事物方面，它也不能窮形盡相，而且在許多例證下，它也不能供我們之用。

第一，我們如果缺乏觀念，則理性便不能供我們之用 第一，我們如果缺乏觀念，則理性全不中用。因爲理性所及的範圍，並不能超過觀念所及的範圍。因此，我們如果沒有觀念，則我們的推論便要停頓，我們的計算也要止步。有時我們所推論的，如果只是不表示任何觀念的一些文字，則我們的推論也只限於那些聲音，此外並無別物。

10 **第二，原因於含糊的和不完全的觀念** 第二，我們理性所運用的各種觀念如果是含糊的、紛亂的或不完全的，則它會迷惑而不知所措。在這裡，我們就會陷於困難和矛盾中。因此，我們對於「最小量的物質」和「無限」既然沒有完全的觀念，則我們便迷惑於物質的「無限」可分割性。

可是我們既然有了完全、明白而清晰的數目觀念，因此，我們的理性在數目方面便遇不到那些不可解的困難，也不致於陷入任何矛盾中。至於人心如何動作？運動或思想如何開始？而且人心又如何能產生它們？那是我們所不能完全觀念到的，至於上帝的動作，那更是我們所不能完全觀念到的，因此，我們在自由而又被創造的主體方面，便陷於極大的困難，使理性不易自拔。

11 **第三，原因於缺乏中間觀念** 第三，我們的理性如果不能找出一些觀念，藉以指示出任何別的兩個觀念間的確定的或概然的契合或相違，則它也會停頓。在這方面，有些人的才具是遠過於別人的。在未發現代數（人類聰明的最大工具和例證）的時候，人們看到了古代數學家的一些解證，往往表示訝異，而且他們總以爲，人們能找尋出那些證明，簡直近乎神聖了。

12 **第四，由於錯誤的原則** 第四，人心如果要根據虛妄的原則進行，則它總會陷於困難和荒謬，總會陷於桎梏和矛盾而不能自行解放。在那種情形下，要求助於理性，那是很無當的；因此，我們只能返回來發現那些錯誤原則的虛妄而排斥其影響。我們如果在虛妄的基礎上有所建立，則由此所產生的困難，遠非理性所能擴清的；它如果愈往下追求，則它會愈使人陷於迷惑、愈會使人陷於迷亂。

13 **第五，由於含糊的名詞** 第五，含糊的和不完全的觀念既可以常常圈套住我們的理性，因此，根據同樣理由，曖昧的文字和不定的標記，如果注意不到，也會在推論中和辯論中，迷惑人的理性，使他們陷於困難。不過後面這兩者，只是我們自己的錯誤，並非理性的錯誤。但是它們的結果仍是顯然的，而且它們所充滿於人心的迷惑或錯誤也是到處可以見到的。

14 **我們的最高級的知識是直覺的，並不用推理** 人心中某些觀念是可以憑它們自己互相直接比較的，在這些觀念方面，人心能夠明白地看到它們是否互相契合，正如它明白地看到自己具有那些觀念似的。就如人心可以明白地看到圓的一弧小於全圓，正如它能明白地看到圓的觀念似的。這種知識我叫它做直覺的知識，它是毫無疑義並無需證明，也無法有所證明；它已經是全部人類確實性的最高點。

有些公理之所以在一提示於人的理解以後，就爲人人所不能懷疑、所確知（不只是相信）爲眞，其明顯性的根據正在於此。

在發現和同意這些眞理時，我們用不著自己的推理能力也無需推論，它們是藉高一級的明顯性被我們所認識的。現在雖然有千萬種事物逃掉我們的解識，或者我們的短視的理性只能浮光掠影瞥見它們，而且我們也只能在黑暗中摸索它們，可是我認爲（如果我可以猜一猜未知的事物），現在的天使們對這些東西是有直覺的知識的，而且正直的人的精神，在來世變得圓滿之後，也是會對它們發生這種知識的。

15 **其次就是藉推論而行的解證** 但是我們雖然在各處不時得到一點明白光亮、不時得到光明知識的一些火花，可是大多數觀念，我們並不能憑直接的比較來窺見它們的契合或相違。在這些方面，我們必須應用推論、藉著推理發現事物。這些觀念又分兩種，現在我可以順便再提出來。

第一，有些觀念我們雖不能藉直接比較知道它們的契合或相違，但是我們可以用別的能與它們比較的觀念做爲媒介，來考察它們的契合或相違。在這種情形下，我們如果清楚看到中介觀念和我們所要比較的那兩邊的觀念是契合的或相違的，則我們便得到解證，產生所謂知識。這種知識雖然也是確定的，可是它並不如直覺的知識那樣容易、那樣明白。因爲在直覺的知識中，只有一個直覺，並不容有絲毫懷疑或錯誤；我們在這裡，能立刻完全看到眞理，在解證方面，自然也有直覺，不過它們卻不是同時的；因爲我們在以中介觀念與第二個觀念相比較時，必須要記得我們對中介觀念（或媒介）和第一觀念間的契合所有的直覺；因此，媒介如果愈多，錯誤的危險也就愈大。因爲我們必須把各個觀念間的契合或相違觀察出來，必須在長串的每一步驟中看出它們，必須照樣把它們保留在記憶中，而且我們的心必須要確知，解證中的每一必要部分都沒有忽略。這樣便會使一些解證冗長而繁雜，而且人們如果天分不足，也難以清晰地看到那麼多的特殊事件，也難以精確有序地把它們記在腦中。就是那些能從事複雜觀察的人們，也常常要返回去複檢其過程，而且他們往往要一再複查，然後才能得到確定的知識。但是人心只要能直觀到一個觀念和別個觀念間的契合，又直觀到它和第三個觀念的契合，又直觀到它和第四個觀念間的契合，而且人心只要能明白地記住那種直覺，則第一個觀念和第四個觀念間的契合便成了解證，並且能產生出確定的知識。這種知識正可以叫做理性的知識（rational knowledge），如前一種知識叫做直覺的一樣。

16　**要想補充這種狹窄的範圍，我們只有根據概然的推論來行判斷**　第二點，另有一些觀念，它們的契合或相違，我們雖然也只能藉別的觀念爲媒介才能加以判斷，可是這些別的觀念與兩端並沒有確定的契合，只有一種常見的或概然的契合，所謂意見正是施展在這些方面的；而且所謂意見，也就是人心在以概然的媒介比較了各種觀念以後，姑且相信那些觀念是相契的。這個雖然達不到知識，而且雖然也並達不到最低限度的知識，可是有時候中介觀念能把兩端緊密地聯合起來，而且概然性很明白、很強烈，使我們不得不同意它，正如我們的知識不得不跟著解證而來似的。意見的美點和功用正在於觀察正確，並且確實估量各種概然性的力量，又從而把它們合攏在一塊，選擇出占優勢的那一方來。

17　**直覺**、**解證**、**判斷**　所謂直覺的知識就是在把兩個觀念直接比較後，人心對它們的契合或相違所發生的一種認識。

所謂理性的知識，就是在以一個或多個別的觀念把兩個觀念聯合以後，人心對那兩個觀念的契合或相違所發生的知覺。

所謂意見就是，人心在以一個或多個別的觀念聯合兩個觀念以後，只「相信」那兩個觀念是契合的或相違的，因爲在這裡，人心看不到那些別的觀念和那兩個觀念的確定契合或相違，只看到它們屢次的、常見的契合或相違。

18 **文字的結果和觀念的結果** 由一個「命題」推出另一個「命題」（就是用文字來行推論），雖然是理性的大部分工作，可是推理的主要工作還在於用第三個「觀念」爲媒，來找尋出兩個觀念間的契合或相違來。就如兩棟房子，我們雖不能把它並列在一起來度量它們的相等關係，可是我們可用碼來發現它們是相等的。文字的作用只在它們是那一類觀念的標記；至於各種事物自身的契合與否，雖然有其實在的相狀，可是我們也只能藉觀念來知道這一層。

19 **四種論證** 在未完結這個主題之前，我們不妨花些時間論究人們在與他人推論時常用的那四種論證。他們用這些論證，或者企圖要使人來相信自己；或者至少也是想要折服他們，使他們平息其反駁。

第一就是所謂剽竊名言 第一，就是要申辯各人的意見。人們如果藉其天分、學問、卓越、權力，或其他原因，曾經在大衆中博得美譽、獲得令聞、具有權威、富有尊嚴，則我們如果稍一貶抑其人的尊嚴，或懷疑其人的權威，那在別人認爲是傲慢不遜的。別人如果都恭敬服從地接受知名作者的決定，則一個人對這種決定如果不肯直接服從，大衆便容易以爲他是太於高傲用事的。一個人如果固執自己的意見，以與從古傳來的潮流相抗衡，或者與一些有名的學者、共認的作家相頡頏，則人們往往認爲他們是傲慢的。因此，人只要拿這一類的權威來支撐自己的教條，則他便以爲自己應該獲得勝利，而且別人如果要反抗那些權威，他會稱他們爲魯莽的。我認爲這正可以叫做剽竊名言。

20 **第二，就是利用無知**　第二，人們還常由另一條途徑來驅逐他人，使他人服從自己的判斷，接受自己在辯證中的意見。這種途徑就是要使對手承認自己所說的爲證明，或者自己給對手舉出一個更好的證明來。這種論證我叫它做利用無知。

21 **第三就是窮其他說**　第三條途徑就是要從對方的原則或自白來求得結論，以其矛來攻其盾。這就是普通所謂窮其他說。

22 **第四就是所謂准事酌理**　第四，就是要利用知識或概然性的基礎作爲證明，我稱這爲准事酌理；在四種論證中，只有這一種能啓發人們，能使我們在知識之路上有所進步。因爲㈠我之不反對某個人，如果不是由於確信，而只由於恭敬或其他緣故，則那並不足以證明他的意見是對的。㈡我縱然不知道較好的一條途徑，這也不能證明別人就走了正途，而我就得應該跟從他。㈢一個人縱然告訴我說，我是錯的，可是這也不見得他就是對的。我也許謙懷若谷，不願反對他人的信念；我也許有所不知，不能發現一個較好的證明；我也許錯了，另一個人也許會指示我說，我是錯了。這些情形誠然可以使我容易接受眞理，但是它們卻不能協助我達到眞理。眞理是必須由證明和論證來的，光明是必須由事物的本性來的，並不能由我的厚顏無知或我的錯誤而來。

23 **超乎理性、反乎理性、合乎理性**　由前面所說的看來，我們可以憑猜想約略地把事物分爲合乎理性的、超乎理性的和反乎理性的三種。㈠合乎理性的各種命題，我們可以憑考察自己的感覺觀念和反省觀念來發現它們的眞理，並且可以藉自然的演繹知道它們是正確的或可靠的。㈡超乎理性的各種命題，我們並不能憑理性由那些原則推知它們的眞理或概然性。㈢反乎理性的各種命題，是與我們那些清晰而明白的觀念相衝突、相矛盾的。就如唯一上帝的存在是與理性相合的；兩個以上的上帝的存在是反乎理性的；死者的復活是超乎理性的。其次，所謂「超乎理性」，既然有兩種意義，一層是指超乎概然性而言，一層是指超乎確實性而言，因此，我認爲所謂反乎理性有時也可以有這兩種廣泛的意義。

24 **理性和信仰不是互相反對的** 理性一詞還有另一種功用，在那種功用方面它是和信仰相反的。這種說法雖然不是很適當的，可是習俗已經認定了這種說法，因此，我們如果反對它，或希望改正它，那是很愚蠢的。不過我們不妨注意一下，信仰和理性不論多麼相反，可是信仰仍只是人心的一種堅定的同意。而堅定的同意，如果調節得當，又只有依據很好的理由才能賦予任何事物（這正是我們的職務），因此，它是不能和理性相反的。一個人如果沒有信仰的理由就信仰，則他也許會愛好自己的幻想，可是他並不是在找尋眞理，服從造物主的，因爲造物者所以給他以那些分辨的能力，正是要使他應用它們，免於錯誤的。人如果不能盡其所能來應用這些能力，則他有時雖然也許會遇到眞理，可是他之所以得以不謬，只是由於偶然。我雖不知道，偶然的幸運是否能辯護他那種進行方法的不合規則，不過至少我確信，他對於自己所陷入的過錯是必須要負責的。在另一方面，一個人如果能應用上帝所賜的光明和能力，並且誠心用自己所有的那些幫助和能力來發現眞理，則他已經盡了理性動物的職責，而且他縱然求不到眞理，他也會得到眞理的報酬；因爲一個人如果不論在什麼情形下都要依照自己理性的指導來信仰或不信仰，則他已經指導好自己的同意、安置好自己的同意了。另一個人如果行事與此相反，他就觸犯了自己的光明，誤用了天賜的才能，因爲上帝給他那些才具，只是爲了追尋較明白的確實性，遵循較大的概然性。但是有些人們既然把理性和信仰對立起來，因此，我們在下一章中也要照那個樣子考察它們。

第十八章　信仰和理性以及其各自的範圍

1　**我們必須知道它們的界限**　我們在前面已經說過，㈠我們如果缺乏觀念，則我們必然得不到任何知識。㈡我們如果沒有證明，則我們便得不到合理的知識。㈢我們如果缺乏明白的、決定的物種觀念，則我們便不能得到概括的知識和確實性。㈣我們如果沒有自己的知識、沒有他人的證據，來安立自己的理性，則我們便不能得到概然性，來指導自己的同意。

我們既然提到這些事情，因此，我認爲我就可以把理性和信仰的界線分開。世界上許多紛亂，縱然不是由於人們不知道這層分別產生的，至少許多激烈的爭辯和荒謬的錯誤，是由這種原因產生的。因爲我們如果不能解決自己應當在什麼範圍內受理性的指導、什麼範圍內受信仰的指導，則我們雖互相爭辯，也不能互相曉喻宗教的道理。

2　**信仰和理性的對立**　我發現任何教派，在理性所能指導他的範圍內，是愛利用理性，可是在理性不能幫助他們時，他們卻呼喊著說：「那是屬於信仰範圍的，不是理性所能解決的」。但是他們既然沒有立了信仰和理性的精確界線，那麼一個反對者如果有同樣的批評，則他們如何能說服人呢？因爲在關於信仰的一切爭辯中，信仰和理性的界線是應當首先決定的。

因此，理性如果與信仰對立，則我的區別就是：理性的作用是在於發現人心由各觀念所演繹出的各種命題或眞理的確實性或概然性（這裡所謂各種觀念，是人心憑其自然的官能——感覺或反省——得來的）。

在另一方面，信仰則是根據說教者的信用，而對任何命題所給予的同意；這裡的命題不是由理性演繹出的，而是以特殊的傳達方法由上帝來的。這種向人暴露眞理的途徑，就叫做啓示。

3 **傳說的啓示並不能傳來任何新的簡單觀念**　第一點，我可以說，沒有一個受了上帝靈感的人可以藉啓示向別人傳來他們所不曾由感覺和反省得到的任何新的簡單觀念。因爲不論他從上帝親手接受了什麼印象，而他總不能用文字或其他標記把那些印象傳達給他人。因爲各種聲音在作用於我們心中時，並不能引起別的觀念，只能引起它們的聲音觀念。它們之所以能在我們心中引起潛伏的觀念，只是因爲我們常用它們來代替那些觀念，而且它們所喚起的觀念也是限於以前就在那裡存在的。因爲所聞所見的各種文字只能在我們的思想中喚起它們常常標記的那些觀念，並不能引進完全新而爲以前所不知的任何簡單觀念。至於別的標記，也都可以這樣說，它們都不能向我們表示我們從未觀念到的任何事物。

因此，不論保羅在神遊第三天時，看到什麼東西；不論他心中接受了任何印象，而他向別人所敘述的那個地方的情形只不過是說，那些事物是「人眼所不曾見、耳所不曾聞、心所不曾想的」。縱然上帝藉其神力讓一個人看到木星或土星上的一種具有六個感官的生物（人人沒有否認星球上能有生物存在），並且在他心中印了那些生物由其第六感官所接受的印象，而那個人也不能藉文字語言在別人心中把那第六個感官所傳達的觀念產生出來，正如我們不能藉文字的聲音，在只具有四個感官而卻完全不能看的人，心中產生出顏色觀念似的。因爲我們的簡單觀念（它們是一切想法和知識的基礎和材料）都完全依靠於我們的理性，也就是都完全依靠於我們的自然官能，我們並不能由傳說的啓示來接受到它們。在這裡，我所說的傳說的啓示是有別於原始的啓示的。所謂原始的啓示，是指上帝在人心上所直接烙印的印象，在這裡是沒有什麼界限的；至於傳說的啓示則是指用文字語言向他人所傳的那些印象而言的，也就是指平常互相傳達思想的那種途徑而言的。

4 傳說的啓示雖可以使我們知道理性所能知的各種命題，不過它並不能給理性所給我們的那種確實性 第二點，我可以說，凡由我們的自然理性和觀念所能發現的那些眞理，啓示也可以發現出來、傳達出來，因此，上帝也可以藉啓示向我們發現幾何中任何命題的眞理，正如人們應用其自然的官能自己發現那些眞理似的。不過在所有這些事物方面，我們也不需要啓示，因爲上帝已經給了我們發現它們的自然的、較妥當的方法。因爲我們如果由思維自己的觀念而發現了各種眞理，則那些眞理一定比由傳說的啓示而來的眞理較爲確定一些。因爲我們知道這種啓示原始是由上帝來的，永不能爲我們之明晰地看到各種觀念的契合或相違，那般確實。如果在很多年代以前就有啓示說「三角形的三角等於兩個直角」，而且我如果相信那個傳說，相信這個命題是曾經啓示過的，我就可以相信這個命題的眞理。但是我們如果一比較、一度量，兩個直角的觀念和三角形三角的觀念，則我們對這命題所有的知識會更爲確定一些。關於感官所能知的各種事實，我們也可以這樣說。洪水的歷史之傳於我們，也是由導源於啓示的那些著述來的；不過我認爲任何人都不會說，自己對於洪水所有的知識，一如親見洪水的諾亞（Noah）所有的知識那樣確定而明白，一如自己當場目擊時所應有的知識那樣確定而明白。因爲他雖然相信，這段歷史是見於摩西受了靈感後所寫的書中的，可是他這種信念並不能大於他的感官的信念，因爲他如果親自見到摩西寫了這本書，則他的信仰會更堅定些。

5 **啓示如果反乎理性的明白證據就不能信教** 我們如果憑直接的直觀（如在自明的命題方面），或其理性的明白演繹（如在解證中），明白知道各個觀念間的契合或相違，而且我們如果又根據這些契合或相違，構成各種確實的命題，則我們便無須用啓示幫助我們同意那些命題，把它們接受在自己心中。因爲知識的自然途徑就能把它們確定在心中，或已經把它們確定在心中。我們對任何事物所有的這種知識是最大不過的，它正可以比得上上帝的直接啓示，而且我們縱然相信這是由上帝來的啓示，而這種信念也不能大於我們的知識。任何東西都不能藉啓示一詞搖動明白的知識，或者在它與理解的明白證據直接衝突以後，讓人來相信它是眞的。因爲我們在接受那些啓示時所起的各種官能的明據，並不能超過（縱然相等）直覺知識的確定性，因此，任何事理如果與我們的明白的、清晰的知識衝突，則我們萬不能相信它是一種眞理。就如一個物體的觀念和一個地方的觀念是很明白符合的，而且人心也明白地看到它們的契合，因此，如有一個命題說，一個物體同時在兩個地方存在，則它縱然妄以神聖的啓示爲護身符，我們也不可能同意它。因爲我們縱然明知㈠自己在以此命題歸於上帝時，並沒有自行欺騙，雖然明知㈡自己在正確了解這個命題的，可是我們更可以憑自己的直覺知識明知同一物體不能同時在兩個地方存在。因此，任何命題只要和我們的明白的、直覺的知識相衝突，則我們便不能把它作爲神聖的啓示，而以啓示所需要的同意加以同意，因爲這樣我們就會把一切知識、明證和同意的原則和基礎都搖動了；如果可疑的命題代替了自明的命題、確知的東西讓步於容易錯誤的東西，則眞理和虛妄的差異就泯滅了，信仰和懷疑的界限也就消除了。各種命題如果抵觸了我們所明白觀察到的觀念間的契合或相違，則我們萬不能說它們是屬於信仰的事情。它們不論藉啓示的名義，或藉任何別的名義，都不能引動我們的同意，信仰並不能使我們承認與知識相反的任何事物，因爲信仰雖然建立於上帝的證據，而且他在啓示任何命題時不能撒謊，但是我們雖相信這個命題眞是神聖的啓示，可是這種信念並不能超過我們的知識。因爲我們之所以確知那個命題之爲眞實，全是因爲我們知道那個命題是上帝所啓示的，不過我們所假設爲啓示出的那種命題如果與理性或知識相反，則我們所知的那種啓示正是很有疑問的。因爲我們不能設想上帝——仁慈的造物主——何以會把虛妄的命題傳授給人們，使它來把他自己所給我們的知識的一切原則和基礎都推翻，使我們的一切官能都無用，使他的最神妙的作品——人的理解——都毀滅了，並且使人處於少光明、缺指導的地步，比要神隨形滅的禽獸還更可憐。因爲人心如果只分明知道自己理性的原則，而且它對於神聖啓示所有的知識並不比那種知識更爲明白，或者還不及那樣明白，則它萬不能離棄自己理性的證據，而讓步於一個啓示的命題，因爲那種啓示並不比那些理性的原則更爲明白。

6 **傳說的啓示，更不能違反理性的明白證據**　在這種範圍以內，即在直接所受的原始啓示中，一個人也是運用自己的理性，並應當服從自己的理性的。至於別的人們如果不妄謂自己受了啓示，而且他們如果只是被人命令來服從他人，並接受（由文字或語言所傳來的）向他人所啓示出的眞理，則理性更有重要作用，而且是唯一指導我們接受那些眞理的東西。因爲屬於信仰的事體既然只是神聖的啓示，而不是別的，因此，所謂信仰（就是平常所謂神聖的信仰）只能涉及於被認爲由神所啓示出的那些命題。因此，人們如果以啓示爲信仰的唯一對象，他們如何能夠說我們之相信某書中的某一命題爲神聖的靈感，乃是信仰的事情，而非理性的事情；只有他在受了啓示，知道書中的某個（或全體）命題是由神聖的靈感所傳來時，才可以如此說。如果沒有那種啓示，則我們是否相信那個命題或那部書爲神聖的權威，那並不是信仰的事情，而只是理性的事情。我們只有運用自己的理性，才能同意它，而凡與理性相反的東西，理性又是不能允許我們相信的；理性所視爲非理性的東西，它是從不會加以同意的。

因此，在各種事物方面，我們只要根據自己的觀念得到明白的證據和上述的那些知識原則，則理性便成了當然的判官。至於啓示，則在它和理性相契時，固然可以證實理性的意旨，可是在它和理性不相契的情況下，並不能減弱理性的命令。我們只要有理性的明白判斷，則任何相反的想法，也不能藉信仰的名義來使自己拋棄那種判斷。

7 **超理性的事物** 不過，第三點，我們可以說，有許多事情，我們對它們只能有很不完全的想法或者全無想法；而且有些別的東西，我們也不能憑自己官能的天然功用來知道它們的過去、現在和將來的存在。這一類事情既然不是我們的自然能力所能發現的，而且是超乎理性的，因此，當它們啓示給我們時，它們就成了信仰的固有對象，就如說，有一部分天使曾經背叛上帝、失掉樂土，死者要起來、復生等事情，都不是理性所能發現的，而且它們純粹是信仰的事情，理性並與它們直接無關。

8 **有些事物在啓示以後，雖不與理性相反，可是它們也是信仰的事情** 上帝雖然給了我們理性之光，可是即在我們的自然才具能給我們或然決定的那些事情方面，他仍然可以自由供給我們啓示的光亮。而他的手並未受了束縛。

因爲這種緣故，上帝如果肯給我們啓示，則他的啓示必然要否認理性的或然推想。因爲人心既然不能確知它所不能明知的那些事情的眞理，只能服從一種近似的概然推測，因此，它必須同意於那個證據才是，因爲它堅信那種證據是由不會出錯、不會欺騙的神明來的。不過要判斷它的確爲啓示，而且要來判斷表示啓示的那些文字的意義，那仍是理性的職務。因此，任何被假設爲啓示的事情，如果與理性的明白原則相反，如果與人心對自己明白而清晰的觀念所有的明顯的知識相反，則我們必須聽從自己的理性，因爲這事情正是屬於理性的範圍的。因爲一個人縱然知道，與自己的明白原則和明顯知識相反的那個命題是由神聖所啓示的，或者知道自己已經正確地了解了傳達啓示的那些文字，可是他更知道相反的說法乃是眞的，而且前一種知識敵不過後一種知識的確實可靠。因此，他必須把那個命題當做理性的事情而加以考察，而不是未加考察，就把它當做信仰的事情而呑嚥下去。

9 **在有些事情方面，我們的理性如果不能判斷，或者僅能有或然的判斷，則我們應當聽從啓示** 第一點，所啓示的任何命題，我們的心如果不能藉其自然的官能和想法，來判斷它的眞理，則那完全是信仰的事情，而且是超乎理性的。

第二點，人心如果能由其自然官能的功用，藉其自然獲得的一些觀念來決定、判斷各種命題，則那些命題可以說是理性的事情。不過有一種差異就是有些命題，人心並不能十分確知它們，它只能根據概然的根據，來相信它們的眞理（在這種情形下，相反的命題或許是眞的，雖然這並毀滅不了知識的明白確實性，也不能推翻一切理性的原則）；在這種概然的命題方面，明顯的啓示應該來決定我們的同意，即使它與概然性相反。因爲理性的原則如果不能證明一個命題的眞僞，則明顯的啓示應該來決定，因爲啓示也正是另一條眞理的原則和同意的根據。因此，在這裡這種啓示，就成了信仰的事情，而是超乎理性的，因爲在那種特殊情形下，理性既不能超乎概然性以上，因此，信仰就該作決定，啓示就該發現眞理是在那一面的。

10 **在有些事情方面，理性如果能供給確定的知識，則我們應該聽從理性** 信仰的領域應該以上述程度的爲限，在那個限度內，它不致於毀滅理性或阻止理性的。因爲由一切知識的永久泉源新發現的眞理不致於損毀、干擾理性，只能輔助理性、促進理性。凡上帝所啓示的的確都是眞實的，我們並不能懷疑它。這正是信仰的固有對象。不過它究竟是否是神聖的啓示，則只有理性能判斷；而理性呢，它又不使人心接受較不明顯的事物，而排斥較明顯的事物，也不使它只相信概然性，而把知識和確實性忽略了。我們縱然明知一種傳說的啓示是由神聖根源來的，而且它所用的文字正如我們所接受的那樣，它所有的意義，正如我們所了解的那樣；可是這種知識並不如理性的原則那般明顯、那般確定。因此，任何東西只要和理性的顯見的、自明的命令相衝突相矛盾，我們就不能說它是不與理性相干的一種信仰的事情，而且縱有人如此主張，我們也不該同意他。任何神聖的啓示自然都應該規範我們的意見、偏見和利益，而且我們應該充分地相信它。不過我們的理性雖然這樣服從信仰，可是這取消不了知識的界石；這並不足以搖動理性的基礎，我們仍可以應用我們的官能，以來求得上天原來賦予它們時的目的。

11 **信仰和理性之間如果不劃一條界限，則我們便不能反駁宗教中的狂熱或妄誕** 信仰和理性的領域，如果不爲這些界限加以分劃，則在宗教的事理方面，理性便完全無立足的餘地。照這樣，則我們也就不必責罵世界上各種宗教中那些狂妄的意見和禮節了。因爲使人類陷於熱狂互相歧視的各種宗教，之所以有許多荒謬的情節，我認爲多半是由於人們誇張信仰，從來反對理性的緣故。因爲人們如果習於一種意見，以爲在宗教的事理方面，不論它們多麼顯然與常識、與一切知識的原則相衝突，我們也不能求商於理性，他們就已放縱自己的想像和迷信了。他們既然竭盡迷信的能事，因此，他們就在宗教方面發生很奇特的意見、很荒謬的行爲，使一個好思的人不得不訝異其愚昧，而且以爲他們那樣，不但是偉大全知的上帝所不能喜悅的，而且就在清醒而良善的人看來，也是很可笑、很可厭的。因爲這種緣故，那本該使我們有別於禽獸、本該特別把我們當做理性動物看，使我們高出於牲畜之上的宗教，反而使人往往成爲最沒理性的，而且比畜類還要愚蠢。人常說：「我所以相信，正因其不可能」。這話，在一個好人方面雖也可以算做熱心的表現，不過人們如果用這個規則來選擇自己的意見和宗教，那就太過危險了。

第十九章　狂熱

1　**眞理之愛是必要的**　任何肯認眞探求眞理的人，首先就應該使自己產生一種愛惜眞理的心。因爲不愛眞理的人並不會費心追求它，而且在失掉眞理時，也不覺得可惜。在學界中沒有一個人不自命是愛眞理者；而且任何有理性的動物，我們如果以爲他不愛眞理，則他一定會責怪你。

雖然如此，可是我們可以正確地說爲眞理而愛眞理的人畢竟是很少數的，即在那些自命爲愛眞理的人們方面也是如此的。不過一個人怎樣才能知道自己是眞的愛眞理，那乃是值得研究的一件事，不過我認爲眞正的眞理之愛，有一種無誤的標記，就是，他對於一個命題所發生的信仰，只以那個命題所依據的各種證明所保證的程度爲限，並不超過這個限度。不論誰，只要一超過這個同意的限度，則他之接受眞理，並非由愛而接受，他並非爲眞理而愛眞理，他是爲著其他目的。因爲一個人之所以確知一個命題是眞實的，只是由於他對它有所證明（除了自明的命題），因此，他對那個命題所有的同意程度，如果超過那種確知的程度，則他的過分的信仰，一定在於別的情感，而非由於他的眞理之愛。不論我在何種範圍內確知一個命題是眞的，我的眞理之愛一定不會使我對它的同意超過那個範圍，這個正如我在確知一個命題爲不眞時，我愛眞理的心不能使我同意那個命題一樣。倘若不如此，則我愛眞理正是因爲其有不眞的可能性或概然性了。任何眞理，如果不以自明的強光、解證的力量來盤踞人心，則能使我們同意的各種論證就只有能使那種眞理成爲可靠的那些證據和尺度，而且我們對那種眞理所有的同意，也只應以那些論證在理解中所提示的證據爲衡。我們對一個命題所賦的信任或權威，如果超過了它從支撑它的那些原則和證明所得到的，則我們已經說不上是爲眞理而愛眞理了。不過眞理既然不能因爲人的情感或利益而增加其明顯性，因此，眞理也不會因爲它們而添了色彩。

2 **愛命令他人的心理是由何來的** 人們因爲有了這種偏頗不良的判斷，所以他們就愛專橫地發布自己的命令，狂放地支配他人的意見。因爲一個人既然欺騙了自己的信仰，他不也就很容易欺騙他人的信仰嗎？一個人在對自己時，他的理解還不曾習於論證和確信，那麼你還能希望他在別人面前，有了論證和確信嗎？因爲他已經損毀了自己的官能，凌虐了自己的心理，並且把眞理所有的特權侵犯了，眞理的特權，就在於用它自己的權威，來支配人的同意（那就是說，我們的同意，是必須和眞理的明白性成比例的）。

3 **狂熱的勢力** 在這裡，我可以冒昧考察一下同意的第三種根據。這就是所謂狂熱。在有些人方面，狂熱也與理性和信仰有相同的權威，而且也一樣被他人所信託。所謂狂熱就是要排棄理性，在本無啓示處，妄自建立啓示。結果，它就把理性和啓示都排除了，而以一個人腦中的無根據的幻想來代替它們，並且把那些幻想作爲自己意見和行爲的基礎。

4 **理性和啓示** 理性乃是自然的啓示：永恆的光的天父和一切知識的泉源，就藉理性把人類的自然官能所能達到的一部分眞理傳達給他們。啓示乃是自然的理性，理性在這裡只是爲上帝所直接傳來的一套新發現所擴大，不過那些新發現仍待理性來證實其爲眞實，就是理性要藉各種證據來證明它們是由上帝來的。因此，人如果取消了理性，而為啓示讓路，他就把兩者的光亮都熄滅了。他這種做法就好像一個人勸另一個人把眼睛摘了，以便用望眼鏡來觀察不可見的星體的遼遠光亮似的。

5 **狂熱的由來** 人們如果要依據直接的啓示來建立自己的意見、來規範自己的行為，則比依據嚴格的推論要容易的多、順利的多，因為嚴格的推論是既令人麻煩又不常成功的。因為這種緣故，所以有的人們就愛妄謂自己得了啓示，並且相信自己的行為和意見是特別受上天的指導的。尤其在他們不能用尋常的知識方法和理性原則來解釋自己的行為和意見時，他們更有這樣的信念。因此，我們就見古往今來憂鬱而虔誠的人們、太過自誇和自信的人們，就以為自己勝於別人、以為自己獨能與上帝有更密切的來往、獨能得到上帝的更大的寵愛；因此他們就自詡自信，以為自己和神明有直接的溝通和聖靈有不時的來往。我也承認，上帝能夠由光的泉源直接把光線投在人心中，以啓發人的理解，而且他們都知道，這是上帝所應許過的；既然如此，那麼只有依靠他的那些特殊的選民，最有權利來希冀這種啓示了。

6 **狂熱** 他們的心理既然有了這種傾向，因此，任何無根據的意見，只要在他們的想像上有了強烈的印象，他們就會以它們是由上帝之靈而來的光明，而且是有神聖的權威的；而且任何奇特的行為，他們只要有實現它的強烈傾向，他們就會說，那種衝動是上天的命令或指導，而且是應該服從的。他們以為那是上天所下的命令，他們來執行它是不會錯誤的。

7 我所說的狂熱原本就是這樣的，它雖然不曾建立在理性或神聖的啓示上，而是由興奮的或傲慢的腦中的幻想來的，因此，它只要一站住腳，它就比理性和信仰還更能影響人的信念和行動。人們往往是最急迫不耐地服從他們自己的衝動的，而且一個人如果整個被一種自然的運動席捲而去，則他的行為會變得更有力。一種強烈的想像如果超出於常識之上，脫離理性的一切束縛、反省的一切阻力，並且升到神聖權威的地步，則它在與我們的性情和心向相拍合時，便會成爲另一條新原則，席捲全體而去。

8 **人往往把狂熱誤認為真見實感** 人們由狂熱所發生的各種奇怪的意見和狂妄的行爲，雖然已經足以警戒他們，不要採取這種錯誤的原則（它是最容易使人在意見和行爲方面發生錯誤的），可是人們往往因爲喜愛奇特的事情，而且覺得受了靈感，超出於尋常的知識途徑，乃是一種光榮，因此，他們如果一進入這種直接啓示的途徑，便再難以挽回，因爲他們已經可以不事搜求而得到光明、不需證明而得到確知了；這種情形不是很能滿足他們的懶散、無知和虛榮嗎？理性是不能支配他們的，他們已經超過理性了；他們已經看到注入於自己心中的光明，而且他們是不會錯誤的。那種光明正如光明的日一樣明白、一樣可見，它自己就指示出自己，它只需要自己的證據，並不需別的證明；他們覺得上帝的手在自己心靈中轉動著，覺得聖靈在其中躍動，而且他們的感覺是不會錯誤的。因此，他們便可以自己維繫自己，並且相信理性在他們所覺所見的事物方面是完全無能爲力的。他們所分明經驗到的並不容懷疑也無需試驗，一個人如果要求別人來證明自己：光是在照，他是看見了光，那不是很可笑的嗎？只有光自己能證明自己，別的東西並不能給它證明。聖靈只要在自己心中帶來光明，它就會驅除掉黑暗。

我們看到它，正如我們看到午時的太陽一樣，並不需理性的微光來指示我們。由上天來的這種光明，本是強烈、明白、純潔的，它本身就可以解證它自己。我們若以自己幽暗的光明，——理性——來考察天光，那就無異於藉螢火的微光來發現太陽了。

9 這便是這些人們的說辭：他們之所以相信，正因爲他們相信；他們的信念之所以是正確的，正是因爲他們堅持這種信念。因爲我們如果把他們所說的眞見實感等比擬之詞去掉，則他們的說辭所剩的意義只不過是這樣的。不過這些比喻極度欺騙了他們，它們對他們成了確知、對他人成了解證。

10 **狂熱如何可以被發現出來** 不過我們可以稍微清醒地考察這種內在的光明，和他們所極其信賴的這種感覺。他們說，自己有明白的光亮，而且自己分明「看見」這一層；他們有一種光明的感覺，而且自己分明「感覺」到這一層。他們並且相信，這是無可爭辯的。因爲一個人如果說他自己看見什麼或感到什麼，別人並不能否認他所說的話。不過我可以問，這種視覺是指人們看到一種命題的眞理說呢？還是指人們看到，它是由上帝所來的一種啓示呢？再說到這種感覺，則我也可以問，它是指人們感到有一種行爲的趨向呢？還是指人們感到上帝之靈觸動那種趨向呢？這是兩種全不相同的知覺，而且我們如果不願自欺，則我們必須仔細分辨它們。因爲我雖然知道一個命題的眞實，可是我也許不知道它是由上帝直接所啓示的。我雖然知道幾何中一個命題的眞實，可是我也許不知道它是一種啓示。不但如此，我縱然知道，這種知識不是由自然途徑來的，而且可以斷言它是啓示出的，可是我並不一定知道它是由上帝所啓示出的。因爲有些精靈雖然未受到神的委託，也能把那些觀念在我們心中產生刺激、也能把它們安置在適當的秩序內，使我們看到它們的聯繫。因此，我雖然覺得不知如何有一個命題在我心中，可是這並不就是說，我知道它是由上帝來的；更不是說，我十分相信它是眞的由上帝來的。不過他們雖然叫它爲「光」和「見」，可是我認爲它頂多只是一種信仰和信念；而且他們所誤認爲啓示的那個命題，他們也不確定知道它是眞的，只是相信它是眞的。因爲人如果知道一個命題是眞的，則啓示便無作用；而且我們並不易想像，一個人既然知道一件事，爲什麼還要給他啓示。因此，人們如果只相信一個命題是眞的，而卻不知道它是眞的，則不論你如何叫它，它總不是「見」，而只是「信」。眞理進入人心的途徑就有這兩條，它們是完全有差異的，並不能互相混同。我所見的，我可以根據事物本身的明顯性，知道它是如此的。我所信的，我只是根據他人的證據假設它是眞的。不過我仍得知道，確有這種證據，否則我如何可以相信呢？我必須知道，它是上帝所啓示給我的，否則我便一無所見。那麼現在的問題就是，我如何能知道，這的確是上帝向我所啓示的；我如何能知道，這個印象是由聖靈印在我心上的，而且我是應該服從它的？我如果不知道這一層，則我的確信不論強到什麼程度，它總是沒根據的；而且不論我自誇得到什麼光明，那也只是狂熱。因爲我們所假設爲啓示出的那個命題，縱然是分明眞實的，是顯然可靠的，或者由知識的自然途徑說是無法確知的，可是我們這裡必得需要一個根據充分而且顯然眞實的命題，這個命題就是：「它確是爲上帝所啓示的，而且我所認爲的啓示，的確是由上帝烙印我心中的，並不是別的精靈在我心中所灌注入的一種幻覺，或由自己幻象所產生的一種幻覺。」我之所以要求這一層，乃是因爲我認爲，這些人認爲一種命題是眞的，只是因爲他們假說它是由上帝而來的一種啓示。既然如此，那麼他們不當考究他們依靠什麼根據，來假設它是由上帝所啓示的嗎？他們如果不考察這一層，則他們的信仰只不過是一種妄斷；而且使他們眼花撩亂的這種光明也只是一種鬼火，只足以領導它們來回轉圈。它之所以爲啓示，正是因爲他們堅信它是如此的；他們之所以相信它，正是因爲它是一種啓示。

11．**在狂熱方面，我們並不能明顯地看出，命題是由上帝來的**　在神聖所啓示出的一切事物中，我們只要知道它是由上帝來的一種靈感，那就是了，並無需別的證明。因爲他是不會欺騙也是不會被騙的。不過我們究竟如何知道某個命題是由上帝注入於我們心中的一種眞理呢？我們如何能知道那個眞理是由他啓示於我們，而爲我們所應當相信的呢？在這裡，狂熱並沒有它所自誇的那種明顯性。因爲狂熱的人自誇已經得到光明，而且他們說，藉此光明他們已經得以頓悟，得以知道或此或彼的眞理。不過他們之所以知道它是一種眞理，一定不外兩條途徑，或者憑藉它在自然的理性前所顯示的自明性，或者憑藉能證明其爲眞的一些合理的證據。不過他們不論由哪一條途徑，知道它是眞理，我們都一樣可以說，他們假設它是啓示，實在是白費的。因爲他們之所以知道它是眞的，仍只是與別的任何人知道它是眞的一樣，他們都是由普通途徑知道它是眞的，並無需啓示的幫助。因爲未受靈感的人們所明悟的任何種眞理，都是由此途徑進入人心，確立在那裡的。他們如果說，他們之所以知道它是眞的，只是因爲它是由上帝來的啓示，那麼他們的理由是很好的，不過我們又可以問，他們如何得知它是由上帝而來的啓示呢？他們或許說，他們是憑藉它所帶來的光明，因爲那種光明在他們心中照耀閃爍，不是他們所能抗拒的。不過我可以請他們考察，這種答覆是否比我們前面所說的稍微好些；他們這種答覆還不是等於說，它之所以爲啓示，正因爲他們堅確地相信它是眞的嗎？因爲他們所說的光，只不過是他們心中一種強固而無根據的信念，他們不過相信它是眞的罷了。因爲他們之所以相信它是眞的，並沒有理性的明證確據，這一點是他們所承認的。因爲若是這樣，則他們接受它，就是因爲不當它是啓示，而只依靠於他們接受別的眞理時所依的普通根據了。如果他們所以相信它是眞的，只是因爲它是啓示，可是他們之所以知道它是啓示，也沒有別的理由，只是因爲自己充分相信它是眞的，那麼他們之所以相信它是啓示，只是因爲他們充分相信它是啓示了。我們若以此爲根據來進行，則不論在教條或在行動方面，都是不妥當的。我們如果認爲自己的幻想爲自己崇高的、唯一的指導，而且我們之所以認爲某個命題爲眞實、某種行爲爲正直，只是因爲我們如此相信，那麼，陷自身於謬行、錯見的，還有比這更容易的方法嗎？我們的信念雖強，那也完全不能證明它是正直的；彎曲的東西，也可以與直的東西一樣堅硬、一樣不屈；而且人們在錯誤方面也可以和在眞理方面一樣專斷、一樣肯定。若非如此，則紛紜的黨派如何能有那麼多不可控制的熱烈信徒呢？因爲人雖然以爲自己心中有一種光明，可是它在這種情形下只不過是一種強烈的信念，因此，我們如果以爲這種光明就可以指明它是由上帝來的，那麼各種相反的意見，也可以配稱爲靈感了。那麼上帝不但是衆光之父，而且成了各種互相反對的光之父，使人陷於紛歧錯雜的途徑中了。無根據的確信如果能證明任何命題是一種神聖的啓示，則互相矛盾的各種命題都可以成爲神聖的眞理了。

12 **堅確的信念並不足以證明任何命題是由上帝來的**　堅確的信念如果成了信仰的根據，相信自己爲是的心理，如果成了眞理的論證，則上述的情形是不可免的。聖保羅在殺戮基督徒時，也相信自己做的事是對的、也相信他自己負著這種使命、也相信他們是錯的。但，錯誤的是他，而不是他們。善人也是不能免於錯誤的，他們有時也會把錯誤認爲神聖的眞理，以爲它們是在自己心中極其光明地照耀著的，因此，他們也會很熱心地衛護各種錯誤。

13 **人心中的光究竟是什麼**　人心中的眞正光亮，只是任何命題所含的明顯眞理；它如果不是一個自明的命題，則它所有的一切光明都只是由它所依的那些證明的明顯性和妥當性來的。要說理解中有別的光明，那只有使我們進於黑暗、只有使我們落在黑暗王子的權力中、只有使我們甘心受騙、甘心相信謊言。因爲堅確的信仰如果是指導我們的光明，那麼我就問，人們如何能區別撒旦的欺騙和聖靈的感動呢？撒旦也一樣可以變成一個光明的天使。受了這個晨光之子的領導的人，也可以如眞受了聖靈感動的人一樣，滿意那種光明，充分相信它們是被上帝之靈所感動的。他們會信仰它、喜悅它，而爲它所支配。他們的強烈信仰如果可以成爲判官，則沒有人比他們更確定、比他們更合理了。

14 **啓示是必須為理性所判斷的**　因此，人如果不甘心自陷於狂妄的錯誤和偏頗，則他應該一考察領導他的這種內心光明。上帝在造先知時，並不曾毀壞了人；他仍然使人的官能保持其自然的狀態，使他能夠判斷他所受的靈感是不是有神聖根源的。他雖然以超自然的光來照耀人心，可是他並不息滅自然的光。他如果想使我們同意任何命題的眞實，則他或者用自然理性的尋常方法來證明那種眞理，或者其他的權威來表明它是我們應當同意的一種眞理，而且他會以理性所不能誤認的一些標記，使我們相信那種眞理是由他來的。因此，在任何事情方面，我們都必須以理性爲最後的判官和指導。不過我的意思並不是說：我們必須求助於理性，必須考察上帝所啓示出的命題是否可以爲自然原則所證明，而且在不能證明時，我們就當排斥它。我的意思乃是，我們必須依靠理性，必須藉理性來考察那個命題是否是由上帝而來的啓示；理性如果發現它是由上帝所啓示出的，則理性會擁護它，一如擁護別的眞理似的，因此，理性也就會把它做爲自己的一道命令。我們如果只依據信念的強度來判斷信念，則凡能徹底鼓舞我們想像的任何意想都可以成爲一種靈感。因此，理性如果不依據各種信念自身以外的東西，來考察各種信念的眞理，則靈感和幻覺、眞理和虛妄，都將互相混淆而不可分別了。

15 **只有信仰並不能證明啓示**　這種內在的光明，或我們所認爲由靈感而來的任何命題，如果與理性的原則相契合，或與上帝的文字語言（就是證明過的啓示）相契合，則我們的理性會保證它，我們也可以坦然地認它爲眞的，並且在我們的行動和信仰方面依它爲指導。如果它不能爲這兩條規則所證明，則我們便不能把它視爲啓示；甚至也不能視它爲眞的；在這種情形下，我們必須除了虛心誠懇相信其爲啓示以外，還當有別的標記，來證明它是啓示。因此，我們常見古時的聖人們，在受了上帝的啓示時，必不能只在自己心中有這種信仰的內在光亮，此外還必須有一些別的東西，證明它是由上帝來的。他們雖也相信那些啓示是由上帝來的，可是他們還有外面的標記，使他們相信那些啓示的發動者。他們在從事於教導他人時也被上天賦予一種能力，用以證明自己由天所受的那種委任是眞實的，而且他們還可以藉著有形的標記，來建立他們使命的神聖的權威。摩西在去埃及前並非只在心中感到一種衝動，要想去法老王（Pharaoh）那裡，把自己的弟兄們帶出埃及；他除了這種衝動以外，還另有一種外面的標記。他曾見到灌木著了火，可是並不曾燒毀，而且有聲音從其中傳出來。不過他仍以爲這還不足以給予他以充分的權威，使他負著那種使命前進。一直到上帝用另一種神蹟，把他的杖變成蛇，使他相信自己也有權力在他所要找尋的人們面前復現那種神蹟，來證明他的使命——一直到了這時，他才敢自信起來。又如基甸（Gideon）雖然受了天使的命令，要把以色列人由米甸人（Midianites）手裡救出來；可是他還要一個標記，才能相信他的使命是由上帝來的。在古代先知們方面所看到的這些例證足以證明，他們並不以爲離了別的證明，單有自己心中的內在視覺或信念，就可以證明那是由上帝來的。自然《聖經》上也沒有到處告訴我們，他們需要這一類的證明。

16　不過我雖然這麼說，可是我仍然承認，上帝有時並不用特殊的標記，就可以直接用聖靈的影響來啓開人心，使他們了解某些眞理，並且刺激他們發生某些好的行動。不過即使在這些情節下，我們也有理性、聖經和無誤的規則，可藉以知道它是否是由上帝來的。我們所接受的眞理如果契合於聖經中所說的啓示，我們的行動如果契合於正確理性（或聖經）的命令，則我們如果認爲它們爲眞實的、合理的，那也沒有危險；因爲它縱然不是由上帝來的直接啓示，雖然未曾在我們心中有特殊的作用，可是我們仍然確信上帝在眞理方面所給我們的啓示足可以保證它。不過我們自身的私人信念縱然有力量，也不足以保證它是由上帝來的光明或運動，只有記述上帝語言的文字，或所有人所共有的理性的標準才能有這一層保證。任何行動或意見如果契合於理性或聖經，則我們可以看它是有神聖的權威的；不過我們自己的信念卻不能給它這一層烙印。我們的心向縱然十分喜愛它，不過那只足以指示出它是我們自己的愛兒，並不足以證明它是上天的產兒、並不足以證明它是由神聖而來的。

第二十章　謬誤的同意或錯誤

1　**錯誤的原因**　知識的內容只是明顯而確定的眞理，因此，錯誤不是知識的過失而是判斷力的誤認，判斷力之所以有些錯誤，乃是因爲它同意於不眞實的事理。

不過同意既然根據於可靠性（likelihood），而且我們同意的固有對象和動機既在於概然性；而且那種概然性又是由前幾章所述的條件而成立的，那麼我們就可以問，許多人們的同意爲什麼會與概然性相反呢？各種意見之互相矛盾是最明顯不過的一件事，而且我們清楚看到一件事情，在此一個人也許完全不相信，在另一個人也許僅僅加以懷疑，在第三個人也許就開始深信。這種情形之所以發生的原因雖多，可是我們可以把它們歸爲四種。㈠是由於缺乏證明。㈡是由於沒有應用證明的能力。㈢是由於沒有利用它們的意向。㈣是由於計算概然性的度量錯誤。

2　**第一，由於缺乏證明**　第一點，我所謂缺乏證明，並不只是單說缺乏那些根本不存在、根本得不到的證明，而且也是說，缺乏那些本來存在、本來可以得到的證明。因此，人們如果缺乏便利或機緣，不能有各種實驗和觀察，以來證明任何命題；或者他們沒有適當的機會來考察並蒐集他人的證據，那他們就是缺乏證明的。人類的大部分都是處於這種情形的；因爲他們終身勞役，受制於可憐生活的必然性，不得不消耗其生涯，以來糊口。這些人們不但在幸運方面苦無機會，即在知識和研究方面往往也是一樣。他們的全部時間和辛苦既然都消耗了，以求平息枵腹的空鳴、饑兒的哭泣，那麼他們的理解也只有空空如也了。一個人既然耗其畢生的時間於繁重的職業中，則我們很難希望他知道世界上紛紜的事情，正如一匹馱貨的馬日日被人趕赴市集，一來一往，只經過狹窄的巷子和汙穢的路途，不能明白那個地方的地理似的。一個人如果缺乏閒暇、書籍、語言和與衆人談話的機會，則他休想蒐集本來存在的那些證據和觀察，以構成人類社會中所認爲最重要的許多命題（或大多數命題）。他在這種情形下，並不能找到充分的、必要的信念根據，以建立他的一套信仰。因此，有許多證明，雖是別人所信賴的，而且是確立那些意見所必要的條件，可是人類大部分，因爲不可免的自然狀況和人類的社會組織，卻完全不知道它們。大部分人類既都要竭力謀生，因此，他們再無暇晷在學問方面做那些繁重的研究。

3 **人或許反對說，「缺乏證明的那些人們便怎樣呢？」現在要答覆這一點** 那麼我們該怎樣說呢？大部分人類會因爲謀生的必然性，完全不知道與他們有切身利害的那些事情麼（這些事情，人是容易問到的）？大部分人類，除了偶然和盲目的機遇，就再沒有別的東西來指導他們來求得幸福或苦難嗎？各國中通行的意見和衆所仰望的導師，足以爲充分的明證和保障，使人人孤注一擲地賭上自己的極大利益，甚至永恆的幸福或災難嗎？在基督教國家和回教國家中，人所受的教訓既然不一樣，那麼我們還能認那些教訓都是確定的神示和眞理的標準嗎？一個窮苦的鄉人，只因爲有幸生在義大利，就永遠幸福嗎？一個日工，只因爲運氣不好生在英國就該必然受罪嗎？這些話是人們所容易問到的，不過我現在且不考察這一層。但是我可以說，照他們的說法雖然他們可以隨便相信這些意見中任何一種是眞的，可是他們究竟應該承認，上帝所給予人的官能已經足以在他們所走的征途中指導他們；他們只要在餘暇的時候，肯認眞運用自己的官能就可以。無論誰都不致於把所有時光都謀生，卻沒有閒暇思想自己的靈魂，來使自己在宗教的事情方面有所開悟。

人如果在這一件大事上也曾經專心，一如其在較無關係的事情上一樣，則人們都不會完全受生活必然性的支配，都會節省出許多空時來促進自己在這方面的知識。

4 **人民是受了阻礙，不能自由研究的** 命途艱難的人們固然受了限制，不易有所進步、有所開悟；可是有一些人幸運雖大，雖然可以得到許多書籍和必需品，以來擴清疑慮、發現眞理，可是他們仍被本地的法律所圈困、護衛所監視，不能自由有所探求，因爲在上者的利益正是要使人無知，免得人們知識多了，對於自己信仰減少了，因此，這些人比起我們方才所說的那些可憐的勞動者，一樣沒有機會和自由來充分考察，而且還有過之無不及。他們的地位雖然高大，可是他們仍陷於狹隘的思想中，而且在應該最自由的理解方面也受了限制。在各地方當局者如果沒有知識而想傳布眞理，而且人們如果妄被嚇迫來信從當地的宗教，並且把各種意見吞嚥下去，則人們的理解是最會受限制的。這正如無知的人民吞嚥了庸醫的丸藥似的，他也不知道它們是怎樣做的，他只相信它們能治病。不過信仰不能自由的人們，比這般愚民還要可憐。因爲愚民們還可以自由選擇他們所信任的醫生，而這般思想不自由的人們卻不能不吞嚥他們所本不願吃的東西。

5 **第二點，由於缺乏技能，不能利用各種證明** 第二點，人們如果沒有技巧來應用關於概然性的各種證據，如果在自己的腦中不能進行一長串的推論，如果不能精確地衡量各種相反的證明的優勢，並且把各種情節都觀察到，則他們便容易同意於不可靠的論據。有的人們只能用一次三段論法，有的人們只能用兩次三段論法，有的人們只能稍進一步。這些人們並不能永遠觀察出最有力的證明是在那一面的，而且也不能永遠依從本身比較可靠的意見。任何人只要與其鄰居一交談，他就會相信，各種人們在理解方面是有很大差異的；他也不必到西敏寺或交易所、濟貧院或瘋人院，就可以分辨出這一層差異。智慧方面這種很大的差異，也許是由於思維器官的缺陷，也許是因爲那些官能因廢棄而遲暗或難調順，也許是因爲人的靈魂中天然有一種差異（如有些人所主張的），也許是因爲這些原因的一部或全部，不過我們在這裡並不來考察這一層。我們只是分明看到，在人的理解、了悟、推論方面，確實有很大的差異，因此，人們正可以說（這並於人類無損），在某些人之間理解的差異，正如在人和某些畜類之間理解的差異似的。不過要研究這種情形是怎麼來的，則事情雖屬重要，可是對於我們現在的題旨，尚非必要的。

6 **第三點，因為沒有運用各種證明的意向** 第三點，此外還有另一種人，他們之所以缺乏證據，並不是因爲自己得不到證據，乃是因爲他們*沒有運用它們的意向*。這般人們雖然有財富和閒暇，雖然不缺乏天才和其幫助，可是他們並不曾因此稍占便宜。他們有的人因爲熱心追求快樂，或不斷地勞於操作，所以就把思想用在別方；有的人因爲懶惰疲乏，或特別厭惡書籍、研究和沉思，因此，他們都不去認眞思想；有的人們又恐怕公平的探求不利於最合他們偏見、生活和計畫的各種意見，所以他們不經考察便安心信任他們所認爲方便而時髦的議論。因此，大多數人對於其所應知的概然知識，便終身一無所知，更不能加以合理的同意；實則那些概然知識正是在他們的眼界以內的，他們一把眼光轉向在它們身上就看到了。不過我們知道，有些人如果覺得某封信是報告壞消息的，則他們往往不願意讀它；此外，我們還知道，有些人因爲有理由恐怕自己的事業境況不良，也每每不肯清算自己的帳目，甚或不肯思想自己的財產。那些富有財產，有閒暇來促進自己理解的人們，究竟怎樣自足於懶散無知，那是我不能說的。不過我認爲，人們如果盡數消耗自己的收入來裝飾自己的身體，卻不肯用錢來獲得知識的工具和幫助，則他們也就太看輕了自己的靈魂了。因爲他們雖盡心使自己的外表整齊潔淨，以爲粗衣破裳是很可憐的，可是他們卻安心使自己的心靈，穿著粗破而斑駁的外衣或借來的破布，一如機遇，或本地的成衣匠所給他們製造的那樣（此處所謂成衣匠，就是指與他們交接的那些人的意見而言）。我認爲，人們如果一思及來世、一思及他們在來世的禍福（有理性的人們，有時不得不思想到這一層），則他們這種輕視靈魂的心理，未免是不合理的。不過我現在且不提這一層。我也並不是說，這些最鄙棄知識的人們如果不知道自己所應知道的事情，是多麼的可恥、多麼的錯誤。不過我覺得，有一件事情至少也值得所謂士紳先生的考慮。就是，他們雖然以爲名譽、敬仰、權力、權威，常伴著自己的門第和財富而來，可是他們會看到，別人的知識如果超過他們，則那些人的名譽、權力又會超過他們。我們知道，瞎眼人是要受明眼人的指導才可以走動的，否則就會落在深溝內，既然如此，那麼，人在理解方面如果是瞎的，則他更要受限制、更受束縛了。在前面所舉的各種例證中，我們已經指示出謬見的一些原因，並且指示出人們在接受概然的學說時，他們的同意爲什麼不能與概然性的各種根據成比例。不過我們一向所考察過的各種概然性，它們的證明都是存在的，只是人們有了錯誤才看不到那些證明。

7 **第四點，由於計算概然性的尺度是錯誤的**　第四點，最後還有一種人，他們在清楚看到眞正的概然性以後，也不能堅確地相信它們、也不能屈從於明白的理性。他們或者中止其同意，或者竟然同意於比較不可然的意見。人們所採用的計算概然性的尺度，如果是錯誤的，則他們是不能免於這種危險的。所謂錯誤的尺度有四種。㈠我們所認爲原則的各種命題，本身如果不確定、不顯然，只是可疑的、虛妄的，則我們的尺度是錯誤的。㈡第二種錯誤的尺度，就是傳統的假設。㈢第三種錯誤的尺度，就是強烈的情欲或心向。㈣第四種錯誤的尺度就是權威。

8 **第一，可疑的命題如被誤認為原則，則我們的尺度是錯誤的**　第一點，概然性的首要而最強的根據，就在於一件事情和我們知識的互相契合；而且我們如果接受了那種知識，認爲它是我們的原則，則這種互相契合更可以成爲概然性的根據。這些原則很能影響我們的意見，因此，我們就常用它們來判斷眞理、來度量概然性，而且凡與這些原則不相符合的東西，我們都不認爲它是概然的，並且不認爲它是可能的。我們因爲太過尊敬這些原則，而且它們的權威又超越一切知識，因此，且不論他人的證據，就是我們感官的明證，只要它們所證明的與這些確立的規則相反，則我們也常會排斥它們。這種情形之所以發生，我認爲是由於人們主張天賦原則的學說，並且以爲各種原則是不能證明的，不能懷疑的；不過究竟如何，我可以不在這裡討論。我只可以說，此一種眞理並不能和彼一種眞理相矛盾；而且我可以說，任何人都應該極其謹愼地觀察他所認爲原則的那種知識，並且應該嚴格考察它，看看自己還是其知識本身的明證確知它是眞的呢？還是只根據他人的權威，相信它是眞的呢？因爲一個人如果學得錯誤的原則，並且盲目相信並非顯然眞實的一種意見的權威，則他的理解中會有了一種強烈的傾向，必然錯誤地指導他的同意。

9 兒童往往由他們的父母、保母和周圍的人們，把各種命題（尤其是關於宗教方面的）接受在心中。這是最常見不過的。這些命題既然迂迴的人在他們的天眞而無偏見的理解中，而且逐漸固定，因此，它們不論眞僞，就被長期的習慣和教育釘在人心中，永不能再拔出來。因爲人們在長大以後反省那些意見時，往往看到它們在心中是和在記憶中一樣久遠的；他們既然不曾觀察到它們原來如何迂迴而入，又不知道自己如何得到它們，因此，他們便尊敬它們爲神聖的道理，不許人們褻瀆、觸動、懷疑它們。

他們會認爲它們爲上帝直接在自己心中所立的烏陵（Urim）和土明（Thummin）（見〈舊約〉利未記八章八節）；會認爲它們是偉大的無誤的決定眞僞的標準；會認爲它們是解決一切爭端的

判官。

10 人對於自己的原則（不論是什麼樣的），既然存了這種想法，因此，我們就容易想像，一個命題只要一損及那些原則的權威，只要一反對這些內在的神示，則人們會如何看待它。而且我們容易想像，最荒謬的，最不可靠的事物，只要一符合於那些原則，則會被人們趕緊吞咽下去。在這種宗教中，人們既然堅確地，固執地相信各種十分相反的意見（它們有時都一樣是荒謬的），這就分明證實，人們是根據傳統的原則而進行推論的，而且他們之所以如此信仰，也正是這種推理方法的必然的結果。因此，人們寧願懷疑自己的視覺、放棄自己感官的證據，並且把自己的經驗錯誤地報告出來，也不願承認與這些教條相抵觸的任何事物。一個聰明的羅馬教徒如果在初懂事以後，人們就不斷地把一條原則教給他，說他自己的信仰總得與教會（或同教中人）的信仰相一致，說教皇是不會錯誤的；而且他如果從來不曾懷疑過這條原則，一直到四、五十歲後，才聽到另一種相反的原則；那麼他一定容易違反著一切概然道理，甚或違反著自己感官的明白證據，來相信所謂變體的學說（transubstantiation）（按天主教以為在聖餐節時，麵包和酒變成了基督的肉和酒），這個原則十分影響他的心理，因此，他會相信親眼所見的麵包為聖肉。一個人如果與某些哲學家一樣，立了一條推論的基本原則說，他必須排斥感官而相信理性（因為人們常不適當地稱由自己原則所演繹出的論證是理性），那麼你怎麼能使他相信他的意見是不可靠的呢？一個狂熱信徒只要聽說，他或他的老師受了靈感，並且和聖靈直接溝通，則你雖提出眞正理性的證據，你也不會反駁他的學說。任何人只要受了錯誤原則的薰染，則他在與這些原則相反的事物方面，並不能為最明顯、最有力的概然道理所移動；只有他們能坦白地受了勸說，來考察這些原則本身時，他們才可以有了變化。不過許多人是做不到這一層的。

11 **第二點，傳統的假設**　其次有一等人，他們的理解是鑄入一個模型，恰好是照傳統假設的體積形成的。這些人們與前一種人的差異，就在於他們承認事實，並且和反對者共同承認一件事實。他們和反對者所差異的，只在其所舉的理由和所解釋的作用方法。這一種人並不如前一種人似的，公然不承認自己的感官；他們可以較爲耐心地聽受感官的報告，不過在解釋其事物來時，他們卻不相信它們所報告的，而且縱然有許多可靠的理由告訴他們說，那些事物不是由他們自己所想像的途徑來的，他們也不會相信那些理由。一位淵博的學者，既然在四十年中，費了許多時間和燈燭，由希臘文和拉丁文的堅石，造成其權威，而且他的權威又爲普通的傳說和年高德劭的鬚眉所證實，那麼要有一個暴起的新學後生在一剎時間把他推翻了，那不是最不可忍受的一件事，足以使其緋衣赧顏的嗎？我們能希望他承認，他這三十年來所教給他的學生的，全部錯誤，而且他以很高代價賣給他們的，只是一些艱僻之詞、糊塗之語嗎？有什麼可靠的理由，在這種情形下，能說服他呢？他既然耗了許多時間慘澹經營，才能得到自己的知識和學問，那麼他會被有力的辯論所說服，頓然脫掉其舊有的想法，和他在學問方面的自命不凡嗎？他會赤裸裸地一絲不掛，來重新追求新的想法嗎？我們縱然用盡各種論證，也不能折服他，正如狂風不能使旅客脫掉其斗篷，只會使他抓得更緊一樣。至於由誤解了眞正的假說（或正確的原則）所發生的一些錯誤，也可以歸在謬誤的假設裡面。這乃是最常見不過的一個例子。我們常見許多人們各個爭執互相不同的意見，實則這些意見都是他們由聖經上無誤的眞理所推演出的；這就分明證實，他們未曾都正確地了解經文。經文上說μετανοειτε，而且任何基督教徒都會承認這段經文告誡人以一種最重要的職責。不過一個人如果只懂法文，則他由譯文所得來的規則是很不一樣的，一種翻譯是說「你要悔改」（repentegbous），另一種翻譯是說「你要苦行」（Eaites Pénitence）。他由此所發生的行爲一定有一種是非常錯誤的。

12 **第三點，特別得勢的情感**　各種可靠的理由如果違反了人們的意向和得勢的情感，則它們也會遭遇同樣的命運。一個貪鄙的人推論起來，只要一邊有錢，則另一邊雖有很可靠的理由，你也會容易預先見到那一邊要占優勢。塵俗的人心，就如汙泥的牆壁似的，會抵抗最強的槍炮。一種明白論證的力量，有時雖也可以給它們烙印一些印象，可是他們會屹立不動，把敵人——眞理——趕出去，不讓他來圍攻自己、擾亂自己。你雖然告訴一個正在熱戀的人說，他的情人對他的愛情是假的，並且拿出二十種證據證明他的情人對他不忠，可是她只用三句甜語，就會使一切證據歸於無效。古人說：「我們所希望的事，我們是容易相信的」，我認爲人人都已屢次經驗過這番道理。

人們雖然不能常常公然反對明顯的可靠道理的力量，可是他們仍是不易屈從於那些論證的。人的理解自然是愛接受較可靠的一邊的，他之所以不如此，乃是因爲他有能力來停止，來限制理解的考察，並且不讓它在可能範圍內盡美盡善地來考察所討論的事情。平常人既然不能做到這一層，所以他們常會由兩條途徑，來避免明顯的可靠理由。

13 **逃避可靠理由的方法：第一就是假設對方是錯誤的**　第一，各種論證既然多半是由文字語言表現出的，因此，它們或許會有隱伏的錯誤；而且所得的結論既然是一個系列，因此，其中不免有不相符合的地方。事實上也很少有推論眞是十分簡捷、十分明白、十分一貫的，因此，許多人們都可以毫不躊躇地對它們發生一種疑問，而且他們都可以用一種傳統的答覆來否認這些推論，他們會說：「我雖然不能答覆，卻也不能屈服」，而且我們並不能責罵他們是不坦白的或不合理的。

14 **其次就是，假設有別的論證可以證明相反的說法**　其次，人們還可以說：「我不知道反對方面還有什麼別的理由」，因此，他們可以反對明顯的可靠理由，而不加以同意。因此，他們又會說：

「我雖然被打倒，可是我仍不必屈服，因爲我還不知道還有什麼理由留在後面。」這個躲避確信的逃遁所，眞是又敞又闊的，我們正不容易決定一個人什麼時候才脫離了它的邊界。

15 **什麼可靠理由可以決定人的同意** 不過這種界限也是有盡頭的；一個人如果精細地研究過，概然性和不可靠性的一切根據，並且平心靜氣地詳細觀察了一切情節，把兩邊的總數都計算好，則他在許多情形下，可以總括地知道概然性是落在那一面的。在這裡，有些理性方面的證明是由普遍經驗而得的假設，是很分明、很有力的，有些事實方面的證據是很普遍的，因此，他便不得不同意。因此，我們就可以斷言，同意的情形有兩種：第一，在某些命題方面，我們所見到的證明雖是很重要的，可是我們如果有理由來猜疑；在文字方面或許有錯誤，而且在反對方面或許也有一樣重要的證明，則我們對那些命題或同意、或中立、或不同意，都是可以自由的。第二，不過各種證明如果都是一件事成爲很可靠的，而且我們也沒有充分的理由來猜想在文字方面含有錯誤（在作了清醒而愼重的考慮以後，我們會發現這一層），或在反對方面有尙未發現同樣有力的證明（沉思的人，在有些情節下，會根據事物的本性，看到這一層），則一個人在這樣衡量之後，不會不同意較大的概然性所出現的那一邊。我們如果要問，排版所用的字母雜亂地堆在一起以後，是否可以井然有序地在紙上印出一貫的推論來；或者要問，各種原子在盲目地、偶然地相會以後，不用有理性的主體來指導，是否就可以永遠組成各種動物的身體，則在這些情形下，我認爲任何人在一思考之後，都會毫不躊躇地來選擇所當選擇的那一方，都會毫不猶疑地來加以否認。最後我們還可以說，一件事情（又說一千七百年前，是否有凱撒其人在羅馬）本性如果是中立的而與人無利害關係，而且完全依靠於各個證人的證據，而且我們也並不能假設，除了鑄成那件事情的證據之外，還可以發現其他的相反的、相等的證據，則在這些情形下，我認爲任何有理性的動物都沒有不同意這件事的能力，都一定會必然地接受這些可靠性。在別的沒有那樣明顯的情形下，我認爲人有中止其同意的能力；而且他所有的各種證明，如果能鑄成合乎自己喜愛或利益的那個意見，則他或許可以安於那些證明，而不再遠求。不過要說一個人竟然同意於可靠性較小的那一面，那在我認爲是不可能的，就如一個人不能同時相信一件事情可靠而又不可靠一樣。

16 **什麼時候，我們有中止同意的能力**　知識之不能任意，正如知覺之不能任意；同意之不能自由也正如知識之不能自由似的。任何兩個觀念的契合，不論是直接地或由理性的幫助，現顯於我心，則我不能不知覺它、也不能不知道它，正如我在日光下轉眼向物時，不能不看到那些物體似的。在充分考察之後，我所見爲最可靠的事情，我就不能不加以同意。不過在一看到各觀念的契合以後，我們雖然不能阻止知識，而且在適當地考察可靠性的一切標準以後，我們不能不加以同意，但是我們如果停止考察，並且不運用自己的官能來追求任何眞理，則我們也能阻止知識和同意。若非如此，則無知、錯誤、不信等，就都不是過失了。因此，在一些情形下，我們固然可以拒絕同意或中止同意，但是一個人如果熟悉了現代史或古代史以後，他能懷疑有羅馬其地、有凱撒其人嗎？誠然，有無數眞理，一個人是不必知道的，或者以爲自己是不必知道的，就如說，我們的國王理查三世（King Richard Ⅲ）是否是曲背的；羅傑．培根（Roger Bacon）是否是一個數學家，還是一個幻術家等等問題。在這一類情形下，我們的同意不論是在哪一方面，都與自己的利害無關，而且我們也不要由此發生一些行動和顧慮，因此，我們也不必訝異，人心在這方面爲什麼信任公共的意見，屈從先入之見。這一類問題是完全不重要的，因此，它們就如日光中的微塵似的，人們很少注意它們的方向。

它們在那裡，似乎完全由於偶然，人心也任其自由漂蕩。但是人心如果覺得一個命題含有重要關係，而且我們的同意或不同意會引起重要的結果，而且善或惡又看我們選擇或排斥正確的一邊而定，則在這些情形下，人心不得不認眞考察所謂概然道理，而且我們只要看到大數在那一面，我們就得同意它，而不能再任意選擇。在那種情形下，較大的概然性一定會決定我們的同意。因此，一個人在見到較大的概然性時，便不得不承認它是眞的，正如他見到兩個觀念間的契合或相違以後，不能不知道它是眞的一樣。

既然如此，那麼錯誤的基礎，就在於衡量概然性的尺度是錯誤的；就如罪惡的基礎，正在於衡量善的尺度是錯誤的一樣。

17 **第四點，權威** 第四點，衡量概然性的最後一種錯誤的尺度，是我在前一章所提過的。這種尺度比前三種尺度更使較多的人，陷在愚昧和錯誤中。在自己的朋友、黨派鄰人或國家中，各種通行的意見，往往能得到我們的同意。大多數人之所以相信自己的教條，不是只因爲他們假設主張相同的那些人是忠實的、有學問的、人數衆多的嗎？他們彷彿以爲老實人和書呆子是不會錯誤的、彷彿以爲眞理是由大衆的投票所確立的。不過大多數人卻就以此爲他們的理由說：「我們的教條已經爲往古所證實；它來到我這裡，是有前代所給它的護照的，因此，我如果接受了它，那並沒有什麼危險。別的人們都已經相信了這個意見（這就是他們的唯一理由），因此，我也應該接受它。」不過一個人寧願卜金錢卦來決定自己的意見，也不應該採取這樣的尺度。所有人類都是易於錯誤的，而且許多人在許多點上，都會受情感或利益的誘惑而陷於錯誤。我們如果觀察支配名人、學者和黨魁的那些祕密的動機就會看到，他們之所以贊助他們所主張的那些主義，並不是爲眞理而接受眞理的。至少我們敢說，任何荒謬的意見，人們都可以根據這個理由而接受。我們所能提到的任何謬說，總有信仰它的人。一個人如果覺得自己只要跟著他人的足跡走就不會走錯，則他正會有許多曲徑邪路可走呢！

18 但是人們雖然儘管喧囂著說，人類已經有許多錯誤和偏見，可是我必須爲人類辯護，意見錯誤的人們，並不如一般人所想像的那樣多。我並不是說，他們都已信愛眞理；乃是說，關於人們所劇烈爭執的那些主義，他們是全無任何思想和意見的。因爲我們如果考察世上各教派的大多數信徒就會看到，關於他們所熱心信仰的那些事情，他們全沒有自己的意見，不但如此，而且我們更不能相信，他們是先考驗了概然性的各種論證和可靠程度才來採取那些意見的。他們之所以決心服從某一黨派，只是因爲他們受了那種教育或有那種利益。他們在那裡，會如軍隊中的士兵似的，只是依照他們領袖的指導，來表現自己的勇敢和熱忱，卻不考察甚至不知道自己所爲之鬥爭的主義是什麼樣的，一個人的生活既然表示出他對於宗教並不認眞關心，那麼我們有什麼理由認爲他會絞腦汁來尋思自己宗教中的教條，並且費心考察各種教條的根據呢？他只服從自己的領袖，準備好自己的手和口來衛護公共的立場，並且在能擢升自己並在那個社會中保護自己的人面前，邀得寵信就是了。因此，人們雖然自自有一些主張，並爭持一些主張，可是他們也許會完全不相信那些主張；甚或自己的腦中根本就沒有那些主張的影子。因此，我們雖然不能說，世界上錯誤的、較不可靠的意見，實際要較爲少些，可是我們可以的確斷言，實際上同意它們的人，把它們誤認爲眞理的人，並不如人們所想像的那樣多。

第二十一章　科學的分類

1 **三個種類** 凡可歸入人類理解範圍內的東西，可以分爲三種。第一就是事物的本質，以及其各種關係和作用的方式。第二就是一個人（有理性而能自動的主體），在追求一種目的時（尤其是幸福）所應做的事情。第三就是達到和傳遞這兩種知識的方式。我認爲科學正可以分爲這三種，就是：

2 **第一，為物理學**（Physica） 第一種知識就是指事物本身的特有的存在、組織、性質和作用而言的。我這裡所說的各種事物不但指物質和物體而言，而且也指精神而言，因爲精神和物體一樣，也有其特有的本性、組織和作用。這種物理學，若給予廣義的名稱，則我可以稱它爲物理學（*φυσίχη*．Physiké）或自然哲學。這種學問的目的，只在於純粹思辨的眞理，任何東西只要能供給人心這種眞理，都可以歸在這一種學問中，不論它是上帝自己、或天使、或精靈、或物體、或它們的任何變狀，如數目和形象等。

3 **第二，為實踐之學**（Practica） 第二種就是所謂*πραχτιχη*．Prakuké，這種學問教人如何可以正確的運用自己的能力和行動，以求得良善的和有用的事物。在這方面最主要的就是倫理學。

這種學問的職務就在於找尋出人類行爲方面能招致幸福的規則和尺度，並且找尋出實踐它們的方法來。這種學問的目的不在於純粹的思維，和人對於眞理的知識；它的目的只在於所謂「正當」和正當的行爲。

4 **第三為Σημιωτιχή**　第三種學問可以叫做Sēmiotic，就是所謂標記之學。各種標記因爲大部分是文字，所以這種學問也叫做logicll。這種學問的職務，在於考察人心爲了理解事物、傳達知識予他人時所用的標記的本性。

因爲人心所考察的各種事物既然都不在理解中（除了它自己），因此，它必須有其他東西來做爲它所考察的那些事物的標記和表象才行。這些標記就是所謂觀念。不過構成一個人的思想的各種觀念的模樣，不能拿出來供他人直接觀察，它只能貯存於記憶中，而且記憶還又不是很妥當的貯存品。因此，我們如果想互相傳達思想，並且把它們記載下來爲自己利用，則我們還必須爲觀念造一些標記。音節清晰的聲音是人們所認爲最方便的，因此，人們常常利用它們。觀念和文字既然是知識的偉大工具，因此，人們如果要想考察人類知識的全部，也應當考察觀念和文字，因爲它們正是很重要的。在適當地考察它們以後，在清晰地衡量它們以後，它們或許會供給我們一向不曾見到的另一種論理學和批評學。

5 **這是知識對象的基本分類**　理解對象的這種分類法，在我看來，是最基本、最概括、最自然的。因爲人們所能致思的，只限於這幾種。他或者思考事物本身，以發現眞理；或者思考自己能力以內的事情（自己的動作），以達到他的目的；或者思考人心在前兩方面所用的標記和排列標記的適當方法，以使自己得到較明白的知識。由此看來，㈠可以認識到的事物的本身，㈡我們所能發生的求得幸福的各種行動，以及㈢求得知識時標記的正確用法，是有天壤之別的，因此，在我看來，它們就是理智世界完全獨立的三大領域。

名詞索引

八畫

九畫

十畫

十一畫

洛克年表

John Locke, 1632-1704

年代	生平記事
一六三二	約翰・洛克（John Locke），八月二十九日出生於英國的彭斯福德。
一六四六	父親友人、也是國會議員的Alexander Popham資助下，洛克在十四歲後被送往倫敦就讀西敏（威斯敏斯特）公學。畢業後，前往牛津大學基督堂學院就讀。
一六五六	獲得學士學位。
一六五八	獲得碩士學位。
一六六〇	父親逝世。
一六六四	獲得醫學學士的學位。
一六六五	被任命為英國駐布蘭登堡公國的大使沃爾特・范內爵士的祕書。
一六六六	認識阿什利勛爵的沙夫茨伯里伯爵（Anthony Ashley-Cooper），洛克為當時患病的伯爵悉心治療後，伯爵說服洛克待在他在倫敦的住所，不只兼任他的個人醫師，並負責多項事務。
一六七三	沙夫茨伯里伯爵被解職，洛克失去祕書職位。
一六七五	因為健康緣故，去溫暖的法國養身。一待便是四年。也因脫離政治圈生活，轉向抽象思想領域。
一六七九	當伯爵的政治情勢又好轉時（擔任國會議長），又回到了英格蘭。
一六八三	因為捲入政治漩渦，逃亡到荷蘭。過了六年的海外流放生活，但也結交了不少學者。後期住在鹿特丹時，經常與居住在海牙的威廉親王和瑪麗公主交往。
一六八九	爆發革命，跟從瑪麗女王一起回到英國。不久後，開始將之前的草稿出版成書，包括《論寬容》和《政府論》。

年代	生平記事
一六九〇	《人類理智論》出版。
一六九一	自此，一直住在瑪莎姆女士家中。期間，健康狀況不斷惡化。
一六九三	《教育漫話》出版。
一六九五	《聖經中體現出來的基督教的合理性》出版。
一六九六～一七〇〇	擔任「英國貿易和殖民委員會」的專員一職，因此對政治經濟學問題進行了大量思考。
一七〇四	十月二十八日逝世，享年七十二歲。埋葬在艾賽克斯郡東部的High Laver小鎮。洛克終身未婚。

經典名著文庫093

人類理解論

An Essay Concerning Human Understanding

作　　者 —— 約翰・洛克（John Locke）
譯　　者 —— 關文運
發 行 人 —— 楊榮川
總 經 理 —— 楊士清
總 編 輯 —— 楊秀麗
文庫策劃 —— 楊榮川
副總編輯 —— 蘇美嬌
特約編輯 —— 張碧娟
封面設計 —— 姚孝慈
著者繪像 —— 莊河源
出 版 者 —— 五南圖書出版股份有限公司
地　　址 —— 台北市大安區106和平東路二段339號4樓
電　　話 —— 02-27055066（代表號）
傳　　眞 —— 02-27066100
劃撥帳號 —— 01068953
戶　　名 —— 五南圖書出版股份有限公司
網　　址 —— http://www.wunan.com.tw
電子郵件 —— wunan@wunan.com.tw
法律顧問 —— 林勝安律師事務所　林勝安律師
出版日期 —— 2020年4月初版一刷
定　　價 —— 700元

國家圖書館出版品預行編目資料

人類理解論 / 約翰・洛克 (John Locke) 著 ; 關文運譯 . -- 初版 -- 臺北市 : 五南 , 2020.04
面 ; 公分 . -- (經典名著文庫 ; 93)
譯自 : An essay concerning human understanding
ISBN 978-957-763-527-3 (平裝)

1. 洛克 (Locke, John, 1632-1704)　2. 學術思想　3. 知識論

144.34　108011679